社 科 学 术 文 库

LIBRARY OF
ACADEMIC WORKS OF
SOCIAL SCIENCES

外国历史大事集

近代部分·第二分册

朱庭光 ◉ 主　编

张椿年 ◉ 副主编

张宏儒　梅伟强 ◉ 分册主编

中国社会科学出版社

图书在版编目（CIP）数据

外国历史大事集. 近代部分. 第二分册／朱庭光主编. —北京：
中国社会科学出版社，2017.3
（社科学术文库）
ISBN 978 - 7 - 5161 - 9652 - 6

Ⅰ. ①外…　Ⅱ. ①朱…　Ⅲ. ①世界史—近代史　Ⅳ. ①K1

中国版本图书馆 CIP 数据核字（2017）第 005362 号

出 版 人	赵剑英
责任编辑	刘志兵
特约编辑	张翠萍等
责任校对	李　莉
责任印制	李寡寡

出　　版	中国社会科学出版社
社　　址	北京鼓楼西大街甲 158 号
邮　　编	100720
网　　址	http://www.csspw.cn
发 行 部	010 - 84083685
门 市 部	010 - 84029450
经　　销	新华书店及其他书店

印刷装订	北京君升印刷有限公司
版　　次	2017 年 3 月第 1 版
印　　次	2017 年 3 月第 1 次印刷

开　　本	710 × 1000　1/16
印　　张	34.75
插　　页	2
字　　数	587 千字
定　　价	145.00 元

凡购买中国社会科学出版社图书，如有质量问题请与本社营销中心联系调换
电话：010 - 84083683

再版说明

　　《外国历史大事集》出版于 20 世纪 80 年代，是当时我国世界史学界知名学者们多年辛苦劳动的集体成果，体现出了扎实的学术功底和应用价值，是重要的学术参考书。二三十年过去了，此书仍然受到我国世界史学界的重视和广大读者的欢迎。

　　《外国历史大事集》此次再版，受到中国社会科学院创新工程的大力支持，将其列入社科学术文库。根据中国社会科学出版社的建议，此次再版时，将版式改为小 16 开；消除了原著中的一些错别字，对表述不够准确的地方也进行了推敲审定；删除了不清晰的插图，增加了古代部分的大事记内容。再版工作受到世界历史研究所专家们，包括一些退休专家的大力支持，他们对原著进行了细心审读，付出了辛苦劳动。参加审读的专家有如下同志：古代部分：第一分册，刘健；第二分册，郭方。近代部分：第一分册，于沛；第二分册，汤重南；第三分册，于沛；第四分册，部彦秀。现代部分：第一分册，沈永兴；第二分册，王章辉；第三分册，于沛；第四分册，姜芃。世界历史研究所科研处的同志也为再版修订做了大量工作。

　　衷心感谢中国社会科学院创新工程的支持！感谢参加修订工作的各位同志的辛勤劳动！对中国社会科学出版社决定再版《外国历史大事集》和出版社有关人员的辛苦劳动表示衷心感谢！

中国社会科学院世界历史研究所

2016 年 11 月

初版说明

　　《外国历史大事集·近代部分·第二分册》共辑入世界近代史上有一定历史地位和国际影响的重大历史事件记述 40 篇，起自 19 世纪 40 年代科学社会主义的诞生和共产主义者同盟的建立，迄于 19 世纪 70 年代初。有些历史事件持续过程较长，叙事年限有所逾越。各篇按事件发生的年代先后，以欧洲、美洲、亚洲、非洲的顺序依次编排。

　　本册编辑小组由张宏儒、梅伟强、唐枢、孙娴、李显荣、于沛、汤重南七位同志组成，张宏儒、梅伟强任主编。组织和处理稿件的分工是：西欧、北美方面，由张宏儒、唐枢、孙娴负责；苏联、东欧方面，由李显荣、于沛负责；亚洲、非洲、拉丁美洲方面，由梅伟强、汤重南负责。张小雪参加了选定插图的编辑工作。朱庭光、张椿年通读了所有稿件，由朱庭光定稿。地图绘制金春玉、王向荣，封面设计姜樑。

1984 年 12 月

目　录

科学社会主义的诞生

张宏儒　张小雪

科学社会主义，从广义上理解，就是作为完整的无产阶级世界观的马克思主义。从狭义上理解，是指与马克思主义哲学、政治经济学并列的马克思主义的三个组成部分之一。本文涉及的是前者。

科学社会主义诞生于 19 世纪 40 年代。正像任何一种社会思想或理论的产生必须具备一定的社会条件一样，科学社会主义是资本主义的物质生产、阶级斗争和科学文化发展到一定水平的产物。它的创始人是无产阶级的革命导师马克思和恩格斯。

科学社会主义诞生的历史条件

19 世纪三四十年代，资本主义经济在马克思、恩格斯从事活动的英、法、德等西欧国家不同程度地得到了发展。资本主义生产方式在这些国家一步步取代封建主义生产方式。

英国是当时资本主义生产最发达的国家。18 世纪 60 年代从纺织业开始的产业革命，很快波及采煤、炼铁、交通运输各业，以机器生产为主体的资本主义工厂制度逐步代替了以手工技术为基础的手工工场。以纺织业为例，根据 1841 年的材料，工厂工人在棉纺织业中占 68.7%，在毛纺织业中占50%，在丝织业中占 40%。

工厂制度的确立，大大促进了生产的发展。19 世纪 40 年代，英国的煤和生铁产量与 19 世纪初相比，分别增加了 3 倍和 9 倍。棉纺织业发展尤为突出，在 1771—1795 年输入英国的籽棉平均每年不到 500 磅，到 19 世纪 40年代初则达到 6 万磅。1780—1840 年，英国皮棉消耗量增长 90 倍，棉织品出口增长 20 倍。其他工业部门，如毛纺、麻纺、蚕丝加工、采矿等也都迅速地改变了面貌。1770—1840 年的 70 年间，工人每一工作日的劳动生产率平均提高 20 倍。

生产的发展促进了交通运输的发展。1830 年从利物浦到曼彻斯特的第一条铁路通车，所有大城市很快都被铁路联系起来。到 1847 年铁路长度达 7700 公里。1811 年第一艘轮船在克莱德河下水，到 1836 年停泊在英国海湾的轮船达 500 艘以上。

在法国，1789 年的大革命为资本主义发展扫清了道路。特别是在七月王朝时期，产业革命进展迅速，机器被广泛使用。1836—1846 年的 10 年中，纺织业中机织部分的生产额增加了 10 倍。1830 年，法国有蒸汽机 616 台，总动力约 1 万马力；1847 年，蒸汽机已有 4853 台，动力达 61630 马力。1832 年，熔铸生铁 22.5 万吨，铁 14.8 万吨；1846 年，生铁达 58.6 万吨，铁 37.3 万吨。工业用煤量从 1830 年的 249.4 万吨，增加到 1847 年的 764.9 万吨。1831 年铁路线仅有 39 公里，到 1848 年达到 1931 公里。生产和交通运输的发展促进了对外贸易的发展，1830—1847 年，对外贸易总值从 11310 万法郎增至 24370 万法郎。法国成为仅次于英国的主要资本主义国家。

政治上处于分裂状态的德国，资本主义经济发展比英国、法国落后。尽管如此，到 19 世纪三四十年代也发生了很大变化。1834 年形成的德意志关税同盟，把包括 2500 万人口的 18 个邦连接成一个密切的经济区，促进了统一的民族市场的形成。关税同盟建立后，工业发展速度显著加快。1822 年，全德意志只有两台蒸汽机；1837 年，仅普鲁士就有蒸汽机 423 台，动力为 7513 马力；1849 年增加到 1264 台，动力为 67149 马力。1846 年，关税同盟各国共有棉纺织厂 313 座，拥有 75.6 万个纱锭。关税同盟各国采矿业工人人数，到 40 年代末达到 60800 人。从 1835 年到 1848 年，莱茵—威斯特伐里亚地区煤炭开采量从 99.3 万吨增加到 169.4 万吨。1835 年，普鲁士开始修筑铁路，到 1845 年铁路干线已达 2000 多公里。1830 年和 1847 年又先后创办了汉萨汽船公司和汉堡—美洲汽船公司。

资本主义生产的发展引起了社会阶级关系的剧烈变化。大批破产的小手工业者和农民沦为出卖劳动力的雇佣劳动者。以德国为例，19 世纪 30 年代初，大约有 45 万工人，其中工业工人 25 万，矿业工人 7.5 万，非行会手工业工人 12.5 万。到 1848 年，雇佣工人增加到大约 100 万人，占总人口的将近 10%。另外，资本的竞争又使生产资料逐渐集中在少数资本家手里。这样，"整个社会日益分裂为两大敌对的阵营，分裂为两大相互直接对立的阶级：资产阶级和无产阶级"①。

伴随着资本主义生产的发展，无产阶级所受的剥削不断加深。机器的使用和经济危机，促使工人工资降低。如英国丝织工人的平均工资，1821 年每周为 16.5 先令，1831 年降低为 6 先令。法国里昂工人的工资，1830 年只相当于 1824 年的一半。德国工人的工资更少得可怜，还要向容克地主缴纳赎得人身自由的所谓"劳动职工税"。在工厂，工人们完全沦为机器的奴隶，每天工作 14—16 小时，有的地方甚至长达 16—18 小时；廉价的女工和童工被普遍使用。恩格斯在《英国工人阶级状况》中无情地揭露了资本主义制度的本质。他指出，这种资本主义的雇佣奴隶制同"旧式的公开的奴隶制之间的全部差别仅仅在于现代的工人似乎是自由的，因为他不是一次就永远卖掉，而是一部分一部分地按日、按星期、按年卖掉的"，"因为他不是某一个人的奴隶，而是整个有产阶级的奴隶"②。

残酷的剥削和压迫，促使无产阶级反抗资产阶级的斗争不断加强。1831 年 11 月和 1834 年 4 月，法国里昂工人两次举行起义，举起"不能劳动而生，毋宁战斗而死"的旗帜，提出了"争取民主共和国"的政治口号。1836—1848 年，英国出现了"世界上第一次广泛的、真正群众性的、政治性的无产阶级革命运动"③ ——宪章运动，从提出普选权的要求到争取民主共和国，斗争持续 12 年之久，参加签名的达 300 多万人。1844 年 6 月，德国西里西亚纺织工人起义，明确宣布反对私有制社会，并与政府军展开血战。

欧洲三大工人运动风起云涌，此起彼伏，把无产阶级的斗争推向一个新阶段。无产阶级已由仅仅为改善生活条件反对个别资本家的单纯经济斗争，发展到为争取本阶级的政治权利把矛头指向资本主义制度的政治斗争。他们抛弃了破坏机器等原始斗争手段，采用了政治示威、群众性罢工，直至举行武装起义等斗争方式。无产阶级的组织性不断增强，工人组织相继出现，1840 年英国工人成立了"宪章派全国协会"；1834 年侨居法国的德国工人在巴黎成立了"被压迫者同盟"，1836 年又创立"正义者同盟"；1837 年法国的工人组织"四季社"成立。工人组织的出现是工人阶级摆脱以往的分散性、自发性的重要标志。这一切表明，在欧洲最发达的国家中，无产阶级和

---

① 《马克思恩格斯选集》第 1 卷，人民出版社 1972 年版，第 251 页。
② 《马克思恩格斯全集》第 2 卷，人民出版社 1957 年版，第 364 页。
③ 《列宁选集》第 3 卷，人民出版社 1972 年版，第 811 页。

资产阶级之间的阶级斗争逐渐升到首要地位，无产阶级已经作为一支独立的政治力量登上了历史舞台。

工人运动的发展充分显示了无产阶级的阶级特性。马克思、恩格斯发现："在当前同资产阶级对立的一切阶级中，只有无产阶级是真正革命的阶级。"① 他们是埋葬资本主义、建设共产主义的阶级力量。

资本主义生产的迅速发展加剧了资本主义所固有的生产社会性同生产资料私人占有之间的矛盾。1825 年在英国爆发了资本主义的第一次经济危机。周期性的经济危机使社会生产力遭到严重破坏，给劳动人民带来无穷的灾难，集中暴露了资本主义制度的弊病。当资本主义刚刚开始发展的时候，资本主义生产方式显示出优越于封建生产方式的进步一面，而隐藏在它内部的固有矛盾尚未充分暴露，这种不成熟的社会状况使人们难以全面认识它的本质。随着资本主义生产的发展和固有矛盾的逐渐暴露，人们才有可能科学地认识资本主义的本质及其发展趋势。

资本主义生产发展的趋势表明，生产的社会化，不能不导致生产资料转变为社会所有，导致剥削者被剥夺。阶级斗争的发展则证明，人类要摆脱资本主义生产关系对生产力发展的束缚，实现社会主义的生产资料公有，实现理想的社会制度，只有靠组织起来的无产阶级所进行的阶级斗争，而不能靠统治阶级的"理智"和人们的善良愿望。所以，资本主义生产和阶级斗争的发展，是无产阶级的阶级要求和社会发展客观规律的理论表现——科学社会主义得以创立的客观历史条件。正如斯大林所说："假如没有资本主义和阶级斗争，也就不会有科学社会主义。"②

科学社会主义的理论来源

同科学社会主义诞生前西欧资本主义生产方式凯歌行进，阶级营垒重新组合，整个社会动荡不安的状况相适应，思想文化领域异常活跃，特别是德国的古典哲学、英国的古典政治经济学和法国的空想社会主义学说都达到了它们发展的最高峰，成为科学社会主义的直接理论来源。列宁说："马克思的学说是人类在十九世纪所创造的优秀成果——德国的哲学、英国的政治经

---

① 《马克思恩格斯选集》第 1 卷，人民出版社 1972 年版，第 261 页。
② 《斯大林全集》第 1 卷，人民出版社 1953 年版，第 91 页。

济学和法国的社会主义的当然继承者。"①

　　作为德国新兴资产阶级愿望和要求的理论表现的德国古典哲学，产生于18世纪末至19世纪初。它包括从康德到黑格尔的唯心主义辩证法的发展和费尔巴哈恢复唯物主义的权威两个方面。如果说唯心主义辩证法在康德那里还处于萌芽状态，那么在黑格尔哲学中达到了它的高峰。黑格尔尖锐地批判了形而上学观点，认为整个世界处在不断运动、变化和发展之中，矛盾是发展的内在根源。这种辩证法思想是黑格尔哲学中的"合理内核"。但是，在黑格尔看来，辩证运动的主体不是客观存在的物质，而是一种在世界出现之前就存在的"绝对精神"。他的辩证法是为论证他的唯心主义哲学体系服务的。

　　费尔巴哈对黑格尔唯心主义哲学体系进行了批判，认为自然界是人类赖以生存的基础，它不依赖任何精神而独立存在；精神是物质的产物，人的意识和思想不过是物质的器官，即人脑的产物。这种唯物主义观点是费尔巴哈哲学的"基本内核"。但是，费尔巴哈在批判黑格尔唯心主义的同时，也抛弃了他的辩证法。费尔巴哈不承认自然界现象之间辩证的相互关系，他的唯物主义是机械的、形而上学的；在解释社会历史现象时，他不是用阶级斗争观点，而是用人性论观点来说明，这就陷入了唯心主义之中。

　　费尔巴哈对黑格尔唯心主义体系的批判宣告了德国古典哲学的终结。正当资产阶级哲学走向死胡同的时候，马克思和恩格斯却吸收了德国古典哲学的精华，即黑格尔哲学的"合理内核"和费尔巴哈哲学的"基本内核"，创立了无产阶级的世界观——辩证唯物主义和历史唯物主义。在这个过程中，19世纪自然科学的伟大成就，特别是细胞学说、能量守恒和转化定律、生物进化论这三大发现，为科学世界观的诞生奠定了自然科学的基础。三大发现雄辩地证明，整个有机界，从植物、动物到人类，都是经过长期的进化，由简单到复杂、由低级到高级的发展过程，从根本上否定了孤立地、静止地看问题的形而上学的思维方法。

　　作为科学社会主义另一个重要理论来源的英国古典政治经济学，由威廉·配第创立，经过亚当·斯密的发展，到大卫·李嘉图的完成，形成一套集中反映资产阶级利益和要求的经济理论。其中最积极的成果是劳动价值论。他们认为，商品的价值是由劳动创造的，劳动所创造的价值是工资、利

---

　　①　《列宁选集》第2卷，人民出版社1972年版，第441—442页。

润和地租的源泉。这个理论接触到资本主义社会内部劳动与资本、工资、利润的矛盾，开始触及社会各阶级间经济利益的对立和阶级斗争的经济根源。但是，由于时代和阶级的局限，他们不能科学地说明资本家财富的真正来源，反而荒谬地认为，商品的价值是由工人和资本家共同创造的，从而掩盖了资本主义剥削的本质。然而，古典政治经济学派的劳动价值论，为科学的马克思主义政治经济学的剩余价值学说提供了入门的钥匙。

19世纪初的空想社会主义对于科学社会主义的创立起了重要作用。恩格斯指出："德国的理论上的社会主义永远不会忘记，它是依靠圣西门、傅立叶和欧文这三位思想家而确立起来的。"①

对资本主义制度的深刻揭露和无情批判是19世纪初空想社会主义学说中最有价值的部分。圣西门指出，资本主义社会是一个"黑白颠倒的世界"，剥削者的骄奢淫逸是建立在劳动者的饥寒交迫的生活之上的。傅立叶认为，资本主义社会是在漂亮的外衣下，把以前各种社会结构中的一切卑鄙龌龊的东西集中起来，并使这些罪恶采取了复杂的、暧昧的、两面的、虚伪的存在形式，资本主义社会是"富人的天堂，穷人的地狱"。欧文通过对资本盈利的计算揭露了资本家对工人的残酷剥削，他指出，产业革命涌现出的大量财富是工人创造的，却为少数剥削者占据，而创造者陷入了非人的境地。

三大空想社会主义者对资本主义经济发展中的种种弊病进行了分析，力图找出资本主义罪恶的根源。圣西门和傅立叶认为，资本主义生产的无政府状态，造成了社会上的种种灾难。欧文一针见血地指出："私有制使人变成魔鬼，使全世界变成地狱。"此外，他们还从社会道德、婚姻制度等方面揭露了资本主义社会的堕落。他们抨击了"现存社会的全部基础"，"提供了启发工人觉悟的极为宝贵的材料"。②

在揭露和批判资本主义制度的同时，三大空想社会主义者对未来的理想社会提出了一些积极的主张和天才的设想。圣西门宣称，在未来社会里，"人民的幸福是社会组织的独一无二的目的"，政治将由主要是管理人的活动变成主要是管理生产。生产的无政府状态将被消除，社会生产力和科学文化水平将得到极大提高。在傅立叶设想的"协作制度"下，竞赛代替了竞争，

---

① 《马克思恩格斯全集》第18卷，人民出版社1964年版，第566页。
② 《马克思恩格斯选集》第1卷，人民出版社1972年版，第283页。

每个人都充分发挥自己的才能，都得到最大的幸福。他还提出，妇女权利的扩大是一切社会进步的基本原则。欧文主张建立一个消灭私有制、实行财产公有的人人幸福的"理性的社会制度"，人人参加劳动，实行按需分配。他们还提出了消灭三大差别的设想。三大空想社会主义者向往建立一个没有阶级对立的理想社会。

但是，空想社会主义存在着严重缺陷。空想社会主义者认为，"理性"是社会发展的动力，私有制的产生和资本主义制度的存在是人类理性迷误的结果；改变这种不合理的制度，要通过宣传教育和示范感化，依靠统治阶级和有产者发善心，而不是依靠无产阶级的斗争和革命。正如列宁所说："空想社会主义不能指出真正的出路。它既不会阐明资本主义制度下雇佣奴隶制的本质，又不会发现资本主义发展的规律，也不会找到能够成为新社会的创造者的社会力量。"①

空想社会主义的不成熟的理论，是和不成熟的资本主义生产状况、阶级状况相适应的。马克思和恩格斯在资本主义生产和阶级斗争有了新发展的历史条件下，通过参加阶级斗争实践和艰苦的理论探索，批判地继承了人类文化的优秀遗产，其中除德国古典哲学、英国古典政治经济学和法国空想社会主义学说外，还包括自然科学发展的新成果，以及资产阶级社会学、法国复辟时期的历史学等社会科学的新成果，创立了科学社会主义理论。

马克思恩格斯的革命实践和理论探索

卡尔·马克思1818年诞生在普鲁士莱茵省特里尔城，父亲是个自由主义的开明律师。两年以后，弗里德利希·恩格斯在莱茵省巴门市（即现今伍佩尔塔尔市）诞生，父亲是个保守的工厂主。莱茵区是当时德国经济最发达、政治生活最活跃的地区。1835年，马克思中学毕业后，进入波恩大学，一年后转入柏林大学，在柏林期间，他加入了激进的青年黑格尔派行列。1838年，恩格斯中学还未毕业，就被父亲送到不来梅一家商号去当办事员，1841年到柏林服兵役时也成为青年黑格尔派分子。他们从黑格尔哲学辩证思维的宝库中吸取营养，以德国古典哲学发展的高峰为起点，为自己的前进开辟道路。这时，在哲学上他们基本上是唯心主义者，在政治上是革命民主主

---

① 《列宁选集》第2卷，人民出版社1972年版，第445页。

义者。

马克思大学毕业后，立即投入了反对封建专制和争取民主的政治斗争。1842 年 10 月—1843 年春，担任自由主义反对派创办的《莱茵报》的主编，这使他有机会接触到下层人民的贫苦生活，切身体验到普鲁士国家制度和法律的虚伪性。他在报上发表了许多论文，例如《关于林木盗窃法的辩论》《摩塞尔记者的辩护》等，维护劳动人民的利益，无情地揭露普鲁士封建专制制度的反动本质。尽管这时马克思还没有摆脱唯心主义的影响，但他通过研究政治、经济和社会问题，已经开始认识到靠纯理论的批判不能消除资本主义社会的弊端，他对黑格尔关于法律、历史以及国家与市民社会之间关系的唯心主义观点产生了怀疑，而对费尔巴哈的唯物主义及其对黑格尔哲学的批判表示赞同。

正当马克思以《莱茵报》为阵地向普鲁士专制制度展开斗争的时候，1842 年 10 月，恩格斯服役期满，来到当时资本主义大工业和工人运动最发达的英国，并立即投身到工人斗争的洪流中去，他“抛弃了社交活动和宴会，抛弃了资产阶级的葡萄牙红葡萄酒和香槟酒，把自己的空闲时间几乎都用来和普通的工人交往”①，并同宪章运动领导人和其他工人组织建立了联系。

随着马克思、恩格斯转向实际生活，他们同青年黑格尔派之间的分歧越来越大。青年黑格尔派反对哲学同社会实际相结合，马克思、恩格斯却主张哲学应当从纯思辨的天国里走向广阔的社会舞台。正是经过实际生活的检验，他们认识了黑格尔唯心主义社会观和国家观的缺陷。他们同青年黑格尔派分道扬镳已经不可避免了。

1843 年 3 月，马克思退出《莱茵报》编辑部，从社会舞台重新回到书房。当时马克思正处在从唯心主义转向唯物主义、从革命民主主义转向共产主义的过程中，黑格尔哲学不能回答社会现实提出的问题，费尔巴哈“过多地强调自然而过少地强调政治”②，他的唯物主义与现实也是完全脱离的。为了探求“此岸世界的真理”，马克思在深入钻研哲学的同时，大量阅读经济学、历史学和空想社会主义者的著作。他集中精力批判黑格尔关于国家和法的唯心主义理论，写了《黑格尔法哲学批判》，得出了不是国家决定市民社

---

① 《马克思恩格斯全集》第 2 卷，人民出版社 1957 年版，第 273 页。
② 《马克思恩格斯全集》第 27 卷，人民出版社 1972 年版，第 443 页。

会，而是市民社会决定国家的唯物主义结论。同年 10 月，马克思为筹办《德法年鉴》迁居到政治生活沸腾的巴黎。在那里，他一面积极参加工人运动，与法国工人运动领袖和正义者同盟领导人建立联系，结识流亡在法国的各国革命者，一面继续为创立科学的理论而辛勤探索。

1844 年 2 月，《德法年鉴》刊登了马克思的《论犹太人问题》和《〈黑格尔法哲学批判〉导言》两篇文章。文章指出，"政治解放本身还不是人类解放"①；实现人类解放的"头脑"是哲学，"它的心脏是无产阶级"，"哲学把无产阶级当作自己的物质武器，同样地，无产阶级也把哲学当作自己的精神武器"②。"批判的武器当然不能代替武器的批判，物质力量只能用物质力量来摧毁；但是理论一经掌握群众，也会变成物质力量。"③ 这些精辟的论断不仅把科学理论对人类解放的极端重要性阐述得一清二楚，而且提出了无产阶级伟大历史使命和无产阶级必须与科学理论相结合的思想，标志着马克思转向唯物主义和共产主义。

为了创立科学理论，马克思从 1843 年底至 1844 年 3 月集中全力研究英、法等国历史，特别是法国大革命的历史。法国复辟时期历史学家基佐、梯叶里、米涅、梯也尔等人著作中关于阶级斗争的观点，以及阶级关系与财产关系相联系的观点给他很大启发。通过对不同国家历史发展的对比，马克思从历史发展的一般规律中探寻国家和社会的本质，以及二者之间的关系。但是，这还不能揭示决定历史发展的最终根源。经济学的丰富知识使马克思意识到，"对市民社会的解剖应该到政治经济学中去寻求"④。于是从 1844 年 4 月起，他又集中力量钻研政治经济学著作。

英国古典经济学家从财富的分配角度对阶级的产生进行了分析，提出劳动是财富的源泉的观点。马克思认为，"这样一来，在政治经济学中，历史斗争和历史发展过程的根源被抓住了，并且被揭示出来了"⑤。但是古典经济学家不了解生产劳动过程所体现的人与人之间的社会关系。马克思吸取了古典政治经济学的积极成果，深入研究生产劳动背后的人与人的关系。他的研究成果集中反映在《1844 年经济学哲学手稿》中。他不仅通过对资本主义

---

① 《马克思恩格斯全集》第 1 卷，人民出版社 1956 年版，第 435 页。
② 《马克思恩格斯选集》第 1 卷，人民出版社 1972 年版，第 15 页。
③ 同上书，第 9 页。
④ 《马克思恩格斯选集》第 2 卷，人民出版社 1972 年版，第 82 页。
⑤ 《马克思恩格斯全集》第 26 卷 Ⅱ，人民出版社 1973 年版，第 183 页。

社会财富分配的三种主要形式——工资、利润、地租——的研究，揭示了工人、资本家、土地所有者对立的经济根源，更重要的是，他通过分析资本主义的生产、分配、交换、消费各个环节，得出了如下结论："私有财产的运动——生产和消费——是以往全部生产的运动的感性表现，也就是说，是人的实现或现实。宗教、家庭、国家、法、道德、科学、艺术等等，都不过是生产的一些特殊的方式，并且受生产的普遍规律的支配。"[①] 马克思认识到私有制是生产运动一定阶段的产物，物质生产是整个社会的基础。当马克思获得了这个唯物主义历史观的基本观点之后，继续深入地开辟理论发展的道路。他纯熟地应用辩证法研究生产运动的过程，得出了"对于世俗基础本身首先应当从它的矛盾中去理解"[②] 的结论。经过艰苦的劳动，马克思吸取了整个欧洲哲学、经济学和历史学的最高成果，终于迈出了通向唯物主义历史观的决定性一步，他宣布："按照我们的观点，一切历史冲突都根源于生产力和交往形式之间的矛盾。"[③]

如果说马克思是从对黑格尔哲学的批判入手转向唯物主义和共产主义，那么恩格斯则是从研究英国社会状况和对资产阶级政治经济学的批判完成这一转变的。恩格斯来到英国的曼彻斯特后，在深入工人运动的同时，钻研了英国古典政治经济学家和英、法空想社会主义者的著作，为宪章运动的机关报《北极星报》和马克思主编的《莱茵报》撰稿。"在数不胜数的准社会主义思潮和派别当中，恩格斯终于给自己打开了一条通向无产阶级社会主义的道路。"[④] 1844 年 3 月，他在《德法年鉴》上发表的《政治经济学批判大纲》中，从社会主义观点出发，批判了资产阶级政治经济学的基本范畴，剖析了资本主义经济制度的矛盾，论证了消灭私有制的必要性。在《英国状况；评托马斯·卡莱尔的"过去和现在"》一文中，恩格斯批判了英国唯心主义历史学家卡莱尔鼓吹的"英雄崇拜""天才崇拜"的唯心主义历史观。这些著作表明，恩格斯已经转向了唯物主义和共产主义。

1844 年 8 月，马克思和恩格斯在巴黎会见，他们倾心交谈了各自的政治理论观点，取得了完全一致的见解，从此开始了他们创立科学的世界观的伟大合作。同年，他们合著了《神圣家族》。这部著作批判了黑格尔唯心主义，

---

① 《马克思恩格斯全集》第 42 卷，人民出版社 1979 年版，第 121 页。
② 《马克思恩格斯选集》第 1 卷，人民出版社 1972 年版，第 17 页。
③ 同上书，第 81 页。
④ 《列宁全集》第 19 卷，人民出版社 1959 年版，第 560 页。

第一次提出"历史活动是群众的事业"这个唯物主义历史观的重要原理，论证了无产阶级解放人类的历史使命。

1845 年，恩格斯发表了《英国工人阶级状况》。这部著作根据大量调查材料，论证无产阶级所处的经济地位将不可遏制地推动它为推翻资本主义而斗争，并提出了工人运动必须同社会主义相结合的原理。

随着马克思、恩格斯唯物主义历史观的逐渐形成，清算费尔巴哈的人本主义影响就成为唯物主义历史观进一步完善的必然要求。费尔巴哈把人作为他的哲学的核心，脱离实践，脱离社会，把人的自然属性看作人的本质，用这种观点解释社会现象只能得出唯心主义的结论，不能正确认识社会生活的本质。1845 年春，马克思写了《关于费尔巴哈的提纲》，着重阐明了实践在社会生活和人的认识中的作用，指出全部社会生活在本质上是实践的，实践是检验人的思维的真理性的标准。恩格斯说，这个提纲是"包含着新世界观的天才萌芽的第一个文件"①。

1846 年，马克思和恩格斯合著了《德意志意识形态》。这部著作第一次系统地阐述了唯物主义历史观的基本原理。"这种历史观就在于：从直接生活的物质生产出发来考察现实的生产过程，并把与该生产方式相联系的、它所产生的交往形式，即各个不同阶段上的市民社会，理解为整个历史的基础；然后必须在国家生活的范围内描述市民社会的活动，同时从市民社会出发来阐明各种不同的理论产物和意识形式，如宗教、哲学、道德等等，并在这个基础上追溯它们产生的过程。"② 至此，决定人类历史发展最终根源的千古之谜终于被揭破了。

唯物主义历史观的发现并未使马克思、恩格斯的理论探索就此止步。他们又从历史发展的一般再深入到历史发展的个别，具体剖析资本主义的经济制度，探索资本主义剥削的秘密，产生了剩余价值学说的萌芽。

在 1844 年，当马克思钻研古典政治经济学时，对古典学派的劳动价值论还没有深刻理解，而是用流行于哲学界的"异化"理论来分析工人和资本家之间的矛盾。他指出，在资本主义社会中，劳动产品作为一种物化劳动脱离了劳动者，成了劳动者的异己的敌对力量。劳动者生产得越多，他本人所能消费得越少；他创造的价值越多，他自己的价值就越被贬低。这种异化不

① 《马克思恩格斯选集》第 4 卷，人民出版社 1972 年版，第 208—209 页。
② 《马克思恩格斯选集》第 1 卷，人民出版社 1972 年版，第 43 页。

仅反映在生产结果与劳动者的关系上，而且还反映在生产活动中，其明显表现就是，劳动像是一种自我牺牲，自我折磨，如果没有强制，"人们就会像逃避鼠疫那样逃避劳动"①。劳动者同劳动产品的异化，正是他同生产活动相异化的结果。而占据劳动者的成果，支配他们劳动的正是资本家。这就清楚地表明，劳动及劳动产品的异化，实质上是无产阶级与资产阶级对立的产物，其根源在于资本主义私有制。马克思运用异化理论分析资本主义的社会生产，成为通向科学的剩余价值学说的起点。

如前所述，马克思、恩格斯对政治经济学的研究促进了唯物主义历史观的形成；而40年代中期，他们在唯物主义历史观方面取得的成就又为他们在政治经济学领域的革命奠定了世界观和方法论的基础。1847年马克思写的《哲学的贫困》和《雇佣劳动与资本》，已不再用"异化"理论来分析资本主义经济关系，而是把古典经济学家的劳动价值论作为剖析资本主义经济制度的理论出发点。他指出，工人以自己的劳动换取生活资料，资本家则用属于他所有的生产资料换取工人的劳动。这种劳动不仅补偿了工人所消耗的部分，而且还使积累起来的劳动具有比以前更大的价值。在这里，马克思虽然还没有明确提出"剩余价值"的概念，但他已十分明确，在工人劳动所创造的价值同他由于劳动而从资本家手中取得的价值之间存在一个差额，这个差额成为资本家财富的来源。

同时，马克思运用唯物主义历史观揭示出资本主义经济的内在的基本联系，指出资本主义生产关系是人类社会一定历史阶段的产物。资本、利润等经济范畴不过是资本主义生产关系的抽象。古典经济学家所说的"积累起来的劳动"，只是在资本主义生产关系下才成为资本，工人的劳动也只是在资本主义制度下才成为商品，整个资本主义社会就是建立在"劳动商品"的基础之上的。由此可见，尽管这时马克思的经济思想还不像他的哲学思想那样得到完整而系统的阐述，还没有明确区分"劳动"和"劳动力"这两个对于确立剩余价值学说具有关键意义的基本概念，还没有最终形成他的剩余价值理论，但某些具有决定意义的观点已经提了出来，马克思主义政治经济学的科学基础已被奠定。

---

① 《马克思恩格斯全集》第42卷，人民出版社1979年版，第94页。

《共产党宣言》的发表标志着科学社会主义的诞生

马克思和恩格斯合作写的《共产党宣言》是第一部较为完整地阐述科学社会主义基本原理的划时代的光辉文献，它集中概括了马克思、恩格斯批判地继承人类优秀文化遗产而创立的无产阶级思想体系的伟大成果，它的发表标志着科学社会主义的诞生。

马克思、恩格斯在致力于创立革命理论的同时，积极参加工人阶级的革命斗争。他们确信，无产阶级要获得解放，不仅需要革命理论指导，而且要有一个以革命理论武装起来的革命政党。1846 年初，他们在布鲁塞尔组织了共产主义通讯委员会，在工人中宣传革命理论，同当时流行的魏特林的平均共产主义、小资产阶级的"真正的社会主义"以及蒲鲁东思想展开斗争，为建立无产阶级政党做思想上和组织上的准备。1847 年，他们应邀加入了德国工人的秘密团体"正义者同盟"。6 月，在马克思和恩格斯的推动下，正义者同盟改组为"共产主义者同盟"。1848 年 2 月在伦敦正式发表的《共产党宣言》就是他们为共产主义者同盟起草的纲领。

列宁说，《共产党宣言》"这部著作以天才的透彻鲜明的笔调叙述了新的世界观，即包括社会生活在内的彻底的唯物主义、最全面最深刻的发展学说辩证法以及关于阶级斗争、关于共产主义新社会的创造者无产阶级所负的世界历史革命使命的理论"①。

《共产党宣言》运用历史唯物主义观点考察了人类社会发展的历史进程，阐明了社会发展的客观规律，指出资本主义社会如同以前存在过的一切社会一样，有其自身产生、发展和灭亡的规律，它不是永恒的。由于资本主义固有的不可克服的内在矛盾，资本主义生产关系已不再能支配由它自己所造成的巨大社会生产力，社会化的大生产必然要求消灭私有制，代之以与它相适应的公有制。因此，资本主义的灭亡和共产主义的胜利是不可避免的。这个观点使社会主义理论脱离了从头脑里臆造的空想性质，把它放到了资本主义生产方式矛盾运动这个现实的基础之上，从而与空想社会主义划清了界限。

《共产党宣言》指出，资产阶级不仅锻造了置自身于死地的武器，即

① 《列宁选集》第 2 卷，人民出版社 1972 年版，第 578 页。

巨大的生产力，而且它还产生了将要运用这种武器的人——现代工人阶级。马克思、恩格斯对无产阶级的历史地位和阶级特性作了科学的分析，深刻论证了无产阶级作为资本主义掘墓人和共产主义建设者的伟大历史使命。这就克服了空想社会主义找不到实现理想社会所依靠的阶级力量的根本缺陷。

马克思、恩格斯根据阶级斗争的规律，在《共产党宣言》中阐明了无产阶级获得解放的途径。他们指出，原始公社解体以后的全部人类历史是一部阶级斗争的历史。现代资本主义社会并没有消灭阶级对立，它只是用新的阶级、新的压迫条件、新的斗争形式代替了旧的。与过去的社会形态比较起来，资本主义社会的特点在于它把矛盾简单化了，集中表现为无产阶级与资产阶级日益激烈的对抗。为了维护自己的统治，资产阶级使用一切可能的手段，特别是运用国家政权来对付无产阶级。面对资产阶级的镇压，无产阶级靠和平的、合法的斗争方式是不能获得解放的，只能通过革命，"推翻资产阶级而建立自己的统治"①。马克思、恩格斯写道，"他们的目的只有用暴力推翻全部现存的社会制度才能达到"②。《共产党宣言》的这个观点从根本上否定了空想社会主义者鼓吹的通过教育、示范和理性感化等和平途径使无产阶级摆脱奴役的荒谬论点，从而为无产阶级指明了通向理想社会的唯一正确的道路。

空想社会主义者幻想依靠个别天才人物，甚至依靠统治阶级来实现自己的社会主义理想。马克思和恩格斯认为，只有依靠由无产阶级先进分子组成的政党，即共产党的领导，才能实现共产主义。《共产党宣言》对共产党的性质、特点、基本任务和策略原则等问题作了专门论述。共产党是无产阶级的阶级组织，它没有任何同整个无产阶级的利益不同的利益。它的特点在于，在各国无产者的斗争中，共产党人强调和坚持整个无产阶级的不分民族的共同利益；在无产阶级和资产阶级的斗争所经历的各个发展阶段上，共产党人始终代表整个运动的利益。共产党人的最近目的是使无产阶级形成为阶级，推翻资产阶级的统治，由无产阶级夺取政权。《共产党宣言》规定了共产党的策略原则，即共产党人支持一切反对现存的社会制度和政治制度的革命运动，同时指出，"共产党人为工人阶级的最近的目的和利益而斗争，但

---

① 《马克思恩格斯选集》第1卷，人民出版社1972年版，第263页。
② 同上书，第285页。

是他们在当前的运动中同时代表运动的未来"①。《共产党宣言》还驳斥了对共产主义的种种诬蔑，批判了形形色色非科学的社会主义思潮。

《共产党宣言》以经典性的叙述总结了马克思和恩格斯从他们的实际斗争和理论研究中获得的成果，达到了社会主义思想发展前所未有的高峰，成为社会主义从空想到科学发展过程中有决定意义的里程碑。

恩格斯指出，由于唯物主义历史观和剩余价值学说的发现，社会主义变成了科学。而《共产党宣言》中，马克思、恩格斯没有提出剩余价值理论，有人据此对《共产党宣言》能否作为科学社会主义诞生的标志提出疑问。

我们认为，马克思虽然是在 1859 年《政治经济学批判》出版以后才公开使用"剩余价值"这一科学概念，但是，如前所述，关于剩余价值学说的基本思想在《哲学的贫困》和《雇佣劳动与资本》等著作中已经萌发。恩格斯在《资本论》第 2 卷序言中指出，这两部著作证明了马克思当时"不仅已经非常清楚地知道'资本家的剩余价值'是从哪里'产生'的，而且已经非常清楚地知道它是怎样'产生'的"②。《共产党宣言》指出，"资产阶级生存和统治的根本条件，是财富在私人手里的积累，是资本的形成和增殖；资本的生存条件是雇佣劳动"③。资本家"花在工人身上的费用，几乎只限于维持工人生活和延续工人后代所必需的生活资料"④。这里，虽然没有明确提出"剩余价值"的概念，然而关于资本是从哪里和怎样产生、增殖的，关于"剩余劳动"的思想已清晰可见。

此外，如同任何思想体系的产生必然经历一个酝酿、形成、完善的历史过程一样，科学社会主义的诞生也经历了一个发展过程。经过马克思、恩格斯的辛勤探索，经过他们的前辈和同代人的共同努力，社会主义学说从量变发展为质变，《共产党宣言》集中概括了这种发展的成果，作为质变的标志载入史册。当然，标志着科学社会主义的诞生，不意味着论证的完成。科学社会主义在以后的实践中不断完善和充实，其中剩余价值理论明确提出，就是科学社会主义创立史上的又一个重要路标。

所以，把《共产党宣言》的发表作为科学社会主义诞生的标志是符合历

---

① 《马克思恩格斯选集》第 1 卷，人民出版社 1972 年版，第 284 页。
② 《马克思恩格斯全集》第 24 卷，人民出版社 1972 年版，第 12 页。
③ 《马克思恩格斯选集》第 1 卷，人民出版社 1972 年版，第 263 页。
④ 同上书，第 258 页。

史实际的。

科学社会主义的诞生敲响了资本主义的丧钟，为全世界无产阶级和一切被压迫人民提供了认识世界和改造世界的最锐利的思想武器。从此，国际共产主义运动成为不可抗拒的历史潮流。

英国宪章运动

吴英增

宪章运动是 19 世纪 30 年代至 40 年代在英国发生的工人运动，其余波一直延续到 50 年代。它是英国无产阶级第一次独立地争取普选权的政治斗争。列宁称这一斗争是"世界上第一次广泛的、真正群众性的、政治性的无产阶级革命运动"①。

英国无产阶级作为独立政治力量登上历史舞台

19 世纪上半叶的英国社会存在着错综复杂的矛盾。工业资产阶级同贵族寡头之间争夺统治权的斗争愈益尖锐。17 世纪资产阶级革命后，国家政权一直掌握在土地贵族和金融寡头手中，他们为维护自身利益，于 1815 年由议会通过了"谷物法"，限制粮食进口，造成粮价上涨，工业原料和劳动力的昂贵。这不仅使广大劳动群众陷于饥饿境地，也直接损害了工业资产阶级的利益。经济实力日益壮大的工业资产阶级迫切要求参政，以维护本阶级的利益，他们进行了要求废除谷物法和改革议会选举制度的斗争。

无产阶级与资产阶级的矛盾也变得尖锐起来。18 世纪 60 年代开始的英国工业革命到 19 世纪 30 年代基本完成，英国成为世界上最发达的资本主义工业国家。纺织工业广泛地采用机器，并出现了机器制造业。1840 年，英国铁产量占世界一半以上，煤产量占 1/3，工业品的出口贸易在世界上占压倒性优势。手工业生产遭到致命打击。1844 年手工织布工人已由 20 年前的 24 万人减至 6 万人。破产的手工业者补充了雇佣工人的队伍。农业也普遍采用机器。农民作为一个阶级已被消灭，一部分破产农民成为农业无产者，另一

---

① 《列宁全集》第 29 卷，人民出版社 1956 年版，第 276 页。

部分流入城市当了雇佣工人。

工业革命不仅使资本主义经济空前迅速地发展，而且引起了社会关系的剧烈变革，产生了两大对抗的阶级——工业资产阶级和工业无产阶级。在英国西北部出现了许多新兴的大工业城市，如曼彻斯特城到 1840 年人口已达 38 万余人。在这些城市中，工人及其家属占全城人口的绝大多数。

工业革命使工业资产阶级的经济实力日益雄厚，却使无产阶级更加贫困。资本家为了赚钱，常常采取延长劳动时间、提高劳动强度、降低工人工资等手段来加重对工人的剥削。饥饿迫使工人全家进入工厂劳动。19 世纪 30 年代初，英国纺织工业中女工和童工占总人数的 2/3。不少童工在采矿业中从事繁重劳动。工人们劳动条件恶劣，工伤事故不断发生，生活极为艰难。

为了摆脱贫困的处境，英国无产阶级不断地进行斗争。19 世纪初，无产阶级的斗争还处在自发阶段。他们认为机器是使他们贫困的根源，于是产生了破坏机器、捣毁工厂的运动，结果遭到了残酷的镇压。斗争的实践教训了他们，工人斗争发展到以要求增加工资、缩短工时和改善劳动条件为主的经济斗争阶段。

1825 年，英国爆发了波及全国的第一次经济危机，有 75 家银行破产，3300 多家企业倒闭，大批工人失业。1829 年又出现严重歉收，经济萧条持续了四五年。危机期间，许多工厂停工，工资急剧减少，粮价飞涨，数百万人在挨饿。全国各地不断发生罢工和饥民暴动。

在斗争中，工人们建立了各种工会组织。1829 年，兰开夏纺织工人创建了纺织工人工会。1830 年，诺森伯兰和汉德的矿工建立了矿工工会。同年，纺织工人约翰·达赫蒂组建"全国劳动保护协会"，会员有 10 万人。这个协会出版了《人民之声》周报，宣传 10 小时工作日法案，并支持各地罢工斗争。

这个时期，格拉斯哥、曼彻斯特等城市罢工运动汹涌而起。在西南重镇布里斯托尔，群众烧毁了 40 多所政府机关和富豪住宅，控制城市达数天之久。农村的农业工人也不断暴动，要求提高工资。暴动从英国南部和东南部迅速蔓延到北部、东部诸郡。起义者到处散发署名为"斯文大尉"的函信，其中宣称："今年我们要毁坏谷堆和打谷机，明年要向教会首领们进攻，后年要同政客们作战。"他们捣毁农业机器，烧毁地主庄园，使各郡贵族地主惶恐不安。

　　在工人组织逐渐壮大、工人斗争日益高涨的情况下，以工业资产阶级为主体的资产阶级激进派力图利用工人群众的力量来达到争取议会改革的目的。1830 年 1 月，伯明翰资本家托·阿特乌德创立了"伯明翰政治同盟"。类似的资产阶级组织在其他城市也相继出现。他们宣称，只有改革议会选举制度，才能改善工人的生活。工人们期待改革选举制度来摆脱贫困的处境，积极投入了议会改革运动。于是，工人运动同资产阶级激进派的民主改革运动结合在一起。

　　1831 年，伦敦木工洛维特和赫瑟林顿建立"工人阶级全国联盟"，出版《贫民卫报》，领导工人群众争取普选权的斗争。曼彻斯特、伯明翰、爱丁堡等地举行了成千上万人的群众大会。在诺丁汉，工人烧毁了城市碉堡。在伦敦举行了 10 余万人的示威游行。

　　在人民群众斗争的强大压力下，英国议会于 1832 年 6 月被迫通过改革法令。这个法令使工业资产阶级跻身于统治集团，无产阶级却一无所得。工业资产阶级在取得政权后，不仅拒绝给工人以选举权，而且公开与贵族寡头结成联盟，实行反对无产阶级的措施。

　　1834 年 8 月，英国议会颁布"新济贫法"，规定失业工人、破产农民必须进入特设的"劳动院"才能取得救济。他们进入劳动院后，不准外出，夫妻和父母子女之间必须分离，劳动繁重，生活恶劣，苦不堪言。无产阶级称劳动院为"穷人的巴士底狱"。

　　1832 年改革的结局和 1834 年新济贫法的颁布，激起了广大工人的极大愤慨，从而大大加速了他们的政治觉醒。工人们更加清楚地认识到资产阶级和无产阶级之间利益的对立。他们认为，只有继续斗争，取得选举权，把工人的代表选进议会，才能使工人群众摆脱贫困。英国工人的斗争进入了争取本阶级政治权利的斗争阶段。英国无产阶级作为一支独立的政治力量登上历史舞台。30 年代下半叶的经济危机，使无产阶级的处境更加恶化。于是，英国工人掀起了一场轰轰烈烈的、震动全国的宪章运动。

运动的三次高潮

　　1836 年 6 月，木工洛维特创建"伦敦工人协会"。次年 2 月，协会拟定了一份致议会的请愿书，提出六点要求：凡年满 21 岁以上的男子都有普选权；不记名投票，以保障选民运用其投票权利；对下议院议员候选人，不应当有任何财产资格限制；下议院每一议员应由国库每年付酬400镑（按季发给），以便工人和其他人能离职充当选区的代表；平均分配选区，全国分为200个选区，尽可能使每区居民人数相等，每区向议会派遣一名议员；议会每年改选一次。1838年5月，这六条要求以《人民宪章》的名义公布于众。此后，争取实现宪章内容的斗争就称为宪章运动。这六条要求成了宪章运动的政治纲领。为了领导这一运动，英国工人在各地组织了宪章派团体。宪章派领袖奥康瑙尔创办的《北极星报》是宪章运动的主要机关报。

宪章的六条要求就实质来说是政治要求。工人群众期望通过实现这六条要求达到社会变革的目的。他们认为，工人群众占全国居民的大多数，如果实行了宪章，工人获得了选举权，就可以选出自己的代表，在议会中形成工人的多数。这将会组成宪章派政府，实行有利于工人阶级的社会改革。工人群众把实行普选权视为争取社会解放和改善生活状况的途径。他们提出了"政治权利是我们的手段，社会幸福是我们的目的"的响亮口号。

广大工人还把宪章看作废除新济贫法、实行10小时工作制法案、提高工资、摆脱饥饿的手段。因此，《人民宪章》一经公布，就迅速得到工人群众的热烈拥护。工人群众纷纷举行集会和示威游行，要求实现宪章。宪章派号召工人群众在请愿书上签名。1838年5月28日，格拉斯哥有20万人参加群众大会。在曼彻斯特举行了30万人的群众集会。同年11月，宪章派领袖奥布莱恩等人发表了《告爱尔兰人民书》，其中写道："非常热烈地希望，我们的爱尔兰同胞能以巨大的热情，争取实现自己的宪章。"爱尔兰人民积极响应宪章派的号召，成为宪章运动中极富战斗力的一支队伍。

西北部工业区的产业工人是宪章运动中最先进的坚强的力量，利兹等新兴城市是宪章运动的基地。

早期宪章运动的队伍中，有着不同阶级和阶层的力量。以洛维特为代表的熟练的手工工人较早地参加了运动。他们是宪章运动中的积极力量。

资产阶级激进派也卷进了宪章运动。他们企图利用工人阶级的力量来废除谷物法和进一步扩大选举权，把更多的工业资本家选进议会，削弱土地贵族的力量。1837年春，已于1834年解散的"伯明翰政治同盟"又恢复活动。1838年11月，曼彻斯特工厂主科布顿和布莱特成立了"反谷物法协会"，后改称"反谷物法同盟"。他们向工人允诺，在废除谷物法和实行自由贸易后，将实行10小时工作制法案。这些资产阶级激进派人物把自己打扮成人民的"朋友"，掌握了一些地区的领导权。因此，在宪章运动开始阶段，宪章运动还没有与资产阶级民主运动分开。"工人的激进主义是和资产阶级的激进主义携手并进的。宪章曾是他们的共同的口号。"① 总起来说，宪章运动初期的阶级队伍比较复杂。

宪章派内部因斗争策略问题的分歧而分成两派：一派是以洛维特为首的"道义派"，它的阶级基础是伦敦熟练的手工业工人。洛维特是欧文空想社会主义的信徒，主张用和平宣传的手段争取普选权。另一派是以奥康瑙尔、哈尼等为首的"暴力派"，它的阶级基础主要是西北部的工业无产阶级，主张采用革命斗争的手段争取宪章的实现。暴力派内部也不一致，奥康瑙尔、奥布莱恩等人认为革命斗争是自卫的手段，哈尼等人认为革命暴力是工人胜利的条件。

宪章运动历经了三次高潮，延续 20 余年。每次高潮都与当时英国发生的经济危机有密切联系。

从 1837 年起，英国发生了持续 6 年的自然灾害，同时发生了波及全英国的经济危机。1837 年，生铁价格比 1836 年下跌 25%，棉布和尼龙出口分别下降了 17% 和 46%。破产企业从 1836 年的 929 家增加到 1837 年的 1668 家，即增加了 79%。大批工人失业，在业工人的工资大幅度下降。仅曼彻斯特就有 5 万名失业者。伯明翰有成千上万饥民。工资平均降低 1/3，有的甚至降低一半。广大群众的极度贫困，促进了工人运动的高涨。

宪章运动第一次高潮发生在 1839 年。在宪章派请愿书上签名人数达 125 万余人。同年 2 月 4 日，宪章派在伦敦召开第一次全国代表大会，命名为宪章派公会。出席大会的代表 53 人，除工人代表外，还有记者、法官、牧师、医生、小店主和商人 10 余名，还有几名资产阶级激进派代表。代表的社会成分复杂，必然产生观点的分歧，在斗争策略问题上进行了激烈的争论。和平宣传的斗争策略占了上风，而"暴力派"居于少数。洛维特当选为公会书记，"道义派"掌握了领导权。大会决议向议会呈递请愿书，要求实现人民宪章。

1839 年 5 月 7 日，宪章派公会将请愿书送交议会。7 月 12 日，议会否决了请愿书。这激起广大人民的强烈抗议。7 月 15 日，伯明翰工人进行罢工，占领城市两天之久。这次自发的罢工遭到了英国政府的镇压，并逮捕了一些罢工领导人和积极分子。

7 月 16 日，为了抗议政府的暴行并强迫政府接受请愿书，宪章派公会向

① 《马克思恩格斯全集》第 2 卷，人民出版社 1957 年版，第 517 页。

群众宣布，从 8 月 12 日起开始为期 1 个月的"神圣月"全国总罢工。可是，宪章派公会领导人洛维特表现动摇，于 7 月 22 日又改变决定，号召进行两三天的罢工斗争。兰开夏和约克郡的工人率先行动，罢工浪潮席卷其他各地。政府派遣大批军队残酷镇压罢工斗争，先后逮捕了奥康瑙尔、奥布莱恩等 450 人。9 月 12 日，全国宪章派公会被迫宣布解散。11 月 3 日，纽波特数千名矿工起义。他们试图武装劫狱，营救被捕的宪章派领袖文森特，中途遭驻军伏击，起义失败。至此，宪章派第一次运动遂转入沉寂状态。

1840 年 7 月，30 个城市的宪章派代表在曼彻斯特集会，成立了"全国宪章派协会"，詹姆斯·利奇当选为主席。协会设有中央机构及地方分会。每 10 人为一小组，小组每周聚会一次。协会会员必须填写志愿书，承认协会章程，缴纳会费，并参加所在地基层组织的活动。到 1842 年，这个协会在全英国设有 400 个分会，会员达 5 万人。恩格斯称它是"近代第一个工人政党"①。协会的成立增强了宪章派的战斗性。

40 年代初，宪章运动出现了一些新的特点。资产阶级激进派因害怕工人起义及其斗争规模，先后脱离了运动。以洛维特为首的"道义派"大多数人拒绝参加"全国宪章派协会"，另外组建了分裂主义组织"促进改善人民的政治和社会状况全国协会"。他们与资产阶级激进派合作，鼓吹通过教育来改善人民群众的生活状况。从此，宪章运动开始具有纯粹无产阶级的性质，运动的领导权转到奥康瑙尔派手中。

1841 年秋，英国发生了严重的经济危机。纺织工厂普遍开工不足。兰开夏郡约有一半工厂停工。失业人数迅速增加。连续 6 年的农业歉收，造成"饥饿的 40 年代"。据统计，当时有 120 万人陷于饥饿境地。各地不断发生饥民暴动。这大大加速了宪章运动新高潮的到来。

1842 年，宪章运动出现了第二次高潮。宪章派于 2 月 15 日拟定的第二次请愿书，明确表达了无产阶级的利益。它除坚持原有的政治要求外，还提出了提高工资、废除新济贫法、支援爱尔兰独立等许多新要求。请愿书写道："工作时间，特别是工厂工人的工作时间，超出了人们所能忍受的限度之外，而在工厂窒息的、不健康的条件下劳动所得的工资，完全不足以维持体力及让工人得到在耗尽肉体精力之后所需的方便条件。"请愿书还指出社会贫富的惊人悬殊："请愿人知道女王陛下每日收入 164 镑 17 先令 10 便

---

① 《马克思恩格斯选集》第 3 卷，人民出版社 1972 年版，第 397 页。

士供她自用，而无数劳工家属据可靠统计，每人每日只有 3/4 便士生活费。"请愿书最后警告议会说："不可不考虑这个运动会转变为暴力和革命，假如不顾我们的申诉而且忽视请愿书的话。"这一切表明，宪章派具有较高的无产阶级政治觉悟。在这次请愿书上签名的有 330 万余人。

宪章派于 1842 年 5 月 6 日把请愿书送到议会，再次遭到议会的否决。

议会的否决激起了工人群众的新怒潮，宪章派协会宣布，从 1842 年 8 月 12 日起开始"神圣月"总罢工。斯培福德等郡的矿工开始罢工，因为他们在罢工中敲坏锅炉塞子，又称"塞子运动"。这一斗争迅速席卷北部工业区，并蔓延到苏格兰和威尔士。曼彻斯特方圆 50 英里以内的工厂都进行了罢工。8 月中旬，工人群众还占领了斯托克港的劳动院。直到 8 月下旬，普雷斯敦、哈利法克斯等许多地区仍坚持斗争。

9 月，英国政府调派大批军队前往罢工地区进行镇压。约有 1500 余名宪章派积极分子和领导人被捕入狱。进步报刊均被查封。白色恐怖笼罩全国。罢工工人被迫复工。此后宪章运动转入较长期的低落阶段。

在 1843—1847 年的低潮时期，英国经济开始复苏，部分工人脱离了政治斗争。全国宪章派协会会员减至三四千人。一些地区的宪章派组织趋于瓦解。宪章派内部又出现了分裂。奥康瑙尔一度放弃了争取宪章的斗争。他于 1845 年建立了"土地合作社"，号召工人集资购买土地，成为小私有者。但是，这种小生产经不起资本主义的竞争，办了三年即告破产。到 1848 年，奥康瑙尔本人倾家荡产，工人的股金也化为乌有。

这时，只有以哈尼为首的左翼坚持宪章派的革命立场，继续为争取宪章而斗争。在马克思、恩格斯的帮助下，哈尼等左翼于 1845 年 9 月同流亡伦敦的各国革命者一起创建了"国际民主派兄弟协会"，哈尼当选为书记。这个协会对当时的一切重大的革命事件都表示自己的意见，并经常声援其他国家的革命活动。协会促进了无产阶级的国际团结。

厄内斯特·琼斯于 1846 年初参加宪章运动。他积极从事巡回宣传工作，并在《北极星报》上发表了大量诗歌和政论文章，激励广大工人的斗志。他是宪章运动晚期的一个最有才干的领袖和出色的鼓动家，深受工人群众的爱戴。他积极主张加强英国工人的国际联系，并于 1847 年同哈尼一起参加了历史上第一个国际无产阶级政党"共产主义者同盟"。此后，英国宪章派的斗争与国际无产阶级的斗争联系更加密切了。

宪章派的斗争迫使统治阶级作出某些让步。英国议会于 1846 年废除了谷物法，并于 1847 年颁布了 10 小时工作制法令。这些胜利使宪章派大受鼓舞。

1847 年秋，英国又发生了经济危机。这次危机比前两次更猛烈，1848 年 1 月，英国完全失业的人数达 400 万人。农业歉收。1847 年，有 30 万爱尔兰人死于饥饿。广大劳动群众生活非常困苦。在 1848 年法国二月革命的影响下，英国工人的革命情绪日益高涨。从 1848 年 4 月起，宪章运动形成第三次高潮。

1848 年 3 月初，由哈尼、琼斯等人组成的宪章派代表团到达巴黎，向法国临时政府表达祝贺。他们致辞说："我们感谢你们为被压迫人民自己解放自己作出了榜样，并且告诉你们，法国的范例在英国人民的心中是不会消失的。我们有自己的基佐，我们将像你们一样，再也不会容忍他们了。"返回英国后，哈尼、琼斯等宪章派左翼积极开展各种活动，揭露英国政府的反动政策，号召人民推翻内阁，解散议会，颁布宪章。

1848 年 3 月 6 日，格拉斯哥的失业工人在高喊"不给面包就革命"的口号下举行群众示威，示威者遭到军队的枪杀。这一事件激起各地工人的愤怒。伦敦、伯明翰等许多城市纷纷举行盛大的群众集会。仅曼彻斯特就有 25 万工人参加。伦敦、曼彻斯特等不少城市发生了工人与军警的搏斗。整个英国大有"山雨欲来风满楼"之势。

在工人革命情绪高涨的情况下，宪章派展开了第三次在请愿书上签名运动，签名人数达 197 万余人。这次请愿书宣布劳动是一切财富的唯一来源，劳动者对于自己的劳动果实应享有优先权，人民则是权力的唯一源泉。宪章派还提出了建立共和国的要求。

1848 年 4 月 4 日，在伦敦举行第三次全国宪章派代表大会。大会预定 4 月 10 日在伦敦肯宁顿广场召开群众大会，并举行游行示威向议会呈递请愿书。

英国政府下令禁止游行，从各地调来军队，在重要街口安放大炮，并委任在滑铁卢战役击败拿破仑的威灵顿公爵为伦敦驻军的总司令。除正规军外，还调集一支为数 17 万人的特种警察队，其中就有法国未来的皇帝拿破仑三世和后来的英国首相威廉·格莱斯顿参加。

4 月 10 日这一天，四五十万工人蔑视政府法令，群集肯宁顿广场召开大会。政府派军警包围会场，打算血腥镇压工人斗争。在紧急关头，奥康瑙尔惊慌失措，放弃领导，力劝工人各自解散回家。这次示威半途而废。宪章派队伍陷于分裂。

当时奥康瑙尔、奥布莱恩等人主张同资产阶级激进派合作。但是，哈尼、琼斯等宪章派左翼号召人民武装起来，继续斗争。从 4 月到 5 月，宪章派在曼彻斯特、格拉斯哥举行了有 10 万人参加的群众集会；在西雷丁有 8 万人参加集会；在纽卡斯尔、伯里、利物浦等许多城市也都举行了盛大的群众集会。苏格兰建立了"国民自卫军"；爱尔兰也积极筹备武装起义。

英国政府害怕宪章派重新起事，于 5 月 13 日下令解散全国宪章派协会，并开始大逮捕。琼斯于 6 月 7 日被捕入狱。到 9 月，约有 500 余名宪章派领袖和骨干分子被关进监牢。宪章运动遭受了严重挫折。从此，它丧失了广泛的群众性。

复兴宪章运动的斗争

在 1848 年 6 月琼斯被捕入狱后的两年期间，复兴宪章运动的斗争是由哈尼领导的。在马克思、恩格斯的支持下，哈尼于 1849 年同奥康瑙尔等人断绝了联系，并退出《北极星报》编辑部。

步入 50 年代后，哈尼等宪章派左翼对宪章运动的任务有了新的认识。哈尼指出，宪章派"要求宪章，绝不退让"的旧口号，已经不够了，工人需要宪章，还需要更多的东西。1850 年 11 月，哈尼创办的《红色共和党人》周刊上发表了《共产党宣言》第一个英译本。在反动势力笼罩整个欧洲的情况下，宪章派报刊仍继续宣传科学社会主义思想，这是哈尼等宪章派左翼的重大功绩。但随着革命形势进一步低落，哈尼动摇了，在 1852 年秋脱离了工人运动。

1850 年 7 月，琼斯刑满出狱，受到广大工人的热烈欢迎。在马克思、恩格斯的影响下，琼斯力图在社会主义的基础上复兴宪章运动。他前往英国许多城市进行宣传活动，沿途会见宪章派老战士，帮助他们恢复地方组织。由于琼斯的积极活动，1851 年 3 月召开全国宪章派代表大会，选出新的执行委员会。这次大会通过一个新纲领，琼斯是它的主要起草人。

新纲领确定了宪章派组织是英国工人运动的组织者和领导者的地位。新纲领写道，"宪章派组织应该站在被压迫阶级的保卫者的前列"，应该"促使千百万群众团结成一个坚实的整体并按照正确的方向发挥集体的力量"。新纲领强调把宪章运动同科学理论结合起来，指出："如果宪章运动不与社会科学相结合，结果将要遭受完全失败。"纲领非常重视保持宪章派组织的独立性，在纲领导言中写道，宪章派的首要任务是"保持宪章派组织有别于其他一切政治运动或结盟的独立性"。

纲领强调指出，把国家政权转到工人阶级手中，乃是改造社会的首要条件。纲领写道，"城乡政权应归人民执掌"，"要打击各种垄断统治，袭击他们的每一个堡垒，并予以彻底的破坏，因为摧毁了垄断者的社会大厦，其残余部分就危如累卵了"。

宪章派认为，工人阶级在夺取政权后必须进行社会改革。如果不同时进行社会改革，那么政治改革就不会有成效。纲领阐述了工人阶级的社会任务，并指出应把工人群众从剥削制度下完全解放出来。纲领写道："劳工是国家财富的创造者，因而是国家繁荣的最重要因素。但是……创造者迄今是创造物的奴隶，劳工一直是资本的奴隶，并且呻吟在雇佣奴隶制度的压迫之下……劳工必须从它现在被压迫的状态中解放出来。"

为了实现上述社会任务，纲领在"土地法""劳动法"等条目中提出实行土地国有化、废除国债、取消阶级特权、创办劳动者生产合作社等措施来改造旧社会。此外，纲领还提出教会与国家、教会与学校分离，普及初级义务教育和免费高等教育的要求，提出政府要关心丧失劳动能力的公民并保障其生活的问题。

由上述内容看，纲领的无产阶级性质是很明显的，它包含了社会主义政党纲领的不少特征。尽管它尚未提出大工业及交通运输业的国有化问题，但是它毕竟表明，宪章运动在同科学社会主义相结合的道路上前进了一大步。

琼斯为了宣传和实现新纲领，于1851年5月创办了《寄语人民》周刊。马克思被邀请主编该刊的经济专栏。该刊发表了许多革命文章，对提高英国无产阶级的思想觉悟起了有益的作用。琼斯在该刊发表的文章中指出，只有在劳动的代表者把政权掌握在自己手中的时候，劳动的解放才能实现。马克思对这个刊物评价很高，他认为，"英国党最杰出的领袖"厄内斯特·琼斯所办的《寄语人民》，"是一个真正的宝库"①。

琼斯于1852年5月把《寄语人民》改编为大型周刊《人民报》。该报把那些坚定的宪章派分子团结起来，通过他们在各大城市建立行动委员会和报纸工作人员联络网。

1853年是英国阶级斗争重新激化的一年，罢工浪潮席卷全国。这一年春

---

① 《马克思恩格斯全集》第28卷，人民出版社1973年版，第470页。

季，在利物浦有 5000 工人罢工；在斯托克港有 3.5 万工人罢工。同年六七月间，兰开夏郡工人在"提高工资 10%，决不退让"的口号下，掀起了罢工斗争。伦敦砌石工人，多弗莱 5000 名矿工，吕德沃斯、西雷丁、利兹附近的矿工，以及其他许多地区的成千上万工人都展开了罢工斗争。这些斗争取得了成效，资本家被迫给工人提高工资 10%。

这个时期，宪章派领袖力图使经济罢工与政治斗争结合起来。1853 年 6 月 26 日（星期天），在琼斯领导下，哈利法克斯 25 万工人游行示威，要求实现人民宪章。同年 7 月，纽卡斯尔、爱丁堡、伦敦、伯明翰等城市也举行了要求实现宪章的群众大会。8 月，普雷斯敦的纺织工人为要求增加工资而进行了罢工。9 月，该城资本家以解雇 2.5 万名工人的手段破坏罢工；宪章派动员全国力量支援，罢工坚持达 9 个月之久。

1853 年 11 月，琼斯拟定了一个发动群众的新方案，试图通过建立一个名为"群众运动"的广泛群众性组织，把各地工联会、宪章派小组以及未加入组织的工人群众联合起来，以便使全国各地的罢工斗争采取统一行动。他主张这个组织应由行将定期召开的"工人议会"来领导。1854 年 4 月 6 日，在琼斯的倡议下于曼彻斯特召开了"工人议会"。琼斯当选为主席，马克思被选为名誉代表。马克思因事未能出席大会，向大会发了贺信。

同年 6 月，琼斯到工厂区巡回宣传，号召工人阶级为掌握政权，为使宪章变为国家法律而斗争。1855 年夏季，全国宪章派协会改组，选出了新的执行委员会，琼斯当选为委员。琼斯力图扩大宪章派的影响，领导了反对政府禁止星期日交易法案的斗争。这个法案企图剥夺工人在星期日自由活动的权利。伦敦工人连续 4 个星期日占领了海德公园，举行大会抗议这一方案的发布。马克思于 7 月 1 日也参加了约有 20 万人出席的群众大会。在工人的强烈抗议下，英国政府被迫取消了这个法案。

为了加强宪章派与各国革命者的联系，琼斯于 1855 年 1 月同流亡英国的欧洲民主派一起创建了"国际委员会"，琼斯当选为主席。

50 年代末，由于英国经济的蓬勃发展，宪章派复兴宪章运动的斗争未获预期的成效。琼斯本人发生了动摇，放弃了宪章运动的纲领，于 1858 年，与资产阶级激进派结成联盟，后来把宪章派刊物《人民报》也卖给资产阶级分子。随之，全国宪章派协会完全停止了活动，一场延续 20 余年的宪章运动退出了历史舞台。

19 世纪英国三次议会改革

程西筠

英国进入 19 世纪以后，进行过三次全国范围的议会改革。这些改革是产业革命引起的巨大经济变革及随之而来的社会各阶级、各政党之间力量对比变化所提出来的必然要求。经过改革，逐步清除掉几百年遗留下来的议会制度中的积弊和腐败现象，确立了工业资产阶级的政治统治，削弱了贵族势力。改革过程中旧的政党受到改造，议会下院权力增强。这些变化使议会制度更适应 19 世纪英国资本主义发展的需要。

改革前的议会

英国议会从 13 世纪出现到资产阶级革命的近 400 年间，总的说来是作为封建君主制度国家机器的一部分存在的。当时的议会尚无相对正规的制度可言，议会无常规会期，无关于选民资格的统一规定，无明确、合理的选区设置，选举公开进行。1688 年政变确立起君主立宪政体以后，虽然法律规定议会是国家最高立法机构和最高权力机构，王权受宪法约束，但由于这一政体是在资产阶级和新贵族妥协的基础上产生的，所以几乎直到 1832 年改革以前，议会实际上受着王权、贵族寡头势力操纵，其本身并未因法律地位的改变而受到改造。

这种现象首先表现在议会的选举区上。从中世纪以来，英国议会选区就一直划分为城市选区和郡选区（指广大农村地区）两大类，另有个别大学选区。城市选区大多是由复辟国王查理二世（1660—1685 年在位）以前的一些君主根据宫廷需要而陆续指定的，为了便于控制，指定的这类选区多系中小城镇。1832 年以前，城市选区主要分布在英国东南部、南部、西南部地区，因为这些地区在中世纪末期经济贸易发达，王权、贵族势力强大。英格兰和威尔士的 203 个城市选区中，105 个集中在南部沿海各郡，特别是康沃尔郡。两类选区，不问地域大小，人口多少，几个世纪以来，基本上都一直享有向议会选派两名议员（威尔士地区郡选区各选派 1 名）的权利。

产业革命以后，国家经济重心逐渐由日趋衰落的东南向煤铁矿藏丰富、动力资源充足的西北、北部地区转移。新兴地区人口猛增。东南部地区，特别是那里的中小城镇的人口相对或绝对地减少。这些已经衰落，但由于贵族支持仍在议会占有席位的城市选区，在英国历史上称为"衰败选区"。其中人口很少、完全由控制选区的特权人物指派议员的，又称"袖珍选区""口袋选区"。1831 年，英格兰南部 10 个郡共 326 万人口，拥有下院 325 个席位；同时，北方 6 个郡已拥有 360 万人口，仅占有 68 个议席。"衰败选区"最多的康沃尔郡有 30 万人口，占 44 个议席；而新兴工业区兰开郡的 133 万人口仅有议员 14 人。一些新兴的工业城市，如伯明翰、曼彻斯特等，在 1832 年改革以前，完全没有选派议员的权利。而一些衰败选区，或是已经人烟稀少，如康沃尔郡的勃西尼选区，只剩下了几间草房，9 名选民中 8 人是一家；或是已成荒丘，如怀特郡的萨勒姆；或是已沉入北海，如埃塞克斯的党维奇。但每届选举，这类选区的选民仍回到他们的"选区"，甚至乘船出海，照旧各选派两名议员进入下议院。

议会改革以前，对选民资格也从来没有过明确、统一的规定。城市选区和郡选区互不相同。城市选区本身也因其地位、发展历史不同而各异。对郡选区，1430 年，国王亨利六世曾颁布一项法令，规定凡年净收入在 40 先令以上的自由持有农享有选举权。但几百年过去了，随着圈地运动和农业革命的发展，农村阶级分化导致农村自由持有农人数急剧减少，郡选区选民人数越来越少。到 1831 年，英格兰和威尔士两地区的郡选区选民人数总共不过 25 万人。

城市选区原有的选民资格规定十分烦琐。从中世纪以来，各城市选区都陆续作出过各自不同的规定。到 1832 年改革以前，这些选民资格大致可归纳成四种：一是以在选区有住房、缴纳教区税、不领取救济金为选民条件；二是以在选区有地产保有权为条件；三是由选区的市政团体确定选民资格；四是所谓"自由人"① 有选举权。改革以前，这种种资格界限并不明确，也未认真执行。大多数城市选区的议员主要是由控制选区的皇亲国戚和贵族寡

① 　通过 7 年学徒，或通过继承，或由市政团体授予的一种身份。

头们指派，在衰败选区尤其如此。康沃尔郡全部城市选区的选民不足千人，却向议会选派 42 名议员。其中，20 名议员由控制选区的 7 名上院贵族指派，21 名由 11 名下院议员指派；只有 1 名议员是通过所谓选举产生的。由于对选民资格的种种限制，英格兰和威尔士的城市选区选民总共不足 19 万人。1831 年，联合王国总人口已达 2400 万，选民总数约 48 万，仅占总人口的 2%。

被选举权的资格限制更严。1710 年一项法令规定，郡选区被选举权的财产资格是每年有 600 镑不动产收入，城市选区是 300 镑。这项规定在第一次议会改革以后很久才取消。

选举中营私舞弊的现象很普遍。指派议员，拿议席做交易，甚至公开拍卖议席都是司空见惯的现象。18 世纪末，平均 2000 镑可以买到 1 个议员席位。1807 年，在约克郡，议员席位最高价格卖到过 10 万镑。最早的英国首相沃波尔（1721—1742 年执政）、国王乔治三世（1760—1820 年在位）都是这方面出名的能手。恩格斯曾一针见血地揭露英国选举制度的腐败："下院通过它的贿选问题调查委员会宣布下院是靠贿赂选出来的……没有一个人能够说自己不是靠贿赂而是由选民自由地选出来的。"[1] 这样组织起来的议会，只能是贵族特权阶层的工具，没有什么代表性可言。

1832 年改革

英国从 1688 年政变以后，开始了资本主义社会的巨大发展和改造。18 世纪以来，圈地运动以更大规模进行；掠夺性的对外贸易，使英国商人、殖民侵略者大发横财；万恶的奴隶贸易给利物浦的奴隶贩子们带来了巨额收入。资本的原始积累，推动了工场手工业迅速发展，并为产业革命的发生创造了条件。随着经济的发展，大商人、大银行家、手工场主和农场主等中等阶级和手工业者、工匠等手工工人的队伍迅速壮大。中等阶级在发财致富的同时，深感政治上无权之苦。特别是产业革命的勃兴，使他们愈来愈迫切要求政权，要求在议会中有他们的代言人。争取议会改革的运动，正是他们首先发动的。

争取议会改革的斗争，最早从 18 世纪 60 年代随产业革命兴起就开始

---

① 《马克思恩格斯全集》第 1 卷，人民出版社 1957 年版，第 687 页。

了。60—80 年代，主要是中等阶级激进派的运动。威尔克斯事件是这场斗争的导火线。

1760 年即位的英王乔治三世是个专制狂。他即位后，肆意践踏代议制原则，利用特权，从拥护他的托利党贵族中任命大臣，组成"国王之友"内阁，推行反动政策，激起普遍不满。1762 年，下院议员约翰·威尔克斯发行《北不列颠人》报，猛烈抨击国王。1763 年 4 月，该报著名的第 45 期刊登一篇匿名文章，指责国王有使王权凌驾议会之上的意向。国王大为恼火，命令查封刊物，剥夺威尔克斯议员资格。此后威尔克斯几度被捕入狱。

国王的高压和议会的屈从激起公愤。1769 年，伦敦中等阶级激进主义者组织起"《权利法案》拥护者协会"，要求扩大选举权，组成真正有代表性的议会。这是最早争取议会改革的组织。1771 年，又出现了"伦敦宪法协会"。此后，类似组织如雨后春笋，在其他城市纷纷出现。斗争的结果，有几名改革派议员被选入议会。

在北美独立战争胜利和《独立宣言》发表的影响下，争取改革的斗争进一步发展。1779 年，约克郡地主克里斯朵夫·维伟尔成立"约克郡改革者协会"。协会会同其他地主向议会递交请愿书，要求给城乡中等阶级以选举权。几乎同时出现的"威斯敏斯特协会"提出了更激进的要求，内容和后来宪章运动的六项要求基本一致：成年男子普选权；议会每年改选一次；平均分配选区；秘密投票；取消议员财产资格；议员支薪。

1776 年 10 月，著名的伦敦激进主义改革家、诺丁汉郡一乡绅之子约翰·卡特莱特发表抨击文章《抉择》，从而赢得了"改革之父"的称号。在《抉择》中，他要求议会每年改选，要求男子普选权等。1780 年他成立起"宪法通讯促进协会"，积极开展斗争。1789 年法国资产阶级革命给了英国激进主义运动以新的推动。"宪法通讯促进协会"在全国各地纷纷建立支会，宣传中等阶级激进派议会改革的主张。但随法国革命深入发展，中等阶级担心革命的烈火会燃烧到英国，因而逐渐退出了争取改革的运动，消沉退却了。

90 年代，争取改革的激进主义运动进入一个新的阶段：工人激进主义兴起并投入斗争。1792 年 1 月，成立了以鞋匠托马斯·哈第为首的"伦敦通讯协会"，其成员主要是小商人、手工艺人及普通劳动者。这是第一个工人阶级激进主义组织。它在斗争目的和斗争方法上，基本上是中等阶级激进主义的追随者。另一个工人激进主义组织"设菲尔德宪法协会",受潘恩《论人权》① 思想影响,要求更激进。它不满足于请愿,主张组织示威游行,甚至诉诸武力。工人激进主义运动遭到政府严厉镇压,组织被查封,领导人遭逮捕。1794 年,小皮特政府停止实施人身保护法。1800 年,它又禁止工人结社。在政府摧残下,争取议会改革运动转入低潮。

1815 年对拿破仑战争结束后,国家经济陷入极度困境。内阁为维护土地贵族的利益,强行颁布"谷物法",限制粮食进口。这不仅置广大群众于饥饿边缘,也直接损害工业资产阶级的利益。在这种形势下,一度沉寂的中等阶级激进派运动重又活跃。此时,工业资产阶级已构成中等阶级激进派的主体。工人阶级更积极地投入斗争,并于 1818—1819 年,在伯明翰、曼彻斯特等大城市同资产阶级一起组织声势浩大的集会,要求改革议会选举制度,取消谷物法和禁止工人结社的法令。

为了掌握对运动的领导权,1829 年,银行家阿特乌德组织起"伯明翰政治协会"。1831 年,工人、小手工业者以木匠洛维特为首建立了"工人阶级全国联盟",工人阶级著名活动家赫瑟林顿出版《贫民卫报》,宣传改革。1830 年 10 月,威灵顿托利党内阁倒台,辉格党首领格雷伯爵受命组阁。格雷属右翼辉格党人,他的"地位和本质都是贵族式的",对旧制度有着偏爱。他的内阁成员,除四人外,其余的都是上院贵族。那四名阁员,也都或是贵族后裔,或是后来升了贵族的。格雷之所以能以"和平、紧缩和改革"作为内阁的奋斗目标,是因为他正确地预见到,在当时国内外形势(法国刚刚经历过 1830 年七月革命)下,为巩固已经到手的政权,扩大辉格党的统治基础,必须对中等阶级的要求作一定让步,只有这样,才能为制止进一步的改革打下坚实的基础。

在这种思想指导下,格雷内阁于 1831 年 3 月向下院提出了一份议会改革法案。法案的主要起草人是辉格党人约翰·罗素勋爵。罗素并非激进主义者,但他主张改革议会。法案提出取消 60 个衰败选区的席位,减少 47 个衰败选区的席位,另减少 1 个联合选区的席位。空出的 168 席,分给英格兰 97 席,威尔士 1 席,苏格兰 5 席,爱尔兰 3 席,多余的席位取消。英格兰有 7

---

① 托马斯·潘恩(1737—1809 年),资产阶级民主主义者,出生在英国贫苦家庭,1774 年迁居北美殖民地宾夕法尼亚。1789 年法国资产阶级革命爆发时他正在法国,后曾被选入立法会议。他的《论人权》发表于 1791—1792 年,主张人人都具有与生俱来的平等政治权利。

个大工业城市可各得两席，20 个中等城市各得 1 席。原来的议席数字减少了，而新兴工业城市的要求又不能得到满足。对此，格雷解释说，他的目的并不是要增加新兴城市的席位，而只是要革除弊病，并减少议席，以平衡下院的党派势力。由于提案较大幅度地削减了衰败选区的数量，定出了符合中等阶级要求的选民财产资格，因而它得到中等阶级激进派的拥护。但辉格党、托利党贵族都认为提案走得太远了。因而在议会下院讨论时，只得到 1 票多数。政府遂解散议会。在大选后的新议会中，改革派议员以 136 票多数在下院占了优势。

1831 年 6 月，内阁提出第二个法案。在选举资格方面，法案采纳了张多斯侯爵提出的一项补充条款，即建议给予年净收入 50 镑以上的任意租地农以选举权，其目的在于增强土地贵族在农村的社会支柱。第二个法案在下院较顺利通过，交到上院后，竟遭到否决。消息传出，群情激愤。中等阶级激进派纷纷行动起来，向政府递交请愿书、抗议书。伯明翰政治协会、工人阶级和其他劳动者全国联盟在许多大城市组织抗议集会。激进主义者弗朗斯·普赖斯组织起"全国政治同盟"，支持政府的改革，建议取消衰败选区。但是它号召用"和平的、体面的、有用的"方式斗争。工人激进主义者则在酝酿建立武装，甚至提出进军伦敦，声援改革。在格拉斯哥、布利斯托尔等地，工人群众袭击了反对改革者的住宅。

为了平息群众情绪，保住已取得的成果，内阁于 1831 年 12 月提出第三个法案，又遭到上院否决。格雷决心不再让步，遂于 1832 年 5 月 8 日宣布辞职。国王拟请托利党威灵顿组阁，激起中等阶级和工人群众普遍不满。要求改革、反对威灵顿的群众运动浪潮迅速高涨，形成了"五月危机"。议会内的改革派也加强斗争。在内外夹攻下，国王被迫收回成命，召回格雷。托利党贵族纷纷退出上院。1832 年 6 月 4 日，法案终于在议会通过，7 日获国王批准成为法律。

改革法的正式名称是"英格兰和威尔士人民代表修正案"。法令全文共82 款，12 张附表，详细写到了改革的具体内容、选民登记的种种规定以及涉及的郡、城市名单等。

对选区的调整和议席的重新分配，改革法决定取消 56 个人口不满 2000的衰败选区及其选派的 111 名议员名额；30 个人口在 2000 到 4000 之间的选区各减少 1 个议员名额；另有 1 个联合选区的议员名额由 4 个减至 2 个。空出来的 143 席，分给人口增多又无议员席位的大中工业城市和一些名额不足的郡。曼彻斯特、伯明翰等 22 个新兴工业城市第一次取得了各向议会选派两名议员的权利，另有 21 个城市各选派 1 名。新选区的增设，部分地满足了工业资产阶级和其他中等阶级的要求。另外的 65 个席位增补给郡选区。给北方一些郡选区增补席位，既是适应西北、北部地区发展的需要，也是对托利党的妥协。还有 13 个席位分给了苏格兰（8 名）和爱尔兰（5 名）。改革后的下院仍是 658 名议员，其中英格兰、威尔士共 499 席，苏格兰 54 席，爱尔兰 105 席。

关于选民资格，在郡选区，除继续保留 1430 年规定的年净收入在 40 先令以上的男性自由持有农的选举资格外，改革法新规定，凡年净收入在 10 镑以上的公簿持有农或租期在 60 年以上的租地农，凡年净收入在 50 镑以上、租期在 20 年以上的租地农或每年真诚按时纳租 50 镑以上的任意租地农①，都享有选举权。在城市选区，除有条件地保留某些古老选举权外，改革法新规定，凡在其居留地占有年净值 10 镑以上的房屋者，得享有选举权。改革法还规定，凡在选民登记前一年期间受教区赈款或其他救济金者，就丧失了选举议会代表资格。由于选民资格的改革，整个联合王国的选民由原来的 47.8 万人增加到 81.4 万人。

1832 年议会改革的重要意义在于，它通过调整选区，整顿和扩大选举权，打破了贵族寡头势力在政治上的长期垄断，向新兴的工业资产阶级和其他中等阶级打开了通往政权的大门。这次改革堪称为英国近代政治制度发展史上的转折点。它率先向贵族长期控制的旧选举制度发起了攻击，并取得初步成果。随之而来的改革接二连三，使英国议会得以逐步摆脱贵族的统治，扩大资产阶级民主。

就具体成果而论，这次改革也还只是一个开端。贵族的政治势力还远没有被击败，中等阶级得到的权力有限，人民群众的要求则根本没有提上日程。衰败选区只取消一部分，选民增加不多。1833 年英格兰和威尔士的选民总数为 65 万，比改革前仅增加 22 万人。连格雷本人都不得不承认，他的政府"通过了一项太贵族化的方案"。这次改革只不过是初步的，面临的任务还很繁重。

---

① 指没有时限的、地主可以随时退佃的土地租佃农。

1867 年改革

　　1832 年改革首先使工人阶级失望。他们是争取这次改革的一支主力军，但改革使他们一无所得。他们被资产阶级的欺骗伎俩所激怒，决心为争取自身的政治权利而独立进行斗争。1836 年 6 月，成立了以威廉·洛维特为首的"伦敦工人协会"。1837 年 6 月，协会签署了一个争取普选权的纲领性文件，提出六点要求，中心内容是普选权问题。1838 年 5 月，这个文件提交下院，称为《人民宪章》。此后，工人群众就在全国各地掀起了争取实现人民宪章的轰轰烈烈的宪章运动。由于工人阶级尚不够成熟，到 40 年代末 50 年代初，宪章运动最后以失败告终，"工人阶级的活动被推到了后台"①。工人阶级的要求未能实现。待工人运动再度活跃于政治舞台，已经是 60 年代以后的事了。

　　1832 年改革也只是部分地满足了工业资产阶级的要求。他们只是同贵族分享政权，实际上贵族势力在议会里仍占优势。从 1832 年改革到 1867 年改革中间的 11 届内阁，其首相和阁员大臣的绝大部分仍是贵族。直到 1865 年大选时，还有近半数议员受贵族势力控制。地方立法机构也仍握在贵族集团手中。恩格斯确切地指出："甚至 1832 年的胜利，也还是让土地贵族几乎独占了政府所有的高级职位。"②

　　但是，到 19 世纪三四十年代，随着产业革命的完成，英国资本主义经济有了巨大发展。铁的产量 1800 年时为 25 万吨，到 1850 年激增至 200 万吨，占当时全世界生铁产量的半数。煤的产量由 1816 年的 1600 万吨激增至 1856 年的 6500 万吨。机器制造业已发展到用机器制造机器。工业发展促进了对外贸易，英国成了名副其实的"世界工厂"。农牧业经过技术改良，生产水平也显著上升。采用先进技术的大农场到 19 世纪中叶在农业部门已占优势。为了满足工业资产阶级降低原料和粮食进口税的要求，1846 年，在激进的自由贸易派推动下，皮尔保守党政府废除了谷物法，开放谷物自由贸易。1849 年，罗素辉格党内阁又废除航海条例。这些法令，特别是谷物法的废除，是自由贸易原则对保护关税主义的重大胜利，是工商业资产阶级对土

---

① 《马克思恩格斯全集》第 22 卷，人民出版社 1965 年版，第 318 页。
② 《马克思恩格斯选集》第 3 卷，人民出版社 1972 年版，第 399 页。

地贵族的重大胜利。开放自由贸易，极大地刺激了工业发展，使工业资产阶级攫取巨额财富，掌握了国家的经济优势。但"甚至在谷物法废除以后，那些取得了胜利的人物，科布顿们、布莱特们、福斯特们①等等，还不能正式参与统治国家"②。贵族在政治上的权力还很大。这种不相适应的情况，使继续进行立法机构的改革势不可免。

1832年至1867年争取议会改革的斗争，大致可以19世纪60年代为界划分两个阶段。60年代以前，争取议会改革的斗争主要在议会内部进行，它同政党的改选密切联系在一起，呈现出错综复杂的过程。

英国资产阶级革命以后，一直交替执政的托利党和辉格党，到19世纪30年代至50年代，先后逐渐演变为保守党和自由党。两党的演变不仅在于名称的改变和组织机构的扩大和完善，更主要的是它们的社会基础在逐渐发生变化。在18世纪时，两党主要代表贵族集团的利益，主要是议会内部的两大政治集团。到19世纪中叶，国家的社会经济发生了巨大变化，英国已经成为以自由贸易为国策的工业社会。恩格斯说："自由贸易意味着改革英国全部对内对外的贸易和财政政策，以适应工业资本家即现在代表着国家的阶级的利益。"③两大政党要继续维持其统治，就必须去适应已经变更了的现实，以工商业资产阶级的利益为依归，使自己由贵族的政党转变为代表近代资产阶级的政党。为取得工商业资产阶级的支持，就必须满足他们对政权的要求。由此可见，两党的改造、再建，其实质是同议会改革的实质一致的，当然，改造的过程并不是那么自觉，那么一帆风顺，中间掺杂着两党利益的矛盾和斗争，以及两党同工人阶级、广大群众之间的斗争，但改造毕竟是沿着这样一个方向前进的。

在保守党改造过程中主要发挥作用的是罗伯特·皮尔和本杰明·迪斯累里。皮尔早在19世纪20年代就倡导自由主义改革；30年代在塔姆沃斯宣言（竞选演说）中表示接受1832年改革；1846年宣布废除谷物法，终于导致保守党分裂。皮尔派以后加入了自由党。迪斯累里1848年成为保守党领袖。他1846年还激烈反对废除谷物法，因而同皮尔分手；但20年以后，他自己终于也意识到，要巩固党的统治，同对手竞争，必须依靠强大的工业资产阶

---

① 这三人是英国工业资产阶级中倡导自由贸易的代表人物。
② 《马克思恩格斯选集》第3卷，人民出版社1972年版，第399—400页。
③ 《马克思恩格斯全集》第22卷，人民出版社1965年版，第318页。

级，必须给他们以政治权力。

自由党的改造，是 19 世纪 50 年代末通过以罗素、帕麦斯顿为代表的旧辉格集团，以格莱斯顿为代表的皮尔派和以布莱特为代表的激进派的联合最后实现的。在旧辉格集团衰落以后，格莱斯顿成了自由党的首领。在激进派支持下，格莱斯顿进行了一系列适应工业资产阶级需要的自由主义改革，从而给自由党打下了坚固的基础。

这样，正是随着两党的改造，议会改革问题又提上日程。还在 40 年代末，议会里就响起了激进派要求改革的呼声。为了取得他们的支持，1852 年 2 月，辉格党内阁首相罗素勋爵正式提出一项议会改革法案。法案除要求把城市选区选民资格扩大到年纳税额在 5 镑以上的房屋占有者，把郡选区选民资格扩大到年净收入在 20 镑以上的任意租地农、年净收入 5 镑以上的公簿持有农和长期租地农以外，还新规定，凡每年缴纳所得税 40 先令以上的城乡居民均得享有选举权。实现这一条款，将大量增加城市选区的选民。

1854 年 2 月，罗素任皮尔派阿伯丁联合（辉格党人）内阁外交大臣时，又提出一项改革法案，稍稍提高了财产资格，把上次提出的城区选民年纳税额提高到 6 镑，而且规定在该选区要居住两年半以上。此外还规定，不论在城市选区或郡选区，凡有一定薪金收入，或在基金会、英格兰银行或东印度公司有债券、存款，或具有大学毕业学位者得有选举权。选区调整方面，主要是建议继续取消衰败选区，增加大城市的议席。

罗素的第二个提案较第一个略有后退，但两个提案的主要目的都在于满足资产阶级激进派的要求，继续增加城市选区的中等阶级选民，以扩大辉格党的统治基础。第二个提案的新增条款显然是要限制没有固定职业的、未受过高等教育的下层劳动群众。提案自然得到激进派的支持。但两个提案都不仅遭到保守党的反对，被认为提案的目的不是要扩大民主，而是要扩大辉格党的影响，而且也受到辉格党内部保守势力，特别是帕麦斯顿的非难，他认为罗素把城区选民的财产资格降得太低，这将增加政治生活中的不稳定因素。

辉格党内部在改革问题上的分歧，给保守党人提供了机会。为了打破对方改革问题上的垄断，德比保守党内阁财政大臣迪斯累里于 1859 年 2 月也抛出了一个议会改革法案。他的法案未能触动城市选区原定的选民资格，但主张把郡选区任意租地农选民的财产资格降至 10 镑，以扩大保守党在农村的基础。此外，迪斯累里新规定一种城区选民资格，目的在于把城区选举权扩大到知识阶层和自由职业者，以博得他们对保守党的支持。格莱斯顿支持这个法案，激进派反对，认为法案应当降低城区原定的选民资格。

1859 年 6 月，帕麦斯顿组成辉格党内阁。1860 年出任外交大臣的罗素勋爵提出了 1832 年议会改革以后他的第三个改革法案。这个法案基本上重复了 1852 年法案的要求。罗素并未指望法案得到通过，他只不过是最后向激进派表示一种姿态。本来一直反对议会改革的帕麦斯顿这次却支持这个明知通不过的提案，他的目的是维护不久前才同罗素建立起来的友谊。最后，在保守党、辉格党议员一致反对下，罗素于 1860 年 6 月自动撤回了自己的提案。

60 年代以后，争取议会改革的斗争进入一个新阶段。一方面，虽然议会改革运动一再碰壁，资产阶级激进派布莱特等人并没有停止斗争。但由于对两党在议会内进行的无成效的斗争失望，激进派把他们的目光转向工人阶级和劳动群众，建议后者采取联合行动。他们希望借助群众的力量达到自己的目的。另一方面，英国工人阶级在 50 年代沉静一段之后，60 年代初重又走到政治斗争的前台。在当时形势下，他们决心以争取普选权为斗争的中心任务，并于 1865 年 3 月组成了争取议会改革的"改革同盟"。当时第一国际刚刚成立，马克思、恩格斯非常关注英国工人运动，并全力支持工人阶级争取普选权的斗争。他们深刻了解工联主义思潮和资产阶级激进主义在工人运动中的影响，为了争取对改革运动的领导权，并把英国工人阶级争取到国际一边，马克思、恩格斯赞同工人阶级在争取普选权的斗争中同资产阶级激进派结成联盟。1865 年 5 月 13 日，在伦敦圣马丁堂举行了工人和激进派联合的"全国改革同盟"成立大会。同盟由激进派布莱特和比尔斯担任领导，设 12 人组成的常务委员会，由资产阶级激进派和工人阶级各 6 人组成。同盟提出了普选权、秘密投票的要求，并在全国各大城市设立分支机构，展开了争取选举改革的斗争。

1865 年，帕麦斯顿病死，罗素继任首相。此时罗素已是 74 岁老翁，格莱斯顿是自由党的实际首领。皮尔派格莱斯顿，本来是一个"贵族政治原则的坚定信仰者"，但是为了取得党内激进派的支持，在当时群众要求改革的呼声下，罗素和格莱斯顿于 1866 年 3 月提出了一个新的改革法案。法案规定，在城市选区，凡年净值在 7 镑以上的房屋占有者和年交寓所内的居室租金在 10 镑以上的房客享有选举权；在郡选区，年净收入 14 镑的租地农享有选举权。对选区的调整，提出削减居民在 8000 人以下的城市选区议席，增加大工业城市席位。这个提案是经过精确计算的，城区选民资格降到 7 镑而不是过去曾经建议过的 6 镑，将既能给工人阶级上层以选举权，又不致对统治阶级造成威胁。格莱斯顿还提出移居到城市的原公簿持有农、长期租地农应回到其土地所属的郡选区投票，目的是在郡区抵消支持保守党的任意租地农选民的影响。

迪斯累里和自由党内的反对派勾结起来，反对格莱斯顿的提案，目的在于推翻自由党内阁。布莱特支持这个提案，参加"全国改革同盟"的工联领袖奥哲尔等人也支持，背弃了关于普选权的要求。1866 年 4—5 月，伦敦工人纷纷集会，抗议工联领导人的妥协行为，坚持要求普选权。

1866 年 6 月，保守党击败了对手，组织起德比—迪斯累里内阁。从 1866 年 7 月到 1867 年 3 月，伦敦、曼彻斯特、伯明翰等城市数以万计的群众组织大规模集会、游行；"全国改革同盟"的地方组织也纷纷活动，要求改革，要求普选权。在改造保守党的过程中，迪斯累里已深深感到，要振兴保守党，最根本的是要使党顺应时代潮流。在群众运动推动下，迪斯累里于 1867 年 3 月 18 日再次提出议会改革法案。他的法案比格莱斯顿的法案本来并无明显进步，因而遭到对手的激烈反对。但迪斯累里已下决心要让第二次改革法案在他手中通过，所以在讨论过程中，他吸取了激进派提出的一系列修正案，对原提案作了大幅度修改，终于使法案在 7 月 15 日最后通过，1867 年 8 月 15 日经维多利亚女王批准，成为法律。

1867 年议会改革法正式名称是"1867 年人民代表制度法"（英格兰和威尔士）。法令共 61 款，主要内容规定：在城市选区，凡纳税的房屋持有人，居住寓所内不提供家具，年净值在 10 镑以上的居室、居住期在 1 年以上并照章纳税的房客，得享有选举权。在郡选区，凡年净值在 5 镑以上的公簿持有农和长期租地农，凡每年缴纳租金在 12 镑以上的任意租地农，得享有选举权。选民资格降低，使全联合王国的选民由 136 万增至 246 万，增加百余万人。选区的调整：取消 4 个城市选区的议席，38 个城市选区议席由 2 席减为 1 席。曼彻斯特、利兹、伯明翰和利物浦各 3 席（但选民只能投 2 票）。增加 10 个新城市选举区，除 1 个选区得两个议席外，其他各得 1 席。另两个选区各两个议席，1 个联合选区分为两个，各有两个席位。增设一些新的郡选区，各两个议席，伦敦大学 1 席。此后，议会又为苏格兰和爱尔兰制定了类似的法律。

这次改革得来不易。就从 1852 年算起，也拖延了整整 15 年。改革法案一再被提出，又一再被否决，最后，终于在广大工人阶级和劳动群众的推动下，在德比—迪斯累里保守党内阁任内得以实现。这个漫长的过程，反映出两党改造的艰难道路。

随着历史的发展，议会改革越来越成为政治生活日程上必须解决的问题。再一次的议会改革，一直是城乡工商业资产阶级的要求。改造中的保守党和自由党，一方面，为争取他们的支持，竞相充当他们利益的代言人；另一方面，由于两党各自内部不同集团以及互相之间的矛盾斗争，加之双方都不愿在改革问题上走得太远，因而出现了欲行又止、欲罢不能这样反复曲折的复杂过程。1867 年的改革法，显然是工商业资产阶级对土地贵族、金融贵族的又一次胜利。由于降低了选民资格，他们的要求得到了满足。工人阶级上层也得到了选举权，但他们是"甘愿充当'伟大的自由党'的尾巴"[1] 在政治舞台上活动的。广大下层劳苦大众仍被排斥在政权之外。

1884 年改革

随着 1867 年议会改革法的颁布，保守党似乎是取得了对自由党的胜利。其实不然。自由党首领格莱斯顿不甘心在 1867 年改革问题上的被动地位，为了压倒对方，议会改革后，他立即展开了紧张的活动。对爱尔兰的议员许诺要解决爱尔兰的宗教问题；向激进派议员宣扬自由党人对进一步改革的设想。到 1868 年大选前夕，他更对广大群众进行蛊惑人心的宣传，决心同迪斯累里一决高低。大选结果，自由党获胜，格莱斯顿组织起他的第一届自由党内阁。

19 世纪 70 年代以后，英国在世界经济中的工业垄断地位逐渐丧失。经济地位下跌使两大政党的政策更加接近。两党经过改造，都已经发展成为代表近代资产阶级利益的政党。不同的是，保守党同土地利益集团有更多的联系，自由党则较多地反映出工业资产阶级的要求。在政策上，格莱斯顿内阁为了适应经济发展和资产阶级的需要，着力在国内推行一系列改革措施。1872 年，内阁通过了秘密投票法，作为对 1867 年改革法的补充。在这之前，选举一直是公开进行。推选议员候选人，先在一定场所口头提名，之后举手表决，不管是不是选民都可以参加表决。表决后过一段时间，再在一定场所

---

① 《马克思恩格斯全集》第 19 卷，人民出版社 1963 年版，第 304 页。

由选民进行正式公开选举。由于竞选者的贿赂、恫吓，选民往往不能真正表达自己的意志。投票法的通过和实施，对完善选举制度有重要作用。

1880 年，格莱斯顿第二次组阁。继他第一届内阁期间一系列改革之后，在第二次内阁中他又提出了议会改革问题。1867 年议会改革法大大降低了城市选区选民资格，使工人阶级上层得到了选举权；但是郡区的选举权却没有扩大到这样的幅度，这样就产生了城乡选举资格不平衡的现象。为了缓和农村居民争取政治权利的斗争，同保守党争夺农村的选民，自由党协会全国总会在 1883 年酝酿了扩大郡选区选举权的问题。

1884 年，格莱斯顿向议会提出了新的第三次议会改革法案。法案于 1885 年经国王批准，成为法律，称为"1884 年人民代表法"（英格兰和威尔士）。法令的主要内容是把 1867 年确定的城市选区房屋持有人这一选民资格扩大到郡选区。原有郡选区的资格规定不变。这样一来，新增加的选民，比前两次改革增加的选民总数还要多，达到 250 万人。和 1867 年改革后的选民数加在一起，总数接近 500 万人。农村工人和居住在郡区的矿工都得到了选举权。

1885 年，议会又通过重分议席法，在英国历史上，第一次确定了按人口多少划分选区和分配议席。规定 5000 人以下的城镇不设选区；5000 到 5 万人口的城市得 1 个议员席位；5 万到 16.5 万人口的城市得 2 席；16.5 万以上的得 3 席。郡选区亦取相同原则，除特别情况外，按单人选区制，即 1 个选区选派议员 1 人。

以上是 19 世纪三次大的议会改革的概述。其间小的、局部的、一个方面的改革还很多。以后的改革也并未到此止步。1918 年，基本上实现了男（21 岁）女（30 岁）公民的普遍选举权，取消了一切资格限制。到 1969 年，选民最低年龄统一降低到 18 周岁。据 1970 年统计，英国选民总数达到 4000 万人。

纵观三次改革，尽管每次改革的历史背景不同，斗争中各阶级、各集团力量有强有弱，因而取得的成果也不平衡。总的说来，经过一次次改革，英国的资产阶级议会民主逐渐扩大，与经济基础的发展演变相适应，英国的政治制度也从 18 世纪的贵族政治逐步过渡到资产阶级社会民主政治。这是符合当时英国资本主义发展需要的。工人阶级和广大劳动群众关于普选权的要求，随改革的一步步发展，终于得以实现。但在资本主义制度下，普选权是为巩固资产阶级统治服务的工具，对劳动群众完全是有名无实的。

1848 年法国二月革命

韩承文

　　1848 年法国二月革命是由七月王朝的反动统治严重阻碍了法国资本主义
的进一步发展，导致了法国政治、经济的全面危机，并由此引起社会各阶级
的强烈不满与反抗所产生的结果，而两个普遍性的重大经济事件：马铃薯病
虫害和农业歉收，工商业总危机的发生，加速了革命的爆发。

　　二月革命是一次由资产阶级领导的，广大人民群众、特别是工人群众参
加的资产阶级民主革命。它的任务是推翻金融贵族的统治，建立资产阶级共
和国，为资本主义的进一步发展扫清道路。在这次革命中，由于广大人民群
众的英勇战斗，特别是无产阶级的积极参加，并在革命中创造了街垒战的武
装斗争新形式，从而推翻了七月王朝的统治，取得了革命的胜利，建立了资
产阶级共和国。

革命的历史背景

　　1830 年七月革命以后，金融贵族集团掌握了法国的政权。这个集团包括
银行家、交易所大王、铁路大王、大矿山主、大森林主以及与他们有密切联
系的大土地所有者。国王路易—菲力浦是金融贵族的代表。他本人就是大金
融资本家，直接参加过法国交易所经纪人和银行家的投机活动。这个统治集
团只实行有利于本集团的对内对外政策，成了"剥削法国国民财富的股份公
司"[①]。

　　七月王朝统治时期正是法国工业革命广泛展开的时期。在这个时期，法
国的资本主义有了很大的发展。在几乎所有的工业部门中，特别是纺织工业

---

① 《马克思恩格斯全集》第 7 卷，人民出版社 1959 年版，第 14 页。

中，机器生产已逐渐代替了手工劳动。代表当时先进技术水平的蒸汽机的使用由 1830 年的 616 台增至 1847 年的 5853 台；1831—1847 年，煤的开采量由 176 万吨增至 515.3 万吨；生铁的产量由 224 万吨增至 602 万吨。铁路建筑也大规模地展开，至 1846 年底，已通车的铁路线达 1535 公里，正在修筑的铁路为 529 公里。

在此期间，农业也有了一定的发展。耕地面积增加了几十万英亩，经济作物的耕种面积明显扩大。马铃薯成了人们生活中的主要食品，马铃薯的种植面积大为增加，在罗纳省、布列塔尼、香巴尼、塞纳河畔的巴尔以及普罗文斯山一带均有广泛种植；在巴黎以北的大农场、弗朗德勒、加来海湾和松姆河地区开始大面积种植甜菜。机器，如打谷机的使用，得到了普遍的推广。

但是，七月王朝所推行的政策和银行家同交易所经纪人的专横恣肆，严重影响了工业的发展。苏尔特内阁（1840—1847 年），特别是基佐内阁执政时期（1847—1848 年）是七月王朝最腐败、最反动的时期。他发给各种商业公司、工业公司巨额津贴、奖金；不断增加赋税，扩大纳税人范围；同时严厉镇压工人罢工，反对任何改革。基佐认为七月王朝是最理想的社会制度，执行有利于金融贵族的政策。

基佐政府所推行的政策严重损害了工业资产阶级的利益。

首先，金融贵族为了获取高额利润，往往将大量资本投入到金融信贷，而不愿投资于工业生产。这样一来，工业资产阶级便得不到必需的社会信贷，常常因缺乏资金而不能扩大再生产，甚至造成工厂倒闭。

其次，政府为满足大工厂主和大矿山主而推行的对外贸易政策和关税政策，导致了煤炭和金属价格的上涨。这无疑提高了本国工业产品的成本，削弱了它与外国产品的竞争能力，影响到本国产品的销售量，直接损害了工业资产阶级的利益。

最后，法国交通运输的落后状态，在某种程度上也阻碍了工业的发展。法国是在 1842 年才开始大规模地修筑铁路，到 1848 年初，法国使用的铁路为 1931 公里，德国已为 3424 公里。法国铁路的修建不是根据工业发展的需要，而是迎合金融贵族的投机需要。他们通过参加租让合同，铺设铁路，筑造港埠，巧取豪夺。修建铁路成为金融贵族发财致富的重要源泉之一。

基佐政府的政策不仅损害了工业资产阶级的经济利益，而且也削弱了他们的政治权利。基佐用贿赂选民和议员的办法，把议会变成政府的驯服工具。

七月王朝统治时期，在议会中代表工业资产阶级的议员约占半数，而到七月王朝末期却减少至 1/3。政府部长的位置均被金融贵族所垄断。在这种情况下，工业资产阶级要求改革的呼声高涨。可是金融贵族的专制统治，对任何一点点的政治经济改革都加以反对。基佐曾说，七月革命改换了朝代，但"在改换朝代时，它竭力使新王朝尽可能接近以前的王朝"。这就加深了工业资产阶级同金融贵族之间的矛盾，激起了工业资产阶级的反抗情绪。

基佐政府的政策还损害了小资产阶级和农民的利益。七月王朝统治时期，成千上万的手工业者和小业主由于大工业的竞争而纷纷破产，陷入贫困之中，不得不靠典当物品糊口。1847 年前半年，巴黎当铺所收的典当物品的价格与 1846 年同时期相比，超出了 49.7 万法郎。这说明城市贫民和小资产阶级的经济状况更加恶化。

农民中绝大多数是小土地所有者，他们负担着国家的各种苛捐杂税。政府每年要从农民身上榨取 5.6 亿万法郎，这个数目占国家预算总数的一半。再加上高利贷的盘剥和资本主义在农村中的发展，农村破产的情况十分严重。1848 年革命前夕，农民的抵押债务达 80 亿法郎。破产农民日益增加，他们都沦为衣食无着的无产者。

城市小资产阶级和农民反对七月王朝的斗争层出不穷。1844—1846 年，吉伦特郡、依塞尔郡、下罗亚尔郡、枫丹白露地区和谷特多郡的农民先后举行了起义。

金融贵族的残酷剥削和资本主义大工业的发展给工人带来了沉重的负担。工人的劳动日长达十五六小时，有时竟达到 18 小时。他们所得到的工资却不能继续维持最低的生活水平。里尔一个女工每星期的全部食物只有两公斤面包。工人的住宅是一些闷气、昏暗和潮湿的地下室。就是这样的住宅，工人还要支付 60 生丁至两法郎的租金。

工人还时时遭受着失业的威胁。由于经济危机而引起的工业企业的倒闭和铁路建筑的停工，使大量的工人被解雇。仅铁路停建一项被解雇的工人就达 78 万人。承受着失业、贫困和物价上涨等重压的工人，常常在贫病交加之下晕倒在街头。深受剥削和压迫的无产阶级为了活命，常常举行罢工，反对七月王朝的统治。19 世纪 30—40 年代，工人的罢工斗争此起彼伏、连续不断。

正是工业资产阶级、小资产阶级、农民和无产阶级的不断斗争汇成了反抗七月王朝的革命洪流。在反对七月王朝的斗争中形成的政治派别，尽管它们的政治观点与革命目的各不相同，但是都毫无例外地卷入到这个革命洪流中去。

以梯也尔和自由主义律师巴罗为首的王朝反对派，由奥尔良分子组成。他们多数是巴黎的大资产阶级，其中一些人是议员。这个派别只要求扩大选举权，进行社会改革，要求结束高利贷大王路特希尔德一帮人独揽大权的局面，改变七月王朝政府支持和追随神圣同盟的对外政策，恢复法国在外交上独立而光荣的地位。他们并不反对君主制，所以也被称为资产阶级君主派。

资产阶级共和派是由两个迥然不同的集团——以马拉斯特为首的《国民报》派和以赖德律—洛兰为首的《改革报》派所组成。《国民报》派是由一些具有共和主义思想的资产者——作家、律师、军官和官吏等所组成。它反对七月王朝的君主制，极力鼓吹共和思想；主张通过捍卫工业保护关税制度，摆脱外国的竞争，维护工商业资产阶级的利益；反对共产主义和社会主义。因此，《国民报》派得到了工业资产阶级的拥护。《改革报》派由愿意在某些问题上同工人联合的小资产者组成。他们不仅要求推翻七月王朝，建立共和国，而且主张实行某些社会经济改革，改善人民群众、包括工人群众的生活条件，实行普选权。

资产阶级共和派在反对七月王朝的斗争中比王朝反对派坚决些。但是，共和派对于革命具有两面性：当它遭到金融贵族的打击和迫害而感到痛苦时，便拥护革命，赞成革命，希望通过革命来改善自己的地位和处境；当革命深入发展，特别是当无产阶级勇猛地参加革命，并提出自己的政治要求时，它便立即感到革命是对自己的威胁，于是他们就害怕革命，阻止革命的发展，甚至公开反对革命。

社会主义派包括工人群众、城市贫民和一些空想社会主义者。其代表人物是布朗基和德萨米。布朗基主张通过暴力革命推翻资本主义制度，消灭一切剥削，建立共产主义社会。但他不理解无产阶级在革命中的作用，主张依靠少数知识分子，进行密谋式的斗争方法。1813 年，他成立了秘密组织"家族社"，1836 年改名为"四季社"，其目标是秘密准备武装起义，推翻金融贵族统治。

德萨米是当时空想社会主义著名的代表人物之一，他认为一切罪恶的根源是私有制，因而主张必须进行社会革命，消除私有制，建立公有制的新社会。在他领导下的这个派别是七月王朝最激烈的反对者。他们坚决要求推翻七月王朝，建立社会共和国，实行普选权，进行社会政治经济改革。

但是他们二人对于无产阶级缺乏正确的认识，加之无产阶级在当时还不够成熟，并深受形形色色空想社会主义、小资产阶级社会主义思潮的影响，致使他们认不清自己的斗争目标。因而，在二月革命中，无产阶级没能充当革命的领导者，而只是资产阶级的一个同盟者。

尽管这些派别的阶级立场和政治主张各不相同，但是，在革命斗争中，它们都暂时团结起来，共同对付摇摇欲坠的七月王朝。1839年至1840年，它们在巴黎和外省纷纷成立了拥护改革委员会，进行争取选举权的斗争。

1830年8月颁布的宪章规定，选民的财产资格为每年缴纳200法郎捐税。当时法国的3400万人口，只有22.5万人获得选举权。不仅广大工人群众，甚至大多数的中小资产阶级依旧没有选举权。这些派别的代表人物懂得，只有扩大选民范围，才能保持他们在两院中的席位。在这种情况下，这些反对派便掀起了争取选举改革运动的高潮，各派的代表人物联合起来组织了支持选举改革的示威游行，并且发起了宴会运动。

组织宴会是同政府进行斗争的重要方式之一。在宴会上，各个政治团体公开发表演说，并根据自己的政治观点发表抨击政府的祝酒词。工人群众支持这种宴会运动，有时他们也举行这种宴会。1840年7月1日，工人在巴黎贝尔维尔郊区举行了共产主义者宴会。这次宴会由德萨米主持，参加宴会的工人在祝酒词中提议："为无产阶级、为剥削者的牺牲品而干杯！""为平等分配权利和义务，为共同劳动和共同享受福利而干杯！"

从1845年起，马铃薯病虫害传到法国，马铃薯的总收成减少了25%，引起马铃薯价格迅速上涨。1846年的旱灾又造成豆类歉收。1847年从英国开始的经济危机迅速波及法国，使法国的工农业生产急剧下降，工厂倒闭，工人失业，产值锐减。据统计，1846年整个法国破产的工商业有3795家，1847年增至4762家。仅巴黎一地，1847年7月至1848年3月宣布破产者达719家。因工厂倒闭而失业的工人，在有些地区，如特鲁瓦、牟卢兹和亚眠等地，竟高达2/3以上。1847年铁路建筑停滞以后，有78万工人被解雇。在阿姆埃恩城有1万人找不到工作。在业工人的工资也降低了50%—60%。随着工厂倒闭，工业总产值急剧下降。以巴黎为例，1847年工业总产值为14.63亿法郎，到1848年则下降到6.77亿法郎了。

农业的歉收、地主和资本家的粮食投机，引起了农产品价格的猛涨。1846年100公升小麦的最高价格为22法郎，而到1847年5月末，就涨为38

法郎，在个别地区竟超过 50 法郎。在农产品价格日益上涨的情况下，农民为了活命，被迫借债，或者把自己的土地抵押出去。1848 年前夕，农民抵押负债达 80 亿法郎之多。

在经济危机的影响下，法国的财政危机日趋严重。1847 年法国财政赤字高达预算总额的 25%，即 24.7 亿法郎。在工业高涨时期，政府可以利用储蓄银行、地方金库和债券等对付财政赤字。可是在经济危机的情况下，政府便无能为力了，因为储蓄银行的储蓄已由储蓄者提取，国家税收也因大批工商企业倒闭、工人失业以及农民破产而受到严重损失。1848 年初国家短期债务已达 63 亿法郎。

笼罩着法国的经济危机，基佐内阁的反动统治，使阶级斗争日趋尖锐。广大人民和工业资产阶级要求改革选举制度、实行社会改革、反对王朝、建立共和国的宣传鼓动遍及全国。1847 年掀起了抢粮风潮。饥饿的群众捣毁地主的庄园，强占粮店，并打死了粮食投机商。工人群众不断举行罢工，1847 年南特市泥瓦工人的七月罢工最为突出，这次罢工斗争持续了 3 个月之久。

同时，酒税的保留也激起了广大人民群众的强烈不满。在法国“各个阶级分担的酒税是极不均衡的。对穷人来说，这是令人难以忍受的负担，而对富人来说，它所添的麻烦却微乎其微”[1]。因为最低级的酒和较昂贵的酒税额都一样；每百公升卖 2、3、4 法郎的酒和每百公升卖 12—1500 法郎的酒缴纳同等税金，这样一来，喝高级香槟酒、克拉列特酒和勃艮第酒的富人几乎不纳什么税，而喝劣等酒的工人却要向政府缴纳相当于这类酒价 50%、100%、有时甚至 500%—1000% 的税金。在这些税金中，有 5100 万法郎是由较贫穷的阶级缴纳的，而较富有者仅缴纳 2500 万法郎。这种状况必然导致社会的动荡和不安。

资产阶级各个反对派借群众运动高涨的形势，积极展开反对七月王朝的斗争，又一次掀起了宴会运动。1847 年 7 月 7 日，王朝反对派在巴黎举行了第一次宴会。参加宴会的有 1200 多人，其中包括 84 名下议院议员。这次宴会在全国引起了极大的反响，真正起到了政治动员的作用。从 1847 年 9 月到 10 月，共举行 70 多次宴会，共约 1.7 万人参加。

但是，以国王路易—菲力浦为首的金融贵族集团和基佐内阁却继续推行其独断专横的政治经济政策。1847 年 12 月 28 日召开的立法议会表明，金融

---

① 《马克思恩格斯全集》第 44 卷，人民出版社 1982 年版，第 4 页。

贵族统治集团不仅不同意对选举改革的要求作出任何让步，而且对议会反对派发动了进攻。路易—菲力浦在这次立法议会上发表了演说，声称反对派为改革而进行的努力和宣传是"敌对的和盲目的热情"，并且表示政府决不作任何让步。路易—菲力浦的讲话引起下议院的强烈不满。在这种情况下，议会反对派决定于1848年1月19日再次举行盛大宴会，展开声势浩大的选举改革运动。

路易—菲力浦认为选举改革运动对自己是一个严重的威胁，于是命令基佐内阁拒绝任何改革要求，严厉镇压全国各地的群众运动，下令禁止资产阶级反对派预定于1月19日在巴黎举行的宴会运动。

由于政府的阻止，1月19日的宴会改在2月22日举行，同时准备在这天组织一次和平的示威游行，抗议政府破坏集会自由。但政府下令禁止一切政治集会和游行，并且准备必要时使用武力。这时，"以奥迪隆·巴罗先生为首的左派胆小鬼，和往常一样，怯懦地退却了"①。而巴黎的无产阶级和广大人民群众是不甘心退却的。

2月22日早晨，他们冒着大雨，在指定地点马德林广场上集合。到11点钟时，200多人的示威游行队伍高唱《马赛曲》，高呼"改革万岁！""打倒基佐！"的口号绕过七月圆柱。游行队伍接近波旁宫——议员开会的地点时，守卫在索格拉西埃大桥的巴黎自卫军试图阻止游行队伍，但是被游行队伍冲散了。这时，游行示威者开始分散在邻近的各条街道上，拆毁桥梁，推翻公共马车，修筑街垒，用石块袭击军队，捣毁武器铺，从那里夺得了枪支和武器。

二月革命的经过

2月23日早晨，街垒战斗开始了。政府派国民自卫军镇压起义者。国民自卫军是由民兵队，一般亦称"公民—民兵"发展而来。后来它成为一支名副其实的有产者自卫军。路易—菲力浦统治时期，它是七月王朝的自卫军。但是在二月革命中，一部分国民自卫军同情革命，主张改革。所以当政府派国民自卫军镇压起义人民时，他们的情绪十分低落。在巴黎郊区，大部分国民自卫军没有按照命令到达守卫据点，而那些到达据点的也不愿同起义者作

---

① 《马克思恩格斯全集》第4卷，人民出版社1958年版，第545页。

战。国民自卫军中有一个军团竟向议会递交要求基佐辞职的请愿书。

国民自卫军同情起义人民的消息传到王宫以后，路易—菲力浦十分惊慌。他决定牺牲基佐，免除他的一切职务，以缓和当时的紧张局势。基佐垮台后，路易—菲力浦授权莫尔组阁，希望自由派中这个享有声望的人物能够帮助他平息资产阶级的不满情绪。基佐垮台和莫尔组阁的消息传出后，资产阶级反对派欢欣鼓舞，张灯结彩，以示庆祝。许多资产阶级的代表人物四处活动，劝说人民停止战斗。一位国民自卫军的军官向圣马丁郊区的居民说："一切都取得了良好的结果！"但是，巴黎无产阶级和人民群众再也不愿意听这些老爷们的说教了。起义者响亮地回答说："无论莫尔或者基佐，这对我们来说都是一样。"起义人民仍手持武器，守卫街垒。

2 月 23 日晚，在卡普茨林荫大道上发生的流血事件对战斗进程有着很大的影响。当部分国民自卫军与起义人民共同向基佐住宅推进时，受到步兵营的阻拦，他们把守着通向基佐住宅的所有入口和街道。示威游行者便派代表与营长谈判。但在谈判时，士兵向群众开了枪，当场 6 人被打死，几十人受伤。这一挑衅性的事件立即传遍全城。手持火炬的人群护送着装载尸体的大车，沿着巴黎工人住宅区缓缓地前进。队伍中发出了响彻云霄的呼喊声："拿起武器！他们杀死了我们的兄弟！"于是成千上万的工人、手工业者、大学生和其他劳动人民满怀仇恨，向七月王朝发动了进攻。由布朗基及共和派左翼秘密协会所领导的 4000 多工人，都积极地参加了这次战斗。工人住宅区的妇女和儿童不停地制造子弹，男人们修筑新的街垒。一夜间他们就筑起了 1500 多个街垒。起义者勇猛地攻下了科学院和工业部的哨所，并将其焚烧。土伊勒里宫附近的兵营也被焚烧了。

当起义形势急剧发展时，国王路易—菲力浦任命 1834 年 4 月血腥屠杀特兰斯诺南街居民而著称的"英雄"比若①元帅指挥军队。同时决定对资产阶级反对派作出一些让步，以稳定资产阶级和国民自卫军的情绪。他任命曾两次任内阁首相（1836 年，1839—1840 年）的梯也尔与王朝反对派的领袖奥迪隆·巴罗共同组织新内阁。2 月 24 日凌晨 2 时，国王将梯也尔召进宫内，向他解释了急于组成新内阁的原因，国王说道："我需要你们的声望。"

资产阶级君主派的领袖们完全同意参与这一反人民的阴谋，并且扮演了国王所希望他们扮演的可耻角色。梯也尔和巴罗到市区宣布了国王作出的新

---

① 又译毕若。

的让步，试图说服起义者停止战斗。但比若却趁机迅速地制订了战斗计划，他命令塞巴斯吉昂和贝多将军指挥的 5 支军队从四面八方向城市的中心据点同时发动进攻，拆除道路上的街垒，消灭其守卫者。比若要求士兵"不要吝惜火药和铅弹"。并且宣称："我终于有机会射击这些恶棍了。"

从 2 月 24 日开始，起义人民对政府的各个主要据点：市政厅、兵营、广场和哨所等，发动了猛烈的进攻。

这时，巴黎的城郊已被起义者占领了。一些郊区的居民占领了哨所，阻拦从外省调来支援政府的军队。在巴黎城内，政府的据点越来越少了。从 2 月 24 日早晨起，市政厅附近兵营周围的大部分地区已被起义者占领。政府军队开始撤出巴士底狱广场和文森城堡。上午 11 时，起义者又占领了格列夫广场。塞巴斯吉昂将军的纵队非常困难地打开了通向市政厅的道路，而贝多将军的纵队则被圣杰尼大街上的街垒所堵截，受到起义者的沉重打击。各军队之间的联系被切断，军队的士气越来越低落，比若的作战计划变成了泡影。

当梯也尔—巴罗新内阁组成的消息传出后，《改革报》的编辑部声明说："公民们，路易—菲力浦像查理十世一样地杀害我们，我们也让他像查理十世那样地被推翻吧！"

在这种情况下，比若的司令部开始动摇了。一些资本家，如大商人法维尔·杰利亚巴尔劝说比若放弃自己的计划，不要再使形势继续恶化。比若看到大势已去，便同意了他的建议，命令贝多将军停止战斗并退却。

在军队已失去作用，七月王朝覆灭在即的时刻，梯也尔慌慌忙忙地跑进王宫，企图说服国王路易—菲力浦再作出一些让步。路易—菲力浦只好根据梯也尔的建议，任命以自由主义而著称的拉莫里埃尔将军指挥国民自卫军。当拉莫里埃尔和巴罗又试图说服起义人民停止战斗时，街垒战士表示坚决反对。革命群众以高昂的"打倒梯也尔！打倒巴罗！打倒路易—菲力浦！"的口号声回答了国王的再次让步。被群众的怒吼声吓破了胆的拉莫里埃尔和巴罗躲进了深宅大院。

革命形势的发展，时时威胁着宫廷的安全。梯也尔又偷偷地溜进王宫，建议国王将军队、政府和议会从巴黎撤到外省，然后，利用外省的军队包围并炮击巴黎。路易—菲力浦拒绝了这一建议。因为路易—菲力浦还指望能鼓起军队的士气，以扭转危险的形势。为此，国王决定在卡卢谢尔广场阅兵。但在检阅队伍时，路易—菲力浦听到在喊"国王万岁"的欢呼声中还夹杂着

"改革万岁"的口号声，特别是当他检阅国民自卫军的队伍时，"改革万岁"的口号声更大了。这时，路易—菲力浦吓得面色如土，不知所措，情不自禁地小声说："我已经同意改革，已经同意了！"阅兵式刚结束，惊魂未定的国王便迫不及待地回到了王宫。

起义人民同军队的联欢加速了战斗的进程：市政厅被占领，官吏被清洗，并且开始了对王宫——土伊勒里宫的进攻。国民自卫军中的资产阶级分子和巴黎郊区市政机关官员竭力劝阻起义人民进攻土伊勒里宫。但是，秘密的共和社会主义团体"四季社"的领导人巴尔贝斯对起义人民的行动给予了有力的支持。他们在林荫大道上散发传单，告诫起义人民，不要忘记过去革命的经验教训。传单写道："公民们！你们又一次以自己的英雄行为战胜了专制制度。但是，你们在 1789 年 7 月 14 日、1792 年 8 月 10 日、1830 年 7 月 29 日都战胜过它，可是，你们每一次的胜利成果都被窃取了……让这些例子作为你们的教训吧！……迅速地采取果断的决定。立即进攻土伊勒里宫，夺取它……要特别小心，不要相信那些骗子，不要相信那些胆小如鼠、平庸无能的人……拿起武器，进攻土伊勒里宫！"

进攻土伊勒里宫的战斗开始后，路易—菲力浦已完全丧失了自己的意志。资产阶级记者埃米尔·日拉尔德向路易—菲力浦建议，拯救王朝的唯一办法是他自己宣布退位，立其年幼的孙子巴黎伯爵为国王，其母亲奥尔良公爵夫人为摄政王。事情决定后，国王及其家族当天便乘坐马车，在骑兵连的保护下，逃出巴黎，不久流亡到英国。

起义人民占领了土伊勒里宫后，他们把路易—菲力浦的半身铜像抛到窗外，撕毁比若的相片，并把国王的宝座搬到巴士底广场上的烈士纪念柱前焚烧了。国王宝座的被焚烧象征着君主制度的被埋葬。接着，起义人民高呼"共和国万岁"的口号到达议会所在地波旁宫。起义人民立即冲进会议厅。起义者登上讲台，高呼"打倒议会""共和国万岁"的口号，他们庄严宣布："既不要国王，也不要摄政王。共和国万岁！"然后驱散了立法会议，粉碎了资产阶级保留君主制的阴谋。起义人民取得了二月革命的胜利。

正当巴黎无产阶级和革命群众在焚烧王座、驱散立法会议的时候，资产阶级趁机窃取了革命果实。2 月 24 日晚临时政府在市政厅大厦宣布成立。临时政府由杜邦·德·累尔、拉马丁、阿拉戈、马利、克莱米约、加尔涅·帕热、马拉斯特、赖德律—洛兰、弗洛孔、路易·勃朗和阿尔贝 11 人组成，其中 2 人为王朝反对派，5 人为资产阶级共和派，2 人为小资产阶级民主派，工人代表 2 人，即路易·勃朗和阿尔贝。马克思指出："在二月街垒战中产生出来的临时政府，按其构成成分必然是分享胜利果实的各个不同党派的反映。它只能是各个不同阶级间的妥协，这些阶级曾共同努力推翻了七月王朝，但他们的利益是互相敌对的。临时政府中绝大多数是资产阶级的代表。"① 重要的职位都被资产阶级所窃取。

二月革命的性质与意义

法国二月革命就其性质来说，是一次资产阶级民主革命。所以，它具有鲜明的人民性。按照列宁的说法，这种革命虽然是资产阶级性质的，但在革命中，"人民群众，大多数人民，遭受压迫和剥削的社会最'底层'，都站起来了，提出自己的要求，要按照自己的方式建设新社会来代替正在破坏的旧社会，他们影响了整个革命的进程"②。在革命斗争中，无产阶级和广大人民群众提出了建立"社会共和国"，实现劳动权，成立劳动部，建立工业或农业劳动组织，人民享有集会、结社和出版自由等权利以及改善劳动人民状况等政治要求。

临时政府成立以后，不仅把直接领导起义的人排斥在临时政府之外，而且竭力拖延答复无产阶级和人民群众的要求。这就激起了广大人民群众的不满，他们又走上街头，举行示威游行，强烈要求临时政府满足他们的要求。临时政府被迫做了让步，颁布了民主法令和采取了一些民主措施。临时政府于 2 月 25 日宣布成立了普选制共和国；2 月 28 日成立了"工人问题委员会"，即卢森堡委员会③，决定成立国家工厂④；颁布了将巴黎工人的工作制缩短至 10 小时的法令；默认了工人有集会、结社和出版的自由；颁布大赦；废除参加国民自卫军的资格限制和法属殖民地的黑奴制的法令；3 月 9 日又下令取消了债务囚禁法⑤。尽管这些法令和措施是在工人的强大压力下颁布的，但毕竟具有民主性质，是工人群众在革命中所争得的成果。

---

① 《马克思恩格斯全集》第 7 卷，人民出版社 1959 年版，第 17 页。

② 《列宁全集》第 25 卷，人民出版社 1958 年版，第 403—404 页。

③ 工人问题委员会设在巴黎城郊的卢森堡宫，因而又称卢森堡委员会。

④ 国家工厂保障所有失业者就业，但不保证职业的性质。被招进国家工厂的工人无论有何技术专长，都被分派干修河造桥之类的简单体力劳动。

⑤ 按照此法，到期无力偿债的债务人必须进监狱。

　　在法国二月革命中，虽然小资产阶级、部分中等资产阶级都参加了反对金融贵族统治的斗争，但起决定作用的是无产阶级。这一点在二月革命的街垒战中表现得最为明显。无产阶级已经不是作为资产阶级的追随者，而是作为一支独立的政治力量参加革命，并担负起了推翻七月王朝的革命重担。在这次革命中，无产阶级创造了街垒战的武装斗争新形式，终于推翻七月王朝的统治。

　　当资产阶级迫于形势宣布建立共和国时，尽管法国的各个阶级、各个派别都按照自己的政治观点解释这个共和国：无产阶级要把它宣布为"社会共和国"，而资产阶级却要建立巩固其全面统治的资产阶级共和国，但是，在资产阶级窃取政权的情况下，这个共和国就只能是资产阶级的共和国，而不可能是无产阶级所要求的社会共和国。所以马克思说，它"只不过是旧资产阶级社会的一件新制舞衣罢了"①。

　　无产阶级在当时提出"社会共和国"的要求时，其概念也是比较模糊的。由于无产阶级发展得还不够成熟，并深受路易·勃朗宣扬"阶级合作"幻想的《劳动组织》一书的影响，他们错误地认为建立"社会共和国"就可以实现劳动权，就可以摆脱资本主义的压迫与剥削，甚至认为这种共和国可以同资产阶级合作去实现，而没有认识到资产阶级所宣布的共和国的实质，没有认识到在资产阶级掌握政权的共和国里是不可能实现劳动权的。因为资本主义的劳动组织就是雇佣劳动。在资产阶级的共和国里，绝不允许以其他方式组织劳动，也谈不上消灭压迫与剥削。纵然资产阶级为装饰门面允许几个工人代表参加资产阶级政府，但是，在私有制存在的前提下，工人阶级不可能得到解放，工人建立"社会共和国"的理想也不会实现。尽管如此，无产阶级所提出的建立"社会共和国"的政治要求和在革命斗争中创造的街垒战的武装斗争新形式，推动了革命的步步深入，影响了整个革命进程，丰富了革命内容。所以，二月革命要比 1789 年革命和 1830 年革命深刻得多，广泛得多。

　　法国"二月革命是一个漂亮的革命"②，它具有重大的历史意义。

　　首先，法国二月革命吹响了 1848 年欧洲大规模革命运动的号角，促进了各国革命运动的爆发。德国三月革命、米兰三月起义、维也纳三月革命、

---

①　《马克思恩格斯全集》第 7 卷，人民出版社 1959 年版，第 23 页。

②　同上书，第 36 页。

佩斯三月革命、波兹南三月起义和捷克三月民主运动等，都是在法国二月革命胜利的欢呼声中和本国革命条件成熟的条件下爆发的。不仅如此，法国二月革命的胜利还促进了英国宪章运动和爱尔兰人民民族解放运动的新高涨，加强了俄国人民反对沙皇制度和农奴制度的斗争。

不仅如此，它的影响还超过了欧洲，在西半球的纽约也引起了强烈的反响。纽约新闻界最有代表性的报纸《星期日报》对法国二月革命首先作出反应。该报评论道："人民的自由和独立事业从未赢得如此彻底的胜利。压迫者从未被如此彻底踩在被压迫者脚下。"《纽约每日电讯报》的总编辑说："这次推翻了欧洲最强大的封建王朝的大革命在其重要性和前途上无疑超越了最近几十年的任何一次革命。"

侨居美国的外国人对巴黎二月革命的反应也很强烈。3 月 21 日，爱尔兰人在纽约举行集会，他们邀请了"全世界各国、各民族的共和自由的朋友们"来参加集会。与会者发表了热情洋溢的讲话。3 月 22 日，侨居纽约的法国人和支持他们的其他国家的人民也举行了集会，并用三种文字发表了题为《欧洲革命万岁》的文章。

其次，法国二月革命中，巴黎工人和人民群众用街垒战的手段，推翻了路易—菲力浦的君主统治，为各国人民以武力推翻封建专制统治作出了光辉的榜样。正如恩格斯所指出的："由于这次革命获得胜利，法国的无产阶级又成了欧洲运动的领袖。荣誉和光荣属于巴黎的工人们！他们推动了整个世界，所有国家都将一一感到这一点，因为法兰西共和国的胜利就是全欧洲民主派的胜利。"①

最后，在具有全欧意义的二月革命中，虽然无产阶级是革命的先锋队，是革命胜利的主力军，并且迫使资产阶级宣布了共和国，为巩固二月革命的胜利成果进行了斗争。但是，革命的成果却被资产阶级所窃夺，将无产阶级排挤到政权之外。这表明：无产阶级和资产阶级之间的阶级斗争是不可调和的，阶级利益是根本对立的；资产阶级所建立的共和国只能是为资产阶级利益服务的工具；空想社会主义和机会主义，特别是蒲鲁东的阶级调和论和路易·勃朗的改良主义学说不仅不能成为无产阶级的理论旗帜，而且必将无产阶级引向流血的失败，并在无产阶级失败中宣告了自己的破产。所以，巴黎二月革命为后来的无产阶级革命斗争提供了宝贵的经验教训。

———————

① 《马克思恩格斯全集》第 4 卷，人民出版社 1958 年版，第 548 页。

1848 年 6 月巴黎工人起义

孙　娴

1848 年二月革命推翻了金融资产阶级及其政治代表路易—菲力浦的统治、建立了共和国之后，法国现代社会中两个直接对立的阶级——无产阶级和资产阶级面对面登上斗争的前台。1848 年六月起义就是这两大阶级之间的第一场大搏斗。

二月革命后的形势

二月革命之后，资产阶级临时政府掌握了政权。它迫于人民大众的压力，采取了一些民主措施，如释放政治犯，废除政治犯死刑，废除贵族封号，撤换了一些人民最痛恨的官吏和法官，取消了妨碍民主报刊出版的印花税，等等。但是在经济上，除了取消盐税之外，保留了其他一切捐税，临时政府还否决了向逃亡贵族或他们的后人收回复辟时期付给他们的 10 亿法郎的建议和征收累进所得税的建议。在国家财政极度困难的情况下，临时政府于 3 月 3 日通过法令，提前向国家债权支付利息。临时政府下令，储蓄银行的存款只付 100 法郎现款，超过的部分付给贬值的支票，使高利贷者得到好处。临时政府给银行券规定强制性的行价，使法兰西银行免遭破产。政府为了向法兰西银行借款，将国有森林抵押给它。这些高利贷者和银行家本是二月革命的对象，但临时政府却通过这些措施加强了他们的力量。

法国工人阶级，尤其是巴黎工人，为二月革命流血牺牲，做出很大贡献，而所得却甚少。

法国继 1845 年发生财政危机，1845 年、1846 年因农业歉收和马铃薯病虫害而引起的农业危机之后，1847 年工业也发生危机。失业工人急剧增加。法国北部的鲁贝城 1847 年共有工人 1.3 万人，1847 年 2 月有失业工人 4800

人，5月猛增至8000人，失业工人约占工人总数的62％。1847年底，全国的铁路工人和与建造铁路有关的各工矿企业的工人中失业者竟高达70万人。失业是法国工人面临的最严重的问题。二月革命后，临时政府没有采取任何措施切实改善他们的困难处境。

2月25日，巴黎工人派遣代表马尔什手执武器到市政厅，要求临时政府保障工人的劳动权。临时政府被迫当场起草法令，允诺给全体公民以工作，保证他们能以自己的劳动维持自己及家属的生活。但是临时政府未使法令付诸实施。2月28日，近两万名工人在市政厅前的广场上示威，要求组织劳动，成立劳动部。临时政府不敢完全漠视工人们的要求，决定成立政府劳动委员会，会址设在卢森堡宫，即卢森堡委员会。临时政府在成立该委员会的法令中声称，劳动问题是最崇高、最值得共和国关心的问题，政府应确保人民享受其劳动的合法成果。临时政府委任其成员、工人代表阿尔贝和路易·勃朗负责卢森堡委员会，实际上是乘机把他们排挤出政府。卢森堡委员会既无经费又无行政权，设一个由10名工人、10名企业主和一些政论家、经济学家组成的常务委员会，它不是工人所要求的劳动部，只是调解劳资之间纠纷的仲裁机构，对工人无多大益处，更谈不上保障工人的劳动权。

2月26日，临时政府颁布了成立国家工场的法令。国家工场由临时政府成员、公共工程部部长马利直接领导，主任是工程师艾米尔·托马。3月2日，国家工场开始招收工人。3月16日，国家工场有2.5万人，4月中旬增加到6.6万人，5月18日激增至11.5万人。

国家工场是按半军事性的编制组织起来的。由下士、中尉指挥工人。下士、中尉大多由退伍军人担任。国家工场的费用由国家支付。3月末，它的费用每天7万法郎；5月，每天15万法郎。5月22日，制宪议会投票表决给国家工场100万法郎的拨款，只够一周支出。费用虽然不断增加，但由于工人人数与日俱增，工人处境日趋下降。3月份，工人们每周工作3天，到4月中，每周只能工作2天。按规定，工人有工作时，每日工资2法郎，无工作时，每日领取1法郎补贴。因此，4月中旬，每个工人每周只能获得8法郎。资产阶级的国家工场不能保障工人的劳动权。工人们依赖资产阶级国家组织劳动的幻想逐渐破灭。

临时政府成立国家工场的目的是为了控制工人，与卢森堡委员会影响下的工人相对抗。但是国家工场的工人在后来的历次事件中都起带头作用，成为一支反对资产阶级的有组织的力量。

为了克服财政困难，3 月 16 日临时政府决定对土地、动产、门窗和营业4 种直接税每 1 法郎增收 45 生丁附加税。这项税收的负担主要落在农民身上。1789 年革命解除了农民的封建负担，而 1848 年革命却给农民增加了额外负担。在农民的心目中，二月共和国是一个收税的共和国。临时政府曲意宣传，说增收新税是为了建立国家工场，养活工人，国家工场是实行社会主义的第一步。资产阶级借此败坏社会主义的声誉，使农民站到无产阶级的对立面，致使无产阶级在反对资产阶级的斗争中孤军作战。

二月革命后，工业资产阶级虽掌握了政权，但无可靠的武装力量。国民自卫军处于改组阶段，尚未成为临时政府的支柱。而巴黎工人却掌握有武器，力量强大。临时政府采取了一系列措施，以对付工人。2 月 26 日，临时政府通过了成立别动队的法令。别动队由 15—20 岁的青年组成，每营 1000人，共 24 营，2.4 万人。他们主要是失业工人。临时政府让他们穿着特殊的服装，每天付给 1 法郎 50 生丁薪饷，指派常规军军官和资产阶级子弟任指挥官。巴黎工人未识破资产阶级成立别动队是为了分裂工人队伍，却把别动队看成是工人阶级的自卫队。

资产阶级认为自己的阵脚渐渐巩固起来，便对无产阶级一步步加强进攻。3 月 14 日，小资产阶级民主派、内务部部长赖德律—洛兰决定全体居民皆可参加国民自卫军，取消主要由资产者和有名望的贵族组成的特权联队。资产阶级担心国民自卫军中劳动群众成分增加会减弱他们的政治影响，因而于 3 月 16 日召集 1.6 万名国民自卫军举行示威，抗议内务部决定，沿途高呼："打倒赖德律—洛兰！"3 月 17 日，以布朗基①为首的 20 万名主要由国家工场和巴黎大企业中的工人组成的队伍，前往市政厅，支持赖德律—洛兰的决定，反击特权联队的行动。

工人们派代表团向临时政府表示，游行的目的是为了保卫政府，同时提出两点要求：为了做好选举制宪议会和国民自卫军军官的准备工作，要求选举延期，并把军队撤离巴黎。临时政府由拉马丁出面，同意推迟选举，并向群众说明，巴黎没有军队。群众对此回答深为满意，在"临时政府万岁""赖德律—洛兰万岁"的呼声中离去。临时政府看到群众游行包含着极大的

---

① 路易—奥古斯特·布朗基，法国工人运动著名领袖，坚定的革命家，空想共产主义者。二月革命爆发后，布朗基来到巴黎，组织了中央共和主义社。他反对临时政府定于 4 月 9 日举行制宪议会选举的决定，认为在人民没有觉悟、没有意识到自己利益之前举行选举，反动派必胜无疑。

威胁，便想方设法拉拢国民自卫军军官，加紧组织别动队。4月初，已有两个营队做好了行动准备。拉马丁派遣1名秘密代表到内格里埃将军处，命他组织300个外省国民自卫军营，危急时前来增援临时政府。

4月16日，工人们聚集在马尔斯广场和跑马场，准备国民自卫军总部的选举和募集钱财支援临时政府时，临时政府却制造谣言，说以卡贝①、布朗基、拉斯帕伊②为首的共产主义者在马尔斯广场集合了二三十万工人，手持武器向市政厅进发，准备推翻临时政府。

临时政府集合10万国民自卫军中的资产阶级营队、别动队和其他武装与工人对抗。"打倒共产主义者""处死卡贝、布朗基"的口号声响遍街头。他们袭击工人组织和卡贝住宅。翌日，这些人又走上街头，要求把军队调回巴黎。临时政府成员克莱米约表示，一定满足他们的要求。此后，国民自卫军中的资产阶级营队、别动队和军队经常联欢，禁止工人们谈论社会主义和组织劳动。

在这次事件后，4月23日举行制宪议会选举。选举前，工人领袖及各个工人组织积极宣传。布朗基成立了"中央选举委员会"，另外，约有200个工人和民主派的俱乐部组织了"俱乐部联合会"，亦称"制宪国民议会选举革命委员会"，在军队里和外省进行宣传，希望更多的工人代表、民主共和派当选。但是在法国公众中，尤其是农村，保王党人具有相当大的势力。资产阶级又对农民进行恶意宣传，挑拨他们同工人们的关系。临时政府还把4月16日事件歪曲为共产主义者妄图推翻临时政府的阴谋。这种种情况使得民主派、小资产阶级社会主义者和工人代表得票甚少，拉斯帕伊、布朗基、卡贝皆落选。资产阶级温和共和派占据了议会的大多数席位，在880名当选者中，他们有550名，占62.5%。在法国历史上，这次选举是第一次实行成年男子普选。工人们原以为普选权会给他们创造参政的机会，改善他们的处境。选举的结果使工人们大失所望。

5月4日，制宪议会开幕。5月10日，新选的执行委员会代替临时政

---

① 卡贝，法国空想共产主义者。写作小说《伊加利亚游记》，阐述自己的空想共产主义理论。他认为自然给人以平等的权利，愚昧无知破坏了和平，产生了私有制，社会的一切弊端都来源于私有制。他主张用和平方式建立共产主义。

② 拉斯帕伊，又译作拉斯拜尔，法国生物学家、化学家和革命家，参加过1830年革命，后来成为反对七月王朝的不懈战士。他积极参加1848年二月革命的街垒战，革命后创办了《人民之友报》。

府。执行委员会不包括工人代表阿尔贝和路易·勃朗，他们被排挤出政权机构。

此后，法国国内形势更为紧张。由于爱尔兰、波兰、意大利等国一些民主派和法国外省一些代表的要求，在俱乐部联合会主席于贝尔领导下，5 月 15 日，15 万巴黎工人举行示威游行，示威群众进入议会的会议大厅，要求议会通过声援波兰革命的法令，示威群众要求议会对此立即做出答复。布朗基、拉斯帕伊也参加了示威游行。布朗基还要求政府和议会关心恢复生产，给失业者提供工作和面包。议员们对群众的要求无动于衷，他们的态度激怒了人民。于贝尔走上讲台宣布解散议会。巴尔贝斯、阿尔贝和群众一起前往市政厅，准备成立新的临时政府。巴黎市长马拉斯特下令国民自卫军逮捕了巴尔贝斯、阿尔贝。15 天以后，布朗基亦遭逮捕。5 月 16 日，宣布成立由 2600 人组成的共和自卫军团，归警察局掌管。5 月 17 日，路易·欧仁·卡芬雅克①将军被任命为军事部部长。5 月 18 日，执行委员会命令国民自卫军占领由民主派科西迪埃主管的警察总署。这样，国民自卫军、警察和共和自卫军团等武装力量都被执行委员会控制。5 月 22 日，又把军队由巴黎郊区调回城内。同日，封闭了布朗基领导的中央共和主义社和拉斯帕伊领导的人民之友俱乐部，工人们失去了自己的领袖和组织。卢森堡委员会也被解散了。

资产阶级和无产阶级之间第一次大搏斗

经过两个多月的较量，资产阶级已经占了优势。此后，资产阶级对工人的进攻越来越公开了。

5 月 15 日事件后，国家工场成为攻击的主要目标。执行委员会成立后接替马利任公共工程部部长的特霄拉说："现在的问题只是要劳动回复原有的状态。"5 月 17 日，君主派的《国民议会报》写道："危险不断地在威胁我们，当国家用钱赡养 10 万人只是为了教会他们叛乱时，又怎能不担心混乱呢？谁不知道国家工场是无政府主义和掠夺的支柱？"

4 月底，临时政府曾拟定一个法律草案，由国家强行向私人企业赎买铁路。5 月 17 日，财政部部长迪克勒尔克向制宪议会提出，由国家赎买铁路，

---

① 卡芬雅克原属资产阶级共和派，复辟王朝时期参加烧炭党。1832 年被派往阿尔及利亚，1848 年任阿尔及利亚总督，制宪议会议员。

让无工可做的人去铁路劳动以解决国家工场问题。制宪议会中不少人从维护金融寡头和企业主的利益出发，反对铁路国有，反对保存国家工场。铁路国有化问题便和国家工场问题交织在一起了。

5月20日起，制宪议会开始讨论国家工场问题。23日，特雷拉向托马下达了执行委员会的决定：（1）号召18—25岁的未婚男工志愿参军，凡拒绝者立即从国家工场工人名单中除名；（2）巴黎工人立即重新登记，凡不能证明自己5月24日之前已在巴黎居住6个月者，将被除名，不能领取工资和补助金；（3）把工人名单提交给企业主，企业主有权选择他所需要的工人，工人如拒绝接受雇佣，将立即从国家工场的总名单中除名；（4）未被除名者或暂时留在国家工场中者，按计件工资计算；（5）尽早组织工人生产小队开往外省从事巨大的国家工程。国家工场主任托马同情工人，反对这种做法。5月26日晚，执行委员会将他解职。

在执行委员会和制宪议会之间存在着一定的矛盾。制宪议会视执行委员会成员为二月革命的人物，对之怀有一定疑虑。执行委员会则想暂时利用一下二月革命时的同盟者巴黎工人以对抗制宪议会。特雷拉原想立即取消国家工场，现改变主意，采用逐渐取消的办法。制宪议会则对执行委员会施加压力，责令它尽早解散国家工场以挽救铁路方面的私人财产。

5月25日，君主派分子法卢在制宪议会下设的劳动委员会上发言说："假使工人要反抗，难道我们没有国民自卫军，没有正派工人，没有企业家？"5月29日，法卢代表该委员会向制宪议会报告，提出以计件工资代替计日工资，把外地来巴黎的工人遣回原地。法卢对国家工场的评价是："从工业的观点看，国家工场不是别的，而是一种持续性的罢工，是每天花费17万法郎，亦即每年花费4500万法郎组织的罢工；从政治观点看，它是具有威胁性骚动的积极策源地；从财政观点看，它是一种经常性的、毋庸置疑的浪费；从道德观点看，它是对工人的光荣纯洁的品格的腐蚀。"法卢并建议对工业提供一笔款项。5月30日，制宪议会根据法卢报告通过法令，改组国家工场，以计件工资代替计日工资，在塞纳省居住不满3个月的工人遣送外省，向私人和省市企业拨款以恢复生产。

6月3日，该法令公布，巴黎工人深为不满。制宪议会为防止工人示威，于6月7日通过反对街头示威游行的法令，规定只要人群中有一人携带武器，便视为武装游行，参加者受严惩，监禁两周至10年不等。对夜间集会的参加者，惩处更严。政府加紧军事防范，卡芬雅克命令充实别动队人员，频频从外省调军队来巴黎。6 月 13 日，卡芬雅克命令里尔"立即将杜埃和阿腊斯的全部干粮储备运往巴黎"。

6 月 15 日，议会委任了一个专门委员会，研究解散国家工场问题。委员会全部由保王党人和温和共和派组成，主席是古德肖，报告人为法卢。古德肖在议会发言说："应该在巴黎和外省立即消灭国家工场。"

6 月 18 日，工人在巴黎张贴传单，对古德肖的发言作出回答。传单说，工人热切盼望有益的、与他们的职业相适应的劳动。"11 万工人每日等待着从国家工场领取一点微薄的工资来维持自己和全家的生活，您想立即消灭国家工场，您这是想干什么？难道您想让工人忍饥挨饿和绝望？……您的使命是建设社会大厦，组织、教育、改善国家工场的道德，而不是去消灭它。"

6 月 21 日，议会决定，凡 18—25 岁的单身男子立即从军，其余工人开往索伦做工。索伦是一个沼泽地带，常有霍乱流行。22 日，报上颁布了此项决定，当天便有一列运载工人的火车开往索伦。巴黎工人闻讯后，十分愤怒。他们表示："宁可战死巴黎，也不远离家人到索伦死于霍乱。"

6 月 22 日上午 9 时，1200—1500 名国家工场和一些行业的工人，打着旗子，前往卢森堡宫①抗议关于国家工场的法令。执行委员会成员马利接见了以佩若尔中尉为首的国家工场的 5 名工人代表。他威胁说："假使工人们不去外省，我们要用暴力强迫他们去，你们听见没有？要用暴力！"马利的蛮横态度激怒了工人。22 日，巴黎街头工人的游行队伍络绎不绝。"打倒拉马丁！打倒马利！打倒制宪议会！"的呼声四起。晚间 6 时，有四五千工人在先贤祠广场集合。他们渡过塞纳河，来到圣安东郊区，沿途队伍不断扩大。一路上工人们高呼："劳动和面包！"晚 10 时，他们返回先贤祠广场。佩若尔号召示威者拿起武器，工人们宣誓永不退却，决定翌日晨再次集合。

6 月 23 日晨，集合在先贤祠广场上的 3000 名工人随身携带了一些步枪和破旧手枪，但无起义的打算。他们由先贤祠向圣安东郊区走去。当队伍行至圣德尼时，一位领头人高喊："拿起武器，筑起街垒！"工人们纷纷响应。10 时半，第一个街垒在邦努弗尔林荫大道建成，第二、第三个街垒接踵而起。街垒上竖着国家工场的三色旗、红旗，也有少数黑旗，有的旗子上写着："面包或死亡！"中午 11 时，由南往北，以圣雅克街、圣德尼街、圣德

---

① 当时在卢森堡宫中，除了以路易·勃朗为首的工人委员会之外，执行委员会的部分成员也在那里办公。

尼郊区街稍偏西一线为界，整个巴黎一分为二。东部劳动人民居住地区，处于起义者掌握之中。塞纳河南岸的先贤祠广场、塞纳河北岸的市政厅广场和巴士底狱广场是起义的 3 个中心点。在圣雅克街、圣德尼街、圣德尼郊区街、圣马尔坦街、圣马尔坦郊区街、唐普尔街、唐普尔郊区街、圣安东郊区街、梅尼尔蒙庸街等处都筑起了街垒。关于街垒总数说法不一，有的统计为414 个，有的认为有 600 多个。街垒高大而坚固，圣安东郊区街的一个街垒有 5 层楼高。在先贤祠广场有 4 个街垒，守卫者达 8000 至 1 万人。

参加起义的总人数为 4 万至 4.5 万人，主要是国家工场的工人。一些激进的知识分子、铁路工人、部分私人企业中的工人、失业工人也参加了起义。国家工场中的工人是按半军事编制组织的，他们仍按这种编制参加起义，由下士和中尉带领，因而较有组织性。这是这次起义出色的地方。起义前工人中没有一个统一的政治组织，起义带有很大的自发性，各地区的街垒领导人各自领导该地区，相互之间并无联系，因而在起义中未能形成一个领导中心。

5 月 15 日事件后，布朗基等在工人中享有威信、具有丰富斗争经验的领袖身陷囹圄，对起义来说，是一个不小的损失。但在斗争烈火之中，又涌现出不少杰出的领袖人物。例如：机械师、"工人—平等派协会"的成员拉卡里，《组织劳动》报的编辑、圣安东郊区的最大的俱乐部之一"圣安东区人"的主席拉科隆热，金属雕刻匠勒热尼塞尔，光学仪器技工德弗尔等。

30 年代共和运动中秘密协会的杰出活动家、"人权社"行动委员会主席盖尔索济制订了一个军事行动计划，将起义力量分成 4 个纵队，每个纵队以工人居住区为根据地，向市政厅分进合击，另组织小型游击队在纵队的侧翼和纵队之间独立行动，支持纵队和保持纵队之间的联系。恩格斯十分赞赏这个计划，赞美盖尔索济"以第一个街垒战指挥者而名垂史册"[①]。同时，恩格斯也指出，这个计划的不足之处在于作战初期完全没有注意到巴黎西郊，没有尽快突入巴黎中心区。由于起义缺少统一的领导中心，此计划当然无法实行。

起义者没有公布过统一的共同要求。6 月 24 日，在第 8 区和圣安东郊区各颁布过一份告示，其他地区的起义者也提出过要求，内容大体相同：要求成立民主社会共和国，颁布劳动权法令，在国家支持下实行自由劳动协作，

---

① 《马克思恩格斯全集》第 5 卷，人民出版社 1958 年版，第 176 页。

由人民自己制定宪法，逮捕执行委员会成员，把制宪议会议员和部长送交法庭，军队撤离巴黎，释放万森狱中的革命者等。这些要求主要属民主主义范畴，社会主义性质不十分明显，但其意义不容低估。他们提出的建立民主社会共和国的要求虽然比较含糊，未触及国家的阶级实质，但这种要求的政治性质极为突出，工人们已开始意识到要利用国家政权来谋取自身利益，比以前历次工人起义高出一筹，在争取工人政治解放的道路上向前迈进了一大步。

6 月 23 日起义开始后，执行委员会进行镇压，军事部部长卡芬雅克将军指挥全部武装力量。他的战略计划是待起义充分发动后，一举歼灭之。他对待起义不是像警察采取治安行动那样，而是在部署一次战役。卡芬雅克将军把兵力分成 3 路。第一路由拉莫里西埃将军指挥，进攻圣德尼，阻止巴黎东北部的起义者向市政厅进发。第二路由伯多将军指挥，任务是加强市政厅的防卫。第三路由达梅斯姆将军指挥，清除塞纳河左岸的起义者，包围巴黎东南部向市政厅进发的起义群众。

23 日中午，激战开始，工人们奋不顾身，向敌人频频攻击，市政厅广场和先贤祠广场的战斗尤烈。执行委员会成员阿拉戈带领龙骑兵连、两队步兵、两门炮和一队国民自卫军来到先贤祠广场，命令工人们放下武器。起义者反驳他说："您本人在 1832 年就和我们一起在街垒战斗过"，"您无权责备我们，您从未挨过饿，您不知道什么叫贫困。"

在圣德尼，一名起义的领头人举着旗子指挥战斗。他受伤后，身旁一位衣着雅致的姑娘高举旗帜，屹立在街垒上。当她中弹倒下后，另一名妇女一手抱着战友的身躯，一手捡起石块向敌人掷去。这位妇女也牺牲了。那个时代的人们认为：首都的整个工人阶级不是用双手，而是用整个心参加战斗。

街垒战士们前仆后继与敌人浴血奋战。拉莫里西埃、伯多、达梅斯姆分别指挥的 3 路军队，都很吃紧，纷纷向卡芬雅克要求增援。伯多受伤，由迪维维埃将军代替。拉莫里西埃向卡芬雅克报告，他指挥的别动队已损失 1/3，大概难以坚持到晚上。卡芬雅克亲自率兵增援，到巴黎东北部圣莫尔指挥反击起义者。他组织了几次进攻，投入自己的全部 7 营兵力，但毫无用处。卡芬雅克原是来增援拉莫里西埃的，现在却又反过来向拉莫里西埃求援。

从 23 日中午起直至 24 日凌晨，优势在起义者一边。

起义的失败及意义

　　议会中部分议员认为执行委员会软弱无力，主张由一个铁腕人物取而代之，卡芬雅克是他们看中的对象。他们派 3 名代表去试探卡芬雅克。卡芬雅克表示，如果推翻执行委员会，他就接受政权。24 日上午 8 时，议会开会。温和共和派议员帕斯卡尔·迪普拉特向议会建议宣布戒严，把全部政权交给卡芬雅克。议会通过了宣布戒严的提案。茹尔·法弗尔提出对"执行委员会立即停止行使职权"的议案进行表决。大多数议员犹豫不决。10 时半，执行委员会全体成员宣布集体辞职。议会授予卡芬雅克独裁权。

　　卡芬雅克获得独裁全权后，颁布了 3 份文告：致工人书、致国民自卫军书和致军队书。在致工人书中，卡芬雅克要求工人放下武器，相信政府。在致国民自卫军书中，卡芬雅克要求国民自卫军不顾一切地去残酷镇压起义，还说什么"没有痛苦和牺牲，什么也不会建立和巩固起来"。卡芬雅克打电报给下塞纳省军分区和第二、第三师的指挥官，命令他们立即带领他们所指挥的全部步兵开赴巴黎。他又派总部军官到外省调兵，让阿尔卑斯军向巴黎开拔。24 日晨，卡芬雅克掌握的军队总数超过 10 万人。24 日晚，军队又增了一半；25 日，卡芬雅克再得到两三万援军①。而起义者总数最多为 4.5 万人左右，不及卡芬雅克军队的 1/4。

　　24 日黎明，战斗开始后，起义者占领了第 8 区政府。卡芬雅克对起义者发动强攻。到 24 日晚，卡芬雅克在圣雅克和先贤祠摧毁了起义者的抵抗，铲除了塞纳河南岸的街垒。25 日晚间，城内各区的街垒都已经被攻破。起义者只掌握圣安东郊区、唐普尔郊区的一部分以及其他一些小的地区。

　　圣安东郊区是最坚固的阵地，在通往这个郊区的许多要冲处都构筑了很巧妙的工事，街垒彼此形成三角形，可以互相掩护。卡芬雅克看到这些街垒难以攻下，提出谈判。起义者提出：解散制宪议会，军队撤出巴黎，释放关闭在万森监狱的革命者，人民自己制定宪法，等等。在谈判过程中，这些要求又改变为保存国家工场，颁布劳动权法令。当要求遭拒绝后，谈判中断。卡芬雅克命佩罗将军从唐普尔近郊、拉莫里西埃从巴士底狱广场同时向圣安

---

　　① 从 24 日起，外省国民自卫军不断涌向巴黎。据维达朗斯统计，超过 10 万人。"远离巴黎的一些省份的小乡绅带头率领农民前往巴黎，援助议会，说什么要摆脱巴黎工人的压力，解救民族。"

东郊区的街垒开火。卡芬雅克又调来 5 门重炮。密集的炮火摧毁了街垒。26 日上午 11 时，一部分起义者投降，另一部分起义者撤离圣安东郊区。

26 日下午 2 时，卡芬雅克以急电通知各省，政府军已经攻下了起义者反抗的最后据点圣安东郊区。实际上，巴黎东郊的斗争仍在继续，起义者的最后阵地梅尼尔蒙唐、贝尔维尔、拉维莱在下午，部分地区在晚上才被军队占领。

28 日，卡芬雅克把全权交还给制宪议会。制宪议会又无限期地把政权授予卡芬雅克。制宪议会通过决议，感谢卡芬雅克将军为祖国立下功勋。

资产阶级和无产阶级之间这次交锋，虽然只有短短的 4 天，只局限于巴黎东部半个城市，但是资产阶级动用了约 20 万兵力、10 多名将军。尽管这些将军都是沙场老将，但由于起义工人英勇作战，拼死抵抗，致使布尔贡、达芒、勒诺、迪维维埃、内格里埃、布勒阿 6 名将军战死，伯多、弗朗苏瓦、科尔特、拉丰唐、富谢、库尔蒂吉 6 名将军受伤。7 月 3 日，卡芬雅克在议会宣布，官方死伤 703 人。政府军向起义者射出 210 万发子弹，3000 发炮弹。起义者在战斗中牺牲的人数至今无确切的数字，有的著作认为死数千人，有的认为战死 500 多人。有一个比例数能说明一定问题：在圣路易医院中，军队和起义者死伤比例为：军队是 1∶15，起义者是 1∶6。

卡芬雅克是资产阶级共和主义者，曾反对过复辟王朝，但当工人起来向资产阶级争取自身的权利时，他竟与自己的旧敌联合，镇压工人起义，其残酷程度超过了七月王朝对里昂工人起义的镇压。由此可见，在对待工人方面，共和派和保王派并无本质区别。

镇压起义之后，卡芬雅克又采取残酷的迫害措施。到 7 月 4 日止，巴黎查获没收枪支 10 万支，后来又搜寻到不少长枪、大刀、手枪等，巴黎工人被解除了武装。政府逮捕 2.5 万人。1500 人未经审判被枪决，1.1 万人被判监禁或流放①。他们大多数是工人或手工业者，其中泥水匠 572 人，打短工者 553 人，细木工 505 人，皮靴匠 418 人，钳工 301 人，机械工人 248 人，施工者 185 人。②

巴黎工人的斗争不是孤立无援的，第一次举行了示威游行，高呼："不

---

① 《马克思恩格斯选集》第 1 卷第 610 页上数字为：起义者被屠杀有 3000 多人，未经审问就被放逐的有 1.5 万人。

② 约有半数被捕的人，后来被政府被迫释放了。

能劳动生活，毋宁战斗而死！"亚眠工人宣称，巴黎的斗争是主人和工人之间的战争。他们表示要去巴黎帮助工人反对主人。其他一些城市的工人也公开行动，声援巴黎工人。铁路工人想方设法阻止运载军队的列车开往巴黎。法国历史学家多特里认为，全法国都有阶级战争，而在巴黎，这个战争是用枪炮进行的。

六月起义虽然失败了，但它具有重大的历史意义。六月起义的核心问题是要求共和国通过组织劳动维护劳动权。保证劳动权，实际上是表示控制资本，占有生产资料，意味着消灭自由雇佣劳动。这是六月起义和二月革命的本质区别。二月革命要求推翻的只是一种国家的政体，六月起义要求推翻的已是资产阶级社会。二月革命中无产阶级是作为资产阶级的盟友参加革命的，而六月起义是巴黎无产阶级手执武器与资产阶级进行斗争，打击的是自己的直接敌人。起义时没有一个著名的资产阶级共和派站在工人一边。所以，从这些方面看来，这次起义"是现代社会中两大对立阶级间的第一次伟大战斗。这是为保存或消灭资产阶级制度而进行的战斗"①。

法国无产阶级当时走在世界阶级斗争的前列。六月起义的失败对欧洲其他国家的革命也产生了很大影响，欧洲大陆反动势力从此重新抬头。

马克思在深入研究六月起义后，向世界无产阶级指出，推翻资产阶级，建立工人阶级专政是历史赋予它的伟大使命。马克思的这一光辉思想为世界无产阶级革命指明了方向。

---

① 《马克思恩格斯选集》第1卷，人民出版社1972年版，第415页。

路易—拿破仑·波拿巴政变

孙　娴

1851 年 12 月 2 日，法兰西第二共和国总统路易—拿破仑·波拿巴发动政变。它动摇了法兰西第二共和国的基础，导致了第二帝国的建立，使波拿巴在法国实行帝制统治达 18 年之久。这次政变得到资产阶级的支持。政变的发生和成功都不是偶然的，而是 1848 年二月革命后法国阶级斗争的必然结果。

制宪议会召开和波拿巴当选总统

1848 年法国二月革命中，无产阶级和资产阶级并肩战斗，推翻了代表大金融资产阶级利益的七月王朝的统治，国家政权转到资产阶级手中。资产阶级掌权之后，在政治上和经济上加强对无产阶级的压迫，迫使无产阶级在思想上、组织上没有充分准备，富有斗争经验的领袖被囚在狱的情况下，于 6 月 23 日仓促起义。资产阶级的残酷镇压使工人阶级的有生力量遭受毁灭性打击。

1848 年 5 月 4 日由普选产生的制宪议会开幕。在这届议会中温和资产阶级共和派占优势，在 880 个议席中占有 550 个。六月起义后，资产阶级共和派卡芬雅克将军任行政首脑直至 1848 年 12 月 20 日新选总统路易—拿破仑·波拿巴上任时为止。制宪议会后期，温和共和派力量逐渐衰弱。

制宪议会中奥尔良派的议员约为 200 人，正统派议员不足 100 人，他们分别是金融资产阶级和已经资产阶级化的大土地所有者的代表。他们联合起来称为秩序党，力量不断加强。这两个派别力图恢复自己的旧王朝，彼此间也存在着矛盾。制宪议会中的第三种势力是波拿巴派，该派势单力薄，依附于秩序党。制宪议会中民主派力量不大。

制宪议会的主要任务是制定宪法。5月17日，议会成立了有各派人士参加的宪法委员会，主席由温和共和派科尔默曼担任。5月底，拟定宪法草案。9月4日至10月27日，11月2日至4日，议会逐条讨论了草案。讨论过程中的激烈争论充分反映了六月起义后法国阶级力量对比发生的变化。草案中关于保证劳动权的条文遭到猛烈攻击。奥尔良派的头目之一梯也尔诬蔑劳动权是一种伪理论。他认为当失业普遍存在的时候，无法给200万工人提供工作。迪韦尔吉埃·德·奥拉纳认为劳动权就是"号召内战"。争论结果关于劳动权的条文被一笔勾销了。

关于总统和议会条文的争论集中反映了共和派同秩序党等保王势力之间的斗争。皮阿（后来的巴黎公社社员）和茹尔·格累维主张设总理不设总统；勒布隆提议，如设总统则应由议会选举产生。还有人提出，凡是统治过法国的王朝的家族成员都没有当选总统的资格。迪韦尔吉埃·德·奥拉纳反对一院制的议会，主张两院制。这些提案都遭否决。

11月4日，制宪议会通过了第二共和国宪法。这部宪法的特点是议会和总统都具有较大的权力而又相互制约。议会和总统都由人民直接普选产生，议员可以连选连任，总统不得连选连任。总统可以不经议会径自任免内阁部长和所有高级官吏，总统必须每年以咨文形式向议会报告国事。总统享有统率武装力量的权力，但不能亲自指挥。议会为一院制，拥有立法权，掌握最终决定宣战、媾和、订立商约以及大赦权。宪法中对议会和总统权力的规定，反映出共和派虽在议会占多数，但力量日趋衰落，保王派势力正逐步加强。

1848年12月10日举行总统选举。有5名总统候选人：拉斯帕伊、赖德律—洛兰、拉马丁、卡芬雅克和路易—拿破仑·波拿巴。公众对选举比较重视，登记的选民有76%参加投票，尤其是农民表现出巨大的热忱。路易—拿破仑·波拿巴获得550万张选票，居于首位。卡芬雅克、赖德律—洛兰、拉斯帕伊、拉马丁获得的选票分别是150万、37万、3.7万和1.7万张。被誉为二月革命化身、临时政府灵魂的拉马丁得票最少，这表明二月革命时各阶级之间的妥协情绪已被激烈的斗争代替。资产阶级不需要拉马丁这样软弱的人物来代表它执掌政权。

路易—拿破仑·波拿巴是拿破仑一世的弟弟路易之子。法兰西第一帝国倾覆后，他被逐出法国，寄居瑞士。他朝思暮想恢复帝业，曾于1836年10月在斯特拉斯堡和1840年8月在布洛涅发动两起冒险举动，反对七月王朝。

布洛涅冒险失败后，路易—拿破仑·波拿巴成为路易—菲力浦的阶下囚，被监禁在阿姆堡。他在囚禁期间阅读了各种不同倾向的书籍，其中包括圣西门的著作。他交游很广。路易·勃朗是他的朋友，曾数次到狱中探望他，与他促膝长谈。

波拿巴自诩是反七月王朝的英雄，主张共和，曾在一份民主刊物上著文，诡称共和国是他的理想，他将帮助人民争取自己的权利，寻求符合革命原则的政治制度。他伪装同情劳苦大众，曾写作了《论消灭贫困》等文章，以骗取劳动群众的信任。6月4日制宪议会补充选举时，他同时在4个省中获胜，当选为制宪议会议员。竞选总统时，他更利用人们尤其是农民对拿破仑一世的怀念之情，把自己和伯父紧密相连，大肆宣传。路易—拿破仑的当选说明，资产阶级共和派失去了法国包括资产阶级在内的多数人的拥护。

波拿巴就任总统后组织的第一个内阁是以奥尔良派的首领巴罗和正统派分子法卢为核心的秩序党内阁，他把共和派完全排斥在内阁之外，这是二月革命以来第一个没有共和派参加的内阁。内阁执行的是秩序党的政策。波拿巴之所以能容忍这样的内阁存在，是为了和秩序党联合共同对付共和派占多数的制宪议会和摧毁民主派的力量。

立法议会内外的斗争

1849年5月，制宪议会解散。5月28日新选出的立法议会开幕。在立法议会选举中温和共和派被击败，秩序党在750个席位中占有450个。

在立法议会中以赖德律—洛兰为首的小资产阶级民主派，共占有210个议席。他们模仿大革命时期国民公会中的左派，自称山岳党。他们的纲领概括为：尊重别国人民的自由，直接普选，新闻完全自由，实行兵役改革，完全取消对盐酒等生活必需品征税，修改土地税和营业税，对纯收入、动产和不动产征收累进税，偿还45生丁税，由国家经营铁路、矿山、运河和保险公司，废除死刑，实行大赦等。他们的主张主要代表小资产阶级的利益。立法议会初期，秩序党和波拿巴派联合，矛头指向山岳党。

1848年11月15日，意大利罗马爆发起义；1849年2月9日，罗马宣布为共和国。4月16日，法国议会决定派远征军反对罗马共和国，并拨给内阁120万法郎。法国将军乌迪诺于4月13日、6月3日两次对罗马共和国发起攻击。6月12日，赖德律—洛兰代表山岳党在议会提出了弹劾总统和部长们违反宪法的控诉书。他们的依据是宪法第 5 条，其中规定法兰西共和国任何时候都不能动用武力反对他国人民的自由，第 110 条规定法国人民有义务维护宪法。6 月 13 日，山岳党组织了约有 3 万人的队伍上街游行示威。巴黎正规军兼国民自卫军指挥尚加尔涅派军队驱散了游行队伍。政府对游行者严加迫害，赖德律—洛兰逃往英国。小资产阶级民主派的力量遭受沉重打击。此后，在法国政治舞台上活动的主要是波拿巴派和秩序党，他们之间的斗争上升到首位。

波拿巴首先发起攻势，于 1849 年 11 月 1 日交给立法议会一份咨文，通知已经命令受秩序党控制的巴罗内阁辞职，另组了奥普尔新内阁。新任命的司法部部长鲁埃尔和财政部部长富尔德是波拿巴派。富尔德是著名的金融寡头，总统把他拉入内阁使得金融贵族转到了波拿巴派一边。这届内阁"是总统反对立法议会的工具，是听差内阁"①。巴罗内阁辞职表明，秩序党丧失了为维持议会制度所必需的支柱——对行政权力的领导。

6 月 13 日事件后，山岳党的一些代表被逐出立法议会。为填补这些空缺，1850 年 3 月 10 日和 4 月 28 日立法议会举行两次补选，民主派获胜。这种趋势使大资产阶级为即将进行的 1852 年的总统选举担忧。秩序党的首领和总统又暂时接近起来，成立了一个由秩序党的梯也尔、贝利耶等 17 人组成的委员会，负责修改选举法。

新选举法草案规定，凡在一地居住 3 年并能提交在同一地方纳税单据或主人证明者，方有选举权，废除了普选权。该草案经总统同意后以政府的名义送交议会，在 1850 年 5 月 31 日议会上以 433 票对 241 票通过，并得到总统的批准。选举改革主要是针对城镇工人的。马克思指出："1850 年 5 月 31日的选举法根本剥夺了无产阶级参政的权利，甚至断绝了他们接近战场的机会。"②

当民主派势力受挫退居斗争后台时，波拿巴派和秩序党之间的矛盾斗争又突出出来。1850 年 11 月，负责议会安全的一名警官报告议会，"十二月十日会"③ 的支会企图暗杀国民议会议长杜班和尚加尔涅。波拿巴得知后，急忙在议会休假复会前，宣布解散"十二月十日会"。

---

① 《马克思恩格斯选集》第 1 卷，人民出版社 1972 年版，第 464 页。
② 同上书，第 649 页。
③ "十二月十日会"是波拿巴派的组织，于 1849 年为纪念波拿巴当总统而建。它在总统与秩序党的斗争中为总统摇旗呐喊。

从 1851 年初起，总统和秩序党的斗争达到了白热化的程度。

宪法第 50 条规定：总统支配武装力量，但任何时候都不能亲自指挥军队。按照这个规定，只有当军队中最高指挥对总统俯首听命时，总统才能真正掌握军权。从 1848 年年底起，尚加尔涅是巴黎正规军的总司令和塞纳省国民自卫军的最高指挥，他一身兼二要职，成了军队中的第一号人物。尚加尔涅是秩序党在军队中的代表，秩序党通过他实际上掌握着军权。尚加尔涅与波拿巴矛盾很深。尚加尔涅曾说："如果给我下一道由议会主席签署的逮捕总统的命令，我将立即捉拿他，送他到万森监狱去。"波拿巴也曾对奥国大使说，他不去掉尚加尔涅，尚加尔涅就会干掉他。总统首先对尚加尔涅发起进攻。1851 年 1 月 2 日，波拿巴派的《祖国》报披露，尚加尔涅曾于 1849 年下令驻巴黎军队各级军官，未经他允许，禁止他们服从议会调动。尚加尔涅的这道命令违反了 1848 年 5 月 11 日法令，该法令规定议会主席有权调动军队保卫议会。波拿巴的堂弟热罗姆亲王就此事在议会提出质询。尚加尔涅申辩说：他的命令是针对制宪议会而不是立法议会发的。一旦发生冲突，他将第一个承认议会有权调军队保卫自己。尚加尔涅的申辩虽然获得议会信任，但波拿巴无视议会，于 1851 年 1 月 3 日撤销了尚加尔涅的两个要职，任命波拿巴派的巴拉盖·狄利埃将军指挥巴黎正规军，佩罗将军指挥国民自卫军。

议会不甘示弱，于 1851 年 1 月通过对政府不信任案，政府辞职。其时秩序党在议会的势力日趋衰弱，已有 277 名成员转入波拿巴派的阵营，失去了自己独立的议会多数。只有当正统派、奥尔良派、山岳派和共和派联合时，方能形成议会的多数。总统利用这种情况，声称议会中不存在一个党派的多数，不能从分成为几个部分的议会多数中组织新内阁。1 月 24 日，他宣布由不属于议会任何党派的人士组成新内阁，即组织议会外的内阁，超议会的内阁。议会对总统的行为无可奈何。总统在和议会的斗争中力量越来越强。不久，他决定让这个内阁下台。4 月 10 日组织一个主要由他的忠实追随者富尔德、鲁埃尔等人组成的反议会内阁。

1848 年宪法第 45 条规定，总统不得连选连任。波拿巴的总统任期于 1852 年 5 月届满。到那时，他的权力将全部丧失，恢复帝国的梦想也就随之破灭。改变这种局面的办法有两种：一种是修改宪法，延长总统任期或取消总统不得连选连任的条款；另一种是采取暴力，实行政变，夺取全权。波拿巴做两种准备，双管齐下。

波拿巴指使其部下在全国掀起了要求修改宪法的请愿运动。波拿巴派的宣传大有成效。1851年春，修改宪法已经成为法国政治生活的中心问题。3月，成立了巴黎商人委员会，要求修改宪法，并提出了一份请愿书，征集签名。在农村、大城市的资产阶级当中，甚至在工人中拥护者为数不少。到7月1日，签名者达112.3万人。

1851年5月23日，有23名议员向议会提出全面修改宪法的提案。议会中各个派别态度不相同。波拿巴派主张部分修改宪法，废除第45条或延长总统任期，以赢得时间，为恢复帝国铺平道路。秩序党进退维谷。如果拒绝修改宪法，就会迫使波拿巴采用暴力手段，解散立法议会，剥夺秩序党和波拿巴进行斗争的合法阵地；但又不情愿支持修改宪法。共和派坚决反对修改。它的强硬态度使任何提案都得不到宪法规定的3/4的票数而得以通过。

1851年7月9日，议会就修改宪法的议案进行表决。投票结果赞成票446张，反对票270张，未获得3/4的多数。提案被否决。

立法议会不支持波拿巴，而各省议会则相反。从8月25日起，各省议会相继召开。各地大资产阶级在省议会中起很大作用，它们支持波拿巴反对立法议会。全国90个省议会中，约有80个主张修改宪法。

修改宪法的议案虽然遭立法议会否决，却使波拿巴有了完全的行动自由。今后，如果波拿巴撕毁宪法，那么他的行动是合乎议会精神的，因为议会的多数赞成修改宪法；如果他解散立法议会，那么他的行动又是合乎宪法精神的，因为立法议会的多数要求修改宪法。修改宪法问题的提出使得波拿巴左右逢源，在和立法议会的斗争中掌握了主动权。

总统乘胜追击，又利用1850年5月31日选举法案大做文章，把通过这个不得人心的法律的责任完全加在秩序党和立法议会身上。1851年10月10日，他向部长们宣布要废除1850年5月31日法令，恢复普选权。不同意这个决定的部长如巴罗什、福适等辞去了部长职务。总统趁机于10月26日组织了清一色的波拿巴派的内阁。这是一个反议会的内阁。至此，议会完全丧失了对行政机构的控制，议会和行政权公开分裂了。

1851年11月4日，波拿巴又向议会递交一份咨文，要求废除1850年5月31日法律，恢复普选。如果秩序党反对他的提议，便可以达到两个目的：一是以此来加深秩序党和共和派、民主派之间的分裂，使他们无法联合起来反对他实行政变；二是以此来加深立法议会和人民群众的分裂，使立法议会更加孤立。11月13日，立法议会讨论总统的提议，共和派、民主派和波拿巴派支持这个提议，秩序党反对，结果以 353 票对 347 票否决了此提议。波拿巴的目的达到了。

在议会表决此提案前一周，议会深感自己的安全受到威胁，便于 11 月 6 日由议会总务官勒夫洛和巴兹向议会提议，为保证议会安全重新到处张贴 1848 年 5 月 11 日法令。波拿巴竭尽全力反对此提案，因为它是针对圣—阿尔诺将军的。圣—阿尔诺原是法国非洲军中的军官。波拿巴在非洲军中拉拢提拔了一些军官与反对自己的老将军们相抗衡，圣—阿尔诺便是其中之一。为了给他提供荣立战功的机会，波拿巴不惜对小卡比利亚①发动战争。1851 年 7 月 26 日总统委任他为巴黎正规军总司令，10 月 27 日又改任他为陆军部长。11 月初，圣—阿尔诺将军向全体指挥官发布命令，要求他们无条件地服从命令，并下令撕去军营墙上张贴的 1848 年 5 月 11 日法令。

共和派和民主派也反对勒夫洛和巴兹的提案，认为这是秩序党想掌握军权，图谋恢复君主制和白色专政。11 月 17 日，此提案以 408 票对 300 票被否决了。立法议会又一次败给总统。这件事表明议会已经最终失去调动军队进行自卫的能力。

在总统和议会进行斗争的同时，波拿巴派的将军们已把具有共和主义思想的 4 个步兵团和两个骑兵团调离巴黎，把驻非洲的军队调来补充。1851 年 10 月，军队调动工作全部完毕。波拿巴还从法兰西银行预支 2500 万法郎，从西班牙驻巴黎大使处借来 50 万法郎，用作收买军官，笼络士兵。

至此，政变的时机已经成熟。

政变经过

政变密谋的积极参加者和核心人物有莫尔尼、佩尔西尼、圣—阿尔诺、马尼扬和莫帕等。莫尔尼是波拿巴的同母异父兄弟，1849 年当选为立法议会议员，是政变的最积极参加者。他在回忆录中供认："自总统就职后，对于我说起来，唯一萦绕在心中的念头就是政变。"佩尔西尼本姓菲亚朗，是波拿巴的患难之交，参加过波拿巴组织的图谋推翻七月王朝的斯特拉斯堡和布

---

① 指阿尔及利亚东部卡比利亚山区，这里的部落富有反抗精神。自 19 世纪三四十年代起，他们不断掀起抗法武装斗争高潮。圣—阿尔诺是镇压阿尔及利亚人民斗争的凶手之一。1851 年他征服了小卡比利亚。

洛涅的冒险行动。圣—阿尔诺是总统新任命的陆军部部长，拉莫里西埃曾预言："当您看见圣—阿尔诺当陆军部长时，您就可以说：'这就是政变'。"马尼扬将军是 1849 年 6 月 15 日里昂起义的镇压者，和波拿巴派早有联系，政变前受命为巴黎正规军司令。此人是一个见钱眼开的家伙。波拿巴用金钱收买了他。莫帕当时 33 岁，1851 年 10 月被任命为巴黎警察总监，波拿巴通过他掌握了警察。

1851 年 8 月 11 日在圣—克卢宫举行了商议政变的第一次会议，参加者有波拿巴、莫尔尼、佩尔西尼、鲁埃尔、圣—阿尔诺和当时的巴黎警察总监卡尔利埃。会议讨论了卡尔利埃制定的政变计划和宣言。莫尔尼认为这个计划笨拙，宣言无力，法律草案杂乱而又荒唐，因而竭力反对。鲁埃尔支持莫尔尼，波拿巴赞同他们的意见。这次会议未作出决定。

9 月又召开了第二次会议，准备 9 月 17 日举行政变。圣—阿尔诺反对。他认为，9 月正值议会休会，找不到任何借口就解散议会，是明目张胆地违反宪法，容易失去人心，而且议会可以借机在外省召开会议，组织起义，反对政变。此外，由于具体措施、人员等尚未安排就绪，因而决定把政变推迟到立法议会复会后举行，日期定为 12 月 2 日。这个日子是拿破仑一世取得辉煌胜利的奥斯特利茨战役的纪念日，又是他举行加冕礼的纪念日。

12 月 1 日在爱丽舍宫举行盛大晚会。此举的目的是为了迷惑人。晚会于 11 时结束。半夜在波拿巴的办公室召开会议，参加者有波拿巴、莫尔尼、佩尔西尼、圣—阿尔诺、莫帕和总统副官德·贝维尔中尉。会议决定立即分三方面同时行动，即占领立法议会所在地波旁宫、进行逮捕、把准备好的公告宣言送交国家印刷厂印刷。

占领波旁宫是一项很重要的任务。按法律规定，情况危急时保卫波旁宫的指挥官有权命令部下坚守。当时守卫波旁宫的是厄斯皮拉斯上校指挥的第 42 步兵团。如果他们奋起反抗，政变便有夭折的危险。凌晨 3 时，佩尔西尼到厄斯皮拉斯处，许之以高官厚禄，委任他为总统副官，并擢升准将，薪俸 3 万法郎，当场给他 1 万法郎银行支票，将他收买过来。清晨 5 时，厄斯皮拉斯集合士兵，命令紧闭议会大门，逮捕了议会总务官勒夫洛和巴兹。波旁宫转入政变者手中。

巴黎警察总监莫帕负责逮捕事宜。他动用了 800 名士兵，分头进行。计划逮捕78 人，其中议员 16 人。在这 16 人中，有 6 名军人，如尚加尔涅、卡芬雅克、拉莫里西埃等；3 名奥尔良派人士：如梯也尔、罗热等；7 名山岳党人，如拉格朗热等。被捕者的罪名是"参加了威胁国家安全的阴谋"。逮捕行动未遇到大的反抗，所有被捕者投入莫扎等监狱。

总统副官德·贝维尔负责印刷公告和宣言。半夜，他派遣一连宪兵到国家印刷厂去。为了不让工人了解公告和宣言的内容，便把底稿撕成小条分给几个工人同时排版，每个工人的身旁有两名荷枪实弹的宪兵。凌晨3时，公告和宣言皆已印刷齐全。德·贝维尔向工人们宣读了宣言和公告，工人们都表示拥护。

12月2日清晨，巴黎各街头张贴了公告、告人民书和告军队书。

公告的主要内容是：解散立法议会；宣布巴黎戒严；废除1850年5月31日法律，恢复普选权；12月14—21日召集选民会议，就是否同意路易—拿破仑·波拿巴的权力问题举行公民表决。

波拿巴的告人民书包含三个主要内容：第一，他指责议会是阴谋的巢穴，政权的不稳定和议会在国家生活中占据重要地位是骚动和混乱的原因，议会损害了法国的安宁，所以要解散它。第二，波拿巴扬言，他的义务是维护共和国和挽救国家，击败议会中保王派妄图推翻共和国的诡计，他提请人民在他和议会之间作出裁决。第三，他认为，当前伟大的使命是满足人民的合法要求，保卫人民，再建第一执政（拿破仑一世）创建的制度，即行政首脑任期10年，部长们只对执行权负责；成立国务会议和立法团等。他提出，如果人民信任他，就应该授予他完成这个伟大使命的手段。概括成一句话，就是反对议会，授予他专制全权。

波拿巴在告军队书中，大肆夸奖军队是民族的精华，标榜他自己是人民主权的合法代表人，以往他和军队荣辱与共。长期以来，在他们之间存在的障碍妨碍了他为军队造福，妨碍了军队向他表达深情厚谊。如今议会不复存在，障碍已经消除，因此，他要求军队："或者你们授予我保证你们繁荣的手段，或者你们另选他人来代替我。"波拿巴这份公告的目的是拉拢军队来支持他。

首先看到这些布告的是清晨去上班的巴黎工人。他们普遍的反应是无动于衷，他们决不会起来去保卫仇视他们的立法议会。国民自卫军在政变中保持中立。大部分资产阶级分子、官吏和军官支持和拥护政变。一部分主张共和的人把政变看成是推翻了议会的保王派多数，保卫了共和国。一部分右翼势力支持政变是从反对社会革命的角度出发的，如教权主义者的首领蒙塔朗贝尔在《宇宙报》上写道："投票反对路易—拿破仑等于证明社会革命正确，而社会革命是当今政府的唯一可能的继承人。反对波拿巴就等于是号召用红色专政来代替亲王的专政，近三年来，亲王专政为秩序和天主教事业立下了无与伦比的功绩。"

巴黎和外省的反抗

在巴黎，反对波拿巴政变的主要有两股势力，一股是未遭逮捕的秩序党议员，另一股是资产阶级共和派。

12月2日上午10时，主要是秩序党的议员，约40人，闻讯后赶去议会。他们冲破军警的武力阻拦，进入会议厅。议会主席杜班甚为胆怯。他语无伦次地对议员们说："权力属于我们，这是无可争议的，但须知这班先生们有力量，因此我们除了解散之外，别无他事可做。"说罢，便逃之夭夭。当议员们正要通过罢免波拿巴总统职务的决议时，宪兵们赶来把他们驱散了。

秩序党中的一部分奥尔良派议员早晨在奥迪隆·巴罗家中集会。11时，200余名议员聚集在第十区区政府，举行会议，一致通过决定：解除波拿巴的总统职务，国家最高法院立即开庭审判总统及其同谋者，全部行政权转归议会掌握，任命乌迪诺将军为巴黎正规军和国民自卫军的最高指挥。当他们在区政府前宣读这个决定时，群众报之以一片讥讽声，喊道："这是亨利五世！"① 群众了解，他们反对波拿巴的目的是为了复辟旧王朝。

马尼扬将军派军队前来驱散他们的集会，拘捕了不愿离开的议员。秩序党议员的反抗就此结束。这些议员们坚守的一个信条是"要法律，不要革命"，他们既不想搞武装反抗，也不想和人民群众的反抗斗争发生任何联系，他们反抗的目的也不是为了保卫共和国。

山岳派和左翼资产阶级共和派议员的行动比较坚决。他们召开过几次秘密会议，以雨果、欧仁·苏、茹尔·法夫尔等人的名义发出号召书，指责波拿巴是叛逆，违反了宪法，号召人民起来在共和派议员的带领下，履行自己的义务。尔后，他们又成立了抵抗政变委员会，成员有舍尔谢、博丹、德·夫洛等人。该委员会草拟了一些法令，其中之一是要求召开选民会议，委任

① 1830年查理十世退位时，将王位让与其孙尚伯尔伯爵，称亨利五世，他是波旁王朝的最后一个王位僭望者。

一个主权的议会。

12月2日晚，上述两派议员在著名的革命民主主义者库尔内家中开会，决定进行武装反抗。

12月3日11时，以博丹、库尔内为首，一群共和派的议员走遍圣—安东郊区，高呼"宪法万岁！""共和国万岁！"，号召人们拿起武器，建筑街垒。他们在科特街和圣—玛尔加丽特街建起街垒。但街垒筑得不好，当镇压的士兵开来时，不少群众认为无法抵抗，便想离开。博丹力劝他们留下保卫街垒。有一人回答道："我们不会为了你们每天得25个法郎①而让自己置身于枪林弹雨之下。"博丹被激怒了，对他说："请您看看人们如何为了25法郎而死去。"说罢，返回街垒后面。军队向他射击，博丹头部中三颗子弹身亡。

参加巴黎武装反抗的还有一小部分工人。他们的带头人是行会中央委员会中的工人领袖。到12月4日中午，塞纳河右岸布满街垒，保卫街垒的主要是工人，共有1000—1200人。

波拿巴及其同谋者担心首都的反抗继续下去，有可能引起全民起义。必须采取有效措施予以镇压。莫尔尼和马尼扬制订了一个狡诈的计划：决定于3日夜将军队撤回军营，待反抗的人们全都出动进入街垒后，再调动军队出击，这样就可以进行决定性的打击。12月4日中午2时，马尼扬决定出兵。军队包围了街垒。到下午5时，军队将起义镇压下去。据《总汇通报》报道，因反抗政变而丧失生命的有380人，约为二月革命时死亡人数的两倍。按英国《泰晤士报》的说法，死亡人数达2000人。从警察局的名单看来，牺牲者主要是工人和小商人。

总的说来，巴黎工人对这次武装反抗是消极的。政变时，巴黎工人手中没有武器，没有自己的组织和报刊，工人群众借以进行斗争的一切手段都被剥夺了。12月3日当山岳党议员号召工人举行武装起义时，工人们回答道："1848年6月已经把我们的武装全部解除了，现在郊区找不到一件武器。"路易—拿破仑·波拿巴采取的笼络手段，也迷惑了一部分工人。有的工人认为，已经给我们普选权了，我们还能做什么呢？恩格斯在分析法国无产者消极的真正原因时指出，"因为路易—拿破仑所有从别人那里抢去的东西，都不是从工人阶级那里"抢去的，"这并不是说，路易—拿破仑甘心于不掠夺

---

① 议会开会期间每个议员每日可得25法郎。

工人阶级，不从工人阶级那里抢去他所想要的一切"，问题是"在法国工人阶级身上已经没有什么可抢的了"①。

外省武装反抗的范围比巴黎广泛，在共和主义和社会主义思想宣传基础好的省份，都有武装发动。在阿利埃、歇尔、涅夫勒、热尔、洛特—加龙、下阿尔卑斯、罗纳河口、德龙等20个省，爆发了武装起义。参加起义的主要是手工业者、工人、农民和小商人，领导者是小市镇的镇长、教师、新闻记者等。起义的目的是保卫共和国，与山岳党的倾向和要求基本一致。波拿巴派军队残酷镇压。32个省处于戒严状态，到处进行搜捕，被捕者达2.6万人。到12月中旬，全国各省的反抗基本都被平定了。

12月21日举行公民表决。根据1851年12月2日的一项法令，提交公民表决的全文是："法国人民愿意保持路易—拿破仑·波拿巴的权力并授予他必要的权力以便在12月2日公告提议的基础上制定一部宪法。"波拿巴提出要公开投票，群众坚决反对，后仍改为秘密投票。但在外省的一些地方，投票实际是公开的。投票结果：7439216票赞成，646737票反对，赞成票超过反对票10倍。在军队中投赞成票的是318469，投反对票的是42487，赞成票超过反对票6倍多。政变获得正式承认。

路易—拿破仑·波拿巴举行政变，从表面上看来是立法权和行政权之间的斗争，从本质上说是二月革命以来法兰西国家内阶级斗争的必然结果。4年来各个阶级之间的公开战争使这些阶级筋疲力尽，削弱了每个阶级的战斗力，此后只能以和平的、合法的方式继续这一斗争。资产阶级，不论是金融贵族或工商业资产阶级十分厌烦议会和总统之间的纠纷，渴望秩序。1849年和1850年工商业处于繁荣阶段，工商业资产阶级担心斗争破坏繁荣。1851年发生了商业危机，纺织品出口减少，纺纱厂生产缩减，部分工厂甚至停工。4—5月份，工厂相继倒闭，工商业资产阶级认为，不景气和危机乃是议会和行政权力之间的斗争引起的。加之政府机构、报刊恫吓资产阶级，说1852年总统选举中，如果社会主义各派胜利了，将会带来掠夺、暴力恐怖和无政府状态。这使得资产阶级产生了一种信念，必须用强大的政权力量来防止这种情况。

波拿巴了解资产阶级的期望，因而巡游全国，到处发表演说，阐述自己振兴经济的主张，以博得他们的支持。当他巡游到瑟堡时，说："我每到一

---

① 《马克思恩格斯选集》第1卷，人民出版社1972年版，第705页。

处，人们都要求开凿运河、铺设铁路、开辟街道，要求发展农工商业。这是很自然的。但是，只有当我从你们那里获得必要的手段时，才能达到期待的结果，而这些手段又完全依赖于你们与政府的合作和支持它反对威胁它的前途的危险。"资产阶级认为，总统能够保障秩序，立法议会无力谋求资产阶级的共同利益，所以资产阶级都支持波拿巴。

　　大多数农民支持波拿巴，主要原因是二月革命后，对农民税收加重，他们的生活日趋恶化。1851 年经济不景气，对农产品的需求减少。价格下跌，农民的抵押债务增长，破产增多，使得大多数农民固守旧传统，认为拿破仑一世皇帝在位时，他们丰衣足食，如今能解救他们摆脱困境的只有皇帝的侄儿。因此，大多数农民都是总统的拥护者。

　　政变一年之后，1852 年 12 月 2 日宣布恢复帝制，建立了第二帝国。1848 年二月革命建立起来的共和制被颠覆了。

1848 年德国革命

严志梁

1848 年，欧洲大陆爆发了大规模的革命运动，德国革命是它的一个重要组成部分。

1848 年德国革命是一次资产阶级民主革命，任务是消灭封建专制主义的统治，结束政治上的分裂，建立统一的民族国家。它是德意志民族历史上最伟大的群众运动之一，又是马克思主义诞生不久后爆发的一次革命运动。它的革命经验丰富了马克思主义的理论宝库。

革命前夕的德国

19 世纪 40 年代，德国社会经济的发展在客观上把资产阶级革命提上了日程。

从 19 世纪 30 年代后半期起，德国工业的发展速度显著加快，出现了一些工业区和工业城市。莱茵—威斯特伐里亚地区在 19 世纪初法国统治时期就废除了封建制度，那里有德国最好的水道，距海又近，矿藏丰富，所以工业迅速繁荣起来，工业发展居德意志的首位。萨克森、西里西亚的纺织工业发展很快。开姆尼茨成了萨克森的纺织工业中心，那里一个印花布厂雇用 1200 名工人，一个印染和棉纺厂雇用 3000 多名工人。柏林也成了重要的工业中心。普鲁士的机器制造业和布匹印花业，有 1/3 集中在柏林。1846 年柏林的 40 万人口中，有 7 万名雇佣工人，其中一部分受雇于大工厂。德国的生铁产量在 1830 年为 13 万吨，到 40 年代末增长到 41 万吨。德国拥有的固定蒸汽机，1837 年为 419 台，功率为 7000 多匹马力，到 40 年代末增至 1454 台，功率达到 2.9 万多匹马力。1824 年，莱茵河上开始行驶轮船。1835 年，德国的第一条铁路通车。

随着资本主义工业的发展，德国资产阶级的经济实力不断增长，但它在政治上还处于无权地位。德意志国家的分裂和封建专制制度的统治妨害了德国资本主义的发展和德国资产阶级利益的增长。

德意志四分五裂的封建割据状态直到 1848 年革命前仍然没有改变。在 1815 年，为结束反拿破仑战争而举行的重划欧洲版图的维也纳会议作出决定，建立所谓"德意志联邦"。这个联邦包括 38 个大小不等的邦国（不同时期数字不完全相同）：1 个帝国（奥地利），5 个王国（普鲁士、巴伐利亚、萨克森、汉诺威、符腾堡），二三十个公国、侯国和 4 个自由市。设联邦议会，奥地利帝国首相梅特涅任主席。联邦组织松散，各邦仍然各自为政，独霸一方。德意志联邦曾宣称是永远不可分割的，但联邦和联邦议会却从来没有代表过德国的统一。

除莱茵河左岸以外，封建制度在全德国仍居于统治地位。普鲁士在 1807—1811 年进行了资产阶级自由主义的改革，宣布取消农民对地主的人身依附；规定农民要想成为其使用的土地的所有者，必须缴纳相当于年租 25 倍的赎金，并把 1/3 到 1/2 的土地让给地主。由于赎买条件极端苛刻，所以到 1848 年止，在普鲁士获得"解放"的富裕农民约为 6/7，而贫农和中农只有 1/5。

德意志其他各邦也逐步废除农奴制度，同样是极不彻底的。德意志全部耕地的 60% 以上集中在地主手里。农民仍须向地主缴纳赋税；地主仍然可以审讯、鞭打农民。被解放的农民实际上只有迁居的自由。所以恩格斯说：德国封建贵族"几乎原封不动地保持着对他们领地上的农民的那种中世纪的统治权以及不纳税的权利"，而且充任高级官吏及军官的"也差不多全是他们"[1]。

由于德国的产业革命刚刚开始，工业资本家和产业工人人数不多，革命前夕德国国民的大部分仍然是乡村中的农民和城市里的小手工业者和小商人。农村人口，在全德意志联邦占 2/3 强，在普鲁士占 3/4 强。农村人口的多数是农民，但农民阶级在 1848 年前已经分化，产生了富裕农民（在德国叫作大农和中农），还有小自由农和封建佃农。农民的分化在一定程度上阻碍了农民运动的广泛开展。

在城市里，较大的资本家很少，小手工业者、小商人人数很多，力量较

---

[1]　《马克思恩格斯选集》第 1 卷，人民出版社 1972 年版，第 503 页。

强，他们在斗争中常常起着决定性的作用。他们的阶级地位介于较大的资本家即名副其实的资产阶级和无产阶级或产业工人阶级之间，在政治上也常常摇摆在两者之间。

德国工人阶级总的来说在政治方面的发展不及英、法的工人阶级，因为大部分工人不是受雇于大工业资本家，而是受雇于小手工业者。但是在资本主义工商业发达地区的工人，阶级觉悟很高，他们对于本阶级要获得解放的认识比较清楚，1844 年西里西亚织工起义是独立的工人运动的开始。在革命前夜，资产阶级除了同封建贵族阶级处于对立地位之外，还同无产阶级相对立。资产阶级认识到无产阶级已能提出独立的阶级要求，于是在革命斗争中常常犹豫动摇，甚至叛变。

1847 年，德国的革命形势趋于成熟。1847 年由英国开始的经济危机蔓延到整个德意志。一年内德国的煤产量下降 8%，生铁产量下降 13%，棉纱的消费下降 35%。许多工业企业破产，许多工人遭解雇。由于经济危机，普鲁士有 20% 的矿工失业，柏林有 2 万名纺织工人失业。1847 年工人的实际工资比 1844 年低 30%。1845—1847 年的土豆歉收造成粮价飞涨，使人民群众的生活更加陷入困境。有的地方居民死亡竟达 20%。

经济危机引起了人民群众的饥饿暴动。1847 年 4 月，柏林发生了所谓"土豆革命"。饥饿的群众，为反抗商人任意抬高土豆价格，径直冲进面包店和肉店，夺取食物。群众斗争进行了三天才平息下去。类似的群众暴动在哈勒、什切青等地也有发生。1847 年 5 月，斯图加特的工人和手工业者甚至构筑街垒对抗当局的镇压。

在革命形势趋于成熟的时候，普鲁士又遇到了财政困难。朝廷宴会、国王巡狩以及赐赠破落而贪婪的贵族，使国库的金钱耗费殆尽。正常的税收已不够宫廷和政府的开支。国王威廉四世遇到了严重的财政赤字和 1820 年法令的夹攻。1820 年法令规定，如果没有"将来的人民代议机构"的许可，任何新的公债和增税都是非法的。1847 年 2 月，威廉四世不得不把普鲁士邦的 8 个省的等级议会召集到柏林，组成一个统一的"联合的邦议会"，让它表决国王所渴望的公债和增税。议员们表示，如果不颁布宪法，不实行代议制，就决不同意借款。银行家汉泽曼作为资产阶级代言人宣称："在金钱问题上是没有温情可言的。"愤怒的国王于 1847 年 6 月解散了议会。阶级矛盾进一步尖锐化，革命已不可避免。

胜利的三月革命

1848 年 2 月，法兰西宣布成立共和国的消息推动了德国的革命运动，在邻近法国的德国西南部各邦首先掀起了革命风暴。

2 月 27 日，曼海姆的人民群众举行大会，递交请愿书，要求废除封建义务，平均分摊捐税，出版自由和召开全德议会。3 月 1 日，在巴登首府卡尔斯鲁厄举行群众示威，要求当局接受曼海姆请愿书。农民运动也在发展。在群众的压力下，巴登大公国的政权于 3 月中转到了资产阶级自由派手中。符腾堡在 3 月初发生群众示威。3 月 2 日慕尼黑发生骚动，人民群众占领军械库，武装自己，很快成了巴伐利亚首府的主人。3 月 13 日，萨克森的人民斗争迫使反动政府辞职。总之，头一阵革命风暴就刮走了德国的一大堆陈年垃圾，中小各邦国王的宝座都摇摇欲坠。为了维持自己的王位，这些君主急忙任命一些资产阶级自由派的首领为部长，成立了所谓"三月内阁"。君主们还答应制定宪法，同意新闻自由，对政治犯实行特赦。

对德国革命运动的结局有决定意义的是奥地利和普鲁士的革命斗争，因为这两个邦是德国封建反动势力的堡垒。尤其是普鲁士邦，它的专制主义和封建主义，它的军队和官僚是德国革命的凶恶的敌人。

1848 年 3 月初，普鲁士的资产阶级已经卷入了反政府的斗争。3 月 6 日，一些有资产阶级民主情绪的青年在柏林的动物园开会，通过了拟订柏林青年请愿书的决定。7 日，有几百人参加的会议通过了这份请愿书。它提出了实行政治自由，实行大赦，法律面前人人平等，实行人民代议制度，尽快召开联合的邦议会等要求。会议还决定，请愿书以全体柏林居民的名义发出，由会议推举的代表交给国王。但柏林警察当局不让代表们晋见国王。为了避免冲突，代表们要求警察局局长亲自把请愿书转交给国王。他们得到的回答是讽刺性的：通过邮局寄送。3 月 9 日，在动物园举行了第三次集会，参加者多达 3000 余人。在温和派的影响下，会议决定把请愿书提交城市顾问，请他们转交给国王。但是，这个要求也遭到拒绝。

这时，柏林的工人运动活跃起来。柏林工人除了要求出版、结社自由以及其他资产阶级自由外，还提出了工作要有保障和设立劳动部，以"改善工人的命运"的要求。

3 月 13 日傍晚，约有 20 万人在动物园举行集会。会后，向普鲁士王宫前进的游行群众遭到骑兵的袭击，一人被马刀砍死，很多人被马踩伤。接近王宫的群众被士兵驱散。类似的屠杀事件从 3 月 13 日至 16 日每天都有发生。

维也纳人民推翻梅特涅统治的消息传到柏林后，好像一个火星落到了层层堆积着的燃料上。普鲁士国王感到形势逼人，急忙颁布两条命令。3 月 17 日的命令宣布了有保证金的出版自由；3 月 18 日的命令规定于 4 月 2 日召开联合的邦议会，并附有一个纲领，声称普鲁士要实行立宪制。自由资产阶级对国王的允诺深感满意。但人民群众的要求没有得到满足，他们对镇压人民的军队还留在柏林城里强烈不满。

3 月 18 日中午，在柏林的王宫广场上举行群众集会，强烈要求国王从柏林撤走屠杀群众的军队，要求组织市民自卫军维持秩序。尽管国王从阳台上说了许多安抚的话，要求撤走军队的呼声仍然越来越高。当政府军开来要把群众赶出广场时，群众的呼声变成了一场风暴。步兵队伍里的两声枪响成了街垒战的信号。群众自动筑起街垒，全城响起警报，几千名手持各类武器的工人从城郊向柏林市中心集中。与国王军队进行街垒战的，除工人、手工业者外，还有大学生、职员及其他知识分子；除成年男子外，还有妇女和儿童。3 月 18 日起义是自发的，只有少数大学生和青年对街垒战士进行一些鼓动。起义人民不分老少都勇敢作战，到晚上已占领了柏林 3/5 的地区。前来镇压起义的政府军有 1.4 万名士兵，配有 36 门大炮。政府军军心涣散，士兵同情起义人民，拒绝向他们开枪。普鲁士军官害怕部队倾向革命，不得不把部队撤出柏林。根据国王的命令，3 月 19 日拂晓，首都街头的军事行动停止了。起义人民为夺取胜利付出了代价：牺牲 400 多人，受伤的达 1000 多人。国王被迫同意建立市民自卫军以维持秩序。起义者还迫使普鲁士国王向革命烈士鞠躬志哀。

柏林三月起义使德国革命猛烈发展起来，迅速扩展到全国。农民为了摆脱封建贵族的压迫纷纷举行起义。在符腾堡、巴伐利亚、萨克森、易北河以东的普鲁士，尤其在西里西亚，农民成群结队地来到庄园，捣毁地主的府邸，销毁土地登记簿，强迫他们的压迫者写下放弃所有租税的文书。封建社会的基础被动摇了。

工人阶级在斗争中增强了力量。资产阶级曾力图把工人阶级排挤到后面去，现在它被推到了斗争的前列，并由于斗争胜利而开始意识到自己的力量。资产阶级害怕像巴黎革命群众于 1848 年 2 月要求建立共和制、焚毁国王宝座那样的场面在柏林重演，急忙同国王、封建贵族联合起来。在资产阶级自由派答应保全王位的条件下，旧政府的支柱——封建贵族、官僚、军队保证支持资产阶级自由派组阁。3 月 29 日，国王威廉四世任命莱茵区的大工厂主康普豪森和银行家汉泽曼组织普鲁士的新政府。资产阶级自由派掌握了政权。

马克思和恩格斯曾科学地预见到德国资产阶级民主革命的到来，并积极投身到 1848 年德国革命中去。革命前夕他们在巴黎，动员和组织了三四百名侨居国外的德国工人和共产主义者同盟成员返回德国参加革命。他们从革命一开始就直接担负起共产主义者同盟的领导工作。1848 年 3 月底，共产主义者同盟中央委员会发表了马克思和恩格斯制定的《共产党在德国的要求》。这一文件规定了无产阶级在资产阶级民主革命中的斗争纲领和策略原则，包括 17 条，要点有：全德国宣布为统一的、不可分割的共和国，实行普选权，取消旧军队，武装全体人民，实行诉讼免费，无偿地废除一切封建义务，土地、矿山、运输工具等收归国有，建立统一的国家银行，建立国家工厂吸收失业工人，实行普遍的免费的国民教育等①。这些要求的实质，是通过革命实现德国的统一，把资产阶级民主革命进行到底，为无产阶级社会主义革命准备条件。

法兰克福议会

在维也纳和柏林的人民革命胜利之后，自然就产生了召开全德国民议会的问题。

早在维也纳和柏林三月起义以前，德国西部和南部的资产阶级已开始了争取建立国民代议制的活动。1848 年 3 月 5 日，普鲁士、巴伐利亚、符腾堡、巴登等邦的等级议会的一些代表在海德堡举行会议，成立了由列米尔、魏克尔等自由派人士组成的七人委员会（称为"七人团"），负责筹备全德预备议会的召开。维也纳和柏林起义胜利后，3 月 31 日，预备议会在莱茵河畔法兰克福召开。会上，海德堡"七人团"提出的纲领主张在德国建立君主立宪制。共和派代表斯特卢威主张废除君主制，在德国建立美国式的联邦国家。斯特卢威的提议被多数自由派代表否决。预备议会决定建立一个 50 人

---

①　参阅《马克思恩格斯全集》第 5 卷，人民出版社 1958 年版，第 3—5 页。

委员会，它的任务是在全德国民议会召开之前与联邦议会咨商，并促使后者亲自掌握全德国民议会的召开事宜。

全德国民议会的选举于 4 月末 5 月初在各邦举行。1848 年 5 月 18 日，新选出的全德国民议会议员在欢庆的行列中进入美因河畔法兰克福的圣保罗教堂。选出的议员共有 573 名，但许多人没来开会。在议会活动过程中，议员们逐渐形成不同的政治派别，主要有：约 60 名专制主义政体的拥护者构成极右翼；约 150 名共和派构成左翼；在左翼的基础上又出现了"极端民主派"，他们和共和派都属于小资产阶级集团；在左、右翼之间还有一个中间派，这就是拥有 270 人左右的资产阶级自由派，他们拥护君主立宪制度，是法兰克福议会的多数。

人民希望法兰克福全德国民议会能执行全德国最高立法权力机关的职能。但召集这个议会的联邦议会对于它的职权毫无规定，谁也不知道它的决议是具有法律效力，还是需要经过联邦议会或各邦政府的批准。全德国民议会本身也没有要求联邦议会解散，宣布自己为德国人民的唯一合法代表，从而使自己的一切决议具有法律效力，更没有为树立自己的权威而去建立一支足以粉碎各邦政府反抗的武装力量。结果出现这样一种奇怪的现象：全德国民议会决议的法律效力，从来没有被各大邦承认过，而它自身也不坚持。这种现象充分说明了德国资产阶级的妥协性，它对人民运动的恐惧远远超过了对反动势力的害怕。

国民议会辩论关于统一德国的宪法问题，达几个月之久。主张君主立宪制度的议员，在统一德国的问题上分为"大德意志派"和"小德意志派"两个集团。"大德意志派"以联邦议会前主席什麦尔林伯爵为首，主张建立一个由奥地利君主国领导的统一的德国。"小德意志派"的代表、资产阶级自由派亨利希·冯·加格恩被选为法兰克福议会的主席，这证明了它的势力和影响之大。"小德意志派"力图把奥地利排斥在外，建立一个由普鲁士君主国来领导的统一的德国。共和派议员以罗伯特·勃鲁姆为首，希望建立一个像瑞士那样的联邦共和国，甚至不反对个别邦还可保留君主制，这意味着他们事实上放弃了反对分裂、争取统一的斗争。只有"极端民主派"才提出了建立一个统一的、不可分割的、民主的德意志共和国的要求。他们的这个纲领得到了马克思、恩格斯领导的革命无产阶级的支持。但是法兰克福议会的辩论没有取得什么结果，资产阶级自由派使这个议会变成了一个没有什么价值的清谈和辩论的俱乐部。恩格斯讽刺它是一个"老太婆议会"①。

关于在根据宪法产生政府以前，成立什么样的临时中央政府的问题，议员们争论异常激烈。右翼主张由各邦政府任命统治者，左翼则坚持由议会选出行政首脑。由于革命形势的发展，德国资产阶级的反革命情绪更加强烈。法兰克福议会作出决议：由议会选举一名对议会不负责的帝国首脑，叫帝国执政。6 月 29 日，议会以 486 票的绝对优势（26 票弃权）选举奥地利的约翰大公为帝国执政。成立了帝国政府，其首脑为联邦议会前主席什麦尔林。由于法兰克福议会放弃建立武装力量，所以它没有实权，因而它所建立的帝国中央政府，也得不到各邦政府的重视。

法兰克福国民议会根本没有实现人民渴望已久的统一，连一个邦的君主也没有废除；它没有加强德国各个分散的地区之间的联系，也没有摧毁那隔开各邦的关税壁垒。

革命势力与反革命势力的搏斗

三月革命后，普鲁士的革命运动蓬勃发展。西里西亚等地的农民纷纷起义，冲进地主庄园，烧毁封建文契。各地工人和城市居民也积极展开了斗争。在柏林及其他一些城市出现了许多民主组织和工人组织。1848 年 3 月 30 日，柏林成立了"人民同盟"，其任务是争取实行真正的人民代议制，实现人民武装。柏林还成立了"中央工人俱乐部"，它的发起人中有共产主义者同盟盟员。在中央工人俱乐部领导下，成立了许多地方性的俱乐部。共产主义者同盟利用俱乐部这种形式加强了活动。柏林工人逐渐走上了建立独立组织、进行独立斗争的道路。

4 月初，普鲁士各民主组织普遍关心的问题是普鲁士国民议会的选举问题。联合的邦议会公布的两级选举法引起了普遍不满，但预定于 4 月 20 日举行的示威游行，因民主力量内部意见分歧以及有些领导人被捕而流产了。这使反革命势力的气焰嚣张起来，资产阶级自由派也向右转了。康普豪森内阁保存了封建王朝的全部国家机器，王朝的文武官员没有一个被撤换。当工人要求直接选举权、劳动权和设立劳动部时，内阁就请求国王把军队调回柏林，准备对付工人。它还公开支持国王出兵镇压波兹南地区波兰民族的

---

① 《马克思恩格斯选集》第 1 卷，人民出版社 1972 年版，第 538 页。

起义。

5 月初，普鲁士举行了国民议会的选举。由于采用两级选举制，反动势力轻易地取得了胜利。在选出的 400 名议员中，手工业者只有 28 名，而工人一名也没有。按政治派别来分，议员情况如下：右翼代表 150 人，他们是霍亨索伦王朝的拥护者；左翼代表 100 人；中间派 150 人，它又分为左右两翼，中间派左翼主张建立君主立宪制度，中间派右翼仅仅希望在专制主义制度下进行一些改良而已。

5 月 22 日，普鲁士国民议会在柏林开幕。威廉四世发表演说，强调制定宪法必须与王室协调。公布的宪法草案规定，普鲁士为君主立宪国家，实行责任内阁制。议院由两院组成。上院由王子、国王任命的人和选出的代表（收入为 2500—8000 塔勒）组成。下院根据 1848 年 4 月 8 日联合邦议会通过的选举法选出。宪法草案激起了人民群众的愤怒抗议。

6 月 4 日，三月革命时逃亡英国的普鲁士王太子回国，受到柏林反革命分子的热烈欢迎。面对反革命分子的挑衅，柏林代表贝伦茨在议会上提出承认革命的决议案，宣布 3 月 18 日和 19 日街垒战士对祖国有功。普鲁士议会展开了激烈的辩论。结果，这一决议案以 177 票对 196 票被否决。议会否定街垒战士的功劳，证实了资产阶级的背叛。人民群众为了保卫革命，要求武装起来，于 6 月 14 日袭击了军械库。军械库的守卫队伍投降。但是工人缺乏战斗经验，没有采取防御措施。他们还没来得及武装自己，就被政府的增援部队赶出了军械库。群众攻击军械库是对资产阶级背叛的一次本能的革命反击。

攻击军械库失败后，民主派的力量大大地被削弱了，反革命气焰更加嚣张。6 月下旬，普鲁士内阁改组，新任内阁首相是国王的近臣冯·奥尔斯瓦特，汉泽曼留任财政大臣。新政府一上任，就重新组织柏林的警察力量，加紧镇压批评国王或政府的民主势力。但是，容克地主对奥尔斯瓦特内阁仍然不满意，迫使它在 9 月 9 日正式宣布辞职。

11 月，维也纳的陷落成了普鲁士反动势力进攻的信号。国王威廉四世立即把政府中的资产阶级自由派成员都撤了职，任命忠于宫廷的新政府。11 月 9 日，布兰登堡正式宣布组阁。这时柏林周围已布满军队，柏林市内戒备森严，反革命政变已经准备就绪。普鲁士国民议会意识到大难临头，通过了一项不信任新政府的决议。但它得到的回答是，责令国民议会从柏林迁到由新政府控制的勃兰登堡。国民议会宣称，除非它本身同意，既不能推迟它的会期，也不能把它迁移或解散。国王的回答是：4 万政府军进入柏林。

国民议会不敢发动人民来保卫自己。柏林工人号召进行武装抵抗，却被国民议会拒绝。被国民议会授权为它的召集人的中间派右翼代表温卢，在会上宣布"只需要给予消极的抵抗"。资产阶级自由派听凭反动派占据一切重要阵地。11 月 11 日，政府解散了市民自卫军。在两个星期中，国民议会被军队从一个开会地点赶到另一个地点，到处都被驱散，而议员们却要求人民一味保持镇静。12 月 5 日，国王宣布解散国民议会。这时候，议会才通过一项决议，宣布征税为非法。议员们奔走各地，组织抗税。就这样，在普鲁士革命决定性关头的 1848 年 11 月，正式领导整个革命运动的普鲁士国民制宪议会，不但没有坚决抵抗敌人，反而节节后退，甚至连自卫都宁肯放弃。

普鲁士国王解散国民议会的同一道敕令还宣布了新宪法。这部钦赐宪法给国王以无限的立法权和修改宪法权。反革命在普鲁士全面复辟了。

普鲁士三月革命爆发后，马克思和恩格斯回到德国。4 月 11 日，他们来到工业发达的普鲁士莱茵省的首府科隆（即科伦），着手创刊《新莱茵报》。1848 年 6 月 1 日，大型政治性日报《新莱茵报》正式出版了。马克思担任总编辑，恩格斯、沃尔弗等人为编辑。报名下加有副标题"民主派机关报"。马克思、恩格斯认为，当时德国无产阶级的觉悟性、组织性还不高，他们以革命民主派的身份进行活动，能更广泛地团结群众，推进革命运动。他们为《新莱茵报》制定的政治纲领是：建立统一的德意志共和国，争取最大限度的民主，反对封建专制势力及其支柱沙皇俄国。

《新莱茵报》抨击了公开的反革命派和资产阶级自由派的背叛行为，捍卫了德意志人民的切身利益。马克思、恩格斯指出，在保留旧的官僚机构、警察和军队的条件下，法兰克福议会和普鲁士国民议会只能是空想的机构。他们批评这两个议会的"议会痴呆症"，因为当反革命在展开反攻的时候，议会还在辩论议事日程和宪法。《新莱茵报》不仅对德国，而且对欧洲其他国家的阶级搏斗进行了深入的分析和评论。《新莱茵报》观点鲜明，尖锐泼辣，体现了马克思、恩格斯确定的革命路线和斗争策略，在革命中发挥了巨大的作用。

在革命过程中，马克思、恩格斯努力把各地工人组织团结在《新莱茵报》的旗帜下。他们批判极"左"和右的思潮对工人运动的影响，进一步阐明共产主义者同盟的纲领和策略，教育和团结德国工人投入当前的政治斗争和革命斗争。但是，德国工人阶级由于自身软弱，在 1848—1849 年还不能成为领导力量，这就不能不影响到德国革命的进程。

维护帝国宪法的斗争

1849 年 3 月 28 日，法兰克福议会经过长达数月的讨论，终于通过了一部德意志帝国宪法。宪法规定德意志是一个统一的帝国，皇帝从各邦国中选出，不对议会负责，拥有对外代表德国宣战、议和以及统率全国武装力量的权力。立法权授予两院制的议会。加入德意志帝国的各邦保持内政的独立，有自己的政府和议会。宪法规定统一法律、关税、币制和度量衡，加强了中央政府的权力。宪法宣布私有财产不可侵犯和言论、集会、结社自由等资产阶级的民主权利。还规定，农民的封建义务必须经过地主的同意并缴纳大量赎金才能废除。这部君主制的宪法带有浓厚的保守色彩，但是在 1849 年德国革命遭到失败的情况下，它坚持德国的统一，宣布了资产阶级的自由平等权利，仍然是一部比较进步的宪法。

在通过宪法的同一天，法兰克福议会选举普鲁士国王威廉四世为帝国皇帝。但威廉四世拒绝从这个议会手中接受皇冠，因为这个议会是由革命产生的，并且还制定了自由主义宪法。帝国宪法也没有得到其他德意志各邦君主的承认。于是法兰克福的议员们在 4 月 12 日作出一项决议：帝国宪法是国家的法律，必须遵守。但是他们根本不知道下一步该怎么走，只是选出一个 30 人的委员会，要它就如何实施这部宪法提出建议。

4 月 12 日的决议是法兰克福议会与德意志各邦政府之间爆发冲突的信号。君主立宪派资产阶级和多少带民主主义倾向的小资产阶级都支持维护宪法的斗争；可是在各邦重新占据政府要职的贵族和官僚拒绝接受这部宪法。

各邦政府为反对帝国宪法而迅速行动起来。4 月 28 日，普鲁士政府发布通告，声称帝国宪法是一个极端无政府主义的文件，德意志各邦政府必须予以审查和修订。普鲁士把军队集中于离法兰克福只有三天路程的克罗茨纳赫，并建议各邦，在该邦的议会支持法兰克福议会时立即予以解散。汉诺威和萨克森马上这样做了。显然，斗争结局只有靠武力来决定了。

1849 年 5 月，开始了人民群众维护帝国宪法的运动。5 月 3 日，萨克森的首府德累斯顿的人民首先举行起义，攻打军械库，被守军打死 20 多人；到傍晚，修筑的街垒已有百余座。5 月 4 日，萨克森国王被赶走，政权转归临时政府。由于临时政府的行动不够坚决，敌人得以把大批军队调集到德累斯顿。工人和手工业者的队伍顽强地坚持了四天的战斗。9 日，萨克森的起义被镇压。

5 月 9 日，莱茵省的爱北斐特爆发起义。起义者击退前来镇压的普鲁士军队。爱北斐特的战斗推动了其他城市的起义。杜塞尔多夫和佐林根的工人也举行起义。佐林根的民兵占领军械库，把它变成整个莱茵省起义者的武器供应地。在莱茵省的紧张战斗中，5 月 11 日，恩格斯率领一支由 500 名佐林根工人组成的队伍赶来爱北斐特组织武装反抗。他曾计划依靠佐林根工人队伍解除资产阶级自卫军的武装，把武器交给工人。但这个计划被起义领导机关即由资产阶级民主派中的温和分子组成的安全委员会拒绝。5 月 14 日，恩格斯被排挤出爱北斐特。由于资产阶级的叛卖，5 月 16 日晚，爱北斐特工人武装遭到资产阶级自卫军的袭击，起义被镇压。莱茵省的起义遭到了失败。

普鲁士政府在镇压莱茵省起义的同时，也对《新莱茵报》发动了进攻。在维护帝国宪法的日子里，《新莱茵报》以高度的热情号召德国人民同反革命势力进行斗争。5 月 16 日，普鲁士政府以"煽动居民蔑视现存政府，号召暴力革命和建立社会共和国"为理由，勒令《新莱茵报》停刊。1849 年 5 月 19 日，《新莱茵报》用红色油墨出版了最后一期。普鲁士政府还下令马克思离开科隆，于是马克思到了法国巴黎。

5 月初，普法尔茨的维护宪法的运动开展起来。5 月 3 日，由温和民主派组成的地区保卫委员会向巴伐利亚政府提出承认帝国宪法、组织人民自卫军等项要求。普鲁士军队前来镇压的消息激起了人民起义。5 月 17 日，普法尔茨的资产阶级民主派成立了革命的临时政府，宣布普法尔茨脱离拒不承认帝国宪法的巴伐利亚王国。

巴登维护帝国宪法运动的领导力量是民主派人民同盟及其领导人罗仑兹·布伦坦诺。5 月 12 日，巴登的一些城市爆发了起义。5 月 13 日，巴登首府卡尔斯鲁厄也发生起义。首府卫戍部队向帝国宪法宣誓后拒绝服从长官的命令，调来进行镇压的军队反戈投诚。巴登大公列奥波德弃城出逃。5 月 14 日，布伦坦诺组成了新政府，自任政府首脑，兼内政大臣和外交大臣。新政府控制了 3 万多军队和充裕的财政，任命了著名的波兰将军梅洛斯拉夫斯基指挥巴登—普法尔茨的军队。在巴登和普法尔茨形成了护宪运动的中心。

6 月初，普鲁士政府决定用武力进行镇压，把普军集中在巴登和普法尔茨边境。6 月 22 日普军的进攻被击退。接着普军再次进攻。6 月 29 日至 30

日在拉什塔特城下展开激战。1.3 万名巴登军队英勇顽强地抗击着普鲁士 6 万大军，重创普军后，撤往瑞士边界。恩格斯直接参加了巴登—普法尔茨的护宪斗争。他作为共产主义者同盟成员维利希指挥的志愿军团的副官，直接参加战斗。当巴登军越过国境时，以恩格斯为首的少数志愿兵完成了后卫任务，使起义部队安全撤到瑞士。之后恩格斯从瑞士绕道意大利到英国。马克思也从法国来到英国。拉什塔特城的留守队伍坚持战斗到 7 月 23 日。巴登和普法尔茨的武装起义，是 1849 年德国革命力量和反革命力量的最后决战。

1849 年 6 月 16 日，不久前迁到斯图加特的法兰克福议会被军队驱散。

护宪斗争的失败和法兰克福议会的被驱散，标志着 1848 年德国革命的终结。

德国 1848 年革命失败了。革命的主要问题，即统一德意志和使德意志民主化的问题没有得到解决。小国分裂状态依旧存在；封建专制主义的统治没有被消灭，政权仍然操纵在容克地主手里。

小资产阶级民主派的不彻底性和动摇性，工人阶级还没有成熟到掌握革命领导权，以及国际反动派对德国内部反革命势力的支持，都是 1848 年德国革命失败的重要原因。但最主要的是资产阶级自由派的背叛。他们参加革命的目的只是为了利用人民运动来获得本阶级的利益。在阶级斗争进程中，他们被工人阶级的革命积极性所吓倒，急忙同君主政权、旧制度的各种势力妥协，背叛人民。马克思、恩格斯指出："1848 年三月运动之后，资产者果然是立刻就夺得了国家政权，并且随即利用了这个政权去迫使工人即自己的战斗中的同盟者回到他们从前的被压迫的地位。资产阶级如果不是与那个在 3 月间被打败了的封建党派结成联盟，甚至最后把统治权重又让给这个封建专制主义党派，是做不到这一点的。"①

这次革命虽然失败了，但它沉重地打击了德国的封建势力，促进了德国资本主义的进一步发展，提高了德国无产阶级的觉悟性和组织性，为以后解决德国面临的历史任务——德意志民族的统一打下了基础。1848 年德国革命斗争的经验极大地丰富了马克思主义的理论宝库。

---

① 《马克思恩格斯选集》第 1 卷，人民出版社 1972 年版，第 382 页。

德意志的统一

郑宗育

19 世纪中叶，德意志的民族统一运动重新高涨。在德国统一的最后阶段，普鲁士俾斯麦政府通过三次王朝战争，即 1864 年的德丹战争、1866 年的普奥战争、1870 年的普法战争，先后打败了丹麦、奥地利和法国。1871 年建立德意志帝国，实现了德国的统一。

德意志统一的历史前提

1848 年德国革命的失败，使建立德意志民族国家的任务没有完成。但是，革命毕竟在一定程度上冲击了封建制度，迫使德意志各邦的统治者不得不对资产阶级做些让步；德国的资产阶级也"由于自己的怯懦于 1848 年和 1849 年在政治舞台上遭受可耻的失败以后，就热心地去办大工业，从中求得安慰"[1]。

进入 50 年代以后，德国的资本主义经济获得了迅速的发展。从 1850 年到 1870 年，德国工业总产值增长一倍多。重工业部门的产量平均每 10 年翻一番。1850 年煤的产量为 700 万吨，1860 年为 1700 万吨，1870 年为 3400 万吨。铁的产量 1850 年是 20 万吨，1860 年为 50 万吨，到 1870 年猛增至 140 万吨。机器制造业也发展起来。1846 年，德国机器制造厂只有 131 家，到 1861 年增至 300 多家。蒸汽机的动力 1850 年为 26 万匹马力，到 1870 年增至 248 万匹马力。棉纺织业也有显著的发展。1843—1861 年，机器织布机由 5018 台增加到 15258 台。铁路建筑具有更大的规模。1850 年德国铁路长度为 5822 公里，到 1870 年增加到 21471 公里。

---

[1] 《马克思恩格斯全集》第 19 卷，人民出版社 1963 年版，第 192 页。

　　工业和交通运输业的发展，使商业和信贷事业发生变化。德国国内零售商业网日益扩大和专业化。1846—1870 年，外贸周转额也由 11 亿马克上升到 42 亿马克，即增加了 2.8 倍。银行业的发展出现了高潮。1853—1857 年的 4 年中，普鲁士新开银行的股本总额达 6 亿马克。贴现公司（1851 年）、达姆斯塔特银行（1853 年）、中德信贷公司（1856 年）、柏林商业公司（1856 年）、德意志银行（1870 年）等闻名世界的大银行都是在这个时期建立起来的。在银行的参与和协助下，股份公司如雨后春笋般建立起来。1849—1858 年，巴伐利亚开设了 44 家股份公司，共拥有资本 1.45 亿马克。正如恩格斯指出，德国"在二十年中带来的成果比以前整整一个世纪还要多"①。

　　在这个时期，农业中的资本主义关系也获得了长足的发展。1850 年 3 月 2 日，普鲁士政府颁布了"调整地主和农民关系法"，无偿地取消了残存于普鲁士农村中的次要封建义务，允许农民以高额的赎金或出让土地赎免其他主要的封建义务和劳役。1850—1865 年，在普鲁士就有 1.3 万户大农和 101.4 万户小农办完赎买封建义务的手续。易北河以东的农民在 1815—1865 年的 50 年中，为免除封建义务缴给地主的现金达 10 亿马克。此外，还割给地主 11.3 万摩尔根的土地。结果，在千百万农民破产的同时，容克地主却获得了大量的土地和现金，为容克经济向资本主义经济转化创造了条件。

　　19 世纪 50 年代以来，世界市场粮价昂贵；德国的马铃薯酒畅销全欧，推动了愈来愈多的容克地主经营资本主义农场。他们雇佣工人，采用机器，使用化肥，改良土壤，农业产量大幅度提高。1850—1870 年，普鲁士小麦的产量平均每公顷增加 20%—25%，甜菜的产量平均每公顷增加 25% 以上。德国的马铃薯和甜菜的产量居世界第一位。不少地主兼营酿酒、制糖、面粉厂和锯木厂。尤其是普鲁士的马铃薯酒驰名国际市场，获取巨利，使许多地主转化为工业资本家。在德国的其余大部分地区，农业中资本主义的发展，主要也是通过地主经济向资本主义经济转化而实现的。这样，经过五六十年代的发展，德国的农业迅速地走上资本主义道路，容克地主逐步资产阶级化。

　　德国资本主义经济的发展与各邦分裂割据的状态发生了尖锐的矛盾。国内的多头政治，货币、度量衡不统一；婚姻和居住的限制，各邦隔离，资产

---

① 《马克思恩格斯选集》第 2 卷，人民出版社 1972 年版，第 291 页。

阶级不能自由支配工人；德国的资产阶级在国际市场上竞争没有外交保护，缺乏强大的民族国家作为后盾。这一切都使资产阶级难以忍受。扫除资本主义发展的障碍，建立德意志民族资本主义国家，已经成为德国政治、经济发展的客观需要，也是德国历史的中心课题。德意志的统一刻不容缓地提到议事日程上来了。

由谁来统一德国？怎样统一德国？按照当时德国的状况，客观上存在着两种可能性："即或者是通过革命，或者是通过普鲁士王朝的战争。"[①]

马克思、恩格斯极力主张通过革命的道路统一德国。这条道路就是人民群众在无产阶级的领导下，通过自下而上的革命斗争，消灭普鲁士容克地主贵族和普鲁士军阀的经济、政治势力，消灭德国分裂割据的状态，建立统一的、民主的德意志共和国。这是符合德国人民切身利益的。但是，当时德国无产阶级政治上和组织上不够成熟，无产阶级中的大部分还不是现代意义上的雇佣工人，而是手工业帮工、学徒和家庭手工业者。1861 年在普鲁士工厂和矿山中劳动的工人只占工人总数的 14.3%，而且大部分是在小企业中劳动。1863 年成立的德国无产阶级组织——"全德工人联合会"还在斐迪南·拉萨尔的控制之下，他执行着一条机会主义路线，在德国统一问题上，支持俾斯麦"自上而下"统一德国，破坏工人运动。无产阶级通过革命的道路统一德国的愿望没能实现。

国家的统一是资产阶级革命的任务。19 世纪五六十年代德国经济的繁荣使资产阶级的财富与日俱增。克虏伯公司 1851 年只有 404 名工人，到 1861年增至 2000 名。1866 年波尔锡希蒸汽机工厂有 1600 名工人，被认为是当时世界上最大的工厂之一。韦纳·冯·西门子和哈尔斯克驰名世界。他们敷设了欧洲大陆上从柏林到美因河畔法兰克福的第一条电报线路；西门子公司敷设的 6 条海底电缆遍布于大西洋之中。汉斯·维克多·翁鲁、弗里德里希·哈尔科特都是当时最有影响、最富有的企业家。资产阶级的经济力量已经大大地超过了贵族和官僚，成为社会上最富有的阶级。他们渴望国家统一，觊觎政权，并为建立统一的民族国家而进行斗争。

1859 年北德意志和中德意志各邦的资产阶级自由派人物在法兰克福成立民族联盟。将近 2.5 万名工业家、商业家、自由派代表、新闻记者、律师、教师和教授参加了这个组织。汉诺威的自由主义者鲁道夫·宾尼克逊当选为

---

① 《列宁全集》第 19 卷，人民出版社 1959 年版，第 292 页。

联盟执行委员会主席，翁鲁、舒尔采—德里奇都是执行委员。民族联盟的纲领要求：改革德意志联邦宪法；建立强有力的中央集权国家，管理全德的军事、外交、商业关税；召开全德议会，实现在普鲁士领导下统一德国。

1861 年，普鲁士和德意志资产阶级反政府的情绪高涨。同年 6 月，普鲁士的自由派资产阶级成立进步党。参加该党的有工厂主、商业家、自由化地主、教授和医生等，并且很快扩展到全普鲁士。瓦尔德克、舒尔采—德里奇、福尔肯贝克、霍韦尔贝克等都是该党最著名的活动家。他们要求在普鲁士的领导下统一德国；召开全德议会，成立对众议院负责的强有力的自由派内阁，把普鲁士改造成为英国式的君主立宪国家，使资产阶级在政治上成为社会的统治阶级。

但是，德国的资产阶级在政治上的作用与它在经济上的作用相比，实在是太不相称了。由于它出世太迟，当它与封建势力对峙的时候，又同无产阶级对峙了。它害怕革命尤甚于反动派，不敢与人民群众结成联盟，没有勇气和魄力发动革命，而是指望和平地、不流血地实现社会改良。要统一，但不要革命；要进步，又不要共和国。怎么办？最后只好同旧制度妥协，到德意志两大邦国——普鲁士和奥地利的统治者中去寻找同盟军。

普鲁士和北德意志各邦的资产阶级主张由普鲁士领导，排斥奥地利，建立统一的德意志帝国，鼓吹"小德意志方案"。奥地利和南德各邦君主和一部分小资产阶级则鼓吹"大德意志方案"，主张把德意志联邦改组成为以奥地利为首的瑞士式联邦共和国，在奥地利的霸权下，建立一个"中欧大国"。

从 1850 年起，普鲁士和奥地利争夺德意志霸权的斗争愈演愈烈。奥地利当时是德意志联邦议会的主席，在各邦中有传统的政治影响。但是，由于它经济落后，境内民族和阶级矛盾重重，它本身并不关心德意志的统一，反而以支持各邦的分离主义势力来赢得各邦诸侯的支持，维护德意志的分裂割据状态。奥地利是德意志联邦中最反动的国家，它比其他国家更违反现代潮流。因此，"德意志在奥地利保护下的统一是一种浪漫的梦想"①。

普鲁士是德意志联邦中领土最大、资本主义经济最发达的地区。1834年，在普鲁士领导下，建立德意志关税同盟。60 年代小德意志地区的经济已经和普鲁士"一体化"。"这些邦的新兴资产者也就愈习惯于把普鲁士看成

---

① 《马克思恩格斯全集》第 21 卷，人民出版社 1965 年版，第 478 页。

是自己在经济上的前卫和将来在政治上的前卫。"①

　　普鲁士的容克贵族面对资产阶级的日益强大，出于他们的封建观念和传统偏见，一般地说来，他们是支持分离主义、正统主义，反对统一的。但是，由于50年代以后，容克贵族最后屈服于资本主义生产方式，它的经济生存的基础逐渐资本主义化。容克和资产阶级之间的利害关系不再是敌对的和不可调和的了。德国资产阶级民族统一的热烈愿望又与普鲁士王朝扩张政策结合在一起，这就为容克和资产阶级在俾斯麦的领导下统一德国而日益靠拢打下了基础。

　　1858年秋，普鲁士威廉亲王以摄政名义，取代了他神经错乱的哥哥——腓特烈·威廉四世，取得了统治国家的权力。他为了取得资产阶级的支持，11月6日解除了专横霸道的曼托伊费尔内阁。任命霍亨索伦—马格西林根的卡尔·安东亲王接任首相，亚利山大·冯·施莱尼茨为外交大臣。他还把议会中自由主义反对派领袖、在资产阶级中享有巨大威信的奥尔斯瓦德、帕托夫、施韦林吸收到新内阁中来。

　　1860年，威廉摄政王为了在争夺德意志霸权的斗争中取得军事优势，并加强对内的实力，授权陆军大臣罗恩将军着手进行军事改革。2月9日，罗恩将军向议会提出改组军队的提案。要求邦议会同意拨款1000万塔勒，增加军费；并把平时的军队从14万增加到21.7万人；服役期限从两年改为3年；建立常备军，取消国民后备军。按理说，资产阶级既然希望在普鲁士的领导下，用武力统一德国，它就需要有一支强大的军队。但是，由于军事改革关系到军队在宪政国家中的地位，资产阶级担心一支深受容克影响的国王的军队将危及资产阶级的利益，因此，拒绝每年支付巨额的军事拨款。资产阶级的政策处于矛盾之中。

　　1861年1月2日，腓特烈·威廉四世病故，摄政王威廉继承普鲁士王位，号称威廉一世。10月18日，在柯尼斯堡举行的隆重加冕典礼上，威廉一世为了反击资产阶级对军事拨款的拒绝，强调王权是上帝赐予的，神圣不可侵犯。这更激起资产阶级的不满，他们要求议会坚决保卫普鲁士宪法。12月，在普鲁士新议会的选举中，代表自由派资产阶级利益的进步党获得多数席位，提出议会监督政府的经费开支，经费严格控制在议会所批准的范围内，否决军事预算。

---

① 《马克思恩格斯全集》第21卷，人民出版社1965年版，第480页。

　　1862年3月11日，威廉一世下令解散众议院，重新选举。但是，同年5月，在新选出的议会中，进步党获得更多席位，再次否决军事预算。进步党的行动得到广大人民群众的支持，工人与小资产阶级纷纷集会。这样，以军事问题为肇端，引起了长达4年之久的"宪法纠纷"。资产阶级若不在军事问题上取胜，它将会丧失尚享有的一点权力，将永远不再能通过宪制的途径在国家政治生活中起作用。因此，这场斗争关系到普鲁士究竟是宪制国家，抑或是君主专制政体；它实质上是资产阶级同以国王为代表的容克地主阶级为争夺国家统治权力的阶级斗争。威廉一世无法在议会中贯彻自己的意志。他既不愿意向进步党人屈服，又不能违反人民代议机关的意志，强行军事改革。他恼怒至极，甚至拟就退位诏书，准备放弃王位。

　　在这"事情弄到必须用刺刀"的关键时刻，9月20日，陆军大臣罗恩将军奏请威廉一世起用普鲁士驻法大使奥托·冯·俾斯麦。1862年9月22日，威廉一世召请俾斯麦在彼贝尔斯贝尔宫会谈。俾斯麦对威廉一世说：他将作为"一个看到主人在危急中的仆臣"，而不是作为"一个通常意义上符合宪法规定的部长"为王上效劳。俾斯麦的无条件许诺鼓起了威廉一世的勇气，打消了退位的念头。9月23日，威廉一世决定任用俾斯麦为普鲁士首相兼外交大臣。

　　俾斯麦上台时，47岁，年富力强。他历任普鲁士驻法兰克福联邦议会公使、普鲁士驻俄公使、驻法大使，有丰富的、实际的阅历。任职期间，他逐渐抛弃陈旧的偏见，学会了以欧洲的眼光来观察德国的问题，认识到德国的统一势不可当。在普鲁士领导下统一德国必然要遭到奥地利的拼死反对，非以武力解决不可。9月30日，即在他上台以后的几天，他在普鲁士议会"预算委员会"第一次会议上声称："德意志的未来不在于普鲁士的自由主义，而在于强权……当前的种种重大问题不是演说词和多数议决所能解决的——这正是1848年和1849年所犯的错误——要解决它只有用铁和血。"这番话在当时并不完全是对议员们的恫吓，而更多地是呼吁民族情绪，停止内部纠纷，聚集力量，共同对外。但是，"铁血演说"一传出，朝野舆论哗然。进步党领袖福尔肯贝尔说："这意味着不要预算进行统治，对内是军刀制度，对外是战争。"罗恩也责备俾斯麦毫无必要激怒全国。怯懦的威廉也害怕起来。

　　10月4日，俾斯麦到于特堡小车站远迎从巴登—巴登回到柏林的威廉。在幽暗的车厢里，俾斯麦以军官的荣誉呼吁情绪忧抑的威廉一世。他的劝说成功了。威廉一世放弃了解除俾斯麦首相职务的任何想法。在这以后，俾斯麦就肆无忌惮地激化"宪法纠纷"，组织力量与议会多数派斗争。他不怕违宪的指责，不顾议会的反对，擅自开支经费，强行军事改革。在"宪法纠纷"期间，俾斯麦以国王的名义，宣布邦议会休会；清除政府机关中的议会反对派；下令封闭自由派报纸；禁止自由派活动。俾斯麦看透了资产阶级色厉内荏的本质，深信资产阶级为了换取民族的统一是宁愿放弃社会政治领导的。因此，只要战争胜利，资产阶级就会就范，"宪法纠纷"自然烟消云散。

为了实现在普鲁士领导下统一德国，积极开展外交活动是俾斯麦政策体系中的一个重要组成部分。是时，国际环境对普鲁士有利。克里木战争以后，俄奥关系恶化。1859 年法、意对奥战争以来，法奥矛盾日益加深。英法在克里木战争以后，在近东也开始了摩擦。1856 年巴黎和约以后，俄国总是站在西方列强的对立面。1863 年波兰爆发了大规模的民族起义，英、法、奥对俄国的波兰政策提出抗议；而俾斯麦却以"做戏似的夸张的姿态"[1]，"作了警察式的效劳"[2]。他一方面派兵封锁波兰边境，阻止起义者越入普鲁士境内；另一方面又与沙皇俄国签订《阿尔文斯勒本协定》，同意沙皇俄国在必要的情况下，可以越过边境追捕起义者，取得了俄国的欢心。

由于欧洲列强钩心斗角，英、法、俄不能联合行动；奥地利在欧洲也已孤立。俾斯麦利用这一有利时机，纵横捭阖开展外交活动：对奥地利采取恫吓和利诱相结合的政策；对俄国则尽力使它保持"友好的中立"；竭力延缓法国在一个对普鲁士不利的时刻对普鲁士进行打击；尽可能保持同英国的靠近。正是在这种有利的国际形势下，俾斯麦通过三次王朝战争统一德国。

什列斯维希—霍尔施坦问题与德丹战争

1864 年的德丹战争是俾斯麦完成德国统一的第一步。战争的导火线是什列斯维希—霍尔施坦问题。

什列斯维希与霍尔施坦两公国位于波罗的海与北海之间，构成易北河下游地区和丹麦日德兰半岛之间的边界。霍尔施坦的居民大多数是德意志人；什列斯维希的居民则丹麦人居多。早在 1460 年两公国便与丹麦共戴一君。

---

① 《马克思恩格斯全集》第 22 卷，人民出版社 1965 年版，第 46 页。
② 《马克思恩格斯全集》第 21 卷，人民出版社 1965 年版，第 489 页。

霍尔施坦虽属于德意志民族的神圣罗马帝国，但实际上与什列斯维希永不分离。1815 年，根据维也纳会议决议，什列斯维希—霍尔施坦两公国和劳恩堡小公国划归丹麦管辖。丹麦国王因领有霍尔施坦与劳恩堡两公国，同时也是德意志联邦的诸侯。

1848 年在德国革命的影响下，两公国的德意志居民要求脱离丹麦与德国合并，举行民族起义。普鲁士政府曾派兵援助，军队进入两公国。但是由于沙皇尼古拉政府的干涉，什列斯维希—霍尔施坦的民族解放运动失败。1852年 5 月 8 日，俄、奥、英、法、普鲁士、瑞典的代表和丹麦的代表一起，签订伦敦议定书，重申丹麦君主国领土包括什列斯维希—霍尔施坦在内不可分割的原则。但保留霍尔施坦和劳恩堡的传统权利不得侵犯。1855 年，丹麦政府不顾伦敦议定书，颁布新宪法，取消什列斯维希—霍尔施坦的独立与自治。在德国的压力下，未能实现。

1863 年 3 月 30 日，丹麦国王又颁布了一部适用于全国各州的宪法，把什列斯维希并入丹麦，限制霍尔施坦和劳恩堡的权利。同年 11 月 13 日，丹麦政府向德意志联邦议会呈交一份新宪法，这就意味着对什列斯维希事实上的兼并。事隔两天，11 月 15 日，丹麦国王弗里德里希七世逝世，克里斯提安九世继承王位。他为了直接兼并两公国，正式签署了"十一月宪章"。什列斯维希—霍尔施坦的危机达到高潮。

是时，德意志的民族情绪激昂。到处举行群众集会，号召募捐和组织志愿军，成立声援什列斯维希—霍尔施坦的协会，要求两公国独立。

在两公国内部，霍尔施坦的官员拒绝向新国王宣誓效忠；丹麦军队中的什列斯维希—霍尔施坦籍的士兵拒绝服从。两公国的德意志居民援引"萨利克继承法"①，要求承认 16 世纪初统治过丹麦的克里斯提安三世的直系后代弗里德里希·冯·奥古斯滕堡公爵为两公国的大公，并请求德意志联邦议会援助。在这种情况下，1863 年 12 月 23、24 日，德意志联邦议会委派萨克森和汉诺威的军队开进霍尔施坦和劳恩堡。在当地居民的支持下，丹麦军队不战而退。弗里德里希·冯·奥古斯滕堡宣布为霍尔施坦大公。但是，什列斯维希的德意志居民仍然未获解放。德国要求两公国彻底摆脱丹麦。

从什列斯维希—霍尔施坦危机一开始，蓄谋已久的俾斯麦就决定不放过

---

① 萨利克继承法源于萨利克法兰克人的法典。编纂于 5 世纪末或 6 世纪初，其中规定："土地遗产无论如何不得传给妇女，而应把全部土地传给男性，就是兄弟。"

这个机会，竭力抢先解决这个问题，把它作为实现统一德国整个计划的一个步骤。鉴于当时欧洲列强从维护波罗的海的均势出发，不希望普鲁士打破现状，俾斯麦使出了一箭双雕的办法——同原来的老对手奥地利采取联合行动。这样，不仅可以麻痹欧洲列强，同时也制止了德意志联邦议会的反对。而奥地利从维护欧洲的现状和反对民族革命斗争的原则出发，防止普鲁士在抢先反对丹麦的斗争中加强在德意志联邦中的影响，并与普鲁士共同宰割什列斯维希—霍尔施坦，也愿意与普鲁士联合行动。

1864 年 1 月 16 日，普鲁士与奥地利拟订共同行动计划，规定：如果因为什列斯维希—霍尔施坦问题开战，这两个公国的前途只应通过普奥两国商量决定。同日，普鲁士和奥地利向丹麦提出最后通牒，限丹麦在 48 小时内宣布"十一月宪章"无效。丹麦拒绝。德丹战争爆发。1864 年 2 月 1 日，普奥联军 6 万人在最高司令官、普鲁士陆军元帅弗兰格尔的指挥下，越过艾德河边界，进军什列斯维希。此时丹麦军队已经撤出霍尔施坦，沿着什列斯维希南部边界的古老防线丹涅维尔克构筑防御工事。2 月 5 日，又从丹涅维尔克撤退到日德兰半岛东岸的一个小村镇——迪博尔。经过围攻和炮击，4 月 18 日，普奥联军开始总攻击，迪博尔陷落。德丹战争第一阶段结束。

4 月 26 日，根据英国的建议，举行调停会议。会上就两公国的地位问题提出各种解决方案，但是，没有一个能够实现。5 月 9 日，战事再起。12 日，双方签订停战协定。普鲁士和奥地利只允许丹麦保留什列斯维希的一小块土地。而丹麦则要求保留南至丹涅维尔克以北的什列斯维希领土。谈判破裂。6 月 26 日，普奥联军渡过阿尔斯海峡，完全控制了日德兰和阿尔逊岛。此后，丹麦已无力进行抵抗。8 月 1 日，普奥和丹麦在维也纳签订预备和约。10 月 30 日，正式签字。《维也纳和约》规定：什列斯维希—霍尔施坦两公国及劳恩堡小公国脱离丹麦，交普鲁士、奥地利共管。德丹战争结束。

普奥双方为瓜分战利品，从 8 月 14 日至 21 日进行谈判，签订《加斯泰因专约》。它规定：什列斯维希—霍尔施坦两公国仍归普奥共管，但什列斯维希归普鲁士管辖；霍尔施坦归奥地利管辖。奥地利以得到 250 万塔勒的补偿将劳恩堡让给普鲁士；普鲁士获得在霍尔施坦开凿基尔运河，建筑铁路及敷设电缆的权利；基尔的防务由普军担任；奥尔登堡成为普奥联防要塞。普鲁士得到了明显的好处。

1864 年的德丹战争是俾斯麦统一德国进程中的里程碑。它是普鲁士和奥地利最后的一次合作。同时也是决定性破裂的机缘。由于《加斯泰因专约》

所造成的政治和行政管理的混乱状态，为俾斯麦挑起普奥战争埋下了伏笔。俾斯麦曾经说："我们在这里遇到的问题，是只要欧洲的政治形势许可，便可随时用来作为发动战争的借口问题。"

普奥战争与北德意志联邦的建立

1866 年的普奥战争是关系到"建立德国民族资本主义国家的霸权究应属于普奥这两个资产阶级君主国中哪一个的问题"①，是俾斯麦统一德国的关键性一步。从 1864 年 10 月至 1866 年 6 月，俾斯麦政府从各个方面做了大量准备工作，以解决普鲁士在德意志的霸权问题。

1865 年底至 1866 年初，俾斯麦同拿破仑三世举行谈判。他一方面竭力使拿破仑三世感到普奥战争将是持久的，将会使普鲁士蒙受极大消耗；另一方面又迎合拿破仑三世建立新版莱茵同盟和在莱茵河左岸吞并德国领土的扩张野心，含混地暗示法国可以获得比利时、卢森堡以及普鲁士在莱茵河地区的某些领土作为"补偿"，希望法国在未来的普奥战争中保持中立。

与此同时，俾斯麦在柏林还同意大利果沃内将军就共同进行反奥战争一事谈判。1866 年 4 月 8 日，双方签署了秘密条约，规定：如果普鲁士在缔约后三个月内对奥地利采取军事行动，意大利有义务反对奥地利；一旦战胜奥地利，就把威尼斯交给意大利。意大利还从普鲁士手中得到 1 亿 2000 万法郎的援助。俾斯麦的这一步骤，使奥地利在未来的战争中腹背受敌。

俾斯麦竭力利用哈布斯堡王朝内部的困难。他同匈牙利的政治流亡者进行谈判，在匈牙利点燃民族革命烈火。他还考虑煽动捷克人、罗马尼亚人、马扎尔人和塞尔维亚人起义，甚至考虑让加里波第率领一支匈牙利和南斯拉夫人的联军到奥地利占领的达尔马提亚沿海地区作战，以便从内部把奥地利"炸得粉身碎骨"。尽管这些意图难以实现，但确实使奥地利的统治者惊恐不安。

在财政方面，俾斯麦得到了埃森的克虏伯和萨尔的施士姆等大工业家的支持。1864 年，克虏伯表示，如果普鲁士下院拒绝预算案，他将提供 100—200 万塔勒武器的长期贷款。1866 年春，俾斯麦越过议会，转让给科伦—明登铁路公司 1300 万塔勒的股票，俾斯麦由此而得到一笔巨款，解决了财政

---

① 《列宁选集》第 4 卷，人民出版社 1972 年版，第 13 页。

的困难。此外，俾斯麦未经议会批准，发行了 4000 万塔勒的钞票，作为保证战争的资金。

在军事方面，以毛奇为首的参谋本部和陆军大臣罗恩为首的军事部门积极制订作战计划，主张军队应做好对奥地利作战的准备。

为了赢得德意志各阶级、阶层的支持，继续瓦解敌对阵线，俾斯麦政府于 1866 年 4 月 9 日向德意志联邦议会提出一项联邦改革的提案。提案要求：在普遍、直接选举的基础上，召开全德议会，对德意志联邦进行改革。改革的内容包括：建立铁道、邮政、电报、电话事业的全德管理机关；迁徙自由，营业自由，统一货币与度量衡；在国外保护德国贸易和德国领事；合并全德各邦的军队等。俾斯麦政府企图以此在王朝和民族之间、资产阶级和无产阶级之间两面讨好，把自己装扮成为全德意志民族利益的保护者，以便先发制人，制止反对普鲁士强权的人民运动；进一步挫败奥地利的力图恢复皇帝尊严的联邦改革计划，赢得人民对他准备的反奥战争的支持。但是，德意志联邦议会对这个提案没有作出任何答复。

寻找战争的借口是没有困难的。早在 1865 年的最后两个月，普鲁士政府就一直想在什列斯维希—霍尔施坦问题上激怒奥地利首先行动。1866 年 1 月 23 日，奥地利驻霍尔施坦总督路德维希·冯·加布伦茨将军批准在霍尔施坦的中心阿尔托纳举行一次支持奥古斯滕堡大公的群众集会。三天后，俾斯麦向维也纳提出抗议。奥地利首相孟斯多夫的回答是：只有奥地利才有管辖霍尔施坦的权力。

2 月 28 日，普王威廉在柏林召开御前会议，攻击奥地利的政策，表示吞并两公国是整个普鲁士的愿望。由于普奥在两公国问题上不能达成一致意见，6 月 1 日，奥地利驻法兰克福代表宣布，两公国的前途应由联邦议会决定。俾斯麦攻击奥地利破坏了 1864 年 1 月普奥缔结的共同行动计划。6 月 7 日，俾斯麦令曼托伊费尔将军从什列斯维希越过艾德河向霍尔施坦进军。加布伦茨将军不战而退。

6 月 10 日，普鲁士公布《联邦改革纲要》，要求把奥地利开除出德意志联邦。次日，奥地利公使呼吁德意志各邦实行动员，反对普鲁士。6 月 14 日，联邦议会以 9 比 6 票通过反对普鲁士的方案。俾斯麦立即授权普鲁士公使声明：联邦议会无权以这种方式对待它的成员，并坚决要求解散联邦议会。次日，普鲁士向萨克森、汉诺威国王以及黑森—加塞尔选帝侯提出最后通牒，要求接受普鲁士提出的《联邦改革纲要》，并且允许普军自由通过他们的国土。三个君主拒绝。6月17日，奥地利发布宣战书。6月18日，普鲁士对奥宣战。普奥战争爆发。

站在奥地利一边的有萨克森、汉诺威、巴伐利亚、巴登、符腾堡、黑森—加塞尔选帝侯国、黑森—达姆施塔德以及德意志联邦的其他成员国。站在普鲁士一边的有梅克伦堡、奥尔登堡和其他北德意志各邦，另外还有三个自由市：汉堡、不来梅、吕贝克。

普奥战争有三个战场。奥地利被分割成南北两线作战。

南线意大利战场。战事一开始就对奥地利有利。6月24日，意大利国王维克多—厄曼努尔统率的人数众多、装备精良的意军在库斯托查同阿尔布雷希特率领的奥地利军队发生一场会战。意军四处逃散。俾斯麦对自己的盟军如此缺乏战斗力十分恼火。它使俾斯麦想把奥军分割成南北两线作战的计划化为泡影。但是，奥军由于北战场进展不利，被迫放弃威尼斯，大部分兵力向多瑙河开拔。

德意志战场是普鲁士军队对奥地利集团成员国作战。6月16日，普军攻入汉诺威、黑森—加塞尔及萨克森。萨克森军队被迫撤到摩拉维亚，与奥地利军队会合。6月27日，冯·法尔肯施泰因将军率领的5万普军在朗根萨尔察打败汉诺威军队，围困汉诺威王奥格尔格。6月29日，汉诺威投降。7月，当法尔肯施泰因军队准备占领法兰克福，进攻巴登、符腾堡时，波希米亚战场告急。

北战场，即波希米亚战场，是普奥战争的主战场。战线长达260英里。毛奇计划在外线作战，军队在战地集结。他的原则是"分兵推进，联合打击"。为了迅速集结部队，毛奇通过五条铁路线调动军队，并由柏林大本营用电报统一指挥。6月22—23日，由弗里德里希—卡尔亲王率领的第一军团和赫尔瓦特·冯·毕腾菲尔德将军率领的易北河军团由埃尔兹山和黑森山的隘口开入波希米亚。王太子弗里德里希—威廉率领的第二军团从西里西亚翻山越岭进入波希米亚谷地。开头几天的战斗，普军旗开得胜。只有在6月28日这一天，普军略为失利。卡尔亲王的部队在占领吉钦后，被奥地利埃德尔斯海姆将军的骑兵队赶出。王太子军团的第一军被加布伦茨将军的部队阻止在特劳特瑙附近。次日，卡尔亲王的军队夺回吉钦；王太子军团则彻底击溃奥地利的三个军。奥地利北战区总司令贝奈德克将军因遭重创，建议弗兰茨·约瑟夫皇帝言和。奥皇则期待一次决战。

1866年7月3日，以奥地利和萨克森的军队为一方，以普鲁士军队为另一方，在捷克的柯尼希格莱茨附近的萨多瓦村进行决战。奥军 23.8 万人，普军 29.1 万人，这是欧洲历史上前所未有的大决战。上午 8 时，卡尔亲王率领的第一军团向奥地利阵地发起攻击。奥军顶住了卡尔亲王第一军团的进攻。中午，王太子率领的第二军团赶来增援，从侧翼包抄，经过激战，奥军大败。死伤计 2.4 万多人，被俘 1.3 万人。由于奥骑兵队奋勇作战，以及卡尔亲王的部队错过时机，使奥军得以渡过易北河，向奥尔缪茨退却。渡河时，奥军淹死甚众，损失惨重。最后才艰难地把部队转移到多瑙河一线。

尽管在南方意大利战场上得胜的奥军赶来增援，但萨多瓦战役的败局已定。战争表明，经过改革以后的普军在军事上取得明显的优势。普军使用的是后膛枪，即撞针发射枪，3/5 的陆战炮兵都装备有来复线的大炮。而奥军使用的却仍然是老式的前膛枪、前膛炮。普军经过改革以后，清除了军队中年长的或不称职的指挥官，代之以年轻、能干的指挥员。赫尔穆特·毛奇参谋总长指挥英勇、果敢，起了很大作用。普军士气高涨，他们认为，这是为德意志的统一而战。此外，普军通过铁路快速调动，用电报统一指挥，都保证了军事上的胜利。

7 月 5 日，拿破仑三世经奥地利皇帝弗兰茨·约瑟夫的请求，提议调停。此时，为胜利冲昏头脑的普王威廉及其将领们要求继续作战，彻底击溃奥地利，占领维也纳。俾斯麦担心拖延战争将会导致法国的干涉，以及在被击溃的奥地利境内发生革命，从而使普鲁士统一德国的计划毁于一旦。他认为不应该过分伤害奥地利的民族感情，以便在未来的对法战争中争得奥地利的中立。因此，他力排众议，主张立即缔约，甚至以辞职相要挟。最后普王威廉一世让步。7 月 22 日，普奥双方代表在尼科尔斯堡谈判。26 日，签订《尼科尔斯堡预备和约》。8 月 23 日，正式签订《布拉格和约》，规定：德意志联邦议会解散，普鲁士有权建立以它为首的北德意志联邦；奥地利把威尼斯割给意大利；奥地利偿付一笔不大的赔款；奥地利把它对什列斯维希—霍尔施坦的管理权让给普鲁士。

9 月 20 日，普鲁士吞并了汉诺威王国、黑森—加塞尔选帝侯国、拿骚大公国、法兰克福自由市、什列斯维希—霍尔施坦两公国以及巴伐利亚、黑森—达姆施塔德的部分领土，东西普鲁士连成一片。1867 年，成立以普鲁士为首的北德意志联邦，由美因河以北的 19 个德意志邦和 3 个自由市组成。同年 4 月 17 日，由北德意志联邦制宪议会通过北德意志联邦宪法。7 月 1 日，正式生效。宪法规定：普王威廉一世为北德意志联邦元首、武装力量最高统帅。俾斯麦任联邦首相。联邦设两院制议会。下院由普遍、直接、秘密的选举选出；联邦议会由各邦任命的代表组成，共有43名代表，其中普鲁士的代表占17人。下院立法权受到限制，法律要经联邦议会通过、国王批准才能生效。南德各邦——巴伐利亚、巴登、符腾堡、黑森—达姆施塔德与德意志联邦缔结关税、贸易协定，武装力量由普鲁士参谋本部监督。

由于北德意志联邦的建立，联邦内部货币、度量衡得到统一，对外政策和对外贸易由联邦政府统一确定，先前的交通限制和阻塞商品流通的障碍一扫而光。这时，在经济上得到明显好处的德国资产阶级径直拜倒在给它带来良辰美景的"铁血宰相"脚下。进步党内部分裂，其中一部分人另组成民族自由党，支持俾斯麦的外交政策和统一德国的方针。"宪法纠纷"烟消云散。恩格斯说："在波希米亚战场上，被打垮的不仅有奥地利，而且还有德国资产阶级。"① 1867年，奥地利统治者与匈牙利自由主义贵族联盟建立了奥匈二元帝国。

普法战争②与德意志帝国的建立

北德意志联邦的建立为全德国的统一奠定了基础。但是，由于拿破仑三世的阻挠，南德四邦依然置身于联邦之外。为了实现德国的统一，俾斯麦的最后一步，必然要与法国决一雌雄。

法国战败后，1870年底，南德各邦声明加入北德意志联邦。11月15日起，德意志各邦的联盟定名为德意志联邦。12月9日，根据联邦国会的决定，改名为德意志帝国。1871年1月18日，在凡尔赛镜宫宣告德意志帝国正式建立。普王威廉一世成了德意志帝国的皇帝。俾斯麦任帝国宰相。1871年4月16日，帝国国会通过帝国宪法；5月4日，宪法正式公布。根据宪法，德意志帝国由22个自由的君主国、3个自由市和1个帝国直辖市（阿尔萨斯—洛林）组成。德意志帝国的建立，标志德意志的统一最后完成。

德国的统一，尤其是俾斯麦在德国统一过程中的地位和作用，100多年来，史学界毁誉不一，众说纷纭。对俾斯麦，恶之者毁之以"铁血宰相""反动容克代表"的恶名，把他的成功说成是"完整的罪行录"；爱之者捧

---

① 《马克思恩格斯全集》第21卷，人民出版社1965年版，第495页。
② 详见《外国历史大事集·近代部分·第三分册》中《普法战争》一文。

之为"条顿超人""具有纯洁心灵的伟人""一代英雄"。

　　按照历史唯物主义的观点，德国的统一是德国资本主义经济发展和德国人民长期斗争的结果。并不是俾斯麦这个"条顿超人"造就了德国统一的形势，而是德国统一的客观的政治、经济要求，为俾斯麦提供了舞台，造就了这个容克资产阶级现实主义的政治家。但是，在德国统一过程中，如此发挥个人巨大能动作用的，俾斯麦应首推第一人。他顺应了历史发展的趋势，不自觉地充当了历史的工具，通过三次王朝战争，结束了德国长期分裂割据的局面，为德国资本主义经济的发展创造了有利条件，同时也为德国无产阶级在全国范围内进行反对资本的斗争提供了宽广的舞台。德国的统一是德国历史的一大进步。俾斯麦在统一过程中的历史地位与作用，应该予以充分肯定。恩格斯认为，他是1848年革命的"遗嘱执行人"[1]。

　　由于德国当时的历史条件以及俾斯麦容克资产阶级本性的限制，他只能以"自上而下革命"的方式，来执行德国统一的任务，而且给德国的统一深深地打上了自己的印记。一方面，它促进了德国资本主义经济的发展；另一方面，新成立的德意志帝国又是"一个以议会形式粉饰门面、混杂着封建残余、已经受到资产阶级影响、按官僚制度组织起来、并以警察来保卫的、军事专制制度的国家"[2]，它的最大的后遗症是军国主义在普鲁士的泛滥。

　　德国统一后果的两重性是与俾斯麦统一德国政策的两重性密不可分的。诚然，俾斯麦"铁血政策"的提出，是当时德国现实政治的需要，没有一支强大的军队就不能成就俾斯麦的事业。这支军队，固然在扫荡分离主义、正统主义、君权神授等封建残余，以及反对外来干涉方面起过积极的作用；但是，由于这支军队只向普鲁士国王和后来的德意志皇帝效忠，军队为容克贵族、将军、军官所控制，官兵、军民之间严格隔离，士兵又为盲从与臣仆的精神所摆布。与此相适应的是在社会生活中颂扬战争，军队成为国家的目的，普鲁士军国主义泛滥。这就不可避免地使德国统一过程中由有限目的的战争发展成为掠夺他族人民的战争。吞并阿尔萨斯—洛林，伤害了法国民族的感情，使欧洲长期处于不稳定状态，给德国乃至欧洲的历史带来祸害。

　　列宁指出："俾斯麦依照自己的方式，依照容克的方式完成了历史上进

---

　　① 《马克思恩格斯选集》第1卷，人民出版社1972年版，第247页。
　　② 《马克思恩格斯选集》第3卷，人民出版社1972年版，第21—22页。

步的事业。"① 但是，由于德国的统一是按照容克的方式完成的，如果把俾斯麦所完成的事业与其他欧美先进国家的资产阶级革命作个比较，那么，它"只是对法国革命早在七十年以前就已做过、其他一切文明国家也早已实现的事情进行了非常非常不及时的和不完全的模仿"②。

① 《列宁全集》第 21 卷，人民出版社 1959 年版，第 86 页。
② 《马克思恩格斯全集》第 21 卷，人民出版社 1965 年版，第 496 页。

1848 年奥地利革命

严志梁

在欧洲 1848 年革命高潮中，维也纳的三月革命、五月斗争和十月起义占有重要地位。

革命前的奥地利

1848 年革命前的奥地利帝国是一个多民族的封建专制国家，阶级矛盾与民族矛盾交织在一起，复杂而尖锐。1815 年维也纳会议组成"神圣同盟"后，奥地利成为中欧封建专制制度的堡垒，奥地利首相梅特涅成为维护欧洲封建制度的风云人物。

奥地利帝国的版图包括哈布斯堡家族的奥地利世袭领地、匈牙利王国、捷克王国、波兰王国以及意大利的一些领地。居住着 20 多个不同的民族，有德意志人、马扎尔人、捷克人、斯洛伐克人、波兰人、克罗地亚人、意大利人等。德意志人为统治民族，其他民族的劳动人民受着封建主义和异民族统治的双重压迫。

奥地利帝国内的封建关系几乎原封未动。在约瑟夫二世（1780—1790 年在位）统治时期，虽然实行了一些改革，对农奴的剥削有所减轻，但到了弗兰茨一世（1792—1835 年在位）统治时期，奥地利又恢复了 18 世纪改革前的农奴制度。农民仍然依附于地主，他们要服劳役和缴纳数额达到收获量 2/3 的代役租。地主仍像从前一样，在领地上有自己的警察和法庭，可以对农奴任意进行监禁、拷打和审判。众多的官吏，为了维护封建贵族的利益，对帝国的广大农村进行严密的监视。

但是，资本主义生产方式仍然在哈布斯堡帝国的封建土壤里成长起来。19 世纪 20 年代，第一批工厂在帝国各地，特别是在捷克出现。三四十年代，新的生产方式得到迅速发展。资本主义的工业企业在没有行会限制的一些大城市的郊区发展尤其迅速。

从 1831 年至 1842 年，奥地利的棉花输入量增加了两倍，棉纱生产增加了 9 倍。1841 年，奥地利帝国（不包括匈牙利和意大利各地区）拥有 90 多万支纱锭，其中经济最发达的捷克一地就有 33 万多支纱锭。全奥地利的棉纱工人达 1.8 万人。1848 年革命前夕，在捷克投入生产的织机达 10 万台，在摩拉维亚约 3 万台，在下奥地利①为 7000 台。印染业发展也很迅速，在捷克（主要是布拉格地区）有 70 家印染企业，2 万工人；在下奥地利有 50 多家印染企业。奥地利的重工业也有了一定的发展，已经能够生产各种金属制品。木炭被煤取代。40 年代初，蒸汽机已经出现。铁路的建设加速了工业的发展。首都维也纳是巨大的工商业中心，主要生产奢侈品、成衣及纺织品，仅生产丝绒、缎子和塔夫绸的工人就达 1 万人。

但是奥地利帝国封建的生产关系束缚了生产力的发展。资本的缺乏，技术工人的不足，国内市场容量的狭小，行会的限制，内部关税壁垒的存在，这一切都大大阻碍了奥地利资本主义工商业的发展。宫廷和政府为了充实国库，抓住征收国内各地关税不放；征收高额的进口税虽然消除了外国的竞争，但也剥夺了奥地利工业家所需要的原料，使他们不能与别国建立正常的贸易关系。所以奥地利资本主义工商业的发展远远落在英、法、普鲁士等国的后面。即使在维也纳，也主要还是工场手工业；在奥地利东部地区和南部部分地区，则是小手工业占优势。奥地利政府还阻止匈牙利民族工业的发展，使它变成帝国的农业附庸。

帝国内的民族矛盾也很尖锐，被压迫民族的民族意识日趋成熟。意大利人建立自己民族国家的运动日益强大。革命运动虽然遭到镇压，但转入地下活动的资产阶级民族组织"烧炭党"仍很活跃。在 1848 年以前的时期，到处爆发小规模的起义，以致奥地利政府不得不像对待所占领的敌国那样，在伦巴底保持着一支军队，花费庞大的开支。

波兰反对派的斗争也很活跃，但它对帝国的威胁较小。因为波兰被奥地利、普鲁士、俄罗斯三国瓜分，波兰人的不满主要是对沙皇俄国。

匈牙利人的民族运动时间持续较长，并取得了某些成就。19 世纪初，哈布斯堡王朝加强了对匈牙利人民独立斗争的镇压，激起了匈牙利人更猛烈的

---

① 下奥地利指今奥地利共和国的东北部地区，首府是维也纳。

反抗。于是发生一种奇怪的现象：作为封建贵族代表机关的匈牙利议会，逐渐变成了资产阶级的民族自由意志的表达者。这是因为，从 1830 年起，匈牙利民族反对派的领导权从匈牙利贵族的右翼代表手中落到了匈牙利资产阶级化的贵族手中。资产阶级化的贵族组成了反对奥地利封建专制统治的自由派团体，其领导人是科苏特·劳约什。自由派要求匈牙利在奥地利帝国范围内的自治，建立由匈牙利人管理的匈牙利统一国家。但是，它同时又反对给予居住在匈牙利境内的其他民族——斯洛伐克人、罗马尼亚人、克罗地亚人等以政治权利，甚至斯拉夫各族人民要求文化和语言方面的平等也遭到它的反对。

捷克的民族独立愿望也很强烈。捷克和摩拉维亚是奥地利帝国经济发展最快的地区，它们成了工场手工业的中心，后来又成了轻、重工业的中心。年轻的捷克资产阶级诞生了。在捷克民族资产阶级和德意志民族资产阶级之间存在着激烈的竞争。捷克的民族意识日渐觉醒，实现民族平等和在帝国内自治的要求越来越强烈。在捷克的贵族中，除一部分已经德意志化外，许多中小贵族主张捷克议会自主，使它成为捷克的立法机关。

奥地利帝国梅特涅（1821—1848 年任首相）政府处理民族矛盾的方针，是"使奥地利治下的各民族中的每一个民族都受到所有其他处于同样境地的民族的牵制"[1]，但是这不能阻挡奥地利帝国境内民族运动的高涨。

19 世纪奥地利资本主义经济迅速发展的结果，使工人、农民和其他劳动人民在帝国的绝大部分地区处于三重压迫，即封建压迫、资本主义压迫和民族压迫之下。工人农民常常被迫掀起反饥饿、反压迫的暴动。帝国的知识分子，特别是大学生，属于居民中的贫穷阶层，生活也十分艰难，他们是反对梅特涅政府的一支重要力量。梅特涅对待除封建地主和金融巨头以外的各阶级、阶层的政策是："利用赋税从他们身上尽可能榨取更多的金钱，同时使他们保持平静。"[2] 这个政策在 19 世纪 40 年代渐渐维持不下去了。

1847 年资本主义世界经济危机波及奥地利，加上帝国境内许多地区农业歉收，使广大劳动人民处于饥寒交迫的境地，革命情绪日益高涨，革命形势成熟了。奥地利面临的革命任务是推翻哈布斯堡王朝，争取被压迫民族的独立，废除封建制度，建立一系列独立的资产阶级民族国家。

---

① 《马克思恩格斯选集》第 1 卷，人民出版社 1972 年版，第 523 页。

② 同上书，第 524 页。

三月革命的胜利

1848 年 2 月 29 日，巴黎人民推翻路易—菲力浦王朝的消息传到维也纳，引起社会各阶级的强烈反响。同时，西南德意志和奥地利帝国其他地区的革命事件对维也纳革命运动的发展也产生了巨大影响。伦巴底—威尼斯地区从 1848 年 1 月起革命走向高潮。在加里西亚，从 1846 年克拉科夫起义被镇压以后，人民的反抗不断。在布拉格，人民群众于 1848 年 3 月 11 日举行集会，通过致皇帝的请愿书，要求实现政治自由，废除徭役，捷克语和德语平等，建立捷克、摩拉维亚和西里西亚地区统一的立法议会等。在匈牙利，资产阶级自由派领袖科苏特在议会上猛烈抨击梅特涅政府和奥地利专制制度，匈牙利议会通过了《致皇帝和国王呼吁书》，要求建立匈牙利自主的内阁。所有这些都极大地鼓舞了维也纳人民。

3 月初，奥地利的资产阶级自由派发表了《奥地利进步党宣言及纲领》，提出了修改宪法，改革政府体制，改组内阁和法院，召开联合议会，工业活动自由，废除书报检查等要求。资产阶级反对派中较温和的一翼"奥地利工业同盟"也提出了类似的要求。

维也纳的工人和大学生的革命积极性更加高涨。格劳格尼茨机械厂的工人举行集会，演说者号召推翻封建专制压迫。大学生在 3 月初组织了"争取自由斗争同盟"，宗旨为推翻梅特涅制度。3 月 9 日，在维也纳远郊的一个大学生宿舍里，将近 40 名大学生秘密集会，拟定了请愿书，提出实行人民代议制度、出版和言论自由、宗教信仰自由等要求。该请愿书在 3 月 12 日召开的大学生会上通过。2000 多名大学生在请愿书上签名，并委派代表将它递交奥地利皇帝斐迪南一世（1835—1848 年在位）。同时，大会向维也纳郊区和邻近的村落派出代表，向工人和农民呼吁，号召他们于 3 月 13 日到维也纳下奥地利议会大厦前面集合，以支持大学生的要求。

斐迪南一世接见了大学生派出的代表，但他含混其辞的诺言已不能阻止革命。

3 月 13 日，下奥地利议会开幕。它是贵族的等级会议，是奥地利唯一的代议机构。人民群众把它看作向宫廷表达人民要求的传声筒。当天清晨，议会大厦前面的广场上挤满了人，高呼"自由！宪法！打倒政府！"的口号。上午 9 时，大学生列队向议会大厦进发，给人民群众的斗争增添了巨大的力量。大学生的请愿书表达了人民对梅特涅政府的公开抗议。他们还宣布，必要时用武力来维护自己的要求。人民群众派了以自由派著名活动家费什戈夫为首的代表团进入议会大厦，强迫等级议会代表停止讨论，和人民一道到皇宫去，为从根本上改变现存制度而联合行动。但是等级议会代表仅仅要求扩大选民范围和议会代表名额，毫无触动皇帝的愿望。

在议会大厦前面，自由派和大学生发表了热情洋溢的演说，号召全奥地利人不分阶级，不分民族，团结起来，为推翻梅特涅政府、为自由而斗争。

帝国政府决定采取镇压措施，把一天以前派往意大利镇压的部队调回。下午 1 时，部队出现在维也纳市内。消息传到维也纳郊区各工厂，工人中响起"到市里去支援大学生"的呼声，他们攻破了一些按政府的命令而关闭的城门，纷纷向市区汇合。大学生已在市区一些地方与军警展开搏斗。维也纳内城的街巷，构筑了许多街垒。皇宫所在的区、维也纳城的西部和西南部街垒最多。政府军处处被打退。

下午 5 时，维也纳街头的武装冲突暂时止息。不久，要求梅特涅辞职的代表团进入宫廷。6 时半，梅特涅来到宫廷，要求代表们立即停止"混乱状态"。代表团的领导人舍尔采尔回答说："这不是混乱状态，这是革命，是各阶层都参加了的革命！"接踵而来的代表团一致要求梅特涅辞职，并宣称：如果到晚上 9 点还没有明确回答，人民就发动总起义。宫廷被迫免去梅特涅帝国首相的职务。煊赫一时的梅特涅于 14 日深夜乔装逃出维也纳，流亡到英国。

奥地利政府答应取消书报检查，被迫同意武装市民和大学生。3 月 14 日，国民自卫军的建立使资产阶级掌握了武器，获得了力量和权势。4000 名大学生也武装起来，他们的装备优良，训练也比国民自卫军好，成为革命武装的核心。他们保持介于资产阶级和工人阶级之间的中间立场。3 月 15 日，斐迪南一世被迫宣布召开国民议会，制定宪法。

3 月 17 日，奥地利新政府组成。但是新政府还是由梅特涅统治时期的那些活动家盘踞着。新内阁的第一任首相是考洛夫拉特伯爵，他不同于梅特涅之处与其说在于政治信仰，不如说在于他没有才干和昏庸无能。继他之后于 4 月初组成的菲克尔蒙伯爵内阁也同样无所作为。5 月 3 日继任的毕莱斯道夫内阁，吸收了几个资产阶级自由派来"粉饰门面"。内阁的频繁更迭没有减轻奥地利的政治危机和经济危机。为了对付继续增长的革命运动，政府采取了一些措施。

4 月 25 日，公布了奥地利帝国新宪法。新宪法把行政权、武装力量统率权和绝对否决权交给了皇帝；规定了议会选举的财产资格和定居年限；确立了议会的两院制，规定取消农民义务时必须向地主缴纳补偿金。5 月 11 日，政府颁布了选举法，确定上议院由 200 人组成，其中 50 名由皇帝任命，150 名由纳高额税金的人通过两级选举制选出。这是对大资产阶级的让步。下议院由 383 人组成，选举也是两级制的，平均 5 万居民选举 1 人。工人、短工、职员以及享受社会救济的人员等均被剥夺了选举权。这样的宪法和选举法的公布，引起了奥地利人民广泛的不满。

反革命势力的进攻

三月革命后，受到革命冲击而削弱的奥地利反革命势力，在重新集结力量，等待时机，以求恢复旧的统治秩序。

从三月革命开始，维也纳存在着两种武装力量，一种是集中到首都驻防的政府军；另一种是与之对立的革命军，其中包括资产阶级国民自卫军的各支部队和大学生军团。5 月 10 日，革命军的各支队伍派代表组成了国民自卫军中央政治委员会，成员达到 200 人，其中有自由派费什戈夫、激进派霍尔特马克、大学生军团成员维尔涅尔等人。中央政治委员会是一个庞杂的集体，其右翼主张保存 4 月 25 日宪法，左翼要求宪法民主化。由于左派逐渐占据优势，中央政治委员会成为反对反动宪法和选举法的重要机构。奥地利政府决定先拿它来开刀。

5 月 14 日，政府发布了解散中央政治委员会的通令，引起了广大群众的强烈反对。5 月 15 日清晨，中央政治委员会派出几个代表团，要求政府撤销该通令，并把军队调出维也纳，由国民自卫军维护社会秩序。政府的答复是：动员军队，准备镇压。

维也纳人民准备以武装来捍卫革命。大学生举行集会向工人求援。工人们用各种工具武装起来，迅速赶到维也纳市中心。傍晚，开始了大规模示威游行，人民群众向皇宫霍夫堡宫进发。政府军守卫在连接皇宫广场的各区段。近 2000 名手执斧头、铁锹、铁棒等工具的工人已经到达市中心。有些地方构筑了街垒。

街垒的构筑使政府意识到形势的危险。起初让中央政治委员会代表团等了 7 个小时的政府，急忙在晚上 10 时召开部长会议，发布了撤销解散中央政治委员会的命令。政府还被迫宣布同意群众的下列要求：以一院制代替两院制，取消选举资格限制和实行民主选举。

在 5 月 15 日革命事件中，民主派和人民取得了胜利。反动阵营出现惊慌。人民群众准备为推翻君主制度而斗争。但是，中央政治委员会的一些领导人害怕群众运动的发展，通过了自行解散的决议。反革命势力则利用资产阶级自由派的动摇，伺机反扑。5 月 17 日，斐迪南一世及其亲信、随从逃出维也纳，19 日到了落后的教区提罗尔的首府因斯布鲁克。那儿很快成了反革命阴谋的中心。

皇帝和宫廷亲信的出逃在维也纳引起了很大的震动：忠于皇室的人感到愤慨和侮辱；陶醉在前几天胜利之中的维也纳人民清醒了，意识到这是反革命势力的宣战；资产阶级感到恐慌，觉得失去了皇帝的"保护"，那些靠宫廷和贵族订货的维也纳工商业者还遭受了经济损失。

5 月 26 日，政府下令解散大学生军团，让它与国民自卫军合并，凡不愿参加国民自卫军的大学生均须在 24 小时内交出武器。政府调动了军队要用武力执行这一命令。大学生的革命立场比资产阶级自由派坚定。

被激怒的大学生和工人联合在一起，准备进行新的战斗。5 月 26 日，当政府军在霍夫堡宫前和一些广场上摆开阵势的时候，工人和国民自卫军战士也迅速布满了首都的街道和广场。许多地方出现了街垒，有的街垒上空飘扬着德国、匈牙利、捷克的旗帜，象征着各民族的团结。维也纳大学的周围筑起了 10 道石头壁垒。在郊区通往市中心的各城门处，都发生了工人与政府军的冲突。有的地方工人把政府军赶走了，约有 5000 多工人冲进了市中心。政府在维也纳的军队不到 1 万人。由于各地风潮汹涌，它无法再增调军队进首都。政府又一次被迫退让，取消了解散大学生军团的命令。

五月战斗以后，政府中挑起 5 月 26 日事变的肇事者被逮捕，12 门大炮交给了国民自卫军和大学生军团。政府被迫把行政权交给资产阶级新建立的、以费什戈夫为首的社会安全委员会，并宣布立法权属于未来的帝国议会。

6 月 19 日至 21 日，举行了帝国议会的选举。选举是由社会安全委员会建立的选举委员会领导的。选出的议会代表共 383 名。其中贵族 42 人，农民 97 人，资产阶级及知识分子占绝大多数。

帝国议会于 7 月 22 日在维也纳开幕。讨论的中心问题是奥地利的国家结构以及与之相关的问题：奥地利是成为各民族平等的自由国家，还是成为某些民族（奥地利人、匈牙利人和波兰人）统治其他民族的国家。一接触到这些问题，好像撞在暗礁上一样，一切达成协议的努力都粉碎了。而与民族问题没有直接关系的法律，虽然经过长时间的讨论，总还是能够通过，如关于资产阶级权利和自由的法律被通过了。议会对农民问题争论十分激烈，为讨论此问题议会召开了 38 次会议。最后决定，废除农民的封建义务，凡由于农民的个人依附和地主的法定权利而应尽的义务，在取消时是无偿的；而所有其余的义务，如租税、徭役等，在取消时是有偿的。关于赎金，法律规定由国家负担 1/3，农民负担 1/3，地主放弃其余的 1/3。议会通过法律后，政府声明农民解放须要由皇帝明令批准，议会表示同意。皇帝在 9 月 7 日批准了废除农民封建义务的法律。农民被告知，他们的解放是皇帝的恩典，至于赎金问题，责任在议会身上。由于皇帝玩弄了这样的手法，使农民在革命的紧要关头，即 10 月间没有奋起捍卫维也纳，但是，农民解放毕竟是奥地利革命的重大成果。

奥地利资产阶级自由派取得政权后，对革命表现出明显的动摇。在 3 月 13 日、5 月 15 日、5 月 26 日宫廷连续遭到三次失败之后，他们以为皇党已不再是个可怕的敌人了，因此对革命愈来愈冷漠而要求秩序。7 月间帝国议会的召开被当作革命时代的终结而受到热烈欢迎。8 月 12 日斐迪南一世回到维也纳也受到同样的欢迎。

奥皇利用了革命阵营中的分裂，于 8 月 19 日检阅了资产阶级的武装力量国民自卫军，表示"关怀"，以便在未来的反革命活动中利用它为自己服务。

三月革命发生以来，工人和手工业者的状况没有得到改善。奥地利的金融状况不断恶化，纸币一再贬值。工人大量失业，政府不得不雇用他们在土木建筑等公共工程中做工。但是工人的工资很低，经常被克扣。在 6 月，工人的不满几乎酿成一次公开的斗争。8 月终于发生了流血冲突。8 月 19 日，劳动部长什瓦采尔颁布了降低土建工人工资的通令。8 月 21 日，工人派出代表团，要求撤销这一决定。工人们，其中多半是妇女，拿着旗帜，前往市中心，遭到了国民自卫军骑兵队的马刀砍杀，许多人受伤。8 月 23 日，又有 8000 工人参加了示威游行。这是一次特殊的送葬形式的游行。群众抬着担架，上面躺着一个象征劳动部部长什瓦采尔的草人，他因削减工人工资、吞食钱币而噎死了。国民自卫军以齐射的枪声对付赤手空拳的示威者。镇压行动延续了 4 小时，工人伤亡达 300 多人。在八月流血冲突中，由于资产阶级的叛变，小资产阶级的观望，大学生军团的"中立"，工人的斗争很快被镇压下去。反革命势力的进攻终于得势。

8 月 24 日，政府发布命令，国民自卫军听从内政部长的指挥。社会安全委员会在八月流血冲突中无所作为，于 8 月 23 日宣布自动解散。

维也纳十月起义

八月流血事件进一步影响了革命力量的团结，奥地利的大资产阶级更加靠拢贵族。不久，国民自卫军分裂成两部分，一部分是维护贵族和大资产阶级利益的"黑黄队"，另一部分是维护小资产阶级民主派利益的国民自卫军。

在议会中，小资产阶级民主派与大资产阶级、贵族的斗争，主要反映在叶拉契奇入侵匈牙利的问题上。匈牙利经过三月革命，组成了一个独立政府，在政府中起主要作用的科苏特是匈牙利新兴资产阶级的代表。他一方面维护匈牙利在奥地利帝国内的自治，另一方面却不承认自己境内斯拉夫人的平等地位。4 月间，克罗地亚居民要求脱离匈牙利而独立，被匈牙利政府拒绝。克罗地亚人叶拉契奇男爵被奥地利政府任命为克罗地亚总督，他宣称脱离布达佩斯，并奉奥地利皇帝之命，带领塞尔维亚—克罗地亚军队去进攻革命的匈牙利。从 9 月 11 日起，匈牙利同克罗地亚处于战争状态。在奥地利帝国议会上，民主派反对叶拉契奇对匈牙利的入侵，但由贵族、大资产阶级操纵的议会却支持他对匈牙利的入侵。9 月底，叶拉契奇军被匈牙利军击溃，退向奥地利边境，希望从奥地利得到增援部队。10 月 3 日，奥皇发布敕令，宣布解散匈牙利议会，任命叶拉契奇为皇帝在匈牙利的全权代表。奥地利国防部开始组织力量，准备给叶拉契奇派出援军。

维也纳人民为反对奥皇入侵匈牙利，支援匈牙利革命，立即掀起暴动。10 月 6 日晨，工人、大学生和部分国民自卫军，包围了车站，以阻止支援叶拉契奇的掷弹兵出发。政府军奉命向赤手空拳的群众射击，但人民群众顽强战斗，夺取了大炮，对准政府军射击。经过两个小时的战斗，下令开火的指挥官被击毙，政府军溃败。在市中心的斯蒂芬广场也发生了战斗。国民自卫军的黑黄队企图阻截革命群众夺取斯蒂芬教堂，以防他们利用敲响钟声号召总起义。但是群众击退了黑黄队，夺得了教堂。6 日下午，斗争结局已定，维也纳又一次掌握在人民手中。命令开战的国防大臣拉多尔被愤怒的群众拖到大街上，吊死在国防部大厦前的路灯杆上。起义人民肃清了城市中的政府军。

为了巩固胜利，起义人民决心夺取武器库，武装自己。6 日整个晚上，进行了争夺武器库的激烈战斗。在久攻不下的情况下，起义者使用了 4 门大炮。经过 3 个小时的炮击，武器库被打开了缺口，政府守卫部队被迫投降。10 月 7 日晨，人民掌握了武器库，获得了 5 万支步枪、大量弹药和其他武器。

10 月 6 日起义的胜利，使小资产阶级民主派掌握了维也纳的政权。10 月 7 日，斐迪南一世再次逃离维也纳，到了摩拉维亚的奥尔木茨。政府大臣和宫廷显要也先后到达那里，调集反革命力量，准备反扑。

奥皇命令叶拉契奇留下部分军队阻击匈牙利军队，而将其大部队向维也纳集中。镇压布拉格六月起义的刽子手文迪施格雷茨的军队也向维也纳集中。奥埃什贝格率领的国民自卫军黑黄队迅速撤离维也纳市区。这三方面的军队共约 7 万人，占领了维也纳郊区的战略要地，形成对维也纳的包围圈。

在反革命力量集结的同时，维也纳的工人、手工业者、大学生和小资产阶级民主派也积极组织革命力量，构筑防御工事，保卫革命。积极参加维也纳保卫战的有大学生军团战士、国民自卫军和主要由工人、帮工组成的营队。武装力量的总司令是奥地利民主主义者、国民自卫军军官、诗人梅森豪塞尔，副司令是波兰革命家贝姆。组织外省农民建立自卫军的建议被议会否决。外省对维也纳的支援极其有限。匈牙利对维也纳的支援则为时太迟，援军于 10 月 28 日才来，有利时机已经丧失。

10 月 22 日，文迪施格雷茨发出最后通牒：维也纳必须在 48 小时内投降，解散一切民主组织，交出民主派的活动家及处死国防大臣拉多尔的"罪犯"。没有等到维也纳答复，文迪施格雷茨军队于 23 日午后便开始炮击。维也纳的防御战，在波兰军官贝姆的指挥下，组织得很好。在 23 日和 24 日的战斗中，文迪施格雷茨军队未能前进一步。25 日炮击更加猛烈，后半夜，政府军占领了第一道防线的某些阵地。26 日，维也纳的捍卫者多次转入反攻，几乎把敌军从各占领据点击退。27 日，文迪施格雷茨为了重新部署军队和调来新式大炮，军事行动停止了一天。28 日，又开始了新的进攻。

维也纳的情况越来越严重。大火到处燃烧着，水源、面包、牛奶和其他食物缺乏，有一些防线已被政府军突破。但是革命人民坚守着战斗岗位，同装备优良、数倍于己的政府军决一死战。28 日下午 2 时，政府军向星星街垒发起进攻。这里集中了起义军的主力。星星街垒是维也纳人民用石头砌成的宏大街垒，周围有极深的堑壕，堡垒上筑有 6 个炮眼，可以向四面八方射击。在它旁边，还有一系列防御工事，造成对政府军的严重威胁。星星街垒的战斗进行得十分激烈，政府军用大炮轰击，随后有 3 倍于街垒保卫者的士兵发起冲锋。街垒保卫者沉着应战，英勇还击，终因寡不敌众，街垒失守。接着整个利奥波德区也被占领。

28 日晚，起义领导人会议决定，派遣代表团，与文迪施格雷茨谈判投降条件。这一决定是违背绝大多数战士意志的。29 日的谈判没有达成协议。文迪施格雷茨只答应对军队加以约束，但要求无条件投降。30 日，起义军又派出了投降代表团，在文迪施格雷茨营中签署了让城文件。

11 月 1 日，革命的维也纳陷落，标志着 1848 年奥地利革命的失败。

1848 年奥地利革命失败的基本原因在于资产阶级自由派的背叛。哈布斯堡帝国境内各地区之间的阶级、民族矛盾被奥地利反革命势力利用，也是革命失败的原因之一。

维也纳十月起义失败后，除农民从革命中得到点利益外，奥地利三月革命的成果均被取消。贵族地主和资产阶级代表组成了新政府。对皇帝忠心耿耿的帝国议会被迁到摩拉维亚的偏僻小城克洛麦尔日，这时，它完全成了帝国政府的忠实奴仆。12 月 2 日，皇帝斐迪南一世退位，他的年仅 18 岁的侄子弗兰西斯·约瑟夫一世（1848—1916 年在位）即位。新皇帝对维也纳人民不曾许下过任何诺言，因此可以肆无忌惮地在奥地利恢复旧秩序。

1849 年 3 月 4 日，新政府颁布了新宪法的基本原则：奥地利帝国为中央集权制的国家；议会为两院制；皇帝对议会决议有否决权等。3 月 7 日，奥地利帝国议会被解散。封建专制制度在奥地利全面复辟，七零八落的多民族国家得以苟延残喘。伦巴底、威尼斯、匈牙利和捷克又作为奥地利的王家领地被置于哈布斯堡王朝的统治之下。从匈牙利分离出来的克罗地亚、特兰西瓦尼亚和塞尔维亚的伏伊伏丁那也变成了奥地利的王家领地而受奥地利直接统治。

1848—1849 年匈牙利革命

阚思静

1848—1849 年匈牙利革命是匈牙利人民反对奥地利统治、争取民族独立和反对封建农奴制的资产阶级革命。这场革命是在巴黎二月革命和维也纳三月革命的影响下，以 3 月 15 日佩斯人民起义为起点，逐步酿成声势浩大、遍布全国的民族解放战争。到 1849 年 9 月 27 日，经历 1 年又 6 个月的战斗之后，在国际反动势力联合进攻下失败。它是匈牙利人民进步、自由和独立的象征，在 1848 年欧洲革命史上占有重要地位。

哈布斯堡王朝统治下的匈牙利

19 世纪上半叶，匈牙利是奥地利的一个附属国。根据 1723 年波若尼① 国会通过的皇位继承法，匈牙利王国成了哈布斯堡王朝"不可分割、不可分离的组成部分"。奥地利皇帝兼任匈牙利国王。匈牙利的国防、财政、外交大权均由维也纳宫廷掌管。不经匈牙利等级议会同意，维也纳宫廷可以对外宣战或缔结和约。匈牙利成立总督公署，由奥皇指派总督管理匈牙利的行政事务。匈牙利没有自己的军队，德语代替拉丁语成为官方语言。强迫居民信奉天主教，非天主教徒不得担任公职。言论、出版、结社自由均被禁止。匈牙利人民只能仰承维也纳宫廷的鼻息苟活。

奥地利从自身的利益出发，实行重商主义的经济政策。根据王朝内部的经济分工，匈牙利只能发展农业和畜牧业，充当奥—捷工业发展中的原料供应地和推销产品的市场。匈牙利民族工商业的发展遭遇遏制，落后的行会工业和家庭手工业占绝对优势。1846 年，从事工业的 33.4 万人中，个体工人

---

① 当时匈牙利的首府。

达 23.3 万人，占 70%，而且大部分是农业和畜牧业加工。这些少得可怜的工业还得依附奥地利，其产品的 87% 要运往奥地利。奥地利过剩的奢侈品、纺织品、调料等大量推销给匈牙利，占进口商品总额的 85%。

匈牙利是一个封建农奴制的国家。1842 年，全国 1200 万人口中有 4/5 直接或间接从事农业生产。赤贫如洗的农奴有 300 万，只有少量土地、房屋的小农和雇农 400 万，加在一起就是 700 万。土地分配极为不均，全国 128 万户小农，只占有可耕地的 5.5%，而占有 1000 霍尔特①以上土地的大约 44 户大地主，却占有 31.18% 的土地。农奴被束缚在狭小的土地上，没有人身自由，没有迁徙自由，每年必须向地主缴纳 6—8 成的地租，另外还有什一税、贡礼以及繁重的劳役。匈牙利是当时欧洲仍然保持农奴制的国家之一。

匈牙利又是个多民族的国家。据 1842 年的统计资料：匈牙利王国（包括匈牙利本土、特兰西瓦尼亚和克罗地亚）共 1200 万居民，以马扎尔族为主体，有 500 万，占总人口的 42%，其余为罗马尼亚人 200 多万，捷克人 150 万，德意志和塞尔维亚人 100 多万，克罗地亚人 100 万等。随着匈牙利民族的觉醒，少数民族也开始觉醒起来。他们要求承认民族权利，诸如区域自治，使用本民族语言，发展民族文化等。但匈牙利的统治阶级却坚持"一个政治民族"的观点，对于各少数民族正当的、合理的要求统统予以拒绝。对此不满的少数民族便把维也纳看成是"自由的保护神"。维也纳宫廷也正是利用这一点，加深匈牙利的民族隔阂，以达到扼杀匈牙利革命的目的。

哈布斯堡王朝的统治严重地阻碍了匈牙利社会的进步。但是随着国际资本主义的发展以及奥地利资本主义势力的渗透，到 30 年代至 40 年代，匈牙利的资本主义还是有了较快的发展。封建制生产方式明显表现出崩溃状态。在大地产中开始使用机器和良种，雇佣劳力越来越多。工业中已有若干钢铁、纺织工业企业，有了第一批蒸汽碾磨厂、酿酒厂、制糖厂和几个农业机器制造厂、丝织厂等。1846 年修建了第一条铁路，建成了拥有 1000 名工人的老布达造船厂。商业资本也逐渐繁荣，从 1828 年到 1846 年，经商人数由 9000 增加到 2.1 万人左右。对外贸易额增加了两倍。这时，消灭封建农奴制度、发展资本主义已成为全国各个阶层人民的共同要求。

30 年代争取改革运动的先驱者是出身大贵族的塞切尼·伊斯特万伯爵（1791—1860 年）。他当过军官，退伍后曾周游欧、亚各国，能说多种语言，

———————————

①　1 霍尔特等于 0.57 公顷。

深受西方启蒙思想家的熏陶。1830 年出版的《信贷》一书概括了他审慎、温和的社会改良方案。他主张扩大国内市场，利用廉价的信贷发展生产，以建立资本主义现代化的农业，购买机器和种畜，建筑桥梁和公路；主张以雇佣劳动取代农奴劳役制，因为"靠棍棒和鞭子打不出一个繁荣的国家"。他还提出要推广教育，促进人才培养。人们赞誉《信贷》一书是 19 世纪匈牙利第一部资本主义改造的纲领。他身体力行，捐款 6 万福林，创建匈牙利科学院，主持创办交通银行，筹资疏通多瑙河航运，修建了连接布达和佩斯的第一座桥梁——链子桥等。但他始终对哈布斯堡王朝抱有幻想。他认为，身处日耳曼和斯拉夫两大民族之间的匈牙利难以作为独立的国家存在。只有在哈布斯堡帝国的范围中匈牙利才有前途。

　　同塞切尼相比，出身小贵族的科苏特·劳约什（1802—1894 年）的政治主张要激进得多。他后来成为匈牙利 1848—1849 年革命的领袖。恩格斯曾高度赞扬说，在匈牙利民族中，"他（指科苏特·劳约什——引者注）体现了丹东和卡诺的形象"[1]。科苏特早年就学于萨洛什保陶克大学法律系，青年时代深受法国大革命思想的影响。1824—1832 年，他在自己家乡担任地方法官，1832 年当选为波若尼等级议会的代表。科苏特改革纲领的中心是经济和政治上的独立，而要达到这一目的，首先就要发展工业。他说过，"没有工业的民族就像是一个单臂巨人"。他主张在给地主赔偿损失的条件下解放农奴，要求贵族和农民共同负担捐税，以及进行民主选举等。他的这些主张大都刊登在 1841 年由他创办的《佩斯消息报》上。

　　科苏特在议会里主张匈牙利在政治和经济上要摆脱对奥地利的依附。尽管他还未意识到要彻底脱离哈布斯堡王朝而独立，但仍受到塞切尼的指责。塞切尼谴责科苏特把匈牙利置于哈布斯堡的对立面，无异于"把匈牙利推向坟墓"。按照塞切尼的意见，必须同维也纳朝廷"手挽着手"进行内部改良。这场争论引起朝野政界人士极大的关注。议会反对派中几乎所有的重要人物都站在科苏特一边。塞切尼越来越孤立，大失民心。

　　40 年代中期，维也纳宫廷试图采取人事更换的办法来维持对匈牙利的控制。首先，下令撤换当时影响极大的《佩斯消息报》的主编科苏特；更换匈

---

　　① 《马克思恩格斯全集》第 6 卷，人民出版社 1961 年版，第 193 页。
　　若尔日·雅克·丹东：18 世纪法国资产阶级革命中的革命活动家。尼古拉·拉查尔·卡诺：法国资产阶级共和主义者，法国资产阶级革命时期倾向雅各宾党人。

牙利总理，遴选忠于维也纳的年轻贵族上任；派出行政官员到各州去加强控制。1846 年底，在匈牙利政府内部正式成立了旨在保持与奥地利步调一致、维护旧制度的"保守党"。

与此同时，以科苏特为首的反对派也在积极组织自己的力量。他四处奔走，热忱地团结持有不同观点的反对派人士，于 1847 年组成了包括鲍詹尼·劳约什①在内的"反对党"。科苏特起草的《反对党声明》中，明确宣告要求解放农奴，实行普遍课税，实行人民代议制，在法律面前人人平等。科苏特的政见赢得广大民众的支持。1847 年议会选举中，他当选为佩斯州的代表。反对党内部成分十分复杂，在对改革的速度和方法上存在着分歧，但总的说来，在维护民族独立这一点上，是一致的。

在匈牙利议会以外，还拥有一批资产阶级革命民主派的知名人士。裴多菲·山多尔是他们的杰出代表。他们支持反对党，但又不止一次地对其进行严厉的批评，因为他们"不愿意对祖国只是修修补补，而是要使它全身换上新装"。

裴多菲·山多尔（1823—1849 年），出身屠夫家庭，当过兵，做过流浪艺人，了解下层人民的疾苦。他用诗当武器参加战斗，鼓舞人们为民族独立和自由而斗争，最后光荣捐躯疆场。1847 年，在佩斯成立了以裴多菲为首的"青年匈牙利小组"，其成员大部分是出身低微的年轻作家、记者和大学生。这个小组的纲领是争取匈牙利的完全独立，确立民主制度和实行彻底的土地改革。他们经常在比尔瓦克斯咖啡馆召开圆桌会议，制定决策。青年们还经常到郊区去给农民和工人作报告，唤起他们的觉悟。劳动大众尽管还不理解他们的举动，仍把他们看作朋友。

除了资产阶级革命民主派以外，还有第一个代表农民说话的政治家坦契奇·米哈伊（1799—1884 年）。他出身农奴，年轻时当过雇工和纺织工人，因不堪忍受非人的生活而出走。他徒步走遍几乎整个欧洲，参加过法国和英国的工人运动，会见过恩格斯，对欧洲的革命思想在匈牙利的传播起过积极的作用。1847 年 2 月，坦契奇在佩斯组织了第一个工人阶级的工会，领导过工人罢工。在他最著名的作品《人民之书》《人民之声就是上帝之声》中，

———————————

① 鲍詹尼·劳约什（1806—1849 年），1848 年革命前是议会反对派首脑之一，1847 年反对党成立后任主席。1848 年 3 月出任匈牙利第一届独立的责任内阁首相。他主张国家独立，但要温和的改良，并寻求同维也纳宫廷合作的道路。

坚决要求实行不付任何赎金的农奴解放，要求"耕者有其田"。

一个是来自上面议会内部的自由贵族反对党，一个是来自下面与劳苦大众休戚相关的激进派，这两股力量互相配合，上下呼应，形成了匈牙利1848年资产阶级民主革命的巨大洪流。

1845—1847年匈牙利连续三年农业歉收，全国饥馑，加上霍乱病流行，致使成千上万的人丧生。1846—1847年欧洲的经济危机也波及匈牙利。物价猛涨，仅小麦和燕麦1847年就比1846年上涨了3—4倍，工人的工资却基本未动。购买力下降，民族工业纷纷倒闭，大批工人流落街头。总之，1848年匈牙利国内的形势犹如一堆干柴，一点火种，就会熊熊燃烧。

佩斯三月革命和1848年法令

1848年的欧洲，资产阶级革命风起云涌。2月23日，首先在法国巴黎爆发了革命，迫使国王路易—菲力浦退位，成立了资产阶级共和派领导的临时政府。这一消息于3月1日传到匈牙利首府波若尼。科苏特预感到革命的到来，他情不自禁地高呼："欧洲的上空出现了我们不能忽视的信号。"他立即抓住这一大好时机，于3月3日向议会提交了一份全面的政治纲领草案，重申反对党历来关于资产阶级改革的主张，呼吁制定一个全哈布斯堡帝国的宪法，成立匈牙利责任内阁，以便独立地处理解放农奴和建立民主制等方面的问题。这些要求后来成了青年匈牙利小组在3月9日起草的革命纲领《十二条》的基础。

紧接着，奥地利首都维也纳于3月13日爆发了革命，奥皇被迫免去梅特涅的首相职务，并答应制定宪法。消息在当天晚上传到匈牙利，引起极大的反响。3月14日晚，以裴多菲为首的革命青年聚集在比尔瓦克斯咖啡馆里，积极筹备第二天的群众游行活动。裴多菲热情洋溢地朗读了他那扣人心弦的诗篇《民族之歌》：

> 起来，匈牙利人，祖国正在召唤！
> 是时候了，现在干，还不算太晚！
> 愿意做自由人，还是做奴隶？
> 你们选择吧，就是这个问题！
> 我们向上帝宣誓，

　　我们宣誓：我们不再做奴隶！

　　……

与会者一致通过了《十二条》。

　　翌日清晨，群情激昂的青年在裴多菲等人的带领下向兰德列尔印刷所行进，第一次不经书报检查印刷了《民族之歌》和《十二条》。这震撼当时欧洲的《十二条》全文如下：

　　匈牙利民族希望什么？

　　和平、自由和团结。

　　1. 要求出版自由，取消书报检查

　　2. 在布达—佩斯成立责任内阁

　　3. 每年在佩斯召开议会

　　4. 法律面前人人平等

　　5. 建立民族自卫军

　　6. 在平等代表权的基础上共同负担捐税

　　7. 废除农奴劳役制

　　8. 设立有陪审团的审判制度

　　9. 组织国家银行

　　10. 军队忠于宪法，不许把匈牙利军队派往国外，撤走外国在匈牙利的驻军

　　11. 释放政治犯

　　12. 埃尔代伊①归并匈牙利，成立联邦。

　　平等，自由，博爱！

　　《十二条》在当时成了团结、动员和组织劳动大众共同打击敌人的战斗思想武器，但是它没有明确提到匈牙利应摆脱奥地利而独立，没有提到平分土地等主张。

　　3 月 15 日下午 3 时，上万群众在民族博物馆冒雨举行大会。由裴多菲带领庄严宣誓："我们不再继续做奴隶！"尔后，整队前往市政厅，市长被迫接受了《十二条》。接着，起义者在市政厅大楼组成治安委员会。由城市资产者、农民、工人和知识分子组成的治安委员会是当时最权威的政权机构，由

———————————

　　① 即特兰西瓦尼亚。

它负责领导这次革命，并立即通过决议废除书报检查制度和组建地方国民自卫军；同时还决定，第二天派代表团去波若尼，要求召开议会通过批准《十二条》，立即迁都佩斯①。然后两万多群众高举大旗涌向总督公署②，迫使总督撤销书报检查和释放政治犯。一年前被关进监狱的坦契奇在群众的欢呼声中回到佩斯。

事后，裴多菲在日记中记述了这一激动人心的事件："总督大人吓得面色苍白，直打哆嗦。只经过 5 分钟的协商就达成了协议。"佩斯的革命在外地引起强烈的反响，各地相继成立了治安委员会。革命在全国各地轰轰烈烈地开展起来。

与此同时，在波若尼议会以科苏特为首的反对党也采取了行动。14 日晚，下议院通过了科苏特 3 月 3 日向议会递交的建议书，并决定派出 100 人的大型代表团携带纲领草案前去维也纳，要求奥皇批准。科苏特一行受到沉浸在革命胜利欢乐中的维也纳人民的热情欢迎。慑于革命压力，朝廷被迫让步，接受了匈牙利议会的要求，同意成立匈牙利责任内阁。

3 月 17 日，奥皇斐迪南一世授权主张与哈布斯堡王朝妥协的温和派鲍詹尼·劳约什组阁。科苏特任财政部部长，塞切尼任交通与劳动部部长。政府的成员大都是中等贵族和同情革命的出身大贵族的人。由于自身的利益和传统，他们极力保护现存的财产状况，并对少数民族进行镇压，阻止革命继续发展。因此，这个政府不能完全代表劳动人民的意志。

在强大的革命洪流冲击下，以科苏特为代表的一部分自由贵族反映了激进民主派的要求。3 月 18 日深夜，议会排除各种障碍相继通过了 35 条法令，统称为 1848 年法令。这些法令是匈牙利国家独立和资本主义改造的基本保证。

法令从奥地利殖民者手中夺回了立法和行政权。法令规定，成立匈牙利责任内阁，成立代议制的国会，由选举出来的国会取代旧的封建等级议会。具有少量财产的农民和手工业者也可以参加选举。匈牙利责任内阁独立于维也纳政府，它只对匈牙利国会负责。

法令宣布废除农奴制，取消专门镇压农奴的地方自治会，废除劳役制和

---

① 1848 年 4 月 14 日首府由波若尼迁往佩斯。1873 年，布达、老布达、佩斯三个城市合并为布达佩斯。

② 哈布斯堡王朝在匈牙利的最高权力机构。

什一税，把农奴耕种的地块变为农民的私有财产，农奴有人身自由；同特兰西瓦尼亚联合，出版自由和在法律面前人人平等；平等的课税，废除贵族的免税特权和特权继承法；建立国民自卫军，保卫国家安全，等等。

1848 年法令的重要历史意义在于：它宣布几百万农奴的解放，成立匈牙利独立的民族内阁，废除了几个世纪以来的劳役制和什一税。因此，它为消灭封建制度，向资本主义发展开辟了道路。

1848 年法令还有它的局限性。它还保留奥皇的皇位继承法，凡未经奥皇批准的法令，不能生效。废除徭役和什一税，却又付给地主高额的赎金。选举权还受财产的限制。有关少数民族区域自治和民主权利的要求未置一词，等等。

面对匈牙利革命的燎原之势，奥皇斐迪南一世如坐针毡。3 月 28 日，他给匈牙利国会下了一道敕令，竭力阻拦执行解放农奴的法令，拒不批准取消劳役制和什一税的法令，坚持独揽匈牙利的财政和军事大权。消息传来，佩斯人民义愤填膺，同仇敌忾，3 月 28—31 日连续 4 天举行大规模的示威游行，人们高呼："维也纳欺骗了我们！""共和国万岁！"在这些日子里，裴多菲写下了光辉的诗篇《大海在咆哮》，形象地描述了人民是这场波澜壮阔的革命运动的主人翁。

> 一个永远的真理，
> 用浪花写在天空：
> 虽然船在上面，
> 水在下面，
> 然而水仍是主人翁！

当时奥皇正集中力量镇压意大利人民的自由斗争和维也纳人民的起义，捉襟见肘，穷于应付，不得不对匈牙利革命做出某些让步。斐迪南一世于 4 月 11 日假惺惺地在匈牙利 1848 年法令上签了字，宣布解散匈牙利最后一届封建制度的等级议会。他暗地里却撺掇克罗地亚这个少数民族地区的边防军中校叶拉契奇向匈牙利进攻。1848 年 3 月 23 日，奥皇任命叶拉契奇为克罗地亚总督，给他钱和武器，企图利用少数民族来扼杀匈牙利革命。仅 6 月 24 日奥地利政府一次就拨给叶拉契奇价值 15 万福林的军事装备。

是保卫 1848 年法令，将革命进行到底，还是妥协倒退，使革命半途夭折，鲍詹尼政府必须做出抉择。

这个由奥皇慑于革命威力而匆忙拼凑起来的匈牙利政府，内部一直存在着两种不同的政治主张，一派是以鲍詹尼为首的温和派，一派是以科苏特为首的激进派。广大的工人、农民、小手工业者以及中小贵族为保卫革命成果而进行了英勇的斗争，却遭到鲍詹尼政府的阻拦和镇压，以致使头几个月内革命处于停滞不前的困境。

按照1848年法令，只把原农奴耕种的地块变为耕者所有。这样，充其量也只有20%的土地分到占全国人口72%的贫农手里，其余大部分土地仍为地主占有，广大农民对此是不满的。早在4月份，一些地区的农民就自发地平分土地，抢占牧场和森林，自动破除地主的狩猎权、捕捞权、出售酒类和屠宰牲畜的垄断权，并以低廉的价格出售自己的产品。这是对1848年法令中限制平分土地的某种反抗。

农民的革命举动遭到鲍詹尼政府的武力镇压。仅4—6月间就有10多人被指控为"危及国家安全及社会治安"而判处死刑。这说明极为软弱的资产阶级化的贵族同封建势力有着千丝万缕的联系，他们是不可能把解放农奴的斗争进行到底的。

在1848年革命中，工人阶级初次登上了政治舞台。早在3月15日，在裴多菲等激进青年的影响下，工人们就上街游行，支持资产阶级的民主要求，如《十二条》。但他们很快就发现，这次革命的领导力量，并不代表工人阶级的利益。于是，他们也要为改善自身的条件而斗争。3月底到4月初，部分工人提出缩短工作日和提高工资的要求。4月17日，佩斯8000名行会工人举行示威游行，要求把工作日从13—15小时缩短到10.5—12小时，要求立即取消有害的行会，并当众焚烧行会章程。鲍詹尼政府不得不于6月9日颁布了《行会章程修改条例》，日工作时间改为11小时，童工改为9小时，在提高工资及其他民主权利方面也做了某些让步。

三月革命中各少数民族大都支持匈牙利革命。但是由于领导这次运动的自由贵族自身的局限性，没有处理好同少数民族的关系。就连科苏特对民族问题的重要性也很不理解，他在三月革命时期曾经对一个塞尔维亚政治家说过："那么让我们用剑来见分晓吧！"不满的少数民族被维也纳宫廷所利用。1848年夏初，发生了塞尔维亚人反政府的流血冲突。有奥皇撑腰的克罗地亚总督叶拉契奇认为有机可乘，更加桀骜不驯。4月25日，他发表声明，宣布脱离匈牙利政府的管辖。5月，抢占了克罗地亚的钱库，擅自任命州长，不经国会同意于 6 月 5 日召开克罗地亚州会。

按照 1848 年法令，6 月初在佩斯开始选举第一届国民代表会议的代表。由于选举受到财产的限制，广大的工人和贫农被排除在外。选举结果，在国会 450 个议员中，大地主贵族的代表占 72%，小手工业者和农民的代表只占 2%。激进民主派的裴多菲未能进入国会。农民代表中只有坦契奇当选。激进派鼎力拥护科苏特担任首相职务，结果也未能如愿，由鲍詹尼连任首相。

在裴多菲和另一位激进派领袖马达拉斯①的倡议下，几个左派小组织于 7 月初联合成统一的政党——平等社，很快就发展了 1000 多名成员。后来坦契奇也参加进来。他通过自己创办的《工人报》发表文章，要求取消葡萄什一税，坚决主张不付任何赔偿解放农奴，要求把被地主非法夺去的土地归还农民。他写道："我们租种的土地本来就应该是我们的，因为是我们在耕种，而只有通过劳动才能证明财产的所有权。"他还要求把反革命的财产全部分给农民。在他们的影响下，工人和农民运动又有新的发展。9 月 15 日，众议院通过决议废除葡萄什一税。

科苏特为首的激进派清楚地看到，为了对付反革命的进攻，必须迅速组织国防军。在 7 月 11 日第一届国民代表会议上，科苏特呼吁"拯救祖国"，要求招募 20 万新兵和拨 4200 万福林军费。全体代表报以热烈的掌声予以通过。科苏特热泪盈眶地说："我要为我们伟大的民族鞠躬尽瘁！"他满怀信心地宣告："即使匈牙利处在地狱的门口也决不会被征服！"

匈牙利民族解放战争

1848 年夏天，欧洲各国的革命相继遭到失败。6 月，卡芬雅克将军镇压了巴黎工人起义。8 月，文迪施格雷茨扼杀了布拉格起义，奥地利军队占领了米兰市。这样，维也纳宫廷就腾出手来全力对付匈牙利革命。8 月 31 日，叶拉契奇接到武装进攻匈牙利的命令，立即占领了当时匈牙利唯一的出海口费乌迈②。

以鲍詹尼为首的妥协派对奥皇仍抱幻想，忍辱苟安，派出代表团去维也

---

① 马达拉斯·提斯洛（1811—1909 年），匈牙利 1848—1849 年革命中激进派领袖之一，第一届国会代表，平等社主席，国防委员会成员，警察局局长。他主张解放农奴，反对妥协。

② 即今南斯拉夫的里也考。

纳谈判，但根本没有受到接见。在国会中，以科苏特和马达拉斯为首的激进派坚决主张抵抗。革命青年在平等社裴多菲等人的带领下，成功地组织了一支有10个营的国防军。这支军队后来成了国防军的基础。

9月11日，3.5万名装备精良的奥军在叶拉契奇的率领下越过德拉瓦河①向匈牙利大举侵犯。与之相对垒的匈牙利军队在数量上要少得多，而且其中有些出身大贵族的指挥官拒绝抵抗，一味退却。叶拉契奇的军队沿着巴拉顿湖向佩斯推进，取得节节胜利。在这危急关头，鲍詹尼政府辞职了，大贵族纷纷逃往维也纳。经科苏特建议，9月16日成立国防委员会取代政府职权。科苏特出任主席，马达拉斯任委员。

在武装进攻的同时，维也纳宫廷又耍弄和平手腕，任命拉姆堡伯爵为驻匈牙利的全权代表，派他到佩斯，进行旨在解散匈牙利国民代表大会的谈判。9月28日，拉姆堡微服到达佩斯。得知这一消息的广大民众，早就等候在码头上，把他就地处死。

以科苏特为首的国防委员会积极组织反抗。9月15日，平等社组织了1.5万名青年开赴前线。到9月30日，仅佩斯一地就有4万人入伍。科苏特亲赴东南部的大平原地区招募新兵。在他的感召下，仅10天工夫就有5万农民参加国防军。在奥军中服役的匈牙利士兵，平均12个人中有10人在短期内回到了匈牙利。他们撕下黑黄绶带，换上红色的标志，加入国防军，为祖国而战。多瑙河西部的农民自动组织起来，手持镰刀和锄头同烧杀抢掠的敌人进行拼搏。起义农民抓捕叶拉契奇的邮差，向军营射击，干扰敌人的后勤供应。制造枪炮的工厂都开足马力进行生产，以备战争的需要。

9月29日，经过整顿和补充的匈牙利国防军在韦伦茨湖附近成功地阻止了叶拉契奇的主力部队向首都方向进军。叶拉契奇被迫同匈牙利国防军上多瑙河部队司令官莫高·亚诺什将军进行谈判，请求停战三天。根据协议精神，谈判期间双方军队应驻原地不动。但是这个丧魂落魄的总督却在夜幕掩盖下率部逃跑。匈牙利国防军在追击时，歼敌近万名，其余仓皇逃出国境。10月7日，托尔纳州的1.5万名地方自卫军在欧佐劳地区包围了罗特将军率领的叶拉契奇部队的侧翼，在正规军派尔采尔和戈尔盖部队的配合下，迫使罗特部队的9000名士兵放下武器。至此，叶拉契奇的军队被全部赶出匈牙利国土。匈牙利人民赢得了独立战争第一个回合的辉煌胜利。

---

① 奥地利和匈牙利的国界河。

　　叶拉契奇惨败的消息使维也纳宫廷十分惊慌，他们急忙采取新的措施来镇压匈牙利人民的自由斗争。国防大臣拉多尔着手制订向匈牙利进行反扑的计划。匈牙利人民战胜叶拉契奇的军队对维也纳人民也是极大的鼓舞。为了阻止奥军开往匈牙利，10 月 6 日，维也纳再次爆发革命。驰援叶拉契奇的一个师哗变，加入革命行列。起义者包围了国防部，在一个烟筒里把浑身发抖的拉多尔拖出来，吊死在路灯杆上。斐迪南一世及皇宫大臣仓皇放弃首都逃往奥尔木茨。在维也纳，革命再次取得胜利。

　　不甘心失败的奥皇在奥尔木茨策划对革命的反扑，任命文迪施格雷茨伯爵为奥地利军总司令，并授予全权镇压维也纳和匈牙利的革命。维也纳的革命者请求滞留在边境线上的匈军援助。在科苏特的建议下，国防委员会于 10 月 10 日命令莫高的部队越过奥匈边界线追击叶拉契奇的残部，声援维也纳革命。但莫高拒绝执行命令，按兵不动长达 3 个星期之久。10 月 18 日，科苏特亲临前线，指挥战斗。10 月 28 日，匈军终于越过边界线进入奥地利境内，但已失去大好时机。匈牙利军队遭到正在围攻维也纳的文迪施格雷茨的军队和经过休整、补充的叶拉契奇军队的夹攻。10 月 30 日，匈军在施韦哈特附近被数倍于己的奥军击败。第二天，文迪施格雷茨的军队攻陷了维也纳。

　　施韦哈特战役后，奥皇军队与匈军之间有 6 个星期没有发生战斗。双方都在加强自己的兵力。这期间，以科苏特为首的国防委员会着手进行巨大的组织工作，首要的任务是重整军队。科苏特在国会发表宣言，号召人民踊跃参军。他保证，凡在战斗中致残者，每人分给 10 霍尔特土地。全国各阶层人民纷纷入伍。9 月份还只有 14 个营的国防军，到 12 月就发展到 64 个营；骑兵从 4 个旅发展到 10 个旅；炮队从 4 个增加到 12 个。参加国防军的还有波兰、奥地利、德国、意大利等国的自由战士。国防委员会积极组织军事工业的生产，并派出代表到外地城乡监督军事和经济计划的执行情况。

　　1848 年 12 月 2 日，维也纳发生了宫廷政变。斐迪南一世被迫退位，另立 18 岁的弗兰西斯·约瑟夫为皇帝，并兼任匈牙利国王。野心勃勃的约瑟夫一上台就立即发布向匈牙利进攻的命令。

　　12 月 13 日，在文迪施格雷茨指挥下，共有 5 万训练有素、装备精良的奥地利军队从莱塔河①附近发起进攻。匈牙利国防军驻守西部边防的是只有

---

　　①　多瑙河支流，当时是奥匈两国的边界河。

2.5 万人的上多瑙河部队，司令官是新任命的戈尔盖·阿尔吐尔将军。此人原系奥军的骑兵上尉，后来参加国防军。他在全歼叶拉契奇的欧佐劳战役中功勋卓著，因而受到科苏特的器重。施韦哈特战役后，国防委员会任命他为上多瑙河部队司令官，以接替辞职的莫高将军的职务。但戈尔盖在强大的敌人进攻面前，只想保存自己的实力，放弃任何抵抗，节节败退。这时，国防军的另一支主力派尔采尔将军的 6000 人部队拟会合戈尔盖共同抵抗奥军。但在莫尔地区遭重挫，致使多瑙河以西地区相继失陷，严重威胁到首都的安全。

12 月 31 日，国会召开紧急会议研究对策，并通过决议：第一，把国会、政府和国防委员会迁到德布勒森，以便继续抵抗；第二，组成有鲍詹尼在内的和平使团与文迪施格雷茨谈和。然而，这个奥皇的将军对匈牙利的代表颐指气使，宣布"解决问题的唯一出路是无条件投降"。

1849 年 1 月 1 日，政府撤出首都。5 日，文迪施格雷茨的军队进入。在这种形势下，国会内部惊慌失措，呈现一片混乱：有的投敌，有的逃亡，有的引退。大多数国会代表迟迟不肯去新的首府，801 个贵族院议员中，到 3 月只有 28 人报到。这时唯有科苏特和民众在一起。他说："越是困难的时候，越需要我们为民族的利益而工作。"他身处革命逆境英勇战斗，使撤离工作顺利完成。众议院在 1 月中旬恢复了工作，撤离佩斯的兵工厂、被服厂等也于 2 月重新开工。

当时，奥地利王国向欧洲各国发出逮捕科苏特的通缉令。普鲁士首先响应，发出相应命令，要捉拿科苏特引渡给奥皇邀功。对此，恩格斯曾撰文给予痛斥："科苏特还在德布勒森执掌政权，他受到全体匈牙利人民的热烈拥戴，科苏特的勇敢骑兵还驰骋在匈牙利的普什塔草原上，文迪施格雷茨还无可奈何地在泥泞的蒂萨河岸上踯躅。因此你们的逮捕令与其说会引起恐惧，倒不如说会引起嘲笑！"①

1849 年春季，匈牙利军队经整顿和补充后在军事上获得新的转机。2 月 5 日，戈尔盖的军队与古戍将军（英国人）配合，经过 8 小时的鏖战，占领了加里西亚的布朗尼斯科隘口，与克劳普卡的主力部队会合。在特兰西瓦尼亚战场上，贝姆·尤若夫英勇善战，也取得了辉煌的战果。

贝姆·尤若夫（1794—1850 年）原是波兰的自由战士，波兰的自由斗

---

① 《马克思恩格斯全集》第 6 卷，人民出版社 1961 年版，第 233 页。

争失败后，被迫流亡法国，后到奥地利，成为维也纳十月起义的军事组织者之一。维也纳革命失败后，他来到匈牙利。科苏特任命他为国防军驻特兰西瓦尼亚部队的司令官。贝姆很快就把军队组织起来，以非凡的毅力和巧妙的战术于 1848 年 12 月 18 日在丘桥地区成功地阻止了奥军布赫奈尔将军的部队向佩斯方向推进，并于 12 月 25 日收复了科洛日瓦尔市。1849 年 1 月 3 日，他打败乌尔邦率领的皇家军，于 2 月 5 日将其全部驱逐出特兰西瓦尼亚。到3 月中旬，差不多整个特兰西瓦尼亚都已掌握在国防军手中。贝姆深受匈牙利人民的爱戴，士兵们称他为"贝姆老伯"，在他部下任副官的裴多菲也称誉他为"自由斗争的老英雄"。

1849 年 2 月，科苏特准备反攻。鉴于戈尔盖曾一度宣布脱离国防委员会指挥的叛逆行为，遂任命波兰将军德姆比斯基为总司令。德姆比斯基不熟悉匈牙利的情况，又得不到匈牙利军官的支持，因此匈军在 2 月 27 日的卡波尔纳战役中遭到文迪施格雷茨和斯赫利克优势兵力的夹攻，被迫退回到蒂萨河北部地区。这时维也纳宫廷错误地估计形势，认为反扑的时机已到，在 3 月 4 日公布哈布斯堡王朝的新宪法（史称"奥尔木茨宪法"）。根据宪法，匈牙利的自治权被取消，重新变成哈布斯堡王朝的一个行省，并将特兰西瓦尼亚、克罗地亚和斯洛文尼亚从匈牙利版图上分割出去。奥皇的这种倒行逆施，激起了匈牙利人民的愤怒，坚定了他们的斗争决心。

科苏特决定 4 月 1 日在蒂萨河一线发动春季攻势。他不得不重新任命戈尔盖为总司令。科苏特计划把戈尔盖、克劳普卡和多米扬尼奇率领的共 5 万军队联合起来共同作战，用一个军沿着豪特冯—佩斯的公路线从正面发起进攻，另 3 个军向敌人背后迂回，造成包围之势。4 月 2 日，多米扬尼奇率领的部队在豪特冯地区击败斯赫利克的奥皇军，首战告捷。4 月 4 日，克劳普卡的部队在塔比欧比尼奇地区包围了叶拉契奇的后卫部队，在多米扬尼奇的配合下，打败敌人，迫使叶拉契奇部队退回佩斯。4 月 6 日，国防军在绍伊塞克附近与文迪施格雷茨亲自指挥的军队相遇，再次取胜。4 月 10 日，多米扬尼奇的部队攻克北方要塞瓦茨。气急败坏的维也纳宫廷撤了文迪施格雷茨的职，另行任命威尔登男爵为进攻匈牙利军的总司令。4 月 24 日，戈尔盖光复了科马罗姆要塞。

在春季战事捷报频传的时刻，国会庄严宣布奥尔木茨宪法无效。4 月 14日，在聚集着上千人的德布勒森大教堂内，科苏特宣读了《独立宣言》，宣布匈牙利是一个"自由、自立和独立的欧洲国家"。他以民族的名义宣告，鉴于哈布斯堡家族在"灾难不断的三个世纪中"所犯下的罪行，"立即废黜其王位，驱逐出匈牙利"。《独立宣言》获得一致通过。科苏特当选为国家元首。5 月 1 日，他任命塞美利①为首相兼内政部长，并授权其组织新的政府，以取代国防委员会的职权。同时任命戈尔盖为国防部部长。

随着春季攻势的胜利，革命阵营内部本来就松散的领导层出现了新的矛盾。新成立的塞美利政府口头上许诺"革命、共和、民主"，行动上却背道而驰。他们极力排挤科苏特等激进派，封闭左派刊物《三月十五日》，从 15 个州召回政府委员，宣布解散处置反革命的特别法庭等。戈尔盖暗地里试图以获胜的军事统帅的身份单独同哈布斯堡进行妥协谈判。春季攻势胜利后，他本来应该继续向维也纳进军，消灭敌人的主力部队，却掉转方向去攻打布达。虽然 5 月 21 日国防军攻克了布达，但在那里所消耗掉的 3 个星期造成了无法挽回的损失。

匈牙利这场革命的最大威胁还是来自外部的敌人。在匈牙利春季进军取得一系列胜利后，哈布斯堡王朝已感到无力单独镇压匈牙利革命了。1849 年 5 月 9 日，沙皇尼古拉一世发表宣言，声称应弗兰西斯·约瑟夫的请求，他将派兵支持恢复哈布斯堡王位。5 月 21 日，两国皇帝在华沙会晤，共同商讨武装干涉匈牙利革命的计划。

6 月 15 日，巴斯凯维奇率领的 20 万沙俄军队通过杜克洛隘口和特兰西瓦尼亚诸通道向匈牙利发起进攻。"随着俄国人的实际干涉而变成欧洲战争。"② 与此同时，由镇压意大利革命的刽子手海瑙男爵指挥的约 16.6 万人的奥皇军队也从西面向匈牙利进逼。俄奥联军共 37 万人，1192 门大炮。总数只有 15.2 万人和 450 门大炮的匈牙利国防军缺乏训练和装备，加上戈尔盖实行不抵抗政策，屡吃败仗。沙俄军队长驱直入，很快进入匈牙利腹地。

科苏特试图集中兵力，在政府的最后一个所在地奥劳德周围与敌人决一死战。这一计划也由于戈尔盖的拖延而未能实现。他还着手制定政策，以满足农民对土地的要求。为了联合少数民族共同御敌，7 月 14 日，科苏特签署了成立匈牙利和罗马尼亚人民联盟协议书。在此基础上，国会于 7 月 28 日通过了匈牙利历史上第一部具有进步意义的少数民族法令。但这一切都为时

---

① 塞美利·贝尔道朗（1812—1869 年），自由贵族反对党的领袖之一，曾任鲍詹尼政府的内务部长，国防委员会委员。

② 《马克思恩格斯全集》第 6 卷，人民出版社 1961 年版，第 604 页。

过晚。

贝姆将军率领的国防军中最忠实的一支部队一直坚持战斗。它虽然成功地阻截了向小平原地区进军的卢戴尔斯为首的沙俄军队，但是连续不断的战役已使这支部队疲惫不堪，7 月 31 日在谢盖什瓦尔被击败。裴多菲也在这次战役中阵亡。8 月 9 日，贝姆的残部在泰迈什瓦尔附近与海瑙率领的奥皇军遭遇，贝姆身负重伤，全军覆没。8 月 11 日，科苏特和塞美利政府一起辞职，把大权交给戈尔盖。8 月 13 日，在维拉戈什战场上，在沙俄军队的包围下，戈尔盖率国防军 3.2 万人投敌。由克劳酱卡率领的 3 万主力部队据守科马洛姆要塞，坚持战斗一个多月，一直到 9 月 27 日，最后放下武器。

民族解放战争失败后，科苏特、贝姆等领导人越过国境流亡到被土耳其占领的保加利亚。10 月 6 日，在奥劳德有 13 名国防军的将军被处死。同一天，在佩斯新大楼的兵营里第一任首相鲍詹尼·劳约什被枪杀。数千名爱国者被判重刑，投入监狱。4 万名国防军战士被送到奥地利军队中服役作为惩罚。从此，匈牙利又落入反革命的白色恐怖统治下。

匈牙利 1848 年革命虽然失败了，但是它开创了匈牙利历史的新时期。这次革命无论在法律上还是实际上都废除了封建的捐税和劳役，最终消灭了封建制度（尽管有些残余直到 1945 年才彻底清除），奠定了资本主义发展的基础。

1848 年匈牙利革命沉重地打击了哈布斯堡王朝。即使在最反动的巴哈统治时期（1849—1859 年），对 1848 年革命所取得的基本成果，如废除农奴制和普遍纳税等项，也不得不付诸实施。1867 年的奥匈协定则反映了这一新的力量对比。根据协议，哈布斯堡帝国改组为在内政上各自独立的二元制的奥匈帝国。奥皇兼任匈牙利国王。两国各设政府和议会。外交、国防和财政由帝国政府统一办理。两国议会每年各派同等代表集会商讨共同事务。匈牙利成为受到一定限制的"民族国家"。1848 年革命成了匈牙利以后的民族、民主运动，以及社会主义运动的一面光辉旗帜。

奥匈帝国的建立

于 沛

奥匈帝国是 1867 年根据奥地利、匈牙利统治阶级间的协议，在奥地利帝国的基础上建立的二元帝国。奥地利和匈牙利虽各设政府和议会，但外交、国防、财政等重大问题需帝国政府统一办理。奥地利皇帝兼任匈牙利国王和帝国元首。

奥匈帝国建立后，利用两国地主资产阶级的联盟，加紧镇压帝国内部的民族解放运动及革命运动。奥匈帝国在第一次世界大战中战败，国内工人运动和民族解放运动不断高涨，帝国在 1918 年终于瓦解，建立起奥地利、匈牙利和捷克斯洛伐克三个国家。部分领土归还波兰和南斯拉夫。

匈牙利民族的新觉醒

奥地利和匈牙利位于欧洲中部内陆。14 世纪末，奥地利已成为神圣罗马帝国最大的公国之一。从 1438 年起，奥地利的统治家族哈布斯堡开始当选为帝国的皇帝。哈布斯堡家族凭借它在帝国内的统治地位大肆向邻国扩张。

匈牙利自 15 世纪末，开始受到已侵入摩尔多瓦和瓦拉几亚的土耳其的威胁。1526 年 8 月，匈军在莫哈兹被入侵的土军击溃，被迫寻求奥地利的保护。奥趁机向匈施加压力，要求由哈布斯堡的斐迪南一世任匈牙利国王。由于匈牙利中部落入土耳其手中，所以奥地利只统治了与其毗邻的匈牙利西部和西北部。

1683—1699 年奥土战争以土耳其失败结束，土耳其人被逐出匈牙利。1699 年匈牙利正式并入奥地利版图。奥地利军队长期驻扎在匈牙利境内，匈牙利国王由奥地利人担任，世袭相传。在奥地利帝国专制主义统治下，匈牙利人民受着残酷的封建剥削和民族压迫。

为了长期稳固地统治匈牙利，奥地利帝国大肆推行移民政策。18世纪初，德意志南部、下奥地利和蒂罗尔操德语的居民，大批向匈牙利南部迁移。1740年玛丽亚·特莱西娅即位后，移民进一步增加，1763年达5万余人；约瑟夫二世在位期间（1780—1790年），又有10万余人移往匈牙利南部。帝国政府为鼓励移民，加速实行日耳曼化，对移民实行优待政策，如发给迁移费、筑房木料、牲畜和农具等，同时宣布在若干年内可以免收赋税，土地可以继承，宗教信仰自由等。德意志移民在匈牙利南部开设工厂或作坊，雇佣匈牙利人及塞尔维亚人、罗马尼亚人从事繁重的劳动。

奥地利帝国摧残匈牙利民族文化，禁止任何民族文化活动，同时规定德语为官方语言。匈牙利民族凡是从政和经商者都必须学习德语。

在经济上，匈牙利没有自己的民族工业，没有自己的货币，不能独立地进行对外贸易，无权征收赋税。匈牙利不允许建立自己的军队，国家政权完全掌握在奥地利统治阶级手中。约瑟夫二世将象征着匈牙利民族独立的斯特凡王冠①强行运到维也纳，存入帝国金库。匈牙利当时虽仍保留议会，但形同虚设，无权决定任何国家大事。从1812年起的13年间，规定三年召开一次的议会一次也没有召开。

匈牙利政治、经济、文化、军事长期受奥地利帝国的控制，严重阻碍了匈牙利社会经济的发展。19世纪30年代后半期，奥地利产业革命开始，手工劳动逐步向机器生产过渡，资本主义有了长足的发展。40年代初，奥地利帝国已有135家工厂，纺纱业尤其发达，工人达数万人，全国已拥有90万支纱锭。1841年，奥地利工厂中已有231台蒸汽机，达2939匹马力。工业的发展推动了运输业。1833年多瑙河轮船公司成立。1822年国家开始修建第一条铁路，1840年铁路长度达144公里，铁路干线从的里雅斯特伸展到汉堡、奥斯坦德和哈佛尔，直至北海和大西洋岸边，将帝国内彼此隔绝的地区联系起来。

这时，奥地利帝国对匈牙利的统治和压榨进一步加强，把它变成廉价的原料产地和商品市场，从中获取巨额利润。匈牙利被强制发展农业和畜牧业，每年向奥地利输出大量的谷物、面粉、牲畜、蛋品、羊毛和烟草。工业仅局限在农产品加工方面，如葡萄酒酿造业。奥地利还通过不平等的关税制

① 斯特凡（975—1038年），从1001年起任匈牙利第一个国王，斯特凡王冠亦被称为匈牙利王冠。

度破坏匈牙利民族经济的发展。对从匈牙利运入奥地利的商品征高关税，但奥地利运入匈牙利的产品却享受优惠的关税待遇。奥地利各类工业产品，如机器、皮革制品、木材制品，尤其是纺织品大量倾销匈牙利。

奥地利的殖民统治妨碍匈牙利国内市场的扩大和资本积累。尽管如此，在欧洲资本主义向匈牙利的渗透和影响下，匈牙利的资本主义也在缓慢地发展着。19 世纪初，匈牙利纺织、铸造、采煤、商业有较大发展，1841 年，匈牙利煤的开采量在奥地利帝国境内占第四位；1846 年，匈牙利已有 875 家手工工场；同年，商人由 1828 年的 9018 人增加到 21512 人。从 40 年代开始，在佩斯和瓦茨、索普罗和威聂尔—涅丝达德特、佩斯和索尔诺克之间还修建了铁路。

匈牙利资本主义的发展，促进了匈牙利民族主义情绪的发展。已经资产阶级化了的中小贵族和地主阶级，这时分成温和派和激进派两个派别。温和派以鲍詹尼为代表，主张实行温和的改革；激进派以科苏特为代表，要求彻底废除哈布斯堡王朝的统治，实现民族独立，废除农民的封建义务，进行资产阶级改革。1841 年，科苏特创办《佩斯消息报》。他在报上撰文主张把匈牙利变成单独的关税区，以利于民族工业的发展。1843—1844 年，他在匈牙利议会中积极宣传这一主张，使议会通过实行保护关税的议案。奥皇粗暴地否决了这一议案。科苏特又建立起保护关税协会，抵制奥货，同时进一步明确地提出新的政治要求：实现民族独立，建立独立的、统一的、由匈牙利人自己管理的国家。

匈牙利资产阶级要求迅速发展资本主义，建立一个符合资产阶级利益的独立国家。资产阶级激进派甚至提出建立共和国的要求。但是，匈牙利资产阶级政治上经济上的软弱性，使它同奥地利帝国在各方面仍有千丝万缕的联系。在争取民族独立、反对奥地利统治的斗争中，他们同资产阶级化的中小贵族结成联盟。

19 世纪中叶，匈牙利与奥地利之间政治、经济的矛盾达到异常尖锐的地步。

奥地利帝国的危机

在帝国首相梅特涅的长期统治下，奥地利帝国在 1848 年前夕，已成为欧洲反动势力的堡垒。除匈牙利民族外，帝国境内的捷克人、斯洛伐克人、意大利人、罗马尼亚人、克罗地亚人、斯洛文尼亚人、喀尔巴阡乌克兰人、波兰人也掀起了反抗奥地利帝国封建统治，争取民族独立的斗争。1848 年维也纳三月革命爆发后，受奥地利统治的捷克人、意大利人、匈牙利人，纷纷起来反对奥地利的民族压迫。席卷整个欧洲大陆的革命风暴猛烈地冲击着欧洲封建制度，使奥地利帝国受到沉重打击。1848 年革命结束后，奥地利虽又恢复了君主专制的黑暗统治，但政治经济上却孕育着新的无法克服的危机，再也无法完全恢复革命前的旧秩序。

1849 年 2 月下旬，匈牙利军队在科马罗姆战役中被奥军击溃后，奥皇弗兰西斯·约瑟夫于 3 月 14 日颁布新宪法。宪法规定取消匈牙利的自治权，变其为哈布斯堡君主国的一个行省，仍属哈布斯堡王朝管辖，同时将克罗地亚、斯洛文尼亚、伏伊伏迪和特兰西瓦尼亚从匈牙利领土上割出去。同年年底，奥地利政府又发布除夕法令，在此基础上进一步加强对匈牙利的民族压迫。整个匈牙利实行军管，城市和农村中宪兵、警察、暗探密布，书报和新闻检查普遍加强。1851 年奥地利正式废除 1849 年 3 月的帝国宪法，恢复君主制。匈牙利在革命前所享有的自治权利被彻底取消。

匈牙利在 1848 年欧洲革命中废除了一些封建义务，推动了匈牙利资本主义的发展。恩格斯曾指出："匈牙利是从三月革命时起在法律上和实际上都完全废除了农民的封建义务的唯一国家。"[①] 但是革命失败后，在新的专制政权统治下，匈牙利的经济发展仍然受到严重阻碍，明显地落后于奥地利的发展水平。据 1850 年统计，按人口平均国民经济收入，奥地利人为 107 克朗，匈牙利人为 62 克朗，两国工业总产值的比例为 84∶16，商业运输业为 83∶17。

匈牙利各阶层对奥地利帝国的不满情绪日渐增长，但表现并不相同。匈牙利的大贵族和资产阶级并不要求摆脱哈布斯堡王朝的统治，只希望改变被压迫民族的处境，跻入帝国统治民族之列；而资产阶级化的中小贵族和资产阶级激进派则开展民族民主运动。在布达、佩斯和匈牙利的其他城市，他们组织人民示威，散发传单，要求摆脱奥地利帝国的统治。

在匈牙利民族独立运动日益发展的同时，奥地利在意大利的势力也开始受到严重威胁。1848 年革命后，意大利仍分裂为撒丁王国、教皇国、伦巴底—威尼斯地区、托斯卡纳公国、帕尔马公国和卢卡公国等 8 个小邦国和地

---

① 《马克思恩格斯全集》第 6 卷，人民出版社 1961 年版，第 363 页。

区。奥地利帝国直接统治着伦巴底和威尼斯，同时还间接控制着意大利中部各邦。五六十年代，由于封建制度在革命中受到打击，意大利资本主义经济有了较大的发展。在这期间，棉织品产量增加 3 倍，毛织品产量增加 2 倍，丝织品产量增加 1 倍；冶金、机器制造等新的工业部门开始建立；在北部地区还出现了资本主义大农场。

随着资本主义的发展，意大利统一运动重新高涨。当时撒丁王国是意大利诸国中唯一没受外国控制的独立邦，境内资本主义经济发达；1848 年革命后，仍保存有自由主义的宪法，得到资产阶级和自由派贵族集团的支持。撒丁王国首相卡米洛·加富尔极力主张由撒丁王国萨伏依王朝统一意大利。

加富尔认为，要建立意大利民族统一国家，单靠撒丁王国的力量是不够的，他投靠了法国。1858 年，他与法皇拿破仑三世在普隆比埃尔秘密缔结反奥地利军事同盟，以割地作为交换条件换取法国的军事支持。加富尔和拿破仑三世达成协议：法国出兵帮助撒丁王国把奥地利逐出伦巴底和威尼斯，使两地并入撒丁王国后，撒丁王国则把萨伏依和尼斯割给法国，作为报酬。

1859 年 4 月，意法对奥战争爆发，法国和撒丁王国联军连连告捷。6 月 4 日，奥军在马让塔会战中战败；6 月 24 日，在索尔费里诺战役中又被击溃；6 月底奥军被迫撤出伦巴底，退守威尼斯。

这场战争推动了群众革命运动高涨，在意大利北部和中部掀起了新的革命风暴。4 月，托斯卡纳公国首都佛罗伦萨爆发起义，人民一举推翻了奥地利的统治者利奥波德大公，资产阶级自由派成立临时政府；5 月 3 日，帕尔马公国爆发起义，资产阶级自由派接管了政权；6 月中旬，教皇辖地罗曼那、翁博里等地的人民发动起义，宣布脱离教皇统治，成立临时政府。

拿破仑三世害怕革命的发展会使意大利真正统一起来，与法国抗衡，决定与奥地利单独媾和。在战争中接连失利的奥地利也有此愿望。1859 年 7 月 11 日，法奥达成协议。奥地利交出伦巴底，由法国转交给撒丁王国。奥地利虽仍保持在威尼斯的统治，但它在整个意大利的势力已受到极大的削弱。

在德意志统一过程中，奥地利帝国的危机进一步加剧。1815 年维也纳会议结束后，德意志被分裂成奥地利帝国，普鲁士、巴伐利亚、萨克森、汉诺威、符腾堡 5 个王国，38 个大小不等的邦国，几十个公国、侯国，还有 4 个自由市。在德意志邦国中，奥地利和普鲁士的力量最强。德意志从五六十年代开始工业革命，资产阶级经济迅速发展。在 50 年代，工业品产量增加 1 倍以上。1850—1860 年，德意志的煤产量由年产 700 万吨增至 1700 万吨；

铁从年产 20 万吨增至 50 万吨。1861 年，已有 300 多家机器制造厂。在这期间，铁路铺设也有较大发展，1850—1870 年，普鲁士铁路干线由 3800 公里增至 1.1 万公里，在农业方面，地主经济开始缓慢地转化为资本主义经济。农业资本主义经济中仍保留有大量封建残余，正如列宁所分析的那样，它是由"农奴制转变为盘剥，转变为在封建主—地主—容克土地上的资本主义剥削"①。

资本主义的普遍发展使国家统一的要求愈来愈迫切。奥地利和普鲁士都竭力以自己为中心，把德意志各邦并入自己的版图，实现德意志的统一。奥地利当时是德意志联邦议会的主席，为了掌握德意志统一运动的领导权，普鲁士千方百计排挤奥地利的势力。1849 年 5 月，普鲁士提出：把德意志的行政、外交、军事的权力授予以普鲁士国王为首的各邦国王的联盟，其余事务由奥地利、普鲁士、巴伐利亚等大邦的君主联席会议管理。在国王联盟之下设两院制的全德意志议会，众议院通过选举产生，国务院由各邦政府和议会的代表组成。奥地利及支持它的巴伐利亚、符腾堡、萨克森、汉诺威各邦君主坚决反对这一方案。1850 年 5 月，奥地利皇帝弗兰西斯·约瑟夫在法兰克福召开由奥地利领导的全德各邦国王会议时，正式否决了普鲁士的方案，重申实行旧的联邦议会，普鲁士统一德意志各邦的计划受挫，于是积极准备对奥地利诉诸武力。

60 年代出现了对普鲁士有利的国际形势。俄国在 1853—1856 年的克里木战争中被英法击败，加深了农奴制危机，实力大大削弱。奥地利在这场战争中同英法结盟，没有支持俄国。因此，奥地利这时再也无法指望得到俄国的帮助。普鲁士加快了统一德意志的步伐。1863 年底，丹麦合并了德意志联邦成员国什列斯维希公国。按照历史传统，什列斯维希和霍尔施坦这两个公国从不分开，而霍尔施坦公国仍留在德意志联邦内。1864 年 2 月，普鲁士向丹麦宣战。为避免奥地利的干涉，解除后顾之忧，普鲁士请奥地利同时参战。奥地利为防止普鲁士独吞这两个公国，也欣然前往。丹麦很快被普奥联军击败。10 月签订合约，普鲁士占领了什列斯维希公国，霍尔施坦由奥地利占领。

对丹麦战争结束后，普鲁士积极准备对奥地利战争。普鲁士看到意大利始终对威尼斯仍留在奥地利手中耿耿于怀，于是决定同意大利结成军事同盟，共同进攻奥地利，迫使其在两线作战，在北部抵抗威胁着维也纳的普

---

① 《列宁全集》第 13 卷，人民出版社 1959 年版，第 219 页。

军，在南面抵抗向威尼斯进军的意军。1866年4月8日普鲁士与意大利缔结军事同盟条约；6月，普鲁士挑起了对奥战争。

战争开始后，普鲁士军队很快占领了霍尔施坦及德意志中部、北部广大地区，7月3日，双方在捷克的萨多瓦村附近展开决战。普军统帅赫尔穆特·冯·毛奇将军指挥普军大败奥军。普军乘胜追击，7月14日已逼近奥地利首都维也纳。

在军事进攻的同时，普鲁士还派密使联系匈牙利境内的匈牙利人及捷克人，利用他们的民族情绪，策划反对奥地利统治的起义。奥地利军事上的失败和境内民族矛盾的尖锐，使其被迫求和。在法国的调解下，普鲁士和奥地利于8月23日在布拉格签订和约。奥地利接受了普鲁士提出的苛刻条件：奥地利永不复返地退出德意志联邦，旧联邦宣布解散；奥地利同意以普鲁士为盟主，建立由美因河以北各邦组成的北德意志联邦；什列斯维希、霍尔施坦、汉诺威和法兰克福市划归普鲁士；奥普双方不得干涉巴伐利亚、巴登、符腾堡、黑森—达姆斯塔德等南方各邦的独立自主。威尼斯回到了意大利手中。奥地利还赔款2000万德利尔。

列宁指出，1866年普奥战争解决了"建立德国民族资本主义国家的霸权究应属于普奥这两个资产阶级君主国中哪一个的问题"[1]。通过这场战争，普鲁士基本上统一了德意志。1867年成立的北德意志联邦包括22个邦和汉堡、律贝克、不来梅3个自由市，人口达3000万，已成为后来统一的德意志帝国的基础。奥地利经过普奥战争的打击，更加衰弱，特别突出的是统治阶级内部矛盾开始加剧。大资产阶级指责奥皇在军事上、外交上犯有一连串的错误，是战败的主要原因。前皇帝斐迪南甚至公开说："这样治理国家我也能。"

从《十月特许状》到《二月特许状》

为遏止政治危机增长，奥地利帝国想方设法缓和重重民族矛盾，因为占帝国人口78%以上都是被压迫民族。在这些民族中，首先是设法安抚民族矛盾最尖锐的匈牙利。1849年匈牙利革命失败后，匈牙利人民反抗奥地利统治的斗争并没停止。1850—1859年，匈牙利出现过多次程度不同的武装反抗。原科马罗姆炮兵指挥官马克·尤若夫曾领导人民举行起义，裁缝学徒工利伯

---

[1] 《列宁选集》第4卷，人民出版社1972年版，第13页。

尼还曾对奥皇行刺。奥皇虽只受了轻伤，但被吓得魂不附体，从而采取新的高压政策对付反抗奥地利统治的匈牙利各阶层人士。匈牙利妇女运动的著名领袖苏特·茹饶、勒韦伊·克拉劳和泰莱基·布朗卡等人都被帝国政府逮捕。

以科苏特为首的流亡在国外的革命者也积极开展了反抗奥地利统治的斗争。科苏特及其战友 1849 年 8 月逃往土耳其后，以后又到了美国、英国。科苏特同反对奥地利的法国、普鲁士建立了联系，利用它们之间的矛盾展开积极的外交斗争。他定居在撒丁王国的首府都灵，时刻关注着奥地利帝国政治形势发生的变化。

1859 年意法对奥战争爆发时，正值匈牙利文字改革家考津奇·费伦茨诞生 100 周年。匈牙利举国上下举行了具有政治性质的纪念活动，要求摆脱奥地利统治的呼声日益高涨。在整个战争期间，匈牙利到处都在歌颂科苏特和意大利为争取自由而斗争的民族英雄加里波第，匈牙利地区不时出现反对奥地利统治的骚动。1860 年 3 月 15 日，佩斯爆发了声势浩大的群众示威游行，同武装警察发生冲突，一名法学院大学生被打死。4 月 8 日，在奥地利警察当局的迫害下，年已七旬的匈牙利著名政治家塞切尼含恨自杀。噩耗传来，匈牙利人民无比愤怒，一场新的反抗斗争即将爆发。

为挽回日益严重的政治局势，奥皇弗兰西斯·约瑟夫作出表面上的让步，表示在保持帝国统一的前提下放弃专制制度。10 月 20 日，奥地利帝国政府颁布《十月特许状》，实行联邦宪法，由中央集权向联邦制转变。特许状规定，皇帝将吸收帝国境内各地区的贵族地主代表参加立法。非奥地利人也可以参加国家管理，各地区的地方议会和由各地区代表组成的帝国议会共同行使立法权。特许状还宣布恢复 1849 年被解散的匈牙利议会，恢复在维也纳特设的匈牙利事务部和宫内的匈牙利事务处，其中的人员缺额可优先由匈牙利人补充；允许匈牙利国家机关中使用匈牙利语。

但是，匈牙利并不满足于这些让步。因为特许状只答应将来给匈牙利一定的自治权，在准备成立的帝国议会中，343 名代表中只有 85 名匈牙利代表，而这些代表又都是贵族，并不能代表广大匈牙利人民群众。恩格斯在揭露特许状的实质时说："这是打算安抚匈牙利，然后把它变为帮助专制的奥地利摆脱困境的工具。"[1] 许多人表示要把流亡在国外的科苏特等人选进匈牙

---

[1] 《马克思恩格斯全集》第 15 卷，人民出版社 1963 年版，第 250 页。

利议会，匈牙利人民为争取更多的自由，展开了包括抗税在内的广泛的抵抗运动。

《十月特许状》不仅遭到匈牙利人的反对，而且奥地利的贵族和大资产阶级也反对它。因为有一定自治倾向的联邦宪法损害了他们的特权。1861年2月26日，奥地利帝国颁布《二月特许状》，转而实行中央集权的宪法。同《十月特许状》相比，帝国的政策发生了剧烈的转变。

《二月特许状》规定由贵族院和众议院组成国会，国会有立法权，但奥地利皇帝有权对国家内政外交重大问题独自作出决定，无须由国会通过决议或等待国会批准。国会议员由省议会选举产生，省议会通过大土地所有者、城市、工商业公会和农村公社4个选民单位选出。这就保证在奥地利的地主贵族和大资产阶级在国会中占有绝对优势。《二月特许状》虽承认帝国内存在奥地利、波兰、捷克与匈牙利这样两个国家集团，但匈牙利在事实上并没有获得任何自治权。

匈牙利各阶层强烈反对《二月特许状》，拒绝参加国会工作，抵制国会。人民群众的抗议运动迅速发展，即将掀起一场新的革命风暴。匈牙利民族运动领导人费伦茨·德亚克这时极力把一触即发的起义引向消极抵抗。在多瑙河西部地区地主的支持下，他主张在承认奥皇弗兰西斯·约瑟夫是匈牙利国王的前提下，用上书的办法，求得奥地利帝国政府给匈牙利自治权，承认匈牙利民族同奥地利一样，同属帝国内的特权民族。尽管如此，奥地利帝国仍拒绝接受这些要求，并将国会解散，恢复军事法庭，匈牙利人陷入更加深重的民族压迫中。费伦茨·德亚克继续执行消极抵抗的政策，他说："我们将不惜忍受一切，就像我们的祖先那样忍受苦难，只有这样，才有可能保卫国家的权力。因为被暴力和强权夺走的东西，终将由时间和幸运重新带给我们。"

流亡在国外的科苏特反对"由时间和幸运"来改变匈牙利的命运，主张展开积极的斗争。他说："匈牙利应成为烧死那个奴役它的奥地利的柴火堆。"1862年，科苏特提出建立多瑙河联邦，共同反抗奥地利的压迫的主张。他发出"匈牙利人、斯拉夫人和罗马尼亚人之间建立团结、谅解和友好"的口号，按照他的设想，多瑙河联邦将由匈牙利、霍尔瓦特、埃尔代伊、塞尔维亚、罗马尼亚组成；联邦由联邦委员会领导，每年轮流在各国首都开会。除国防、外交、贸易属于联邦共同事务外，联邦各成员国的立法、司法和行政则完全独立。但是，这一设想迫于当时的国际国内形势，在短时期内是根本无法实现的。

60 年代中期，匈牙利统治阶级中的妥协路线重新抬头。他们认为除此之外，别的办法都行不通。而奥地利，除对外方面 1859 年对意法作战失败，与普鲁士争夺统一德意志的霸权陷入困境外，国内形势也危机四伏。随着奥地利资本主义的发展，无产阶级虽还没能作为独立的政治力量登上历史舞台，但它作为新的社会阶级却在不断发展壮大，同资产阶级的矛盾日益尖锐。60 年代中期，奥地利、匈牙利、捷克等地区的先进工人，开始摆脱资产阶级的影响，建立起独立的工人组织；在农村，资本主义沿着"普鲁士式的道路"缓慢地发展着，农民深受资本主义和封建残余的双重剥削，各种骚动连绵不断。

在被压迫民族地区，民族独立运动不断加强。在匈牙利抵制国会的同时，克罗地亚、特兰西瓦尼亚和威尼斯也拒绝向国会推选议员。不久，已参加国会的捷克和波兰议员也都抵制国会。在这种形势下，奥地利帝国的统治阶级也产生了同匈牙利在一定程度上妥协的愿望，他们认为，站在帝国背后的匈牙利是国家不安定的根源，匈牙利问题一天不解决，奥地利帝国就一天不会变得强大。

1865 年 4 月，费伦茨·德亚克在《佩斯日志》报上发表题为《复活节有感》的文章，表示"我们随时准备通过合乎法律的途径使我国的法律与帝国安全一致起来"。同时还强调说，这绝不是要破坏帝国的坚实基础，表达了要与奥地利帝国协调关系的愿望。奥皇弗兰西斯·约瑟夫决定改组无力整顿帝国紊乱的什梅林内阁，改由摩拉维亚贵族毕尔克列基执政。从这时起，奥皇派代表同费伦茨·德亚克开始了直接谈判。为营造有利于谈判的气氛，1865 年年底重新召开了被解散的国会。

奥匈帝国的建立

1866 年奥地利对普战争惨败，加速了奥匈双方妥协谈判的进程。在奥地利方面，布拉格和约使其不能对德意志统一再进行干预，同时它还被彻底排挤出意大利，匈牙利显得越来越重要；在匈牙利方面，匈牙利统治阶级并不希望奥地利帝国由于战败被过分削弱，一旦奥地利帝国解体，匈牙利在俄国和德意志帝国之间更难生存，俄德不会允许有一个独立的匈牙利存在。

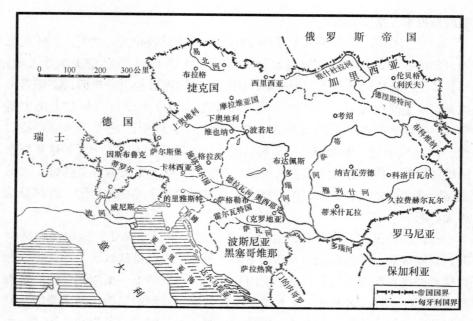

奥匈帝国疆域图

在奥匈双方有相同愿望的基础上，1867年春达成协议，奥地利帝国改组为二元制的君主国——奥匈帝国，以莱塔河为线，包括特兰西瓦尼亚、阜姆及克罗地亚—斯洛文尼亚的匈牙利王国称外莱塔尼亚；奥地利、捷克、摩拉维亚、西里西亚、格尔茨、伊斯特里亚、的里雅斯特、达尔马提亚、布哥维纳、克莱那与加里西亚等地称内莱塔尼亚。

协议规定，奥皇为奥匈帝国的元首，同时也是匈牙利国王。奥匈帝国建立三个共同的部：外交部、陆海军部、财政部，后两个部在帝国两部分内同时设立。除三个共同的部外，其余各部则由奥地利与匈牙利各自独立成立。关于共同事务的财政支出，决定由帝国两部分按一定比例负担。1867年，奥地利负担70%，匈牙利为30%。关于奥匈帝国共同事务的立法权力，通过由两国议会选出各60人组成的代表团执行，例行会议在维也纳和布达佩斯轮流召开。奥匈之间订立的贸易、税收、开支等协定，每10年重订一次。这样，匈牙利有了自己的议会和责任内阁，享有政治及行政的自治权，成为君主国内受一定限制的"独立国家"。

奥匈帝国是奥地利、匈牙利统治阶级之间的联盟。它是奥匈两国地主及大资产阶级相互勾结，牺牲广大劳动群众及被压迫民族根本利益的产物。科苏特反对建立奥匈帝国。当时他写给费伦茨·德亚克的公开信中说："我从这一事实中看到民族的灭亡，正因为我看到这一点……我的责任感使我不能再沉默下去。不是为了要和你辩论，而是以上帝、祖国和后代的名义恳求你：请你用远大的政治家的眼光来考虑一下长远的后果吧，你将把祖国引向何方。我们不但应该热爱它正在飞逝的现在，而且也应该热爱它业已无法改变的过去和行将来临的未来。请不要把我们的民族引向那今后无法驾驭的地方！"

费伦茨·德亚克得到地主阶级中大部分人的支持，坚决成立奥匈帝国。他为自己的政策辩护说："武装斗争和革命即使有成功的希望，也只应是万不得已时才能采取的手段。""在毫无把握的情况下等待着令人怀疑的未来，而且这期间民族的力量、幸福、信任和希望一天天在消蚀，这是错误的，甚至是有害的打算。因为常常会出现这样的情况，就是所等待的事情不会到来，或者当它到来的时候，对我们变得越来越弱的民族已经太晚了。因此，除了试一试第三种方式（即妥协）没有别的办法。"

1867 年初，奥地利政府更迭，费迪南·冯·博伊斯特男爵接替毕尔克列基。2 月，他和费伦茨·德亚克分别代表奥匈政府在协定上签字；5 月，由帝国议会批准；12 月 21 日，弗兰西斯·约瑟夫批准了奥匈协定。

奥匈帝国建立后，为匈牙利资本主义经济的发展提供了可能性。1867—1890 年，匈牙利的信贷机构增长了 24 倍，资本总额增长了 9 倍多。铁路建设迅速发展，到 19 世纪末，全国铁路网基本建成。但匈牙利民族作为奥匈帝国内的特权民族之一，却造成了同其他民族之间的矛盾。奥地利统治阶级把奥匈协定作为他们推行民族压迫政策的支柱。在匈牙利地区，有 36% 的居民是斯拉夫人和其他民族。他们没有土地或仅有很少土地，大部分土地掌握在匈牙利地主手中，奥匈帝国成立后，匈牙利地主进一步加紧了对他们的剥削。

奥地利通过建立奥匈帝国，消除了匈牙利完全独立的可能，同时与奥地利资产阶级达成协议，对其作出一定的让步，有利于奥地利资本主义的发展。1867 年 12 月颁布的新宪法，即"十二月宪法"，满足了资产阶级关于实行普遍兵役制、改革税收政策、改革教育和婚姻法等要求，资产阶级自由派开始参加内阁，使其开始有"资产阶级内阁"之称。从这个意义上说，奥匈帝国的建立标志着奥地利帝国资产阶级改革的完成。

奥地利企图通过建立奥匈帝国消除一切不稳定因素的目的并没有达到。奥匈帝国成立后不久，捷克资产阶级民族运动日趋活跃，提出要实行三元制，以里加尔和帕拉茨基领导的捷克国民党右翼提出：既然承认并允许匈牙利国王的领土独立，那就没有任何理由阻止包括捷克、摩拉维亚和西里西亚的捷克国王领地独立，因为它们是与匈牙利同时加入哈布斯堡君主国的。1868 年，奥地利被迫宣布布拉格处于戒严状态。

奥匈帝国成立后，工人运动有了进一步的发展。不少城市开始建立工人委员会。1868 年，举行了各族工人代表大会。大会发表宣言，号召各民族工人阶级团结起来，打破民族界限，建立统一的工人组织，工人们要求实行普选权利，在民主的基础上改造国家，"逐步使工人有可能把生产掌握到自己手里，而不必满足于几乎不足以维持生活的微薄工资"。从这时起，科学共产主义思想在奥地利、匈牙利及其他各民族工人中开始传播。在奥匈帝国内部，工人运动及民族解放运动迅速发展起来。奥匈帝国刚刚成立，即已预示着一场新的、更大的暴风雨将要到来。

1848 年布拉格起义

管敬绪

1848 年欧洲资产阶级民族民主革命期间发生的布拉格起义，在捷克人民的革命斗争史上占有重要的地位。

起义前捷克的阶级状况和革命运动

捷克人的故乡在波希米亚和摩拉维亚。捷克古老的政治、经济、文化中心在布拉格。早在 15 世纪，土耳其人侵入摩尔多瓦和瓦拉几亚，直接威胁着捷克王国。1526 年 8 月 2 日，捷匈联军在摩哈兹战役中被土耳其军队击溃，捷国王路德维克在战斗中牺牲。奥皇大公斐迪南（1526—1564 年在位）便趁机向捷克施加压力，迫使捷克宣布斐迪南为其国王，捷克被并入奥地利版图。这是捷克人丧失自由的开始。

捷克长期在奥地利帝国的军刀统治之下。在政治上，奥地利对捷克实行分化政策，将其统一领土分裂为捷克、摩拉维亚和西里西亚三部分，由它直接统治；在文化上采取同化政策，只有德文才是官方和学校通用的语言。在奥皇弗兰茨一世（1792—1835 年在位）时，捷克已经完全丧失了自治权，变成奥地利帝国的一个行省。陷于绝境的捷克人民对奥地利哈布斯堡王朝的统治普遍憎恨。

随着欧洲资本主义的发展和外国资本的渗透，在奥地利统治下的捷克，资本主义也开始发展起来。18 世纪 40 年代，哈布斯堡王朝试图寻找纺织工业基地，以波希米亚代替丧失了的西里西亚①。在 19 世纪初，捷克工业生产

---

① 1740—1748 年因奥地利王位继承问题引起战争。1748 年，根据《亚琛和约》，确认玛丽亚·特莱西姬继承王位的权利，但奥地利丧失大片领土。普鲁士占西里西亚。

开始从工场手工业逐渐过渡到机器生产，大量的自由劳动者从农村流入城市。19世纪上半叶，捷克已经成为奥地利帝国中资本主义最发达的地区。据记载，19世纪40年代初，捷克的工业企业已达1389家。纺织工厂为412家，其中86家大厂拥有机器1695台。捷克纺织工业所使用的蒸汽发动机占全帝国的将近一半，棉织品产量占全帝国的3/4。布拉格已成为机器制造业的中心。1841年在奥地利工业企业中所使用的2/3机器，均为布拉格制造。冶金业也发展起来，从1827年至1841年生铁和钢产量增加了两倍多。沃斯特拉伐煤区的煤产量从1820年至1850年，大约增长24倍。

随着工业的发展，工人队伍不断壮大。19世纪40年代，捷克纺织工人已达15万之多，印染工人约7万，呢绒工人也达数万人。他们的劳动日长达14—16小时。工厂普遍使用女工和童工。捷克工人阶级遭受哈布斯堡王朝和捷克地主资产阶级的双重剥削和压迫，生活极为艰难。大贵族图恩在与友人的通信中承认："从春天开始，大部分居民不得不吃霉烂的李子和草根。"

当时捷克大企业一般掌握在德意志大资产阶级手中。他们在奥地利帝国政府的支持下，压制捷克民族经济的发展。捷克人民的民族意识开始觉醒，他们要求民族独立的呼声日趋高涨。布拉格成了捷克民族运动的中心。由于无产阶级不成熟，决定了捷克资产阶级充当民族运动的领导人。

19世纪40年代，捷克资产阶级中形成政治主张完全不同的两个派别。一派是以捷克著名历史学家弗朗蒂舍克·帕拉茨基为首的资产阶级自由派。这一派别代表捷克大资产阶级和部分贵族的利益。他们主张与贵族结成联盟，在与哈布斯堡王朝谈判的基础上，逐步地改善现存制度，要求在奥地利帝国的卵翼下享受自治权利。帕拉茨基在1846年1月发表的《哈尔卡克的斯拉夫与捷克》一文中写道："奥地利专制制度是保护我们民族的最可靠的保证，奥地利帝国越强大，我们的民族就越巩固。"从1848年起，帕拉茨基开始用捷克文为捷克民族写作，阐明捷克民族史的意义。早在1836年，他在《捷克人民史》第1卷中即确认1419年胡斯运动时期是捷克历史上最光荣的时期，捷克人在这个时期是欧洲宗教改革运动的先声。资产阶级自由派在1846年成立了政治组织"市民会"，开展自己的活动。

以卡列尔·萨宾纳、约瑟夫·瓦茨拉夫·弗利奇、里别尔特等小资产阶级民主主义者组成激进民主派。他们在1845年借用爱尔兰一个革命团体的名称成立了"里皮尔协会"。参加这一协会的有作家、医生、艺术家、建筑师、化学家、大学生和资本家。领导这个协会的除捷克人外，还有德意志激进派代表鲁别尔特。这个协会的成员深受法国大革命的民主思想和法国小资产阶级社会主义的影响。随着全捷革命形势的发展，里皮尔协会明确主张推翻哈布斯堡王朝，取消贵族特权，实行普选，改善人民生活，与天主教彻底断绝关系，争取建立民主共和国。协会要求给捷克语言以合法地位。里皮尔协会的成员展开了大规模的宣传鼓动工作，领导许多小组和团体，并同布拉格工人保持联系。这一派在革命过程中起了重要的作用。

广大工农强烈要求民族独立，废除封建关系。1848 年革命前夕，布拉格和其他许多城市的工人展开了规模较大的捣毁机器的斗争。18 世纪末，捷克废除农奴制，但是封建剥削并没有取消。捷克农民遭受劳役地租和什一税等盘剥的程度比任何其他地区的农民更为严重。广大农民承担赋税达 240 种之多，其中有所谓"埋葬税""猎犬税""蘑菇税""樱桃税""野菜税"等。最沉重的负担还是徭役，农民为地主每年履行劳役高达 104 天，有时每周达 6 天。大多数农民全靠土豆维持生活。

破产的农民在摩拉维亚、布尔聂基和伊格拉弗边区不断地发动起义，烧毁贵族庄园，杀死管理人员，拒绝服劳役，抗拒缴租税。奥地利政府由于害怕农民运动，在 1848 年 3 月 28 日颁布了取消劳役制的法令。根据这项法令，从 1849 年 3 月 31 日起劳役以赎买方式予以取消。这项法令颁布几周以后，捷克各地农民运动仍然没有平息，他们为彻底取消一切封建义务和废除一切贵族特权而斗争。

1848 年巴黎二月革命在布拉格引起强烈的反响。政治性传单大量出现，号召人民起来争取独立和自由。3 月 7 日的一份传单写道："兄弟们！我们一定要从皇帝和贵族的压迫下解放出来，制定宪法，宣布平等、自由、博爱。1848 年 3 月将举行总起义。"

这时，里皮尔协会的领导人弗·哈乌契·列·鲁别尔特用捷克文与德文起草了致布拉格居民的呼吁书："巴黎事件将整个欧洲从睡梦中惊醒。德国正在准备战争。首都的公民们，全国都在注视着你们。你们应该积极地行动起来，要求你们应享有的权利。你们应该真正地参与国家事务。"呼吁书建议 3 月 11 日晚 6 时在圣文采斯拉斯浴池大厅集会。人民群众携带武器按时到达浴池大厅。政府无力阻挠这次群众大会召开。参加大会的约 3000 人，其中大部分是工人和手工业者。大会宣布成立"特别委员会"，即"圣文采斯拉斯委员会"①，负责最后拟订请愿书。它根据群众的要求，写出了请愿书草案。其内容包括：

1. 各选区在平等选举的基础上选出贵族、僧侣、城乡居民的代表，共同制定宪法。宪法必须载明每年在布拉格召开议会，批准捷克境内的课税和法律。

2. 出版和言论自由。

3. 削减常备军。

4. 在布拉格设立最高执政机关。

5. 废除徭役、世袭法官和其他封建机构。

6. 公布全国收支情况。

7. 利用国库收入解决捷克境内的贫困状态。

8. 捷克语和德语在学校和法庭中同样使用。

9. 实行公开的和口头的审判程序和陪审制。

10. 在社会机关中禁止雇用外国人。

11. 国民自卫军军官应由选举产生。

12. 皇帝至少每3个月到布拉格一次。

13. 保障人身安全。

14. 彻底改革政府制度。

15. 集会自由。

16. 信仰绝对自由。

17. 实行公社自治。

18. 设立劳动组织和调整工资。

19. 废除现行警察制，其职能由公民自己行使。

20. 取消全部消费税。

该委员会于3月19日派代表团到维也纳，向奥皇斐迪南一世呈递请愿书。斐迪南一世拒绝解决自治权问题。于是，3月28日又拟订了第二个请愿书，再次要求召开各地区统一的议会和建立责任内阁制。4月8日，奥皇斐迪南一世对请愿书作了答复，即所谓4月8日的"内阁文书"。斐迪南一世被迫作了让步，同意在捷克建立责任内阁制，承认捷克语和德语享有平等地

---

① 因委员会设于圣文采斯拉斯公共浴池大厅而得名，以后的"民族委员会"是由"圣文采斯拉斯委员会"改组扩大而形成的。

位。但是，关于捷克、摩拉维亚和西里西亚统一的问题以及恢复其政治组织、国家组织等问题则交三地区下一次等级议会审定。内阁文书同时规定，任命斐迪南一世的侄儿斐迪南—约瑟夫为捷克总督；任命列夫·图恩为捷克地方议会议长。这激起了更加高涨的抗议运动。

捷克工农运动也蓬勃兴起。4 月 9 日，布拉格普尔日布拉姆城纺织工厂的工人，要求将冬季劳动日缩短为 10 小时，夏季为 12 小时。斗争结果只有几个工厂缩短了劳动日。格拉杰茨边区雷赫诺夫城的呢绒工人要求边区政府立即改善他们的状况，解决他们的就业问题，支付呢绒工人补助金等。这些要求遭到了政府的拒绝。雷赫诺夫的失业工人忍无可忍，纷纷拿起武器，进行斗争。他们占领了市自治局，撕毁税册，袭击扎姆别茨工厂。后被政府军镇压。

许多地区的农民都拒绝服徭役，赶走村长，平分地主的土地、牧场和森林。赫鲁默茨领地的农民宣布：每一个农民，至少必须得到 1 斯特里赫①的土地，否则，他们决不罢休。1848 年 3 月末，布拉格爱国者印发传单声援农民起来斗争。传单指出：“亲爱的农民同胞们！减轻你们负担的时刻到了……为了使任何敌人都不能危害我们，请你们看在上帝和热爱祖国的份儿上，赶紧学会使用武器，才能防范一切来犯之敌。”文吉尔诺夫公爵庄园的农民斗争从 1848 年 4 月开始，一直持续了 7 个月之久。

在工农运动席卷捷克的同时，奥地利本土和匈牙利的革命运动正迅猛地发展。斐迪南一世被迫于 4 月 25 日以皇帝诏书形式颁布了奥地利宪法。根据宪法，行政权和军队的指挥权仍然留在皇帝手中；封建义务的取消必须采取赎买办法；议会选举必须有财产资格的限制。宪法所“赐予”的资产阶级的民主自由、民族平等、语言平等、信仰自由、出版集会自由和递呈请愿书权以及陪审制等，都得不到任何保障。在宪法中，对改善工人和手工业者状况的问题则置之不理。这时，在奥地利帝国的其他地区掀起反对非民主宪法的斗争愈演愈烈。布拉格的爱国志士在致农民的呼吁书中写道：“宪法仅仅是口头上的，它并不能满足人民的要求，对人民来说，它不过是画饼充饥罢了。”

在捷克境内民族独立运动日益向前发展的形势下，居住在捷克的德意志大资产阶级，如富格家族、维杰尔家族以及其他大商人、大企业家等，排斥

---

① 1 斯特里赫约等于 100 平方米。

和打击捷克的资产阶级，控制捷克的大工商企业与市场。他们提出：不允许在自己的国家里拥有一个"捷克的异体"，要求建立大德意志帝国。这突出地表现在法兰克福议会的选举问题上。法兰克福议会曾派代表团至捷克，但在谈判中双方未达成任何协议。捷克人反对法兰克福议会把捷克德意志化，进而消灭捷克民族的政策。当代表团在议会上提到捷克拒绝参加法兰克福议会选举时，法兰克福议会的奥地利代表希林格则以挑衅的口吻声称："我坚信，既然不能说服捷克留在德意志联邦内，那么，就必须采用利剑使它归服德国。"法兰克福议会的这种欺凌捷克民族的狂妄行为激起捷克人民的愤慨。

捷克是西方和南方斯拉夫人民族运动的中心。捷克资产阶级自由派为了转移人民斗争的视线，6月2日在布拉格召开首届奥地利帝国所属斯拉夫人代表大会。大会主要讨论奥地利帝国境内斯拉夫人当前的局势，实际上成了宣传奥地利斯拉夫主义的讲坛。大会领导权落在帕拉茨基等人手中。帕拉茨基是资产阶级自由派的代表。他竭力宣扬"奥地利斯拉夫理论"，即主张捷克的资产阶级与贵族结成同盟，维护同哈布斯堡王朝的团结。他说："奥地利专制制度是保护我们民族的最可靠的保证。奥地利帝国越强大，我们的民族就越巩固。"大会采取了投靠哈布斯堡王朝，对奥国皇帝宣誓效忠，主张维护奥地利帝国完整的方针。大会没有形成任何革命的机构，弗利奇和一部分波兰代表在大会中提出关于民族独立和广泛实行社会改革，要求与德国和匈牙利的民族民主运动采取共同的革命行动等提案遭到否决。斯拉夫人代表大会实际上已经成了反革命的工具。

6月12—17日布拉格起义

5月15日，工人、大学生和广大人民群众在维也纳掀起声势浩大的革命运动；5月17日，奥地利皇帝斐迪南一世从维也纳逃到因斯布鲁克。消息传到捷克后，长期以来遭受暴力和蹂躏的广大人民群众，立即行动起来，逐渐发展成为大规模的革命群众运动。

5月末，布拉格印刷厂的工人在为提高工资而斗争的口号下举行了罢工。6月3日，布拉格纺织厂工人、卡尔林磨坊厂工人都发动了暴动。与此同时，捷克大学生成立了"斯拉夫同盟"。它是一个具有激进民主性质的组织，其口号是"自由、平等"。它还成立了以弗利奇为首的军事小组，一旦与政府军发生冲突，其任务就是负责装备一个炮兵营，筹措2000支枪和8万发子弹，进行武装斗争的准备工作。

　　资产阶级自由派和贵族集团极为恐慌。5 月 30 日，议会主席图恩伯爵接受特罗扬和乌姆布兰德男爵的建议，成立了临时政府。参加临时政府的有帕拉茨基、里格尔、布拉乌涅尔、包罗什、律师什特罗赫、诺斯吉茨和乌尔姆布兰德伯爵。以图恩为首的临时政府不承认维也纳五月革命后成立的新政府，并着手破坏捷克的革命形势。这时，奥地利帝国元帅文迪施格雷茨率兵向布拉格进发，准备武力镇压捷克革命运动，终于使一场民主革命的风暴来临。

　　凶暴的文迪施格雷茨是哈布斯堡王朝的忠实崇拜者。自 1840 年起，他一直担任奥地利驻捷克军总司令。1848 年维也纳三月革命时，他从布拉格回到了奥地利，这时他即已着手制订占领布拉格的计划。计划载明，由于布拉格市内有 266 条街道和 3496 幢房屋以及 52 个广场，这对占领伏尔塔瓦河右岸的军事目标是极为不利的。计划强调维舍格勒、格拉德申阵地的重要地位，因为从这里可以直接射击布拉格工人区——下斯卡利埃①。从 6 月初，文迪施格雷茨便经常进行军事训练与检阅。驻扎布拉格城的步兵和骑兵，从早晨 5 点到晚上 9 点都有哨兵巡逻街道。尤其是在维舍格勒和格拉德申，对准布拉格架设了大炮。6 月 8 日的《人民报》写道："每一个诚实的人都以极大的不安注视着频繁的军事训练和检阅，而这些就是在公民的眼皮下进行的。无数的巡逻兵、接连不断的骑兵日以继夜地在布拉格街道上蠕动着。"

　　军事威胁并没有吓倒布拉格人民群众和激进的民主派。6 月 8 日，布拉格的大学生集会。在会上，刚刚从维也纳返回布拉格的卡尔·斯拉德科夫斯基发表了演说。他在演说中要求撤销文迪施格雷茨驻军司令的职务，要求奥地利停止反布拉格的军事挑衅行为。文迪施格雷茨拒绝大学生的要求。6 月 10 日，大学生在圣文采斯拉斯浴池大厅召开了大会。会上卡尔·斯拉德科夫斯基向布拉格居民发出撤销文迪施格雷茨的职务，并将军队撤出布拉格的号召。斯拉德科夫斯基宣布要以团结友爱的精神积极参加 6 月 12 日的盛大集会，向文迪施格雷茨示威。

　　6 月 12 日晨，在人们经常做礼拜的科恩广场聚集着人群，其中工人约 2500 人，以弗利奇为首的大学生热烈地欢迎他们。礼拜结束后，会议参加者

―――――――――――

　　①　维舍格勒位于布拉格伏尔塔瓦河右岸，那里有一个同名的古堡。格拉德申（捷克人称格拉德查尼）位于布拉格城西北部，是全城最高的地方，那里有一座古代宫殿。

沿着布拉格的大街游行。有一支队伍向文迪施格雷茨的住宅进发。文迪施格雷茨命令军队向示威游行队伍开枪射击。

枪杀并没有把人民吓倒，反而成了号召人民举行起义的信号。长期受到压抑的捷克人民在布拉格街道上立即构筑400多个街垒进行抵抗。当时连最小的街巷也有三四处街垒。工人、手工业者、小资产阶级和许多民主知识分子，包括支持起义的德意志人，都武装起来了。他们戴着黑色软边军帽，穿着袖上有红白条的短上衣，拿着武器，投入了抗击文迪施格雷茨的激烈战斗。以波兰派名义参加斯拉夫人代表大会的代表巴枯宁也参加了这次武装起义，他"带着火枪，从一个街垒奔向另一个街垒"进行战斗。

文迪施格雷茨下令扫荡老城，转向伏尔塔瓦河左岸并向德意志人和捷克人射击。文迪施格雷茨的掷弹士兵3次进攻环绕老城的街垒，均被击退。在这里，展开了争夺每个路口和每幢房屋的斗争。只是当全部起义者阵亡了的时候，街垒才被军队占领。到傍晚，仍有半个城市保持在捷克人的手中。勇敢的布拉格人民果断地逮捕了地方议会议长列夫·图恩。

6月12日夜，战斗通宵未停。13日晨，被摧毁了的街垒又修复起来。政府军从他们占领的据点被驱逐出去。6月14日，工人占据了许多兵营。下斯卡利埃区的工人和手工业者将自己的居住区变成了战斗的堡垒，并修建了一条横过伏尔塔瓦河的浮桥，将该区与城市的其他地区衔接起来。16世纪建筑的"箭楼"是起义者守卫的战略据点之一。它防卫着从大桥进入布拉格老城的入口处。

起义领导者竭力把起义扩展到捷克全境。许多宣传鼓动家分赴外省的城市和乡村，号召人民举行起义。他们在农民中散发了许多传单。有的传单写道："不纳捐税，不服劳役，立即拿起镰刀、叉子和其他武器到布拉格去。"在布拉格起义领导人的号召下，各地掀起了支援布拉格起义的高潮。在贝龙、普拉享、克拉卢夫、劳克德、恰斯拉夫、塔波尔和其他地区的农民，用镰刀和叉子等武器，起来同地主展开斗争。捷克的大地主之一弗·阿乌埃尔别尔诺被迫从自己的城堡中逃跑。农民武装反抗的消息从四面八方传到布拉格。

在起义的紧要关头，捷克资产阶级自由派领袖充当了文迪施格雷茨和起义人民之间的调解人。文迪施格雷茨声称，在起义者释放列夫·图恩伯爵和拆除街垒的条件下，停止军事行动。领导起义的激进民主派由于没有形成一个核心，竟然释放了列夫·图恩，拆除了小斯托罗恩区的街垒。但是，狡猾的文迪施格雷茨却没有履行自己的诺言，继续下令镇压起义者。

面对反革命的进攻，起义者同政府军在布拉格继续进行激烈的巷战。6月13日，布拉格张贴出由卡尔·斯拉德科夫斯基等人起草的宣言。其中指出，流血事件是文迪施格雷茨和国民自卫军军官的挑衅，他们应对此负责。宣言提出，只有文迪施格雷茨伯爵立即离开布拉格，成立对人民负责的临时政府，才能恢复秩序。激进民主派还散发传单指出：在目前情况下，起义者不能放下武器，不能停止斗争；文迪施格雷茨应被宣判为奥地利各族人民的敌人，交付捷克民族法庭审判。

在这种情况之下，奥地利政府被迫派出 70 岁的骑兵将领埃马伊努尔·麦斯多尔夫伯爵和内务部长约瑟夫·克列查斯基作为政府的全权代表来到布拉格。他们到达布拉格的目的是制止起义。起义者代表在同他们谈判时，再一次要求解除文迪施格雷茨的职务，将军队撤出布拉格。为了缓和布拉格人民群众的对抗情绪，麦斯多尔夫将军打算暂时撤销文迪施格雷茨的职务。文迪施格雷茨反对这一决定，在军队中组织反对维也纳代表的示威游行。6月15日，文迪施格雷茨与列夫·图恩共同发表宣言声称：无论老城或新城必须在明日 12 点钟以前无条件投降，并且交出所有武器。但是，起义者坚持战斗到底。布拉格被奥地利军队严密包围。文迪施格雷茨对前来支援布拉格起义的恰斯拉夫斯基、库特纳戈拉斯基和科林斯基等地区的农民，在别霍维茨火车站进行了野蛮的扫射。

6月16日，文迪施格雷茨与列夫·图恩向起义者发出的最后通牒指出：如果起义者不答应政府的要求，政府将用炮击的办法迫使城市投降。以帕拉茨基为首的资产阶级自由派被最后通牒吓破了胆，向文迪施格雷茨投降，并且声称：继续战斗就是犯罪行为。6月16日，帕拉茨基竟说："如果我们采取暴力，我们无论如何也不能胜过我们的敌人。"然而，广大起义者并没有听信帕拉茨基的说教。他们视死如归，高唱国歌《喂，斯拉夫人》，继续反击。这时，文迪施格雷茨发出了炮击城市的命令。猛烈的炮火摧毁了起义者的力量。6月17日，文迪施格雷茨借口说有些工人埋伏在老城的制粉厂里，并从那里向军队射击，下令烧毁这个制粉厂。随后又向未设防的老城轰击了6个小时。古老的城市被漫天大火烧了整整一夜。在文迪施格雷茨占压倒优势的兵力之下，布拉格起义遭到了惨重的失败。只有少数领导人从城内逃出。

起义失败后，布拉格特别军事委员会对起义者大肆逮捕、审讯、拷打；

数百名失业工人被逐出布拉格。不仅激进民主派，而且不符合他们意愿的自由派甚至保守派也遭到镇压。民族委员会、临时政府委员会先后被解散。所有民兵队伍被解除武装。布拉格笼罩在白色恐怖之中。到 6 月底，外省的革命运动也被残酷地镇压下去。

布拉格起义的历史意义

　　1848 年 6 月布拉格起义是全捷克革命的高峰。布拉格起义是在国内外革命迅速发展，民族民主运动普遍高涨的形势下爆发的。这次起义是捷克民族的人民群众，包括各阶级、各阶层参加的反对奥地利统治和本国封建专制制度的武装起义。在这次起义中，人数众多的工人和手工业者首先拿起武器，充分显示了正在兴起的捷克无产阶级在革命运动中的重要作用。

　　在起义中，德意志人中的优秀民主主义者也同捷克人民并肩战斗。例如，包斯拉夫斯基边区的戈斯津内、特卢诺夫和其他德意志人聚居的地区，都派出自卫队支援布拉格起义。1848 年 6 月 14 日，一位德意志人从布拉格发出的通讯稿写道："显然，在德国到处都流行着这样的一种看法，即认为在布拉格街上进行的斗争仅仅是为了压迫居民中的德国人和为了建立斯拉夫共和国，关于后者我们不准备去谈，在进行街垒战的时候根本看不出这是民族之间的竞争；德国人和捷克人肩并肩地站在一起，同样准备自卫……"决不像当时德国资产阶级、捷克资产阶级自由派以及后来某些资产阶级历史学家所谓的是"捷克人反对德国人的纯民族性质的斗争"。马克思深刻揭露德国资产阶级的沙文主义立场时指出："它挑起了自私自利的、与德国人的世界主义性格相反的对其他民族的仇恨，并且在各民族之间的空前残酷和无比野蛮的战争中建立了一种甚至在三十年战争中都没有过的黩武主义。"[①]

　　马克思、恩格斯曾在《新莱茵报》上热烈地向捷克的革命者致敬，高度评价了布拉格起义。恩格斯在《起义的民主性质》一文中明确指出："起义的目的不仅是反对奥国的暴兵，而且也反对捷克的封建主。"[②] 与此同时，马克思、恩格斯对民族投降主义者——捷克资产阶级自由派加以痛斥，揭露他们以民族主义的花言巧语作掩护，帮助镇压革命，并维护哈布斯堡王朝的统

---

　　① 《马克思恩格斯全集》第 5 卷，人民出版社 1958 年版，第 235 页。
　　② 同上书，第 126 页。

治，反对奥地利和匈牙利的革命。

　　布拉格起义虽然失败了，但它迫使奥地利在捷克集中 4 万大军，使反动政府一时无力镇压其他地区的革命运动，从而有力地帮助了奥地利境内其他地区的革命运动。1848 年布拉格起义表明英雄的捷克人民已经觉醒。他们不甘再受压迫，而英勇地同奥地利统治者展开了殊死斗争。这次起义在捷克人民的革命斗争史册上写下了光辉灿烂的篇章。

意大利的统一

黄鸿钊

意大利统一运动从 19 世纪初兴起，至 70 年代结束。这一运动不仅是意大利历史上的重大事件，也是欧洲资产阶级民族民主革命的一个组成部分。在统一运动中，资产阶级民主派和自由派各自实行不同的路线，并争取成为运动的领导者。由于意大利资本主义的发展水平不高，资产阶级的力量十分软弱，因此资产阶级民主派所领导的自下而上的革命没有成功；最后由自由派大资产阶级和开明贵族通过自上而下的道路实现了意大利的统一。

意大利民族的觉醒

意大利西濒第勒尼安海，东临亚得里亚海，南临爱奥尼亚海，北面横亘着的著名的阿尔卑斯山脉，像一座天然屏障，把它和欧洲大陆其他部分隔开。

意大利具有光辉的历史和灿烂的文化。它是古代罗马帝国的本土，文艺复兴运动的故乡，又是近代资本主义的摇篮。在意大利历史舞台上，曾经演出过许多威武雄壮的史剧，出现过不少举世知名的人物。他们的活动曾对人类历史的进步做出了不可磨灭的贡献。

然而，自从罗马帝国灭亡以后，这个曾经盛极一时的国度长期陷于四分五裂、纷争不息的局面。中世纪罗马教皇和神圣罗马帝国之间的矛盾和斗争，大大地削弱了这个国家的力量。割据一方的封建诸侯则在这两个权力中心择主而事。外国势力趁机对它施展阴谋，肆行侵略。

公元 14 世纪，意大利点燃了文艺复兴的火炬，它的光焰照亮了整个欧洲，也振奋了意大利的民族精神。无数爱国志士开始思索着如何重新统一自己的祖国。可是，外部的侵略却使这刚刚迸发的统一的火花熄灭了，从 16 世纪起，西班牙、奥地利和法国相继侵入意大利。1521—1713 年间，西班牙占领了意大利的大部分领土，建立了几个西班牙统治的国家：那不勒斯王国、西西里王国、撒丁王国和米兰公国。接着，奥地利的势力渗透进来，它和西班牙展开长期的争夺，最后于 1713 年签订乌特勒支和约。米兰、曼图亚、那不勒斯和撒丁岛都成了奥地利的属地。西班牙只剩下孟菲拉公国、米兰的一部分和西西里岛。

1796 年拿破仑率领军队侵入意大利，独占这个国家几达 20 年之久。1815 年拿破仑帝国垮台。根据 1815 年维也纳会议的规定，意大利被分割为 8 个封建小邦。奥地利的总督统治着北部的伦巴底—威尼斯，并且控制着托斯卡纳、帕尔马、莫登纳、卢卡等公国。西班牙的波旁王朝恢复了对两西西里王国①的统治。法国军队驻扎罗马。只有撒丁王国是个独立国家。欧洲神圣同盟的核心人物、奥地利首相梅特涅主持了这次瓜分。他在分割了意大利之后，得意忘形地宣称："现在的'意大利'只不过是一个地理概念而已。"

千年的分裂和外国长期的专制统治，使意大利民族被窒息，几乎处于麻木状态。当时情况正如马志尼所说："整个意大利，随着大笔一挥，自由被剥夺，改革被取消，希望幻灭了！"但是，到了 19 世纪初，这个民族又重新甦醒，展开了争取民族独立和国家统一的伟大斗争。

促使意大利民族觉醒的因素是多方面的。

外国残暴的专制统治，给意大利人民带来深重灾难，同时也促进了人民的觉醒。在外国统治者的严密控制下，人民没有丝毫的自由，梅特涅专设的机构任意拆开邮件，抄录内容，以掌握人民的思想动态，作为实行恐怖统治的借口。

法国大革命和拿破仑入侵时期，资产阶级革命思潮的广泛传播，促进了意大利的民族觉醒。拿破仑的铁骑固然蹂躏了这个国家，但也给它带来了新兴的资本主义制度。公路的修筑，学校的兴建，财政的改组，拿破仑法典的施行，使意大利的社会面貌顿时大变，唤醒了这个沉睡的民族。

18 世纪末，意大利资本主义有了一定的发展。资本主义工业主要集中在北部的伦巴底和中部的托斯卡纳。那里的手工工场有不少多达三四百人。1791 年，米兰有 40 个丝纺织手工工场，15 个毛纺织手工工场和 27 个棉纺织企业。还出现了袜子、印花布、头巾、蜡烛、镜子的手工工场。

到了 19 世纪 40 年代，传统的丝纺织手工工场遍布城乡，而棉纺织业已开始用机器代替手工操作。1848 年革命前夕，伦巴底有 28 家纺织工厂，皮

---

①　两西西里王国即意大利南部的那不勒斯王国与西西里岛的合称。

埃蒙特有 50 家纺织厂。还出现了第一批机器制造业和冶金业，铺设了最初几条铁路（那不勒斯—波尔蒂奇铁路、米兰—威尼斯铁路）。到 1850 年，意大利铁路已达 400 公里。商业贸易也有了发展。商品总流通量从 1830 年的 2.2 亿马罗克，增至 1850 年的 5.2 亿马罗克。

但是，盘根错节的封建势力和国家的分裂，对意大利资本主义的发展非常不利。19 世纪上半叶，意大利仍是一个落后的农业国，农村人口占全国人口的 4/5。在农村中，封建生产关系占主导地位，王公贵族、寺院僧侣都握有大量土地。例如，在教皇国的罗曼那省，8000 名天主教士占有全部耕地的一半。那不勒斯王国的西西里岛，每个贵族一般拥有 1000 公顷土地。封建势力是外国统治者的支柱。它们反对改革与进步，害怕国家的统一招致王位与特权的丧失。

各个封建小邦的法律、货币和度量衡互不相同，关卡林立，商税苛重。这些都是意大利资本主义发展的严重障碍。当时在北部的波河运输商品，沿途需要缴纳 21 次关税。从都灵向热那亚运销谷物，比从乌克兰的敖德萨到热那亚还要昂贵得多。当时人指出："意大利好比一座房屋，里面这一房间和另一房间的门比大门锁得还紧。"随着新兴资产阶级力量的壮大，他们对外国的专制统治和国家分裂的现状愈加不能忍受，强烈要求建立统一的国内市场和近代民族国家。

占意大利全国人口 80% 的农民是统一运动的主力军。农民虽然已经摆脱农奴地位，但由于租佃土地而对地主仍有很大依附性。农民除了把收获的一半向地主交纳实物地租之外，农忙季节需给地主服无偿劳役，逢年过节要给地主奉献鸡鸭蛋肉，还要向外国统治者交纳苛捐杂税，其中磨粉税有时竟达粮价的 20%。外国统治者和封建地主的沉重剥削压得农民喘不过气来。广大农民迫切要求彻底推翻封建制度，赶走外国压迫者，获得土地和解放。争取意大利统一运动就是在这个基础上发生的。

1815 年至 1830 年，意大利的统一运动是以烧炭党人的斗争为标志进行的。19 世纪初，以争取意大利民族复兴为目的的秘密会社纷纷成立，烧炭党是其中最大和最活跃的一个①。这个爱国组织的成员大多数出身于下层劳动

---

　　① 拿破仑入侵意大利后，他的暴政激起意大利人民的反抗。1807 年一些反抗者避入那不勒斯南部林区，扮作烧炭工人，建立了烧炭党。除烧炭党外，当时在北部还有联邦党和兄弟党，在教皇辖地有黑别针党（因其成员领带上有黑别针，故名）、拉蒂尼斯蒂党（Latinist，意为研究拉丁文的人）等。

人民。拿破仑帝国覆亡后，数以千计的复员军人和失业的文职人员参加进来，成为中坚力量。他们在意大利一些城市组织暴动，采取恐怖手段暗杀外国官吏，焚毁仓库，偷袭军营，打击敌人。

1820 年，在西班牙革命的影响下，烧炭党人发动了那不勒斯起义。前拿破仑军队的军官佩帕将军率民兵 1 万多人，于 10 月开往首都那不勒斯城，要求立宪。那不勒斯国王斐迪南一世吓得卧床不起。他一面被迫同意改组政府，颁布宪法，一面暗中向奥地利求援。1821 年 3 月，奥地利出兵镇压了这次起义。数以百计的烧炭党人被逮捕和处决，数以千计的爱国者被迫流亡海外。

由于许多著名烧炭党人逃往国外，巴黎和伦敦成了爱国志士活动的中心。这两个地方都成立了密谋反奥的国际委员会，继续筹划革命。1831 年，烧炭党人经过长期准备之后，又在莫登纳发动起义。由于莫登纳大公的背叛，这次起义又被奥地利军队镇压下去了。

烧炭党人是近代意大利民族运动的先驱。他们为意大利的统一事业进行了英勇的斗争，对于促进意大利的民族觉醒有着不可磨灭的功绩。但是，烧炭党缺乏明确的政治纲领，组织上带有神秘主义的色彩，强调密谋起事和恐怖活动，未能充分发动群众起来斗争。1831 年以后，烧炭党在意大利政治生活中逐渐不占主要地位。

两条统一的道路

19 世纪 30 年代以后，资产阶级的政治运动成为争取意大利统一的主要力量。由于参加这个运动的各个阶级的地位和要求不同，在意大利统一道路问题上存在原则的分歧，形成两个不同的派别，即民主派和自由派。

民主派代表中小资产阶级的利益，他们的领袖是朱泽培·马志尼（1805—1872 年）。他是意大利统一运动中的主要人物，一个百折不挠、意志坚强的政治家和思想家。他出生在热那亚一个医生家庭，从小好学不倦，熟谙各门学科，通晓历史掌故。后来进入热那亚大学攻读法学，毕业后担任律师。马志尼曾参加烧炭党，矢志为完成祖国统一大业而不惜赴汤蹈火。19 世纪 20 年代末，他在热那亚创办报纸，撰写了大量政论文章，以他特有的雄辩和热情宣传反奥爱国思想。1830 年，他因奸细告密被捕入狱，监禁 6 个月后又被驱逐出境。挫折和失败使他深深感到，烧炭党不可能领导革命取得胜利，于是决定另组织新党。

1831 年 4 月，马志尼在法国的马赛联络一批爱国侨民，创建了"青年意大利党"，并创办了与党的名称相同的刊物。这一年恰好撒丁王国新王查理·阿尔柏特（1831—1849 年在位）登基。马志尼上书新王，希望他打出"自由独立统一"的旗帜，成为全意大利统一和革新的伟人。阿尔柏特接信后，立即下令缉捕马志尼。阿尔柏特曾经是一个烧炭党人，唱过爱国高调，这道缉捕爱国者的命令剥去了他伪装开明的假面具。人民失望之余，竞相加入青年意大利党。从此，马志尼便在意大利人民中赢得了革命领袖的崇高声誉。

马志尼的坚强斗志曾使他的敌人感到战栗。梅特涅晚年回忆起同他较量过的马志尼时，无可奈何地承认道："我和最伟大的军人①打过仗；我曾经使皇帝和国王，沙皇和素丹，君主国和共和国走向妥协，我足有 20 次卷入和解开了宫廷叛乱的乱丝。可是世界上从来没有一个人比这个意大利强盗更使我操心，他瘦削个儿，面色惨白，衣服褴褛，但雄辩滔滔如狂风急雨，热情燃烧如宗教使徒，狡猾如窃贼，轻快如喜剧演员，不倦不休像正在热恋的人——他的名字便是朱泽培·马志尼。"

青年意大利党的政治纲领是推翻异族的统治，建立统一的民主共和国。实现这个纲领的手段是"教育与暴动"。这是一条通过革命斗争，"自下而上"统一意大利的道路。它代表了意大利中等资产阶级的利益，也符合广大人民群众的愿望，因此得到人民的热烈拥护。但纲领中没有提到把土地分给农民，表明它不关心农民的切身利益，这是民主派纲领的局限性。

自由派代表开明贵族、大资产阶级的利益。他们的代表人物是卡米洛·加富尔（1810—1861 年）。他出生在都灵一个贵族家庭，博学多才，青年时代就为撒丁王国效劳，供职军旅。22 岁时，游学英、法等国，研究农业和社会情况，崇拜英国君主立宪体制。40 年代，加富尔经营农场，从事谷物贸易和化肥生产，开设都灵银行。他创办《复兴报》，撰文赞扬英国宪法，呼吁各邦进行社会改革，鼓吹以撒丁王国为中心，"自上而下"统一意大利。作为一个改良主义者，加富尔反对革命。他说过："我是一个道地的中庸之人。我渴望并愿意以自己的全部力量去谋求社会的进步，但是我坚决反对用普遍的社会改造的代价去换取这种进步。"加富尔是撒丁王国议会自由派的首领。

---

① 指拿破仑一世。

他的政治主张得到国王维克多·伊曼纽尔的支持，因为他这一套正投合了这个君主想当全意大利国王的野心。

1848 年的革命高潮

1848 年，意大利统一运动出现高涨。这年的 1 月 12 日，西西里岛首府巴勒莫爆发了人民起义，揭开了意大利革命的序幕。革命形势迅速发展，不久便席卷意大利全境。在人民起义浪潮的冲击之下，各封建小邦的君主们被迫做出让步。撒丁王国、那不勒斯王国、托斯卡纳公国，以及教皇国等纷纷颁布宪法，组成资产阶级自由派内阁。

意大利的革命推动了欧洲各国的革命运动。继巴勒莫起义之后，法国发生二月革命，德国和奥地利爆发三月革命。维也纳人民的三月起义，把不可一世的梅特涅首相赶下了台。消息传出，大大鼓舞了备受奥地利蹂躏的意大利人民的斗争。3 月 18 日和 22 日，米兰和威尼斯先后举行反奥民族起义，宣布成立共和国，不久整个伦巴底和威尼斯地区获得了解放。3 月 24 日，撒丁王国发动反奥民族战争。在人民的要求下，教皇国也派兵参战。

但革命的道路是曲折的。5 月 15 日，那不勒斯国王斐迪南二世（1830—1857 年在位）发动反革命政变，推翻自由派内阁，镇压了西西里起义。8 月 9 日，撒丁王国同奥地利签订停战协定，将伦巴底、威尼斯、帕尔马和莫登纳等邦拱手让给奥地利。封建君主的反扑，尤其是对奥战争的失败，"不仅象征着整个意大利的失败，它还意味着欧洲反革命重心的恢复，即奥地利的复活"①。

这时，罗马教皇国的革命形势却一直很好，它的斗争仍然向前发展着。资产阶级民主派的重要人物纷纷前往罗马参加革命，除马志尼外，还有另一个英雄人物加里波第。

朱泽培·加里波第（1807—1882 年）出生在尼斯一个海员家庭，从小过着同风浪搏斗的航海生活，性格豪爽，见义勇为。他小时候从学习罗马史中受到启迪，产生了强烈的爱国心，立志为意大利的复兴而献身。1833 年，加里波第与马志尼在马赛会见，加入了青年意大利党。1834 年，他参加青年意大利党领导的圣·朱利安诺起义，失败后逃亡国外，于 1836 年来到南美。

---

① 《马克思恩格斯全集》第 6 卷，人民出版社 1961 年版，第 91 页。

正值南美革命勃兴，他组织意大利侨民志愿军参战，反对巴西帝国统治者和阿根廷独裁者，保卫里奥格朗德共和国和蒙得维的亚共和国，他的志愿军团的战士身着红衬衫，又名"红衫军"。10 多年间，战功卓著，饮誉欧美。

1847 年，加里波第获悉罗马教皇庇护九世就任的消息，十分兴奋，认为新教皇上台后，一定会出现"意大利自由世纪的曙光"。他于是向教会的使节写信，表示坚决支持庇护九世统一意大利，并愿在教皇麾下效命。但是，教会并没有理会加里波第报国的赤诚之心，使他十分失望。后来，他又把祖国统一的希望寄托在撒丁国王阿尔柏特身上，决定回国去投奔他。

西西里起义后，1848 年 3 月 22 日，加里波第和他的红衫军健儿从南美起程返国。经过整整 3 个月的航行，于 6 月 24 日抵意大利。在尼斯，他们受到倾城而出的市民的盛大欢迎。青年们踊跃报名参加他的志愿军。但他出乎意料地受到阿尔柏特的冷遇。阿尔柏特认为他只不过是南美洲的一个海盗，不可重用。加里波第冲破了自由派所设置的重重障碍，组织一支伦巴底志愿军，在阿尔卑斯山麓开展游击战争，多次打败奥地利的军队。但撒丁王国对奥作战不力，局势急转直下，最后阿尔柏特竟与敌人签订城下之盟。

对此，加里波第无比气愤，于 8 月 12 日发布了著名的宣言，宣布阿尔柏特是个叛徒，意大利人民不应该再相信他，而且应该为了祖国的利益而讨伐他。加里波第继续抗战，在卢伊诺，以 400 人的兵力向 1200 名敌军发起攻击，把敌人打得落荒而逃，并俘虏了 80 名奥军。接着在意、瑞边境以 500 人对 5000 人的悬殊力量进行一次战斗之后，向瑞士撤退。随即他回到热那亚。不久，加里波第获知罗马革命的消息，立即向罗马进军；11 月间，到达罗马。

这时，罗马人民正在为争取民主而斗争。11 月 15 日，罗马政府首脑、反动分子罗西遇刺身亡，政局愈加动荡。人民涌向街头示威，要求成立民主政府。第二天，罗马人民袭击教皇宫廷，迫使庇护九世同意成立世俗内阁，但这个内阁仍掌握在自由派手里。

11 月 25 日，庇护九世逃往那不勒斯王国的埃塔要塞，在那里号召所有天主教国家联合起来反对民主派。他还用金钱引诱、或以革出教门相威胁的办法，唆使亚平宁山区居民举行叛乱，反对日益民主化的罗马政府。这样一来，教皇国各个阶层的人民反对教权、拥护共和的情绪更加高涨。民主派的各个俱乐部强烈要求召开制宪会议，建立共和国。加里波第坚决支持罗马人民的民主要求。他和志愿军的战士一起投入了这场政治斗争，在揭露与粉碎自由派的反民主阴谋方面起了很大作用。

　　在人民群众的奋起斗争之下，1849 年 2 月 5 日，罗马制宪会议隆重开幕。会议的中心议题是建立君主立宪制还是共和制的国家。加里波第第一个走上讲台发言，提议成立罗马共和国。这一提议表达了人民的心声，许多代表在会上高声朗读俱乐部的请愿书和人民来信，表示绝不同教皇妥协。2 月 9 日，会议以 139 票赞成、5 票反对的压倒多数票，通过了加里波第的提案，宣布推翻教皇的世俗内阁，成立罗马共和国。随即选举了以马志尼为首的三个执政官担任共和国政府的首脑。当天下午 2 时，革命的三色旗在罗马上空冉冉升起，101 响震天礼炮宣告了共和国的诞生。

　　"罗马共和国！——这是 1849 年革命的序幕"[1]，是意大利革命进入一个新阶段的主要标志。共和国成立后，努力推行一系列有利于人民的政策。它宣布食盐和烟草固定价格；没收教会机关的用房，分给穷人居住；把教会土地收归国有，租给贫苦农民耕种，等等。但是，它没有满足农民的土地要求，没有发动广大农民支持共和国的事业，建立强有力的城乡联盟。罗马共和国的执政们在斗争形势非常严峻的情况下，依然优柔寡断，拒绝采纳加里波第所提出的实行革命恐怖和军事专政，发动人民参加城防、组建一支 10 万人的志愿军，加强罗马的防御力量。他们嫉贤妒能，排挤打击加里波第，一味奉行所谓"恢复阶级和平与秩序"的政策。

　　1849 年 4 月间，当反革命势力把意大利境内的革命运动分别镇压下去之后，法国、奥地利、西班牙和那不勒斯王国与罗马教皇庇护九世勾结起来，联合镇压罗马共和国。4 月 25 日，由乌迪诺率领的 1 万名法军在罗马西北部的契维塔韦基亚港登陆，向罗马推进。同时，奥地利军队侵占博洛尼亚（波伦亚），向安科纳移动。西班牙军队占领了罗马以南的菲乌米奇诺村。那不勒斯王国的军队占领了罗马东面的阿尔巴诺和弗拉斯卡蒂等城市。武装干涉者对罗马形成四面包围的局面。

　　罗马共和国开展了反对侵略的武装斗争。但在作战方案方面，加里波第和马志尼存在尖锐分歧。加里波第主张反侵略战争应在罗马城外进行，在通往维捷尔堡的道路上建立有利阵地，伺机袭击向罗马进攻的法军侧翼；如战斗不力可退往蒂布尔河上游待援，发动教皇领地人民建立一支 10 万人的志愿军，到处打击敌人。马志尼反对主动出击法军，主张在罗马城内等候敌

---

[1]　《马克思恩格斯全集》第 6 卷，人民出版社 1961 年版，第 369 页。

人，即实行消极防御、被动挨打的策略。马志尼固执己见，否决了加里波第的正确意见，并对加里波第排斥和打击，任命加里波第的部下罗塞利担任罗马城防总司令，而让加里波第充当副职。罗塞利在军事上是个庸才，他处处干扰破坏加里波第的正确指挥，使罗马共和国军队在军事上吃了不少败仗。

在敌人兵临城下，形势异常险恶的情况下，罗马军同武装干涉者进行了两个多月的殊死斗争。在这场血与火的罗马保卫战中，加里波第显示了杰出的统帅才能。4月30日，加里波第指挥的军队沉重打击了乌迪诺率领的法军。乌迪诺被迫签订停战协定。5月间，他击退了进犯罗马的那不勒斯的军队。由于法军派来3万援兵，敌人在数量上占了明显的优势；罗马三执政在政治上和军事上犯了一系列错误，罗马军终于抵挡不住敌人的进攻。

7月1日，罗马共和国制宪议会召开紧急会议，讨论罗马的局势。马志尼向国会提出，在目前形势下，罗马有三条出路：一是与法军谈判签订条约；二是进行巷战，保卫城市；三是议会、政府和军队撤离罗马。议会一时不知所措，特地传召加里波第出席。

当加里波第从前线返回，出现在议会厅大门时，全体议员起立向他欢呼。他向议会报告了前线的战斗情况，说明"一切进步的防卫都已不可能了"。于是，议会决定停止战斗，撤出罗马。

7月2日，加里波第在梵蒂冈广场集合了罗马残存的4000多名步兵和500名骑兵，向他们发表了演说。傍晚，军队撤出罗马，向北部的威尼斯挺进，准备援助那里的革命斗争。但队伍在奥军围追堵截下不断减员，加里波第的妻子和亲密战友阿妮塔也在这次行军中英勇牺牲。最后，他被迫把部队解散，逃亡国外。

罗马共和国失败后，只有威尼斯还继续坚持战斗。8月22日，威尼斯也在奥军围攻下失败。至此，1848年的意大利革命结束。

统一大业的完成

50年代以后，意大利的统一运动又逐步趋向高涨。这时，"自上而下"和"自下而上"两条统一道路的斗争仍在继续。在1848年意大利革命中，以马志尼和加里波第为代表的民主派曾企图实现"自下而上"的统一。由于意大利资产阶级民主派的软弱，这条道路没有走通。50年代初，马志尼在伦敦建立"意大利民族委员会""行动党"等组织，发动了几次起义（1852年在曼图亚、1853 年在米兰和都灵），但都失败了。马志尼派转而采取个人恐怖手段，于 1854 年刺死帕尔马大公，1856 年刺伤那不勒斯国王斐迪南二世。这些行动更加暴露了马志尼派的软弱、他们策略的错误和脱离群众。马志尼派许多人对民主革命的前途失去信心，他们纷纷背弃了共和主义的理想，投入自由派的怀抱。马志尼本人也在 1853 年 8 月前往佛罗伦萨，拜倒在自由派的膝下，声称为了联合一切争取意大利统一的力量，准备取消共和口号。共和派放弃了统一运动的领导权，以加富尔为代表的资产阶级自由派则充当了这个运动的主角。

1848 年革命失败后，意大利各个小邦都恢复了封建君主制度，只有撒丁王国继续保留革命时期所颁布的宪法，实行君主立宪制度。这个宪法限制国王权力，建立议会制（包括贵族院与众议院），宣布人人在法律面前平等，赋予人民言论、出版、集会的自由，保护私有财产，议会监督税收等。通过这种君主立宪体制，萨伏依王朝与资产阶级自由派结成了同盟。国王维克多·伊曼纽尔企图依靠自由派的支持来扩张王朝的领土。自由派则指望这个王朝维护他们的利益。于是，撒丁王国在意大利各邦中有了政治开明的声誉。

自由派以撒丁王国为基地，利用 1848 年革命失败后民主派的消沉，准备把意大利各个小邦合并于撒丁王国，自上而下地把意大利统一起来。1852 年，加富尔出任撒丁王国首相，开始推行一系列富国强兵的改革。这些改革措施有：其一，大力发展工业，如兴修铁路，鼓励私人兴办企业，扩建热那亚港，建立商船队等。其二，实行自由贸易政策，先后与英国、法国、比利时、瑞士等国签订通商条约，并降低关税率。从 1851 年至 1858 年，撒丁王国的对外贸易额增加了一倍之多，其中机器、矿石、生铁和煤的进口量增加特别快。其三，大力加强国防建设，建造堡垒，改编旧军，逐年增加军队，改善军事装备。四，限制教会和寺院的权力，将教会部分财产收归国有，剥夺教会的各种特权。这些改革推行以后，增强了撒丁王国的国力，提高了王国在意大利人民中间的威望，从而为建立统一的意大利王国打下了基础。

1856 年间，加富尔建立"民族协会"，它大力鼓吹"在皮埃蒙特①君主制的保护下来实现意大利的独立和统一"。民主派许多人对这个口号表示支持。这期间，从意大利各地聚集到撒丁王国的爱国者达 3 万人之多。加里波

---

① 皮埃蒙特是撒丁王国的大陆部分。

第也参加了民族协会，积极发动人民捐款购买 10 万支枪，支持撒丁王国扩大军队。加里波第的行动，博得了自由派的好感，被授予撒丁王国的军衔和军职，开始为国王效劳。在 1860 年率领红衫军向西西里进军时，加里波第已明确地提出了"意大利万岁"和"伊曼纽尔万岁"的口号，在一定程度上反映了他的忠君意识。

加富尔深知，以撒丁王国单薄的力量，不可能驱逐外国侵略势力，实现意大利的统一。因此，他在外交上采取与法国结盟以打击奥地利的方针。他认定同法国结盟是可行的。因为，法国与奥地利存在矛盾，有嫌隙可以利用；拿破仑三世的祖先是科西嘉人，科西嘉原属意大利，就连拿破仑三世本人也曾参加过烧炭党，自然会有亲意情绪。

加富尔在外交上靠拢法国的第一个步骤是在 1854 年参加克里木战争，站在英、法一边对俄国作战。在这次战争中，撒丁王国派出军队 1.7 万人，为打败俄国尽了一份力量。战后举行巴黎和会，加富尔代表撒丁王国出席，跻身强国之列。他在会上痛陈奥地利对意大利的专横统治，博得欧洲舆论的同情。此后，撒丁王国与法国在外交上日益亲近。

1858 年 6 月 21 日，加富尔利用法奥矛盾，在法国避暑胜地普隆比埃与拿破仑三世会晤，双方达成联合对奥作战的秘密协定。拿破仑三世答应参加对奥作战，帮助撒丁王国收复奥地利占领的领土，建立北意大利王国，加富尔则答应把萨伏依和尼斯割让给法国作为酬谢。为了巩固与法国的结盟，加富尔还撮合两个王朝进行联姻。伊曼纽尔把女儿玛丽·克洛蒂尔德嫁给比她大 20 岁的法国王子热罗姆·波拿巴。法、撒结盟以后，1859 年 1 月 1 日拿破仑三世接见外交使团时，突然对奥地利的大使说："我很惋惜，我们同贵国政府的关系已经不像从前那么友好了。"这是法国对奥地利战争的信号。

1859 年 4 月 29 日，奥军渡过蒂奇河首先开始军事行动。战争开始后，加里波第应加富尔之请，立即组织红衫军参加抗奥战争。这支军队在伦巴底一带连战皆捷，给奥军以沉重打击。革命战争的胜利促进了意大利中部各小邦人民的斗争。托斯卡纳、莫登纳、帕尔马和罗曼那的人民起来推翻封建政权，成立资产阶级政权。这时加富尔抓住了有利时机，用几个月时间突击地访问了中部这几个小邦，游说他们合并于撒丁王国。加富尔的活动受到各小邦资产阶级自由派的支持。1860 年 3 月，这些小邦在自由派控制下举行全民投票，正式宣布与撒丁王国合并。

撒丁王国合并各邦的活动受到法国拿破仑三世的阻挠。拿破仑三世之所以联合撒丁王国对奥作战，其真正目的是为了争霸，而并非同情意大利的统一事业。因此，当意大利人民革命运动胜利发展，意大利出现了实现统一的前景时，一心想控制意大利的拿破仑三世感到震惊，连忙于 1859 年 7 月 8 日至 11 日同奥地利皇帝在维拉弗朗科会晤，签订停战协定。根据这个协定，奥地利答应将伦巴底交由法国转让给撒丁王国，而法国则赞同奥地利继续占领威尼斯。同时拿破仑三世还保证重建帕尔马、莫登纳和托斯卡纳等邦的封建政权。

法奥协定签订后，加富尔屈从拿破仑三世的政治压力，于 1860 年 3 月与法国政府缔结密约，将意大利的领土萨伏依和尼斯割让给法国，以换取拿破仑三世承认伦巴底归还意大利，以及中部各小邦合并于撒丁王国。加里波第闻讯后怒不可遏。他在议会强烈谴责"这种拿民族来作交易的事情，朝野上下无不感到深恶痛绝"。他一气之下，辞去了撒丁王国议员和将军的职务，以示抗议。

当时，意大利的革命运动方兴未艾，高潮迭起。北方的运动虽因自由派的妥协而受到抑制，但是南方的运动又起来了。加里波第和民主派的革命志士继续为争取意大利的统一而斗争。1860 年初，加里波第在都灵建立了一个爱国军人团体"国民军协会"，并发表了《致意大利人民书》，号召建立人民武装，开展革命运动。他说："意大利武装起来之日，就是它获得解放之时。"

4 月，民主派在西西里组织起义。加里波第闻讯，立即组织"千人团"向西西里挺进。当加里波第的部队在西西里登陆时，当地人民箪食壶浆，热烈欢迎。在当地起义军的配合下，千人团所向披靡，6 月解放整个西西里岛。9 月轻取那不勒斯。至此，意大利南部除罗马外，已全部获得解放，加里波第受到广大人民的拥戴，担任了那不勒斯的执政官。他随即实行了一系列民主改革，释放政治犯，废除苛捐杂税，向贫民分配廉价食品，将波旁王室的土地分给无地贫民，给受伤和残废军人发放抚恤金，成立孤儿院和各种慈善团体。这些措施对于改善人民的生活起了重大作用。随后，加里波第又着手准备进军罗马，解放在教皇统治下的意大利人民。

自由派这时又施展手段来夺取民主派艰苦斗争所得到的胜利果实。加富尔早就派出他的亲信帕拉维西诺打入加里波第的队伍，担任了那不勒斯副执政官。帕拉维西诺利用职权，扶植自由派势力，为那不勒斯合并于撒丁王国作组织上和舆论上的准备。在加里波第决定进军罗马的时候，撒丁国王维克多·伊曼纽尔二世又调动两万大军来到那不勒斯进行拦阻。他公然发表文告，号召人民向君主制度妥协，宣布"革命时代已经结束"。帕拉维西诺在那不勒斯把保皇党人和自由派的势力联合起来，组织了一次大规模示威游行，要求把那不勒斯并入撒丁王国。在自由派的压力下，加里波第被迫同意举行自由派所控制的所谓民意投票。根据1860年10月21日投票的结果，伊曼纽尔二世从民主派手里夺取了政权。

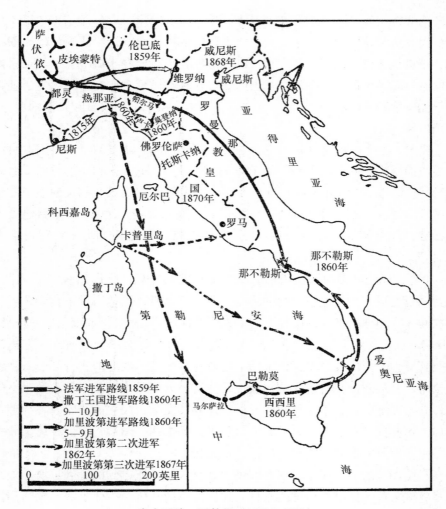

意大利统一形势图（1859—1870）

　　1861 年 3 月 19 日，意大利王国宣告成立。撒丁国王伊曼纽尔二世成了意大利国王，加富尔当了首相。意大利除了威尼斯和罗马两个地区之外，已基本上实现了统一。

　　1866 年 6 月 16 日，普奥战争爆发。6 月 20 日，意大利趁机向奥地利宣战。加里波第组织志愿军参战。在这次战争中，意大利政府军的将领无能透顶，连遭败绩，而加里波第的志愿军则捷报频传。奥地利战败求和。10 月 3 日签订意奥条约，威尼斯回归意大利。

　　为了彻底完成统一祖国的大业，加里波第先后三次组织志愿军远征罗马。1862 年 7 月，加里波第前往巴勒莫，号召人民武装起来进军罗马。他提出"不解放罗马毋宁死"的战斗口号，很快便组织了 3000 名志愿军，于 8 月间渡过西西里海峡在卡拉布里亚登陆，北进罗马。拿破仑三世十分恐慌，连忙派兵加强罗马防务，同时要求伊曼纽尔二世阻截志愿军。伊曼纽尔称这次远征是一场叛乱，派出王室军队在阿斯普罗山区袭击志愿军。加里波第一心避免自相残杀，下令志愿军不要还击。一向纪律严明的志愿军遵令未发一弹，但政府军却开枪射击，打中加里波第足踝，他不支倒地，被政府军逮捕，这次进攻失败了。

　　1864 年春，加里波第为了远征罗马而前往英国募捐经费，被英国政府驱逐出境。1866 年意奥战争后，加里波第在次年再次组织志愿军远征罗马。但都灵和巴黎的暗探到处跟踪他，监视他。9 月 24 日再次将他逮捕。由于人民群众的抗议，伊曼纽尔下令把加里波第解回卡普里岛，并派了 6 艘军舰包围这个小岛以防止他出逃。10 月间，加里波第在战友帮助下逃出小岛前往佛罗伦萨，并率志愿军进军罗马。伊曼纽尔与拿破仑三世沆瀣一气，法、意军队共同夹击志愿军，加里波第在指挥志愿军撤退时被本国政府军逮捕，再度被囚禁于卡普里岛。伊曼纽尔二世由于害怕加里波第解放罗马会激起人民的革命情绪，引起动乱而损害自由派地主资产阶级的利益，更害怕自己会因此丧失威望而丢掉王冠。因此，他极力阻挠和破坏加里波第的进军，企图通过同法国谈判占领罗马，但始终未获成功。

　　1870 年普法战争爆发，罗马的法国驻军奉调回国参战。加里波第趁机再次组织志愿军向罗马进军。于 9 月 20 日解放了这个故都。1870 年年底，意大利王国的首都从佛罗伦萨迁往罗马，意大利的全国统一终于大功告成。

　　意大利的统一是意大利人民长期奋战的结果。资产阶级民主派在统一运动中起了重要作用，尤其是加里波第指挥的红衫军更是功勋卓著。但是民主派未能领导统一运动沿着民主化的道路取得胜利。意大利的统一是在以加富尔为首的自由派领导下实现的。造成民主派道路失败和自由派道路胜利的原因，首先是当时意大利资本主义发展还很不充分，国内资产阶级的力量十分软弱，中小资产阶级仍然和农村封建土地有着千丝万缕的联系。这种情况决定了当时在意大利还没有建立完善的资产阶级民主共和制度的条件。1848 年革命的失败，特别是罗马共和国的覆亡充分说明了这一点。在这次革命中暴露了民主派的弱点，他们的软弱无力，不关心人民群众特别是农民的利益，以及内部的不团结等，招致了革命的失败。

与此相反，以撒丁王国为主要基地的自由派力量雄厚，基础牢固，影响巨大，成为统一运动的领导力量。意大利各个小邦中的自由派势力也大大超过了民主派的势力，这就从客观方面造成了自上而下统一意大利的不可阻挡之势。这是关心统一事业的民主派所不能不承认的现实。

在意大利统一运动中产生了 3 个杰出人物，即思想家马志尼、军事家加里波第和政治家加富尔。过去人们通常因为马志尼和加里波第是民主派而大加褒扬，加富尔是自由派而过分贬责，这是很不公正的。既然统一是意大利民族的愿望，正是加富尔以其一生的奋斗实现了这个目标。统一的完成使意大利结束了异族压迫和封建割据的混乱局面，形成了统一的民族市场，从而推动了资本主义的发展，也为工人阶级的统一和团结创造了前提。因此加富尔的历史功绩是不能低估的。

由于意大利的统一是自由派通过一系列王朝兼并活动完成的，统一后建立了君主立宪制国家，封建残余势力依然存在，这对以后意大利资本主义的发展也产生了不利影响。

摩尔多瓦和瓦拉几亚两公国的统一

康春林

1859 年摩尔多瓦和瓦拉几亚两公国的统一，标志着罗马尼亚民族统一国家的形成，是 1877 年罗马尼亚国家独立和 1918 年罗马尼亚民族国家最后统一的基础。

瓦拉几亚和摩尔多瓦位于多瑙河下游，喀尔巴阡山南麓和东麓。上古时期，这里居住着达契亚—葛特人，是色雷斯人的北支。公元 106—271 年，作为罗马帝国的行省，本地人与罗马人长期共居，形成了罗马—达契亚人和罗马—达契亚语，这种语言逐步演化为罗马尼亚语。14 世纪，瓦拉几亚和摩尔多瓦相继建立了封建国家。15 世纪中叶，两国先后沦为奥斯曼帝国附属的自治公国。

欧洲史籍和罗马尼亚史籍中有大量关于两公国民族同一性的记载。1478 年 5 月 2 日，摩尔多瓦的君主斯特凡大公在给维也纳宫廷的信中，称瓦拉几亚为"另一个罗马尼亚国家"。1600 年，瓦拉几亚君主米哈伊曾经实现了两公国和另一个罗马尼亚人的公国特兰西瓦尼亚①的短期的统一。17 世纪，三个公国的编年史学者就已说明了罗马尼亚人是"罗马人的后裔"，属同一种族，说同一种拉丁语。喀尔巴阡山把三个公国联系起来，通过山间狭谷道路，有着频繁的经济和政治交往，形成了共同的民族感情。

摩尔多瓦和瓦拉几亚两公国同处于多瑙河下游的平原和丘陵地带，山水相连，唇齿相依，进行了长期的反对同一个宗主国统治的斗争。到了 18 世纪末和 19 世纪初，由于两公国资本主义生产方式的萌芽和经济交流的扩大，共同的民族意识进一步加强。共同的地域，共同的祖先和历史发展，共同的语言，共同的民族感情、风俗习惯以及共同的民族解放斗争的目标，是后来两公国统一的基础。

---

① 特兰西瓦尼亚 1918 年以前长期处于奥国或匈牙利统治之下。

资本主义的发展和革命民主派的出现

瓦拉几亚和摩尔多瓦的统一是两公国资本主义的发展及由此而产生的资产阶级民主革命运动的结果。

18 世纪末叶和 19 世纪初叶，两公国资本主义生产关系开始萌芽。最初表现于粮食和牲畜的出口贸易中，稍后，税收的租让及食盐的出口也成为资本原始积累的重要形式。同时，工场手工业出现并得到初步发展。据 1831 年俄国的材料统计，瓦拉几亚有 1068 个手工工场，它们虽然"不算先进，但规模较大"。少数手工工场已开始使用雇佣劳动。商业资本逐步确立。

1828—1829 年，俄国为了向巴尔干地区扩张，发动了俄土战争并取得了胜利。1829 年，俄土签订亚得里亚那堡条约，大大削弱了土耳其对两公国的宗主权。条约的第 5 条规定："保证两公国宗教信仰自由，完善的治安，人民独立的行政管理和无阻碍的贸易权"，废除土耳其对两公国对外贸易的垄断权，两公国居民可以"自由买卖其土地和工业产品"。

1829—1834 年，俄军占领两公国期间，由沙皇尼古拉一世委派的基谢列夫将军担任两公国的全权总督。他按照沙皇的旨意，组织和领导两公国的大地主组成专门委员会，制定了《组织法规》，作为两公国的宪法。

《组织法规》除重申亚得里亚那堡条约的规定外，制定了一整套政治、经济、军事、文化、宗教管理制度，是一部维护大地主政治和经济利益的法典。但其中也有某些积极的成分。它规定，两公国的君主不再由土耳其政府直接任命，而由两公国各自的议会选举，大商人和大手工业主的少数代表可以进入议会，公民在法律面前平等。法规指出："这两个公国的居民的同样的起源、同样的信仰、风俗和语言，加上他们的共同的需要，是足以促使他们更紧密的联合的因素"，两公国"不可分离的合并"是"救世"的需要。法规在两公国建立了几乎完全相同的制度和行政设施。这些为两公国的统一创造了条件。

由于取消了土耳其对两公国对外贸易的垄断权，两公国的农产品开始进入欧洲和世界市场。地主为获得更多的利益，努力扩大耕地面积，大片荒芜的土地被开垦。1829—1863 年，耕地面积增加了两倍。1829—1846 年，摩尔多瓦小麦产量提高了近 4 倍。

1831—1833 年，两公国的出口额从 2560 万列依增加到 4340 万列依，

1850 年达到 7600 万列依，1855 年更高达 17100 万列依。其中，通过海路输出的粮食，1837 年为 142.1 万公石，1840 年达到 215.8 万公石。对英国的出口，1823 年，在英国靠岸的船只仅有 7 艘，10 年以后增加到 113 艘。而对英国输出粮食量仅占两公国总输出量的 1/3。

俄国敖德萨的商人看到自己身旁出现这么一个有力的竞争者感到惊慌。马克思当时指出，摩尔多瓦和瓦拉几亚的贸易"发展得非常迅速，开始在俄国一向据有的几个生产部门中与俄国竞争"[①]。

随着商业的发展，城市人口增加了。邻近黑海的多瑙河港口加拉茨，1834—1841 年增加了 1400 户，居民增加一倍。40 年代初，该港口每年停靠 800 艘船只，成了多瑙河沿岸的一个真正的粮仓和转运城市。同时，国内贸易也扩大了。《组织法规》规定，要在所有城镇和码头开设贸易市场。30 年代，集市已遍布城乡各地。1846 年，为了便利贸易，两公国统一了关税。

两公国成为西方资本主义国家粮食和原料产地，同时，也成为它们的商品销售市场。19 世纪中叶，两公国从英国的进口额超过了土耳其欧洲部分从英国的进口额。由于与国外经济交流的发展，两公国的矿藏资源引起法国、英国、奥国和俄国资本家的注意。1843 年，俄国一家公司获得勘探和开采喀尔巴阡山矿产的为期 12 年的租让权。1854—1857 年，奥国占领两公国期间，计划修建两条横贯两公国的铁路，企图使奥国的铁路达到两公国的多瑙河和黑海港口。后因奥国 1857 年从两公国撤军而取消。

商业和贸易的发展促进了工业的发展。1866 年全国已有 12800 多家大小不等的工业企业，其中 2936 家建于 30 年代，2032 家建于 40 年代，7849 家建于 50 年代和 60 年代。大部分仍是设在农村的手工工场，计 10381 家。设在城市已使用雇佣工人和先进技术的企业有 2486 家。国家兵工厂有 259 名工人，4 个盐场有 107 名工人。1843 年，图纳尔市建立一座造船厂。50 年代初，摩尔多瓦的著名的政治活动家和历史学家、地主科葛尔尼恰努，在尼亚姆茨市建立了一座造船厂，到 60 年代初有工人 120 名。采煤、采油以及造纸厂、火柴厂、硬脂厂等也相继出现。1847 年，摩尔多瓦首都雅西一座面粉厂开始使用蒸汽机。1853 年，瓦拉几亚首都布加勒斯特也出现这样的面粉厂。

工人的人数随着工业的发展也在增加。1859 年，全国共有 8 万多工人，

---

① 《马克思恩格斯全集》第 9 卷，人民出版社 1961 年版，第 447 页。

其中手工业者 6 万，雇佣工人 2.3 万人左右。19 世纪中叶，两公国的工业发展虽然仍很落后，但同以前相比，有较大发展，资本主义因素在不断增加，手工工场开始向工厂生产过渡。

《组织法规》某些规定有利于资本主义的发展，但它对封建制度本身没有根本的触动。1859 年，两公国人口有 500 万左右。城市人口只占总人口的 10%。这说明当时两公国还是农业国家。《组织法规》虽然指出资产阶级是"居民中最重要的阶级之一"，"商业是社会福利的真正源泉"，要给商人"更广泛权利"，但并没有制定什么有利于工商业发展的实际措施。《组织法规》中大量而详尽的规定是要保证两公国在农奴制的传统轨道上走下去。

《组织法规》规定，君主只能从大地主中间选拔，高级官吏只能由地主担任。工商业者只有少数人进入议会。1859 年瓦拉几亚议会的 190 名议员中只有 27 名商人和企业家。大地主不仅掌握着国家政权，而且控制着经济命脉。

19 世纪中期，摩尔多瓦有大地主 300 户，瓦拉几亚有 70 户。许多大地主是世袭繁衍。10—15 个大家族占有两公国 1/3 的土地，拥有超过 1 万公顷土地的大地主并不罕见。他们从高额地租和徭役中得到大量收入，不愿意花费巨额资金购买先进机器或把农奴变为雇佣工人，改变传统的生产方式，而是顽固地维护旧的政治经济制度。他们成为两公国发展的障碍。19 世纪中叶，摩尔多瓦 1 公顷土地平均产量为 7 公石，而法国是 14.7 公石，英国是 20 公石；1 公顷土地的收入以法郎计算，比例是 21∶47∶147。1848 年，瓦拉几亚革命领导人之一，出身于地主的阿·戈列斯库—阿拉布列写道："到处的经验都证明，自由劳动要比强迫劳动有效得多。"

《组织法规》还规定大幅度削减农民的份地，以增加大地主的耕地面积。摩尔多瓦 1805 年一个农户的份地是 7.9—19.3 公顷，实施《组织法规》后减少到 3.4—7.68 公顷，近 2/3 的份地被地主剥夺了。地主为了经营不断扩大的土地，增加了农民的徭役。《组织法规》规定一个农户一年要为地主服徭役几天，而规定的日劳动量往往要两三天才能完成，实际的劳役天数要多得多。如果农民没有耕畜的话，则更需付出加倍的劳动日。根据瓦拉几亚 1848 年革命的领导人伯尔切斯库的统计，在瓦拉几亚劳役为 56 天，在摩尔多瓦为 84 天。加上地主临时差遣的杂活，农民一年中大部分时间是为地主服劳役。马克思把《组织法规》称为徭役劳动法典是十分正确的。

除了徭役，农民还要付地租和国税。地租占去农民收入的 10%—20%。

《组织法规》免除地主和仆人的税务，将全部重担转嫁到农民和工商业者身上。农民不分贫富，一年一户为 30 个皮亚斯特（土耳其币制单位），另外还有牲畜税、地方行政开支税、工役或代役税等，总共每年要交 150 个皮亚斯特。地主开办的企业免税，极大地损害了工商业者的利益。

农民的迁居受到种种的限制。《组织法规》规定，农民迁居之前必须通知地主，并要付清租税和代役租。所以只有富裕农民才有迁居的可能。贫苦农民往往采用逃亡、暴动的方式进行反抗。

资本主义的发展使农民发生两极分化。据 1864 年罗马尼亚实行农业改革时的记载，当时有 46.7 万多农民赎买了土地，其中富裕农民占 15.37%，中农占 43.19%，没有耕畜的贫农占 28.67%，其余为完全没有家畜的赤贫户。贫农和赤贫户占 40% 左右，他们被迫从事手工业或者出卖劳力。他们的存在为资本主义的发展提供了条件。但是，由于《组织法规》的规定，他们都不能自由离开农村而成为雇佣劳动者。

国家没有近代的财政经济制度，也影响了资本主义的发展。两公国统一前，瓦拉几亚没有国家银行，摩尔多瓦 1847 年建立的银行规模也不大。资本家得不到信贷。币制不统一，除了官定货币土耳其币皮亚斯特（当地称列依）外，还有 70 种外币流通。投机商趁机进行货币兑换，骗取大量钱财。

工商业资产阶级受到封建制度的损害，竭力争取提高自己的政治地位，希望参与政权的管理，实现资产阶级民主制度。但是他们力量薄弱。由于他们队伍中的相当一部分是由中小地主转化来的，有的是资本家兼地主，因此在政治上与自由派地主结成了联盟。

中小地主政治上受到大地主的歧视，经济上也不稳定，其中有些人兼营工商业，有的人破产而投入自由职业者的队伍。他们靠近工商业资产阶级，比较容易接受民主改革的思想。中小贵族和他们的子弟，在出国旅游和留学中受到法国、奥国和英国社会的影响，看到了本国的农奴劳动的落后状况，感到旧的生产方式束缚生产的发展，希望通过改革提高自己的经济地位。中小贵族是未来的资产阶级民主革命中的重要组成力量，它大大地加强了革命队伍中妥协的成分。

主张用革命方式实现民主改革和国家统一的人形成革命民主派，它的主要代表人物是瓦拉几亚的尼·伯尔切斯库（1819—1852 年）。伯尔切斯库出身小贵族，青年时期就参加了革命活动，21 岁因参加密谋团体被捕，判处 3 年监禁。出狱后，他组织革命团体，于 1843 年与扬·吉卡、亚·戈列斯库、克·特尔少校建立秘密团体"兄弟会",宣誓为推翻封建制度而斗争。

兄弟会的成员中包括资产阶级分子、自由派地主、手工业者、工人和农民。兄弟会采取秘密联络的组织方式,它的成员、支持者和同情者不断扩大,遍布瓦拉几亚各地。伯尔切斯库分析了罗马尼亚社会和经济状况,认为"所有制的问题是革命的主要问题",他指出,哪里有封建主统治,哪里就有愚昧、贫穷、专制的猖獗。必须废除农奴制,分土地给农民;在罗马尼亚人民面前有三项重大历史使命,即推翻封建制度、统一和独立。由于伯尔切斯库的杰出的宣传鼓动和兄弟会明确的革命目标,兄弟会发展成两公国最有影响的革命组织。

1846 年,摩尔多瓦建立了一个类似于兄弟会的组织"爱国协会"。成员中有后来两公国统一后的第一任君主亚·库扎。库扎(1820—1873 年)青少年时,就学于雅西学堂,毕业后到巴黎留学,回国后曾在军队和法院任职。他主张用革命方式推翻农奴制,代之以资产阶级民主制度,是瓦拉几亚民主革命中著名的政治活动家。

1848 年革命中的瓦拉几亚和摩尔多瓦

1848 年欧洲革命的爆发给罗马尼亚两公国的革命创造了良好的外部条件。沙俄政府为法国和德国的革命所震惊,奥国也为本国革命运动和民族解放运动所困扰,放松了对两公国的干涉和控制。

法国、奥地利、普鲁士等国革命的消息在两公国人民中引起强烈的反响。1848 年 2 月,流亡法国的伯尔切斯库亲身参加了巴黎人民冲击路易—菲力浦王宫的行动,目睹了宣布成立法兰西共和国的庄严场面。3 月 8 日,他在自己的住所召集两公国流亡革命者开会,商讨在两公国行动的问题。会上出现分歧。伯尔切斯库建议两公国革命者集中力量首先在瓦拉几亚行动,然后把革命引向摩尔多瓦。摩尔多瓦革命者则主张两公国革命者单独行动。会议虽然没有形成共同决议,但革命战士满怀信心,会后纷纷回国进行活动。

1848 年初,两公国革命形势基本形成。农民不满地主再次增加租税,到处发生农民抗租抗税、逃亡和骚动的事件。弗尔契乌县的一个地主抱怨说:"叛乱和不服从情绪以及无政府状态现在在居民中占统治地位。"城市商人、手工业者和工人盼望着推翻旧制度,改变自己的处境。摩尔多瓦议会中许多地主不满意君主斯图尔扎横征暴敛、恣意积聚钱财的行为,组成议会的反对派。两公国的革命者决定抓住这个国内外的有利时机，发动革命。

4月8日，在摩尔多瓦雅西市的"彼得堡"饭店，约有1000名地主、商人、教师、律师、教士和手工业者开会，对现行制度进行了激烈的抨击。他们向斯图尔扎递交了一份包括35条改革纲领的请愿书，提出了保障人身不可侵犯，改革学校，废除体罚和书报检查制度，实行责任制内阁，释放政治犯，改善农民状况等要求。斯图尔扎惧怕革命发生，躲到了警察驻地。这时革命队伍中就革命方式和道路问题出现了分歧。一部分人主张调和妥协，另一部分人主张用武力把"国家从专制制度下拯救出来"，并在雅西市民中间进行了革命鼓动。革命运动缺乏统一的领导和明确的纲领，行动迟缓。

4月10日晚，斯图尔扎下令对革命者进行搜捕，300人被逮捕，大部分革命者逃脱。雅西的革命发动失败了，但摩尔多瓦各县农民的暴动和起义仍在继续。斯图尔扎向沙皇尼古拉一世求援。7月10日，俄军占领雅西，伙同斯图尔扎将各地的农民运动镇压了下去。

瓦拉几亚由于资产阶级人数较多和兄弟会的影响，革命力量比摩尔多瓦大。1848年初，以康·罗塞蒂为首的革命者在布加勒斯特积极活动。他们恢复兄弟会在首都的活动，印刷和散发鼓动革命的地下刊物。罗塞蒂出身自由派地主家庭，支持伯尔切斯库的观点，是侨民中革命运动的领导人之一。4月中旬，伯尔切斯库等回到布加勒斯特，于4月20日建立了瓦拉几亚革命委员会。在革命委员会中，伯尔切斯库与在国内享有盛名的教育家埃里亚德为首的温和派发生了分歧，埃里亚德有一句名言："我仇恨暴政，但害怕无政府状态！"由于伯尔切斯库的坚持，委员会进行了革命的准备工作，购买武器，成立由手工业工人和商人组成的武装小组。每组10—20个"弟兄"。起义准备于6月21日在佛耳恰、普拉霍瓦两县，布加勒斯特和瓦拉几亚西部的伊兹拉兹镇（在特列奥尔曼县）同时举行。埃里亚德等前往伊兹拉兹，伯尔切斯库前往普拉霍瓦。

6月21日，埃里亚德在伊兹拉兹附近的复兴原野上，向聚集在这里的几百名农民、市民和拥护革命的一连驻军宣读了共22条的革命宣言，即《伊兹拉兹宣言》。这个宣言是由伯尔切斯库领导的革命委员会制定的。宣言宣布，全体公民在法律面前一律平等，废除爵位和等级，成立责任制内阁。其中第13条废除农奴制，是宣言的革命精髓。伯尔切斯库后来写道："整个1848年革命包含在第13条中。"宣言规定，制宪会议实行"直接、广泛、自由的选举"，君主"将从……任何一个等级中"选举产生，任期5年。宣言还宣布要保障国家的独立，任何外国列强不得干涉内政。大会后，组织队伍向首都进发，沿途人数不断增加。

伊兹拉兹起义加速了首都事态的发展。在罗塞蒂等人的组织下，6月23日，以制革工人和近郊农民为主的人群涌向王宫。军校学生马格鲁等向人们宣读了革命宣言。由于士兵拒绝向群众开枪，瓦拉几亚君主比贝斯库被迫承认宣言为瓦拉几亚宪法，并承认了革命委员会组织的政府。伯尔切斯库任外交部部长。两天后，比贝斯库逃亡国外。

临时政府成立后，革命队伍中的温和派和革命派的斗争尖锐起来。埃里亚德到达首都后，立即强迫政府于6月26日改组，让反动的大主教内奥菲特任政府首脑。伯尔切斯库、亚·戈列斯库和罗塞蒂被迫退出政府，改任只有咨询权的国务秘书。埃里亚德主张在不损害地主利益的基础上进行改革。他的势力占据了政府的重要位置，他本人任宗教部部长。

政府的改组和成分的变化预示了革命的前途。虽然政府迅速地进行了一系列符合革命宣言的改革，并于7月26日在伯尔切斯库的坚持下公布了召开制宪会议的法令，但对废除农奴制及分配土地给农民这一根本问题却久拖不决，渐渐失去农民对革命的支持。伯尔切斯库一直向政府呼吁，指出只有解决农民问题才能挽救革命。他当时写道："农民不相信诺言，而是问道：为什么现在不给他们（土地）？我们犯了错误，本来应该利用胜利，即使暂时先消灭农奴制也好。否则我们的革命……如果不是完全失败，也将半途而废。"

7月底和8月初，土耳其军队3万多人渡过多瑙河，进入罗马尼亚，提出解散临时政府的最后通牒。临时政府不敢发动人民抵抗，于8月4日宣布解散。9日和10日，土耳其和俄国军队先后开进布加勒斯特，镇压了人民和部分军队的反抗，恢复了革命前的反动统治。

罗马尼亚两公国1848年革命失败了，但是它向全世界表达了两公国人民要求民主改革、统一和独立的愿望。它使民主革命的思想深入人心，锻炼出一批民主革命家，为1859年两公国的统一做了政治、思想和组织上的准备。

克里木战争前后争取统一的斗争

1848年后，罗马尼亚两公国像整个欧洲当时的形势一样，革命处于低潮。再度流亡国外的伯尔切斯库正确地指出，以后的革命应主要争取罗马尼亚两公国的统一。他说："如果两大部分的……罗马尼亚人一同起来，谁还能阻挡统一?"他号召两公国人民在民主改革的旗帜下实现统一。

1850年秋,伯尔切斯库、罗塞蒂和摩尔多瓦民主革命的领导人之一默林内斯库等在巴黎创办《未来的罗马尼亚》杂志。伯尔切斯库在该杂志上发表了《罗马尼亚人革命的历史进程》一文,指出了两公国1848年革命以后革命发展必然遵循的道路,即先统一后独立,并在这个过程中实现民主改革。该文的思想为两公国广大革命者所接受,实际上成为以后继续发展革命的纲领。1852年,年仅33岁的伯尔切斯库因患肺病死于意大利巴勒莫。

继伯尔切斯库之后,主张在民主改革的旗帜下实现两公国统一的最主要的代表人物,是摩尔多瓦著名的政治活动家、历史学家科葛尔尼恰努(1817—1891年)。他出身于地主,因为被流放而没有直接参加1848年革命,但革命前以他丰富的知识和历史著述宣传了民主改革和两公国统一的思想,对当时革命思想的传播起了很大作用。他并不是一个激进的革命者,而是一个改良主义者。还在1848年革命前他就写道:"任何暴力革命,任何突变都只能带来不幸的结果。"他主张土地改革。他说:"根据我的信念,剥夺农民土地必然要使罗马尼亚面临可怕的灾难。"

1848年革命后,科葛尔尼恰努成为两公国统一的坚定的倡导者,他把国家的统一看作"一切改革的王冠"。他和流亡法国、英国和意大利等国的革命者一道,把主要精力放在统一事业上,提出了"力量在统一之中"的口号。为了说服和联合地主阶级,他们渐渐地放低了民主改革的调子,向地主阶级许诺,将"根据可能性"进行改革,并认为这样做是一条既能实现统一又能实现民主改革的稳妥的道路。同时,他们分析了列强在巴尔干地区的争夺和矛盾逐渐激化的国际形势,把许多精力放在外交活动上,力求通过外交努力取得西方大国对两公国统一事业的支持。

1853—1856年发生的克里木战争为瓦拉几亚和摩尔多瓦统一的实现创造了良好的国际条件。战争一开始,两公国就成为俄国和土耳其交战的战场。1854年,战争转移到克里木半岛后,奥国乘虚而入,出兵占领了两公国,直到1857年才撤军。俄、土、奥争夺两公国的斗争使两公国的地位问题再一次变成了国际争端。

英国和法国为了遏制俄国的对外扩张,保护自己在近东和中亚的利益,在支持土耳其的同时,把两公国的统一视为阻止俄军通向君士坦丁堡的屏障。拿破仑三世还力图瓦解"神圣同盟",加强法国在欧洲的地位。他实现自己计划的主要障碍是俄国和奥国,因此,法国在1854年支持土耳其反对俄国，1855—1859 年支持两公国的统一，1859 年又联合撒丁，想通过实现意大利的统一来威胁奥国。拿破仑三世怂恿奥国与俄国开战，奥国拒绝。1855 年 3 月，在克里木战争交战双方的维也纳谈判会议上，法国代表布尔克内提出了实现多瑙河两公国统一的问题，向奥国施加压力。1855 年 10 月，英国外交大臣克拉伦登勋爵向拿破仑三世建议两公国"在一个世袭的外国亲王治下实现统一，但需要保持土耳其的宗主权，就像对埃及那样"。

从克里木战争一开始，两公国的有识之士立即意识到，这次战争"提供了……罗马尼亚人去争取自己在文明民族大家庭中应有的地位"的机会。1854 年，两公国的许多流亡革命者就同法国、英国和撒丁政府交涉，请求他们在缔结和约时，同意摩尔多瓦和瓦拉几亚的统一。此后，他们一直把外交努力的重点放在法国和英国。

1856 年 3 月，沙皇俄国在克里木战争中败北，巴黎和会开场。3 月 7 日，参加会议的法国外长瓦列夫斯基对克拉伦登勋爵说："如果不载明两公国的统一和独立，任何和平都不会牢固和持久。"第二天，他建议大会宣布两公国的统一。建议得到英国、撒丁、普鲁士和俄国的支持，遭到土耳其和奥国的强烈反对。俄国所以支持，是为了改善战后同法国的关系，并且离间英、法、土之间的联盟。土耳其宰相阿里·巴沙说："统一一旦实现，罗马尼亚人……将开始争取独立。"这将成为土耳其在巴尔干统治崩溃的开始。奥国想控制多瑙河下游，把多瑙河变成它的内河。两公国的统一不但会使它的计划破产，而且将对它统治下的特兰西瓦尼亚的 200 多万罗马尼亚人产生巨大的吸引力。奥国驻土耳其大使普洛柯施·欧斯滕对法国驻土大使说："类似的方案如果成功，将会对奥国产生'痛彻骨髓'的威胁"。

尽管土、奥反对，法、英从欧洲总体战略构想出发，仍旧迫使巴黎和会作出决定：废除俄国对两公国的保护权，两公国只受土耳其政府宗主权的辖制，但得到欧洲列强的集体保障；《组织法规》将根据两公国人民的要求进行修改；两公国选出临时议会就统一问题征求本国的意见；成立一个专门的"欧洲委员会"对两公国居民的愿望进行实地调查。此外，还规定多瑙河航运自由，黑海成为中立区，等等。

两公国统一的实现

巴黎和会只是给两公国创造了可能实现统一的条件，并没有作出两公国统一的决定。巴黎和会以后，两公国争取统一的斗争焦点转移到国内。通过什么途径实现统一，实现什么样的统一，两公国民主进步势力与保守、反动势力展开了激烈斗争。这一斗争贯穿于1856—1859年实现统一的整个过程之中，大致可分为四个阶段。

第一阶段，临时议会的选举。

1857年3月，欧洲委员会成员到达布加勒斯特，这个委员会是巴黎和会为实地调查两公国的民意而组织的。两公国流亡革命者和爱国侨民也纷纷回国。由于民主派长期的宣传和组织工作，两公国从上到下要求统一的气氛十分浓厚。真正阻碍统一运动的只是一小撮大地主和达官贵人。他们依靠保护国和宗主国，在国内顽固坚持封建专制制度，害怕民族民主力量借助于统一运动而增长，危及其反动统治。

即使在最高统治层中，也并非所有的人都反对两公国的统一。瓦拉几亚的代君主亚·吉卡就对统一运动取支持态度，使瓦拉几亚选举临时议会的活动能够顺利进行。3月15日，瓦拉几亚政府组织了专门机构"统一委员会"，筹备临时议会的选举工作。各县的统一委员会也相继成立。

摩尔多瓦的代君主尼·沃戈里德则顽固抵抗统一运动。他对民主派进行威胁恫吓，甚至逮捕，从选民名单上除去民主派和倾向民主派的人士，阻止他们投票和竞选，搞了个一手包办的伪选举。加拉茨县长、民主派战士亚·库扎对此表示抗议，宣布辞职。库扎的行动使他在国内外博得很高的声誉。

伪选举使保守派获得议会多数。民主派通过法、俄、普和撒丁代表的干预，要求土耳其政府取消这次选举。土政府得到奥、英支持，拒绝让步。8月4日，法、俄、普、撒同土耳其断绝了外交关系。8月6日，拿破仑三世与英国女王维多利亚及首相帕麦斯顿在奥斯本会晤，3日后取得妥协：法国以放弃将两公国统一于一名外国公爵之下的要求作为交换条件，英国保证促使土耳其取消伪选举。在英国的压力下，土耳其被迫重新进行选举。民主派的许多领导人如科葛尔尼恰努、默林内斯库、库扎等都当选了。

在摩尔多瓦的临时议会上，科葛尔尼恰努提出一项决议案："国家首要的、最伟大、最普遍和最具有民族性的愿望是：尊重自治；将两公国统一为一个国家，取名罗马尼亚"；成立"代表民族的全部利益的民众议会"。到会的83名议员有81名投票赞成这项决议案。

瓦拉几亚临时议会也一致通过一项内容相同的决议案。在瓦拉几亚临时议会的选举中，著名的民主派人士罗塞蒂、什·戈列斯库和马格鲁等都当选了。马格鲁在 1848 年临时革命政府中是军队的主要领导人。

两公国的临时议会完成其历史使命后于 1857 年底解散。欧洲委员会向共同保护国英、法、俄、土、奥、普、撒七国报告了临时议会的表决结果。巴黎和会的代表于 1858 年 5 月 22 日至 8 月 19 日讨论了两公国的问题。由于列强意见分歧，两公国统一成为一个国家的要求没有得到满足，仅决定组成两公国的联盟，取名为摩尔多瓦和瓦拉几亚"联合公国"，联合公国在七个签字国共同保护下完全自治。土耳其的宗主权保持不变，但只有在两公国发生"动乱"并取得共同保护国一致同意的情况下，土耳其才有权向两公国派遣军队。每个公国选举一名君主和一个议会管理国家。摩尔多瓦人和瓦拉几亚人在法律面前平等并可在任何一个公国担任公职。这最后一项规定使两国选举同一个人担任君主成为可能。

第二阶段，民主派和保守派争夺君主职位的斗争。

如果说民主派和保守派在是否赞成统一的问题上并没有截然分歧的话，那么，在巴黎和会作出成立联合公国的决定后，两公国内民主派和保守派立即明显分野，展开了激烈的斗争。斗争的主要内容是由谁掌握政权，即选举谁当君主。它直接关系到将来建立一个什么样的国家。

根据巴黎和会关于两公国的决定，瓦拉几亚和摩尔多瓦各设立一个由宗主国认可的三人摄政委员会代替原来的代君主。摄政委员会负责筹备选举君主的议会，监督选举议会的进行，待选出新君主后即中止其职权。

瓦拉几亚的三个摄政埃·伯列亚努、伊马努、伊·菲利佩斯库全是保守派。他们利用手中权力，取消了出版、集会自由，解除民主派人士的公职，竭力限制选举权，以保证保守派在议会选举中取胜。他们公开宣布，对"任何骚乱情绪将予以严惩"。民主派则通过报刊宣传、请愿、抗议及外交手段，谋求大国支持，发动群众，与保守派及其摄政展开斗争。斗争愈演愈烈，以至摄政的个人安全受到威胁。他们下令布加勒斯特实行戒严。

摩尔多瓦的摄政委员会由阿·潘努、瓦·斯图尔扎、什·卡塔尔久组成。前两人是民主派，卡塔尔久属保守派。民主派利用在摄政委员会中的优势，主张出版、集会自由，扩大选举权，任命民主进步人士作行政官员。亚·库扎被任命为全军副总司令。当两位民主派摄政遇到保守派摄政的刁难时，便果断地将其撤职，1859 年 1 月 1 日，选举民主派人士扬·坎塔库齐诺参加摄政委员会。

1859 年 1 月，开始选举两国君主。1 月 9 日，摩尔多瓦选举议会开幕。

首都雅西居民以"统一万岁"的口号向选举议会的代表致意。民主派占据选举议会的多数并得到人民的支持，左右着大会的方向。经过几天的反复争论和磋商，民主派代表于 1 月 15 日晚决定亚·库扎上校为唯一候选人。1 月 17 日，大会一致选举库扎为摩尔多瓦君主。保守派代表迫于形势，不敢公开对抗，也投了库扎的票。在库扎宣誓就职的典礼上，科葛尔尼恰努以选举议会的名义致辞说："我们在自己的国家选举你，我们要向全世界表明全国的希望：新人，执行新法……愿你跟上时代……愿你使法律严明，而殿下你，作为国君，要善良，要慈祥……特别是对那些过去几乎所有的国君都漠不关心或加以虐待的人……莫忘记，50 名议员选你当国君，但你要统治的是 200 多万人。愿你使你朝十分太平、正义。"

第三阶段，库扎的双重当选。

保守派在瓦拉几亚的选举议会里占据多数。民主派为了战胜保守派，进行了多方面的工作。首先，他们通过幕后活动，加深保守派内部的分歧；其次，通过否决某些县里不合法的选举，减少保守派议员的数量，同时利用群众要求进行民主改革改善生活的迫切愿望，鼓动群众对保守派施加压力。年轻的民主战士活跃在布加勒斯特市区和城郊各县，进行宣传鼓动。农民怀着对改革的期望，不顾摄政委员会的禁令，成群结队地进城，与市民一道，声援民主派议员。据当时的材料估计，在选举大会所在地大教堂周围聚集的农民达 2.5 万至 6 万人之多。

1859 年 2 月 3 日，在人民群众"打倒吸血鬼"的口号声中，选举议会开幕。第一天，由于民主派议员的坚持和群众的压力，议会被迫决定取消选出的候选人，重新进行选举。第二天，摄政委员会派来军队弹压群众，被群众与士兵的联欢所瓦解。

在群众的压力面前，保守派手足无措。他们单独聚会，商量对策，企图以不参加选举相威胁，但又担心群众不放过他们，于是有的人躲到了外国领事馆。布加勒斯特民主的气氛越来越浓。由于土耳其无权擅自出兵干预，瓦拉几亚民主力量和人民群众得以自由地表达他们对民主和统一的意愿。保守派议员迫于无奈，同意与民主派议员达成妥协：双方都放弃自己的候选人。2 月 5 日，民主派与保守派共同举行秘密会议。民主派提出了一个新的方案：选举库扎为瓦拉几亚君主。保守派多数接受了这一方案。下午 6 时半，议会一致选举库扎为瓦拉几亚君主。这样，两公国共同选举一人为国君，为罗马尼亚统一写下了"最美好的一页"。马克思于 1860 年谈到这一双重选举时指出："罗马尼亚民族的统一和独立，由库扎上校被选为莫尔达维亚①和瓦拉几亚的君主而得到了巩固。"②

第四阶段，库扎当选后巩固统一。

库扎当选后，面临着艰巨的任务。首先，必须争取列强对他当选的承认。这一点对一个被大国包围的弱小国家来说非常重要。其次，必须克服巴黎和会规定的两公国分设政府和议会所带来的困难，实现两公国事实上的统一。

对于库扎的双重当选，欧洲列强又分成以法国、俄国、普鲁士、撒丁为一方和以奥国、土耳其为另一方的两种对立意见。不久，法、撒与奥国之间爆发战争。奥国失败。战争结局削弱了反对两公国统一的国际势力。1859 年3 月，法、俄、普、撒正式承认库扎为两公国的国君。9 月，土耳其勉强同意作为例外批准库扎为两公国的君主。又经过两年多艰苦的谈判，到 1861年 11 月，土耳其承认两公国的统一，但只限于库扎当政时期。1862 年，统一的国民议会在布加勒斯特召开。布加勒斯特定为国都。统一的政府建立。人民开始称呼自己的国家为罗马尼亚。

库扎当政时，进行了一系列的民主改革。1864 年 5 月，库扎在其亲密顾问科葛尔尼恰努的帮助下，解散保守派占优势的议会，颁布新宪法，大大扩大了选举权。8 月 26 日，颁布农村法，废除农奴制，实行土地改革。接着颁布国民教育法和行政组织法，进行了司法改革等。库扎的改革措施巩固了国家的统一，促进了经济的发展和社会的进步。库扎不愧为罗马尼亚历史上一位开明的君主。

罗马尼亚的统一，实际上完成了两公国 1848 年革命没有完成的资产阶级民主革命的任务，为罗马尼亚国家的巩固和发展奠定了基础，对于东欧和巴尔干地区的民族解放运动以及欧洲的政治格局也产生了重要影响。

---

① 即摩尔多瓦。
② 《马克思恩格斯全集》第 14 卷，人民出版社 1964 年版，第 536 页。

1863 年波兰起义

刘祖熙　　朱晓中

1863 年 1 月，在波兰王国的土地上爆发了一场声势浩大的反对沙皇统治、争取国家独立的民族起义。这是继 1848 年革命后在东欧土地上又一次大规模的革命运动，同时也是 19 世纪 60 年代欧洲资产阶级民族民主革命的一个组成部分。这次起义沉重地打击了沙皇俄国在波兰王国的殖民统治，鼓舞了欧洲各国人民反对沙皇俄国侵略的斗争。

起义的原因

1863 年 1 月波兰王国起义是民族矛盾和阶级矛盾激化的产物。

在 1772 年、1793 年、1795 年，俄国、普鲁士和奥地利三次瓜分波兰，使波兰从欧洲的政治地图上消失了。在三次瓜分中，俄国得地最多，占原波兰领土的 62%。在 1815 年维也纳会议上，俄国又攫取了原先由普、奥占领，而后由拿破仑法国控制的华沙大公国①的大部分（约占波兰国土 9/10）领土，并以波兰王国的名义被并入俄国，由俄国皇帝兼任波兰国王。波兰人民虽在 19 世纪上半叶进行了三次反抗民族压迫的革命斗争（1830 年、1846 年、1848 年），但先后被俄、奥、普三国占领当局残酷地镇压下去了。

1848 年革命后，普鲁士和奥地利占领的波兰土地上废除了封建农奴制，走上了资本主义发展道路，而当时波兰工业最发达的地区波兰王国却还在沙俄统治下维持着农奴制，因而封建的生产关系同生产力发展的矛盾在波兰王

---

① 波兰被瓜分后，俄国沙皇亚历山大一世与拿破仑在 1807 年签订了提尔西特条约，规定在普鲁士所瓜分的波兰土地的基础上建立华沙大公国，由法国控制。到 1809 年又把奥地利所瓜分的波兰属地归入华沙大公国。

国表现得最为尖锐。

19 世纪 50 年代，波兰王国的工业有了一定的发展。1851 年，俄国和波兰王国之间的关税卡及波兰商品不得输往俄国的禁令取消了，这为波兰王国工业开辟了广阔的东方市场，使波兰的大资产阶级得利甚多。1853—1856 年克里木战争期间，俄国对波兰工业品需求增加，国内交通运输的改善又进一步促进了波兰王国工业的发展。波兰开始了工业革命。在罗兹、华沙和东布罗沃矿区这三个工业中心，机器生产迅速代替了手工生产。结果，在 50 年代末、60 年代初，波兰王国的工业发展水平达到了一个比较高的水平。1857 年，已有工厂 12542 个，工人达 5.6 万多名。1860 年工人数目达 7.5 万人，产值为 3.2 亿卢布。在 1840—1860 年期间，工业产值增加 4 倍多。1860 年手工业者达 9.1 万人。波兰王国的工业水平远远超过普鲁士及奥地利占领区。然而，农奴制的存在，极大地限制了资本主义发展所需要的商品市场及劳动力市场的扩大。1861 年开始的美国南北战争，使波兰王国的棉花进口量锐减，罗兹纺织工业受到严重打击，许多工厂停产和破产，大批工人失业，工人骚动和捣毁机器的事件层出不穷，敌不过机器生产的手工业者纷纷破产。城市下层无法照旧生活下去。

农村更是动荡不已。19 世纪中叶，波兰王国仍是一个农业国家，60% 的土地为贵族地主占有，而占人口 70% 的农民只占 32% 的土地。由于工业中资本主义的发展及粮食价格的上涨，波兰王国的农业有了较大的发展。耕作制度由三圃制向多圃制转变。

贵族地主为增加收入，一般采用三种方法：一是不断添置和改良生产工具以提高劳动生产率；二是逐步改变对农民的剥削形式，以雇佣劳动代替农民的劳役或是以代役租取代劳役租，国有土地上的农民有 90% 实行代役租，但劳役租仍占统治地位；三是地主不断扩大自营地，他们取消交错地（地主土地与农民土地互相交错）和地役权（农民对森林、牧场、泽泊的使用权），驱赶农民，致使无地农户数目猛增。据统计，1846—1859 年，波兰王国的农民减少了 3 万户；到 1859 年，在 330 万农民（连同家属）中有 130 万是无地农民。

1863 年起义前的一二十年，对波兰王国的农民是灾难的年代。歉收、饥饿及瘟疫接踵而至，夺去上百万人的生命。因此到 60 年代，波兰王国的农民，无论是缴纳代役租的、服劳役的、还是无地的，不堪忍受贵族地主的压迫及剥削，纷纷拒绝履行封建义务。他们袭击地主的庄园，为消灭农奴制和夺取土地展开了激烈的斗争。1860 年 4 月初，门兹热奇、梅霍夫、谢德里茨、洛姆任斯克、弗罗茨瓦夫等县的劳役领地的农民起来反对领主，到 4 月中旬已有 176 个村庄的 4347 农户参加。

波兰王国人民除遭受封建压迫外，还遭受残酷的民族压迫。1830 年起义失败后，波兰王国一直被俄军占领着。镇压起义的刽子手帕斯凯维奇成为波兰王国总督，对波兰人民实行残酷的殖民压迫，强制推行俄罗斯化政策。华沙大学被查封，半数中学被关闭，在各级学校里禁止教授波兰文，居民中不识字者占 80%。天主教徒被迫改信东正教，全国布满了绞刑架和监狱。哥萨克骑兵在华沙和罗兹等地街头横冲直撞，许多无辜居民死于哥萨克的马刀之下。巨大的军费负担也使波兰王国人民不堪忍受。1856 年，帕斯凯维奇死后，米·哥尔查科夫任波兰王国总督，沙皇的殖民政策依然如故，波兰王国成为人间地狱。

在 60 年代初期的经济危机中，波兰王国人民比以往任何时候都深切地感到亡国的痛苦，迫切希望民族解放。波兰社会处于历史性变革的前夜。追求民族解放是导致 1863 年起义的根本原因。

俄国在克里木战争中的失败，进一步暴露了封建农奴制及沙皇专制制度的腐朽性，促进了俄国革命运动的高涨，使农奴制危机发展到极点。农民运动的兴起及贵族自由派要求自上而下的改革，迫使沙皇亚历山大二世（1855—1881 年在位）于 1861 年 3 月 3 日（俄历 2 月 19 日）正式签署了农民改革法令和废除农奴制的宣言。但由农奴主实行的改革，是对俄罗斯农民的肆无忌惮的掠夺，高额的赎金、封建义务的保存及"割地"使农民对改革大失所望，为了"真正的自由"和土地，俄国农民于 1862 年底到 1863 年再次掀起革命斗争，这种斗争鼓舞了波兰王国农民争取土地的斗争。

在欧洲，19 世纪五六十年代是民族民主革命运动的高涨时期。1861年，以资产阶级革命民主派加里波第为代表的意大利统一运动，用革命方法扫荡了中部和南部的封建势力，摆脱了奥地利的控制，实现了意大利的独立和统一。同年，罗马尼亚两公国——瓦拉几亚和摩尔多瓦，在库扎大公的领导下，建立了统一的罗马尼亚国家。与此同时，巴尔干斯拉夫人为摆脱奥斯曼帝国的统治，建立独立的民族国家，也掀起了强大的民族解放运动。总之，俄国的革命形势和欧洲革命运动是波兰 1863 年起义的外部有利条件。

"红党"和"白党"

波兰王国的革命形势终于在 60 年代初形成了。早在 50 年代中后期，波兰王国就已出现许多爱国小组，其成员主要是青年学生。这些小组没有固定的政治纲领及行动计划，但它们在民族解放和民主运动的斗争中起了巨大的作用。这些爱国小组宣传和组织起义，推动起义队伍的建立。革命形势的发展，要求各爱国小组联合，组成有统一领导的革命组织。

1861 年秋，在华沙形成了一个成分复杂、组织松弛的组织——"红党"，它是一个具有民主主义倾向的政治团体。参加这个组织的有工厂工人、手工业工人、城市贫民、市民、农民、知识分子、中小贵族及中小资产阶级。

红党成立初期，没有形成明确的政治纲领。不同的阶级和阶层对波兰的形势及前途有不同的看法。因而红党内部明显地分为左、右两翼。以东布罗夫斯基、谢拉科夫斯基、帕德列夫斯基、符卢勃列夫斯基等革命民主主义者组成的左翼，代表农民和城乡劳动者的利益。他们吸取以往波兰起义失败的教训，认为只有用革命方式消灭农村中的封建关系，广泛动员农民参加起义，把民族起义发展为土地革命，才有可能战胜强大的沙皇侵略军，恢复波兰的独立。东布罗夫斯基明确提出"人民的武装起义是恢复独立的唯一保证"的口号，一部分革命者在此口号的感召下深入农村，着手发动农民。

以东布罗夫斯基为首的波兰革命民主主义者大多是彼得堡总参谋学院的学员和彼得堡大学的学生。他们同以赫尔岑和车尔尼雪夫斯基为代表的俄国革命民主主义者有密切的联系和深厚的友谊。谢拉科夫斯基还同乌克兰革命诗人谢甫琴科有密切联系。俄国革命民主主义者对波兰革命民主主义者世界观的形成起了重要作用。波兰革命民主主义者认为，波兰的起义只有同俄国的革命相结合才能取得胜利。红党左翼是 1863 年起义的鼓舞者和组织者，代表着波兰民族运动的正确方向。

以吉莱尔、马耶夫斯基、梅洛斯拉夫斯基为首的红党右翼，主要代表中小贵族和中小资产阶级利益。他们害怕民族革命转变为社会革命，主张"茅屋和宫廷之间的和平"，反对到农村去发动农民、开展土地革命，不承认农民是革命的生力军，认为城市才是反民族压迫斗争的可靠支柱，主张在城市中积极活动，建立"十人组""百人团"。红党右翼普遍对西方大国抱有幻想，期待着波兰问题"国际化"。右翼中坚之一梅洛斯拉夫斯基，在 1848 年革命失败后，长期旅居巴黎，成了约瑟夫·拿破仑亲王的密友，他把波兰独立的希望寄托在拿破仑三世身上，期望法、英等国出面干预，反对人民革命。他怀有强烈的民族主义偏见，反对同俄国的革命运动相结合，主张波兰地主保持对乌克兰和白俄罗斯农民的封建统治。

1861 年 10 月 17 日，红党成立"城市委员会"，目的是组织城市里的革命活动。从 1862 年 5 月起，城市委员会改称中央民族委员会，主要成员有东布罗夫斯基、赫美尔尼茨基等人。

在革命力量积聚的同时，贵族地主和大资产阶级也在 1861 年 10 月组成了"白党"。它主要由两部分人组成：以扎莫伊斯基伯爵为首的前土地协会①成员和以银行家克罗嫩贝格为首的大资产阶级。白党是波兰社会反革命势力的同盟。白党惧怕即将到来的起义，尤其反对有农民参加的武装起义。白党竭力破坏红党对城市居民和农民的影响，阻挠起义，企图把即将到来的起义纳入"合法"轨道，进行所谓"道德革命"。白党宣传自由主义思想，鼓吹波兰王国的当务之急不是武装革命而是提高国家的经济和文化水平。白党妄图利用人民的力量迫使沙皇政府让步，实现波兰的"自治"。它仇视俄国革命，更反对同俄国革命者合作，随时准备向沙皇政府投降，并通过它镇压起义。

本来，红党应当同白党的阻挠武装起义的反革命活动作坚决斗争，向广大人民揭露白党的反动性，积极宣传武装起义的必要性，全力做好战斗前的物质准备。但是由于红党主要领导人在起义和对外政策等重大问题上的分歧和斗争，使红党在相当长的一段时期中未能制定出自己的纲领。吉莱尔还曾一度退出中央民族委员会，试图分裂红党。红党右翼的另一代表人物马耶夫斯基甚至秘密参加白党，暗中帮助地主、资产阶级破坏起义。红党的这种情况，不仅破坏了内部团结，大大削弱了自身的战斗力，而且没能很好地利用国内的革命形势，争取广大农民，为起义做好充分准备，给起义罩上了"先天不足"的阴影。

---

　　① 土地协会成立于 1858 年，是一个讨论发展农业和研究在维护地主阶级利益基础上解决农民问题的地主组织，成员约 2000 人。

起义的爆发和过程

　　起义前的三年，是波兰王国人民反对民族压迫和阶级压迫的革命斗争不断高涨的时期。1860 年 6 月 11 日，革命民主主义者利用为索文斯基将军①的遗孀举行葬礼的机会，在华沙组织了 30 年来的第一次爱国示威游行。同年 11 月 29 日，为纪念 1830 年起义 30 周年，华沙的学生及工人又举行示威游行，"波兰没有灭亡"的歌声在华沙上空回荡。

　　1861 年 2 月 25 日，华沙人民又举行了规模更大的示威游行。27 日，示威群众同沙皇军警发生冲突，有五名群众被打死，数十人受伤。4 月 7 日，华沙人民抗议当局取缔土地协会、请愿代表团②和民卫队③这三个群众组织而举行大规模示威。翌日，示威群众同军警发生流血冲突，有 200 多群众遭枪杀，近千人受伤，沙皇政府的血腥暴行，不仅未能吓倒波兰王国人民，反而激起他们更大的革命热情。

　　同年 10 月，华沙等地接连举行示威游行。10 日，为安葬深孚众望的爱国大主教费阿尔柯夫斯基，在华沙举行盛大的游行示威。同一天里，在戈罗德洛也举行同样的示威游行。15 日，为纪念 1794 年起义的领导者、民族英雄塔代乌什·科希秋什科举行了示威。19 日，纪念著名将领约瑟夫·波尼亚托夫斯基④逝世 48 周年又爆发示威游行。

　　与城市居民的斗争相呼应，反对封建压迫和剥削的农民运动在波兰王国的农村广泛开展起来。仅 1861 年 4—5 月，就大约有 1000 个村庄的 18 万农民参加了运动。他们拒绝服劳役，要求无条件地获得解放及平分土地，在许多地方农民同沙皇军警发生冲突。贵族地主惊恐不安，要求沙皇当局加强镇压。

　　与波兰王国毗邻的立陶宛、白俄罗斯和乌克兰地区也爆发了农民运动，农民要求废除农奴制，获得土地。他们同波兰王国的农民运动相互影响，相

---

　　①　约瑟夫·隆京·索文斯基（1777—1831 年），参加 1830—1831 年反沙皇政府的起义，1831 年在保卫华沙的战斗中阵亡。

　　②　请愿代表团是 1861 年 2 月示威被镇压后，由资产阶级和小资产阶级知识分子组成的一个代表团，向沙皇政府驻波兰王国总督哥尔查科夫请愿，要求他追查 2 月镇压事件。

　　③　民卫队是在为 1861 年 2 月 27 日示威中被打死的五人举行葬礼时，为维持华沙城的社会秩序而组织的一支约有 2000 人的临时队伍，主要成员是小手工业者和青年学生。

　　④　约瑟夫·波尼亚托夫斯基（1763—1813 年）大公，参加过 1794 年克拉科夫起义。

互支持。

这些群众性示威活动唤醒了广大城乡人民，在他们中间传播了为争取民族独立而斗争的思想，也为即将到来的起义培养和锻炼了一批骨干力量。

从 1862 年起，红党开始积极进行起义的组织工作。东布罗夫斯基及其助手赫美尔尼茨基在工人、学生中间积极活动，到 1862 年夏天，他俩已组织起一支 7000 人的队伍。为了更好地领导起义，红党领导人在这年 5 月建立了"中央民族委员会"。

争取俄国革命力量的支持和帮助是起义准备工作的一个重要内容。1862年 9 月底，帕德列夫斯基和吉莱尔抵达伦敦，以中央民族委员会的名义同赫尔岑和奥加廖夫就波兰起义的纲领问题举行会谈，商讨起义的时间问题。俄国革命者强调在起义中解决土地问题的重要性。10 月，帕德列夫斯基又秘密来到彼得堡，同"土地与自由"社①中央委员会举行会谈。鉴于车尔尼雪夫斯基被捕和起义准备尚未就绪，双方商定波兰起义不得早于 1863 年春举行。

沙皇政府对波兰王国出现的革命形势和俄波两国革命者的合作深感不安。它一方面镇压俄国国内的革命者，利用 1862 年彼得堡大火，诬陷革命民主主义者。1862 年 7 月逮捕了革命民主主义者车尔尼雪夫斯基。同时，它又加紧镇压波兰王国的革命运动。1861 年 10 月，俄国殖民当局发布命令：禁止三人以上的集会活动，宣布波兰王国处于战时状态，并在华沙的各个主要街道派兵驻守。为破坏波俄革命者的联系及合作，将被认为同波兰革命者有联系的驻波俄军调往他地。1862 年 8 月又逮捕了波兰起义的重要领导人物东布罗夫斯基。10 月 6 日，沙皇政府接受波奸、大贵族维洛波尔斯基的建议，按编定的名册征召城市青年入伍，决定在波兰王国实行强制性征兵，凡被怀疑具有革命情绪的波兰青年均被列入征兵名单，以此破坏起义的准备工作，将起义扼杀在萌芽状态。

在这紧急关头，红党右翼领导人吉莱尔主张无限期地推迟起义，实际上是取消起义计划。左翼领导人帕德列夫斯基认为，除了立即组织起义之外别无其他选择。他一面组织青年隐蔽疏散，一面准备提前起义。在帕德列夫斯基主持下，中央民族委员会决定在 1863 年 1 月 22 日举行起义。

起义可分为三个阶段：

---

① 俄国平民知识分子的秘密革命组织（1861—1864 年），主要领导人是赫尔岑和车尔尼雪夫斯基。

　　第一阶段是 1—2 月。1 月 22 日，中央民族委员会宣布自己为临时民族政府，颁布了宣言和土地法令。宣言宣布："所有波兰的儿女们，不分信仰、种族出身和地位，均是自由平等的公民。"宣言号召波兰人民、立陶宛人民参加起义，推翻沙皇统治，为建立独立、民主的波兰而斗争。土地法令宣布：废除农奴制，将农民耕种的土地归农民所有，无地农民将从国有土地中分得 3 莫尔格①土地。恩格斯称赞这是 "一个在东欧提出过的所有革命纲领中最激进的革命纲领"②。

　　在临时民族政府号召下，从 1 月 22 日夜到 23 日，工人、学生和农民组成的 6000 名起义军在红党领导下，向驻扎在波兰王国的 10 万俄国占领军发动了 33 次攻击。由于武器装备严重缺乏，许多起义者手持猎枪、镰刀和长矛同敌人作战。红党左翼在一些农村中严格执行土地法令，严厉打击拒不执行土地法令的贵族地主，使起义获得农民的支持，特别是在基埃尔策和卢布林等东部省份取得不少胜利。但是，由帕德列夫斯基指挥的攻打战略重镇莫德林和普洛茨克的战役均遭失败。2 月起，沙皇政府不断派遣增援部队围剿起义军，起义军被迫转入农村，开展游击战。

　　波兰王国起义后不久，临时民族政府于 1 月 29 日和 2 月 7 日分别向立陶宛、白俄罗斯和乌克兰发表文告，号召它们同波兰王国人民一道反对沙皇俄国。红党左翼领导人谢拉科夫斯基在立陶宛、卡林诺夫斯基和符卢勃列夫斯基在白俄罗斯领导起义。立陶宛的起义运动规模较大，4—5 月，在科温省及维连省发生战斗 36 次，沙皇政府为瓦解起义队伍假惺惺地宣布大赦所有在 5 月 1 日前回到自己家中的起义者。4 月底，谢拉科夫斯基在波涅维日县组织了一支 2500 人的队伍，分三路向彼尔日城进发。途中起义军宣传土改法令，动员群众参加起义。在彼尔日城，起义军同沙俄军队激烈战斗，但因力量悬殊而失败。谢拉科夫斯基被捕，6 月惨遭杀害。

　　立陶宛的起义虽然失败了，但影响很大，"因为：（1）它超出了会议桌上的波兰的疆界；（2）农民大量参加运动；而在库尔兰附近，它甚至直接具有土地运动的性质。"③ 同时，这里的起义吸引了一部分沙俄军队。从而有力地支持了波兰王国的运动。

---

①　莫尔格系波兰和立陶宛旧时的土地单位，1 莫尔格约合 0.5 公顷。
②　《马克思恩格斯选集》第 2 卷，人民出版社 1972 年版，第 631 页。
③　《马克思恩格斯全集》第 30 卷，人民出版社 1974 年版，第 334 页。

4 至 8 月是起义的第二阶段。这一阶段总的特点是：游击战争不断发展，起义队伍扩大到 2.1 万人，武器增多，战斗频繁，仅在 4、5 月间，就有 127 次。6 月份，起义达到高潮。

起义最激烈的地方是波兰王国的西部和南部。在西部的加里茨和马佐夫舍省，有云格领导的一支 700 人的队伍。在克拉科夫省有梅洛斯拉夫斯基领导的队伍。在桑多米尔省，小贵族恰霍夫斯基领导的 400 起义者击败了一支 300 人的俄军后，起义队伍扩大到 1000 多人。在卢布林省，叶泽兰斯基领导的 700 人的队伍于 5 月 6 日同俄军激战 6 小时，获得胜利。这是起义开始以来取得的最大的胜利。在北方的普洛茨克省，帕德列夫斯基领导着一支近千人的队伍。4 月 21 日，他突然被捕，5 月 15 日不幸牺牲。他死后，梅洛斯拉夫斯基继续他的未竟事业，但他在 5 月的战斗中也壮烈牺牲。

波兰王国的起义得到了俄国革命民主主义者的大力支持。赫尔岑的《钟声》杂志和土地与自由社中央委员会号召俄国人民和驻波俄军中的革命官兵为推翻沙皇专制制度而斗争。赫尔岑说："我们希望波兰独立，因为我们希望俄国自由，我们同波兰人一起，是因为同一条锁链把我们两个民族锁在一起。"

以安·波捷勃尼亚为首的 300 多名驻波俄军中的革命官兵调转枪口，同波兰王国起义战士共同战斗，最后英勇殉难。大批俄军革命官兵因同情波兰人民起义而被枪杀或被流放到西伯利亚。俄国革命者还不顾生命危险，从敌人手中救出被俘的东布罗夫斯基和符卢勃列夫斯基，使他们逃离俄国。在同情和支持起义的俄国官兵中有列宁夫人克鲁普斯卡娅的父亲克鲁普斯基中尉。克鲁普斯卡娅回忆说："父亲参加当时的革命军官组织，帮助波兰人逃遁，为此几乎被下士枪毙。"

马克思和恩格斯一贯关怀和支持波兰人民的解放事业，当 1 月起义的消息传至英国时，马克思欢呼波兰起义的爆发。他在 1863 年 2 月 13 日致恩格斯的信中说："有一点很明显，在欧洲又广泛地揭开了革命的纪元。"[①] 马克思还以实际行动帮助起义者。马克思和流亡在伦敦的赫尔岑、巴枯宁、加里波第、马志尼、科苏特，同波兰流亡者一起组织了国际军团，准备开赴立陶宛，支援波兰人民起义。不幸，这一行动为沙俄的侦探获悉，当载着志愿人员和武器弹药的船只自伦敦开出后被慑于沙皇政府压力的瑞典政府扣留。各

---

① 《马克思恩格斯全集》第 30 卷，人民出版社 1974 年版，第 322 页。

国志愿人员只好从瑞典乘小船秘密驶往立陶宛，但途中遇大风，人员及武器损失极大，致使这次行动未遂。

当红党左翼领导人在前线率众奋战时，起义领导权落到了红党右翼手中。2月，梅洛斯拉夫斯基曾一度建立为期两周的军事独裁，两次作战失利后逃往巴黎。3月，在白党的策动下，波兹南贵族出身的曾在普鲁士军队中服过役的兰盖维奇将军又建立了短命的（一周）军事独裁。他反对游击战争，公开镇压农民的起义。战斗失败后，他逃入奥地利。

4月，吉莱尔掌握了起义的领导权，政府吸引了大量有产阶级加入起义队伍。这些有产阶级囿于私利，根本不想开展社会革命，竭力限制农民参加起义。吉莱尔还任命贵族瓦·查尔托雷斯基为民族政府驻巴黎代表，开始了红党与白党的合流。6月，建立了马耶夫斯基为首的民族政府。由于他秘密加入了白党，因而使6月政府明显地执行白党政府的方针：停止执行解放农奴的法令，继续镇压农民起义，拒绝同俄国革命者合作，把一切希望寄托在法、英同俄国的矛盾上，通过查尔托雷斯基请求法、英两国政府出面调停。

波兰起义爆发后，俄国同普鲁士于1863年2月8日签订了共同镇压起义的协定。拿破仑三世害怕俄、普同盟影响法国在莱茵地区的扩张，遂接受调停波兰问题的建议，以图拆散俄普同盟。6月，法国联合英国和奥地利，向俄国发出照会，要求在波兰实现停战并召开国际会议解决波兰问题。俄国拒绝它们的调停。三国在波兰问题的态度绝不是为了波兰的独立，更不愿为波兰而同俄国开战，它们只不过是利用波兰问题向俄国施加压力，以求得俄国在外交上的让步。当调停被俄国拒绝后，三国政府也就袖手旁观，听任沙皇军警镇压起义。

沙皇政府为不让波兰王国的起义，特别是立陶宛、白俄罗斯的起义转移到俄国，加紧镇压起义军。3月，俄军已达20万人，4月增到27万，7月又增至34万，几乎占了俄国陆军总兵力的一半。在残酷的战斗里，起义者经常是以少对多，加之武器不足和装备简陋，因而连遭失败。红党左翼领导人帕德列夫斯基、谢拉科夫斯基和卡林诺夫斯基等人先后壮烈牺牲。符卢勃列夫斯基受伤被俘。革命领导力量损失殆尽，形势急转直下。

第三阶段是1863年9月至1864年夏天，这是起义的尾声。从秋天起，起义领导权已完全为白党控制。10月，罗·特劳古特将军从白党手中夺回领导权，继续领导起义。他把分散的起义队伍改编为正规军，严格执行1月22日法令，企图通过发动农民来挽救起义。

　　沙皇政府于 1864 年 3 月 2 日颁布敕令，宣布在波兰王国土地上解放农奴。许多农民失去了起义的热情。4 月 11 日，特劳古特及其 4 个战友一起被捕，8 月 5 日，在华沙壮烈牺牲。至此，持续一年半之久的波兰王国起义终于被沙皇政府残酷地镇压下去了。

起义失败原因和起义的意义

　　马克思在认真研究了 1848 年以前波兰历次起义之后认为，波兰起义要取得胜利的一个先决条件是，把民族起义发展为土地革命，即发动广大群众——农民——进行一场人民革命①。

　　1830 年起义失败后，波兰王国丧失了自己的军队。1 月起义前匆忙组织起来的军队不仅人数少（只有 2 万人，最多时也只有十几万人），而且未经训练，武器弹药又极度匮乏。起义初期，起义军只有 600 支步枪，与人数多达 34 万，且装备优良、训练有素并得到普鲁士援助的沙俄侵略军相比，力量相差悬殊。在这种不利的客观环境中，要取得起义的胜利，就要充分发动农民，进行人民战争。

　　但是红党右翼分子害怕土地革命，拒不执行 1 月 22 日法令，限制农民参加起义军，并怂恿白党分子镇压农民起义，把波兰的独立寄托于法、英的"援助"上，贻误战机，导致失败。红党左翼是一批真诚的爱国志士，他们虽与城乡劳动人民有联系，但未在农民中间生根，因而在同红党右翼斗争中得不到有力的支持。

　　这种现象的出现是当时波兰的社会阶级关系决定的。在 19 世纪 60 年代的波兰王国，客观上面临着民族民主革命的任务。但当时没有一个阶级能胜任领导这场革命。无产阶级处于形成之中，尚未登上历史舞台。大资产阶级由于得到了广阔的俄国市场，置民族利益于不顾，心甘情愿地充当沙皇的奴仆。中小资产阶级与贵族地主有一定的联系，他们虽然参加起义，但当起义中一些革命措施触及自己的切身利益时，往往动摇及至退出革命运动，幻想依靠西方的援助恢复波兰王国的自治地位。由于红党左翼力量的薄弱，右翼的错误政策，白党的反革命立场，使这次起义未能发展为土地革命。

　　恩格斯根据当时整个欧洲的形势及波、俄两国的具体情况认为，波兰王

---

　　①　参见马克思《关于波兰问题的历史》，人民出版社 1979 年版，第 30 页。

国要取得起义的胜利，就必须同俄国革命相结合。因为"波兰的独立和俄国的革命是互为条件的"①。然而，在波兰起义前后，俄国革命并未像波、俄两国革命者希望的如期爆发。1861 年，沙皇政府以农民改革削弱了当时国内的革命运动，第二年又加强了对俄国革命者的迫害，从而阻止了革命的爆发。这样，沙皇政府能够调集更多的兵力镇压波兰王国的起义。波兰人得不到革命的支援，孤军奋战，寡不敌众，失败也就是必然的了。

镇压了起义后，沙皇殖民当局在波兰王国和立陶宛实行白色恐怖。1500多名起义者被处死，1 万多人被流放到西伯利亚，将近 7000 人流亡到西欧和美国。全国军警密布，监狱林立，继续强制推行俄罗斯化政策，所有机关和学校禁止使用波兰语，甚至连"波兰"的名字也不得使用。残酷的军事殖民统治的枷锁依旧套在波兰人民身上。

波兰起义的被镇压，重新加强了以沙俄为首的欧洲反动力量。马克思认为，镇压波兰起义是"是 1815 年以来最严重的欧洲事件"②。

波兰 1863 年起义，虽然被沙皇政府镇压下去了，但它的意义不可低估。列宁给这次起义运动以很高的评价。他说："只要俄国和大多数斯拉夫国家的人民群众还在沉眠不醒，只要这些国家还没有什么独立的群众性的民主运动，波兰贵族的解放运动，不但从全俄，从全斯拉夫的民主运动的观点，就是从全欧民主运动的观点看来，都有头等重大的意义。"③

1863 年起义是一次未完成的资产阶级民族民主革命，也是 19 世纪波兰历次起义中规模最大、持续时间最长的一次起义。它虽然失败了，但起义者的鲜血并未白流，正是这次起义迫使沙皇政府承认既成的事实，废除了封建农奴制。1864 年 2 月 19 日土地改革敕令规定：农民使用的土地全部归农民所有，一些无地农民也得到分给他们的小块土地。此外，还为农民保存了使用地主所有的及国家所有的森林和牧场的权利，地主夺自农民的"割地"归还给农民，政府不规定土地赎买制度，地主从国库取得补偿金。可见，正是由于这次革命运动，才使波兰王国的农民获得了比俄国农民更多的土地和自由。由于 1864 年封建农奴制的废除，使波兰全部地区进入资本主义发展阶段，开始了波兰历史的新时期。

---

① 《马克思恩格斯选集》第 2 卷，人民出版社 1972 年版，第 587 页。
② 《马克思恩格斯全集》第 30 卷，人民出版社 1974 年版，第 402 页。
③ 《列宁全集》第 20 卷，人民出版社 1958 年版，第 433 页。

克里木战争

郭华榕

1853 年 7 月至 1856 年 3 月的克里木①战争是 19 世纪中叶的一场重要国际战争，是法国、英国、土耳其、撒丁等国为一方，俄国为另一方，为争夺欧洲优势与中近东而进行的激烈军事冲突。它起因复杂，后果严重，历来受到各国史学家们的关注。

干戈缘由

法、英、土、俄兵戎相见，决非偶然。克里木战争是 19 世纪前半叶数十年来有关"东方问题"与欧洲霸权的国际斗争的结果。

俄国沙皇为首的欧洲君主于 1815 年打败拿破仑一世后，建立了神圣同盟。俄国沙皇等认为"保卫信仰、和平与真理"的反动秩序将永世长存。但事与愿违，受到损害的法国图谋复仇，英国对神圣同盟若即若离，互称"亲兄弟"的奥地利、普鲁士与俄国逐渐离心离德。二三十年代不断演变的矛盾，40 年代迅速激化，50 年代便导致火并沙场。

当时最突出的矛盾为关于奥斯曼帝国"遗产"的争夺。1453 年，土耳其人攻克东罗马帝国首都君士坦丁堡。此城成为奥斯曼帝国首都，改称伊斯坦布尔②。奥斯曼帝国曾经强盛一时，地跨亚、欧、非三大洲。它于 18 世纪末陷入危机，19 世纪中叶濒临崩溃，但仍包括小亚细亚、巴尔干、波斯湾沿岸、红海沿岸和埃及等广大地区。君士坦丁堡被称为"东西方的金桥"，欧洲和亚洲的贸易交换，东南欧与西欧的物资流通，黑海与地中海的商业往

---

① 克里木为今俄罗斯南方的一个半岛，旧译克里米亚。
② 1930 年土耳其政府正式宣布改名为伊斯坦布尔。

来，多以此地为枢纽。俄、英、法、奥等欧洲大国对于奥斯曼帝国的战略地位早已垂涎。谁能获得此份遗产，谁便将成为西方头号强国。但是，它们之中谁也无力独吞。争夺奥斯曼帝国遗产问题，史称"东方问题"。

在 1815 年以前的 100 年内，俄军曾数度跨过普鲁特河，甚至有时渡过多瑙河。19 世纪上半叶，沙皇俄国大力南侵，成为奥斯曼帝国的主要威胁。1829 年俄土战争时，俄军长驱直入，渡过多瑙河，跨越巴尔干山，占领亚德里亚诺波（埃迪尔内），直接威胁君士坦丁堡。30 年代初，俄国乘埃及总督穆罕默德·阿里反对奥斯曼帝国素丹马赫穆德二世之机，以"保护"素丹为名，派遣海陆军来到君士坦丁堡，控制达达尼尔和博斯普鲁斯两海峡。1833年，俄国迫使素丹签订立翁克尔—伊斯克列西条约：除俄国外，素丹政府对其他各国军舰关闭两海峡。英、法对此大为不满，派舰队驶向两海峡。事后，俄军撤走，但俄国完全控制了黑海。俄国南下的攻势和获得的上述特权激化了国际矛盾。

18 世纪末至 19 世纪初，俄国的主要竞争者为法国。19 世纪二三十年代之后，英国成为俄国的主要对手。1840 年，英国联合奥地利与普鲁士，迫使俄国取消 1833 年俄土条约。次年 7 月，英、法、奥、普、俄、土六国在伦敦开会，专门讨论两海峡问题。会议决定，奥斯曼帝国在和平时期对于各国军舰一律关闭两海峡。这是关于两海峡的第一项国际协定。俄国丧失独自派遣舰队通过两海峡的特权。

俄国忍受如此重大的外交失败，完全出于无奈。它面对英、法、奥、普、土五国的合作只有让步方为上策。但是，尼古拉一世的沙皇宫廷决不就此罢休。40 年代中期，俄国重新加紧争夺奥斯曼帝国的遗产。1844 年尼古拉一世出访英国。他在伦敦公然说奥斯曼帝国是个"病夫"，"它正在死亡"，建议一旦危机成熟，俄、英应共同进行瓜分。1852 年，沙皇再次旧话重提，希望瓜分病夫的遗产。英国对此持保留态度。

50 年代初，这场国际争端由于"圣地"问题而激化。耶路撒冷为犹太教、基督教和伊斯兰教的圣地。历史上几经劫洗后，基督教在此保存了伯利恒寺等著名圣殿、教堂与钟楼。掌管这些建筑物与获得其他权利，被称为"上帝陵墓的钥匙权"。16 至 18 世纪，天主教拥有此项权利。18 世纪，钥匙权被东正教夺走。19 世纪 50 年代，问题重新提出。

1850 年 5 月，法兰西第二共和国总统路易—拿破仑·波拿巴向奥斯曼帝国素丹阿布都尔—麦吉德明确要求，应由天主教掌管上帝陵墓的钥匙权。

　　奥斯曼帝国范围内，尤其巴尔干和希腊，居住着许多基督徒。圣地之争实际为争夺对于广大基督徒的控制，也是一场对于帝国遗产的角逐。法国政府的目的还在于削弱俄国的影响。英国政府表示支持法国。圣地之争是东方问题的宗教表现。土耳其的贵族们早已愤恨俄国的南侵，希望保持奥斯曼帝国往日的威严。现在，他们在被迫害之中择其轻者，企图依靠法、英支持，抵御俄国威胁。1852 年 2 月，土耳其素丹同意将圣地钥匙权转交天主教掌管。俄国大为不满。圣地之争成为爆发战争的直接原因。

　　沙皇俄国的南侵政策，主要出自俄国封建贵族扩张领土的野心。俄国在近东市场贸易中受到英、法的排挤也是一个不可忽视的因素。法、英两国的有关政策，亦出自其重大经济和政治利益的需要。英、法工业生产的迅速发展需要寻求广阔市场、大量原料，保证交通安全与贸易发展。法国在土耳其拥有大量投资。英、法在近东市场已逐渐排挤俄国，但未摧毁俄国的竞争能力。英、法资产阶级在中近东谋求的政治经济利益，是驱使它们和俄国走向冲突的主要动力。英国企图控制地中海与中近东，保证自己与印度殖民地的联系。法国希望控制中近东，并为在远东的殖民侵略建立安全通道。英、法之间虽也存在矛盾，但它们逐渐联合起来，共同反对俄国。

　　1853 年初，圣地之争恶化了局势。俄军 15 万人奉命在靠近奥斯曼帝国边境普鲁特河左岸结集。英、法舰队也已抵达爱琴海一带。战火大有一触即发之势。

　　同年 2 月 28 日，沙皇副官海军上将缅希科夫乘俄国军舰到君士坦丁堡。他趾高气扬地与奥斯曼帝国的官员们进行秘密谈判，要求与土耳其建立永久同盟，并保护素丹所属东正教臣民。在俄国使团的威胁下，素丹外交大臣富阿德由于执行亲法政策而被迫辞职。5 月 5 日，谈判破裂。缅希科夫代表俄国向奥斯曼帝国发出最后通牒，要求俄土结盟，保证东正教臣民信仰自由等，限制 5 日内答复。

　　素丹阿布都尔—麦吉德在法、英政府的支持下予以拒绝。缅希科夫于 21 日离开君士坦丁堡，行前威胁地表示："此次便服来访，不久将身穿军装重新归来。"俄国与奥斯曼帝国断交。6 月初，英、法舰队进入达达尼尔海峡。6 月 25 日，沙皇尼古拉一世发表强硬声明：将和先辈一样保护奥斯曼帝国之东正教臣民。7 月 3 日，俄军渡过普鲁特河，侵入奥斯曼帝国。克里木战争中，就交战的法、英、俄而论，皆为一场非正义的战争。

战局演变

克里木战争有三个重要战场：巴尔干半岛、克里木半岛和高加索，其中决定性的为克里木战场，故称克里木战争。此外，在波罗的海、白海和远东也曾发生零星战斗。

法、英、土为一方与俄国为另一方的这场战争可分为前、后两个时期。前期主要为俄土在巴尔干半岛作战，后期主要是法、英、土、撒丁与俄国在克里木半岛作战。

战争前期，或称巴尔干时期。1853 年 5 月俄土断交以后，7 月 3 日，米·德·戈恰科夫率领 8 万俄军渡过普鲁特河，侵入摩尔多瓦和瓦拉几亚①。此两公国当时仍属奥斯曼帝国版图。俄军入侵表明沙皇政府对奥斯曼帝国不宣而战。战火首先由沙皇俄国点燃，"东方危机"演变成为"东方战争"。此后局势迅速变化。9 月末，英、法舰队应素丹要求，由达达尼尔海峡到达君士坦丁堡。

土耳其政府在英、法支持下，要求俄军于 18 天之内撤出侵占地区。俄国不予理睬。10 月 4 日，土耳其向俄国宣战。11 月 1 日，俄国对土耳其宣战。不久，土军 15 万人到达维丁和沃耳特尼察等地，迎击多瑙河对岸的俄军，其中 1 万人渡过多瑙河与俄军作战。此时，俄土军队之间仅仅发生小规模战斗，双方隔河对峙。俄军侵占两公国的局面未有变化。与此同时，土、俄双方在高加索也开始战斗。

11 月 30 日，继俄军越过普鲁特河之后，纳希莫夫率领的俄国黑海舰队袭击了停泊于锡诺普港湾的土耳其黑海舰队。土耳其舰队仓促应战，交锋数小时，结果几乎全部覆没，舰队司令奥斯曼帕夏受伤被俘。停泊在博斯普鲁斯海峡的英、法舰队受到公开挑战。

锡诺普海战终于促使英国内阁决心反对俄国，也激怒了法国政府。1854年 1 月 4 日，英、法舰队进入黑海。俄国于 2 月 21 日向英、法宣战，27 日，英、法向俄国发出最后通牒。3 月初，英、法、土三国缔结军事防守同盟，"决心保卫奥斯曼帝国在欧洲和亚洲的领土"。3 月 23 日，俄军 5 万人渡过多瑙河，向土军发起攻击。27 日，英、法政府对俄国宣战。至此，主要参战的国家已经卷入战局。

---

① 　参阅本书《摩尔多瓦和瓦拉几亚两公国的统一》一文。

1854 年夏天在克里木战争的前期具有重要意义。5 月，俄军围攻多瑙河右岸的锡利斯特拉，土军顽强防守。俄军被歼 5 万多人。锡利斯特拉之战引起了奥地利的干预与法、英军队登陆瓦尔纳。

奥地利十分关注战局。俄军侵占两公国与控制多瑙河口，使奥地利与该地区的贸易大受损失。奥地利帝国对于巴尔干半岛早已怀有野心。现在，面临俄国威胁，它派遣 8 万大军云集东部边界，准备攻击俄军后方。奥国于 6 月 3 日发出最后通牒，强烈要求俄军撤出两公国。法、英看到巴尔干战局不利于土耳其，便派遣两国联合舰队运送 5 万英、法军队于 6 月 24 日在瓦尔纳登陆，并向多布罗加进兵，企图从侧翼打击俄军。土军的坚持抵抗，英、法军队的侧翼包围和奥军的背后威胁，使俄军陷入困境。6 月末，俄军开始撤退，9 月，撤回普鲁特河左岸，放弃了一度占领的两公国。俄军掠夺了当地金库。奥地利根据与土耳其的协定，出兵占领两公国。

俄国进攻与土耳其防守是当时战事的主要态势。恩格斯曾指出："尼古拉自恃有百万大军……在 1853 年向西方进行挑战。"① 但是，巴尔干初期交锋的结果对俄国颇为不利，锡利斯特拉之战使俄国遭受惨重损失。它未能实现占领两公国的企图，却促成了国际局势于己不利的演变。

战争后期，或称克里木时期。俄军撤走后，法、英两国政府并不满足，它们充分了解俄军实力犹在，企图给俄国以真正打击。法、英在瓦尔纳召开军事会议，决定攻打克里木半岛。它们的作战方案，在于夺取塞瓦斯托波尔，占领克里木半岛等地，以求消灭俄国黑海舰队，切断俄国与黑海的联系，从而阻止它的南下势头。

1854 年 9 月 13 日早晨，俄国海军上将科尔尼洛夫与中将纳希莫夫在塞瓦斯托波尔最高点——海军图书馆阁楼上用望远镜瞭望。他们大为吃惊地发现海面天际驶来一群敌舰。14 日，300 多艘舰船运载的 6.2 万名法、英、土联军在该城北方的耶夫帕托里亚登陆。

法、英军队经过周密考虑，不曾直接进攻塞瓦斯托波尔。塞瓦斯托波尔是俄国在黑海的要塞、舰队的基地。法、英军队在克里木半岛登陆，战火烧到俄国。战争进入关键阶段。

登陆军队未曾遇到抵抗。当时，沙俄宫廷正调集大军密切注视西部边界，等待敌人进攻首都彼得堡。它仅仅派遣缅希科夫率军 3 万余名防守克里木半岛。缅

---

① 《马克思恩格斯选集》第 2 卷，人民出版社 1972 年版，第 585 页。

希科夫昏庸无能而狂妄自大，对敌军来犯毫无估计，半岛设防不严。

在海上，英国舰队是主力。在陆地，法军从人数到战斗力皆超过英军。土军人数较少。法军司令是圣阿尔诺元帅，英军司令为拉格兰勋爵。

法、英联军登陆后，于9月19日发兵南下，指向塞瓦斯托波尔城。20日，法、英联军在阿尔马河遇到俄军，双方发生激烈战斗。法军博斯凯的骑兵师猛攻俄军左翼，英军攻其右翼，俄军败走。缅希科夫被人们称为"伊兹缅希科夫"，即叛徒之意①。他率领俄国野战军队通往塞瓦斯托波尔东北的巴赫奇萨拉依。科尔尼洛夫和纳希莫夫奉命负责塞瓦斯托波尔的城防，守军约为2万水兵。法、英联军在此重要关头未曾充分利用俄军城防甚差并在阿尔马战败之机，立即挥戈南下直取塞瓦斯托波尔。此种犹疑迟缓举动令当时国际舆论吃惊，也使后世史学家与军事家费解。俄军得到喘息机会后，加固城防，准备坚守。

塞瓦斯托波尔守军凿穿数艘军舰，沉入港内，封锁了港口。俄国水兵和部分居民在城外修建了由多层工事组成的保护圈。守军自感力量不足，盼望缅希科夫所部野战军队的支援。阿尔马战后，由康罗贝尔将军接替病重的法军司令圣阿尔诺。法、英联军数日后开始南下，包围了塞瓦斯托波尔城。克里木战争的高潮塞瓦斯托波尔争夺战从此开始，并延续了349天。

俄国野战军队得到增援，10月末在巴拉克拉瓦进攻并取胜。11月，法、英军队在英克曼之战中以少击众，俄军损失1/3。远在约2000公里之外的彼得堡宫廷，无视俄军在克里木半岛的困境。沙皇尼古拉一世于1855年2月下令进攻，以求切断法、英联军的供应线。战斗发生于耶夫帕托里亚，俄军再次惨败。沙皇政府认为缅希科夫无能，令其"因病"辞职，改由米·德·戈恰科夫担任克里木半岛俄军司令。司令官的更替也未改变俄军处境。8月，乔尔纳亚列奇卡一战，俄军的进攻又以失败告终。俄国野战军队从此无力解救围城。塞瓦斯托波尔只得任凭法、英军队攻击。

自从1854年9月末开始围攻以来，法、英联军不断加强攻城力量。土耳其也从多瑙河调来援军3.5万人。同时，法、英积极争取盟友。它们于1855年1月与撒丁王国结盟。撒丁王国立即派遣1.5万军队参加战斗。军事力量的增加使法、英处于十分有利地位。盟军达到12万之众，且装备精良、弹药充足、供应良好。守卫在克里木半岛和塞瓦斯托波尔城的俄军共有5万多人，后又派来增援军队，共计为十数万人。

① "伊兹缅希科夫"（изменщиков）的发音与俄语"叛徒"（изменник）一词发音相近。

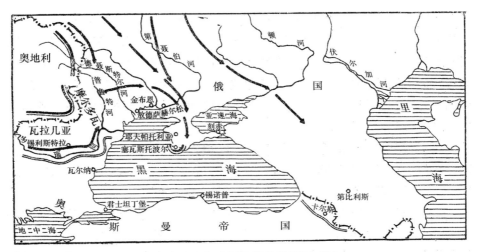

1853—1856 年克里木战争地形图（1）

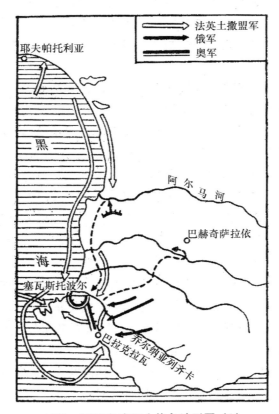

1853—1856 年克里木战争地形图（2）

1854 年 10 月，法、英联军初次炮轰塞瓦斯托波尔。俄方死伤千余人，海军上将科尔尼洛夫被击毙。1855 年 4、5、6、8 月，法、英联军接连炮轰塞瓦斯托波尔，守军大片工事被摧毁，兵员伤亡惨重。8 月炮轰时，俄方平均每日被击毙近 3000 人。海军中将纳希莫夫于 6 月巡视工事时遭敌军枪击，重伤而死。数月围攻，几番炮轰，使得俄军损兵折将，伤亡惨重，外壕丢失，抵抗减弱，濒临绝境。

法军司令康罗贝尔将军与英军司令拉格朗不和，只得于 1855 年 5 月辞职，改由别利西埃将军继任。拉格朗于 6 月因病去世，由辛普森继任司令。法、英联军加紧争夺护城工事，不断收缩包围圈。

9 月 5 日，700 门大炮猛轰塞瓦斯托波尔。3 日之内弹雨纷纷，血肉横飞，俄军工事大量被毁。这是法、英第 6 次，也是最后一次炮轰。8 日，法、英军队发起总攻击，经过激烈厮杀，法军终于夺下马拉霍夫冈高地。这是俯瞰全城的制高点。它的丧失使该城无法继续防守。残留的守军被迫经由事先架设的便桥撤到北岸。塞瓦斯托波尔落入法、英联军手中。克里木战争基本结束。此后，其他地区仍有一些战斗，但已无关大局，不能改变俄国战败的事实。

在此前后，法、英联军在舰队支持下，曾占领刻赤、阿纳帕、金布恩等黑海沿岸城镇，并在亚速海沿岸毁坏俄军粮食储备和焚烧若干小城。法、英军队在克里木获得大胜之后，未曾出师北征，侵入俄罗斯帝国内地。看来，拿破仑一世的惨痛教训，人们仍然记忆犹新。

除了巴尔干和克里木之外，高加索、波罗的海、白海与远东也先后发生过战争。高加索战场尤为重要，波罗的海战场也别具特色。

俄、土之间对高加索地区的争夺由来已久。在克里木战争中，高加索的战斗开始于 1853 年 10 月 27 日土军进攻圣尼古拉哨所，结束于 1855 年 11 月卡尔斯投降。它与巴尔干和克里木战事同时进行。

1853 年 10—11 月，10 万土军发动进攻，目标为第比利斯。俄军此时约为 3 万人，他们于 12 月在巴施卡迪克拉尔重创土军。冬季，大雪封山，道路阻塞，双方停战。1854 年 5 月，12 万土耳其军队重新发动进攻，但 6 月至 7 月俄军又取得胜利。8 月，俄军再次击败土军主力于丘柳克—达拉，它本身也受到重大损失。冬季到来，双方转入休战状态。1855 年春，俄军主动出击，不久开始围攻卡尔斯要塞。此城易守难攻。土军坚守 5 个月之久，终于在 11 月 28 日被迫投降。卡尔斯的胜利只是稍微改善了俄国的处境，不能改变俄国的败局。

1854 年 7 月，由 52 艘军舰组成的英、法舰队在波罗的海对俄国要塞喀朗施塔德进行封锁，并企图在汉科、阿多和埃克涅斯等地登陆。8 月 16 日，英、法舰队攻占阿兰群岛的博马松德俄军要塞。但波罗的海受冰封等自然条件所限，一年之内仅有部分时间可以作战。英、法舰队后来离开波罗的海。1855 年，英、法舰队仍以封锁海岸为主，并曾炮轰塞阿堡等沿岸城市。英、法舰队虽然攻克博马松德要塞，但未能夺取喀朗施塔德这一预定目标。波罗的海战斗就此结束。

1854—1855 年，英、法舰队曾在白海向俄国发动进攻。他们从海上炮轰科拉等地，并试图进攻阿尔汉格尔斯克。1854 年 8—9 月，英、法舰队在堪察加半岛的彼得罗巴甫洛夫斯克登陆。1855 年，它们又企图在鞑靼海峡的德卡斯特里登陆。在这些战斗中，英、法未曾动用强大兵力，因而战果不大。

克里木战争的基本进程表明，俄军由前期的进攻转为后期的防守，法、英、土军队则由被动变成主动并取得最后胜利。从战事本身来看，前期战斗较为缓和，后期，尤其塞瓦斯托波尔之战空前激烈。这是拿破仑一世之后数十年来欧洲未曾见到的一场恶战。仅仅塞瓦斯托波尔的争夺，俄军死伤就达十余万人。

战争与外交

围绕克里木战争所进行的外交斗争，从某种程度看来，甚至比战事本身更为复杂。外交斗争与军事行动相配合。1853 年上半年，缅希科夫出使君士坦丁堡期间，各国外交活动十分活跃。战事之初，即 1853 年下半年，外交活动处于沉寂状态，军事活动暂时压倒外交斗争。不久，外交家重新展开活动，奥地利进行多次调停，法、英与撒丁建立同盟。塞瓦斯托波尔陷落后，寻求出路为当时外交的特征。巴黎和会以外交途径结束了这一场战争。

俄国从 1844 年之后企图与英国结盟，但英国在经济和政治上与俄国争夺中近东，矛盾重重。英国著名政治家帕麦斯顿指出："欧洲沉睡良久，此刻正在苏醒，以便消除沙皇在其辽阔国土四周采取的进攻体制。"消除俄国影响是当时英国政府的明确主张。

与此同时，俄国政府先后与丹麦、瑞典和波斯进行谈判，以求壮大自己的力量。丹麦不愿保持中立。瑞典不肯支持俄国。波斯拒绝参加反对土耳其的战争。俄国陷于孤立，独自与欧洲数强较量。

1853 年，法、英正在逐步走向联合。俄国过高估计了法、英之间的矛盾。当时，法国外交部部长德鲁安·德·吕伊斯指出："拿破仑三世的目的是为了打破 1815 年之后的欧洲联盟。"法国的矛头必然指向当时欧洲大陆的霸主——俄国。拿破仑三世奉行联英抗俄政策。经济上在中近东排挤俄国与政治上限制俄国对外扩张，成为法英联盟的基础。

1853 年 3 月至 5 月，法英合作外交的初步表现为协同反对缅希科夫使团。法、英驻君士坦丁堡大使德·拉库尔与斯特拉福共同采取灵活策略，支持素丹与缅希科夫周旋。他们公开表示相信缅希科夫的声明，即为协商圣地问题与黑山国事件①而来。他们进而证明，素丹准备就圣地问题进行尽可能的让步，而且土耳其军队镇压黑山国反抗的战斗在奥地利压力下已经停止，土军即将撤回。他们造成俄国使团已经"完成了"公开任务的局面，逼迫缅希科夫或启程回国或另提苛刻要求，从而为英法干预提供充分理由。尼古拉一世中了外交圈套，匆忙对素丹发出最后通牒。法、英外交获得初步成果。

锡诺普海战消除了英法的一切疑虑，促使它们决心建立联盟。1854 年 1 月 4 日英、法舰队进入黑海，军事与外交密切配合，回答俄国的挑战。1 月 29 日法国《通报》发表拿破仑三世致尼古拉一世的公开信，宣布俄国应负战争责任，代表法、英两国抗议俄国在锡诺普的罪行，要求俄国从多瑙河两公国撤军。拿破仑三世以法、英代表姿态对俄方施加了巨大的外交压力。

尼古拉一世于 2 月 9 日在《圣彼得堡报》也以公开信形式回复，宣称"1854 年的俄国将和 1812 年一样显示自己的力量"。21 日，俄国向法、英两国宣战，显然决心将战争政策推行到底。

法、英外交在 1854 年 2 月底至 6 月采取了一系列行动。2 月 27 日法、英对俄发出最后通牒。3 月 12 日，英、法、土三国结盟，声明"决心保卫奥斯曼帝国在欧洲和亚洲的领土"。27 日，法、英对俄国宣战。4 月 10 日，法、英签订正式盟约。至此，克里木战争的力量结构基本形成。法、英联军在瓦尔纳登陆，迫使俄军撤回普鲁特河左岸。4 月拿破仑三世访问英国与 9 月维多利亚女王访问法国促进了两国的团结。1854 年 8 月 8 日，法、英与奥地利从维也纳向俄国发出"四项条件"的照会：法、英、奥、普、俄共同保

① 黑山国大公 1851 年执政后，宣布成立黑山大公国，要求国际承认。1852 年土耳其向黑山国宣战，奥地利不愿土占领黑山而进行干预，土被迫停止进攻，1853 年战争结束。

护两公国，它们暂由奥军占领；五国共同保护素丹所属基督臣民；五国共同监督多瑙河口；重审 1841 年有关达达尼尔与博斯普鲁斯两海峡的条约。四项条件为将来和平之基础。但俄国不作答复，它坚持继续作战。9 月中，法、英军队在克里木半岛登陆，战争进入决胜阶段，外交活动处于低潮。

塞瓦斯托波尔的长期对峙为法、英外交提供了新的机会。两国外交官员寻求新的盟友参战。1855 年 1 月 10 日，法、英与撒丁王国结盟。法、英协同外交为其军队在克里木战场上增添了新的盟军。

1855 年 3 月 2 日，尼古拉一世服毒自杀。长子即位为亚历山大二世。此年春夏，俄军在塞瓦斯托波尔日益面临危机，俄国全国陷入困境。9 月，塞瓦斯托波尔终于失守。外交家们投入了频繁的活动之中。亚历山大二世即位之初曾希望结束战争，通过谈判解救危难。

法、英亦面临是否继续进行战争的问题。法、英两国皆曾主张继续战争，摧毁俄国。为此，1855 年秋法国与瑞典进行谈判，希望从陆地进攻俄国主要地区。但瑞典国王奥斯卡一世要求英法派遣 5 万联军协助他占领芬兰，并永久拥有此地。英国不愿出兵，瑞典拒绝合作。法国政府看到与英国的分歧和瑞典的拒绝，因而主张停战，趁有利时机实现和平。英国、撒丁与土耳其希望依靠法国陆军占领克里木，深入俄国腹地，控制波罗的海与高加索等地。法国由于与英国有分歧，且国内局势不安，便与俄国开始秘密谈判。但是，法、俄私下谈判未能终止战争。只是由于奥地利的干预，俄国才决心和平。

克里木战争期间，奥地利帝国的外交作用远远超过了它的军事作用。1853 年 7 月，俄军入侵多瑙河两公国后，奥地利主要运用外交手段反对俄国威胁，不愿直接卷入战事。7 月 24 日，布奥尔在维也纳召集法、英、俄、普 4 国大使协商，但俄国拒不参加。锡诺普海战之后，奥地利再次出面斡旋。12 月 5 日召开奥、英、法、普四国代表参加的维也纳会议，会议决定保护奥斯曼帝国的完整，要求素丹保证基督教臣民之命运。俄国再次拒绝出席，调停重遭挫折。

1854 年春天，俄国对英、法宣战，法、英对俄国宣战，局势大为恶化。4 月 9 日，奥、法、英、普从维也纳发出照会，要求俄国从巴尔干撤军，保证奥斯曼帝国完整等。法英两国力争奥地利出兵参战，奥地利外交活动余地减少。同时，俄军于 5 月围攻锡利斯特拉，威胁猛增。奥地利只得于 6 月 3 日向俄国发出最后通牒。

法、英、土逐渐占据优势，俄国日益变为劣势，促使奥地利不断倾向英、法一方。1854 年 8 月 8 日，它与英、法一起对俄国发出四项条件的照会，支持英法立场。俄国拒不作复。普鲁士对四项条件也持反对态度。9 月，法、英在克里木半岛登陆后，接连打败俄军，促使普鲁士逐渐改变态度。12 月 2 日，奥地利与法、英订立条约：如 1855 年 1 月 1 日前俄国仍不接受四项条件，奥将在法、英一边参战。奥地利此举仅仅是给自己的调停外交增添若干军事色彩，并不准备出兵克里木。

法、英与撒丁王国结盟极大地刺激了奥地利内阁，但它仍然坚持调停政策，企图从中渔利。1855 年 3—6 月，布奥尔又在维也纳同英、法进行谈判，建议以俄国保存黑海舰队为条件结束战争。英、法予以拒绝。奥地利的调停外交终于失败。9 月，塞瓦斯托波尔失守，法、英战胜俄国。奥地利为了更好地维护自身利益，于 12 月 16 日向俄国发出最后通牒：除坚持四项条件外，又增加一项内容即参战诸国可按欧洲利益需要提出其他要求。俄国应于 1856 年 1 月 17 日前答复，否则奥将对俄宣战。普鲁士也附和奥地利，对俄国发出"友好的"警告。1 月 16 日，俄国接受上述五点内容，宣布停止战争。

巴黎和会

1856 年 2 月 25 日，有关克里木战争的和平会议于巴黎召开。鉴于法国在战争中的重要作用，大会主席由其外交大臣瓦勒夫斯基担任。与会主要人物为英国的克拉林顿、俄国的奥尔洛夫、奥地利的布奥尔、撒丁王国的加富尔和奥斯曼帝国的阿里帕夏。和会在和约主要问题上不曾发生激烈冲突。3 月 14 日之后，和会逐条通过和约条款。18 日，与会各国准许普鲁士代表曼泰伊费尔参加会议。普鲁士只得对于已经通过之各项条款表示同意。

30 日，大会一致通过和约，主要内容如下：互相归还所占领土；集体保证奥斯曼帝国的独立与领土完整；素丹已于 2 月 18 日公布法令保证臣民信仰自由，各国不得干涉奥斯曼帝国内政；土耳其与任何一方发生冲突时，将由其他各国进行调停；关闭达达尼尔和博斯普鲁斯海峡，黑海中立，沿岸禁止建立军火库；多瑙河航行自由；摩尔多瓦获得比萨拉比亚南部；摩尔多瓦与瓦拉几亚两公国仍然臣属素丹，但由各大国集体保护；塞尔维亚仍旧保留素丹驻军，但由各大国集体保护；阿兰群岛中立化；恢复俄土战前在亚洲的边界。

和会上还曾提出意大利和希腊问题，调停与仲裁问题，并发生争论。4月16日，和会结束。

在克里木战争中，俄国失败，法、英、撒、土等是战胜国。交战双方损失惨重[①]。

俄国失败的根本原因在于腐朽的农奴制度，它使得俄国的军事指挥无能、弹药缺乏、粮草不足、道路甚坏、贪污盗窃盛行。克里木战争促使俄国农奴制危机加深并走向崩溃，使俄国社会的一切弊端暴露无遗。俄国舰队主要为破旧的帆舰，步兵使用早已过时的"燧石枪"。俄军"遵循老祖宗的传统"，只善于检阅与操练中的正步行进，缺乏利用地形进行实战的本领。英、法舰队多为蒸汽机发动，螺旋桨推进，机动迅速，并配备远程大炮。法、英步兵的武器为当时先进的来复枪。这一切反映了欧洲军事技术的重要发展。法、英军需供应颇为充足，发达的工业为战争提供了大量军用物资。封建落后的俄国实际上被发展的资本主义法国与英国打败了。

克里木战争表明俄国丧失了保持数十年之久的欧洲霸权，俄国南侵的势头被迫停止。奥斯曼帝国得以延续数十年。英、法在中近东取得了决定性影响力。克里木战争打破了欧洲国际力量的旧平衡，建立起了法国拥有欧陆优势的新格局。这种新的格局基本上保持到1870年。克里木战争也是后来数十年欧洲大国之间斗争的新起点。普法战争、法兰西第二帝国的垮台和德意志第二帝国的建立才导致欧洲出现另一种政治局面。正是这些特点，使克里木战争以其重要性区别于19世纪五六十年代法、意、奥，普、奥、丹或普、奥战争，而成为欧洲近代史上的一个重大事件。

[①]　关于克里木战争双方损失的统计数字历来众说纷纭。《大英百科全书》1980年版认为双方损失各为25万人左右。该书1910—1911年版为：俄国损失25.6万人，盟军25.2万人，共50.8万人。霍布斯巴伍姆认为总共伤亡60万人，包括死50万，伤10万，其中俄国约50%，法国约30%，英国20%左右。苏联《军事百科全书》认为双方共损失103.9万人，其中俄国52.2万，土耳其40万，法国9.5万，英国2.2万人。法国学者德比杜尔指出，法军在克里木战场共为30万人，回国者仅1/3。

俄国 1861 年农奴制改革

徐云霞

俄国 1861 年农奴制改革，即废除农奴制，是当时俄国新的生产力的发展与落后的封建生产关系之间矛盾冲突所引起的封建农奴制危机，以及由此而产生的阶级斗争尖锐化的必然结果。

这次改革是沙皇亚历山大二世为维护贵族地主的利益，并为革命形势所迫，自上而下进行的一次具有资产阶级性质的改革。它成了俄国历史发展的转折点。改革以后，俄国的封建农奴制度为资本主义制度所代替；尽管还保存着封建农奴制的残余，但俄国的历史毕竟进入了资本主义时期。

农奴制改革的历史背景

18 世纪末，俄国的封建农奴制在部分地区已经开始衰落；到了 19 世纪初叶和中叶，更日益走向瓦解。封建农奴制解体的过程也是新的资本主义要素在农奴制内部形成的过程。

俄国于 19 世纪 30 年代开始工业革命。资本主义工厂逐渐代替手工工场，机器生产开始代替手工劳动。1840 年俄国从国外输入的机器，价值为 101 万卢布，到 1850 年已达 268.5 万卢布。在采用外国机器的同时，俄国也开始制造和采用本国的纺织机、织布机和缲丝机。至 19 世纪中叶，俄国纺织品的产量居世界第五位。其他工业部门如冶金、采矿和造船业也开始使用机器。30 年代以后，蒸汽动力的使用较为普遍。

1815 年俄国的工厂为 4189 个，到 1858 年增至 12256 个。工人人数由 1804 年的 224882 人增至 1860 年的 859950 人，其中雇佣工人占 61.4%。在纺织工业和丝织工业中，农奴劳动已完全被雇佣劳动所代替。尽管这些雇佣工人主要是向地主和国家缴纳代役租的农民，但是，在对于企业主的关系上，他们毕竟还是"自由的"劳动力出卖者，是在封建农奴制经济的条件下发展起来的资本主义关系。

随着资本主义的发展，城市人口的普遍增加，对商品粮的需求量迅速增加。19 世纪四五十年代，俄国粮食的平均产量为 2 亿 5000 万俄担，其中在国外销售的商品粮为 5000 万俄担，占产量的 20%。这就有力地刺激了商品粮的生产。列宁指出："地主为出卖而生产粮食（这种生产在农奴制后期特别发达），这是旧制度崩溃的先声。"① 但是，俄国粮食的生产远不能满足国内外市场的需要。为了提高粮食产量，越来越多的地主开始采用机器，改良耕作制度和使用雇佣劳动。不过，在俄国当时的历史条件下，绝大部分地主是采用增加劳役租和提高代役租的办法，扩大自己的经济收入。

在土壤肥沃、工业不甚发达的黑土各省②和白俄罗斯，地主主要是靠缩减农民份地，扩大耕地面积，增加经济收入。在这里，19 世纪上半叶，地主的土地扩大了 2—3 倍，而农民的份地平均缩减了 1/3 和 2/3，由每人 7 俄亩减至 3.2 俄亩。随着地主耕地面积的扩大，劳役租加强了，劳役日也由每星期 3 天增加到 4 天、5 天，甚至 6 天。

在俄国工业较发达的非黑土地带③省份，地主主要是把农民的劳役租转变为代役租，并且日益提高代役租的数目。到 50 年代末，在工业区每人一年所缴纳的代役租更是大幅度提高。承受着如此重压的农民，为了缴付代役租便不得不离乡背井，到城市或遥远的地区受雇于手工工场或从事手工业和商业。这些农民在一定程度上脱离了农村，脱离了土地，成为自由劳动者。这就有力地破坏了自然经济。

上述情况充分说明俄国农奴制危机的加剧，而农奴制危机的加剧破坏了地主经济所赖以存在和发展的必要条件：自然经济占据优势、农民的份地制度、农民对地主的人身依附等。特别是农业中雇佣劳动和机器的使用标志着资本主义生产关系在农村已经开始出现。这不仅进一步加深了农业危机，而且加速了农村的阶级分化。

在农民阶级中，除了大批日益贫困和破产的贫农以外，还分化出了富裕的农民阶层。他们有的租种地主和国有土地，成为土地经营者；有的开办企业、酒店

---

① 《列宁全集》第 3 卷，人民出版社 1959 年版，第 158 页。

② 通常指欧俄南部、伏尔加河中游一带、北高加索、西西伯利亚等地区。

③ 指俄罗斯中部、西北部、彼尔姆、乌德穆尔特等地区。

和旅馆，成为企业主；有的收购和转卖农产品和放高利贷，成为商人、高利贷者。而更富裕者成了拥有数万乃至数十万卢布的大工厂主。他们构成了为农奴关系所掩盖的农村资产阶级，奠定了农村新的、资本主义的经济基础。

贵族地主阶级发生了分化，中、小地主陷于破产。从 1835 年至 1851 年间，拥有不足 20 个农民的地主庄园，减少了 9000 多个，到 19 世纪中叶，俄国无地产的地主已达数万人。值得注意的是，在贵族地主中分化出一批采用资本主义方式改造和经营自己庄园的资产阶级化贵族地主。他们为数不多，但是，它是农村中新的生产关系的代表者。

随着资本主义的发展、农业危机的加深和农村阶级的分化，阶级斗争越来越尖锐。据统计，1826—1834 年，农民暴动为 145 次，1845—1854 年为 348 次。1853—1856 年的克里木战争以后，农民运动更加高涨了。1858 年农民暴动 86 次，1859 年 90 次，1860 年 108 次。

农奴制危机使统治阶级不能照旧统治下去了。特别是资产阶级化的贵族地主，希望迅速改变农奴制度。代表他们利益的自由派公开揭露政府的种种弊病，批评政府的对内对外政策，谈论农奴制改革的必要性。他们甚至致函政府，上书沙皇，制定改革方案，在各种集会上发表演说，阐明自己的政治观点。莫斯科政论家麦列贡诺夫在其评论中写道："我们需要自由，自由！只有自由才是我们所祈求的。"法学家契切林主张逐渐消灭农奴制度，实行信仰、言论和出版自由，改革司法机关。个别高级官吏也对沙皇政府表示不满。克里木战争失败后，库尔兰省长卢瓦耶夫公开斥责政府的欺骗行为和官僚主义。他向自由派高呼："智慧需要自由！"

克里木战争的失败使俄国内外交困、民怨沸腾，进一步加深了封建农奴制的危机，阶级矛盾进一步激化，从而加速了农奴制的废除。正如马克思指出的："欧洲一些合法政府只是在革命的压力下或由于战争的关系才能废止农奴制。"[①] 但 1861 年改革的基本原因，是已把俄国拖到资本主义道路上的经济发展的力量。

农奴制改革的准备

在俄国，废除农奴制已成为历史的必然。但是，采取什么方式，革命还

---

① 《马克思恩格斯全集》第 12 卷，人民出版社 1962 年版，第 628 页。

是改革，是当时斗争的焦点。代表农民利益的革命民主派坚持用革命方式废除农奴制，而贵族地主以及代表他们利益的自由派则力图用改良的办法废除农奴制。当时革命形势的发展，大有演成以革命方式废除农奴制的趋势，但是，农民运动的风暴却没有掀起革命的狂飙。

俄国长期处于落后的封建农奴制度的统治之下，农民长期受着农奴制的压迫和封建思想的束缚，有着浓厚的皇权主义思想。尽管他们经常掀起反抗贵族地主和地方官吏的斗争，但是，他们不反对沙皇，甚至拥护和崇拜"好沙皇"，"沙皇被农民看成人间的上帝"[1]。因此他们的斗争始终未能发展到自觉斗争的阶段，农民运动带有明显的自发性与分散性。各个地区的农民运动始终没有形成统一的、对沙皇政府具有强大威胁的力量。结果，农民运动很快就被沙皇政府镇压下去了。正如列宁所指出的："在俄国，给地主当了几百年奴隶的人民，在 1861 年还没有力量进行争取自由的、广泛的、公开的、自觉的斗争。"[2]　而工人阶级还没有登上政治舞台。

俄国的资产阶级是在专制制度的卵翼下成长起来的，从来就不是一个革命的阶级。沙皇政府不仅给予他们种种特权，而且以高额关税保护他们同外国商人的竞争能力，以其侵略政策保证他们的国外市场，以大量的政府订货为其广开财源。同时，俄国的工业资产阶级大多出身于商人，他们在一定程度上是在旧的生产方式的基础上占有剩余产品，所以，俄国的资产阶级与封建农奴制度有千丝万缕的联系，他们需要这个农奴制的国家。这时西欧资本主义国家所暴露出来的阶级矛盾和阶级斗争，特别是 1848 年巴黎无产阶级六月起义，更使俄国资产阶级一开始就惧怕革命。

由此可见，虽然俄国革命形势日益成熟，但是，摧毁农奴制的力量还不具备。结果，代表贵族地主利益的沙皇政府为保存摇摇欲坠的封建农奴制度和贵族地主的政权，被迫进行了"自上而下"的改革。

1856 年 3 月 30 日，沙皇亚历山大二世在召见莫斯科贵族时已说明了改革的必要性，承认"从上面解决要比从下面解决好些"。

1857 年 1 月 3 日，沙皇政府成立了农民事务秘密委员会。参加委员会的大多为大贵族地主，他们并不热心改革，委员会没有解决任何问题。11 月 20 日，沙皇向维尔纳省总督纳齐莫夫发布诏书，允许立陶宛三省成立省贵族

---

[1]　《马克思恩格斯选集》第 2 卷，人民出版社 1972 年版，第 627 页。

[2]　《列宁全集》第 17 卷，人民出版社 1959 年版，第 70 页。

委员会，要求依照以下原则调整农民和地主的关系：保留地主全部土地的所有权；地主享有世袭领地治安权；保证妥善地、全部地缴纳国税、地方税和货币税。事实上，这个诏书就是政府初步的改革纲领。这个纲领除使农民得到人身自由外，没有触动封建制的生产关系。该诏书发给各省长，并在报纸上公布。

诏书公布后，各省根据诏书先后成立了省贵族委员会。至 1858 年底，在欧俄各省，除阿尔汉格尔斯克外，已普遍建立起了贵族委员会。1858 年 2 月，农民事务秘密委员会改组成为农民事务总委员会，负责领导改革的准备工作。它仍由大贵族地主组成，所以，改革的工作仍然没有什么进展。不过，省贵族委员会的成立和诏书的公布使农奴制问题的讨论公开化了，在社会各阶层中引起了强烈的反响。由于各社会阶层、各政治集团所处的政治与经济地位不同，它们对诏书、对改革的态度以及提出的改革方案也就各异。

大贵族地主占贵族阶级的 10%，却拥有 30% 的农奴。他们享有高官厚禄和种种特权，是封建农奴制的坚决拥护者和有力支柱，反对任何改革。沙皇诏书的公布，引起了他们的极大不满。在苏沃洛夫伯爵领导下，彼得堡委员会拟定的方案是最保守的方案。方案的主要内容是：全部土地仍归地主所有；农民在完全服役的条件下可无限期地使用份地；保证地主对农民的支配权。可见，他们是农奴制改革的最大障碍。

资产阶级化的贵族地主和他们的代言人自由派，虽然也对封建农奴制进行批评，可是自由派和农奴主同属于一个阵营，他们并不愿意从根本上推翻封建农奴制，只希望用和平手段进行一些有利于自己发展的改革。他们的纲领是"只要改良，不要革命"。著名的自由主义者卡维林说，借着改良道路自上而下地废除农奴制，似乎就可以在 500 年内使俄国国内一直风平浪静，"一帆风顺地繁荣下去"。他们当中的大多数都对沙皇诏书表示热烈欢迎，称赞它"开辟了历史的新纪元"，"是贵族崇高的、自我牺牲精神的产物"。只有少数人认为，"诏书既不利于地主，也不利于农民"。持这种观点的代表人物是特维尔省委员会主席翁科夫斯基。由于他们的政治观点不同，所在地区的条件不同，对改革的意见也就不完全一致。结果提出的方案和奏折形形色色，数以百计。现已发现和研究的为 370 份。在这些方案中具有代表性的有两个。

一个是特维尔省翁科夫斯基提出的改革方案。它代表非黑土地带那些希望把自己的经济转到资本主义轨道上去的地主的利益。方案要求：完全废除农奴制；通过赎买方式把土地分给农民；土地由农民本人赎买，封建地租的赎金则应由国家负担。翁科夫斯基的观点是当时地主中最进步的观点。

另一个方案是波尔塔瓦省波津提出的方案，它代表黑土各省地主的利益。方案规定只将宅园地分给农民，而全部土地的所有权仍归地主。显然，这种观点要比前一种观点落后多了。

尽管他们的方案各异，但是有一点是共同的，即维护贵族地主的利益。他们之间的冲突是同一个阶级内部的冲突，他们之间的斗争"主要是地主内部的斗争，完全由于让步的程度和形式而引起的斗争"①。

农民和代表他们利益的革命民主主义者，对于沙皇诏书、对于改革完全持另一种态度。农民以暴动回答了沙皇诏书和改革的准备工作。

革命民主派是农民利益和自由的坚决捍卫者。他们以《钟声》和《现代人》为阵地，不断揭露沙皇政府改革的欺骗性和地主方案的掠夺性，猛烈抨击自由主义者的妥协、软弱、动摇，对人民的背叛和对沙皇政府的卑躬屈膝，鲜明地表达了对改革的态度，并提出了自己的纲领。

沙皇诏书公布后，赫尔岑还没有完全摆脱自由主义的倾向，摇摆于自由主义和革命民主主义之间。他在 1858 年 5 月第 9 期《钟声》上发表的文章中，一方面向沙皇表示祝贺，一方面又表示，只愿意与那些坚决解放农民，并且正在解放农民的人共同前进。在改革过程中，他逐渐认识到沙皇的真面目和农奴制改革的实质，从而坚定了他的革命民主主义的立场。

奥加廖夫拟定的"全俄新机构"纲领，要求立即废除地主和国家对人身和土地所享有的一切农奴制特权，将土地无偿地分给农民。这个纲领与沙皇诏书和地主方案形成了鲜明的对照。

车尔尼雪夫斯基和杜勃罗留波夫比他们更坚决。1858 年初，车尔尼雪夫斯基在《现代人》上刊登了自己的文章《论农村生活的新条件》。为了避开书报检查，他形式上对诏书作了善意的批评，而实质上是提出了一个与沙皇诏书对立的纲领。列宁高度评价了车尔尼雪夫斯基，认为"他善于用革命的精神去影响他那个时代的全部政治事件，通过书报检查机关的重重障碍宣传农民革命的思想，宣传推翻一切旧权力的群众斗争的思想"②。杜勃罗留波夫也在《现代人》上揭露了沙皇政府改革的狭隘性和改革内容的贫乏性，指责

---

① 《列宁全集》第 17 卷，人民出版社 1959 年版，第 104 页。

② 同上书，第 105 页。

自由派的卑怯和叛卖，认为他们不能担负重大的社会事业。

农民运动的高涨和革命民主主义者对改革准备工作的揭露与抨击，在统治阶级中引起了极大的恐慌。亚历山大二世为形势所迫不得不再作让步。1858年10月18日，他在农民事务总委员会上作了新的指示。农民事务总委员会于12月4日根据新的指示，通过了新的纲领。其主要内容是：农民取得人身自由，列入农村自由等级；农民组成村社，村社的管理机构由村社选举产生；地主同村社联系，不同农民个人联系；除保证农民长期使用份地外，应使之能够购买该份地为私产，政府可采用组织信贷办法帮助农民。虽然这个纲领仍保留了浓厚的农奴制残余，并以剥夺农民为前提，但是与沙皇诏书相比，它还是前进了一步。

为审查省贵族委员会提出的方案和拟定总的改革方案，1859年3月成立了受农民事务总委员会领导的编纂委员会。该委员会于8月底完成了制定方案的工作。编纂委员会提出的份地代役租和数额与地主提出的不一致，方案引起了贵族地主的不满。此后，经过旷日持久的征询意见、反复讨论和多次修改，直至1860年10月10日才将修改案交农民事务总委员会讨论。该委员会讨论修改后，于1861年1月14日提交国务会议审批。1月28日，国务会议批准改革方案。2月19日，亚历山大二世签名后生效。同时，沙皇又签署了关于废除农奴制的宣言。这就是著名的2月19日法令。

2月19日法令

2月19日法令共17个文件，其中比较重要的是：《1861年2月19日宣言》《关于脱离农奴依附关系的农民的一般法令》《关于脱离农奴依附关系的农民赎买其宅园地、及政府协助这些农民把耕地购为私有的法令》《关于省和县处理农民事务的机构的法令》《关于安顿脱离农奴依附关系的家奴的法令》。此外，还有一些关于解决不同地区土地关系的《地方法令》、关于各种农奴工人的《补充法令》等。

《1861年2月19日宣言》是宣布农奴制改革的第一号文件。宣言承认了改革的必要性，它是由沙皇亚历山大二世签署的，但它的作者是莫斯科大主教菲拉列特·德罗兹多夫，此人也是一个大农奴主。宣言的目的是想表明这次农奴制改革的"正义性"，说"在对农奴们揭示出新的未来的时候，农奴们将会了解和将感激地接受高贵的贵族们为了改善农奴的生活所做的重大的牺牲"。这显然是美化贵族地主。

这个宣言还力图向农民解释，说农民由于使用土地，因而对地主履行义务，是完全必要的。宣言写道："如果没有相当多的赔偿或者自愿的让步，地主就不可能从农民那里取得法律上规定让他们得到的权利。如果使用地主的土地而不因此履行相应的义务，则是违反任何一种正义性的。"因此，宣言要求农民继续对地主履行自己的义务，毫无怨言地忍受地主的剥削。

《关于脱离农奴依附关系的农民的一般法令》是一系列法令中根本的法令。它涉及农民生活的两个重要方面：人身权利和财产权利。

在人身权利方面，《一般法令》规定：脱离了农奴依附身份的农民享有其他自由的农村居民同等的权利，诸如自由买卖，依法开办和经营工厂以及各种工业、商业和手工业作坊，加入行会、同业公会，有权起诉、出庭作证、参加选举、受教育和服兵役等。农民结婚和处理自己的家庭事务不必取得地主的同意。根据这些规定，农民获得了"人"的权利。他们不再像牲畜那样可以任人买卖、典押或赠予了。

在财产权利方面，《一般法令》规定："每个农民可以遵照自由农村居民有关法规，获得不动产和动产为私产，可以转卖、抵押和把它们作一般处理。"不动产有两种：一种是宅园地，农民可以赎买；另一种是耕地及其他土地（牧场、森林等），地主在保留对这些土地所有权的情况下，作为份地分给农民使用。份地数额不等，非黑土地带，最高数额为 3—7 俄亩，最低为 1—2.33 俄亩；黑土地带，最高者为 2.75—6 俄亩，最低为 2200 平方沙绳①至 2 俄亩；草原地带根据各省农作物性质来定。农民可将份地赎买为私产，但须向地主缴纳大大超过土地价格的赎金。同时法令还规定，如果现有份地超过最高数额时，地主有权割去超过部分。据统计，在非黑土地带，割地占改革前农民使用土地的 9.9%，而黑土地带 21 省则占 26.2%。

不仅如此，农民赎买份地之前，还必须承担一定的义务，缴纳货币代役租和工役租。这样的农民称临时义务农。农民在征得地主同意，将份地赎为私产时，才终止临时义务，成为自主农。

从上述情况可以看出，农民虽然人身得到了解放，但在经济上仍然处于对贵族地主的依附地位。

除此之外，根据法令规定在农村建立起来的一系列管理农民的机构，

---

① 沙绳，俄国旧长度单位（俄丈），等于 2.134 米。

如村社、乡会、乡理事会、乡法院以及选出的村长、征税官等，特别是祖护地主的调停官的设立，使贵族地主对农民的压迫更合法化了。贵族地主除了借助沙皇政府的武力来镇压农民的反抗，又有可能以调停官吏和管理农民机构的人来规劝农民，让农民安分守己，好好履行他们对地主所承担的义务。

关于国有农民和皇室农民的改革，沙皇政府按照 2 月 19 日法令的基本原则，颁发了单行条例。国有农民可以完全保留其全部份地，这种份地的面积往往超过一般地主农民的份地。他们在赎买份地以前，仍然要照旧缴纳代役租。皇室农民的人数约有 100 万，他们的份地必须分期赎买，因为作为"头号地主"的沙皇，不愿白白地把土地还给农民。

关于农奴工人和领有制工人的解放则依据《关于脱离农奴依附关系的农民的一般法令》以及有关赎买条例进行。所谓农奴工人，是指以工人身份在其领主的工业企业中服徭役的农民。只有在农奴制改革前就已利用过土地的农奴工人，才能得到份地，否则不能领到份地。所谓领有制工人，主要是指在工厂和矿山工作的"工匠"。如果他们以前利用过耕地，也都可以领受份地，在完成赋役的条件下使用它。

2 月 19 日法令虽然保留了浓厚的封建农奴制残余，但它还是一个资产阶级改革的纲领，对俄国资本主义的发展具有重大的意义。

但是，解放农民的条件引起了农民和革命民主主义者的极大愤懑。由于赎金太高和服徭役的时间过长，农民表示不满。2 月 19 日法令公布后，农民纷纷举行暴动。1861 年上半年，农民运动席卷了实行法令的 43 个省中的 42 个省，共发生农民骚动 647 次。在 1861 年一年内，共有 2034 个村镇发生了骚动。

革命民主主义者揭露了法令的实质和对农民的血腥剥夺。赫尔岑在《钟声》上公开宣称"解放是一种欺骗"。奥加廖夫认为这是"旧农奴制被新农奴制所代替"。车尔尼雪夫斯基的支持者，用通俗的群众语言，写了一份革命传单《领地农民的同情者向领地农致敬》，揭露沙皇亚历山大二世同贵族地主的相互勾结，号召农民团结一致，做好起义的准备，反对地主和沙皇。

农民运动的高涨促进了学生运动的蓬勃发展。他们举行示威游行，要求彻底解放农民，分给农民土地。在农民运动和学生运动高涨的形势下，革命民主派加紧活动。他们印小报、散传单，号召青年建立革命组织，提出了为推翻封建专制制度和建立民主制度而斗争的纲领。但是，这些运动都遭到了沙皇政府的镇压。1862 年沙皇政府竟然逮捕了革命民主派公认的领袖车尔尼雪夫斯基和杰出的政论家皮萨列夫。

这时，自由派公开转到沙皇政府一边，支持沙皇政府的政策。他们对 2 月 19 日法令欢呼雀跃，称颂沙皇的"首创精神"和"坚定态度"，而对人民群众的革命运动和革命民主派则持敌视态度，甚至呼吁政府对他们进行无情的镇压。列宁在斥责自由派的背叛行为时指出："我们看到过自由主义者们对待 60 年代初的革命运动是何等怯懦和愚蠢……他们不是奋起捍卫被政府迫害的民主运动的首领们，而是袖手旁观并替政府辩护。"[①]

农奴制改革的后果

农奴制改革以后，俄国进入了资本主义阶段。可是，由于统治阶级实行的这次改革是很不彻底的，因而不可避免地保留了封建农奴制残余。

首先，改革既没有改变封建专制政权的阶级实质，也没有改变地主土地占有制。贵族地主继续掌握着国家政权，照旧控制着大量土地。地主的土地占有制是农奴制残余的经济基础。根据 1877—1878 年的统计，在欧俄 49 省的 9150 万俄亩私人土地中，有 7300 万俄亩以上的土地，即约 80% 的土地，是属于贵族的。

改革没有彻底解决农民的土地问题。相反，农民的土地被地主割去了 1/5 以上，有些省份甚至达 40% 以上。同时，地主霸占良田和整块的土地，将零星土地和沙地分给农民，地主的土地还像楔子一样楔入农民土地之中，致使农民不得不以高价租种地主的这种楔形土地。

其次，工役制农奴经济是封建农奴制残余的另一表现形式。80 年代中叶，在欧洲 43 省中，17 个省是工役制农奴经济占优势，7 个省是混合制经济占优势，另有 19 省是资本主义经济占优势。可见，工役制农奴经济还占有相当大的比重。农民在缺乏土地的情况下，为了使用地主耕地、牧场和草地，被迫以最苛刻的条件向地主租佃，接受工役制剥削。

工役制剥削与资本主义剥削不同。它的基础不是私有主的资本，而是土地；不是自由雇工，而是带有高利贷性质的盘剥。工役制是徭役制的直接残余，是从徭役制向资本主义的过渡形态。列宁在分析工役制时指出："工役

---

① 《列宁全集》第 5 卷，人民出版社 1959 年版，第 29 页。

制的实质就是农民用自己的农具和牲口耕种地主的土地，从而得到一部分货币报酬和一部分实物报酬。"①

封建农奴制残余，使农民在改革后仍然处于十分悲惨的境地。他们政治上仍然受压迫，经济上照旧依附于地主。他们承担着赎金、贷款利息和赎买手续费的盘剥以及土地税、自治税和村社捐税等名目繁多的苛捐杂税的重压。因此，广大农民仍然常年在饥饿线上挣扎。

尽管如此，1861 年农奴制改革毕竟加速了俄国资本主义的发展，在一定程度上使生产关系与生产力相适应，使资本主义在国民经济许多部门中得以确立。俄国开始出现了一个新的社会经济状态。所以列宁认为，"1861 年 2 月 19 日标志着从农奴时代中成长起来的新的资产阶级的俄国的开端"②。

在农业方面，资本主义的迅速发展明显地表现在农民阶级的分化上。在农村，农民阶级一方面分化出少数富农，他们拥有优良的牲畜、农具和大量土地资金，是农村中的资产阶级。他们不仅购买农民所出卖的份地，而且还买进地主所出售的庄园。另一方面是分化出了一大批破产农民，他们不仅失去了土地，而且丧失了其他生产资料，沦为农村中的无产阶级。这些农村无产阶级和农奴制改革所造成的无地农民就形成了一支雇佣大军，为资本主义的发展提供了有利条件。19 世纪末，根据全俄人口调查材料，俄国雇佣工人大约已有 1000 万。

农民的分化促进地主经济循着资本主义道路演进。农民破产后，由于失掉了马匹和农具，不能再为地主服工役了，这就迫使地主不得不采取资本主义的经营方式。农民的分化进一步破坏了自然经济，农村和市场的联系也日益频繁，这些都为资本主义的发展提供了有利的条件。

在工业方面，资本主义也同样得到了迅速发展。1861—1881 年，布匹的生产增加了两倍，织布工厂排挤了手工织布业。1860—1890 年，生铁的产量由 2050 万普特增至 5660 万普特；钢产量由 1250 万普特增至 5200 万普特；煤的产量由 1800 万普特增至 36700 万普特。1866 年俄国的工厂不到 3000个，1903 年已近 9000 个了。

随着资本主义在工农业中的发展，国内市场的扩大，铁路的修建也迅速增长。1865—1895 年，俄国的铁路已由 3374 俄里增至 31728 俄里。到 19 世

---

① 《列宁全集》第 15 卷，人民出版社 1959 年版，第 62 页。
② 《列宁全集》第 17 卷，人民出版社 1959 年版，第 104 页。

纪 80 年代初，俄国已基本完成工业革命。在谈到农奴制改革后俄国资本主义的发展时，列宁指出："1861 年以后，俄国资本主义的发展是这样的迅速，只用数十年的工夫就完成了欧洲某些旧国家整整几个世纪才能完成的转变。"[①]

经济基础的改变必然引起上层建筑，即政治制度、司法制度和其他各种制度的改变。19 世纪六七十年代，沙皇政府所进行的地方自治、司法、教育、军事等方面的改革，就是俄国资本主义经济发展的必然结果。

1864 年的地方自治改革，是根据 1864 年 1 月 1 日沙皇亚历山大二世批准的《省、县自治机关条例》进行的。条例规定，省、县自治局是地方管理机关，负责处理与农村居民有关的地方性事务：修筑道路和桥梁、设立医院和学校等。地方管理机关由两级选举产生，自治局代表的选举资格以拥有土地的多寡为基础，因而自治局就完全处于贵族地主控制之下，并为他们的利益服务。但在这些人当中，有一部分是逐渐资产阶级化的贵族地主。自治局的活动受省长监督，其独立性受到严格限制。尽管如此，地方自治局在农民中间还是展开了一些有益活动，如国民教育、卫生保健和普及农业知识等。自治局所修建的道路，特别是 70 年代所修建的铁路和开设的银行，对加速俄国资本主义的发展起了一定的作用。

1870 年的市政改革取消了过去的等级制的市政管理局，设立了在财产资格基础上选举产生的市杜马。市杜马选举自己的执行机关：以市长为首的城市行政处，市杜马的活动也受省县监督。城市杜马为资产阶级所控制，并为其阶级利益服务。

1864 年，司法也进行了改革。新的司法条例是根据西方资产阶级法律原则制定的。根据新的司法条例规定，法院开庭必须公开进行；开庭审理结果必须在报纸上公布；诉讼当事人双方均可聘请律师，在法庭上为自己辩护；律师必须由受过法律教育而不担任公职者充任。而政治案件则由高等法院和枢密院以及军事法庭审理，并且不许陪审员参加。官吏的渎职罪不受各级普通法院管辖。事实上，俄国司法机关仍然从属于专制政权。尽管如此，在 60—70 年代的改革中，司法改革是最资产阶级化的了。

1874 年，沙皇政府进行了军事改革，用普遍兵役制代替了募兵制。根据普遍兵役制条例，凡年满 20 岁的男性居民，不分等级，一律服兵役。在应

---

① 《列宁全集》第 17 卷，人民出版社 1959 年版，第 104 页。

征入伍者当中，一部分服兵役，一部分留作后备役。兵役期限 6 年，期满后退为后备役。受过教育者，服役期可大大缩短。这个兵役条例解决了战时所需要的、受过训练的后备军问题。

此外，沙皇政府还对国民教育、财政、书报检查制度等方面进行了改革。

60—70 年代的资产阶级改革，虽然有很大的局限性，但促进了俄国资本主义经济的发展，促使封建地主阶级向资产阶级转化，加速封建君主制向资产阶级君主制转变，列宁说："如果总的看一看 1861 年俄国国家全部结构的改变，那就必然会承认，这种改变是封建君主制向资产阶级君主制转变的道路上的一步。这不仅从经济观点来看是正确的，而且从政治观点来看也是正确的。只要回忆一下法院方面、管理方面、地方自治方面的改革的性质以及 1861 年农民改革后所发生的各种类似的改革的性质，就一定会相信这种论断是正确的。"[①]

---

① 《列宁全集》第 17 卷，人民出版社 1959 年版，第 96 页。

沙皇俄国对中亚三汗国的吞并

郑绍钦

中亚细亚的阿姆河和锡尔河流域，从帖木儿帝国在 16 世纪初灭亡以后经历长期的封建分裂，到 19 世纪初形成布哈拉、希瓦和浩罕三个汗国鼎立的局面。这一地区统称土尔克斯坦，相当于现在的乌兹别克斯坦、吉尔吉斯斯坦、塔吉克斯坦和土库曼斯坦四国地区。

19 世纪前期，中亚三汗国的农业、手工业和商业发达，城市繁荣，各汗国之间的经济联系密切，这个地区在政治上重新走向统一的趋势日益加强。可是，沙皇俄国在 19 世纪后期的大举入侵破坏了土尔克斯坦经济和政治的正常发展，把它变为俄国资本主义的殖民地。在当时英俄两国争夺亚洲霸权的历史背景下，沙俄正是通过吞并中亚三汗国建立起威胁英属印度的军事基地。

俄国的中亚政策及其实质

19 世纪初，布哈拉汗国以泽拉夫善河谷为基地，控制阿姆河和锡尔河之间的地区，人口约 250 万，主要是乌兹别克人和塔吉克人。希瓦汗国位于咸海以南阿姆河下游的绿洲上，国力强盛时还控制土库曼人的游牧地区，人口约 80 万，主要是乌兹别克人和土库曼人。浩罕汗国以费尔干纳盆地为基地，控制塔什干绿洲和锡尔河下游等地，人口约 300 万，主要是乌兹别克人和吉尔吉斯人。

沙皇政府吞并中亚的野心由来已久。1716—1717 年，彼得一世从阿斯特拉罕派出 6655 人的大军远征希瓦失败，全军覆没。此后，彼得一世把眼光集中到哈萨克草原，指出这里才是通向中亚各国的"关键和大门"。18 世纪 20 年代，沙皇政府把沿额尔齐斯河构筑的几个侵略据点加以连接，建成了从鄂木斯克到乌斯季卡缅诺哥尔斯克的西伯利亚堡垒线。30—50 年代，它又沿乌拉尔河而上修建了奥伦堡堡垒线，并继续向东延伸与西伯利亚堡垒线连接起来。这样就形成了一条东起乌斯季卡缅诺哥尔斯克，北沿鄂木斯克、彼得罗巴甫洛夫斯克和特洛依茨克，西止里海北岸的弧形堡垒线，对哈萨克草原构成三面包围的形势。

从 18 世纪后期开始，沙俄以堡垒为基地，对哈萨克草原实行蚕食。沙俄的侵略激起哈萨克人民的不断反抗。直到 1847 年，沙俄侵略者把盖涅萨尔领导的武装起义镇压下去，才控制了哈萨克斯坦，打开了进入土尔克斯坦的大门。

1838 年，英国发动侵略阿富汗的战争，并于翌年 8 月占领了喀布尔。彼得堡获悉，沙皇尼古拉一世便命令奥伦堡总督彼罗夫斯基出兵远征希瓦。1839 年 11 月，彼罗夫斯基率领 5000 多人的军队，征用哈萨克人的 1.5 万只骆驼运送给养，匆匆踏上征途。可是，荒原冬天的严寒和暴风雪冻死了骆驼和马匹，兵员损失一半，仓皇撤回。1840 年 6 月，彼罗夫斯基回到奥伦堡后卸去总督职务。英国方面，也由于阿富汗人激烈反抗，被迫于 1842 年把军队撤回印度。

1847 年，俄军在巴尔喀什湖东南强行建立科帕尔堡，在锡尔河口附近建立赖姆堡。1853 年，重新任奥伦堡总督的彼罗夫斯基带领 2000 多军队，配备火炮，溯锡尔河上行，经过 22 天的围攻，攻陷浩罕的阿克麦切特堡。旋即在该地建立彼罗夫斯克堡垒（今克孜尔—奥尔达）。接着，又在锡尔河下游构筑堡垒，连接成锡尔河堡垒线。1854 年，西西伯利亚的沙俄侵略军从科帕尔南下渡伊犁河，强行建立了维尔内堡（今阿拉木图），连接成新西伯利亚堡垒线。

1854 年，按照尼古拉一世谕示设立的中亚军事问题特别委员会，提出把锡尔河堡垒线和新西伯利亚堡垒线向前延伸，在锡尔河畔合围。沙皇马上予以批准。然而，此时俄国陷在克里木战争中，这一计划无法实行。

1856 年 3 月，沙俄在克里木战争中被英法打败之后签订《巴黎和约》，妄图独占黑海海峡和巴尔干半岛的野心遭受严重挫折。在这种情况下，沙俄的侵略矛头转向东方，它认为加紧向中亚扩张是向宿敌英国实行报复的好办法。俄国驻伦敦使馆武官伊格纳切夫（他因在英国军备展览会上偷窃新式步枪子弹被当场抓住，遭英方驱逐回到彼得堡）当时提出，必须"占领阿姆河，让俄国的武装船只沿这条河开辟航运。这样一来，即便不是在实际上，也会在政治上和商业上从这个方向威胁大英帝国"。1858 年 5—12 月，伊格纳切夫奉命率领使团从奥伦堡出发到希瓦和布哈拉访问，收集了大量情报，主张沙皇政府尽快吞并中亚。

1858 年，沙皇政府与奥伦堡总督卡捷宁、西西伯利亚总督加斯弗尔德和高加索部队司令巴里亚丁斯基研究了三路进兵中亚的计划，首先是进攻浩罕汗国的塔什干。有 10 万人口的塔什干位于浩罕西北，不仅是中亚的经济、文化中心，而且是进入浩罕、布哈拉汗国的门户，战略地位十分重要。奥伦堡总督卡捷宁指出："无论是我们对中亚地区影响的确立或是锡尔河防线本身的稳固，都取决于此举。"亚历山大二世审阅了卡捷宁的呈文，在上面批道"我完全同意他的意见"，同时指出要暂缓实行。因为俄国内部面临革命形势；在高加索，它与土耳其、伊朗关系紧张；在远东，它要利用英法联军发动第二次鸦片战争之机，在中国趁火打劫。这时，沙皇政府只限于用小规模的出击来打通伸向中亚的交通线，尽量避免刺激英国。

1861 年俄国废除农奴制以后，资产阶级力图扩大市场，获取新的原料产地。当时，棉纺织业是俄国的主要工业部门，迫切需要大量进口棉花。1861—1865 年美国南北战争爆发后，向俄国输出的棉花在 1861—1862 年减少到原来的 1/6。棉花价格急剧上涨，1864 年比 1860 年提高了 4 倍。棉纺织工业因缺乏棉花出现了危机，不少企业倒闭。俄国资产阶级把中亚看作原棉的廉价供应地，力图从这里寻找出路。从中亚运往俄国的棉花，1861 年为 15.2 万普特，1862 年增加到 40.5 万普特，1864 年已高达 70.4 万普特。资产阶级强烈要求沙皇政府加紧吞并中亚，保证有更多的原棉供应俄国棉纺织业。俄国资本主义发展较晚，缺乏同欧洲列强竞争的经济力量，因此，它主要依靠武力夺取市场和原料产地。

俄国资产阶级报刊为沙皇政府侵略中亚制造舆论。《俄罗斯通报》发表格麦斯特尔的文章鼓吹，由于美国出口停滞，政府必须放弃"等待时机的方针"，应采取"强制手段"来确立"对浩罕的文明化影响并加速消灭希瓦的抢掠和无政府状态"。同莫斯科商业集团有密切联系的保守派报纸《莫斯科公报》赞成夺取中亚，认为借此可重振俄国的声威。自由派的《呼声》杂志甚至号召仿效英国殖民主义者在印度的做法，用暴力和恐怖手段"把里海变成俄国的内湖"。

沙皇政府认为，殖民掠夺和对外扩张可以缓和正在发展的资本主义同腐朽的农奴制之间的矛盾，有利于加强沙皇专制制度的统治。从 1858 年至 1863 年，它就不断为大举进攻中亚进行紧张的准备。

攻占塔什干

从 1864 年起，国际国内形势发生了有利于沙皇政府的变化。农奴制改革期间出现的革命形势没有转变成革命。1861—1863 年的农民运动被镇压下去。1863 年波兰、立陶宛、白俄罗斯和乌克兰等地的民族起义，在沙皇政府的镇压下也以失败告终。1863 年沙俄摆脱了外交上的孤立，同普鲁士接近起来。1864 年 5 月 21 日，俄军攻下高加索山民最后一个堡垒，高加索战争结束了。1863 年 6 月 7 日，在沙俄武装进攻和外交讹诈的压力下，中国的清政府终于答应沙俄割占巴尔喀什湖东南领土的要求，并于翌年 10 月 7 日签订了《中俄勘分西北界约记》。

1861 年，奥伦堡总督贝扎克曾提出吞并中亚的具体方案，即逐步把堡垒线连接起来，占领土尔克斯坦和塔什干城。1863 年，在贝扎克的默许下，切尔尼亚耶夫上校带兵占领锡尔河边浩罕的苏扎克堡，宣布该堡垒及周围居民"归俄国保护"。7 月 7 日陆军大臣米留金将此事通知外交大臣哥尔查科夫。哥尔查科夫在 7 月 16 日答复米留金说："切尔尼亚耶夫上校不需要特别花销和牺牲而取得成功的行动，使我们接近了预定的目的。"

沙皇政府认为，把锡尔河堡垒线和新西伯利亚堡垒线连接起来的时机已到。1863 年 12 月 20 日，沙皇亚历山大二世向米留金下达命令："随着 1864 年的来临，即行着手按贝扎克海军上将的意见：从锡尔河上的朱列克经苏扎克到奥里耶—阿塔，进而沿喀喇套山脉将奥伦堡前哨线和西伯利亚前哨线连接起来……以便日后使边界从奥里耶—阿塔穿越奇姆肯特而推至阿雷斯河。"

1864 年初，切尔尼亚耶夫上校率领 2500 人的部队由维尔内出发，6 月 4 日占领了奥里耶—阿塔。接着，维辽夫金上校率领 1200 人的部队由彼罗夫斯克出发，6 月 12 日夺取了土尔克斯坦城。9 月 2 日，切尔尼亚耶夫的部队进入交通要冲奇姆肯特城。

沙皇政府拟定的特锡尔河堡垒线和新西伯利亚堡垒线连接计划完成后，切尔尼亚耶夫于 9 月 27 日率 1550 人的部队，带 12 门大炮向塔什干进发。10 月 2 日，俄军猛攻塔什干城失利，部队死伤 78 人，于 10 月 7 日撤回奇姆肯特。切尔尼亚耶夫的行动虽遭挫折，但它体现了 1858 年沙皇政府确定的进军意图。沙皇政府为安抚切尔尼亚耶夫，迅速向他提供经费，同时把他统率的兵员总数扩充到 1.5 万人。

从 1864 年秋，俄国吞并中亚三汗国的军事行动进入了一个新的阶段。当年 11 月 21 日，外交大臣哥尔查科夫向欧洲列强递交了沙皇政府的《公告》。《公告》把俄国对中亚的侵略活动解释成是被迫采取的。《公告》说："俄国在中亚的地位，如同一切与半开化的、没有稳定社会组织的游荡民族接壤的文明国家的处境一样。在这种情况下，维持边境安全和商业往来的利益，永远要求更文明的国家对那些以野蛮和狂暴扰人的邻居拥有一定的统治权。"《公告》虚伪地声称，奇姆肯特的堡垒线是俄国推进的"地理极限"，"在这个极限面前，我们必须停止"。因为与俄国为邻的，是"有稳定社会组织的三个汗国了"。在没有达到"边疆安全"以前，必须征服"没有一定社会组织的邻人"，直至有一条"安全而又富饶"的边界为止。

《公告》最后以美国、法国、荷兰和英国等文明国家的殖民政策作为历史例证，要求各资本主义列强，特别是英国，对俄国在中亚的所作所为不要干涉。

1865 年春天，切尔尼亚耶夫根据沙皇政府的命令率军再次进攻塔什干，撕下了《公告》中所谓"地理极限"的骗人外衣。经过两天的炮轰，俄军于 4 月 22 日占领位于奇尔奇克河上的尼亚兹别克堡垒。他们把奇尔奇克河向塔什干供水的两条渠道引开，切断了塔什干居民的水源。这时，浩罕汗国的摄政王阿利姆库尔亲自率领 6000 人马，带着 40 门大炮从浩罕开来支援塔什干。

浩罕军队到达后，塔什干的守城部队达到 3 万人。可是，这支军队缺乏训练和组织，武器装备也很落后。5 月 9 日，阿利姆库尔指挥塔什干保卫部队击退了 2000 名俄军的第一次进攻。近郊居民从 7 岁的小孩到 70 岁的老人，为了庆祝胜利给穿铠甲的战士们送来了菜饭、饮料和水果。俄军稍加整顿后再次发动进攻。在激烈的混战中，阿利姆库尔受了重伤，不久死亡。中亚军队倚仗围绕塔什干约 24 公里的城墙固守。切尔尼亚耶夫于 6 月 14—15 日夜间率所部攻入城中。6 月 15 日和 16 日，一直进行着街垒战。在城墙的工事上展开了激烈的肉搏战，每栋民房都经过白刃战方才易手。推进到城内的俄军炮兵，奉命用炮火摧毁了顽强抵抗的街头堡垒。

俄军占领塔什干城以后，切尔尼亚耶夫企图从该城居民得到一份正式文件，借以表明他们是自愿臣服于沙皇政府的。切尔尼亚耶夫起初向一些头面人物提出要求，但被拒绝，结果这些人遭到逮捕，最后是由赞成臣服俄国的最高法官拟出相应的声明，让塔什干的长老及其他知名人士盖印。塔什干这个中亚最大的城市落到了沙皇俄国的手中。

征服布哈拉和希瓦，灭亡浩罕

1866 年俄军从塔什干向布哈拉汗国进发，5 月 24 日攻占了布哈拉和浩罕两汗国之间的战略要地霍占（今贾拉纳巴德），10 月 2 日占领乌拉秋别，10 月 18 日占领治扎克。

1867 年 7 月 11 日，亚历山大二世下令设置以塔什干为首府的土尔克斯坦总督管辖区，下辖锡尔河省和巴尔喀什湖东南的七河省。任命陆军部办公厅主任考夫曼为首任总督，授予他广泛的军政和外交大权，以加快吞并中亚的步伐，确保对这一地区的军事殖民统治。当地居民对沙俄侵略者深恶痛绝。同年 11 月 13 日，考夫曼向米留金报告他视察塔什干等地的情况时写道：穆斯林们"表现出那样的冷酷矜持、那样漠不关心，甚至藐视最高政权的代表……我终于确信，这里人心不附，确实不喜欢俄国政权和准备摆脱俄国的统治"。为了进一步征服中亚，考夫曼在 1868 年 1 月强迫浩罕签订一项"商务协定"，把浩罕变为俄国的附属国，俄国商人在汗国获得随意居留及建立商栈的权利，在捐税方面享有与穆斯林同等的待遇。接着，考夫曼便向彼得堡报告说：今后的任务是进攻布哈拉汗国。亚历山大二世亲笔批复："我完全赞同。"1868 年 4 月 30 日考夫曼亲率大军向撒马尔罕进发。5 月 1 日，俄军渡过泽拉夫善河击败布哈拉的军队。翌日，俄军开进撒马尔罕。考夫曼向沙皇报告："中亚最古老最著名的城市、以其历史荣誉而自豪的伊斯兰教中心撒马尔罕不发一弹就陷落了。"5 月 17 日，俄军占领卡塔库尔干。6 月 3 日，考夫曼率领步骑 2000 多人的军队，带着 20 多门炮继续西进至泽拉布腊克高地，同布哈拉埃米尔（君主）穆扎法尔统率的主力军进行了决战。布哈拉埃米尔的 6000 御林军死伤过半，被俄军击溃。

当考夫曼和布哈拉埃米尔双方集中兵力在泽拉布腊克会战的前夕，撒马尔罕城中正酝酿着反俄大起义。6 月 1 日，沙赫里夏勃兹的伯克（小封建主）们带部队从南边来到撒马尔罕城郊支援起义者，促成了起义的爆发。总共只有 658 人的俄国驻军，同俄国商人一起撤至撒马尔罕的禁城固守。在 6 月 1 日和 2 日，起义者和沙赫里夏勃兹部队不断猛攻禁城，从邻近的屋顶向被围者射击，放火烧毁禁城大门，甚至几次冲进禁城。俄军死伤达 150 人。6 月 3 日，沙赫里夏勃兹人得知埃米尔的主力军败北，匆忙撤走。撒马尔罕的市民和城郊农民对禁城的围攻延续至 6 月 7 日。7 天的战斗，俄军伤亡达180 人。

6 月 8 日，考夫曼回师撒马尔罕，对撒马尔罕居民肆意屠杀，甚至老人和儿童也不能幸免。著名的大巴扎（市场）和清真寺被焚毁。考夫曼听任士兵任意劫掠 3 天。兵营里开设集市，收买士兵掠得的物品。"文明国家"的假面具揭开，侵略强盗的真相毕露。

泽拉布腊克会战和撒马尔罕起义失败后，考夫曼和布哈拉埃米尔于 1868年 6 月 23 日签署协定：布哈拉汗国承认俄国的保护，丧失了独立同外国进行外交联系的权利；承认撒马尔罕和卡塔库尔干地区并入俄国；交付 50 万银卢布的赔款。布哈拉沦为沙俄的附属国。

俄国在征服浩罕和布哈拉汗国的同时，积极准备进攻希瓦汗国。1869年，俄军占领里海东岸的克拉斯诺沃次克湾，并以此为基地向东侵犯。这样，沙俄从东、北、西三面完成了对希瓦汗国的包围。

1870 年 1 月 18 日，考夫曼致函希瓦汗，催促答应俄方提出的臣服要求，并且威胁说："任何忍耐都是有限度的，如得不到答复，我将亲手去取得它。"4 月 14 日，他收到希瓦人的复函：对俄军占领克拉斯诺沃次克提出抗议，"希望俄国沙皇勿热衷于在上帝所赐予他的帝国领地之外进行扩张，勿贪求别国领土"，拒绝向沙皇屈服。

1871 年 1 月，在陆军部召开的外里海边区事务会议上，考夫曼提出加快进攻希瓦汗国。同年 10 月 29 日，米留金在一份报告上批道："迟早免不了要远征希瓦的"，应当及早做好各项准备。

1871 年 3 月，亚历山大二世批准考夫曼远征希瓦的计划：由土尔克斯坦军区、奥伦堡军区和高加索军区三方面同时向希瓦发兵，并指定考夫曼担任总指挥官。当年 6 月，沙俄出兵侵占中国伊犁地区，暂时推迟了对希瓦的围攻。

1873 年 2 月，亚历山大二世发布马上进军夺取希瓦的命令，考夫曼率领4600 人的部队从塔什干出发，维辽夫金将军率奥伦堡部队 3400 人从恩巴堡出发，马尔阔佐夫上校和洛马金上校率高加索部队 4300 人分别从克拉斯诺沃次克和曼格什拉克出发，合击希瓦。除马尔阔佐夫率领的部队未能通过无水荒漠而折回克拉斯诺沃次克外，其余三路大军于 1873 年 5 月下旬迫近希瓦城。此时，希瓦发生政变。希瓦汗穆罕默德·拉希姆二世逃往土库曼草原。希瓦城一片混乱，无法组织抵抗，被俄军轻取。

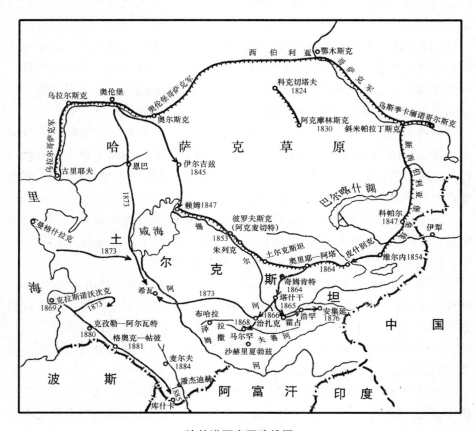

沙俄进军中亚路线图

1873年6月1日，俄军俘获穆罕默德·拉希姆二世。考夫曼向他提出，只要他答应俄方提出的条件，就可以保住他的汗位。8月12日，俄国和希瓦签订的和约规定：希瓦汗无权独立进行外交活动，同邻国的交往必须通过土尔克斯坦总督进行；阿姆河右岸的希瓦领土并入俄国；保证俄国商人在希瓦有自由经商和免税的特权；缴纳220万银卢布的赔款。从此，希瓦汗国沦为沙俄的附属国。

沙俄在征服布哈拉和希瓦两汗国的过程中，还把浩罕汗国的一部分领土连同塔什干、霍占等城市直接夺为己有。浩罕汗胡多雅尔甘当沙皇走卒，拱手让出领土，丧失许多财源，乃向费尔干纳居民残酷榨取各种赋税来补偿不足。1875 年 7 月，费尔干纳各城爆发人民起义。胡多雅尔无力对付起义，向考夫曼求援："尽快派俄国军队带大炮到浩罕城来，以免起义者的阴谋得逞。"考夫曼立即派出 4000 人的俄军前往镇压。当地人民对于"叛教的汗"及其亲信的仇恨迅速转到俄国人身上。起义者对俄军宣布了"圣战"。人民群众为自己祖国的独立不屈不挠地坚持了半年多的抗俄斗争，一度攻入俄国占据的原属浩罕的土地，包围霍占城，切断塔什干城的对外交通。1875 年底至 1876 年初，沙俄侵略军占领了包括浩罕、纳曼干、安集延和马尔格兰等城在内的整个浩罕领土。斯科别列夫率领的沙俄侵略军用大炮摧毁起义者的根据地安集延城，2 万多人被埋葬在废墟下。

1876 年 2 月 19 日，沙皇政府宣布取消浩罕汗国，设置费尔干纳省。双手沾满中亚人民鲜血的刽子手斯科别列夫将军被任命为省长。

1873 年俄军进攻希瓦期间，掳掠土库曼人的约穆德部，遭到激烈反抗。希瓦城陷以后，考夫曼在 7 月 18 日命令一股俄军，"立即进逼位于哈扎瓦特运河及其支流附近的村庄，彻底毁灭约穆德人的村庄及其家园，没收他们的畜群和财产"。"这次征讨男女老幼概不饶命，把他们全杀死。"俄军冲进村庄，逢人就砍，连儿童老人都斩尽杀绝。几天工夫，就有 16 个村庄被毁。

中亚三汗国被吞并后，沙俄加快了对土库曼的侵略。1877 年春天，俄军侵占了通向阿哈尔绿洲的门户克孜勒—阿尔瓦特。1879 年 1 月，洛马金率部3000 多人远征土库曼人的帖克部。他们在帖克人的格奥克—帖彼城堡下面遭到反击，死伤 450 余人。洛马金向沙皇政府报告："帖克人实行了完全够得上最好的欧洲军队所能做到的抵抗，真是出乎意料。"

1880 年 2 月，沙皇召开御前会议，决定必须吞并土库曼地区，把高加索和土尔克斯坦连成一片。沙皇在召见斯科别列夫将军时指出："已经确定了的计划在任何情况下决不得变动，也不得后退一步，因为这对于欧洲和亚洲都会成为我们软弱的表示，也会鼓励我们的敌手更加狂妄，而且可能使俄国所受损失比全部远征都大得无法估量。"沙皇任命斯科别列夫为外里海部队的指挥官，把这支部队扩充到 1.1 万人。当年，沙俄抢修了从里海东岸伸入阿哈尔绿洲的军用铁路，并给部队运来大批装备和给养。1880 年 12 月 23 日，斯科别列夫开始围攻格奥克—帖彼城堡。城中 2.5 万帖克人进行殊死抵抗。次年 1 月城陷，被俄军杀害者计约 14500 人。

1881 年 5 月，沙皇政府宣布把里海东岸的新征服地正式并入俄国，建立了外里海省。

1884 年 1 月，麦尔夫绿洲的土库曼部落在沙俄武力威胁下投降。沙皇政府又宣布设置麦尔夫州，隶属外里海省。

沙俄在土尔克斯坦的军事殖民统治

沙皇政府用暴力征服中亚，占领了富饶的具有战略意义的广大地区，建立以塔什干为首府的土尔克斯坦总督管辖区，下辖锡尔河、费尔干纳、撒马尔罕、七河和外里海 5 个省，控制着名存实亡的布哈拉和希瓦两汗国。

战争结束后，土尔克斯坦依然被看作一个"军事地区"。19 世纪 90 年代的塔什干，城内"不仅有军事堡垒，不仅有很多门前闪耀着刺刀和大炮的兵营，而且大部分的官吏都是军人，大部分机关是军事机关，集会是军人的集会，俱乐部、图书馆和学校也都是军用的。甚至在这里的教堂也是军用的……无论走到哪里，都可看到，除了士兵、军官、将军以及他们的妻子和儿女之外，几乎没有任何其他的人，非军人在这里不知不觉地淹没在占绝大多数的军人之中"。

沙俄依靠军事手段来维持殖民统治。只要土著居民稍微表现出一点不满情绪，马上便会遭到血腥镇压。若是某地发现一具被打死的俄罗斯人的尸体，附近的村落便会被烧光。斯科别列夫凶恶地说："在亚洲，和平的长久与短暂是与你对敌人的屠杀直接成正比的，我认为这确是一条定理。对他们打击得越凶狠，他们就安分得越长久。"

继军事暴行之后，是更加可怕的经济压榨。由于俄国当局的殖民政策，对当地居民的捐税增加了三四倍，而在某些场合下竟增加 15 倍。居民不断大量死亡。例如，有一个地方，在俄罗斯人来到之前，有 45 个村落 956 所房屋，经过推行殖民化政策 20 年后，只剩下 36 个村落 817 所房屋，其中 225 所房屋已无人居住。

为满足俄国对廉价棉花的需求，土尔克斯坦植棉地区从 1886 年的 1 万 3200 公顷增加到 1914 年的 59 万 7200 公顷。沦为附属国的希瓦汗国也不例外，1885 年出产皮棉 5 万普特，1910 年增加到 60 万普特。种植粮食的耕地大量减少。土尔克斯坦过去粮食自给自足，这时不得不从俄国输入。同时，土尔克斯坦成了倾销俄国粗劣工业产品的市场。

　　沙皇政府还把掠夺的所谓"剩余土地"分给俄罗斯移民和哥萨克，培植军事殖民统治的社会支柱。在农奴制废除后，失去土地的农民在沙皇政府的鼓励下纷纷涌来占据中亚的肥沃土地，而土著民族则被迫迁到贫瘠的地方去。以七河省为例，1883年俄罗斯移民和哥萨克为2500人，1903年增加到9.5万人，1911年激增到17.5万人。1914年，七河哥萨克军就拥有土地70万俄亩。

　　中亚各族人民饱受宗教压迫和民族压迫。穆斯林各民族皆被歧视为信仰"异教"的"异族"。沙俄殖民当局肆意摧残他们的民族文化，封闭他们的学校，强行推行"俄罗斯化"政策。

　　上述事实充分说明，沙俄用武力吞并中亚三汗国的结果，就是把土尔克斯坦变成俄国"最纯粹的殖民地"[①]。在这里，俄国资本主义纯粹的殖民地掠夺与沙皇制度对异族的军事封建压迫交织在一起，并且以最野蛮、最残忍的形式表现出来。

---

　　① 《列宁全集》第22卷，人民出版社1958年版，第332页。

共产主义者同盟的建立及其活动

万中一

共产主义者同盟是世界上第一个无产阶级政党。它是马克思和恩格斯根据无产阶级的革命需要，在对"正义者同盟"进行革命改造的基础上建立的，是科学社会主义与工人运动相结合的产物。

同盟的诞生

19世纪30—40年代，英、法等西欧国家，在完成资产阶级革命之后，实现了或正在实现着工业革命。工业革命的直接结果，不仅促进了资本主义经济的迅猛发展，而且引起了社会关系方面的深刻变化，形成了现代资产阶级和现代无产阶级。无产阶级从产生的时候起，就开始进行反对资产阶级的斗争。随着斗争的逐步深入，无产阶级认识水平的提高，终于爆发了著名的西欧早期三大工人运动：1831年和1834年法国里昂工人两次起义，三四十年代英国宪章运动和1844年德国西里西亚织工武装暴动。当时，先进的工人虽然建立了一些组织，但由于缺乏革命理论的指导，不可能领导无产阶级去夺取胜利。因此，建立一个以革命理论为指导的无产阶级政党，领导无产阶级进行革命斗争，就成为国际工人运动的迫切需要。

伟大的无产阶级革命导师马克思和恩格斯，适应时代斗争的需要，在创立科学社会主义理论的时候，努力使自己的理论同工人运动结合起来，为创建这样的党进行了大量的工作。马克思、恩格斯1845年和1846年在布鲁塞尔曾先后建立共产主义小组和共产主义通讯委员会，与此同时，在改造正义者同盟的基础上，于1847年正式成立了共产主义者同盟。

正义者同盟的前身是"德国流亡者同盟"。19世纪30年代初，德国的经济还很落后，但也开始从手工工场向机器大工业过渡，从而造成了手工业的瓦解和手工工匠的过剩。严重的封建割据状态和容克地主的残暴统治，使得为争取民主自由而斗争的革命者，受到残酷的迫害。这样，约有 50 万名失业的手工业者和革命者迁居或流亡到法国、英国、瑞士和美国。

　　侨居在法国巴黎的德国流亡者，由于受到当时流行的革命民主主义和各种社会主义思想的影响，产生了建立革命组织的要求。1833 年，他们组织了"德国人民同盟"，成员百人左右，宗旨是在流亡者中间宣传谋求德国统一的思想。1834 年，以此为基础建立起流亡者同盟，成员数百人，斗争目标是推翻德意志各国的君主制度，建立统一的德意志共和国。同盟内部是以对上级盟员绝对服从为原则组织起来的，基层组织的盟员只知道自己的直接领导人，所有盟员不能享受同样的权利。因此，大多数盟员很不满意这种等级森严的制度和密谋的组织结构。1836 年，同盟内部发生分裂，一部分革命分子组成了新的革命团体——正义者同盟。

　　正义者同盟较之以前的组织民主多了。它由 5—10 人组成基层支部，几个支部联合为区部，整个同盟由人民委员会领导。但它仍然深受神秘主义和密谋活动的严重影响，具有半宣传、半密谋的性质。它的宗旨是要求财产公有制，口号是"人人皆兄弟"，组织上同布朗基领导的"四季社"有密切联系。1839 年，同盟参加了四季社发动的 5 月 12 日巴黎起义。起义失败后，同盟遭到破坏，其领导人卡尔·沙佩尔、亨利希·鲍威尔被驱逐。他们到达伦敦又把同盟恢复起来，并在巴黎、瑞士和德国建立支部。这样，同盟的活动中心就由巴黎移到伦敦。

　　同盟的领导人从巴黎起义的失败教训中，对密谋性策略感到失望，并在群众性的英国宪章运动的影响下，开始抛弃手工业者的狭隘性，广泛吸收各国革命者参加同盟。由德国人的组织逐渐变成有法、英、波兰和瑞士等国工人参加的国际性组织，这是比当时其他任何工人组织都优越的地方。但是，同盟的指导思想还是相当混乱的，各种非科学的社会主义流派对它的影响已十分严重，有的甚至还占统治地位。因此，要把正义者同盟改造成为真正的无产阶级政党，不仅有一个组织建设问题，更重要的是要进行思想建设。

　　马克思、恩格斯与同盟的领导人早有接触，但在很长时间内，没有加入他们的组织。1843 年，恩格斯在伦敦初次会晤同盟领导人，沙佩尔曾邀请恩格斯入盟。1845 年 7—8 月，马克思和恩格斯在英国考察期间，在伦敦又一次会晤了同盟领导人，并出席了同盟的有关集会。马克思、恩格斯认为，在同盟接受科学社会主义理论之前，还不能参加这个组织。否则，不仅不能改变他们的指导思想，还要承受同盟组织上的约束。马克思、恩格斯与同盟的领导人保持良好的关系，目的在于尽可能地影响其思想的转变。

为了肃清各种非科学社会主义流派对工人运动的影响，马克思和恩格斯除了亲自向包括同盟的领导人在内的革命者进行理论教育，讲授关于雇佣劳动及波兰等问题外，还通过布鲁塞尔的共产主义小组和共产主义通讯委员会，同各国社会主义团体和个人建立联系。马克思和恩格斯本想借助共产主义通讯委员会，把真正的革命者团结起来，使它成为联合各地分散的共产主义者的纽带，以便在此基础上建立统一的共产主义政党。但是，当时各地的共产主义组织，在事实上还没有建立起来，布鲁塞尔共产主义通讯委员会最终未能导致成立一个世界范围的共产主义政党。然而，马克思和恩格斯通过这个组织，开展对于当时影响最大的三个社会主义流派，即魏特林的空想共产主义，克利盖、格律恩的"真正的社会主义"以及蒲鲁东主义的批判，取得了重大的胜利。这对提高同盟成员的思想认识，彻底改造同盟，促进科学社会主义同工人运动的结合，起了决定性的作用。

威廉·魏特林是德国人，出身贫苦，职业裁缝。1837 年，他在法国加入正义者同盟。魏特林在他的《和谐与自由的保证》等著作中，无情地揭露了资本主义制度，主张一切人一律平等，建立"共有共享的社会制度"，对启发工人觉悟起过进步作用。但他忽视无产阶级的力量和建立无产阶级政党的必要性，企图依靠小手工业者和流氓无产者的暴动以及小型实验来建立新社会。马克思本想帮助他成为一名真正的共产主义者，但魏特林拒不接受批评和帮助，坚持自己的错误观点。马克思不得不在 1846 年同他决裂。魏特林就此脱离了工人运动，他对同盟的思想影响也逐步消失。

海·克利盖原来是威斯特伐利亚的大学生，后当记者，1845 年秋在纽约创办《人民论坛报》，宣传"真正的社会主义"的观点。他抹杀阶级矛盾和阶级斗争，鼓吹不分阶级的爱，反对政治斗争和暴力革命，企图依靠各个阶层，特别是依靠上层统治者的资助，在不触动资本主义制度的情况下来消除贫困，保存小生产者的地位。1846 年 5 月，共产主义通讯委员会召开了特别会议，讨论并通过了马克思和恩格斯起草的《反克利盖的通告》，痛斥了克利盖的论点，揭露了它的性质，指出了它的危害，使克利盖在同盟和工人运动中的影响很快就消失了。

"真正的社会主义"另一代表、德国小资产阶级政治家卡尔·格律恩钻入正义者同盟巴黎支部。格律恩反对暴力革命，鼓吹"为人类谋幸福"的博爱思想，宣扬蒲鲁东主义的经济改良。为了肃清格律恩在法国的影响，1846年8月，恩格斯亲自去巴黎参加同盟的活动，与格律恩的信徒展开了激烈的辩论。在辩论中，恩格斯不仅揭露了"真正的社会主义"的实质，指出其危害，而且阐明了科学共产主义的基本原则，即维护无产阶级的利益、消灭私有制、通过暴力革命来建立新社会。最后，参加会议的15人中有13人同意恩格斯的观点。

比埃尔·约瑟夫·蒲鲁东是法国人，出身于农民兼手工业者家庭，曾当过雇工和印刷工人。1840年他发表了《什么是财产》一书，用小资产阶级的观点抨击了资本主义私有制，提出了"财产就是盗窃"的观点。1846年，他又发表《贫困的哲学》一书，系统地阐述了他的改良主义的理论。蒲鲁东宣扬唯心论先验论和英雄史观；维护小私有制，主张建立以个人所有为基础的互助制社会；反对任何国家和权威，鼓吹无政府主义；反对无产阶级革命，宣扬阶级调和，把建立"交换银行"看作无产阶级解放的根本途径。这些思想给国际工人运动造成了极大的危害。为了彻底清算蒲鲁东主义，1847年，马克思撰写了《哲学的贫困》一书，全面批判了蒲鲁东主义，进一步阐述了马克思主义三个组成部分的基本内容。这对提高同盟领导人和先进工人的认识起了积极作用。

通过马克思和恩格斯的宣传和斗争，同盟中越来越多的成员和领导者开始接受马克思和恩格斯的理论。这样，同盟经过多年的摸索，终于找到了马克思主义真理，而马克思和恩格斯则经过耐心而大量的工作，促进了无产阶级革命理论和工人运动的结合。

1847年1月20日，同盟的伦敦总部委派约瑟夫·莫尔先到布鲁塞尔会见马克思，然后去巴黎会见恩格斯，并邀请他们参加正义者同盟，表示确信马克思和恩格斯的观点正确，接受马克思和恩格斯关于改组同盟的意见。在这种情况下，马克思、恩格斯接受邀请参加同盟。接着，同盟中央发出了"应该实行全面改组"的通告，宣布即将召开同盟的改组大会。马克思和恩格斯为此做了大量的准备工作。

1847年6月2日至8日（或9日），正义者同盟在伦敦秘密召开了第一次代表大会。马克思因经济困难未能出席，恩格斯作为巴黎支部的代表参加大会。大会由沙佩尔任主席，威·沃尔弗任秘书。根据马克思和恩格斯的提议，大会决定把正义者同盟改名为共产主义者同盟。因此，这次大会实际上也是共产主义者同盟的第一次代表大会。

　　大会的中心议题是讨论通过由恩格斯和沃尔弗起草的新章程草案。这个章程改变了同盟的名称和口号，用"共产主义者同盟"的新名称代替了"正义者同盟"的旧名称，用"全世界无产者，联合起来！"的新口号代替了"人人皆兄弟"的旧口号。这一改变，不仅在概念上更加合乎科学要求，而且还表明了改组后的同盟已作为新的共产主义政党出现了。章程规定的同盟目的是："通过传播财产公有的理论并尽快地求其实现，使人类得到解放。"① 章程还规定同盟的各级组织应由选举产生和有一定的任期，并可随时撤换。这体现了民主集中制的组织原则，"堵塞了任何要求独裁的密谋狂的道路"②。

　　大会还讨论了由恩格斯草拟的《共产主义信条草案》，作为有待进一步讨论和修改的文件。最后，大会选出了以沙佩尔为主席的中央委员会，选定伦敦作为中央委员会所在地，决定创办中央机关刊物《共产主义杂志》，委任沃尔弗为主编。大会还作出了开除魏特林分子出盟的决定。上述情况表明，经过马克思和恩格斯的艰苦努力，同盟已由原来带密谋性的工人组织，开始改组成为以科学社会主义为指导的、按民主集中制原则组织起来的无产阶级革命政党。

　　为了使刚刚建立的共产主义者同盟得到巩固，马克思、恩格斯主张积极发展同盟组织。8月5日，根据马克思提议，共产主义者同盟在布鲁塞尔成立了第一批支部和区部。马克思当选为支部主席和区部委员会委员。在马克思领导下，布鲁塞尔支部和区部，在开展工人运动和民主主义运动，建立德意志工人协会③和国际布鲁塞尔民主协会④等方面，取得了显著的成就，在广大盟员和先进工人中赢得了崇高的威望。

　　当时在同盟的不少支部中，特别是在瑞士和德国，宗派主义分子还很活跃，他们反对同盟中央的纲领。所以，同盟中央把巩固和发展第一次代表大会所取得的成果的工作，寄希望于布鲁塞尔区部。10月18日，同盟中央为了开好第二次代表大会，专函给布鲁塞尔区部，迫切希望他们派遣代表，尤

---

　　① 《马克思恩格斯全集》第42卷，人民出版社1979年版，第419页。

　　② 《马克思恩格斯全集》第21卷，人民出版社1965年版，第251页。

　　③ 德意志工人协会是1847年8月底在布鲁塞尔建立的，目的是对侨居比利时的德国工人进行政治教育和向他们宣传科学社会主义思想。

　　④ 国际布鲁塞尔民主协会建立于1847年9月底，该协会团结了无产阶级革命者和资产阶级、小资产阶级民主派的先进分子。

其是希望马克思能够参加，认为这是战胜各种错误思潮，从思想上和组织上彻底完成改组同盟的重要保证。

1847年11月29日至12月8日，共产主义者同盟第二次代表大会如期召开。马克思和恩格斯准时出席。沙佩尔当选为大会主席，恩格斯任大会秘书。

大会的主要任务是通过新章程和制定新纲领。大会经过热烈的讨论，批准了同盟的章程。这个章程对草案中的有关条文作了重大修改。主要是把同盟的目的修改为"推翻资产阶级政权，建立无产阶级统治，消灭旧的以阶级对抗为基础的资产阶级社会和建立没有阶级、没有私有制的新社会"①。讨论纲领时，代表们经过长时间激烈的争论，进一步接受了马克思和恩格斯的观点，并委托他们起草一个宣言，即"起草一个准备公布的周详的理论和实践的党纲"②。这就表明，共产主义者同盟的创建工作最终完成，从此共产主义者同盟作为第一个无产阶级革命政党登上历史舞台，率领无产阶级和人民群众为推翻旧世界而英勇奋斗。

同盟纲领的制定和发表

共产主义者同盟第二次代表大会闭幕后，马克思和恩格斯立即着手完成大会委托他们起草宣言的任务。他们先在伦敦逗留了短暂时间，就如何起草问题交换了意见，并得出了一致的认识。1847年12月13日前后，马克思回到布鲁塞尔，开始考虑草拟宣言。几天以后，恩格斯也来到布鲁塞尔，和马克思一起具体研究宣言的整个内容和结构。12月底，恩格斯返回巴黎，宣言由马克思执笔写成。

在这之前，恩格斯曾写过两个纲领草案。一个是第一次代表大会通过的提交各支部讨论的《共产主义信条草案》，另一个是1847年10—11月在信条草案基础上修订成的《共产主义原理》。这两个草案都采用问答的形式。恩格斯对这种形式并不满意。他在给马克思的信中说："我想，我们最好是抛弃那种教义问答形式，把这个东西叫作《共产主义宣言》。因为其中必须

① 《马克思恩格斯全集》第4卷，人民出版社1958年版，第572页。
② 《马克思恩格斯选集》第1卷，人民出版社1972年版，第228页。

或多或少地叙述历史，所以现有的形式是完全不合适的。"① 马克思完全赞同恩格斯的意见。稍有不同的是，马克思在定稿时把《共产主义宣言》改称为《共产党宣言》（下简称《宣言》）。所以，《宣言》虽然是由马克思起草和定稿，但并不排斥恩格斯的功绩。《宣言》所概括的基本思想，是马克思和恩格斯的共同思想成果，是他们的实践活动和理论研究的科学总结。

《宣言》原定于1848年1月初，最迟不超过1月中旬完成，并立即寄往伦敦。但马克思因对原稿要求异常严格和日常工作繁忙而拖延了一段时间。中央委员会接到《宣言》手稿后，未作任何更改，就付印出版。2月，《宣言》在伦敦第一次以单行本问世。很快又经马克思、恩格斯修订出了新单行本。

《宣言》的出版立即受到热烈欢迎。1848年它就被译成法文、波兰文、意大利文、丹麦文、佛兰芒文②和瑞典文，后来又被译成其他许多国家的文字，在全世界广泛传播。恩格斯在1888年英文版序言中指出："它无疑是全部社会主义文献中传播最广和最带国际性的著作，是从西伯利亚起到加利福尼亚止的千百万工人公认的共同纲领。"③

《宣言》第一次完整系统地阐述了马克思主义。它"以天才的透彻鲜明的笔调叙述了新的世界观，即包括社会生活在内的彻底的唯物主义、最全面最深刻的发展学说辩证法以及关于阶级斗争、关于共产主义新社会的创造者无产阶级所负的世界历史革命使命的理论"④，是每个觉悟工人必读的书籍之一。

《宣言》始终贯彻的基本思想，"即：每一历史时代的经济生产以及必然由此产生的社会结构，是该时代政治的和精神的历史的基础；因此（从原始土地公有制解体以来）全部历史都是阶级斗争的历史，即社会发展各个阶段上被剥削阶级和剥削阶级之间、被统治阶级和统治阶级之间斗争的历史；而这个斗争现在已经达到这样一个阶段，即被剥削被压迫的阶级（无产阶级），如果不同时使整个社会永远摆脱剥削、压迫和阶级斗争，就不再能使自己从剥削它压迫它的那个阶级（资产阶级）下解放出来"⑤。《宣言》正是

---

① 《马克思恩格斯全集》第27卷，人民出版社1972年版，第123页。
② 佛兰芒语属印欧语系日耳曼语族，与荷兰语相近，是佛兰芒人的语言。佛兰芒人主要居住在比利时北部，是比利时两个主要民族之一，约有570万人（1975年底）。佛兰芒人另一部分居住在法国、荷兰、美洲和非洲，共约47万人。
③ 《马克思恩格斯选集》第1卷，人民出版社1972年版，第236页。
④ 《列宁选集》第2卷，人民出版社1972年版，第578页。
⑤ 《马克思恩格斯选集》第1卷，人民出版社1972年版，第232页。

以这个基本思想为指导，科学地论述了阶级和阶级斗争的原理、资本主义必然灭亡社会主义必然胜利的规律、无产阶级伟大历史使命的学说、无产阶级革命和专政的思想、无产阶级政党的性质及其任务，从而划清了它同空想社会主义及其他假社会主义的界限。

《宣言》的结尾，用铿锵有力的语言向全世界庄严宣告："共产党人不屑于隐瞒自己的观点和意图。他们公开宣布：他们的目的只有用暴力推翻全部现存的社会制度才能达到。让统治阶级在共产主义革命面前发抖吧。无产者在这个革命中失去的只是锁链。他们获得的将是整个世界。"① 它以"全世界无产者，联合起来！"的伟大号召作为结束语。

《共产党宣言》是国际共产主义运动第一个战斗纲领。它的基本思想和基本原则一直是无产阶级革命运动的指路明灯。正如列宁指出的，"这本书篇幅不多，价值却相当于多部巨著：它的精神至今还鼓舞着、推动着文明世界全体有组织的正在进行斗争的无产阶级"②。

同盟战斗在欧洲革命风暴中

共产主义者同盟诞生不久，1848 年欧洲就爆发了一场规模巨大的资产阶级革命。其中法国二月革命和德国三月革命影响最为突出。当时，在伦敦的同盟中央，鉴于形势的变化，决定把中央委员会的权力移交给布鲁塞尔区部，以便就近指导和组织盟员进行革命斗争。但是，当通知于 2 月 27 日送到布鲁塞尔时，那里实际上已经戒严，许多盟员遭到拘捕，同盟的活动极度困难。在这样的形势下，布鲁塞尔区部以同盟中央的名义，于 3 月 3 日通过决议，把中央委员会迁到当时革命运动中心——法国巴黎，并授权马克思在巴黎组织新的中央委员会。两天后，马克思、恩格斯以及同盟的其他领导成员先后到达巴黎。随即建立了新的中央委员会，马克思任主席，沙佩尔任秘书，沃尔弗、莫尔、鲍威尔和恩格斯是委员。新的中央立即着手研究在革命风暴中应采取的斗争策略和具体办法。

当时，在巴黎的德国流亡者中间，对怎样返回祖国进行革命的问题，产生了严重的分歧。以伯恩施太德和海尔维格为首的民主派，主张在法国组织

---

① 《马克思恩格斯选集》第 1 卷，人民出版社 1972 年版，第 285—286 页。

② 《列宁选集》第 1 卷，人民出版社 1972 年版，第 91 页。

义勇军团，购买枪支，打回德国，解放自己的祖国。以马克思、恩格斯为首的同盟中央，反对这种把革命输入国内的冒险主义行动。他们主张，同盟盟员和革命者分散地秘密地回国，和群众一起进行革命。实践证明，马克思、恩格斯的主张是正确的。

与此同时，马克思和恩格斯又受中央委托，为同盟起草了《共产党在德国的要求》（下简称《要求》）这一纲领性文件，以指导德国革命。《要求》从德国的社会政治经济状况出发，规定德国革命的基本任务是推翻封建专制制度，建立一个"统一的、不可分割的共和国"。《要求》的基本思想，是把德国资产阶级民主革命看作无产阶级革命的序幕，把民主革命和社会主义革命联系起来。据此提出了一系列民主革命以及具有从民主革命过渡到社会主义革命性质的要求和措施。这份文献最先以传单的形式在巴黎散发，广为传播。

经过马克思和恩格斯的耐心教育和积极工作，终于组织了三四百名盟员和德国工人，携带《要求》等文件，成功地越过国境。4月初，马克思、恩格斯和中央的其他领导成员也都秘密回到德国。他们选择了工业比较发达、工人比较集中、言论集会结社比较自由的莱茵省省会科伦（即科隆），作为指导革命的基地，立即开展各项工作。

同盟中央首先选派优秀盟员分赴德国各地，一面了解情况，恢复同盟基层同中央因革命爆发而中断的联系，一面协助建立工人联合会，以便在此基础上建立全德工人党。但由于德国无产阶级的大多数还没有认识到成立自己独立政党的必要性，这项任务未能完成。而各地的同盟组织，在革命的高潮中，都直接投入了当地的群众斗争。因此，仅仅依靠派遣特使的办法，已不能适应革命斗争形势发展的需要。

为了能及时地指导各地盟员的革命活动，马克思和恩格斯于6月1日在科伦创办了大型日报——《新莱茵报》，马克思自任总编辑。采用这个名称既表示它同过去马克思主编的《莱茵报》有继承关系，又以"新"字来说明两者之间的差异。报纸的副标题是《民主派机关报》，这是为了更有利地团结更多的人，争取民主革命的胜利。但它实际上是当时唯一的无产阶级报纸，因为它"在各个具体场合，都强调了自己的特殊的无产阶级性质"[①]。《新莱茵报》在宣传同盟的纲领和策略方针，揭露资产阶级叛卖行为，批判

---

① 《马克思恩格斯选集》第4卷，人民出版社1972年版，第178页。

小资产阶级动摇和幻想，提高无产阶级的政治思想觉悟，教育广大农民群众，以及支持其他国家无产阶级革命和被压迫民族的解放运动等方面，发挥了极大的战斗作用。因此，赢得了广大人民的信任，同时，也引来了反动势力的敌视和迫害。1849 年 5 月，《新莱茵报》被迫停刊。

为了壮大革命力量，马克思和恩格斯还积极团结各种民主力量，并要求各地同盟组织积极参加民主组织和民主运动。同时，马克思、恩格斯强调，无产阶级在同民主派结成联盟的过程中，必须保持自己的独立性，时刻准备同小资产阶级民主派的动摇性作斗争。然而，对待民主派的这种正确策略，并不是所有盟员都能理解和遵循的。

在同盟内部出现了两种错误倾向。一是以同盟科伦支部委员、科伦工人联合会主席哥特沙克为代表的宗派主义和"左"倾错误。这种倾向主张超越民主革命阶段，立即建立"工人共和国"，反对无产阶级联合民主力量，反对参加选举运动，否认农民在民主革命中的重要作用。但在斗争方法上，却赞成"合法手段"。

另一种是以同盟盟员、柏林工人兄弟会主席波尔恩为代表的右倾错误。这种倾向只为当前工人的经济利益而斗争，不主张参加政治斗争，放弃对民主革命的领导权。马克思和恩格斯领导共产主义者同盟严肃地批判了这两种错误倾向，把绝大多数盟员和广大革命群众都争取到同盟的正确路线方面来，使柏林和科伦的工人组织走上革命的道路。

在德国三月革命后，自由资产阶级政府慑于人民的威力，决定召开制宪和国民议会。马克思认为，为了加强整个民主运动，同盟应当充分利用已争取到的民主权利，参加选举，并全力支持小资产阶级民主派的候选人。由于贯彻了这个正确的策略方针，有些地区民主阵营的候选人获得了较多的选票。同盟盟员沃尔弗也当选为法兰克福国民议会的议员。5 月 16 日，在议会讨论《告德国人民书》时，沃尔弗利用议员身份，揭露摄政约翰大公和他的大臣们是背叛人民的罪魁祸首，要求议会宣布他们不受法律的保护。可是，议会主席却无理加以制止。沃尔弗随即表示强烈抗议。他说："我要代表人民在这里讲话，我要把人民的想法在这里讲出来。我抗议在这种精神下写出的任何宣言。"这是无产阶级第一次在代议机关中发出自己的声音。马克思和恩格斯曾给予很高的评价。

由于德国大部分邦政府拒绝承认三月革命后制定的帝国宪法，1849 年 5 月，在德国西南部爆发了维护帝国宪法的群众运动。马克思和恩格斯以巨大的革命热情支持这场斗争，力图把它引上革命道路。他们曾在法兰克福，试图说服国民议会中的左派议员去参加这场人民运动，号召全国人民拿起武器保卫法兰克福议会，建立一个强有力的革命机构。但左派议员拒绝了他们的意见。马克思和恩格斯又前往发生起义的巴登、普法尔茨和宾根等地进行活动。同盟盟员维利希也领导了一支约由 800 多工人组成的志愿部队，战斗在这个地区。后来，恩格斯和莫尔先后加入，恩格斯还担任维利希的副官。他们多次英勇地参加了战斗，莫尔在战斗中光荣献身。这支队伍直到起义最后失败，于 1849 年 7 月 12 日离开德国去瑞士。

同盟中央和广大盟员在革命风暴中，虽然遭到挫折，但经过革命锻炼，变得更加成熟、更加坚强了。

同盟的重建和解散

1848 年革命失败后，欧洲大陆各国政府加紧对革命组织进行迫害。共产主义者同盟在大陆的各个支部很难开展活动。1849 年秋天，当马克思和同盟中央其他领导成员相继来到伦敦后，重新组织了同盟中央。当时，由于革命的失败，大批流亡者拥入伦敦。他们生活困难，因此，同盟的第一项工作是救济贫困的流亡者，通过救济，尽量把革命者团结在同盟周围。

德国是同盟支部最多、工作最活跃的地方，同盟中央把恢复和发展这个地区的组织作为首要任务。

为了使重建的支部有一个坚实的思想基础，马克思和恩格斯在 1850 年 3 月和 6 月两次为同盟起草了《中央委员会告共产主义者同盟书》，为同盟确定了在未来革命中的任务，制定了在迎接革命新高潮中应遵循的行动纲领。3 月的《告同盟书》还根据 1848 年德国革命的经验，论证了无产阶级建立独立政党的必要性，制定了无产阶级在资产阶级民主革命中的策略路线，第一次提出了"不断革命"的战斗口号。这两个文件，都由同盟派特使带回德国各地散发。中央委员会的其他报告和声明也在德国报刊上发表了。在马克思和他的战友们的努力下，同盟又作为无产阶级的革命政党继续战斗。

与此同时，为了从失败中总结经验，进一步发展和宣传无产阶级的革命理论，马克思和恩格斯还积极筹办了《新莱茵报·政治经济评论》杂志。1850 年 3 月 6 日，杂志首次在汉堡出版，印数 2500 份。由于警察当局的迫

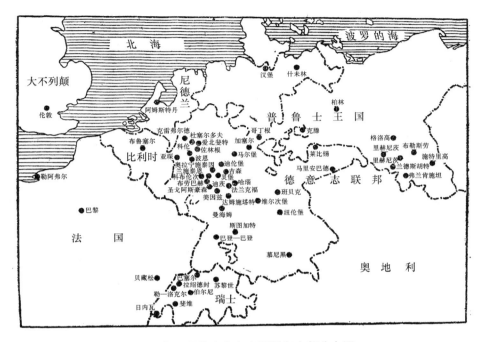

1850 年 6 月共产主义者同盟各支部分布图

害和资金匮乏，到 11 月底杂志总共只出了 6 期。其中刊载了马克思写的《1848 年至 1850 年的法兰西阶级斗争》和恩格斯写的《德国维护帝国宪法的运动》《德国农民战争》等重要著作。杂志办的时间不长，但它继承了《新莱茵报》的革命传统，对恢复和发展同盟组织，教育无产阶级起了巨大作用。

重建后的同盟正在胜利前进的时候，在伦敦的中央委员会内部在策略问题上产生了严重的分歧。马克思、恩格斯分析了欧洲经济发展的现实，认为不存在新的革命形势，主张同盟应保存和积蓄力量，等待时机。以维利希和沙佩尔为首的少数人却持冒险主义观点，不顾客观形势的变化，主张在德国立即发动革命。为了避免同盟公开分裂，马克思提议把同盟中央从伦敦迁至科伦，委托科伦区部选举新的中央委员会。

科伦同盟新的中央委员会在德国的活动，引起了普鲁士反动当局的恐惧和仇视。1851 年 5 月，新中央委员会特使诺特荣克被捕。普鲁士警察局便借机制造了所谓"科伦共产党人案件"，迫害共产主义者。

由于普鲁士反动当局的疯狂镇压和维利希—沙佩尔集团的分裂活动，同盟的活动已无法继续下去。1852 年 11 月 17 日，根据马克思的提议，同盟宣布自行解散。但它的个别支部和小组在欧美的佐林根、爱北斐特、杜塞尔多夫、费拉德尔菲亚（即费城）等地区还继续活动了一段时间。

　　共产主义者同盟从成立到解散的 5 年多期间，经受了革命的严峻考验，为无产阶级革命培育了骨干，积累了经验。马克思、恩格斯为同盟制定的纲领、路线和斗争策略，不仅指导了当时的革命斗争，而且为以后国际共产主义运动的发展奠定了基础。所以，恩格斯说，它"是一个极好的革命活动学校"①。

---

　　① 《马克思恩格斯选集》第 4 卷，人民出版社 1972 年版，第 200 页。

1851—1852 年科伦审判案

万中一

科伦审判案是国际共产主义运动中的一次重大政治事件，是由普鲁士警察机构根据普鲁士国王弗里德里希·威廉四世的旨意一手炮制的迫害共产党人的丑剧，是对德国共产主义运动最野蛮的破坏和镇压。普鲁士当局妄图借此消灭共产主义者同盟，诋毁马克思恩格斯的学说。

但是，由于远在英国的马克思和恩格斯的无情揭露，由于许多共产主义者同盟盟员的坚决斗争，终于粉碎了普鲁士反动当局的这一阴谋。马克思主义者经受了考验。

搜　捕

1850 年夏，由于维护帝国宪法运动的失败，德国革命处于低潮。在革命形势转折关头，共产主义者同盟中央委员会内部，在策略问题上产生了严重的分歧。马克思、恩格斯认真研究了近 10 年来的世界资本主义经济发展的情况和 1848 年革命后的政治形势，认为革命高潮已经过去，资本主义经济繁荣时期已经到来，在最近的将来不会爆发革命。根据形势的变化，马克思、恩格斯要求共产主义者同盟改变斗争策略，即由革命高潮时期准备起义的进攻策略转变为资本主义和平发展时期为未来革命长期积蓄力量的策略，以迎接新的革命高潮的到来。

维利希、沙佩尔为首的一些人，不顾革命已经处于低潮的事实，反而认为新的革命高潮立即就要到来，要求马上举行工人起义，夺取政权。对于这种冒险主义的策略，马克思和恩格斯进行了原则性的批判，指出他们的策略是用革命的空话代替实际的革命发展，不是代表无产阶级，而是代表小资产阶级；同时对他们本人给予耐心的帮助，希望他们回到同盟的正确路线上来。然而，维利希等人顽固坚持错误，公开进行分裂活动，建立自己的宗派组织。

为了尽量避免同盟的分裂，争取革命团结，1850 年 9 月 15 日，在伦敦召开的同盟中央委员会会议上，马克思建议把同盟中央迁至科伦，在伦敦则设两个区部，彼此不发生任何联系，只是同属一个中央委员会，然后让事实来检验谁的策略方针正确。会议讨论了马克思的建议，并以 6 票对 3 票通过了相应的决议。决议指出：中央委员会由伦敦迁到科伦，委托科伦区部建立新的中央委员会；共产主义者同盟章程宣告无效①，委托新的中央委员会草拟新章程。维利希等人竟然退出会场，并非法建立他们自己的"中央委员会"。这样，同盟中央被迫分裂。

伦敦的同盟中央通过的这项决议，由中央委员会特使威廉·豪普特于 9 月 24 日送交科伦区部领导人彼·格·勒泽尔。四天之后，科伦区部委员会复信，表示愿意承担中央委员会的职责。中央委员会迁到德国后，很快就组成了科伦新的中央委员会。中央委员有：医生罗兰特·丹尼尔斯，梅林说他好像是"科伦中央委员会的真正首脑"；雪茄烟工人彼·格·勒泽尔，他是科伦工人教育协会主席和德国雪茄烟工人协会副主席，在工人中很有影响；《新莱茵报》编辑亨利希·毕尔格尔斯。新的中央委员会成立后，立即开展工作。首先发表了《中央委员会告共产主义者同盟书》，谴责维利希等人的分裂活动和错误观点，并根据同盟伦敦区部的提议，于 11 月 11 日通过决议，将维利希等人开除出盟。不久还通过了同盟的新的章程。

与此同时，中央委员会先后派遣四名特使分赴德国各地，了解同盟在各地的工作情况，更好地建立中央委员会和同盟各支部之间的联系。当时，约瑟夫·魏德迈被派往南德，他在纽伦堡和班堡等地建立了新的同盟支部，在莱茵省同盟的建设上，他也作出了应有的努力；化学家卡尔·奥托被派往莱比锡区部，也到柏林地区工作，但由于工作进展不大，中央又派彼得·诺特荣克到柏林和莱比锡；诺特荣克还奉命奔赴威斯特伐里亚和北德等地区积极

---

① 关于废除现行盟章并委托新的中央委员会草拟新盟章的建议，马克思作了说明："1847 年代表大会通过的盟章，曾于 1848 年由伦敦中央委员会做了修改。现在情况又有所变化。在最后的伦敦盟章中，原则性的条款软弱无力。在一些地方两个盟章都发生效力，在另一些地方则一个盟章也没有，或者采用完全是擅自制定的盟章。可见，在盟内完全是无政府状态。况且，最后的盟章已经公布，因而现行的盟章不能再继续生效。所以，我的建议实际上就是要以真正的盟章来改变没有盟章的局面。"（《马克思恩格斯全集》第 8 卷，人民出版社 1961 年版，第 636 页。）

开展工作。由于新的同盟中央及其盟员的共同努力，同盟在德国各地重新活跃起来。

德国反动当局对同盟的革命活动惊恐不安，处心积虑地企图一举把它消灭。1850 年 11 月 11 日，普鲁士国王弗里德里希·威廉四世写信给首相奥托·冯·曼托伊费尔："我已读完金克尔①潜逃的情报。这件事使我产生一个不便大声明言的念头。这就是：能够创建一个解放阴谋，并使普鲁士公众看一出理当渴望已久的戏，即一个阴谋被破获并且（首先）受到惩办，施梯伯难道不是一个宝贵人才吗？因此，请您赶紧任命施梯伯，并让他能够完成自己的试验。我以为，这个念头是有用的，并且认为它的立即实现有巨大意义……切勿拖延。请焚毁这封信。"这里可以看出，德国反动当局早有预谋策划一场迫害共产党人的案件。

在国王的亲自导演下，1851 年春，德国政府组织了一个以柏林警察总监辛凯尔迪为首的包括行政、外交机构在内的庞大机构，专门侦察共产主义者同盟的活动。施梯伯一跃成为普鲁士王室警务顾问，竭尽全力从事搜捕共产主义者同盟盟员的阴谋活动。

当时，马克思和恩格斯都住在伦敦（恩格斯于 1850 年 11 月中从伦敦转赴曼彻斯特），普鲁士政府特地组织一批警探到伦敦进行特务活动。普鲁士驻英使馆成了调查同盟活动的中心之一。使馆的秘书阿尔伯茨直接控制一个警探小组，监视马克思和恩格斯的活动，搜集同盟在伦敦的各方面情况。与此同时，德国反动当局，也在国内加紧侦察同盟的组织。虽然他们用尽一切手段制造对共产党人的政治阴谋，但是在一段时间里，未能得逞。

1851 年 5 月 10 日，同盟特使诺特荣克在莱比锡车站受到检查，因为没有护照而被捕。在他身上搜出了一张委任状，上面写着："中央委员会派公民诺特荣克出使北德意志，研究同盟的工作情况，并可在他认为必要时向各处发出命令，他应就这些命令随时向中央委员会作报告。"还在他身上发现了《共产党宣言》《中央委员会告共产主义者同盟书》《共产党在德国的要求》《共产主义者同盟章程》、科伦中央委员会介绍信，以及一些盟员和与盟员有密切关系的人的地址。

---

①　哥特弗里德·金克尔，德国诗人，小资产阶级民主主义者，1849 年巴登—普法尔茨起义的参加者，被俘，1850 年 11 月越狱成功。后成为伦敦小资产阶级流亡者的领袖之一，曾反对马克思、恩格斯。

1851 年 5 月 20 日，柏林警察总监辛凯尔迪把关于逮捕诺特荣克的情况专门向普鲁士内务大臣作了报告。普鲁士内阁在 6 月 3 日的一次特别会议上，讨论了逮捕同盟盟员的问题。6 月 4 日，司法大臣西蒙斯亲自向科伦检查长发布命令，要求他对共产党人"采用所拥有的一切手段"，"迅速地大力地"进行"搜捕、没收和暂时扣押"，并告诫说，共产主义者同盟"不仅致力于改变现存的政体，而且致力于推翻目前的社会制度"，"面临这种阴谋的巨大危险，政府期待它的一切机关在一致合作中发挥最大的力量和提高警惕，以便发觉和确定罪案，应给犯罪分子以法律制裁"。一些盟员先后被捕。其中海尔曼、贝克尔、勒泽尔等在科伦被捕。5 月 23 日作为特使正在旅行的毕尔格尔斯在德累斯顿被捕。6 月 13 日丹尼尔斯等在科伦被捕。6 月 18 日，弗里德里希·列斯纳以特使身份出使纽伦堡返回美因兹后，在自己的作坊里被捕。这样，科伦中央委员会的领导成员全部被捕，同盟的组织系统遭到破坏。

诬　告

在搜捕共产主义者同盟盟员后，德国反动当局没有抓到任何罪证，没有发现关于共产主义者阴谋的任何材料。从检查的各种文件看，都是公开发表过的，根本不能构成普鲁士法典所规定的任何罪行的证据。但是，德国反动当局清楚地了解共产主义"幽灵"对它的统治造成的威胁，因此，在找不到任何治罪证据的情况下，一再推迟开庭。从 1851 年 5 月 10 日到 1852 年 10 月 4 日预审期内，他们不择手段地采用各种措施，罗织罪名，编造起诉材料，蓄意制造一起无耻迫害共产党人的案件。

他们对被捕的盟员进行刑讯逼供。警察当局为了从盟员身上得到材料，对他们进行百般摧残，把他们关在肮脏阴暗的狱室，甚至实行单独监禁，不许会见亲友。丹尼尔斯在监狱中染上了肺病，得不到治疗；列斯纳在被解往科伦的路途上，戴着镣铐步行 9 天，两手流着鲜血，还受到押送宪兵的嘲笑；勒泽尔受的折磨更多，以至于在审讯时站立不住。

警察当局的各种迫害并没有使被捕的盟员屈服。除了豪普特因出卖同志成为叛徒之外，绝大多数人都经受了严峻的考验，英勇地捍卫了共产主义者的荣誉。有的根本否认自己同秘密的宣传团体有任何联系，有的只承认赞同同盟文件中所阐明的共产主义基本原则。勒泽尔在预审会上宣称："我不否认曾利用工人教育协会，以便在其中灌输共产主义思想。"但坚决驳斥参加"阴谋活动"的诬告。政府没有获得任何材料。

德国反动当局还通过各种途径，在国内外搜集和伪造文件，制造罪证，以此作为起诉的根据。第一个所谓证据，是由警探用撬锁砸柜的手段从伦敦的维利希集团那里盗窃来的档案材料。普鲁士警探从已经搜获到的同盟材料中得悉，维利希集团已同马克思、恩格斯领导的共产主义者同盟的多数派分裂，但在维利希集团的秘书奥斯渥特·迪茨那里有同盟的文件。于是，与迪茨同住一所房子的普鲁士警探罗伊特，用撬锁盗窃的办法，偷去了这些文件。文件中有"七十一页现成的通告"和几份曾在 1850 年 9 月德国报纸上公开发表过的退出合法的工人教育协会的声明。这些文件不能说明被捕盟员的任何问题，根本不能作为起诉的罪证。

第二个所谓证据，是由打进维利希集团的一个巴黎支部的奸细提供的。1851 年秋，施梯伯奉命到巴黎和法国警察当局谈判，要求它协助德国方面迫害侨居法国的盟员。德国警探还利用维利希集团与同盟中央对立的机会，打入他们在法国的组织，而维利希集团竟然接受警探舍尔瓦尔①加入巴黎支部，不久又把他选入领导机构"三人委员会"；警探基柏里赫②甚至夺取了斯特拉斯堡支部的领导权，担任该支部的主席。德国反动当局妄图从这里得到同盟中央在德国活动的情况。但是由于维利希集团同科伦中央委员会早已断绝联系，他们在这个集团里没有找到直接有关的材料，这个阴谋又破产了。

警探们使出更卑鄙的伎俩，设法利用自己是"盟员"的身份，制造一些"革命阴谋"的伪证件，然后把这些证件交给警察当局；他们自己甚至扮演"革命阴谋"的主角，谎称同盟在法国的斯特拉斯堡似乎已经成立了革命军团，随时准备潜入德国，推翻政府。以此把一切虚构的罪行强加到科伦中央委员会身上。但是，这些空洞的废话，仍然不能成为有力的罪证，而且也无法同马克思恩格斯所领导的共产主义者同盟联系起来。

第三个所谓证据，是由普鲁士政府派往伦敦的警探伪造的所谓马克思领导的中央委员会的"原本记录"。1851 年 11 月，普鲁士的警探威廉·希尔施被派驻伦敦，起初他不敢马上钻进马克思、恩格斯领导的共产主义者同盟组织，而是加入维利希集团，然后同维利希集团发生所谓"争吵"，他就以

---

① 原名克列美尔。
② 又译为吉佩利希。

维利希集团"敌人"的身份出现在"马克思的协会"中，讨论过盟务。他了解到科伦中央委员会被破坏后，马克思并没有建立新的中央委员会，也没有参与任何反政府活动。他把这一情况如实地向普鲁士警察局在伦敦的警探头目格莱夫中尉报告，但格莱夫回复说："部方有时需要某种东西，主要是文件，如果弄不到，那就应当想办法来弥补这种不幸。"不久，格莱夫直接要希尔施和在伦敦的另一个普鲁士警探弗略里伪造文件。于是，他们在伦敦郊区无耻编造了所谓"马克思党秘密会议原本记录"。里面有各种问题的讨论、接收新盟员、在德国各地组织新支部以及如何对待科伦被捕者的命运等内容。这种完全虚构的东西更不能成为起诉的罪证。

第四个所谓证据，是他们诡称收到了一个有《红色问答书》的小包裹，其中有出自马克思手笔，号召暴动的一件附函。实际上《红色问答书》是由维利希集团中的成员莫泽斯·赫斯编写的。普鲁士警察当局为了陷害马克思以及共产主义者同盟，竟然模仿马克思的笔迹，给《问答书》添了一个附函。这封附函用革命委员会的名义号召人们准备迎接即将到来的革命。信上说："公民！因为我们完全信任您，所以我们现在把50本《红色问答书》寄给您，您务必在6月5日星期六晚上11点钟把它们悄悄地塞进被公认为有革命信念的公民们，最好是工人们的家门里去。我们满怀信心地指望您那种公民的英勇行为，因此我们等待您完成这一指示。革命比某些人所想象的更迫近了。革命万岁！致以敬礼和兄弟般的情谊。革命委员会1852年5月于柏林。"这里，没有说明《问答书》的作者，却力图把附函的作者说成是马克思。显然，这是枉费心机的。

普鲁士当局企图利用这些拙劣的伪造的文件，把用恐怖手段推翻现存政府的罪名强加到马克思、恩格斯和共产主义者同盟身上，企图把这些文件作为判决被捕人员罪行的起诉证据。其实，这些伪造的文件的内容都是十分荒唐可笑的。马克思曾经揭露说，希尔施"每周都要编造一些关于普鲁士警察当局根本无法破获的那个阴谋家组织的虚构中央委员会的虚构会议的虚构报告。这些报告的内容是最荒唐不过的。没有一个名字是确实的，没有一个姓是真有的，强加在这个或那个人身上的话，没有一句是多少有点像这个人可能说出的话"[①]。

---

① 《马克思恩格斯全集》第8卷，人民出版社1961年版，第453页。

审　判

德国反动当局经过长达一年半紧张的阴谋策划之后，科伦陪审法庭准备于 1852 年 10 月 4 日，对早已逮捕的 11 名共产主义者同盟的领导人开始公开审判。他们所以要把审讯集中在科伦进行，为的是直接控制整个案件的进程。他们甚至违背资产阶级的政治原则，竟然让科伦警察厅厅长舒尔茨具体执行他们早已安排好的审讯计划，使他成为普鲁士政府的审判台柱，而把法庭和检察官排挤到一边，并使之听从自己的调遣。辛凯尔迪还请求内政大臣授予舒尔茨特殊权力，使他凌驾于科伦检察长之上，并帮助他取得国外警官汉诺威警察厅长维尔穆特和汉堡刑事警官霍曼的协助。只是由于舒尔茨于开庭前不久的夏天死了，他的角色由警务顾问施梯伯所代替。

当局起诉的全部证据是：一批搜获的文件，偷来的档案，伪造的会议原本记录，《红色问答书》附函以及一些伪造的马克思的亲笔信件。他们强加给被告的罪名是"危险的阴谋家""图谋叛国"等。出庭做证的都是德国各邦政府的要人。正如马克思指出的："在法庭辩论时，到场的有两个警察厅长——一个活的，一个死的（指的是舒尔茨——引者注）；一个警务顾问——而这就是施梯伯；两个警监，其中一个经常从伦敦跑科伦，另一个则经常从科伦跑伦敦；许许多多警探和下级警探，他们有时用真名，有时又匿名，有时用五花八门的名字，有时又用化名，带尾巴的和不带尾巴的；另外还有一个警局督察员。"①

马克思和恩格斯采取各种办法无情地揭露普鲁士当局的无耻伎俩，极力设法营救被捕的同志。在同盟盟员刚刚被捕时，马克思就委托他的朋友、盟员魏德迈前往科伦，了解事情的详细经过，以便采取适当的对策。以后，马克思和恩格斯又通过盟员贝尔姆巴赫得到关于审讯的详细情报，他们根据这些情况对政府的阴谋一一加以揭露。

在科伦共产党人案件审讯的 5 个星期中，马克思全家人，不顾当时生活条件的困难，都投入了紧张的工作，想尽办法把一些材料送到在科伦的被告手里，作为他们申辩的有力根据。马克思夫人燕妮，在一封给友人的信中曾这样描述道："'马克思派'在夜以继日地工作，脑袋和手脚一刻也闲不下

---

① 《马克思恩格斯全集》第 8 卷，人民出版社 1961 年版，第 519 页。

来……我们这里现在有了整套办事机构。两三个人写东西，另一些跑腿，还有一些人筹集便士，以便使写东西的人能够生活下去，并能把前所未闻的丑行的证据端到旧的官方世界的面前。"

恩格斯在曼彻斯特也帮助马克思搜集文件，整理材料，撰写文章，发表声明，揭露德国反动当局的无耻阴谋。在马克思和恩格斯的揭露下，警察局拿到科伦法庭上的件件所谓证据，都变成了揭露自己阴谋勾当的桩桩罪证。

科伦法庭开庭后两周，即10月18日，施梯伯在法庭上提出证词，声称"舍尔瓦尔密谋案"①与马克思和科伦中央委员会有直接联系。10月20日，马克思得悉这个情况后，立即把所谓舍尔瓦尔密谋案的真相材料，通过贝尔姆巴赫转交给律师施奈德尔第二，有力地揭露了密谋案完全是"警察当局的反间丑行"。

10月23日，施梯伯又一次提出证词，即原本记录。马克思说："原本记录并不是一个孤立的情节；它是政府活动的种种线索，即来自大使馆和警察当局、内阁和各地方当局、检察机关和邮政局、伦敦、柏林和科伦等等方面的种种线索的集结点。"②但是，伪造的证据，必定是漏洞百出。在这个原本记录中，没有一个姓名是确实的，连开会的时间和地点都对不上。

为了戳穿警察局这种把戏，10月27日，马克思首先在伦敦马尔波罗街的治安法庭上，当着英国各报的采访记者，正式公布了几个文件。这些文件中，有被普鲁士警探称作原本记录的记录人李卜克内西和林格斯的亲笔手迹，还有马克思领导的协会集会地点"玫瑰和王冠"小酒店老板关于会议地点和日期的证词。随后，马克思把这些文件秘密寄到科伦被告者的辩护律师手里。马克思这一及时有力的揭露，使施梯伯在法庭上丑态百出，迫使检察官不得不亲自从证据中剔除了那个"倒霉的记录本"。马克思说，"原本记录的秘密被揭穿就等于巨大案件的秘密被揭穿"③。

在10月27日法庭上，克雷弗尔得警察局的督察员荣克尔曼出庭作证。他宣称没收了一个寄给克雷弗尔得一家旅馆的招待员的小包裹，里面有50本《红色问答书》以及一封没有署名但却是马克思手迹的附函。以此来证明同盟的"革命阴谋"。马克思获悉后，立即到马尔波罗街治安法官那里发表

---

①　普鲁士警探舍尔瓦尔自己制造"德法密谋"，并以这个密谋的主角面貌出现，还到处造谣说他早已认识了马克思，并被马克思接受为共产主义者同盟盟员。

②　《马克思恩格斯全集》第8卷，人民出版社1961年版，第532页。

③　同上。

声明："（1）他未曾写过上述的附函；（2）他只是从《科伦日报》上才知道有这封附函；（3）他从未见过所谓的《红色问答书》；（4）他从未以任何方式帮助散发过这种《红色问答书》。"① 10 月 30 日，马克思把经过马尔波罗街治安法官证实的一项声明交给《晨报》和《人民报》发表。同时又寄给了科伦的律师施奈德尔第二。这样，法庭不得不承认附函与本案完全无关。

在科伦的整个审讯中，11 名被告在法庭上以各种方式同反动当局进行坚决而机智的斗争。例如，在 10 月 7 日法庭开审时，勒泽尔故意讲述极其自相矛盾和混乱不清的事情，使普鲁士的法官们捉摸不定。当法官迫诱时，勒泽尔十分镇静地自我辩护说："我的身体和精神受了损伤，记忆力减退了。"对于这一点，当时一家并不同情共产主义者的《科伦通讯》报，作这样评论："勒泽尔的声音、脸色和姿态证明他最后说的是实话。"

丹尼尔斯则采取了另一种斗争策略。因为"除了众所周知的密告（即豪普特指控他领导着一个旨在推翻现存国家制度的秘密团体——作者注）以外，没有任何不利于丹尼尔斯的罪证"。所以，他在法庭上矢口否认公诉中强加给他的一切罪名。此外，辩护人也利用丹尼尔斯作为有才干的医生的声誉，当作相当有力的论据来强烈影响陪审员的情感。陪审法庭不得不对丹尼尔斯做了无罪的判决。

当侦查员控告列斯纳在 10 年期间一直属于共产主义的革命组织，并图谋推翻普鲁士国家政权和挑起内战时，他嗤之以鼻。他说："当我听到这一可笑的罪名时，我忍不住笑了起来。"在审讯过程中，他忍受了一切痛苦和普鲁士警察的迫害，始终忠于自己的原则和信念。他说，"我经受过各种各样的困苦……但是有这样一个思想鼓舞和支持我，那就是，我是为正义的事业而受苦的"，"虽然我的健康受到很大损害，但是我却自豪地承认，我感到自己能够忍受这种牺牲，尽管我的处境在我看来常常是可悲的……最关重要的一点是，在任何情况下都忠于自己的信念，不违背自己的久经考验的原则，不放弃这些原则"。他在供词中始终没有承认强加给他的一切罪名。

列斯纳还记述了其他被告最后一天审判时表现出来的革命气节。他写道："每个人不是象怯懦的有罪的囚犯那样垂头丧气，而是英勇地和自觉地等候着判决，并且深信，他不会因获释而欣喜若狂，也不会因判罪而灰心丧气……我们就是怀着这样一种心情走上法庭的。"两年以后，他在回忆这次

---

① 《马克思恩格斯全集》第 8 卷，人民出版社 1961 年版，第 519 页。

审判时说:"在审判时我们并不感到我们是罪犯。全世界的人都认识我们并且作出了公正的宣判,因为人民、舆论在这一审判刚开始的时候就为我们作了辩护。在这一审判中,被判罪的人比判罪的人内心要舒服得多。"

维利希集团的态度,同马克思、恩格斯以及共产党人的坚定的无产阶级立场,形成了鲜明的对照。他们对舍尔瓦尔这个奸细了解得最清楚,但是不肯站出来揭露施梯伯的伪证;他们的成员莫泽斯·赫斯是《红色问答书》的作者,也不肯承认这件事。他们还和普鲁士警察当局互相勾结,以"王室证人"的身份出现在法庭上。所有这些表明他们已经站在反动统治阶级一边,成了反动统治者镇压共产党人的帮凶。当然,经过马克思、恩格斯长期培养的沙佩尔同维利希不一样,他在科伦审判之前,就承认了自己的一时迷误,表示悔悟并希望回到共产主义者同盟中来。

经过法庭辩论,警察局拿到法庭上的一切伪造证据,都被驳得体无完肤。根据事实,法庭应对全体被告作出无罪的判决,"宣判被告无罪就等于判决政府有罪"①。德国反动当局为了避免这种可耻的下场,陪审员只好毁损自己的荣誉和良心,不顾事实,仍然对被告作出了有罪的判决。1852 年 11 月 12 日,法庭宣判:处以勒泽尔、毕尔格尔斯和诺特荣克 6 年徒刑,赖夫、奥托和贝克尔 5 年徒刑,列斯纳 3 年徒刑,丹尼尔斯、克莱因、雅科比和埃尔哈特被宣判无罪。

马克思在说明判决科伦共产主义者有罪的原因时指出:"被告们所体现的手无寸铁的革命无产阶级站在由陪审法庭所代表的统治阶级面前;因此,这些被告的罪是老早判定了的,因为他们是站在这样一种陪审法庭面前。"②马克思又说:"陪审法庭是特权阶级的等级法庭,建立这种法庭的目的是为了用资产阶级良心的宽广来填补法律的空白。"③ 但是,正如列斯纳指出的,"戏(指科伦审判案——作者注)已经圆满闭幕了。人类历史一定会把这一审判案载入自己的编年史册并且作出另一种判决。"

审判消息传出后,柏林宫廷和资产阶级皆大欢喜。然而,他们既没有达到目的,也不能阻止工人运动的发展。当普鲁士警察当局追捕同盟盟员时,许多盟员巧妙地隐蔽起来,继续从事革命活动。同盟的领导人约瑟夫·魏德

① 《马克思恩格斯全集》第 8 卷,人民出版社 1961 年版,第 530 页。
② 同上书,第 535 页。
③ 同上书,第 536 页。

迈逃往美国，在那里积极从事工人运动，发表文章揭露科伦审判案的真相。
11 名被告首次出现在科伦法院附近时，聚集在那里的人群对他们热烈欢呼。
科伦审判案刚刚结束，马克思和恩格斯就号召召开大会，支援被判决者。

科伦审判案在德国许多地方引起了强烈反响。德国的工人运动并没有因
此而削弱，相反，经过这场斗争的考验变得更坚强了。正如恩格斯指出的，
从科伦共产党人案件时起就结束了"德国独立工人运动的第一个时期"，以
后日益壮大的工人运动恰恰是 1836 年至 1852 年"德国工人运动的直接继
续"①。

科伦审判刚刚结束，即在 1852 年 12 月初，马克思写了《揭露科伦共产
党人案件》的抨击性论文，先后在瑞士、美国发表；恩格斯也应马克思的请
求，为《纽约每日论坛报》写了《最近的科伦案件》等文章。这些著名的
文献，以无可辩驳的大量事实说明了科伦审判案的真相，揭露了普鲁士反动
当局迫害共产主义者的险恶用心，指出了维利希集团在科伦审判案中扮演的
可耻角色，刻画了共产党人从事革命活动的光明磊落的形象。这样，普鲁士
反动当局一手制造的科伦共产党人案件的阴谋，终于彻底破产。

---

① 《马克思恩格斯选集》第 4 卷，人民出版社 1972 年版，第 186 页。

第一国际的建立

张小雪

第一国际，即国际工人协会，是 19 世纪中叶欧美工人运动高涨中产生的人类历史上第一个群众性的无产阶级国际组织。它举起"联合全世界的无产阶级为反对其压迫者而斗争"① 的旗帜，在国际工人运动和共产主义运动史上占有重要地位。

第一国际成立的历史背景

1848 年欧洲资产阶级革命给封建势力以沉重打击，推动了欧美资本主义的进一步发展。19 世纪五六十年代，工业革命在英国业已完成，在法、德、美、比等国继续深入发展，在经济比较落后的俄、意、奥匈等国也已开始。

机器大生产成为英、法等先进国家工业生产的主要形式。100 马力的蒸汽机，1850 年在英国有 1290 部，法国有 370 部，德国有 260 部；1860 年英国增至 2450 部，法国增至 1120 部，德国增至 850 部。机器的普遍采用，促进了工业的发展。以冶金和煤炭工业为例，英、法、德、美 4 国煤产量 1850 年为 6870 万吨，1860 年增长为 1 亿 2450 万吨；生铁产量 1850 年为 348 万吨，1860 年达到 615 万吨。交通运输业发展迅速，1848 年英国铁路线总长为 4646 英里，法国 1931 公里，德国 5822 公里；1870 年英国达 1 亿 3562 英里，法国 17924 公里，德国 21471 公里。在 1847—1867 年的 20 年中，世界铁路网从 25100 公里发展到 157600 公里。1848—1866 年，国际贸易周转额以可比价格计算增加了两倍多。

伴随资本主义的发展，欧美工人阶级队伍迅速扩大。在 1850—1870 年，

① 《马克思恩格斯全集》第 19 卷，人民出版社 1963 年版，第 149 页。

英国棉纺工人从 48.8 万增至 68.8 万；德意志地区产业工人 1848 年约 70 万，到 1860 年初，仅在普鲁士、萨克森、黑森、巴伐利亚、维尔腾堡和巴登等地就有 150 万；美国加工工业的工人 1840 年为 80 万，1860 年增到 130 万。60 年代初，欧洲产业工人达 874 万，手工业工人达 1123.5 万，全部工业人口（连同家属）为 5462.4 万人。在曼彻斯特、里昂、新英格兰等数十个工业中心形成后，工人群众日趋集中。如法国，1869 年 290 万产业工人中，40% 在大企业做工。

然而，资本主义经济的繁荣并没有改变工人阶级的经济地位。机器的应用减轻了工人的劳动，但在资本主义工厂里，机器却成为资本家剥削工人的手段。资本家采取延长工人劳动日、大量雇佣女工和童工等办法来追逐更多的利润。50 年代至 60 年代，工人每天工作 12—18 小时的现象在欧洲各国极为普遍。在德国爱北斐特的纱厂里，工人每天工作 15 小时。同一时期，巴黎产业工人中女工占 25%，童工占 7%。低工资的女工和童工越来越多地替代了成年男工。在德国，工人平均实际工资指数（以 1900 年为 100）：1840—1849 年为 74，1852—1859 年为 66，1860—1867 年为 74。而食品价格指数不断上升：1850 年为 53，1860 年为 82，1870 年为 92。多数工人难以维持生活。工人劳动和居住的条件十分恶劣，伤亡事故、疾患传染屡见不鲜。

1848 年 6 月巴黎工人起义后，各国政府加紧了对工人阶级的政治迫害。1851 年，法国强行取缔工人组织，工厂里实行劳动手册制①。1853—1860 年有 3909 名工人因参加工人团体而受到刑事法庭审判。英国的工人组织毫无法律保障，资产阶级任意使用"主仆法""保证书"② 来压制工人运动。据英国官方记录，违反主仆法而受到司法追究的，1863 年有 10393 起；1865 年超过了 1.2 万起，有 7000 工人被定罪，1658 人被监禁。经济上的剥削和政治上的压迫使无产阶级和资产阶级的矛盾日益激化。

资产阶级对剩余价值的盲目追求，加剧了资本主义私人占有制与生产社会性之间的矛盾，导致了 1857 年世界性经济危机的爆发。危机从美国开始，很快蔓延到英、法、德、比、俄及拉丁美洲许多国家，造成各国经济衰退、物价飞涨、工厂倒闭，大批工人失业。据统计，美国在 1857 年 10 月至少有

---

① 每个被雇佣的工人必须持一本手册，用来记载其表现，供企业主和警察考察。

② "主仆法"是 1349 年英国议会颁布的法令，规定不驯服的工人和仆人要受到惩处。"保证书"是强迫工人声明不参加罢工运动的书面保证，它是工人就业的条件。

20 万工人失业；英国 1857 年工人失业率从 1856 年的 4.9% 增长到 6.1%，1858 年又猛增至 11.9% 。

经济危机的侵袭促进了欧美工人运动重新高涨。1859 年，英国建筑工人大罢工，要求实行 9 小时工作日。在德国，1859 年掀起了产业工人有史以来第一次大规模的罢工浪潮。1862 年，巴黎印刷工人也举行罢工。从 1857 年起，美国工人罢工斗争连续不断。1859 年 2 月宾夕法尼亚所有行业工人的总罢工和 1860 年新英格兰等地 2 万制鞋工人的大罢工都产生了重要的影响。美国共产党领袖福斯特写道："在整个 1863 年和 1864 年间发生的罢工，比美国历史上任何时候都多。"美国工人群众还直接参加了反对奴隶制的战争。1865 年内战结束时，北方有 50% 的工人参了军，平均每 1000 名联军士兵中就有 423 名工人。他们在战争中起了举足轻重的作用。

19 世纪 50—60 年代欧美工人队伍的壮大和工人运动的复苏，为第一国际的建立奠定了坚实的阶级基础。而工人运动国际联系的增强，摆脱资产阶级的束缚而走上独立发展的道路，又为第一国际的建立做了组织上的准备。

资本主义的迅速发展加强了资本主义经济的国际联系。这种联系是建立在奴役本国工人和弱小国家的基础上的。资本主义的剥削和压迫带有国际性质。因此，一国工人的反抗往往遭到本国和外国资产阶级的联合镇压。资本家常以雇佣外国工人的办法来破坏本国的罢工斗争。1864 年，美国议会正式承认了移民公司的合法权，并拨款 100 万美元专门用来雇佣外国工人，替代本国罢工工人。

资本主义世界市场的形成，为各国工人相互了解和团结提供了方便。"中世纪的市民靠乡间小道需要几百年才能达到的团结，现代的无产者利用铁路只要几年就可以达到了。"[1] 工人阶级在残酷的现实中逐渐认识到，无论哪个国家和民族的工人，只要处于资本主义的枷锁之下，其雇佣奴隶的命运是相同的，阶级利益是一致的，只有团结起来，才能战胜共同的敌人。

1862 年 5 月，第三届世界工业博览会在伦敦开幕，巴黎、里昂、亚眠的 200 名法国工人和 50 名德国工人出席了大会。英、法、德的工人获得了广泛接触的机会，增进了彼此的了解。法国工人与伦敦的法国政治流亡者取得了联系。德国工人访问了伦敦的德意志工人教育协会。8 月 5 日，英国部分工人举行"国际团结联欢会"，欢迎来自巴黎的 70 名工人代表。

---

① 《马克思恩格斯选集》第 1 卷，人民出版社 1972 年版，第 260 页。

会上，两国工人的演说中已涉及建立工人阶级国际联系的问题。德、法工人回国后，向本国工人群众详细介绍了英国工人生活和斗争的情况，积极组织工会，开展要求增加工资、集会和罢工自由的斗争，推动了本国工人运动的发展。随着各国工人联系的加强，无产阶级国际团结的思想不断深入人心。

　　1859 年和 1860 年，伦敦建筑工人两次罢工，不仅得到国内各行业工人的支援，而且得到了德国工人的捐款、意大利工人的贺信和美国工人的罢工响应，从而获得了胜利。1861 年，美国爆发南北战争，切断了英国纺织业原料的主要来源，英国发生棉荒，工人失业情况严重。据统计，失业率 1860年为 1.9%，1861 年为 5.2%，1862 年为 8.4%。1862 年 2 月，许多工业城市失业人口已占总人口的 30% 以上。英国政府声称只要干涉美国内战，支持南方种植园主，解除封锁，就能马上消除英国工人的贫困。但是，英国工人阶级表现了高度的无产阶级国际主义精神，他们在 1862—1864 年连续举行了 71 次群众大会，支持美国北方反奴隶制的斗争。1862 年曼彻斯特工人写信给美国总统林肯说："我们的利益同你们是一致的……你毅然发布了自由宣言，我们对此表示崇高的敬意。"迫于群众的压力，英国政府不得不放弃对美国南方奴隶主的支持。

　　五六十年代，独立的工人组织相继出现。在英国，许多比较分散的工会开始合并为同行业的全国性工人联合组织，如混合机器工会、混合木工工会、翻砂工人工会、砌砖工人工会等，初步打破了地方行会的形式。1860 年 5 月，在伦敦，各行业工人支援建筑工人罢工的斗争产生了"工联伦敦理事会"（以下简称工联），成为英国工人运动的领导中心。60 年代初，工联有会员 60 万人，1866 年末增加到 80 万人，逐步发展成为英国群众性工人组织中最稳固、最强大的组织。工联领导人把工人运动的目标仅仅局限于经济斗争，力图在资本主义制度的范围内改善工人处境。60 年代初，随着工人运动的发展，工联也开始参加政治斗争，提出扩大选举权，改革过时的工会法等要求。1862 年又组建了一个专门争取普选权和秘密投票的协会。

　　在法国，60 年代初，巴黎、图卢兹、马赛等地出现了工人互助会。从伦敦参观回国的工人推动了工会组织的发展。1863 年细木工会、炼铁工人联合会成立。1864 年巴黎石印工人反抗协会成立。1863 年立法团选举时，工人提出雕版工人托伦等三人为自己的候选人，工人阶级第一次同资产阶级一起竞选，标志着法国工人阶级开始认识到自己独立的阶级利益。1864年2月，在立法团补选前，巴黎工人发表了《六十人宣言》，阐述了选举工人代表的意义，指出工人阶级需要维护自己独立的阶级利益，而且只有工人议员才能代表这一阶级利益。它宣布：“我们没有自己的代表，这就是我们要提出工人候选人这一问题的原因。”《宣言》还阐明了工人阶级参加政治活动的重要性，并要求集会、结社、出版自由等权利。当时蒲鲁东主义对法国工人运动有很大的影响，《宣言》的签署人大多是蒲鲁东主义者。他们把“劳动自由，组织信贷，普遍团结”看作工人阶级的理想，认为只有实现这些目标，所有公民才会在权利上平等。《宣言》强调工人将通过合法途径去争取实现自己的目标，反对侵犯私有制。

在德国，50年代出现了许多工人教育协会和工人合作社。但这些组织几乎都受着资产阶级自由派的控制。1862年4月18日，一部分莱比锡先进工人退出了职工教育协会，单独成立前进工人政治协会。访问伦敦归来的工人的宣传，加速了德国工人阶级与资产阶级自由派的分裂。1863年5月23日，德国工人阶级第一个独立的政治组织——全德工人联合会在莱比锡成立。联合会发展很快，1863年秋仅有1000名会员，到1864年秋就增加到4600名。第一国际成立前，联合会的组织和会员散布在德国50多个地方，在工人群众中产生越来越大的影响。但是，联合会主席拉萨尔主张在普鲁士国家的帮助下建立工人合作社，并通过普遍的直接的选举使工人获得解放，使联合会带有改良主义的倾向。

在美国，60年代成立了一些全国性的工人联合会，如印刷工人联合会、铸工联合会等。在美国53个工业部门中已有207个工会，联合了约20万工人。康姆、康普、雅科等一些共产主义者同盟盟员于1857年组织的“共产主义者俱乐部”，在美国工人运动中起了积极的作用。

在工人阶级队伍壮大、工人运动和组织日益加强的同时，马克思主义得到了传播，并开始与工人运动结合起来。

关于无产阶级的国际团结，无产阶级革命导师马克思和恩格斯早就有科学论述。1848年以前，他们在《德意志意识形态》《在伦敦举行的各民族庆祝大会》《论波兰》等著作和文章中，分析了无产阶级解放运动的国际根源，提出了无产阶级国际团结的思想，反对资产阶级的民族利己主义和世界主义。他们指出：“既然各国工人的状况是相同的，既然他们的利益是相同的，他们又有同样的敌人，那么他们就应当共同战斗，就应当以各民族的工人兄弟联盟来对抗各民族的资产阶级兄弟联盟。"① 1848 年 2 月,《共产党宣言》作为第一个无产阶级国际性组织"共产主义者同盟"的纲领问世。它阐明了工人阶级肩负的伟大历史使命,指出了工人阶级解放斗争的目标和道路,更加明确地阐述了无产阶级国际主义思想。《共产党宣言》指出:"联合的行动,至少是各文明国家的联合的行动,是无产阶级获得解放的首要条件之一。"② 《共产党宣言》发出了"全世界无产者,联合起来!"③ 的伟大号召,对国际工人运动的发展具有重要的指导作用。

1847 年 6 月创建的共产主义者同盟以科学社会主义理论为指导,广泛地吸收了德、法、英、比等国的工人群众,在这些国家以及丹麦、瑞典和瑞士等国都建立了支部。它的会员与各国工人组织以及民主派组织建立了联系,积极参加了 1848 年革命,初步传播了马克思主义。共产主义者同盟的建立及其活动,迈出了科学社会主义与工人运动相结合的第一步。

1850—1852 年,马克思、恩格斯撰写了《1848 年至 1850 年的法兰西阶级斗争》《路易·波拿巴的雾月十八日》《德国的革命和反革命》《中央委员会告共产主义者同盟书》等许多重要著作,全面总结了 1848 年革命的经验教训。他们认为,这次革命失败的原因之一是无产阶级本身还不够成熟,必须为新的阶级搏斗做好理论和组织上的准备。为此,他们通过威廉·李卜克内西、埃卡留斯、列斯纳、魏德迈、库格曼、贝克尔、迈耶尔、艾希霍夫等人与德国、英国、瑞士以及其他国家的无产阶级进行经常的联系,帮助他们分析形势,鼓舞斗志,督促他们学习。

同时,马克思、恩格斯与英国宪章派的革命者哈尼、琼斯等人保持密切往来,热情地为宪章派的机关刊物《人民报》以及资产阶级进步刊物《纽约每日论坛报》《新奥得报》撰稿。50 年代末,马克思恢复了他在伦敦德意志工人教育协会中的活动,为协会起草过声援波兰起义呼吁书等文件,经常在协会中义务向工人群众讲授政治经济学,为协会的机关报《人民报》撰稿,并于 1859 年 7 月正式担任该报的编辑和负责人,宣传科学社会主义理论和无产阶级国际主义思想。

为了适应国际工人运动发展的客观需要,马克思进行了巨大而艰苦的经

---

① 《马克思恩格斯全集》第 4 卷,人民出版社 1958 年版,第 411—412 页。
② 《马克思恩格斯选集》第 1 卷,人民出版社 1972 年版,第 270 页。
③ 同上书,第 286 页。

济理论研究。1857—1859 年，他完成了《资本论》第 1 卷手稿；1859 年 6 月出版了《政治经济学批判》第一分册；随后，他在极端困难的条件下，以每天工作 16 小时的惊人毅力，在 1861—1863 年写出了 23 本政治经济学笔记，为工人阶级的解放斗争准备了锐利的思想武器。马克思和恩格斯非常关心国际政治问题，发表了一系列文章，阐述了对德国、意大利的民族统一，美国内战，亚洲的民族解放运动等许多问题的看法，极力支持各国的民主力量，反对反动势力。

马克思、恩格斯所进行的艰苦的理论探索和大量组织工作，大大促进了科学社会主义的传播，为无产阶级国际组织的建立奠定了思想基础。

正是在欧美各国资本主义经济飞速发展，工人运动转入高潮，无产阶级团结战斗的愿望与日俱增，科学社会主义理论已诞生并得到一定程度传播的历史条件下，第一国际应运而生了。

圣马丁堂成立大会

1863 年 1 月开始的波兰人民反抗沙皇俄国统治、争取民族独立的起义，在欧美各国人民中引起强烈反响。4 月 28 日，英国"工联伦敦理事会"在伦敦圣詹姆斯大厅召开声援波兰的工人大会，要求本国政府干涉沙俄的行为。英国政府借口没有法国合作不能采取行动。为此，工联决定邀请法国工人代表，联合举行声援波兰人民起义的群众大会。

7 月 22 日，大会在圣詹姆斯大厅举行，由托伦、佩拉雄、科阿东、缪拉和比巴尔组成的法国工人代表团和其他国家的工人流亡者出席了大会。翌日，工联领袖和法国工人代表进行会谈，一致认为各国工人阶级必须团结起来，有必要建立一个国际工人联合组织，并选出了筹备委员会。其成员有鞋匠奥哲尔、木匠克里默、装订工人戈达尔德、彩画匠费伊西、木匠埃格林顿。由这五位在英国工人中享有威望的工人运动领袖负责了解和沟通英法两国工人关于建立国际组织的看法，以便制定其基本原则。

受筹备委员会的委托，奥哲尔起草了《英国工人致法国工人》的呼吁书，提出"要召开自己的代表大会来讨论关系到各国人民和平的重大问题"。呼吁书 11 月 10 日在英国工人大会上通过，并由资产阶级民主派比斯利教授译成法文寄往巴黎。呼吁书在法国的工厂、车间里散发和传阅，引起工人群众的兴趣和热情。1864 年 5 月，由托伦起草了《法国工人致英国兄弟》的复信，并委托资产阶级共和派记者昂·勒弗尔带到伦敦。

1864 年 9 月，由托伦、利穆津、佩拉雄等组成的法国工人代表团前往伦敦。为欢迎法国代表团，9 月 28 日晚，在伦敦圣马丁堂举行了一次盛大的国际团结大会。除英法工人外，参加大会的还有流亡在伦敦的德国、意大利、波兰、爱尔兰的工人代表和小资产阶级民主主义者代表共 2000 余人。马克思应筹委会的邀请参加大会。他认为，这种对联合的渴望产生于工人群众自身，反映了发展壮大起来的工人运动的根本要求，"是一桩可以取得显著成效的事业"①。于是，他打破以往谢绝参加脱离真正革命运动的流亡者活动的惯例，欣然出席了大会，并被选入主席团。

大会开始后，大会主席比斯利教授首先致开幕词。他叙述了这次大会的筹备过程，谴责了各国列强的侵略政策，号召全世界劳动人民为在地球上实现正义而联合起来。随后，伦敦德意志工人教育协会组织的德国工人歌咏队为大会演唱了两支爱国歌曲。

接着，奥哲尔用英文宣读了 1863 年起草的《英国工人致法国工人》呼吁书。呼吁书强调："为了工人大众的事业，各国人民必须团结一致。因为每当我们想通过缩短工作日和提高工资来改善我们的社会状况的时候，我们的老板总是威胁我们说，他要写信招聘法国人、德国人和比利时人，以更低的工资雇佣他们来代替我们的工作……这种事情的确发生过。不过，这不是由于我们大陆上的兄弟们心地不好，而是由于各国劳动阶级之间缺少正确的经常的联系。"呼吁书带有浓厚的工联主义色彩，没有触及资本主义制度，没有提出无产阶级的政治要求，宣扬用"理性和道义的力量抵制"剥削的改良主义思想。

托伦用法文宣读了法国工人的回信《法国工人致英国兄弟》，由法国侨民、小资产阶级民主派勒·吕贝当场译成英文。回信宣布："我们必须团结起来，筑成一座坚不可摧的堤坝，来抗拒把人类分成两个阶级——愚昧饥饿的平民和脑满肠肥的官吏——的害人制度。我们要团结起来拯救自己！"信中还抨击了资本主义的自由竞争和资本主义制度。但是，回信反映了蒲鲁东主义的观点，回避了工人的阶级斗争，幻想通过"劳动的自由""自由交易"来达到社会的和谐一致。

英、法工人的两封信虽然带有工联主义和蒲鲁东主义的烙印，但它们在

---

① 《马克思恩格斯全集》第 31 卷，人民出版社 1972 年版，第 435 页。

一定程度上反映了工人群众要求团结的愿望，是第一国际筹建时期的重要文献，受到大会的欢迎和赞扬。

吕贝在会上介绍了法国工人关于建立无产阶级国际联盟的草案，提议在伦敦建立一个由各国工人代表参加的中央委员会，并在欧洲各国首都和大城市设分会。他还宣读了勒弗尔给大会的贺信（他本人未参加大会）。

英国代表威勒尔提出下列决议案："鉴于他们的计划①是为着一切劳动者的利益的，大会接受它作为国际协会的基础，并选举一个委员会，授权它增补新委员，委托它制定该协会的章程和条例。"英国代表德尔附议。意大利代表沃尔弗、法国代表博凯、德国代表埃卡留斯先后发表演说，赞同法国工人的提议。于是，上述决议案被通过。大会当即成立工人国际联合组织，选出一个由到会的 35 名代表组成的委员会。其成员中包括英国工联的奥哲尔、克里默、皮琴；老宪章主义者利诺；空想社会主义者欧文的追随者韦斯顿；英国小资产阶级和资产阶级激进派政治家福克斯、德尔、威勒尔、惠特洛克；法国的吕贝；意大利马志尼派的沃尔弗；同资产阶级民主派团体有联系的波兰侨民霍尔托普；前共产主义者同盟盟员埃卡留斯和科学社会主义创始人马克思等。委员会自 1864 年 10 月 18 日起称中央委员会，1866 年日内瓦代表大会后改称总委员会。

这一晚，圣马丁堂与会者情绪高昂，演说时时被掌声和欢呼声打断。大会结束时，全体成员与在场的各国工人代表连续欢呼三次。就这样，崭新的国际工人组织在热烈的气氛中诞生了。

第一国际的纲领和章程

圣马丁堂大会后，中央委员会面临的迫切任务是尽快确定新组织的名称、性质、形式，制定其纲领原则。

1864 年 10 月 5 日，中央委员会在伦敦苏荷区格里克街 18 号举行第一次会议。奥哲尔和克里默当选为中央委员会的主席与书记。会议选举 9 人组成一个专门起草纲领原则的小委员会②。成员有：韦斯顿、惠特洛克、马克思、

---

① 指吕贝宣读的法国工人关于建立国际组织的草案。

② 也译作"常务委员会"或"常设委员会"。它在完成制定纲领和章程的任务后，仍继续工作，并成为中央委员会的执行机关。在 1866 年 9 月，第一国际日内瓦大会期间的一次总委员会和部分代表的会议上，马克思建议把小委员会的成员固定下来。

吕贝、沃尔弗、霍尔托普、皮琴、奥哲尔和克里默。韦斯顿表示准备把他起草的"原则宣言"的初稿提交小委员会讨论。沃尔弗向小委员会极力推荐马志尼起草的意大利工人团体章程①。

马克思出席了这次会议，但在推选小委员会之前离开了会场，因而不知道自己入选。后又因病或没有及时接到通知，未能参加小委员会 10 月 8 日和 15 日的两次会议及中央委员会 10 月 11 日的会议。

10 月 8 日，小委员会开会，首先讨论了韦斯顿起草的内容混乱、文字冗长的"原则宣言"，决定："请韦斯顿先生精简和修改他的草案，而后由小委员会将它提交中央委员会作为协会的纲领。"接着讨论由沃尔弗译成英文的意大利工人团体章程。意大利资产阶级民主革命家马志尼及其追随者从 60 年代开始在工人中进行宣传，他们在促进意大利工人运动摆脱资产阶级温和派的影响，积极参加民族统一运动方面起过进步作用。但是马志尼主义者宣扬通过劳资合作、建立合作社使工人受教育的途径达到劳动群众的社会解放，这种改良主义倾向阻碍了意大利工人运动的健康发展。沃尔弗是马志尼的秘书。章程引言部分把工人运动的目的归结为争取工人在道德、智力和经济三个方面的进步；把实现这些目的的途径归结为"通过合法的手段告诉自己的政府关于自己的生存条件、希望和要求"。章程条例部分"是本着中央集权的密谋即赋予中央机关以独断权力的精神起草的"②。这个章程受到会议的"高度赞赏"，小委员会决定把它"推荐给中央委员会采用"。

中央委员会于 10 月 11 日召开会议，讨论了新组织的名称问题。威勒尔和利诺提出把工人国际组织与受资产阶级控制的国际性工人慈善文化团体——"世界劳动阶级福利同盟"③ 合并。惠特洛克和埃卡留斯反对这一主张，建议把新组织定名为"国际工人协会"（以下简称"国际"）。这个建议以 16∶14 票被通过。这一名称鲜明地表达了第一国际的性质和特点，表明它成立伊始就与资产阶级民主派划清了界限。这次会议还讨论了韦斯顿的"原则宣言"和沃尔弗提出的章程，决定将它们"还给小委员会再行修改"。

10 月 8 日的小委员会会议和 10 月 11 日中央委员会会议表明，在刚刚成立的国际工人组织中，资产阶级思想和改良主义的影响很严重。10 月 12 日，

---

① 在历史文献中，这个意大利工人团体章程通称《意大利工人团体联合条例》。
② 《马克思恩格斯全集》第 17 卷，人民出版社 1964 年版，第 418 页。
③ 世界劳动阶级福利同盟是 1863 年 12 月在资产阶级民主派汤司亨特侯爵的倡议下，在伦敦成立的。

埃卡留斯写信向马克思汇报了这些情况，恳切要求马克思参与制定纲领文件。他写道："你无疑应该在欧洲工人组织新生婴儿身上打上内容丰富、言简意赅的印记。"他告诉马克思，10月11日会议后，"克里默在一次私人谈话中说，不能再让韦斯顿参与此事，拟制文件的工作应该交给一个不超过3人的小组，他们能够使用和酌情处理已有的材料"。他还转述了克里默、奥哲尔等人的意见："此项工作最合适的人选无疑是马克思博士。"

10月11日会后，沃尔弗前往那不勒斯参加意大利工人协会代表大会，韦斯顿实际已经不再参加这项工作。克里默说的3人小组也没有建立。"修订"工作一时落到吕贝身上。他抛开了韦斯顿的草案，参考了成立大会上的3个文件①，以沃尔弗提出的章程草案为基础，起草了"原则宣言"和章程。经小委员会10月15日会议讨论后，提交中央委员会会议讨论。

10月18日，马克思出席了中央委员会会议。当吕贝宣读他修改的草案后，马克思意识到它根本不合时宜。他后来在致恩格斯的信中追述道："当我听到好心的勒·吕贝宣读妄想当做原则宣言的一个空话连篇、写得很坏而且极不成熟的引言时，我的确吃了一惊，引言到处都带有马志尼的色彩，而且披着法国社会主义的轮廓不清的破烂外衣。"② 但出于团结的愿望和策略的考虑，他对其只是"温和地加以反对"③。经过长时间的讨论，会议通过决议，"大体采纳这个纲领"，"委托小委员会对引言和章程定稿"。

10月20日，小委员会在马克思家里开会。除马克思外，出席会议的还有克里默、吕贝和方塔纳（暂替沃尔弗的意大利代表）。关于这次会议的情况，马克思后来写道："我手头一直没有这两个文件（沃尔弗和勒·吕贝的），所以无法预先做准备……为了赢得时间，我提议我们在'修订'引言之前，先'讨论'一下章程。结果照这样做了。四十条章程的第一条通过时已经到了夜里一点钟。克里默说（这正是我所要争取的）：'我们向原定于10月25日开会的委员会提不出什么东西。我们必须把会议延期到11月1日举行。而小委员会可以在10月27日开会，并且争取获得肯定的结果。这个建议被采纳了，'文件'就'留下来'给我看。"④

由此，马克思取得了制定国际纲领性文件的主动权。他认为："成立国

① 指英法工人的两封信和法国工人关于建立工人国际组织的提议草案。
② 《马克思恩格斯全集》第31卷，人民出版社1972年版，第15页。
③ 同上书，第16页。
④ 同上。

际是为了用真正的工人阶级的战斗组织来代替那些社会主义的或半社会主义的宗派。"① 但考虑到由于各国历史条件的差别和各国工人运动发展水平的参差不齐，为了向广大工人群众敞开大门，马克思采取了"实质上坚决，形式上温和"② 的策略，把科学社会主义原则用当时工人运动所能接受的形式表述出来，制定一个各流派都能承认的广泛的纲领。他成功地做到了这一点，在一周内彻底修改了章程，在重新起草的《协会临时章程》的引言中，精练地表达了国际工人协会的基本纲领性原则，并把章程的条目从 40 条缩减为 10 条。他还起草了一个新的文件——《国际工人协会成立宣言》。

《成立宣言》指出，在 1848 年到 1864 年间，资本主义工业的发展和贸易的增长都是"史无前例的"，然而，工人群众的贫困并没有减轻，资本主义社会的阶级对抗日益加剧。它评述了自 1848 年以来，欧洲工人阶级所取得的两大成就：第一，英国工人阶级争得了 10 小时工作日法案的通过，对工人阶级来说，"不仅是一个重大的实际的成功，而且是一个原则的胜利"。用立法手段限制工时，表明"资产阶级政治经济学第一次在工人阶级政治经济学面前公开投降了"③。第二，工人合作社运动普遍展开。当时建立生产合作社和消费合作社的思想在英、法、德等国工人中相当普遍。马克思强调，合作社运动的主要意义在于，"工人们不是在口头上，而是用事实证明：大规模的生产，并且是按照现代科学要求进行的生产，在没有利用雇佣工人阶级劳动的雇主阶级参加的条件下是能够进行的"；从这个意义上讲，合作运动是"劳动的政治经济学对财产的政治经济学"的"一个更大的胜利"④。同时马克思认为，不应该过高估计合作劳动的意义。1848 年以来的经验证明，"要解放劳动群众，合作劳动必须在全国范围内发展"，所以"夺取政权已成为工人阶级的伟大使命"⑤。

《成立宣言》还指出："工人们已经具备了作为成功因素之一的人数，但是只有当群众组织起来并为知识所指导时，人数才能起决定胜负的作用。"⑥ 这里包含了无产阶级要完成夺取政权的使命，必须组织自己的政党的

---

① 《马克思恩格斯选集》第 4 卷，人民出版社 1972 年版，第 394 页。

② 《马克思恩格斯全集》第 31 卷，人民出版社 1972 年版，第 17 页。

③ 《马克思恩格斯全集》第 16 卷，人民出版社 1964 年版，第 12 页。

④ 同上。

⑤ 同上书，第 13 页。

⑥ 同上。

思想。《成立宣言》还强调了无产阶级国际主义的伟大意义，并以"全世界无产者，联合起来！"的号召作为结语。

《临时章程》指出，"工人阶级的解放应该由工人阶级自己去争取"①，而这个任务只有在消灭现存社会的经济基础，即实现工人阶级在经济上的解放才能完成，因此，"工人阶级的经济解放是一切政治运动都应该作为手段服从于它的伟大目标"②。《临时章程》强调工人解放的国际性质和实现无产阶级国际主义原则的重要性，它指出："劳动的解放既不是一个地方的问题，也不是一个民族的问题，而是涉及存在于现代社会的一切国家的社会问题，它的解决有赖于最先进各国在实践上和理论上的合作。"③《临时章程》宣布："本协会设立的目的，是要成为追求共同目标即追求工人阶级的保护、发展和彻底解放的各国工人团体进行联络和合作的中心。"④

《临时章程》初步规定了包含民主集中制思想的组织原则：全协会的代表大会每年举行一次，它有决定国际的章程、指导国际的活动、选举中央委员会的权力。中央委员会设有主席、总书记、财务书记、各国通讯书记，会址设在伦敦；其任务是负责调查研究各国工人运动的状况，筹备代表大会并向大会报告工作；它有权加聘新委员，在必要时有权提前召开代表大会。国际的地方组织是各国的工人团体，它们加入国际后仍可以保持原有的组织；任何独立的工人团体不受限制，可以与中央委员会发生直接联系。

《成立宣言》和《临时章程》于1864年10月27日为小委员会通过，11月1日被中央委员会批准，11月5日发表在工联的机关报《蜂房报》上，11月底被印成小册子出版。在1866年日内瓦大会上，以《临时章程》为基础，正式制定了《国际工人协会共同章程》，并通过一个组织条例作为其补充文件。

第一国际纲领的问世，是马克思主义的一次重大胜利，表明国际已拥有一条正确的政治路线和组织路线，"从此以后马克思就稳固地取得了对国际的领导"⑤。

随后，中央委员会积极进行宣传国际工人协会的思想和组织各国支部的

---

① 《马克思恩格斯全集》第16卷，人民出版社1964年版，第15页。
② 同上。
③ 同上书，第15页。
④ 同上书，第16页。
⑤ 《马克思恩格斯全集》第22卷，人民出版社1965年版，第398页。

工作。《成立宣言》和《临时章程》被译成法、德、意等国文字，散发到各国工人中去。仅 1865 年在德意志各邦中就散发了 5 万份。各国工人组织的报刊也刊登了宣言和章程。

中央委员会通过派遣各种代表团访问英国的工人团体、参加各国工人代表大会等形式争取会员。1865 年 3 月，由克里默、埃卡留斯组成的代表团参加了拥有 5000 名会员的英国全国鞋匠工会的代表会议，该会当场表示加入第一国际。国际的第一批支部也很快建立了起来。1864 年 10 月，日内瓦支部成立，随后又成立了汝拉山区支部；12 月，巴黎支部成立，1865 年发展到 500 人；1865 年 3 月里昂支部成立。不久，法国的鲁昂、南特、埃耳伯夫、卡昂等地也建立支部。1865 年 9 月，德国佐林根支部成立，1866 年 1 月柏林支部成立。同年马格德堡、科伦、亚琛、科布伦次、特里尔等地也建立了支部。1865 年 2 月，拥有 4000 名工人的英国泥水工人联合协会第一个正式加入国际。砌砖工人联合会、鞋匠联合会也先后集体参加国际。到 1865 年底，英国已有 1.9 万名国际会员了。

国际通过各国支部和会员积极领导各国工人展开反对资本主义的斗争。60 年代中期，国际总委员会积极参加了英国工人群众和资产阶级激进阶层进行的选举法民主改革运动，在组织改革同盟（其常设执行委员会的 12 名委员中有 5 名国际总委员会委员），争取广大工人群众的支持，促进工联与改革同盟的合作，反对资产阶级改良主义者的妥协政策等方面都起了重要作用，坚决捍卫了工人阶级普选权的要求，最终迫使托利党政府作出让步。1867 年英国工人开展了争取工联完全合法化的运动，以反抗政府对工联的迫害。国际总委员公开支持工联合法化的要求，并抵制了工联领袖的改良主义倾向。1869 年 3 月，政府不得不公开承认工联有合法存在的权利。国际的法国会员积极参加了本国的工人合作运动。巴黎支部负责人瓦尔兰等人在开办消费合作社和合作工场等方面进行了大量的组织工作。

国际特别重视各国工人的罢工斗争。从 1865 年起，它通过发表宣言、呼吁书、檄文、组织募捐和阻挠雇主进口廉价劳力等措施，卓有成效地支持了 1865 年 3 月莱比锡印刷工人的罢工，1866 年春伦敦和爱丁堡缝纫工人的罢工，伦敦制筛工人的罢工，1867 年 2—3 月巴黎铜器工人、成衣工人和比利时马尔希矿工的罢工，1868 年 3 月日内瓦建筑工人的罢工等许多次罢工。由于国际的援助，大多数罢工都取得了胜利，著名的巴黎铜器工人罢工最终迫使 120 家企业主屈服，工人的工资提高了 25%。

　　在国际的带动下，欧洲掀起了反对资本主义剥削的声势浩大的罢工浪潮，极大地打击了各国资产阶级的反动气焰。它促进了各国工人之间的联系和团结，使广大工人群众通过阶级斗争的实践，冲破了反对无产阶级革命和罢工运动的蒲鲁东主义、拉萨尔主义的羁绊。1866 年 4 月，伦敦缝纫工人罢工胜利后，保护缝纫工人协会集体加入了国际。对政治运动淡漠的英国工联在选举改革运动和罢工运动后，于 1866 年 7 月的设菲尔德代表会议上公开号召工人参加国际。1866 年 9 月，英国工联已有 2.5 万名工人加入国际。

　　到 1866 年 9 月的日内瓦代表大会召开时，第一国际已拥有独立的纲领、章程和完整的组织机构以及自己的机关报①，具有一定的组织规模，基本上完成了自身的创建过程。

---

　　① 即伦敦的《工人辩护士报》、布鲁塞尔的《人民论坛报》、瑞士的《国际工人协会瑞士法语区支部会刊》。

第一国际的历次代表大会和代表会议

施荫昌

第一国际成立后，在其存在的 12 年中，召开过 6 次代表大会和 3 次代表会议。这些会议，反映了第一国际的发展进程。

国际的创建时期

自 1864 年 9 月 28 日伦敦圣马丁堂大会，到 1866 年 9 月国际日内瓦代表大会，是国际的创建时期。这个时期的主要任务，是健全组织和制定纲领。由马克思起草并经小委员会、临时中央委员会通过，由日内瓦大会批准的《国际工人协会成立宣言》和《协会临时章程》，是国际的纲领性文件，也是国际创建时期的主要标志。

根据《协会临时章程》规定，总委员会应于 1865 年在比利时召开代表大会。但当选为临时中央委员会委员和小委员会委员的马克思认为，在国际成立的头几个月里，各地支部在组织上还很涣散，在思想上还很薄弱，应该先召开预备性的代表会议，制定代表大会的议程。马克思的建议被小委员会、中央委员会采纳后，他指导并参加了代表会议的筹备工作。

伦敦代表会议于 1865 年 9 月 25 日召开。出席代表会议的都是国际最重要支部的代表。有来自法国的蒲鲁东主义者——雕刻工托伦和弗里布尔、装订工瓦尔兰等人；来自瑞士的代表是装订工杜普累和制刷工人——国际瑞士德国人支部的组织者约·菲·贝克尔；来自比利时的代表是著名工人运动活动家、职业为医生的德·巴普；代表英国和中央委员会出席的是马克思、总委员会的主席奥哲尔（鞋匠、英国工联主义者）、总委员会的总书记克里默（细木工、英国工联主义者）、流亡在伦敦的瑞士钟表工人荣克、流亡在伦敦的波兰 1863 年起义参加者博勃钦斯基、流亡在伦敦的德国裁缝工人埃卡留斯等人。

在代表会议上，中央委员会的代表同法国蒲鲁东主义者、小资产阶级民主派之间在对待波兰独立斗争问题上，发生了公开的冲突。蒲鲁东主义者和小资产阶级民主派都反对把波兰问题列入未来代表大会的议程。蒲鲁东主义者认为，工人代表大会只应讨论社会经济问题，而不应把"恢复波兰独立"这类"纯政治"问题列入它的议程。法国小资产阶级民主派勒·吕贝和韦济尼埃则反对具体涉及波兰问题。他们说，或者只在原则上同意宣布"民族自决权"，或者把匈牙利、法国、爱尔兰、墨西哥等国的受压迫少数民族问题同波兰问题一样包括在决议中。

在辩论中，奥哲尔，英国工人运动活动家、国际中央委员会委员威勒尔，博勃钦斯基，英国理发师、国际中央委员会委员卡特等人都维护中央委员会的意见。卡特说，处理社会问题而不涉及政治问题，就好像是同无头躯干或者同死尸打交道一样。最后，以 23 票对 10 票通过了将波兰问题列入未来代表大会议程的决议。

在组织问题上，法国支部代表和韦济尼埃都主张，凡持有会员证者都有权出席代表大会参加讨论和表决。克里默则建议，在代表大会开幕前 3 个月成立的工人团体，都可以派出代表并享有与国际的团体会员代表同样的权利。经过激烈辩论，马克思及其拥护者取得了胜利，即只有持有国际支部和附属团体的正式委托书的代表才有权出席代表大会并拥有表决权。

伦敦代表会议结束后，中央委员会从 1865 年 12 月起就开始筹备代表大会的召开。中央委员会散发传单，号召工人参加国际和为代表大会捐款；再版了《成立宣言》和《临时章程》分寄各地支部。代表大会开幕前，中央委员会就代表大会的议程和派出代表人选问题做出决定。中央委员会关于代表大会议程的各项决定，由马克思编写成文，名为《临时中央委员会就若干问题给代表的指示》，将作为中央委员会的正式报告在大会上宣读。《指示》中的"在协会帮助下实现劳资斗争中的国际联合行动""限制工作日"等条款，提出了改善劳动条件、缩短工作日等具体要求，标志着第一国际成立后在制定经济纲领并使之具体化方面前进了一大步。《指示》是国际创建时期的重要文件之一，它为未来的代表大会的胜利奠定了基础。

日内瓦代表大会是国际的第一次代表大会，于 1866 年 9 月 3—8 日在瑞士的日内瓦举行。

出席大会的代表共 60 人。来自瑞士的代表就有 33 人，其中有贝克尔，杜普累，具有蒲鲁东主义观点的资产阶级民主派、瑞士医生库列里等人。来自法国的代表 17 人，多数是蒲鲁东主义者，其中有托伦、弗里布尔、瓦尔兰等人。法国和瑞士的代表拥有 1/3 的票数。德国派出的两名代表中，有工人出身的共产主义者同盟老盟员默尔。中央委员会和英国派出的代表是荣克、埃卡留斯、奥哲尔、克里默、卡特、流亡在英国的法国乐器工人杜邦、英国工联主义者劳伦斯等 7 人。马克思没有出席。

代表大会的任务是通过国际的纲领和章程，确定国际在一系列具体问题上的斗争策略和行动路线，选举中央委员会。

代表大会选举了通晓法、德、英三种语言的荣克为执行主席兼翻译。参加代表大会的中央委员会代表团，以马克思的《临时中央委员会就若干问题给代表的指示》作为大会讨论议程的基础。法国蒲鲁东主义者提出了自己的《报告书》来同《指示》相对抗。

代表大会在讨论波兰问题时，由于中央委员会的代表及其拥护者处于少数的地位，结果通过了贝克尔的折中决议案。决议案说："代表大会表示相信，国际工人协会发展和巩固的结果，任何专制都会消失，在民主基础上恢复波兰就会自然实现。"

围绕着国际的性质和任务问题，马克思的拥护者和蒲鲁东主义者之间出现了根本的分歧。当大会宣读《指示》之后，以托伦为代表的蒲鲁东主义者提出了一个改良主义的纲领，歪曲国际的宗旨和任务，妄图把国际变成世界合作协会。他们主张协会的任务就是为会员在国外谋求职业，在世界各地设立联络局；开设商店便于会员之间公平地交换产品，从而经过和平的道路取代资本主义。大会驳斥了蒲鲁东主义者的错误观点，指出合作运动决不能改造资本主义社会。

大会的重要成就是通过了马克思在 1864 年写的《临时章程》，删去其中反映这一文件临时性质的称谓，叫作《国际工人协会章程》①。大会还通过了《组织条例》。《条例》把中央委员会的职能具体化；规定了中央委员会和代表大会、地方支部的相互关系；提出了国际下属组织的权利和义务；制定了各支部派遣代表参加代表大会的程序。《条例》还规定，国际所属支部可以在不违背国际总章程精神的前提下，根据地方情况制定自己的章程，独立地进行工作。这项规定体现出各支部独立自主进行工作的民主精神。《条

---

① 其内容参见本书《第一国际的建立》一文有关《临时章程》的介绍。

例》详细地阐明了国际的组织结构及其原则，具有重要意义。

大会在讨论《条例》时，以托伦为代表的蒲鲁东主义者，由最初主张只有从事体力劳动的人才能成为国际会员的观点，改为只有体力劳动者才有权当代表和被选为中央委员会委员的观点。中央委员会总书记克里默指出，国际的成立和兴旺，应归功于许多不从事体力劳动的人；马克思把自己的一生献给了争取工人阶级胜利的事业。另一位中央委员会委员卡特也作了长篇发言，指出马克思对发展和巩固国际的作用不能"小视"，要让以无产阶级观点研究政治经济学的人参加我们的代表大会。辩论结果，蒲鲁东主义者的提案遭到否决，使国际为那些献身于无产阶级解放事业的优秀知识分子敞开了大门，从而为以后的一切社会主义政党树立了榜样。

代表大会还通过决议，由前任中央委员会委员继任，组成新的中央委员会。

日内瓦代表大会是历史上第一次公开的无产阶级代表大会。大会通过的《章程》和《条例》，意味着国际组织结构的健全和巩固，标志着国际创建时期的重要成就和结束。

为确立社会主义原则而斗争

从1866年9月8日日内瓦大会闭幕到1870年6月，是国际为确立社会主义原则而斗争的时期。这个时期的主要标志，是经过几次代表大会的反复讨论，通过了生产资料国有化决议，把废除私有制作为国际纲领基础的社会主义原则确立下来。

国际的日内瓦大会决议规定，下一届代表大会应于1867年9月的第一个星期在瑞士的洛桑召开。1867年6月4日，在总委员会会议上选出一个委员会，负责制定议程和起草召开大会的呼吁书，马克思是委员之一。到8月间，总委员会在13、20、27和29日的会议上，专门研究了筹备代表大会的迫切问题，并选出参加代表大会的总委员会的代表。马克思正忙于准备出版《资本论》，谢绝选他为代表。

国际的第二次代表大会，于1867年9月2—8日在洛桑召开。参加大会的共64名代表，代表着瑞士、德、英、法、意和比利时的工人。瑞士和法国的代表构成了大会的多数。杜邦被选为大会主席。马克思尽管没有出席大会，但他通过大会的代表埃卡留斯和德国工人运动活动家、总委员会委员列斯纳的来信与报纸的报道，关注着大会的进程。

代表大会就国际是否应该从事政治活动问题展开了讨论。工人阶级的政治斗争问题，实质上是应否反对资本主义制度、无产阶级的解放应走什么样道路的问题。蒲鲁东主义者托伦等人以法国的政治形势为理由（不允许工人集会、结社等），反对把政治斗争问题列入议程讨论。贝克尔等人则认为政治斗争对工人来说具有头等重要的意义，坚持把它列入议程。大会通过的《关于工人阶级政治斗争》的决议明确指出：工人的社会解放同他们的政治解放是不可分割的；取得政治自由是首要的和绝对必需的措施。决议在国际后来的历史上起了重大的作用。

大会关于土地所有制问题的辩论，实质上是关于工人运动的最终目的，即建立什么样的社会主义的问题。在讨论合作制问题时，比利时代表团团长、著名工人运动活动家德·巴普（职业为工人，后为医生，最初曾信仰蒲鲁东主义）提出一项决议草案，提出了土地转归集体所有的思想。托伦强烈反对巴普的观点，声称自己是自由的拥护者，因而也是私有制的拥护者。他说："我的公式是土地归农民，信贷归工人。"

在马克思起草的国际纲领、章程以及日内瓦代表大会的决议中，都没有涉及生产资料国有化、废除私有制的问题。在辩论过程中，总委员会路线的拥护者和蒲鲁东主义者双方相持不下，不能形成决议。代表大会决定，把土地所有制问题交给下次代表大会继续讨论。

代表大会通过了一切交通运输工具国有化的决议，其矛头直接指向资产阶级和资本主义制度。它意味着工人运动向纵深发展，预示着反对蒲鲁东主义的斗争还要激化。

代表大会还讨论了战争危机和无产阶级对待战争的态度问题。巴普在发言中把战争的根源和资本主义的统治联系起来，指出真正的和平只能是对社会进行改造的结果。大会通过的反战决议包含了巴普所阐述的思想，但又空谈国际工人协会使工人摆脱资本的影响和统治后，要在"整个欧洲建立自由国家联盟"。

代表大会还决定总委员会的前任委员连任，总委员会的驻地仍留在伦敦，从而保证了马克思对第一国际的领导。

洛桑大会虽然在一些次要问题上通过了具有蒲鲁东主义观点的决议，但通过的一切交通运输工具国有化决议和对土地问题的辩论表明，在蒲鲁东主义者内部已分化出像巴普这样一个弱小的左翼。

根据洛桑代表大会的决议，下届代表大会在布鲁塞尔举行。1868 年 1

月，总委员会向各地支部发出通告，征询对下届代表大会讨论问题的意见。在7—8月的总委员会会议上，马克思就议程上的资本主义社会里使用机器问题和生产资料公有制问题阐明了自己的意见。目的是引导国际会员理解无产阶级社会主义纲领的重要性。实行机器生产将为向社会主义经济过渡创造物质条件；而当机器和其他生产资料从资本家手中转到工人手中时，无产阶级才能获得解放。总委员会还选出了出席大会的代表。

布鲁塞尔代表大会是国际的第三次代表大会，于1868年9月6—13日在比利时的布鲁塞尔举行。出席开幕式的有80多位代表。大会进行期间，代表增加到近100人。英、法、德、意、比、瑞士和西班牙都有代表参加。马克思没有出席。

代表大会选举荣克为主席，杜邦和贝克尔为副主席。

大会讨论的重要问题之一，是关于战争问题。当时普、法之间争夺欧洲霸权的斗争有引起战争的危险。大会为此提出，一旦爆发战争，工人阶级应当采取什么样的立场？经过争论，大会通过的决议指出："战争主要的与经常的原因在于经济情况不够平衡，因此，要根除战争，就只有实行社会改革。"决议号召无产阶级以最大的积极性来制止民族间的战争，并主张一旦爆发战争，就用总罢工来制止战争。

这项决议的精神是好的，但没有明确区分战争的性质。决议提出单纯用总罢工来反对战争，也容易限制工人用其他手段来开展反战运动，况且总罢工这样的斗争武器并不是任何时候都可以使用的。

关于上届大会遗留下来的土地所有制问题，比利时代表提出的报告指出，从经济发展趋势和无产阶级利益出发，在未来的社会里必须把土地转归集体所有。巴普的发言得到埃卡留斯和列斯纳等人的热烈支持，也得到布鲁塞尔蒲鲁东集体主义者（赞成生产资料公有制）佩列林等人的赞同。托伦反对巴普的观点，认为土地私有制是"幸福和进步的最主要的前提"；而废除私有制则是"粗暴的共产主义"。最后，大会通过的土地和生产资料公有制决议指出，经济的发展将使土地公有制成为社会的必要，一切生产资料、森林、土地以及交通运输业都应归全社会所公有。

布鲁塞尔支部就议程中的"机器对工人状况的影响"提出的报告指出，无产阶级要想获得解放，必须使生产资料转入工人手中。列斯纳引用马克思《资本论》中的思想，指出工人不应反对机器，而应反对把机器交给少数剥削者的社会组织。托伦代表巴黎的一批蒲鲁东主义者提议对机器问题不通过任何决议，但遭到巴普等人的反对。在埃卡留斯建议下，马克思草拟的关于机器问题的决议案写入了布鲁塞尔大会决议。

大会还通过一项专门决议，号召各国工人学习1867年出版的马克思的《资本论》。

代表大会又将原有的委员选入总委员会。尽管托伦等人想把总委员会迁往布鲁塞尔，但大会仍然决定伦敦为总委员会的驻地。并决定下届大会在巴塞尔召开。

布鲁塞尔代表大会闭幕以后，总委员会在1869年2月26日委托各通讯书记征询各国支部对下届代表大会议程的意见。在议程的文本里，包括土地问题和继承权等问题。在7月6日和下一次的总委员会会议上，委员们对土地问题和继承权问题进行了讨论，马克思作了发言。应总委员会的要求，马克思把继承权问题的发言形成书面文字报告。

国际的第四次代表大会，于1869年9月6—11日在瑞士的巴塞尔举行。

出席大会的代表共78人，他们来自英、法、德、奥、比、意、瑞士、西班牙等国。在总委员会代表团中，有职业为细木工的英国工联主义者阿普耳加思、埃卡留斯、荣克等人。在德国派出的10名代表中，威廉·李卜克内西是作为不久前才在爱森纳赫成立的德国社会民主工党的代表。作为意大利机械工人协会代表参加大会的米·哈·巴枯宁，竭力使自己的拥护者来参加大会，指望选出由他控制的新的总委员会，并把总委员会由伦敦迁往日内瓦。

土地所有制问题是代表大会的第一项议程。托伦声言，在没有农民参加大会的情况下，大会无权就土地所有制问题作出决议。另一个蒲鲁东主义者朗格鲁瓦则说，土地国家所有制会导致个人自由的灭亡。巴枯宁以无政府主义观点宣布，他所理解的土地集体所有制是要取消社会，亦即消灭国家。代表大会确认布鲁塞尔大会关于土地问题的决议，承认土地国有化是无产阶级革命总问题的组成部分。大会以多数票通过的决议确认："社会有权废除土地私有制，使土地归公共使用。"

代表大会的第二项议程，是围绕着继承权问题所展开的辩论。巴枯宁及其追随者认为，继承权的存在，是所有各阶级在政治上、经济上和社会上不平等的根源；继承权是私有制的基础，废除继承权就可以消灭私有制，就可以使工人、农民得到解放；在资本主义社会范围内，通过立法途径把继承权废除，那么包括土地、矿山、企业等在内的一切财产便属于公有，社会革命的目的就可以达到。

埃卡留斯代表总委员会宣读了由马克思起草的关于继承权问题的报告。报告指出，用废除继承权来开始社会革命，乃是本末倒置的办法；它的结果只能是转移工人的视线，使工人脱离反对现存制度的斗争；把废除继承权作为社会革命的出发点，这不仅在理论上是错误的，在实践上也是反动的。

当大会就继承权问题进行表决时，总委员会路线的拥护者和巴枯宁主义者都没有得到多数票，对继承权问题没有形成决议。

代表大会通过一系列关于组织问题的决议，旨在从组织上巩固国际。扩大总委员会的职权，使它有权接受新的支部，有权在下届代表大会召开之前暂时开除任何支部，直到下届代表大会认可。

大会照例选举总委员会的原有成员组成新的总委员会；总委员会的驻地仍设在伦敦；下届大会定于 1870 年在巴黎召开。

推动各国建立民族的无产阶级政党

从 1870 年 7 月到 1872 年 9 月的海牙代表大会，是国际为建立无产阶级政党而斗争的时期。国际根据巴黎公社的经验，宣布了国际无产阶级斗争的新策略——在各国建立无产阶级政党，夺取政权和实行无产阶级专政，消灭阶级。这个时期的第一国际，在思想上更加成熟，影响日益扩大，斗争策略更臻于完善。在组织上，总委员会变得更加团结有力。就各国支部而言，法国支部在巴黎公社革命失败后遭到严重破坏。国际在西班牙、瑞士和比利时，由于巴枯宁主义者的破坏活动，它的支部出现了分裂。在英国支部中，一些工联领袖退出了总委员会。留在国际中的一些工联领袖，也有人与总委员会分庭抗礼。唯独作为国际分支的德国社会民主党更加强大。国际在美国正在发展，支部的数量有了增加。国际在荷兰、丹麦、葡萄牙成立了联合会。在澳大利亚和新西兰，成立了新的国际支部。在君士坦丁堡和加尔各答，也有人申请加入国际。

原定于 1870 年 9 月召开的例行代表大会，由于 1870 年 7 月爆发了普、法战争而不能按期举行。1870 年 8 月 2 日，总委员会根据马克思的建议，延期召开代表大会。鉴于 1871 年 5 月末巴黎公社革命失败后的欧洲形势，于1870 年 10 月 4 日加入总委员会的恩格斯同马克思一起，向总委员会建议，采用 1865 年的方式，在 1871 年 9 月于伦敦召开秘密代表会议。总委员会采纳了他们的建议，筹备代表会议的任务落在马克思、恩格斯的肩上。他们负责起草了代表会议的大部分决议草案，并由 1871 年 9 月上半月的总委员会会议所批准。

代表会议于 1871 年 9 月 17—22 日在伦敦举行，史称第二次伦敦代表会议。会议的正式代表有 21 人；有发言权的代表 10 人。马克思、恩格斯以通讯书记的身份，分别代表德国和意大利的国际组织出席了会议。代表总委员会出席会议的有不久前加入总委员会的公社流亡战士——法国布朗基派革命家瓦扬和匈牙利首饰工人弗兰克尔。英国代表是织工出身的工联主义者约翰·黑尔斯。会议的主要议程是工人阶级的政治任务和组织问题。

瓦扬在他的提案中建议通过一项特别决议向全体国际会员表明，政治问题和社会问题是摆在无产阶级面前的同一任务——消灭阶级——的两个方面；是反映了"章程的真实精神"。无政府主义者罗班、罗佐伦和比利时的蒲鲁东主义者维雷肯，都否认第一国际需要进行政治斗争。恩格斯在发言中驳斥了无产阶级不需要参加政治斗争的谬论，明确指出：无产阶级要有自己的目的和政策，要有自己的独立政党；要消灭阶级——其手段是建立无产阶级的政治统治。经过辩论，代表会议决定把瓦扬的提案交由总委员会审查。经总委员会后来通过的这项决议案，被 1872 年 9 月的海牙代表大会确认。

在代表会议上，马克思以总委员会的名义就组织问题和策略问题提出一系列建议，并被会议以决议的形式通过。决议规定：总委员会的名称只能用于国际的中央委员会；而各国的中央委员会一律称为联合会委员会，并冠以所在国的国名；国际的地方组织一律定名为支部，而不得采用特殊的宗派名称。代表会议还根据马克思的建议，通过了禁止以秘密团体的形式建立国际支部的决议。在代表会议通过的另一项决议中规定：总委员会有权将违背国际原则的国际所属团体、小组或个人暂时开除，以听候应届大会的裁决。所有上述关于组织方面的决议，旨在维护国际思想上和组织上的统一，反对国际队伍中存在宗派主义。

伦敦代表会议的工作，实际上是在马克思、恩格斯领导下进行的。就其重要性来说，不亚于第一次代表大会。在国际的文件中，第一次明确地提出了在各个国家建立独立的无产阶级政党问题。

第二次伦敦会议闭幕以后，巴枯宁派以前所未有的规模对国际展开了破坏活动。1871 年 11 月 12 日，巴枯宁主义者在瑞士的桑维耳耶，召开了巴枯宁派各支部代表大会，发出通告，反对伦敦代表会议的各项决议，反对总委员会。1871 年 12 月初，由马克思、恩格斯撰写的内部通告于 1872 年 3 月 5 日的总委员会会议通过，题为《所谓国际内部的分裂》，散发给国际各国支部。1872 年 5 月，巴枯宁主义者联合了拉萨尔主义者、蒲鲁东主义者、工联主义者，要求重新审查国际的《共同章程》和《组织条例》。第一国际面临着被分裂、被篡夺领导权的危险。

1872 年 6 月 11 日，总委员会根据马克思的建议，决定于 1872 年 9 月在荷兰的海牙召开代表大会。恩格斯受总委员会的委托，拟定了召开代表大会议事日程通知书。从 6 月至 8 月底，总委员会一方面调查巴枯宁派社会民主同盟的活动情况，另一方面对《共同章程》和《组织条例》的修改草案进行了讨论，为召开海牙大会进行充分的准备。国际反动势力向荷兰政府施加压力，阻挠大会在海牙召开；同时又派出政府警探涌入海牙，窥探大会的进程。

1872 年 9 月 2—7 日，第一国际第五次代表大会在海牙召开。

出席大会的 65 名代表，分别代表英、法、德、美、意、比、西、瑞士、荷兰、波兰、丹麦、奥地利、匈牙利、澳大利亚等国的国际会员。代表中有马克思、恩格斯及其拥护者，也有各种宗派的著名领导人约·黑尔斯，以教师为职业的瑞士无政府主义者吉约姆，公社战士、布朗基派革命家朗维埃。大会分成多数派和少数派。前者以马克思、恩格斯为核心，后者以吉约姆为主要代表人物。

大会选举公社委员朗维埃为主席。主要议程是组织问题和工人阶级政治任务问题。

大会在讨论组织问题（实质上是关于总委员会的作用问题）时，吉约姆提出了否定"一切权威"的原则，反对总委员会拥有任何实质性权力。西班牙无政府主义者莫拉哥建议，总委员会只应作为"通讯和统计的中心"而存在。比利时代表布里斯美提出，总委员会不应"干预"别国支部内部的事务。多数派成员赫普纳（德国社会民主党员）援引巴黎公社失败的教训，支持总委员会应有权威。马克思在发言中呼吁，为了将来的总委员会，它应该拥有权力。经大会表决，总委员会拥有权力的条款作为《组织条例》的第二章第二、第六条被纳入。

工人阶级政治任务问题是大会的另一重要议程。多数派成员瓦扬在发言中提出以革命的暴力反对反革命暴力的论点，号召在革命中要建立无产阶级政党、实行无产阶级专政和消灭阶级。吉约姆在发言中一方面宣称自己及其同党是"社会革命的拥护者"，同时又扬言无产阶级如夺取政权就会使自己"变成资产阶级"。瓦扬的发言博得马克思和赫普纳等人的支持。经过激烈的争论，工人阶级政治任务决议案以多数票获得通过，并作为补充条文列入《共同章程》。决议的中心思想是号召成立民族的无产阶级政党，夺取政权和实现社会主义，消灭阶级。

大会还作出决定，将总委员会的驻地从伦敦迁往纽约。这是由于欧洲各国反动政府对国际的迫害、总委员会中的英国工联领袖分庭抗礼、巴枯宁派和布朗基派觊觎国际的领导权酿成的。

大会还选举出 12 名新委员组成新的总委员会，并授予它加聘 3 名委员的权力。

大会听取了由多数派和少数派成员组成的调查委员会对巴枯宁派秘密同盟①进行调查的调查报告和一部分代表的证词，确认它不仅继续存在，而且拿到了它的纲领、某些支部的章程以及巴枯宁给他的一些盟员的信件。在证实同盟仍旧进行违背国际原则的活动以后，根据恩格斯的提议，将同盟的首要分子巴枯宁和吉约姆从第一国际中开除，并授权总委员会公布审查同盟的文件。

海牙大会关于组织问题的决议，是对巴枯宁主义及其他非无产阶级社会主义流派斗争的胜利，为在各国建立无产阶级政党奠定了基础。

国际总委员会在纽约

根据海牙大会的决议，国际总委员会迁往美国纽约。左尔格被增聘为总委员会委员，并在 1872 年 10 月 11 日当选为总委员会的总书记②。从 1873 年春天开始，总委员会着手筹备下一届代表大会的工作。根据海牙大会决议，大会应在 1873 年 9 月于日内瓦召开。1873 年 7 月，总委员会发出关于召开代表大会的通知书。

1873 年 9 月 8—13 日，国际的第六次代表大会在日内瓦举行。出席会议的 28 名代表中，有 26 人是瑞士的国际会员，大部分属于日内瓦国际各支

---

① 即社会民主同盟，1869 年夏天同盟宣布解散后加入国际。一个月后，又以革命宣传和社会主义行动支部的名义秘密恢复，进行反对第一国际的活动。

② 克里默是总委员会的第一任总书记。第二任是英国新闻记者福克斯。第三任是左翼工联领袖罗·肖。第四任是埃卡留斯。第五任是约·黑尔斯。第六任是左尔格。第七任是卡·施佩尔。

部。其他国家的代表仅有两人：一人是来自德国的布尔哈特，他代表斯图加特的社会民主党；另一人是奥伯温德（化名施华兹），代表奥地利的一个国际支部。纽约的总委员会由于缺少经费，没能派出自己的代表。

代表大会宣读了由总书记左尔格签署的工作报告。在讨论报告的过程中，涉及是否撤销或迁移总委员会和是否召开下一次代表大会的问题。在发言时，日内瓦代表培列和杜瓦尔等人流露出无政府主义情绪，认为章程中关于无产阶级夺取政权和建立无产阶级政党的条款应该删去；总委员会不应设在纽约而应迁往日内瓦。

经过激烈争论，以贝克尔为首的与会代表肯定了海牙大会通过的各项决议；确认了总委员会的权力；决定每两年召开一次代表大会；下届大会在瑞士的苏黎世举行。

国际的最后一次代表大会基本上坚持了海牙大会制定的各项原则，重申国际忠于无产阶级社会主义思想。但大会也表明，它既缺乏广泛的代表性，又无重大建树。历史条件和政治形势的变化，使它正在退出历史舞台。马克思在1873年9月27日致左尔格的信中写道："鉴于欧洲的形势，我认为，暂时让国际这一形式上的组织退到后台去，是绝对有利的，但是，如果可能的话，不要因此就放弃纽约的中心点而让培列①之流的白痴或克吕泽烈②之流的冒险家篡夺领导权并败坏整个事业。事变和不可避免的发展以及情况的错综复杂将会自然而然地促使国际在更完善的形式下复活起来。"③

国际的日内瓦大会闭幕以后，尤其到1874年春天，总委员会的活动越来越困难。当左尔格在8—9月间辞去总书记职务和退出总委员会以后，卡尔·施佩尔在9月间接任了总书记的职务。

1874年9月，总委员会向各支部发出不能于1875年召开应届代表大会的通知，决定在1876年召开代表会议。

国际的第三次代表会议，于1876年7月15日在美国费拉得尔菲亚（费城）举行。在出席的25名代表中，有10名是总委员会的代表，14名是美国联合会委员会的代表，1名是德国社会主义组织的代表。代表中有左尔格和

---

① 昂利·培列，瑞士雕刻工人，巴枯宁派社会民主同盟盟员，国际会员。
② 古·保·克吕泽烈，巴黎公社委员，曾任公社军事代表，巴黎公社失败后流亡到比利时，追随巴枯宁派的国际会员。
③ 《马克思恩格斯全集》第33卷，人民出版社1973年版，第608页。

约瑟夫·魏德迈①的儿子奥托·魏德迈。议程上只有一项议题，即总委员会的报告和宣布停止国际活动。

总委员会总书记卡尔·施佩尔在代表会议上作了总委员会的工作报告，介绍了国际各组织的状况。会议几乎没有经过讨论，就通过了施佩尔提出的解散总委员会、停止国际活动的决议案。代表们还通过了国际告全世界工人宣言。宣言是国际的最后一个文件，它陈述了代表会议决议的精神，并以"全世界无产者，联合起来！"的口号作为宣言的结尾。

代表会议委托左尔格和施佩尔收集和保管国际的文件。

第一国际解散的主要原因有几个方面。

各国都在酝酿建立以国际原则为基础的无产阶级政党的时候，第一国际这样的组织形式已经开始束缚工人运动，不再适合工人运动发展的需要。在由巴黎公社革命引起的人类社会历史转折的形势下，工人运动已大大地超过了旧的国际范围。为了使"每一个国家的无产阶级得到机会以独立自主的形式组织起来"②，解散国际是形势发展的需要。

总委员会由伦敦迁往纽约以后，由于欧洲各国反动政府继续对国际组织和会员的迫害，由于欧洲国际组织中的宗派主义、改良主义所造成的组织分裂，在纽约的总委员会很少收到来自欧洲各国支部的会费和工作报告。总委员会发往欧洲国际组织和个人的信件，也没有递到收信人手里。总委员会几乎失掉了和欧洲国际组织的联系。

在总委员会迁到纽约以后，总委员会中的一些委员所关心的往往只是在美国建立统一的社会主义政党的问题。美国工人运动派别斗争反映到总委员会内部来，经常引起激烈的争论。总委员会内部的拉萨尔主义影响和日益加剧的意见分歧，不仅使总委员会难以开展工作，且促使有威望的工人运动活动家左尔格退出了第一国际的领导岗位。在总委员会的职能几乎丧失殆尽、作为国际领导中心的作用日益消失、作为一个领导机构已名存实亡的情况下，既不能解散重选，也不能迁回欧洲，更没有人能使它恢复活力。在这种情况下，总委员会不及时解散反而有害。正如恩格斯在1874年9月中旬致左尔格信中所说的那样："在你退出以后，旧国际就完全终结了……国际在美国也没有威望了。任何想使它重新获得新生命的进一步的努力，都会是愚

---

① 约瑟夫·魏德迈，德国和美国工人运动活动家，马克思恩格斯的朋友和战友，1866年逝世。
② 《马克思恩格斯全集》第22卷，人民出版社1965年版，第479—480页。

蠢而徒劳的……它的旧形式已经过时了。"①

国际第一次实现了国际范围内的工人联合，使工人运动具有了真正的国际性质。国际在其活动期间，不仅把欧洲、美国以及部分拉丁美洲国家的大部分工人和先进的革命知识分子吸引到自己方面来，而且还把它的思想传播到其他大陆——澳大利亚、亚洲（印度）和非洲（阿尔及利亚）。国际工人协会国际范围内的联合和战斗团结，"奠定了国际无产阶级争取社会主义斗争的基础"②。

第一国际推动了国际工人运动的发展和工人阶级觉悟的提高。第一国际成立以前，许多国家的工人运动还处在萌芽状态。在政治上，工人处处跟着激进的资产阶级走；在精神上，他们受着小资产阶级派别的影响（仅有少数先进工人团结在科学社会主义旗帜下）。第一国际的活动，推动了他们从自发向自觉的转变，科学社会主义开始和群众性的工人运动相结合。到第一国际解散的时候，各国各民族的无产者已经意识到自己是国际统一的劳动大军的战士。国际制定的纲领已变成群众性工人运动的行动纲领。第一国际积极指导各国无产阶级开展反对资产阶级的斗争。正是第一国际，在精神上孕育和支持了伟大的巴黎公社革命。

第一国际广泛地传播了科学社会主义。第一国际成立时，工联主义、蒲鲁东主义、拉萨尔主义、巴枯宁主义等非无产阶级社会主义流派对工人运动还有很大影响。到第一国际解散时，这些非无产阶级的社会主义流派已经奄奄待毙。科学社会主义在斗争中不仅得到广泛传播，且深深扎根于工人运动之中。国际成立时，科学社会主义"不过是无数社会主义派别或思潮之一而已"③；到第一国际解散时，科学社会主义已在工人运动中生根成长，并为科学社会主义占主导地位时代（19 世纪 90 年代）的到来做好了准备。

第一国际为在各国建立无产阶级政党奠定了基础。第一国际制定了无产阶级政党的纲领、章程和统一的斗争策略；进一步阐明了无产阶级革命和无产阶级专政的思想；初步确立了体现民主精神和支部独立自主活动的组织原则；积累了反资本斗争、反宗派斗争的丰富经验；培训了一大批工人运动骨干。所有这些，都为在各国建立工人政党创造了条件。

---

① 《马克思恩格斯全集》第 33 卷，人民出版社 1973 年版，第 643—644 页。
② 《列宁选集》第 3 卷，人民出版社 1972 年版，第 809 页。
③ 《列宁选集》第 2 卷，人民出版社 1972 年版，第 437 页。

　　第一国际是联合起来的国际无产阶级的群众性的政治组织。它不仅起着世界总工会的作用，而且部分地起着国际无产阶级政党的作用。正是在第一国际时期，工人阶级的觉悟和革命积极性有了急剧的提高。正是这一时期，工人阶级反对资本主义制度的斗争向更成熟、更高的阶段发展。因此，国际的活动"支配了欧洲历史的一个方面，即蕴藏着未来的一个方面"①。用列宁的话说就是：第一国际"使工人做好向资本进行革命进攻的准备"②。

　　"第一国际的活动对所有国家的工人运动立下了伟大的功绩，留下了深远的影响。"③

---

　　① 《马克思恩格斯全集》第 33 卷，人民出版社 1973 年版，第 644 页。
　　② 《列宁选集》第 3 卷，人民出版社 1972 年版，第 809 页。
　　③ 《列宁选集》第 1 卷，人民出版社 1972 年版，第 742 页。

《资本论》的问世

王锡君

　　《资本论》是马克思最伟大的一部著作，它深刻分析了资本的生产过程、流通过程和总过程，剖析了资本主义社会的内在矛盾，揭示了资本主义必然灭亡，社会主义、共产主义必然胜利的客观规律，是全世界劳动人民争取解放和建设新社会的强大思想指针。《资本论》是革命导师马克思一生辛勤劳动的结晶，它的问世犹如晴天霹雳，震撼了整个世界，唤醒各国劳动者走上英勇的解放斗争道路。它具有无限生命力，在当代仍是认识资本主义世界和建设社会主义的有力的理论武器。

　　为了写作和出版这部不朽的著作，马克思献出了一生。

25 年的辛勤研究和创作

　　马克思在大学时代原来学习法律，附带地研究哲学和历史。他在 1842 至 1843 年任德国科伦《莱茵报》编辑期间，围绕莱茵省议会关于林木盗窃法的辩论等问题，"第一次遇到要对所谓物质利益发表意见的难事"，这推动了他去研究经济问题。当时，马克思作为思想上信奉黑格尔哲学的革命民主主义者，通过接触德国社会各阶级的现实经济利益问题，开始对黑格尔哲学的国家和法的观点产生怀疑。为了解决这一疑惑，他着手从理论上重新批判地考察黑格尔的法和国家学说，并终于得出一系列崭新的历史唯物主义的看法，开始从唯心主义和革命民主主义转向唯物主义和共产主义。

　　1843 年迁居巴黎后，马克思依据初步形成的唯物史观，着手系统研究政治经济学。在参加大量实际革命活动的同时，他广泛搜集资料，极其勤奋地考察前人的研究成果，仔细研读亚当·斯密、大卫·李嘉图等资产阶级古典经济学家和让·巴·萨伊、约·雷·麦克库洛赫等资产阶级庸俗经济学家的著作以及波兰经济学家弗·斯卡尔培克等人的著作，并对绝大部分著作作了摘录，写满整整 9 个笔记本。这些笔记后来以《巴黎笔记》这一名称而闻名于世。

与此同时，马克思酝酿写一部经济学专著，用来阐述自己的研究成果，这就是马克思命名为《政治和政治经济学批判》的巨著。《1844 年经济学哲学手稿》看来可能是计划中的这部著作的一部分尝试。1845 年 2 月，马克思就这部著作同德国出版家列斯凯签订了合同，但是这一愿望后来未能实现。

《1844 年经济学哲学手稿》写于 1844 年 4—8 月，是马克思的第一部经济学手稿。不过，这部手稿的哲学意义大于经济学意义。在这部手稿中，马克思在认识社会结构及其各个因素的相互关系方面前进一大步，发展了他在《黑格尔法哲学批判》中所达到的"市民社会"即经济基础决定政治国家的论点，第一次阐述了社会生产在社会生活中起决定作用的思想。他指出："宗教、家庭、国家、法、道德、科学、艺术等等，都不过是生产的一些特殊的方式，并且受生产的普遍规律的支配。"[1] 他在这里探讨了工资、利润、地租等经济范畴，提出异化劳动的观点，并以此来说明资本和劳动的关系。他说："劳动所生产的对象，即劳动的产品，作为一种异己的存在物，作为不依赖于生产者的力量，同劳动相对立。"[2] 这一观点实质上是雇佣劳动理论的萌芽形式。

1845 年 2 月 3 日，马克思被法国政府逐出巴黎，前往比利时首都布鲁塞尔，在这里继续研究经济学，研读前人和同时代人的 50 余种著作，并作了摘录。这些摘录笔记现通称为《布鲁塞尔笔记》。马克思在 1845—1848 年的哲学和经济学研究成果，反映在《德意志意识形态》《哲学的贫困》《雇佣劳动与资本》等著作中。

《德意志意识形态》是马克思和恩格斯为他们自己弄清楚问题而合写的著作，完成于 1845 年 9 月至 1846 年 4 月。在这部著作中，他们第一次全面阐述了唯物历史观。他们揭示了人们的物质生产是整个社会生活的物质基础，指出人类一切历史的第一个前提就是："人们为了能够'创造历史'，必须能够生活。但是为了生活，首先就需要衣、食、住以及其他东西。因此第一个历史活动就是生产满足这些需要的资料，即生产物质生活本身。同时

---

① 《马克思恩格斯全集》第 42 卷，人民出版社 1979 年版，第 121 页。
② 同上书，第 91 页。

这也是人们……一切历史的一种基本条件。"① 马克思和恩格斯进而探讨了生产力和生产关系的辩证关系，更准确地认识和说明了社会结构，并揭示了人类社会发展的一般规律及其基本发展阶段。《德意志意识形态》所全面阐述的唯物历史观，为马克思的进一步的经济学研究奠定了世界观基础。

在上述著作中全面而系统地制定自己的新世界观之后，为了证实列宁称之为"假说"的这一新观点，马克思立即紧张地投入政治经济学的研究，并在同法国小资产阶级思想家蒲鲁东的论战中写下《哲学的贫困》（1847 年）。这是一部哲学和经济学著作。在这里，马克思进一步阐述了生产力和生产关系的辩证关系，以及生产力在社会发展中的决定作用，论证了资本主义的暂时的、历史的性质，从而使政治经济学变为研究一定的生产关系的历史科学。马克思批判了蒲鲁东对经济范畴和社会发展过程的唯心主义观点，指出范畴和概念并不是客观事物赖以存在的基础，现实的生产关系并不是经济范畴本质的实现，而是相反，"经济范畴只不过是生产方面社会关系的理论表现，即其抽象"②，"这些观念、范畴也同它们所表现的关系一样，不是永恒的"，它们是历史的暂时的产物。③ 在这部著作里，马克思还没有提出自己的价值理论，而是以李嘉图的价值理论为依据，并承袭了李嘉图理论中的某些错误成分，如"货币数量论"等。马克思这时也还没有提出剩余价值这一概念，虽然他已尝试在劳动价值理论的基础上来解决剩余价值理论问题。《哲学的贫困》中所阐述的哲学世界观和政治经济学方法论原理以及某些经济学观点，为彻底批判资产阶级经济学理论和建立马克思自己的价值理论和剩余价值理论开辟了道路。

1847 年 2 月，马克思在布鲁塞尔德意志工人协会上就政治经济学问题作了几次讲演，后来以社论形式陆续发表在《新莱茵报》（1849 年 4 月 5—11 日）上。这就是有名的《雇佣劳动与资本》这一经济学著作。这部著作在制定剩余价值理论方面较之《哲学的贫困》又有很大进步，已接近于明确区分"劳动"和"劳动力"这两个基本概念，而这种区分是解决剩余价值理论问题的关键。马克思说："工人拿自己的劳动换到生活资料，而资本家拿归他所有的生活资料换到劳动，即工人的生产活动，亦即创造力量。这种力

---

① 《马克思恩格斯全集》第 3 卷，人民出版社 1960 年版，第 31—32 页。
② 《马克思恩格斯全集》第 4 卷，人民出版社 1958 年版，第 143 页。
③ 同上书，第 144 页。

量不仅能补偿工人所消费的东西，并且还使积累起来的劳动具有比以前更大的价值。"① 后来恩格斯在评价《哲学的贫困》和《雇佣劳动与资本》这两部著作时指出：马克思这时"不仅已经非常清楚地知道'资本家的剩余价值'是从哪里'产生'的，而且已经非常清楚地知道它是怎样'产生'的"。②

1848 年至 1849 年的欧洲革命运动，使马克思暂时中断对经济学的系统研究，满腔热情地投入实际革命斗争。革命失败后，他流亡英国伦敦，继续深入研究政治经济学。当时，英国已成为典型的资本主义国家，是世界贸易中心，同时伦敦拥有世界上最大的图书馆之一，即英国博物馆所属图书馆，藏书极为丰富，是考察资产阶级社会的"一个方便的地点"。在相当长一段时间里，马克思每日来图书馆阅览室读书，废寝忘食地阅读和摘录各种文献资料，写满整整 24 个笔记本，这就是人们现在所常说的著名的《伦敦笔记》。

《伦敦笔记》中所反映的马克思的经济学研究进程，在马克思整个经济学理论的形成史上占有重要地位。正是在这一时期对包括亚当·斯密和大卫·李嘉图在内的资产阶级经济学家的著作的摘录、评注以及在自己的未完成的经济学手稿片断中，马克思在建立科学的政治经济学理论方面取得一系列重要新成果。马克思特别在货币理论和地租理论上，实质上也就是在制定自己的劳动价值理论方面，大大向前跨进一步。在这里，马克思对货币的本质和职能取得深刻而正确的认识，并在此基础上克服了他从李嘉图那里接受下来的"货币数量论"，在批判李嘉图的级差地租理论时，他把地租规律同农业生产率的提高联系起来，提出了自己的正确的地租理论。

1857 年，主要资本主义国家爆发经济危机。马克思预计这场危机将加速新的革命高潮的到来，因而力图尽快完成自己的政治经济学著作，以便用科学的理论知识去武装工人阶级。他日夜工作，从 1857 年 8 月起到 1858 年 6 月为止，在不到一年的时间里写下长达 50 个印张的篇幅巨大的经济学手稿，这就是今天人们所熟知的《资本论》第 1 稿《政治经济学批判大纲》，即收入《马克思恩格斯全集》中文版第 46 卷的《1857—1858 年经济学手稿》。在这部手稿中，马克思第一次明确阐述了自己的价值理论的基本要点和一些

---

① 《马克思恩格斯全集》第 6 卷，人民出版社 1961 年版，第 489 页。
② 《马克思恩格斯全集》第 24 卷，人民出版社 1972 年版，第 12 页。

细节，并在此基础上初步制定了剩余价值理论，正是这一发现同唯物史观的发现一起，使社会主义从空想变为科学。

在手稿中，马克思第一次对商品、劳动、价值、货币和资本作了详细的探讨，阐述了商品以及创造商品的劳动的二重性，货币的本质和职能，从货币到资本的转化以及这种转化的必要条件，剩余价值的来源、本质、转化形式和运动规律，揭示了资本主义生产方式的内在的对抗性矛盾和发展的历史趋势。

马克思为这部手稿写的《导言》，具有重要的科学价值。他详细地论证了政治经济学的研究对象。马克思在手稿中开宗明义地声明："摆在面前的对象，首先是物质生产。"① 稍后又指出："现代资产阶级生产——这种生产事实上是我们研究的本题。"② 这表明，政治经济学的研究对象是资本主义生产方式。马克思的这一规定非常重要，是建立科学的政治经济学的一个根本前提。马克思进一步说明不能孤立地考察生产，而应当在生产、分配、交换、消费四个环节的联系中来考察生产。他论证了这四者的辩证关系，并指出生产在其中的决定性作用："我们得到的结论并不是说，生产、分配、交换、消费是同一的东西，而是说，它们构成一个总体的各个环节、一个统一体内部的差别。生产既支配着与其他要素相对而言的生产自身，也支配着其他要素。"③ 马克思还第一次详细阐述了他的政治经济学的方法，科学地说明了政治经济学从抽象上升到具体的道路以及这一逻辑方法同现实即历史过程的一致性。

从 1858 年开始，马克思在"为了自己弄清问题"而写的上述手稿的基础上，开始酝酿写作《政治经济学批判》一书，并计划分册出版。第 1 分册原计划包含 3 章，即商品、货币和"资本一般"，他估计到 5 月底即可付印这个分册。然而，由于患病，生活困难，再加上治学精神严谨等原因，直到 1859 年 1 月下旬他才完成第 1 分册的定稿工作，不过内容有所变化，即只包含商品和货币这两章。该书于 6 月 11 日在柏林正式出版，书名为《政治经济学批判。第一分册》，印行 1000 册。

马克思在这部著作中全面而系统地阐述了自己的科学的劳动价值理论和

① 《马克思恩格斯全集》第 46 卷上册，人民出版社 1979 年版，第 18 页。
② 同上书，第 22 页。
③ 同上书，第 36—37 页。

货币理论。他从分析资产阶级社会的细胞形式商品入手，揭示了商品以及生产商品的劳动的二重性，解决了表现为"理解政治经济学的枢纽"的难题，并在此基础上制定了完整的经济学理论。在为这部著作写的不长的《序言》中，马克思对历史唯物主义的基本内容作了极其深刻的全面概括，言简意赅地表述了自己的唯物历史观的基本原理。马克思说："我所得到的、并且一经得到就用于指导我的研究工作的总的结果，可以简要地表达如下：人们在自己生活的社会生产中发生一定的、必然的、不以他们的意志为转移的关系，即同他们的物质生产力的一定发展阶段相适合的生产关系。这些生产关系的总和构成社会的经济结构，即有法律的和政治的上层建筑竖立其上并有一定的社会意识形式与之相适应的现实基础。物质生活的生产方式制约着整个社会生活、政治生活和精神生活的过程。不是人们的意识决定人们的存在，相反，是人们的社会存在决定人们的意识。社会的物质生产力发展到一定阶段，便同它们一直在其中活动的现存生产关系或财产关系（这只是生产关系的法律用语）发生矛盾。于是这些关系便由生产力的发展形式变成生产力的桎梏。那时社会革命的时代就到来了。随着经济基础的变更，全部庞大的上层建筑也或慢或快地发生变革。"① 马克思的这一表述对历史科学和经济学的研究具有重要指导意义，被认为是唯物历史观的马克思主义的经典表述。

《政治经济学批判》第 1 分册出版后，马克思计划迅速出版以后各分册。从 1859 年 10 月起，他着手第 2 分册的写作，并联系好出版事宜。马克思乐观地估计，大约只需 6 个星期的时间就可以完成这一工作。然而，由于不得不花费很多精力处理日常的斗争，以及由于不时患病、经济状况未见好转等原因，这一分册的写作竟被拖延下来了。

1861 年，马克思恢复经济学理论研究工作，继续写作《政治经济学批判》第 1 篇第 3 章，即继 1859 年出版的第 1 分册之后的第 2 分册《第三章：资本一般》。8 月，马克思开始按他自己所拟的《〈政治经济学批判〉第三章提纲草稿》进行写作，但在写作过程中改变原来按分册出版的计划，决定将这一手稿以《资本论》为书名单独出版。到 1863 年 7 月，经两年的努力，马克思重新写了一部篇幅很大的手稿，共 23 个笔记本，约 200 个印张，这是继 1857—1858 年手稿之后的《资本论》第 2 个稿本，通称为《1861—

---

① 《马克思恩格斯选集》第 2 卷，人民出版社 1972 年版，第 82—83 页。

1863 年经济学手稿》。著名的《剩余价值理论》（《马克思恩格斯全集》第26 卷第 1—3 册）就是这一手稿中的一部分。手稿其余部分现也已全部发表，收入《马克思恩格斯全集》第 47、48 卷。

在这部手稿中，马克思按计划首先考察资本的生产过程，从 1861 年 8 月至 1862 年 3 月，写完这一部分的前 3 节"货币转化为资本""绝对剩余价值""相对剩余价值"的一部分。从 1862 年 3 月至同年 12 月，他跳过第 3 节的未完成部分和第 4 节，写成第 5 节"剩余价值理论"，这是按照 1859 年出版的《政治经济学批判》第 1 分册的结构形式而写的学说史批判部分。原来在第 1 分册中，马克思曾在各节正面阐述自己的理论后附有对资产阶级经济学家有关学说的历史批判。后来，马克思又计划把篇幅可观的"剩余价值理论"这一手稿编为单独一卷，即作为《资本论》的第 4 卷出版。马克思生前未能实现他的这一愿望。从 1862 年 12 月至 1863 年 7 月，马克思继续写作"资本的生产过程""资本和利润"篇。

《1861—1863 年经济学手稿》在马克思经济思想史上占有十分重要的地位。在这部手稿中，马克思在 50 年代所取得的研究成果的基础上，进一步扩大和深入自己的研究领域，除继续考察资本生产过程的理论问题外，还附带地研究了资本的流通过程以及探讨了资本主义生产总过程，并对资产阶级经济学家的有关学说作了历史的考察和批判，从而完成了建立剩余价值理论的主要工作。

《资本论》第 1 卷的出版

《资本论》第 2 稿完成后，马克思按照 1863 年 1 月拟订的计划再次着手整理《资本论》各卷，准备付印。特别是第 1 册（即后来的第 1 卷）《资本的生产过程》，进入为付印而写作的最后阶段。大致到 1867 年初，马克思重新写出《资本论》第 1、2、3 册的草稿。与此同时，他决定先出版《资本论》第 1 卷。还在 1866 年初，他就开始第 1 卷的最后"誊写和润色"。1867 年 4 月 2 日，马克思以无比喜悦的心情写信给恩格斯，告诉他《资本论》第 1 卷"已经写好了"。4 月 10 日，马克思带着他心爱的产儿——《资本论》第 1 卷付排稿离开英国，乘船回到祖国汉堡面见《资本论》的出版者奥托·迈斯纳。经简短协商后全书迅速付印。1867 年 9 月 14 日，人类历史上具有伟大历史意义的著作《资本论》第 1 卷在德国汉堡问世，当时印行 1000 册。

在第 1 卷中，马克思从研究资本主义的经济细胞商品的二重性即使用价值和价值入手，分析了创造商品的劳动的二重性，阐述了价值形式的发展、货币的产生和到资本的转化，揭示了剩余价值的起源。剩余价值学说是第 1 卷的核心，正是通过这一学说，马克思揭露了资本主义剥削的秘密和实质。解决这一理论问题的关键是"劳动"和"劳动力"这两个基本概念的划分。资产阶级经济学家，包括其杰出代表亚当·斯密和大卫·李嘉图在内，正是由于不能区分这两者，便在说明剩余价值起源问题上碰了壁。只有马克思才第一次解决了这一难题。他发现，工人出卖给资本家的不是劳动，而是劳动力。和其他商品的使用价值不同，劳动力这一商品在使用中能创造一个大于劳动力自身价值的价值。也就是说，劳动力商品的出卖者工人领回的工资，即劳动力价值的货币表现，会小于劳动力在被资本家使用时所创造的价值。资本家购买劳动力从事生产，正是为了无偿地占有这一价值差额，即剩余价值。而"生产剩余价值或赚钱，是这个生产方式（指资本主义生产方式——本文作者）的绝对规律。"① 往下，马克思分析绝对剩余价值和相对剩余价值的生产，这两者的关系以及资本积累过程，指明资本主义生产发展的必然历史趋势。"资本的垄断成了与这种垄断一起并在这种垄断之下繁盛起来的生产方式的桎梏。生产资料的集中和劳动的社会化，达到了同它们的资本主义外壳不能相容的地步。这个外壳就要炸毁了。资本主义私有制的丧钟就要响了。剥夺者就要被剥夺了。"②

《资本论》第 1 卷出版后，资产阶级御用学者故伎重演，搬出 8 年前对付《政治经济学批判》第 1 分册的老办法，以沉默来阻止这部著作的传播。为此，马克思和恩格斯共同制定了粉碎敌人阴谋的策略，这就是首先由自己人在报刊上发表该书的书评，以逼迫论敌开口。在这一斗争中，恩格斯起了重要作用，他亲自为不同政治倾向的报刊撰写书评。马克思的好友库格曼在这方面也做了有益的工作。果然，经恩格斯等人大量工作后，资产阶级学者无法再怯懦地保持沉默，僵局被打开。头一个公开评论《资本论》第 1 卷的资产阶级经济学家是欧根·杜林。接着是庸俗经济学家如德国的尤·孚赫、卡尔·克尼斯等人的一些评论文章。这样《资本论》终于冲破资产阶级的沉默封锁，逐渐传播开来。

---

① 《马克思恩格斯全集》第 23 卷，人民出版社 1972 年版，第 679 页。

② 同上书，第 831—832 页。

　　马克思写作《资本论》，自始就是为了用科学革命理论去武装工人阶级的头脑，他考虑的重心之一，就是怎样使得这部著作"更容易到达工人阶级的手里"。《资本论》出版后，出乎资产阶级御用学者的意料，竟迅速为德国工人阶级接受。马克思高兴地说："《资本论》在德国工人阶级广大范围内迅速得到理解，是对我的劳动的最好的报酬。"①《资本论》首先受到德国工人运动领袖威廉·李卜克内西、倍倍尔等人的热烈欢迎，并迅速被理解、掌握。他们进一步以各种形式在工人中广泛宣传这一著作的科学理论，并依据这些原理分析德国社会经济状况，制定斗争策略，批驳资产阶级替资本主义辩护的谬论，在斗争中取得很大胜利。德国杰出哲学家狄慈根读到倍倍尔1869年3月在北德意志联邦国会上以《资本论》为武器进行辩论的讲演后，写信给马克思说："您应当高兴的是，您的著作的思想像闪电一样从国会的讲坛上照亮了现代生活，这道闪光使朋友们高兴，使敌人胆寒。这已成为时代的象征。"

　　《资本论》第1卷的出版，在其他主要资本主义国家，如英、法、瑞士、美国、意大利等国的报刊上也迅速得到反映，并在这些国家的工人运动中产生良好影响。例如，1871年9月第一国际纽约支部组织一次有上万人参加的示威游行，争取实现8小时工作制。在这次游行中，《资本论》第1卷第8章"工作日"中的有关论述，被印成传单，广为散发，起了巨大的指导作用和鼓动作用。

　　《资本论》第1卷出版后，马克思就考虑对这个版本作某些修订，并为此曾向恩格斯征求意见。1871年11月，出版者迈斯纳通知马克思，第1版已全部售出，建议再版。马克思接受这一建议，于12月着手进行修订，用将近一年半的时间对第1版作了认真细致的修改、订正，并决定分9册出第2版。1872年7月，第2版第1册与读者见面。1873年1月，马克思为该版写了跋。新版最后一册即第9册于1873年4月出齐。1875年6月又装订成合订本出版。

　　第2版同第1版相比，重新调整了篇章结构，全书由第1版的6章改为7篇25章。在内容方面，第1篇即第1版第1章改动较大，在考察商品的章节中补充了对劳动二重性的分析，改写了论述价值形式的部分，修改了"商品的拜物教性质及其秘密"一节。

---

①　《马克思恩格斯全集》第23卷，人民出版社1972年版，第15页。

　　《资本论》法文版第 1 卷是马克思生前亲自校改过的最后一个版本。为了清除蒲鲁东主义对法国工人运动的恶劣影响，还在商讨《资本论》法文版第 1 卷出版事宜时，马克思就考虑到法文版的翻译和出版。几经周折，最后选定法国翻译家约瑟夫·鲁瓦为法译本译者。鲁瓦从 1872 年 2 月到 1874 年底，经近 3 年的努力，完成了全卷翻译工作。马克思承担了译文校订任务。为了使法国读者读懂《资本论》，他不仅对译文，而且在内容上也作了大量修改。有的地方作了带理论性的修订和补充，论述更加完善；许多地方作了文字上的修饰，甚至作了改写；一些地方补充了历史材料或统计资料，增加了批判性评注；篇章结构有了相当大的变化，由德文版原来的 7 篇 25 章改为 8 篇 33 章。1/3 以上的章节标题也作了修改。《资本论》第 1 卷法文版由法国进步出版家莫里斯·拉沙特尔出版。全书分为 44 个分册，每 5 个分册分为 1 辑，共分为 9 辑发行（最后 1 辑只包含 4 个分册）。第 1 辑于 1872 年 9 月问世，最后 1 辑出版于 1875 年底，前后历时 3 年多。后来全书又装订成一卷集。总共印行 1 万册。《资本论》法文版是马克思经济学研究的又一新成果，用马克思自己的话来说，这个版本"在原本之外有独立的科学价值"。

　　《资本论》第 1 卷出版后，按时间顺序来说，第 1 个外文译本是俄译本。1868 年 9 月，俄国革命的民粹主义者尼·弗·丹尼尔逊开始同马克思通信，商讨出版《资本论》俄文版。这一倡议受到尼·加·车尔尼雪夫斯基和彼得堡大学学生格·瓦·洛帕廷等人的支持。1870 年，洛帕廷专程前往伦敦会见马克思，讨论翻译和出版俄文版有关问题。应洛帕廷要求，马克思打算为俄文版改写第 1 章，并建议洛帕廷从第 2 章开始翻译。1870 年 11 月，洛帕廷翻译了全书的 1/3 左右，便因故返回俄国，中断了这一工作。这一任务由洛帕廷的朋友尼·弗·丹尼尔逊在尼·尼·柳巴文的协助下完成。马克思因忙于其他事情，未能履行改写第 1 章的诺言。这一章仍按原样翻译。1872 年 3 月 27 日，《资本论》俄文版第 1 卷出版，印行 3000 册。

恩格斯为出版《资本论》后两卷做出的贡献

　　《资本论》德文版第 1 卷出版后，马克思立即着手准备出版以后的两卷，其中第 2 卷原计划分两册即作为第 2 册和第 3 册出版，前一册论述资本的流通过程，后一册论述资本主义生产总过程。他为此进行了大量新的理论研究工作，特别研读了俄国和美国有关土地问题的大量著述，考察了资本主义经济危机问题，做了新的札记。除了在 1867 年以前写的第 2 册第 1 稿外，在 1867 年至 1870 年期间，马克思为第 2 册又写了 3 份手稿，即这一册的第 2—4 稿。但此后，由于领导第一国际和参加各种革命实践活动占去不少时间，加上健康状况恶化，在 1870 年至 1877 年间不得不长时间中断后两卷的修订工作。直到 1877 年初健康好转，才又重新开始这一工作。至 1881 年为止，又相继写了 4 份手稿，这是第 2 册的第 5—8 稿。他没有系统地修饰第 3 册，只是写下了一些零星手稿。这批手稿后来成了出版《资本论》第 2 卷的基础和第 3 卷的原始材料。

长时间紧张的工作和贫困的生活，严重损害了马克思的健康，在《资本论》第 1 卷出版后，他虽然为修订和出版这部著作的以后各卷作了长达 15 年的不懈努力，但终于没有实现自己的夙愿就永远搁下了手中的笔。这样，修订和出版《资本论》以后各卷的沉重担子，就顺理成章地落到马克思的亲密战友恩格斯的肩上。

在《资本论》第 1 卷的创作中，恩格斯曾做出巨大的贡献。马克思和恩格斯结识后，两人便不断交流思想。恩格斯的《政治经济学批判大纲》（1844 年）是马克思主义的最早的经济学专著。从一定意义上说，正是这一著作引起马克思对政治经济学的很大兴趣。马克思立志研究经济学以后，两人在经济思想观点方面的交流更加频繁。从 50 年代起，两人常常围绕《资本论》写作中有关问题交流想法。马克思不断就某些理论问题写信征求恩格斯的意见，恩格斯则认真回答战友的询问，明确摆出自己的观点。凡是恩格斯提出的见解或意见，马克思都极为重视，并在最后定稿《资本论》时加以吸收。马克思在为写作《资本论》而收集实际资料方面，也得到恩格斯的大力协助。恩格斯利用经商之便，为马克思搜集不少资本主义企业经营管理方面的具体资料，为《资本论》理论论述提供宝贵的实际例证。《资本论》第 1 卷付排后，马克思在审阅校样过程中，及时把阅后的稿子寄给恩格斯，征求他的意见。因而，恩格斯实际上亲自参加了《资本论》第 1 卷的最后定稿工作。在看校样过程中，恩格斯向马克思提出不少宝贵建议。例如，恩格斯对第 1 版分为 6 章并且章内不再分节的分篇法提出不同看法，建议多分章节，题目应分得更细些，关于价值形式的叙述，他建议除了逻辑方法外，还可以用历史方法来说明货币的形式，等等。马克思长期生活在极端困苦之中，恩格斯在物质上给了马克思巨大援助。为了赚钱帮助战友从事理论研究，恩格斯在商业办事处中度过了大约 20 年的宝贵时光。马克思高度评价自己的亲密朋友所作的牺牲，他说："没有你为我作的牺牲，我是决不可能完成这三卷书的巨大工作的。"①

　　马克思逝世后，恩格斯遵照挚友的嘱托，毅然承担起出版《资本论》后续各卷的艰巨任务。马克思去世不久，恩格斯便开始全力以赴整理《资本论》手稿。他在第 2 册的 8 份手稿和其他一些零星手稿中，挑选第 Ⅱ 稿和第 Ⅷ 稿作为基础，对全卷结构重新作了安排，对一些重要原理的表述作了修饰，对文字和资料作了仔细核对，这一切修改，都限制在最必要的范围内。恩格斯决定以两卷的形式出版马克思原来计划中的《资本论》第 2 册的两册，即第 2 册和第 3 册。经过差不多两年的辛劳，1885 年 7 月，恩格斯亲自编辑的《资本论》第 2 卷即原来计划中的第 2 册问世了，出版者仍是汉堡的迈斯纳出版社。经恩格斯细致整理编纂后，第 2 卷成为一部结构严谨、内容丰富、忠于马克思原稿精神的著作，它包括了马克思的资本流通理论和再生产理论的全部重要内容。

　　第 2 卷脱稿后，恩格斯立即动手整理第 3 卷的遗稿。编辑工作遇到了难以想象的困难。这不仅因为这一卷只有 1867 年前写的一个初稿和一些很零散的稿子，极不完全，还因为马克思的手稿书写潦草，字迹难认。恩格斯以无比认真的态度，逐一仔细辨认手迹，重新口授誊写手稿，核对引文资料，这花费了相当多的时间。

　　第 3 卷手稿篇幅巨大，但是分篇未经仔细推敲，原稿只分 7 章，各章不再分节。恩格斯按照前两卷的结构形式和手稿的内容与内在逻辑，重新安排结构，把全卷分为 7 篇 52 章，并为各章节加了标题。在编辑过程中，恩格斯对原稿有的章节的论述顺序作了调整，对未经整理的论述和摘录等作了编纂，补写了一些段落和文句，对一些句子作了修改。在做了 10 年持续不断的艰苦工作后，1894 年 5 月，恩格斯把《资本论》第 3 卷最后一批付排稿寄出，12 月，在汉堡由迈斯纳出版社出版。至此，马克思《资本论》的 3 卷理论部分全部出齐。这时距恩格斯逝世仅只有半年。《资本论》第 2 卷和第 3 卷，确实可以称作马克思和恩格斯两人的著作。正像列宁借用奥地利社会民主党人阿德勒的话所说的，恩格斯出版这两卷巨著，也就为自己的战友马克思"建立了一座庄严宏伟的纪念碑，在这座纪念碑上，他无意中也把自己

---

① 《马克思恩格斯全集》第 31 卷，人民出版社 1972 年版，第 329 页。

的名字不可磨灭地铭刻上去了"①。

恩格斯在世时，还整理出版了《资本论》第 1 卷德文第 3 版和第 4 版，其中德文第 4 版在马克思的小女儿爱琳娜协助下，不仅认真核对了全部引文和注释，而且还按照马克思生前的意见，对正文作了修订。目前，全世界都依据比较完善的德文第 4 版翻译《资本论》。恩格斯生前还主持出版了《资本论》英文版第 1 卷，这个英文版由穆尔和艾威琳翻译，最后经恩格斯校阅，因而有相当的权威性。

在编辑《资本论》第 3 卷的过程中，恩格斯就开始为整理出版《资本论》理论史批判部分即第 4 卷做准备。可惜，他未能完成这一工作就与世长辞了。后来几经周折，于 1905 年至 1910 年间，由考茨基以《剩余价值理论》为书名单独出版了马克思的经济学理论史批判遗稿，即马克思原来计划中的《资本论》第 4 卷。诚然，这一手稿的发表在国际工人运动中起了某种良好的作用。但是，经考茨基整理编纂的这部著作，同马克思手稿的原貌距离较大，不少地方颠倒了原稿的顺序，在一定程度上有损于对马克思的思想和观点的形成和发展过程的理解。1954 至 1961 年，苏联政治书籍出版社根据马克思的手稿出版了《剩余价值理论》（3 卷本）的俄译本。1956 至 1962 年，德意志民主共和国狄茨出版社根据手稿出版了德文版。至此，马克思《资本论》的理论史批判部分终于大致以原来面貌同读者见面了。

《资本论》在中国的传播

在中国，根据现在掌握的资料来看，《资本论》这部著作的名称首次见于上海广智书局于 1905 年出版的日本人福井准造的著作《近世社会主义》的中译文中。中国学者第一个介绍《资本论》的，是著名资产阶级革命民主主义者、同盟会理论家朱执信。他在《民报》1905 年 11 月 26 日第 2 号上，以蛰伸为笔名发表《德意志社会革命家小传》一文，曾提及马尔克（即马克思）和《资本论》。然而，《资本论》的最早的严肃研究者是中国共产党的创始人之一李大钊。早在十月革命前，他就在日本研读过马克思和恩格斯的著作。1918 年任北京大学图书馆馆长后，他组织了"马克思学说研究会"。据有人回忆，该研究会在李大钊主持下曾翻译《资本论》第 1 卷，但

---

① 《列宁选集》第 1 卷，人民出版社 1972 年版，第 92 页。

未能出版。

　　《资本论》的中译文最早于 1920 年以片断形式出现在中国报刊上。这一年，上海出版的《建设》杂志刊登的一篇翻译文章中多处出现《资本论》第 1 卷的引文，其中包括第 24 章第 7 节整节。1930 年 3 月，上海昆仑书店出版《资本论》第 1 卷中译本第 1 分册。这是我国最早的《资本论》中译本，译者是陈启修；继之，潘冬舟、侯外庐和王思华、吴半农和千家驹等人也翻译了第 1 卷的一些部分。《资本论》第 1 卷的第一个全译本是由玉枢（侯外庐）和右铭（王思华）于 1936 年完成的。而《资本论》全部 3 部理论卷的翻译，则是由郭大力和王亚南于 1938 年实现的，首次印行 3000 部。第二年，毛泽东同志和党中央其他领导同志就在延安读到了这个译本。1948 年 8 月至 1949 年 5 月，哈尔滨东北铁路局印刷厂印刷《资本论》第 1 至 3 卷 3000 套，这是人民掌握政权的解放区印刷出版的第一部《资本论》。1941 年夏至 1947 年 3 月，郭大力又翻译《资本论》第 4 卷《剩余价值学说史》（即《剩余价值理论》），于 1949 年上海解放前夕出版。

　　全国解放后，为了有系统有组织地翻译出版马克思列宁主义经典著作，1953 年 1 月，党中央决定成立中共中央马克思恩格斯列宁斯大林著作编译局，专门翻译革命导师的著作。经编译局同志的多年努力，从 1972 年 9 月至 1974 年 11 月，出版了《资本论》3 卷理论卷的新译本《马克思恩格斯全集》第 23—25 卷。同一时期，编译局翻译的《资本论》第 4 卷《剩余价值理论》也以《马克思恩格斯全集》第 26 卷（分为 3 册）的形式问世。近年来，《资本论》各手稿和第 1 卷法文版相继译成中文，大部分已出版，1985 年前已全部出齐。这些译著的出版，对于认识现代资本主义的新情况，掌握建设社会主义的规律性，无疑将发挥重要的指导作用。

马克思主义者对蒲鲁东主义的批判

孟全生

比埃尔·约瑟夫·蒲鲁东是法国小资产阶级社会主义者，近代无政府主义创始人之一。他在《什么是财产》《贫困的哲学》《一个革命家的自白》《十九世纪革命的总观念》《论革命中和教会中的公平》《论联邦制原则和革命政党改组的必要性》等著作中，提出了蒲鲁东主义的主要观点。

蒲鲁东主张维护小私有制，建立以个人所有为基础的互助制社会。他认为在这个社会里，人们应"互助保险、互助信贷、互助救济、互助教育，互相保证销售、交换、劳动、商品的优质和平价等等"。这"意味着平分土地和财产、分散工业和独立劳动"。

蒲鲁东反对任何国家和权威，鼓吹无政府主义。他认为国家要"从司法领域中被废除"，主张"取消政党，取消权威，人和公民绝对自由"。

蒲鲁东主张阶级调和，反对无产阶级进行政治斗争和暴力革命。他要求无产阶级和资产阶级之间进行和解，认为"和解就是革命"。

蒲鲁东认为无产阶级的解放途径是建立"人民银行"，实行"无息信贷"。幻想通过和平改良的道路实现小资产阶级的社会主义。

蒲鲁东主义产生于19世纪40年代的法国，这不是偶然的现象。19世纪40年代正是西欧资本主义迅速发展时期，当时法国的农民和城市小手工业者还占全国人口的绝大多数。他们随着机器大工业的发展，不断遭到破产，对现实很不满意，可是又不甘心落入无产阶级的行列，因此幻想有一个小生产者永世长存的环境。蒲鲁东主义正是在这样的历史条件下产生的，他代表小生产者的利益。这个时期，尽管法国产业革命正在进行，但是工人阶级中大工业机器生产的工厂工人比例还不大，而手工工场工人、手工作坊师傅、工艺性很强的个体劳动为主的工匠等，为数不少，其中有些人成为工人运动中的活跃分子，在他们身上小生产者的积习依然存在，所以受蒲鲁东主义影响很深。

　　1848 年革命失败后，曾经被法国工人所信仰过的路易·勃朗的小资产阶级社会主义遭到了破产，蒲鲁东的社会改良计划及无政府主义思想更容易被工人群众接受。这就为蒲鲁东主义泛滥于 19 世纪 50—60 年代创造了条件。

　　当时，蒲鲁东主义不仅在法国，而且在比利时、意大利和西班牙等小资产阶级占人口多数的国家里流传，一时使信仰蒲鲁东主义成为一种国际现象，直接危害着当时的国际工人运动。为了使国际工人运动沿着健康道路发展，马克思、恩格斯从 19 世纪 40 年代中期开始，就对蒲鲁东主义进行了批判。

在无产阶级解放道路问题上的分歧

　　19 世纪 40 和 50 年代，是法国政治经济发生急剧变化的时期。法国的工业革命正进入完成阶段，在工业中机器已得到广泛利用。1847 年，在法国 556 家棉纺厂中，拥有 11.6 万台机器。以世界精美丝织品著称的丝织业中，在 1847 年拥有 9 万台机器。在 1848 年的法国工业中，已拥有 5212 台蒸汽机，总动力达到 65 万马力，为法国工业的发展，提供了动力资源。机器的广泛使用，使劳动生产率大为提高，产品成本和价格大幅度降低，这使大批城市小手工业者在竞争中遭到破产，加入了无产阶级队伍。

　　法国资本主义经济的发展，并没有使工人阶级的生活得到改善，相反却日益恶化。据统计，19 世纪 40 年代，巴黎每个工人一年至少要工作 300 天，日工资必须在 3.5 法郎以上才能养家糊口。但根据 1847 年法国统计公报记载，在巴黎 32 个行业里，只有 10 个行业的平均日工资在 3.5 法郎以上，其他大多数工人的工资都低于最低生活费水平。在这种情况下，巴黎的女工和童工的数量大大增长起来，但他们的收入更为微薄，并不能因此而改善广大工人家庭的生活状况。

　　由于欧洲其他国家发生的马铃薯病虫害传到法国，从 1845 年起，法国发生了粮食危机。法国当年马铃薯的收成减少了 25% 左右。法国还发生了葡萄病虫害。1846 年又遇到旱灾，造成豆类歉收。农业危机并发了工商业危机，随后又发生财政危机。危机期间工人失业，工资下降和物价飞涨，工人的生活更加困难。阶级矛盾极其尖锐，到处发生饥饿暴动，最后导致法国 1848 年革命的发生。法国的小资产阶级和无产阶级在革命前后，正在寻找自己的解放道路。各种社会主义流派也都在讨论社会变革的问题，其中就有小资产阶级的代表蒲鲁东派。

马克思、恩格斯在《黑格尔法哲学批判导言》《英国工人阶级状况》《德意志意识形态》等一系列早期著作中，探讨了无产阶级解放的道路问题。他们认为，无产阶级要得到彻底解放，只有通过暴力革命，推翻资本主义制度，建立无产阶级的政权才能实现。马克思、恩格斯的这个观点，遭到了蒲鲁东的反对。

当马克思、恩格斯在 1846 年 5 月 5 日写信邀请蒲鲁东参加共产主义通讯委员会，并作为法国巴黎小组的通讯员时，蒲鲁东在回信中傲慢地加以拒绝。他说："您可能仍然抱着一种看法，认为如果没有出其不意的攻击，如果没有早先被称作革命而实际简直是动乱的那种东西，就任何改革都不可能实现……我认为，为了取得胜利，根本不需要这样，因此我们也就用不着提出革命的行动作为社会改革的手段，因为，这个轰动一时的手段，不是别的，而是诉诸强力，诉诸横暴。"这表明蒲鲁东同马克思、恩格斯的观点是有深刻分歧的。他们之间围绕着无产阶级的解放是通过暴力革命的道路还是通过改良主义的道路展开了争论。

蒲鲁东在 1846 年 10 月出版的《贫困的哲学》、1848 年 2 月发表的《社会问题的解决》等著作中强调，无产阶级革命的任务是要改变和纠正社会的不良趋向，而不是要触动社会本身。因此，不主张无产阶级进行政治斗争，用革命手段推翻资产阶级统治，而是要无产阶级修补资本主义制度；不主张消灭私有制，而主张改变私有制的形式；更不主张通过暴力革命的手段来消灭阶级，过渡到共产主义，而是幻想建立"人民银行"，使无产阶级得到解放。

蒲鲁东所设想的人民银行，计划在工人和手工业者中间发放股票，筹集资金，再向生产者发放无息贷款，协助他们开设合作社和工厂，使生产者"既作为资本家又作为消费者，从而保障全体生产者的劳动和幸福"。他认为"这才的的确确是新的世界，是理想社会，一旦它嫁接到旧社会的枝芽上，就能使旧社会逐渐得到改造"，这样"问题就能和平地合法地得到解决，革命可以在不伤害任何人，也不引起任何人惊慌的情况下进行"。总之，在蒲鲁东看来，人民银行是解决一切社会问题的根本途径。"人民银行对无产阶级说来既成为解放的原则，同时又成为解放的工具；人民银行创造政治和产业的自由。""人民银行改变社会的物质基础。"只有通过人民银行，才能实现所谓绝对平等而又公平的理想社会，也就是他为之奋斗的，以"个人占有"为基础的互助制社会。

马克思在 1847 年 4 月出版的《哲学的贫困》一书中，就无产阶级解放的道路问题，从三个方面对蒲鲁东主义进行了批判。一是针对蒲鲁东否认阶级斗争的唯心史观，指出在阶级社会的一定发展阶段，生产力和生产关系之间所发生的对抗性矛盾，使阶级斗争尖锐化，促使新的生产方式通过革命来代替旧的生产方式。二是针对蒲鲁东反对一切政治斗争的观点，指出经济斗争、罢工、工会在团结和教育无产阶级群众中的作用，并强调无产阶级应当了解自己对资产阶级社会制度的革命作用。三是针对蒲鲁东维护资本主义的改良主义观点，指出要在保存资本主义制度的前提下，用小私有制的普遍化来代替资本主义私有制是不可能做到的。书中揭露抱有改良主义思想的人是企图引诱工人阶级脱离社会主义革命斗争的道路。后来恩格斯在同接受蒲鲁东主义的德国"真正社会主义"者艾泽曼等人进行辩论时，严正指出：无产阶级获得解放的唯一道路是，"除了进行暴力的民主的革命以外，不承认有实现这些目的的其他手段"[1]。马克思、恩格斯在《共产党宣言》中，又进一步阐明了蒲鲁东主义的实质在于，"想要消除社会的弊病，以便保障资产阶级的生存"，并"力图使工人阶级厌弃一切革命运动"[2]。

此后，蒲鲁东仍为自己在无产阶级解放道路问题上的观点辩护。他在 1851 年发表了《十九世纪革命的总观念》一书，竭力维护资本主义制度，要求无产阶级不要反对资产阶级，认为资产者"是有史以来最勇敢，最精明的革命者"，"是把握人类前进的舵手"，"无产阶级的监护人"。这本书是蒲鲁东"想从理论上拯救资产阶级的最后的尝试"[3]，是对无产阶级革命的彻底否定。但是，蒲鲁东在这本书中的观点与以前相比没有任何新的东西。而马克思、恩格斯在 19 世纪 50 年代，为了总结 1848 年革命的经验教训，写了《1848 年至 1850 年的法兰西阶级斗争》《德国的革命和反革命》《路易·波拿巴的雾月十八日》等书，在无产阶级解放道路的理论问题上，提出了一个新观点，即无产阶级要求得彻底解放，必须用暴力打碎资产阶级的国家机器，这就进一步丰富了无产阶级解放斗争的学说。

---

① 《马克思恩格斯选集》第 4 卷，人民出版社 1972 年版，第 319 页。
② 《马克思恩格斯选集》第 1 卷，人民出版社 1972 年版，第 280 页。
③ 《马克思恩格斯全集》第 27 卷，人民出版社 1972 年版，第 334 页。

如果说 19 世纪 40—50 年代，马克思、恩格斯同蒲鲁东在无产阶级解放道路问题上的分歧仅局限在理论问题上，那么 19 世纪 60 年代在这个问题上的分歧，是在国际工人运动的实践中展开的。

19 世纪 50 年代末 60 年代初，欧洲工人运动和民族解放运动经历了长达 10 年的政治反动统治时期以后，又重新高涨起来。各国工人阶级纷纷要求摆脱资产阶级的影响，成立独立的工人组织。为了更好地同国际资产阶级作斗争，各国工人要求成立国际性的联合组织。1864 年 9 月 28 日第一国际成立后，各国工人阶级加强了国际联系，在共同反对资本主义制度的斗争中，无产阶级究竟通过什么道路来求得自身的解放，这是亟待解决的问题。马克思根据《共产党宣言》的原则，在制定第一国际的《成立宣言》和《共同章程》中，对无产阶级的解放道路有了更为明确的思想。马克思指出：第一国际的任务是团结教育各国工人阶级，组成独立政党，为夺取政权、完成消灭任何阶级统治、实现工人阶级解放的历史使命而斗争。为了完成这个任务，工人阶级只有通过政治斗争的道路才能实现。而以托伦为首的蒲鲁东主义者，仍然依据他们的信条，反对任何政治斗争。他们认为，工人阶级的解放只有通过和平改良的道路才能实现。

1866 年 9 月 3—8 日，第一国际在瑞士的日内瓦召开第一次代表大会。这次大会的任务是要通过马克思起草的《国际工人协会共同章程》，确立国际的性质和任务，制定国际的行动纲领。蒲鲁东主义者控制的法国支部在大会上提出了一个《备忘录》，宣称"协会的宗旨在于为会员在本国和欧洲各国寻找职业……开设商店，协会会员可以通过这些商店等价交换商品和劳务"。它提出了"十项原则"，公开反对工人的罢工运动，反对政治斗争，反对无产阶级暴力革命，鼓吹建立合作社，确立平等交换的原则，通过和平手段来实现无产阶级的解放。企图以此来改变国际的行动方针，把国际的活动纳入他们的轨道。

马克思对他们的宗派活动早有提防，在会前受国际总委员会的委托起草的《临时中央委员会就若干问题给代表的指示》中指出，在罢工斗争中，各国工人应该互相支持，提出了争取 8 小时工作制的口号，确定了工会和合作社的发展方向和任务。并指出合作制度决不能改造资本主义社会，只有依靠无产阶级掌握武器，进行暴力革命，推翻资本主义制度，才能把社会生产变为一种互助合作的劳动制度。这是马克思根据工人运动的实践经验制定出来的国际行动纲领。

马克思为国际总委员会起草的这个指示，同蒲鲁东主义者提出的《备忘录》是针锋相对的。大会上，马克思的拥护者几乎在所有主要的议程上，都同蒲鲁东主义者发生了争论，否决了他们提出的《备忘录》，通过了正确的决议。

1867 年 9 月 2—8 日，第一国际在瑞士的洛桑召开第二次代表大会。蒲鲁东主义者要求重新讨论和修改日内瓦大会的决议。大会虽然通过关于对工人发放无息贷款和建立人民银行等一些有利于他们的决议，但没有推翻日内瓦大会的所有决议。不仅如此，大会还通过了《关于政治自由的决议》。决议强调指出："（1）工人的社会解放与他们的政治解放是分不开的；（2）取得政治自由是首要的、绝对必需的措施。"这个决议实际上指出了无产阶级要求得解放，必须进行政治斗争，从而肯定了马克思、恩格斯指出的无产阶级的解放道路。这对蒲鲁东主义者贬低政治斗争、否定通过暴力革命的道路来争取自身的解放是一个有力的打击。这个决议表明，在关于无产阶级解放道路问题上的争论，马克思主义已经战胜了蒲鲁东主义。

随着第二帝国时期法国阶级矛盾的迅速发展，在实际斗争中蒲鲁东派要完全按照他们的信条办事已行不通。因此从 19 世纪 60 年代中期开始，特别是在国际日内瓦代表大会以后，在国际巴黎支部内部，开始出现以瓦尔兰为首的左派蒲鲁东主义者，他们在工人阶级解放道路问题上与蒲鲁东主义的信条不同，是主张进行罢工斗争和政治斗争的。在国际洛桑代表大会以前，他们就连续领导过巴黎缝纫工人、鲁贝精纺工人和织布工人的罢工。特别是1867 年 1 月领导了名震欧洲的巴黎铜器工人大罢工。在国际洛桑代表大会上，他们反对以托伦为首的右派蒲鲁东主义者关于不参加政治斗争的信条，同意大会提出的《关于政治自由的决议》。

自洛桑大会政治自由决议被通过后，国际工人阶级反对资本主义制度的罢工斗争和政治斗争的规模更大，斗争程度也更激烈。1868 年 3 月 24 日，瑞士日内瓦建筑工人大罢工得到了英国、法国、德国和比利时工人的援助，使这次罢工发展成为国际工人阶级和国际资产阶级之间公开的搏斗。接着在1869 年春，比利时的塞兰搅铁工人和博里纳日的矿工进行了大罢工，与政府派来镇压罢工的军警发生了武装冲突。

特别是法国，从 1868 年 3 月到 1870 年 7 月，第一国际法国巴黎支部连续三次遭受路易·波拿巴政府审判期间，左派蒲鲁东主义者积极领导法国工人展开了政治斗争。1869 年 5 月，当法国政府进行立法团选举时，他们在

《巴黎工人小组选举纲领》中，不仅提出了类似教会与国家分离，官员须经选举产生并可撤换，实行结社、集会、出版自由等彻底民主主义的要求，而且还提出了废除常备军，实行银行、交通通信、矿山国有化等社会主义改革的要求。国际总委员会认为这个纲领的提出，是以国际工人协会的纲领为基础的，这说明左派蒲鲁东主义者在斗争中接受了国际的原则。左派蒲鲁东主义者瓦尔兰、布里翁还作为候选人参加了竞选活动，这使法国政府大为恐慌。这些罢工斗争和政治斗争威胁了资本主义制度，提高了各国工人阶级的斗争觉悟，认清了马克思、恩格斯关于无产阶级解放斗争学说的真实含义。

在支持波兰民族独立运动问题上的对立

第一国际成立前夕，欧洲许多地区的民族独立运动都开展起来了，特别是波兰的民族独立运动表现得更为突出。波兰在 18 世纪曾三次被俄国、普鲁士、奥地利瓜分。波兰人民曾多次举行起义，反抗俄国的殖民统治。1863 年 1 月，俄属"波兰王国"爆发的人民起义历时 15 个月，打击了俄国的占领军，震撼了全欧洲。欧洲工人阶级对此非常关心，许多欧洲国家的革命者作为志愿兵加入了波兰起义军。欧洲各国的工人组织也都把恢复波兰独立、反对俄国对波兰的侵略列入自己的政治纲领。在这种情况下，如何对待波兰民族独立运动，就成为第一国际建立后的一个重大原则问题。

马克思、恩格斯充分估计了波兰民族独立运动的重大作用，号召无产阶级支持这个运动，并把斗争的锋芒对准俄国。因为当时的俄国是欧洲的反动堡垒，充当着欧洲宪兵的角色。如果波兰能够争得独立，不仅可以削弱俄国的力量，而且还能促进国际工人运动和民族解放运动的发展。所以马克思在国际《成立宣言》中号召欧洲各国工人阶级，把支持波兰民族独立运动、反对俄国的斗争作为争取工人阶级解放的总斗争的一部分。

蒲鲁东曾经在 1863 年写的《1815 年的条约已不存在了吗？未来的代表大会决议书》中，反对修改 1815 年维也纳会议上关于瓜分波兰的决议，反对欧洲民主力量支持波兰的民族独立运动，公开为俄国的侵略扩张政策辩护。虽然如此，法国蒲鲁东派在波兰问题上，最初是采取支持立场的。托伦曾在 1863 年 7 月 22 日英国工联召开的保卫波兰的群众大会上说，为了不幸的波兰，"为了文明，必须制止俄国的侵略，整个欧洲应该一致援助，并以全世界人类的名义一致发出响彻云霄的呼声：'波兰万岁！'"。在第一国际的成立大会上，托伦在发言中还指出："腥风血雨又一次弥漫在波兰土地上"，"一个民族受压迫就危及其他民族的自由，每一个自由的人和每一个希望得到自由的人，为了自己的尊严，都有义务去援助他的被压迫的弟兄们"。可是当第一国际在1865年召开的伦敦代表会议上，讨论是否把波兰的独立问题列入日内瓦大会的议程时，蒲鲁东主义者托伦、弗里布尔却一反常态，表示反对。蒲鲁东派在波兰问题上立场转变的一个重要原因是，他们从蒲鲁东主义信条出发，认为第一国际应该是搞经济斗争的，而不是搞政治斗争的。他们把支援波兰问题，看作一个纯政治问题，因而认为代表大会不应该讨论政治问题，而应该讨论社会问题。

　　蒲鲁东主义者在支持波兰民族独立运动问题上的这种观点，与马克思主义的观点形成了对立，因而在伦敦代表会议上，马克思的拥护者驳斥了蒲鲁东主义者的这个观点，指出：处理社会问题不涉及政治问题是不可能的，它们之间是互相联系的。波兰代表博勃钦斯基说："不应该把社会问题同政治问题分开，因为政治改良必然是社会进步的先兆，二者之间有不可分割的联系，不能把它们分割开来。"经过讨论，国际总委员会认为必须把波兰问题列入代表大会的议程，并提出了"在波兰实施'每个国家的人民都有权决定自己国家的命运'的原则，和在社会与民主的基础上重建这个国家来消除俄国在欧洲的侵略影响"的决议案。这个决议案立即遭到蒲鲁东主义者的反对，其主要理由是决议案中只提出消除俄国的侵略影响是不够的，应该要求抑制欧洲一切政府的影响。蒲鲁东主义者的这个观点遭到与会代表的反对。代表们指出："专制制度到处都是可怖的，但俄国的专制制度是最残暴的，俄国从来就是进步道路上的障碍。"所以突出消除俄国的侵略影响是无可非议的。决议案以23票赞成，10票反对得到通过。这使第一国际从诞生时起，对波兰问题就采取了正确的立场。

　　会后，蒲鲁东主义者在支持波兰民族独立运动问题上提出了各种责难，认为波兰问题与工人阶级无关，工人阶级只需要注意"社会革命"，不需要注意民族问题和政治问题。马克思反对这种责难，指出，"国际工人协会的口号是：自由欧洲的基石是自由和独立的波兰"[①]。并要求恩格斯马上写文章说明波兰问题与工人阶级的关系。恩格斯接受了马克思的要求，在1866年1月至4月间，写了一组题为《工人阶级同波兰有什么关系？》的文章。在文

---

　　① 《马克思恩格斯全集》第16卷，人民出版社1964年版，第106页。

章中，恩格斯从工人阶级革命的利益出发，批判了蒲鲁东主义者在民族问题上的立场，重点回答了蒲鲁东主义者提出的两个问题。

首先，回答了为什么第一国际的决议在谈到波兰独立问题时，只指责俄国，而没有指责奥地利和普鲁士？恩格斯认为，从历史上看，奥地利统治者压迫更弱小的民族是习以为常的，但波兰曾经是奥地利反对俄国的同盟者。自从俄国成为威胁欧洲安全的侵略势力后，最符合奥地利利益的，莫过于在它和俄国之间保持一个独立的波兰。为此，奥地利早在 1815 年就主张波兰恢复独立，1831 年和 1863 年，它曾准备得到英法两国的支持后，放弃自己占据波兰的一部分领土。至于普鲁士，俄国居然把它在 3 次瓜分中得到的波兰领土，抢走了 9/10，而利用还留在普鲁士手上的这一点波兰领土，把它拴在俄国的战车上。因此不仅是普鲁士工人，而且整个德国工人，都关心波兰的独立，对他们来说，恢复波兰的独立就意味着使他们自己的国家摆脱对俄国的臣服地位。这就是决议中不提奥地利和普鲁士的原因。

其次，回答了要求波兰独立，是不是意味着承认波拿巴主义的"民族原则"？恩格斯指出，拿破仑在战争中失败后，根据维也纳会议签订的条约，重新划分了欧洲各国的疆界，这个条约只符合俄国的要求。至于被划分后居住在那里的居民的意愿、利益，或者民族区分都没有加以考虑。在这种情况下瓜分了波兰，分裂了德国、意大利和居住在东南欧的更小的民族。因此对于波兰、德国和意大利来说，力求恢复民族统一就成了一切政治运动的第一步，因为没有民族统一，民族生存只不过是一个幻影。至于"民族原则"，这不是波拿巴主义者的创造，"而只是俄国人为了灭亡波兰所臆造出来的发明"①。它根本不涉及欧洲历史上的一些民族的统一和生存权利，相反俄国是在遵守"民族原则"的借口下，吞并了旧波兰的大部分领土的。因此，恩格斯认为有人说要求恢复波兰就意味着承认波拿巴主义的"民族原则"，那只能证明他们不懂究竟说了些什么。

在这组文章中，恩格斯还论证了波兰的独立必然会打击以沙皇俄国为首的欧洲反动势力，减轻俄国对欧洲工人运动施加的压力，为工人阶级的解放创造有利的条件。这说明波兰问题不是与工人阶级无关，而是有直接的关系。因而国际工人阶级必须坚决支持波兰民族解放斗争。

蒲鲁东主义者在日内瓦代表大会上，坚持反对讨论波兰问题。马克思在

---

① 《马克思恩格斯全集》第 16 卷，人民出版社 1964 年版，第 177 页。

《临时中央委员会就若干问题给代表的指示》中，再次说明了无产阶级支持波兰民族独立的必要性，明确指出：沙皇俄国是欧洲的反动堡垒，"只要在民主的基础上恢复波兰，就会使这个强国真正被摧毁"，"在这个重要的欧洲问题没有解决以前，工人运动总会遇到障碍，遭受失败，发展也将延缓"①。代表们根据马克思的这个指示，在波兰问题上批判了蒲鲁东主义的错误观点。大会通过《关于消除俄国在欧洲的影响和复兴民主波兰》的决议，否定了蒲鲁东主义者在波兰问题上的立场。

　　1867 年 1 月 22 日，马克思在伦敦纪念波兰起义大会上作了演说，阐明了支持波兰民族独立运动的重要意义。马克思说："对欧洲来说只能有一种选择：要么是以俄国佬为首的亚细亚的野蛮势力像雪崩一样压到它的头上；要么它就应当恢复波兰，从而以 2000 万英雄为屏障把自己和亚洲隔开，以便赢得时间来完成本身的社会改造。"② 这就间接地批判了蒲鲁东主义者在波兰独立问题上的谬论，从而鼓励欧洲工人阶级为支持波兰独立解放而斗争。

在所有制问题上的争论

　　蒲鲁东虽然在 1840 年 6 月，针对资本主义私有制度，在《什么是财产?》一文里，提出"财产就是盗窃"的观点而名噪一时。但由于他批判资本主义是从唯心主义出发的，目的是为了维护小生产者的经济利益。他在《一个革命家的自白》一书中声明，当时说的"财产就是盗窃！那是一种抗议"，"我当时根本没有考虑别的问题……曾特别强调指出，决不可由此得出主张财产公有的结论"。所以，他在反对资本主义私有制的同时也反对共产主义。他认为共产主义和私有制所希求的东西是好的，但两者所招来的东西却是坏的。因为它们都不承认社会两个要素，即共产主义否认独立，私有制则不适合于平等。薄鲁东的这种既反对资本主义私有制，又反对共产主义公有制的立场，说明他是一个小资产阶级的批评家。在所有制问题上，他是维持小资产阶级私有制的利益的。

　　马克思主义者与蒲鲁东主义者在所有制问题上的争论，主要表现在土地

---

① 《马克思恩格斯全集》第 6 卷，人民出版社 1961 年版，第 222 页。
② 同上书，第 229 页。

所有制问题上，其实质也就是是否要废除私有制。这是马克思主义同蒲鲁东主义长期争论的一个原则问题，它关系到整个国际共产主义运动的性质和最终目的。

在第一国际洛桑代表大会上，比利时代表团团长、马克思的拥护者德·巴普在讨论合作制问题时，提出了土地公有化要求，这就触及了蒲鲁东主义的要害。以托伦为首的右派蒲鲁东主义者，从维护小农土地私有制的立场出发，坚决反对土地公有化。他在发言中把自己的观点归纳为"土地归农民，信贷归工人"。法国代表龙格还认为，土地私有制是最有利于个人的发展的。大会就这个问题进行了长时间的争论。结果相持不下，决定把这个问题提交给下次代表大会继续讨论。这是马克思主义同蒲鲁东主义就土地所有制问题进行的第一次交锋。

1868年9月6—13日，国际在布鲁塞尔召开了第三次代表大会，会上德·巴普再次提出这个问题。他在发言中指出，农民的土地小私有制已经过时，应该实行土地公有化，必须从经济的发展趋势和对工人阶级有利的角度来看这个问题。德·巴普的发言得到了马克思的战友埃卡留斯、列斯纳、库龙等人的支持。但仍然遭到右派蒲鲁东主义者的反对。他们认为，土地公有制是对私有制的侵犯，只有保持土地私有制，才能使个人在社会上保持独立和自由。托伦在会上就这个观点专门作了发言，他认为土地个人所有制是幸福和进步的最主要的前提。

会上，马克思的拥护者批驳了右派蒲鲁东主义的观点，指出在资本主义制度下，小农经济的破产是不可避免的。在无产阶级夺取政权后也不能保留小农经济，因为它阻碍机器的采用和大生产的发展，无法使农民获得真正的解放。所以实行土地公有制是社会经济发展的必然趋势，是符合农民利益的。所有与会的左派蒲鲁东主义者，都反对托伦维护土地私有制的观点，而拥护土地公有制。大会经过辩论，以34票对30票的微弱多数通过了"现代社会的经济发展创造了把耕地转化为公有的社会必要性"的决定。并通过了土地、矿藏、铁路等公有化的决议，这就在第一国际内部公开宣布了社会主义原则。

右派蒲鲁东主义者对这次大会通过的决定和决议非常不满，认为会上对土地问题没有进行全面的讨论，因此在会后反对大会通过的决议。马克思决定把土地所有制问题列入下届巴塞尔大会的议程，并在大会上彻底清算蒲鲁东主义。1869年6月22日，在国际总委员会会议上通过了关于巴塞尔代表大会议程的决议，第一项议程就是讨论关于土地所有制问题。接着，马克思在 1869 年 7 月 6 日的总委员会会议上，专门作了关于土地所有制问题的发言，阐明了自己的观点。

1869 年 9 月 6—11 日，国际在瑞士的巴塞尔举行第四次代表大会。当大会讨论土地问题时，马克思主义者同右派蒲鲁东主义者之间展开了激烈的争论。德国代表里廷豪森代表土地所有制问题委员会作了报告，揭露了土地私有制的罪恶。他指出："土地私有制造成的无穷灾难是有目共睹的"，"它是用暴力和一切卑鄙手段在经过了社会一千多年的反抗之后建立起来的"。因此，土地问题委员会一致建议代表大会通过"废除土地私有制并把土地变为公有财产"的决定。这个报告遭到右派蒲鲁东主义者的反对。舍马莱在发言中说：人们都想使自己成为劳动资料的所有者，由于土地也是劳动资料，所以土地就应归耕种它的每一个人所有。托伦无理提出，代表大会在没有农民代表出席的情况下无权通过关于土地问题的决议。

马克思的拥护者列斯纳、埃卡留斯等人相继在大会上驳斥了托伦的谬论。列斯纳在发言中指出："代表大会有责任讨论这些问题，通过关于这些问题的决议，并让人民了解这些决议，以便取得他们的同意。"埃卡留斯指出：如果因为没有农民所有者出席就不能通过关于土地问题的决议，那么没有主教和红衣主教出席也就不能通过关于教会的决议，同样，没有银行经理出席，也就不能通过关于信贷的决议，这种意见是十分荒唐的。他认为"一切巨大的社会改造都是从改变土地占有形式开始的"，"而现行制度所导致的社会改革将从废除土地私有制开始"。在讨论中多数代表认为，右派蒲鲁东主义者要求有多少农民就把土地分成多少地段，就是要求保存土地私有制，其实质就是要求保存资本主义。

经过两天辩论，除了托伦、舍马莱、缪拉等四名右派蒲鲁东主义者坚持土地私有制的原则外，多数代表包括与会的其他法国代表都拥护布鲁塞尔代表大会关于土地所有制问题的决议。他们承认："（1）社会有权废除土地私有制并把土地变为公共财产；（2）废除土地私有制并把土地变为公共财产是必要的。"这项决议标志着蒲鲁东主义在第一国际内部的破产。在无产阶级社会主义同资产阶级及小资产阶级社会主义的斗争中，马克思主义取得了胜利。从这时起，在第一国际中，打着公开保护私有制的旗帜来反对马克思主义已经不可能了。为此，恩格斯在 1869 年 11 月 1 日给马克思的信中兴奋地说："关于土地所有制的决议创造了真正的奇迹"，"可以说，无产阶级在目前对于提出小土地所有制的问题不感兴趣"①。

马克思主义者反对蒲鲁东主义的胜利，对无产阶级解放斗争的事业具有重大意义。通过批判蒲鲁东主义这个典型，不仅达到了对所有小资产阶级流派进行批判的目的，而且起到了反对他们阻止工人阶级对资本主义制度进行斗争的企图；使法国蒲鲁东派发生了分化，出现了日益接近科学社会主义的左派蒲鲁东主义者，他们积极参加和领导法国工人进行罢工斗争和政治斗争，特别在1871年参与和领导了巴黎公社的革命斗争。在比利时、西班牙和意大利等小生产占优势的国家里，工人群众抛弃了蒲鲁东主义，逐渐接受马克思主义，扩大了马克思主义的影响。正如恩格斯指出的那样："在罗曼语地区的工人中间，蒲鲁东的著作已经被遗忘而由《资本论》《共产党宣言》以及马克思学派的其他许多著作代替了，马克思的主要要求——由上升到政治独占统治地位的无产阶级以社会的名义夺取全部生产资料，——现在也成了罗曼语各国一切革命工人阶级的要求。"② 这样，蒲鲁东主义的影响在国际工人运动中逐渐缩小了。特别是通过巴黎公社革命，证明蒲鲁东主义的理论不符合法国的现实斗争。蒲鲁东失去了"法国民族社会主义之父"的桂冠，蒲鲁东主义也被法国工人阶级所摒弃。

---

① 《马克思恩格斯全集》第32卷，人民出版社1974年版，第362页。
② 《马克思恩格斯选集》第2卷，人民出版社1972年版，第461—462页。

马克思恩格斯对拉萨尔主义的批判

张文焕

拉萨尔是德国工人运动史上著名的活动家。他早年曾参加德国 1848 年革命。19 世纪 60 年代初，德国工人建立自己的政治组织时，他曾起过积极作用。但是，他的机会主义思想对德国工人运动和国际工人运动起了不良的影响。

马克思、恩格斯同拉萨尔主义进行了长期复杂的斗争。在批判拉萨尔主义的过程中，马克思、恩格斯深刻地阐述了马克思主义在工人运动中的纲领、路线和策略，发展了科学社会主义，为各国工人阶级建立自己的独立政党指明了道路。

拉萨尔主义的性质和社会根源

拉萨尔主义是德国工人运动中的一种机会主义思潮。它的主要特征是用改良主义代替科学社会主义，反对无产阶级革命和无产阶级专政。

拉萨尔主义的思想体系可以概括如下：在资本主义制度下，工人阶级的贫困是由所谓的"铁的工资规律"① 造成的，要废除这个规律，就必须建立生产合作社，使工人成为自己企业的企业主，获得全部劳动所得，要建立生产合作社，就必须依靠国家帮助；要取得国家帮助，就必须争取普选权；要争取普选权，就必须建立全德工人联合会来进行和平和合法的宣传鼓动。这个体系包含了拉萨尔在哲学、经济和社会政治方面的全部观点。它的核心思想是争取普选权和国家帮助合作社。拉萨尔自己说，他的著作的每一页上所

---

① 拉萨尔所说的"铁的工资规律"是，在资本主义制度下，工人平均工资始终停留在本国人民为维持生存和繁殖后代按照习惯所要求的必要的生活水平上。

宣传的都是"通过立法的干预解决工人问题，为此目的，通过实施普遍的、直接的选举权获得立法权力"。拉萨尔认为，这是他的"整个鼓动的精髓"。

拉萨尔主义实质上是一种小资产阶级社会主义。拉萨尔主义的小资产阶级性质是由当时德国工人阶级的状况决定的。19世纪中叶，当英国工业革命已经完成，法国工业革命基本完成的时候，德国工业革命才开始起步。正如马克思、恩格斯所指出的，德国的发展具有完全的小资产阶级的性质[①]。

在60年代初的德国，产业工人虽然在工人阶级中占有相当的比重，但是在德国绝大多数地方，手工业者的人数毕竟超过工厂工人，而农业劳动者则超过它们两者的总和。在普鲁士，大工业中的工人只有75万人，手工业工人则在100万以上，而农业中的独立劳动者共有350万人。加上萨克森、黑森选帝侯国、巴伐利亚、维尔腾堡和巴登这几个邦的工厂工人，人数也不足150万，而普鲁士和这些邦的手工业工人则在200万以上。

在全德国，2/3以上的人口是具有宗法思想的农民。这些小资产者在资本主义的冲击下濒于破产，行将落入无产者的行列。他们的地位接近无产阶级，思想倾向于社会主义。拉萨尔有时发表一些揭露和批判资产阶级的激烈言论，提出一些温和社会主义要求，就是反映了小资产者的情绪。小资产者有少量资本，生活条件接近资产阶级，并且向往资产阶级，总想挤进大资产者的行列。拉萨尔提出把工人变成自己企业的企业主和希望有产阶级人士来解放工人的主张，就带有资产阶级社会主义色彩。

小资产者软弱涣散，眼光狭小，无力自己解放自己，总希望有个好皇帝和救世主来拯救众生，解除自己的困苦。拉萨尔想把普鲁士封建王国变为社会王国，希望国王、宰相和红衣主教来实行社会主义和解放工人，就是小资产者这种思想的反映。因此，拉萨尔主义又带有明显的封建社会主义因素。总之，拉萨尔主义反映了19世纪60年代德国小资产者的思想、愿望和幻想。

除了工人阶级的构成状况，统治阶级的工人政策对拉萨尔主义的形成也起了促进作用。拉萨尔主义产生于19世纪60年代初。当时德国阶级矛盾激化。在1848年革命中遭到失败的德国资产阶级，这时在经济上强大起来了，它要求享有与自己的经济实力相等的政治地位、更多地参与政权，并分掌国家金库的钥匙。掌握国家权柄的封建地主阶级，只想让资产阶级多纳捐税少

---

① 参见《马克思恩格斯全集》第3卷，人民出版社1958年版，第212页。

管国事。于是资产阶级和地主阶级之间发生了权力再分配的斗争。

在这场以权力再分配形式出现的普鲁士两大统治阶级的斗争中，双方都想利用工人阶级来制服对方。恩格斯说："衰亡的社会的封建和官僚代表号召工人同他们一起向工人的唯一敌人资本家吸血鬼进攻；而资产者向工人指出，他们共同代表着新的社会时代，因此在对待衰亡的旧社会形式的关系上，他们的利益无论如何是一致的。"①

为了把工人争取到自己一边，资产阶级的代表舒尔采—德里奇②提出让工人节约储蓄，用自助的办法建立生产合作社，使自己摆脱穷困。资产阶级没有从 1848 年革命失败中吸取教训，它仍像过去一样，想让工人在同封建制度的斗争中为它充当火中取栗的角色，而不愿对工人做出应有的让步，不赞成工人提出的实行普选权的要求。

封建容克贵族的代表俾斯麦看出了资产阶级害怕工人的致命弱点。为了拉拢工人，他针对资产阶级让难以糊口的工人节约自助办合作社的主张，提出了由国家资助工人办合作社的建议；针对资产阶级不愿实行普选权的思想，提出实施普选权的计划。俾斯麦的这两项主张表达了普鲁士政府工人政策的核心思想，是它推行的假社会主义的主要内容。早在 1863 年 3 月，拉萨尔公开提出把争取普选权和国家帮助合作社作为他的鼓动方针之前，俾斯麦政府就让自己的雇用特务艾希勒向工人宣传过这两项主张。

艾希勒是个油漆工人，柏林工人委员会成员。1862 年 9 月俾斯麦上台以后，把艾希勒收买为普鲁士政府的密探。他在工人中宣传俾斯麦的工人政策。1862 年 10 月，艾希勒代表柏林工人同莱比锡工人代表商谈召开德国工人代表大会时曾鼓吹说，刚刚成立的俾斯麦内阁可以争取来实行普选权，俾斯麦愿意拿出 6 万到 8 万塔勒来为工人建立生产合作社。工人揭露了俾斯麦的代理人艾希勒，把他清除出工人运动。拉萨尔把这两项主张加以改头换面又推销给工人，并把它说成是自己"整个鼓动的精髓"。实际上，他不过是充当了普鲁士王国政府社会主义的推销员。马克思一针见血地指出，拉萨尔主义是普鲁士王国政府的社会主义。

---

① 《马克思恩格斯全集》第 16 卷，人民出版社 1964 年版，第 76 页。

② 舒尔采—德里奇，弗兰茨·海尔曼（1808—1883 年）——资产阶级经济学家和政治活动家。1848 年是普鲁士国民议会议员，六十年代是资产阶级进步党领袖之一。他宣传用工人自己节约的钱创办储蓄贷款银行、消费合作社和生产合作社；鼓吹资本家和工人利益协调一致，断言通过建立工人自助合作社就可以在资本主义范围内改善工人阶级状况，并且可以使小手工业者免于破产。

批判拉萨尔的波拿巴主义倾向

拉萨尔推行普鲁士王国的社会主义绝非偶然，而是他的波拿巴主义倾向发展的必然结果。

波拿巴主义是封建统治阶级为巩固自己的统治而采取的一种随机应变、拉拢收买工人的政策，这种政策常常用同情革命、反对压迫、国家帮助工人解放等假社会主义来欺骗工人，制造从属于政府的无产阶级。俾斯麦的工人政策就是一种典型的波拿巴主义政策。恩格斯指出："如果说国家政权，即俾斯麦，企图组织一个自己御用的无产阶级，借以钳制资产阶级的政治活动，那么这岂不就是一种必要的人所共知的波拿巴主义手段吗？这个手段对于工人没有任何义务，只是对他们说一些善意的空话，顶多也只是像路易·波拿巴那样给予建筑公司一些最小限度的国家帮助罢了。"①

拉萨尔很欣赏路易·波拿巴的社会政策。1852 年，路易·波拿巴进行反革命政变并利用普选权欺骗人民。当时拉萨尔就认为路易·波拿巴实行普选权是在法国恢复了民主，并希望路易·波拿巴利用国家政权废除资产阶级所有制，实现社会主义。1859 年，路易·波拿巴打着帮助意大利人民从奥地利压迫下解放的旗号，发动了意大利战争。马克思认为这次王朝战争将在法国巩固波拿巴主义制度，削弱欧洲的工人运动，并在德国掀起民族主义狂热，它在各个方面都将起反革命作用。拉萨尔从支持普鲁士王朝自上而下统一德国的立场出发，认为路易·波拿巴发动意大利战争，是"法国把意大利的事业，也就是把一桩伟大而正义的事业、文明而高度民主的、与各国人民休戚相关的事业承担起来了"，说波拿巴实质上是在完成德国的任务，他正通过瓦解奥地利来排除在实现德国统一方面的困难。马克思谴责拉萨尔在意大利战争问题上是"支持自由派市侩们的……令人恶心的反革命幻想"②。

同一年，在福格特事件上，拉萨尔再次表现出他的严重波拿巴主义倾向。福格特是德国庸俗民主主义者、路易·波拿巴收买的特务。马克思揭露了福格特的反动面貌，福格特在报纸上疯狂攻击和诬蔑马克思。马克思说："福格特对我的攻击……应该说是资产阶级庸俗民主派以及俄国—波拿巴主

---

① 《马克思恩格斯选集》第 2 卷，人民出版社 1972 年版，第 521 页。
② 《马克思恩格斯全集》第 29 卷，人民出版社 1972 年版，第 615 页。

义恶棍对全党的坚决打击。因此也应该给以坚决的回击。"① 马克思认为，揭露福格特"对于党在历史上的声誉和它在德国未来的地位具有决定性意义"②。

拉萨尔和福格特都有波拿巴主义思想，所以同病相怜。他为福格特辩护说，"福格特的声誉毫无根据和毫无理由地受到了严重损害。他受到了不公正的对待，所以如果他对别人也不公正，那是可以理解的"，还说福格特攻击马克思的文章中有许多真理，是出于自卫。他不仅反对马克思揭露福格特，而且要求马克思公开向这个波拿巴的特务赔礼道歉。马克思对这个不肖的学生非常气愤，认为拉萨尔"实际上是同福格特一个鼻孔出气"③，阻挠揭露福格特是拉萨尔同福格特合搞的一个密谋。

马克思写信批评拉萨尔的错误立场，指出他完全受福格特思想的支配，蓄意包庇波拿巴分子福格特。拉萨尔向马克思提出抗议，说为了他的"头脑和心灵的声誉"，"要全力以赴地加以痛击"。1860 年，马克思在《福格特先生》一书中不点名地批评了拉萨尔，并以无可辩驳的事实证明，福格特是被波拿巴收买的特务。在这之后，拉萨尔不得不向马克思承认错误："我必须向你承认，我现在认为你关于福格特被波拿巴收买的信念是完全公正和正当的。"他还说，他早就认为福格特领波拿巴的钱。根据拉萨尔在福格特事件上的表现，马克思得出结论：拉萨尔"多么卑鄙"，"现在对拉萨尔先生我是已经看透了"④。

1862 年，拉萨尔在伦敦会见马克思时，燕妮当面指出，拉萨尔是个"开明的波拿巴主义者"。拉萨尔当时暴跳如雷。可是回国后不久，他的波拿巴主义倾向就暴露出来。他公开吹嘘普鲁士国王、宰相和红衣主教都赞成他的鼓动工作，并认为他们可以帮助工人解放。俾斯麦则多方鼓励和支持拉萨尔的波拿巴主义鼓动。恩格斯看到拉萨尔的这类言论后说："拉萨尔尽管有各种优点，他却具有犹太人那种看重瞬息间的成就的特点，因此他不能不对路易·波拿巴深感尊敬，不能不象他所做的那样露骨地说出波拿巴主义的原则。"⑤

---

① 《马克思恩格斯全集》第 30 卷，人民出版社 1974 年版，第 23 页。
② 同上书，第 449 页。
③ 《马克思恩格斯全集》第 29 卷，人民出版社 1972 年版，第 494 页。
④ 《马克思恩格斯全集》第 30 卷，人民出版社 1974 年版，第 34 页。
⑤ 《马克思恩格斯全集》第 31 卷，人民出版社 1972 年版，第 429 页。

由此可见，波拿巴主义倾向是拉萨尔投靠普鲁士王朝、走向普鲁士王国政府的社会主义的桥梁。

批判拉萨尔的机会主义鼓动

拉萨尔在意大利战争和福格特事件上的波拿巴主义立场，完全反映了普鲁士统治阶级的利益。对此马克思非常气愤。尽管如此，马克思还没有同拉萨尔决裂，而是继续帮助他。

1862 年 7 月，拉萨尔去伦敦时向马克思提出，他想和马克思一起领导重新兴起的德国工人运动，并向马克思介绍了他准备在工人中进行宣传鼓动的计划。为了帮助拉萨尔改正错误，马克思做了最后的努力。马克思当面向拉萨尔提出，他的鼓动计划的中心点，即由国家帮助建立合作社和实行普选权来解放工人，是完全错误的。马克思对拉萨尔说，幻想由反动的普鲁士国家解放工人，必然要向普鲁士君主制和反动派屈服，使工人接受反动派的监督，把工人变成反动派的工具。至于把英国宪章派的普选权口号当作救世良方搬到封建专制的、忠君臣民占多数的普鲁士，更是错误的。马克思认为在这个问题上，拉萨尔忽略了德国和英国的不同条件，忽略了拿破仑第三利用普选权欺骗人民的教训。后来恩格斯也指出，在农业工人两倍于工业工人的德国，直接的普选权对无产阶级来说不是武器，而是陷阱。

在这次会面时，马克思还向拉萨尔指出，他的鼓动带有宗教的、宗派的性质。他陷入了蒲鲁东的错误之中，他不是从阶级运动的实际因素中去寻找自己的鼓动的现实基础，而是想根据某种教条式的处方来规定这一运动的进程。拉萨尔拒不接受马克思的意见和忠告，反而指责马克思太抽象，不懂政治。通过伦敦会见，马克思深信，拉萨尔已不可救药，他同拉萨尔在政治上没有任何共同之处。

拉萨尔回到德国后便单独进行他的机会主义鼓动。他到处发表演说，抨击资产阶级进步党人舒尔采—德里奇提出的工人自助办合作社的做法，宣传由普鲁士国家帮助工人建立合作社来解放工人的主张。

1865 年 2 月 19 日，马克思在一次讲话中分析批判了自助和国家帮助这两种主张。他说："在有关自助和国家帮助的争论问题上两派人都是错误的。在资产阶级社会里，一切生活资料和一切劳动资料都属于资本家，因此自助是荒诞的。另一方面，不言而喻，在俾斯麦内阁统治下，根本谈不上什么国家帮助——工人不能把自己出卖给俾斯麦内阁。国家帮助只能来自无产阶级实现最高统治权的国家。鼓吹普鲁士君主国内部的劳动解放等于激起杯水风浪。劳动解放的条件是德国的解放，而德国解放的前提又是恢复波兰和推翻普鲁士君主制。"①

　　马克思的这篇讲话非常清楚地说明了马克思主义同拉萨尔主义的根本区别。马克思主义主张，德国工人只有通过革命，推翻普鲁士封建专制制度，掌握国家政权，才能获得解放。拉萨尔寄希望于普鲁士封建专制国家，让工人把压迫自己的政治工具当作解放的工具来使用，这纯粹是一种骗人的幻想。其实拉萨尔自己对他宣传的东西也不大相信。他心里想的根本不是工人的彻底解放，而是制止无产阶级革命。拉萨尔1863年5月19日的演说可以证明这一点。他说："如果在德国正是有产者在社会问题上表现出主动精神，如果这种主动精神的出现是科学和爱的成果，而不是仇恨的粗暴的长裤汉②的狂怒的爆发，那么这将是文化上一个最卓越的事实，是德意志的名声和德意志民族的一个最伟大的胜利！……如果未来的科学人士被吓得不敢表现出这样的主动精神，那么其后果只能是我们将在几十年内陷于野蛮的无产阶级革命之中，我们将要亲身体验六月战斗的可怕景象！但是，这种事情是不容许也不应该发生的。正因为如此，所以需要及时地打开阀门来扑灭爆炸。这就是我认为必须在全面和平时期举起这面鼓动的旗帜的原因。"

　　1864年5月，全德工人联合会成立一周年的时候，拉萨尔公然要求工人站到王权一边反对资产阶级。1864年6月27日，拉萨尔在杜塞尔多夫发表演说时宣称，美因兹的大主教凯特勒男爵、内政大臣欧伦堡和普鲁士国王都和他的思想是一致的。

　　马克思、恩格斯当时还不知道拉萨尔同俾斯麦进行过密谈。但是，根据拉萨尔言论中的保皇气息，他们断定拉萨尔在向俾斯麦献媚，"这家伙现在简直是在为俾斯麦效劳"③。恩格斯指出，拉萨尔企图让国王宣布普遍的直接的选举权并同无产阶级结成联盟，"单单这一事实，就足以使我们在拉萨尔活着的时候就不希望同他的整个鼓动有什么共同之处"④。

①　《马克思恩格斯全集》第44卷，人民出版社1982年版，第656页。
②　长裤汉又译无套裤汉。18世纪，法国贵族和资产者穿丝绒短套裤，平民和劳苦大众穿粗布长裤。最初贵族用长裤汉这个绰号讥讽平民，后来长裤汉成为革命者和共和主义者的代号。
③　《马克思恩格斯全集》第30卷，人民出版社1974年版，第351页。
④　《马克思恩格斯全集》第31卷，人民出版社1972年版，第430页。

当拉萨尔在工人中得意地进行鼓动工作时，马克思、恩格斯出于策略考虑，暂时没有干涉他的行动，同时和他保持距离，不把自己同他混在一起。鉴于拉萨尔的危害性越来越大，1864 年 6 月，马克思和恩格斯商量，准备依靠联合会内以李卜克内西为首的反对派来清算拉萨尔的错误。这个计划还没来得及实现，拉萨尔就于 1864 年 8 月在瑞士同一个贵族阔少决斗身亡。

拉萨尔死后德国工人运动的形势变得更加复杂。拉萨尔生前参与建立的全德工人联合会，尽管有浓厚的宗派性质，但终究不失为工人摆脱资产阶级而独自建立的政治组织。拉萨尔虽然有种种重大错误，但马克思不愿看到资产阶级利用拉萨尔的错误来摧毁这个工人组织。出于这种考虑，马克思认为，"如果拉萨尔的死使得象舒尔采这样的家伙有了无耻反对死者的借口，那末唯愿拉萨尔的正式信徒会在必要时出来为他辩护。"①

后来，在福格特事件中出卖过马克思的庸俗民主主义者布林德抓住拉萨尔的错误对死者进行攻击。拉萨尔的女友哈茨费尔特伯爵夫人一再要求马克思为老朋友拉萨尔说话，以反击布林德。马克思同恩格斯商定了一种灵活的策略：因为拉萨尔已经死了，他本人已不可能再有危害，所以必须在可能的范围内，即以不损害自己的声誉为限，为拉萨尔辩护以反对这些小资产阶级无赖。根据这个原则，马克思写了《致斯图加特〈观察家报〉编辑》一文，揭露了"可耻的说谎者"布林德。文章末尾说："我不打算向这个除了自己的影子以外一无所有的荒唐的小丑说明拉萨尔这样一个人的作用，以及他的鼓动的真正意图。相反，我深信，卡尔·布林德先生凌辱一只死狮。"②

马克思既对拉萨尔的鼓动持保留态度，又揭露和驳斥了布林德，不失体面地保护了拉萨尔。与此同时，马克思写信给哈茨费尔特伯爵夫人，说明他根本不同意拉萨尔的政治策略。布林德之所以能进行攻击，拉萨尔本人也有责任。马克思还警告伯爵夫人，如果拉萨尔的继承人伯·贝克尔等将来要是反对和危害工人运动，那么在这些先生的头顶上将刮起他们意想不到的风暴。马克思说："我把这一点一次说清楚，免得以后说我口是心非或残酷无情。"③ 这样，马克思既摆脱了伯爵夫人的纠缠，又收拾了布林德。此后，为

---

① 《马克思恩格斯全集》第 30 卷，人民出版社 1974 年版，第 423 页。
② 《马克思恩格斯全集》第 16 卷，人民出版社 1964 年版，第 27 页。
③ 《马克思恩格斯全集》第 31 卷，人民出版社 1972 年版，第 441 页。

了在德国工人运动中宣传科学社会主义和清除拉萨尔主义的影响，马克思、恩格斯不得不同拉萨尔的继承人施韦泽等进行长期的周旋。

谴责拉萨尔的背叛行为

拉萨尔活着的时候，马克思、恩格斯根据拉萨尔鼓动的保皇色彩，判定拉萨尔在为俾斯麦效劳，意识到他们关系暧昧。但是，拉萨尔同俾斯麦究竟是什么关系，他们之间是否有肮脏的勾结，马克思恩格斯没有掌握确切的材料，不便妄加评断，只能存疑而已。1864 年 11 月 24 日，恩格斯提出："应当弄清楚，他的鼓动只是一时的冲动，还是在它背后隐藏着什么实在的东西。"① 在拉萨尔逝世半年以后，这个谜底初步揭开。

1865 年 1 月 20 日以前，威·李卜克内西写信给马克思说：哈茨费尔特伯爵夫人曾向他透露，拉萨尔同俾斯麦订有协议，拉萨尔应许由全德工人联合会支持俾斯麦兼并什列斯维希—霍尔施坦，作为交换条件，俾斯麦答应实施普选权。

马克思恩格斯得到这个消息后非常震惊和愤慨。马克思谴责说，拉萨尔"存心要把工人政党出卖给俾斯麦，以便获得'无产阶级的黎塞留②'的美名"③。马克思表示他要在《资本论》的序言中十分明确地指出，拉萨尔不过是个抄袭者和剽窃者。1865 年 2 月 23 日，马克思在给库格曼的信中又指出："拉萨尔事实上背叛了党。"④ 恩格斯也严厉谴责了拉萨尔的背叛行为。他说："高贵的拉萨尔愈来愈暴露出是一个卑鄙透顶的无赖。我们评价一个人从来不是根据他的自我介绍，而是根据他的真实情况，因此我看不出有什么原因要把已死的伊戚希（指拉萨尔——引者）当作例外。主观上他从虚荣心出发认为事情可以这样办，而客观上这却是卑鄙的行为，是为普鲁士人的利益而背叛整个工人运动。"恩格斯表示总有一天要把这整个事情的经过公之于众，并尽快地抛弃拉萨尔的继承人⑤。

1928 年，德国历史学家古·迈耶尔根据在俾斯麦办公室发现的档案，第

---

① 《马克思恩格斯全集》第 31 卷，人民出版社 1972 年版，第 430 页。
② 黎塞留——法国专制政体时期最著名的国务活动家、公爵、红衣主教，擅长搞阴谋。
③ 《马克思恩格斯全集》第 31 卷，人民出版社 1972 年版，第 50 页。
④ 同上书，第 455 页。
⑤ 同上书，第 48—49 页。

一次公布了拉萨尔与俾斯麦的秘密通信，才使拉萨尔同俾斯麦勾结的全部真相大白于天下。这些信件证明，马克思恩格斯谴责拉萨尔背叛工人运动是完全正确的。这些历史资料表明，早在全德工人联合会成立以前，拉萨尔就同俾斯麦勾结上了。

　　全德工人联合会是 1863 年 5 月 23 日成立的，俾斯麦于 5 月 11 日召见拉萨尔，12 日进行第一次密谈。根据他们的通信可以看出，拉萨尔同俾斯麦进行过 6 次密谈。在密谈和通信中，拉萨尔向俾斯麦和国王表示特有的忠心，建议实行社会君主制，希望普鲁士王权变成一个社会的和革命的人民王权，说工人阶级本能地感到自己倾向于独裁，倾向于把国王看作与资产阶级的利己主义相对立的社会独裁的天然体现者。拉萨尔还为普鲁士王朝出谋划策，要求俾斯麦和国王颁布普选权，以便在道义上征服德国，以避免暴动和起义，否则专制制度就会崩溃，德国就会走上黑暗的道路。他向俾斯麦说，他就是为避免这一点才进行鼓动的。此外，他还向俾斯麦表示，他支持俾斯麦在普鲁士霸权下统一德国的政策，支持俾斯麦反对资产阶级进步党，并要求俾斯麦保护他的鼓动工作，等等。

　　不难想象，如果马克思、恩格斯知道这些密谈，看过这些密信，他们会怎样更加严厉地批判这个叛徒。

争取和教育拉萨尔派

　　拉萨尔死后一个月，第一个群众性的国际无产阶级革命组织第一国际成立了。马克思想把国际变为一个能够熔化各种社会主义宗派的大熔炉。为此，他为国际起草了一个充分广泛的纲领，以便"使英国工联，法国、比利时、意大利和西班牙的蒲鲁东派以及德国的拉萨尔派都能接受"①。

　　马克思寄希望于工人阶级的精神发展，希望通过参加各国工人反压迫反剥削的斗争，使各派工人放弃各种宗派学说，接受科学社会主义思想。因此，马克思希望拉萨尔派全德工人联合会也加入国际。特别是在国际活动的初期，马克思指望在反对其他各种流派的斗争中，全德工人联合会能成为一支可以借助的力量。为此，马克思对拉萨尔派首领施韦泽做了大量工作。

---

　　① 《马克思恩格斯选集》第 1 卷，人民出版社 1972 年版，第 235 页。

1864 年 11 月，施韦泽为全德工人联合会创办了机关报《社会民主党人报》。施韦泽以主编身份邀请马克思为该报撰稿。他在邀请书中说："我们认为，如果您，德国工人政党的创始人和它们第一名先进战士能够帮助我们撰稿，那将是一件无比重要的事情。我们希望联合会在严重斗争中遭到巨大损失之后能够得到您的支持，虽然它的产生间接归功于您个人的活动。"马克思、恩格斯考虑到该报纲领中没有拉萨尔的名字和拉萨尔的口号，同意为该报撰稿。在德国当时没有无产阶级报纸的情况下，马克思、恩格斯想借用该报向德国工人讲话，提高他们的觉悟，使他们认识到拉萨尔主义的错误。

1865 年初，蒲鲁东逝世的时候，施韦泽请马克思写一篇关于蒲鲁东的文章。马克思利用这个机会在拉萨尔派的报纸上巧妙地批评拉萨尔和拉萨尔主义。马克思写了《论蒲鲁东》一文，交由该报发表。这篇文章批评蒲鲁东向路易·彼拿巴献媚是"适合小资产阶级观点的卑鄙"。马克思指出，小资产阶级思想家的特点是，喜欢发表出人意外的、大吹大擂的、时而丑恶、时而辉煌的怪论，经常把科学上的招摇撞骗和政治上的投机结合起来，对这种小资产阶级思想家来说，"只有一种动力，那就是虚荣心，像一切爱虚荣的人一样，他们所关心的只是眼前的成功、一时的风头。这样，那种例如使卢梭不断避免向现存政权作任何即使是表面上的妥协的简单的道德感，就必然消失了"①。这些话也是对拉萨尔向俾斯麦政府屈膝投降的批判。正如马克思自己所说，这篇文章中的某些十分无情的打击看起来是针对蒲鲁东的，实际上却击中了拉萨尔的要害。

马克思还一再写信告诫《社会民主党人报》要迅速清除报纸上对拉萨尔的偶像崇拜，敦促报纸对俾斯麦反动政府采取坚决态度。但是，施韦泽拒绝了马克思的劝告。甚至在知道了拉萨尔同俾斯麦勾结的事实以后，报纸对拉萨尔的个人崇拜仍然有增无减，并继续向普鲁士政府献媚。在这种情况下，马克思恩格斯考虑同该报断绝关系。马克思给恩格斯写信说："我们既然列上了名，那也就可以要求他们，在现在已经了解了拉萨尔策划的背叛的时候，不要利用我们的名字去蒙蔽工人，或者使自己成为任何愚蠢言行的工具。"②

为了帮助施韦泽认识错误，马克思给施韦泽写信说，工人政党必须连向

---

① 《马克思恩格斯选集》第 2 卷，人民出版社 1972 年版，第 148 页。
② 《马克思恩格斯全集》第 31 卷，人民出版社 1972 年版，第 51 页。

普鲁士反动政府献媚和妥协的影子也要避免。马克思还向施韦泽剖析了拉萨尔对普鲁士政府的幻想。马克思指出：普鲁士政府对合作社的帮助，作为经济措施，完全等于零，同时这种帮助将扩大政府对工人的监护，收买工人阶级中的一部分人，并使运动受到阉割。马克思批判了拉萨尔的幻想："工人政党如果幻想在俾斯麦时代或任何其他普鲁士时代金苹果会因国王的恩典而落到自己嘴里，那就要出更大的丑。毫无疑问，拉萨尔关于普鲁士政府会实行'社会主义'干涉的不幸幻想将使人大失所望。事物的逻辑必然如此。但是，工人政党的荣誉要求它自己甚至在幻想被经验驳倒以前，就抛弃这种空中楼阁。工人阶级要不是革命的，就什么也不是。"①

施韦泽不仅不接受马克思的批评意见，反而要求马克思在一切实际问题上都服从他的策略，并特意发表了吹捧俾斯麦铁血政策的文章，作为对马克思批评的答复。在这种情况下，马克思、恩格斯于 1865 年 2 月 25 日发表声明，同《社会民主党人报》断绝关系。从此，马克思暂时打消了吸收全德工人联合会参加国际的想法，而致力于在广大德国工人群众中发展会员和建立国际支部的工作，同时耐心等待受拉萨尔主义影响的工人的觉悟。

1865 年至 1868 年，国际在德国获得了迅速发展。国际的组织遍及德国各主要地区。倍倍尔、李卜克内西领导的全德工人协会联合会接受了国际的纲领，并着手在德国建立中央工会组织，以便把全德国工人联合起来。与此同时，拉萨尔派全德工人联合会中的先进工人的思想认识有了提高，开始批判地对待拉萨尔反对组织工会和罢工的思想，酝酿抛弃拉萨尔的教条。拉萨尔派危机四伏。施韦泽看到单靠拉萨尔的教条混不下去了，也考虑建立工会。为了抢旗帜，压倒倍倍尔和李卜克内西的纽伦堡派②，把德国工人运动置于自己控制之下，施韦泽于 1868 年 9 月 26 日单方面召开了全德工人代表大会。会前施韦泽给马克思写了一封充满谀词的信，其中说："我把您看作是欧洲工人运动的首脑。因此，您可以相信，我将永远尽可能地遵照您的意见去办……迄今为止，当我觉得您有些不对的时候，经过再三考虑，我总是发现错误是在我这方面。但是，我同您的追随者，即他们中的个别人是不能友好的。"

---

① 《马克思恩格斯选集》第 4 卷，人民出版社 1972 年版，第 351 页。

② 倍倍尔领导的德国工人协会联合会，1868 年 9 月 5 日 7 日在纽伦堡召开代表大会，通过了赞成国际的章程和加入国际的决议。后来，倍倍尔和李卜克内西的拥护者被称为纽伦堡派。

　　马克思立即看出了施韦泽的用意。马克思说，施韦泽写此信的目的，是要"立我为异教国家中的教皇，为的是要我封他为德国的工人皇帝"①；施韦泽单独召开全德工人代表大会是指望用这种简单的方法把他对全德工人联合会的独裁换成对全德工人阶级的独裁。

　　施韦泽此时此地写这种信当然是居心叵测。但是，在马克思同他断绝来往几年之后，他能一再主动给马克思写信，表示尊重马克思和承认错误，而且在罢工和工会等问题上放弃了拉萨尔的一些教条，还承认《资本论》对工人阶级做了不可估量的贡献。这样，马克思就不能简单地对他置之不理。为了启发和教育施韦泽并争取拉萨尔派，马克思给施韦泽写了一封长信，对拉萨尔唤醒德国工人运动的功绩做了肯定，同时批评了拉萨尔的严重错误，对拉萨尔主义作了详细的分析批判，并着重批评了施韦泽的宗派主义。马克思向施韦泽指出："宗派运动和阶级运动是对立的。宗派认为，它存在的权利和它的名誉不在于它自己和阶级运动有共同之处，而在于把它和阶级运动区别开来的特殊的护符。"②

　　马克思批评施韦泽排除倍倍尔、李卜克内西的纽伦堡派而单独召开全德国工人代表大会是错误的。他指出，施韦泽不应当要求阶级运动服从自己特殊的宗派运动，而应当把宗派运动融合于阶级运动和消除一切宗派主义。马克思还提醒施韦泽，把工会建成集中制组织是错误的和行不通的。马克思希望，拉萨尔组织所犯的错误能够通过合理的实践或多或少地克服掉。马克思表示，他作为国际的德国书记，愿意充当倍倍尔、李卜克内西的纽伦堡派和施韦泽的拉萨尔派之间的调解人，并保证在任何情况下都将是公正的，在合理的基础上进行调解。同时，马克思向施韦泽声明："我不能向您担保，我不会在某一天——在我认为是工人运动的利益所绝对需要的时候——以个人名义公开批判拉萨尔派的偏见，就象当时我对待蒲鲁东派的偏见那样。"③

批判哥达纲领

　　全德工人联合会在施韦泽的宗派主义方针指导下走下坡路。倍倍尔和李

　　① 《马克思恩格斯全集》第 32 卷，人民出版社 1974 年版，第 555 页。
　　② 《马克思恩格斯选集》第 4 卷，人民出版社 1972 年版，第 371 页。
　　③ 同上书，第 373 页。

卜克内西领导的全德工人协会联合会在马克思恩格斯的帮助下蓬勃发展。1869 年 9 月，以倍倍尔为首的德国社会民主党人在爱森纳赫举行代表大会，成立了德国社会民主工党，通称爱森纳赫派。从此以后，德国工人反对拉萨尔主义的斗争便在两个德国工人政党之间进行。爱森纳赫派主张自下而上地通过革命的道路统一德国；拉萨尔派则赞成在普鲁士王朝领导下自上而下地统一德国。1871 年，德国实现了统一，两派关于德国统一道路问题的争论已不复存在。经过支援巴黎公社的斗争，拉萨尔派也有所进步。两派工人都受到德国反动派的压迫，两派在帝国国会中的议员尽管观点不一致，但都在进行斗争。两派工人都强烈要求合并。1875 年 5 月，两派在哥达城举行统一的代表大会，建立了德国社会主义工人党，1890 年以后改名为德国社会民主党。

马克思、恩格斯原则上不反对合并。但是，他们认为，在爱森纳赫派蒸蒸日上、拉萨尔派日趋衰败的情况下，合并的首要条件应当是拉萨尔派不再做宗派主义者，不再做拉萨尔派，即他们应当放弃国家帮助这类救世良方。可是，李卜克内西认为，只要合并就是拉萨尔主义的灭亡，所以不惜任何代价追求合并，甚至不惜拿原则做交易，同拉萨尔派首领一起起草了一个充满拉萨尔主义精神的合并纲领草案。

马克思抱病写了《对德国工人党纲领的几点意见》即著名的《哥达纲领批判》。马克思坚决反对拿原则做交易，认为制定一个原则性的纲领就是在全世界面前树立起一些可供人们用以判定党的运动水平的界碑。在这个伟大文献中，马克思对拉萨尔主义的主要组成部分作了深刻的批判。

1. 批判了拉萨尔的铁的工资规律、工人获得全部劳动所得等错误理论，认为这是庸俗社会主义的分配决定论。它实质上是从资产阶级经济学家那里搬来的错误观点。它把分配看成和解释成一种不依赖于生产方式的东西，从而把社会主义描写成主要是在分配问题上兜圈子。马克思指出，消费资料的任何一种分配都不过是生产条件本身分配的结果，而生产条件的分配则表现为生产方式本身的性质。社会主义社会是刚从资本主义社会中产生的，它在经济、道德和精神方面还带有它脱胎出来的那个旧社会的痕迹。在这里通行的仍然是调节商品交换的一般原则，在分配方面只能实行按劳分配的原则，因而各个社会成员的收入多少和富裕程度也不一样。马克思认为，在社会主义阶段，即在经过长久阵痛刚刚从资本主义社会产生出来的社会形态中，这些弊病是不可避免的。只有在共产主义高级阶段上，当集体财富的一切源泉都充分涌流出来之后，才能超出资产阶级法权的狭隘眼界，社会才能在自己的旗帜上写上：各尽所能，按需分配。

2. 批判了拉萨尔的策略思想。哥达纲领草案按照拉萨尔的观点，不提反对德国封建地主阶级的剥削和统治，而把工人阶级以外的资产阶级、农民、小资产阶级和封建地主相提并论，把它们统统说成是"反动的一帮"，模糊了德国革命的对象，混淆了阶级阵线。马克思批评说：拉萨尔粗暴地歪曲《共产党宣言》，鼓吹"反动的一帮"，不过是为了粉饰他同专制主义者和封建主义者这些敌人结成的反资产阶级联盟。

3. 批判了拉萨尔的"国家帮助"的谬论。马克思指出，靠地主资产阶级的国家贷款来建设一个新社会，是拉萨尔的幻想。马克思认为，无产阶级只有起来革命，变革现有的生产条件，才能获得解放，社会主义只能从社会的革命转变过程中产生出来。

4. 批判了拉萨尔的超阶级国家观点。在科学社会主义早已阐明了国家的阶级实质的情况下，纲领草案把拉萨尔宣传的超阶级的"自由国家"作为德国工人党追求的目标，是一个大倒退。马克思指出，整个纲领彻头彻尾感染了拉萨尔对国家的忠顺信仰。马克思指出："使国家变成'自由的'，这决不是已经摆脱了狭隘的奴才思想的工人的目的。在德意志帝国，'国家'差不多是和在俄国一样地'自由'。自由就在于把国家由一个站在社会之上的机关变成完全服从这个社会的机关。"① 马克思在批判拉萨尔的自由国家观点时发展了无产阶级专政的理论，明确提出："在资本主义社会和共产主义社会之间，有一个从前者变为后者的革命转变时期。同这个时期相适应的也有一个政治上的过渡时期，这个时期的国家只能是无产阶级的革命专政。"②

马克思在《哥达纲领批判》中第一次明确而坚定地表明了他对拉萨尔的鼓动工作、经济学原则和策略思想的态度。这部伟大著作为批判各种机会主义思想树立了榜样。

肃清拉萨尔主义的流毒

哥达纲领草案的起草人不顾马克思、恩格斯的反对，对草案只作了一些

---

① 《马克思恩格斯选集》第3卷，人民出版社1972年版，第19—20页。
② 同上书，第21页。

不大的修改就通过了。德国工人运动以后为这种丧失原则的合并付出了很大的代价。党的队伍一时得到了壮大，但是党的思想水平降低了，党的原则遭到了阉割。德国社会民主党在以后的发展中的许多消极现象都与这次合并时思想上的妥协密切相关。

在两派合并的同一年，杜林向科学社会主义进攻，并得到了一些社会民主党人的同情和支持。恩格斯指出，党在精神上和理智上的衰退是从合并时开始的。如果当时表现得稍微慎重一些和理智一些，这种衰退本来是可以避免的。马克思也指出："同拉萨尔分子的妥协已经导致同其他不彻底分子的妥协：在柏林（通过莫斯特）同杜林及其'崇拜者'妥协，此外，也同一帮不成熟的大学生和过分聪明的博士妥协，这些人想使社会主义有一个'更高的、理想的'转变，就是说，想用关于正义、自由、平等和博爱的女神的现代神话来代替它的唯物主义的基础……《未来》杂志的出版人赫希柏格博士先生是这种倾向的一个代表者。"①

1879 年，赫希柏格、施拉姆和伯恩施坦（即著名的三人团）合写了《德国社会主义运动的回顾》一文，大肆宣传拉萨尔主义，阉割党的无产阶级性质。他们主张，社会民主党不应当是片面的工人党，而应当像拉萨尔所主张的那样，是"一切富有仁爱精神的人"的全面的党。他们认为粗鲁的工人阶级不能自己解放自己，而应当由有教养、有风度的资产者来帮助工人解放；他们要求工人不要恐吓资产阶级，不要增加资产阶级的怨恨，等等。马克思恩格斯给德国党的领导人写了一封《通告信》，对重新泛起的拉萨尔主义进行了严肃的批判，捍卫党的阶级斗争学说。他们向党的领导人声明："工人阶级的解放应当是工人阶级自己的事情。所以，我们不能和那些公开说什么工人太缺少教育，不能自己解放自己，因而应当由仁爱的大小资产者从上面来解放的人们一道走。"②

这个《通告信》同《哥达纲领批判》一样，是写给德国党的领导传阅的，当时没有公开发表。在俾斯麦实施反社会党人非常法期间（1878—1890年），德国社会民主党受到反动政府的迫害，为团结对敌、避免分裂，不可能公开批判拉萨尔主义。1890 年，反社会党人非常法废除，德国党准备制定新的纲领。恩格斯做了艰苦的努力和斗争，在《新时代》杂志上公开发表了

---

① 《马克思恩格斯选集》第 4 卷，人民出版社 1972 年版，第 417—418 页。
② 《马克思恩格斯选集》第 3 卷，人民出版社 1972 年版，第 374 页。

马克思的《哥达纲领批判》。这个科学社会主义文献的发表为广大党员和工人群众提供了认识和批判拉萨尔主义的锐利武器。由于马克思的批判发挥了作用和恩格斯的努力，德国社会民主党在 1891 年通过的爱尔福特纲领中肃清了拉萨尔主义。

当然，党纲中清除了拉萨尔主义的词句，并不等于彻底清除了拉萨尔主义思想影响。拉萨尔主义作为一种小资产阶级社会主义和资产阶级改良主义的变种，是有其深刻的社会根源的。它一有机会就会冒出来表现自己。此外，"那些涂上社会主义色彩的资产者也企图制造关于拉萨尔的神话，用拉萨尔同马克思相抗衡"①。因此，反对拉萨尔主义成为德国工人阶级的一个经常性的任务。

---

① 《马克思恩格斯全集》第 38 卷，人民出版社 1972 年版，第 235 页。

美国废奴运动和约翰·布朗起义

黄启芳

美国的商品奴隶制经济几乎和英属北美殖民地同步形成。早在美国独立初期，富有远见的美国政治家就曾主张废除奴隶制，但由于南部种植园奴隶主的激烈反对，未能实现。随着世界市场对棉花需求的猛增，奴隶主大肆扩张奴隶制，与广大人民群众及北部工业资本主义的发展产生严重冲突。围绕奴隶制的扩张与反扩张、限制与反限制、维护与消灭的斗争，构成 19 世纪上半叶美国历史的主要内容。

从 19 世纪 30 年代起，废奴运动在北方兴起，渐渐形成声势浩大的群众运动。奴隶主不甘心退出历史舞台，负隅顽抗，使南北斗争白热化。1859 年 10 月，弗吉尼亚州西部发生了一次反奴隶制起义，这就是美国历史上著名的约翰·布朗起义。布朗是当时美国白人废奴派英雄，他在美国历史上第一次组织了黑人与白人的联合战斗，试图以武装斗争方式解决黑人奴隶制问题，为后来美国内战的顺利进行作出了榜样。

美国奴隶制的由来

美国是一个主要由移民及其后裔组成的国家。在欧洲移民到来之前，这里本是印第安人生息的地方。印第安人当时还过着原始共产主义的生活。大片广袤的沃土和原始森林尚未开发。1607 年英国殖民者来到这里，首先遇到的问题是：要开垦大片荒地，需要大批的劳动力。起初，他们想役使印第安人。热爱自由的印第安人不愿遭受奴役，顽强地进行反抗。殖民者在残酷屠杀印第安人、强占他们土地的同时，一面招募和诱骗欧洲白人贫民来新大陆当契约奴，一面从非洲掠来黑人强卖为奴。

美国南部土地肥沃，雨量充沛，气候温暖，适宜种植烟草、大米和靛蓝，这些都是当时英国和欧洲市场所需要的商品，可以赢得可观的利润。殖民地初期，移居到美国南部的，大多是英国资产阶级革命时期拥护斯图亚特王朝的大贵族和大地主。他们主要依靠契约奴来种植这些作物，因而南方逐渐形成了大种植园经济。契约奴们本是欧洲资本原始积累时期被剥夺了生产资料的或破了产的农民和贫民，在母国无以为生，想到新大陆开辟新生活，但却付不起路费，被迫与殖民者或贩奴者订立"契约"，以到达美洲后无偿为主人干活 4—7 年来偿还到美洲的路费。契约奴在契约期满后都不愿继续为种植园主干活，当时北美大陆有的是未开垦的处女地，契约奴们都向往自由小农的生活。故而种植园里劳动力始终很缺乏。

1619 年，荷兰贩私船运进第一批非洲黑人卖给种植园主为奴隶。从这时起，南方种植园中广泛采用了黑奴劳动力。起先，黑奴与契约奴一样，过若干年后可以经过主人允许或宗教洗礼而获得自由。后来，随着种植园经济对劳动力需求的扩大，特别是种植园主发觉使用黑奴非常有利：黑人体魄强壮，很能适应南方湿热气候，是极好的劳动力；黑人有经营农业的经验，善于进行种植园劳动，使用黑人劳动力比契约奴要便宜。据统计，种植园主花费在契约奴身上的费用平均每人每年为 2—4 镑，而黑奴只需一半还不到。种植园主只需一次付出奴隶的身价（一般为 18—30 镑），便可终生享用奴隶的劳动力。奴隶自然繁殖以后，又为主人增加了新的劳动力，而且，黑人奴隶的肤色易与白人区别，他们来自遥远的大陆，易于看管而不易逃走。

于是，从 1661 年弗吉尼亚制定奴隶法典，确定黑人为终生奴隶起，各地相继制定了类似的法典①，黑人奴隶制在美国正式确立。奴隶们在奴隶主的皮鞭下干着非常繁重的体力劳动，过着非人的生活，一个强劳力只有七八年就会把体力耗尽。

为了榨取更多的奴隶劳动，种植园主千方百计扩大自己经营的规模。17世纪时，南方种植园的面积一般为 500—600 英亩，大的有 3000—5000 英亩。弗吉尼亚有一个种植园竟有 13400 英亩以上。这些种植园从贩奴贸易中源源不断地得到奴隶劳动力。1650 年，弗吉尼亚只有 300 名黑奴，1671 年就有 2000 名黑奴，到了 1715 年黑奴在弗吉尼亚总人口 9 万 5500 人中占了 1/3。

---

① 马萨诸塞州在 1641 年、康涅狄格州在 1650 年、罗得岛在 1652 年、纽约州在 1665 年、南卡罗来纳州在 1682 年、新罕布什尔州在 1714 年、北卡罗来纳州在 1715 年、特拉华州在 1721 年、佐治亚州在 1749 年都规定奴隶制是合法的。

据美国学者博加特·凯默勒统计，北美殖民地的黑人奴隶总数，1714 年为 5.9 万人，1754 年为 29.8 万人；独立战争前夕，奴隶总数约有 50 多万人，占当时北美人口的 1/6。

南方种植园经济实行粗放耕作，不需几年地力就消耗殆尽。加之 18 世纪末法国革命后欧洲各国实行禁运的影响，南方种植园奴隶制曾一度出现衰落趋势。但为时不久，由于英国工业革命的影响，以及随后 19 世纪 20 年代美国也开始了工业革命，英国和美国棉纺织业先后兴旺起来。棉花的需要量剧增，国际市场棉价大涨，刺激了美国南部种植园经济，纷纷改种棉花。棉花的种植适于奴隶劳动，它只要求简单的工具和简单的劳动，不问男女老少、体强体弱都有活干。濒于衰亡的奴隶制种植园经济由此得到了巩固和发展。南部黑奴总数由 1790 年的 677800 人增到 1860 年的 3953760 人。

美国的奴隶制种植园经济是一种非常特殊的经济。它所从事的农业经营（在美国，起先是烟草等，后来是棉花），主要是为了供应资本主义世界市场的需要，是被纳入大规模资本主义商品经济范畴的。就这一点来说，它是资本主义经济的一个组成部分。但就其剥削方式而言，则是建立在人身占有和奴役的基础之上的，与古代奴隶制没有什么不同。奴隶主掌握着奴隶的生杀予夺大权，奴隶的劳动产品完全归奴隶主所占有，黑人奴隶没有人身自由和任何权利。因此，它采取的是前资本主义的一切最野蛮、最残酷的剥削手段来攫取奴隶劳动的剩余价值，以达到其追求最大限度利润的目的。它是集人类历史上一切剥削制度中最野蛮、最残酷之大成的一种剥削制度。马克思称它是人类"有史以来最卑鄙、最无耻的奴役人类的形式"[1]，"在这里我们看到的是把自己的经济建立在黑人奴隶劳动上的资本家。他们采用的生产方式不是从奴隶制产生的，而是接种在奴隶制上面的"[2]。可以说，南部奴隶制种植园经济是一种资本主义关系发展极不充分的资本主义经济。

废奴运动的兴起

世界市场上对棉花需求的不断增长，使得奴隶主不择手段地设法扩大自

---

① 《马克思恩格斯全集》第 15 卷，人民出版社 1963 年版，第 344 页。
② 《马克思恩格斯全集》第 26 卷，人民出版社 1973 年版，第 339—340 页。

已经营的范围，加之棉花种植对地力的消耗，迫使种植园主不断更换自己的土地，因而种植园主对新土地的追求越来越迫切。旧有领地被占领完毕后，他们就大批越过密西西比河，侵入得克萨斯等地。

19世纪初，随着美国向外扩张，边界不断向西推进，奴隶主的胃口越来越大，力图把新扩张来的土地都变成自己的地盘。这就同北部广大的工人、农民和从欧洲来的新移民发生了尖锐的矛盾。后者渴望着开发西部的自由土地以争取自身的生存。北部新兴的工业资产阶级也愿意将西部土地廉价售予或分给小农，以便形成更广阔的国内市场，有利于资本主义的发展。围绕着西部土地成为自由土地还是奴隶主领地的问题，南北方之间产生了严重的冲突。

奴隶主贪得无厌的扩张企图，引起北方人民的愤慨。国际上反对奴隶制的呼声也越来越高。早在1793年，法国宣布废除其领土上的奴隶制。1790—1803年，海地革命胜利后，奴隶完全得到解放。1833年，英国宣布要解放英属西印度群岛上的黑人奴隶。所有这一切，都给美国废奴运动以很大的推动。尤其是美国南方奴隶不断进行反抗斗争，加深了北方人民对奴隶制的憎恨。1822年7月，黑人丹马克·维西在南卡罗来纳州查尔斯顿组织1万名奴隶起义。1831年8月，弗吉尼亚州又发生黑人纳特·特纳组织的奴隶起义。这些起义虽然都被镇压了，却深深震动了北方人民的心。那些有幸逃到北方来的黑奴，带来了奴隶要求解放的迫切愿望，他们的现身说法，使北方人了解到黑奴的苦难，大大激发了北方人民起来反对奴隶制。从19世纪30年代起，北方社会上废奴运动逐渐高涨起来。

1832年1月，要求"立即解放奴隶"的"新英格兰反奴隶制协会"成立。1833年12月，成立了全国性的废奴组织"美国反奴隶制协会"（又称"废奴社"），标志着美国历史上轰轰烈烈的反奴隶制群众运动的开始。此后，北部各州相继成立了它的分会和其他反奴隶制组织。到1837年，纽约州已有270个反奴隶制协会，马萨诸塞州有145个，俄亥俄州有213个，整个北方共有废奴组织约2000个。到1840年，北方参加反奴隶制协会的人数约有15万到25万人。

以加里森为首的美国反奴隶制协会的纲领，比过去曾有过的废奴派的主张大大前进了一步。以前有人主张逐步、有偿地解放奴隶，反奴隶制协会则主张立即解放奴隶，不给奴隶主以"赔偿"。协会还反对"遣送奴隶回非洲"的主张，认为这是"骗人的、残酷的和不现实的"。由于反奴隶制协会坚持"立即解放，不补偿、不遣送"的方针，得到了广大北方人民的拥护，也得到了广大黑人的拥护。

各地废奴组织运用各种有效的宣传工具，开展大规模的废奴宣传活动。各种废奴报刊如雨后春笋般出现，不下百余种。其中著名的有威廉·劳埃德·加里森创办的《解放者》周刊、美国反奴隶制协会的机关报《全国废奴旗帜报》《释奴者》以及著名黑人领袖弗雷德里克·道格拉斯主办的《北斗星》等。还有无数宣传小册子，其中有许多是逃到北方的黑奴用他们亲身经历写出来的"黑人故事"，影响极大。

在揭露奴隶制的残忍和罪恶方面，哈里特·比彻·斯托夫人（1811—1896年）的小说《黑奴吁天录》（又名《汤姆叔叔的小屋》）是当时轰动英美的醒世之作。它以生动活泼的笔触，淋漓尽致地展现了黑奴地狱般的生活，有强烈的感染力。在它的感召下，英国有50万妇女在声讨美国奴隶制宣言上签名。林肯在内战中曾对斯托夫人说，是这本小说促使了美国内战的爆发。可见其影响之大。

在废奴宣传中，来自蓄奴州的逃奴表现很突出。其中有著名的黑人领袖道格拉斯。他于1817年诞生在马里兰州一个种植园里，自幼饱尝了当奴隶的一切苦难，对奴隶制怀有深仇大恨。1838年逃到北方后，投入了废奴运动。他是一位卓越的演说家，曾一针见血地指出黑奴的解放是当时美国社会的重大问题。他还以通俗的语言将白人优越论驳得体无完肤。此外，著名的黑人宣传员还有亨利·海兰·加尼特、西奥多·赖特、威廉·琼斯等人，他们大多用自己的亲身遭遇揭露奴隶制的黑暗，控诉它的罪恶。逃奴们的血泪控诉增强了废奴派的宣传效果。

废奴派还采取实际行动协助奴隶逃亡。由于奴隶主完全掌握了南部的军政大权，有一整套严密防范黑奴起义的统治手段。他们在各地组织了武装"民兵"，从17世纪起，就建立了"巡逻制"，每个县分为几个巡逻区，每区有三名白人巡逻员值班巡逻，定期轮换。其任务是缉捕逃奴，搜索黑人武器，侦察和镇压黑人聚会。每个种植园还雇有武装家丁，养有猎犬。奴隶主和监工随身佩带武器，准备随时用来对付奴隶。所以有人称整个南方是座"军营"。在这种情况下，黑奴要密谋起义是十分困难的。侥幸组织起来的，规模不可能很大，而且迅即被镇压。个别逃亡倒是有可能成功。

早在18世纪就有人协助奴隶逃亡。到19世纪，有组织地帮助黑奴逃亡形成声势浩大的群众运动。这就是美国历史上的"地下铁道"① 运动。它有两条主要的干线，一条在中西部，从南方亚拉巴马、肯塔基等州通过俄亥俄州到加拿大，另一条则沿着东海岸从南方到北方。有人估计，北方废奴派参加这个崇高事业的人有 3.2 万人以上。协助奴隶逃亡是一件艰苦和危险的工作，有些人为此而坐牢，甚至牺牲生命。被人称为地下铁道主席的利维·科芬，1826—1860 年帮助 3.3 万名黑奴获得了自由。著名的黑奴女英雄哈丽特·塔布曼曾只身潜入南方 19 次，救出黑奴 300 名。据密西西比州州长魁特曼估计，从 1810 年到 1850 年，黑奴逃亡总人数达到 10 万名左右，南方奴隶主损失财产在 3000 万美元以上。因此，种植园奴隶主恨透了北方的废奴派及其运动，尤其仇恨地下铁道运动，不惜一切手段，包括用"血与火"来对付他们。

废奴运动内部的分歧

19 世纪 30 年代，美国参加废奴运动的虽然有工人、农民、黑人和妇女，但是它的大多数知名领袖人物都是资产阶级和小资产阶级知识分子、中小资本家，因而指导废奴运动的是形形色色的资产阶级思想。

美国反奴隶制协会的主要领导人威廉·劳埃德·加里森的理论和主张对 30 年代的废奴运动有广泛的影响。他虽然主张立即废除奴隶制，而且态度是坚决的，但是他信奉的是非暴力主义，反对奴隶通过暴力获得自由。他主张通过道德说教的办法劝说奴隶主放弃奴隶。他的主张反映在由他发起的该协会的纲领中，它号召人们以道德感化达到废奴的目的。它还宣告说："本协会决不暗中怂恿被压迫者以暴力来恢复他们的权利。"因而被称为"道德说教派"。

南方种植园奴隶主并不接受道德说教，他们使用了一切可能使用的方法来对付北方废奴派及其运动。

首先，他们运用把持的政权力量，在制定有利于奴隶制扩展的法案的同时，竭力制定压制废奴运动的法案。美国建国后一直是资产阶级和奴隶主分

---

① "地下铁道"是北方废奴派帮助南方黑奴逃亡的秘密组织。它有固定的路线，由北方向导（"乘务员"）把南方的黑奴（"乘客"）经过沿途的"转运站"（废奴派的家，供奴隶歇脚、投宿），秘密送往北方或加拿大。群众称这种组织为"地下铁道"。

享政权。可是从 1829 年杰克逊任总统起，奴隶主的政党民主党牢固地掌握着国家政权。在此后的 32 年中，民主党占据总统职位 24 年，控制最高法院 26 年，左右众议院 22 年。在这期间，奴隶主在扩展奴隶制地盘的斗争中咄咄逼人，迫使国会通过有利于他们的法案。1820 年密苏里加入联邦时，南北方曾达成妥协：以北纬 36 度 30 分为界，新领地要加入联邦，此线以北为自由州，以南为蓄奴州。当 1854 年堪萨斯和内布拉斯加申请加入联邦时，按密苏里妥协案规定的地理界线，它们都应是自由州，但奴隶主操纵国会通过"堪萨斯—内布拉斯加法案"，打着"居民主权原则"的旗号力图把它们变成蓄奴州。奴隶主组织了大批暴徒进入堪萨斯，破坏当地选举，对自由移民滥施暴力，强占土地。由此引起激烈的冲突。这就是历时 4 年的"堪萨斯内战"。

1857 年，奴隶主操纵的最高法院借德雷德·斯科特案①，企图使奴隶制在全美国合法化。马克思曾对奴隶主的一系列活动作过精辟的分析："如果说，1820 年的密苏里妥协案扩展了奴隶制度在各领地的地理界限，1854 年的堪萨斯—内布拉斯加法案又取消了任何地理界限，换上一个政治的障壁，即垦殖者多数的意志，那末，美国最高法院则是通过 1857 年的判决，把这个政治障壁也拆掉了，从而把共和国现在和将来的一切领地从培植自由州的地方变成了培植奴隶制度的地方。"②

奴隶主还专门制定了对付废奴运动的法案。1836 年，为了压制废奴派对国会的请愿活动，奴隶主操纵国会通过决议一概"不宣读、不讨论"这些请愿书，将其"永远搁置不议"。群众称之为"钳口法"。

为了对付日益活跃的地下铁道运动和规模越来越大的奴隶逃亡，1850 年制定了《逃亡奴隶法》。规定奴隶不论逃到北方何处，北方各州司法机关都必须协助缉捕，并且可以得到"奖赏"；北方人民如有拯救和窝藏逃奴者，要罚款 1000 美元、被监禁半年，另外还要赔偿奴隶身价 1000 美元。这样，不仅逃奴可以随时被缉捕，连长期生活在北方的自由黑人也要遭殃。联邦政府不顾北方人民的反对，顽固执行该法。一时间，阴森恐怖气氛笼罩着北方，引起北方社会的极度不安。马萨诸塞州各地曾发生数起群众自发"抢

---

①　德雷德·斯科特原是密苏里州的黑人奴隶，曾随主人去北部自由州（明尼苏达和伊利诺斯）居住，因而向法院起诉，要求得到自由。1857 年美国最高法院驳回斯科特请求，宣布根据美国宪法，奴隶是一种财产，每个美国公民都有权携带宪法所承认的任何财产进入任何领地。

②　《马克思恩格斯全集》第 15 卷，人民出版社 1963 年版，第 351 页。

救"逃亡奴隶的事件。

　　奴隶主还使用残酷的暴力手段压制废奴运动。他们不惜重金收买北方的地痞流氓，甚至派出暴徒对北方废奴派大打出手，肆意迫害。加里森、菲利普斯、道格拉斯等废奴领袖经常遭到暴徒袭击，不是被暴徒剥光了衣服，就是被打得遍体鳞伤。道格拉斯有一次几乎被暴徒打死。斯蒂芬·福斯特曾24次遭袭击，两次被暴徒从二楼扔下来，几乎丢了性命。

　　1834—1838年，暴徒迫害废奴派的活动更加疯狂。他们经常袭击纽约市、费城、波士顿等地的废奴大会，焚烧了费城宾夕法尼亚大厅，劫掠了波士顿的马尔巴娄教堂。他们肆意捣毁废奴报社、袭击废奴派的家。他们还公然悬赏捉拿废奴派领袖，派出暗杀凶手。1837年，暴徒一再袭击伊利诺斯州废奴主义者、废奴报刊发行人伊莱贾·诺夫乔伊，捣毁他的报社和印刷机，最后，竟残酷地将他杀害了。

　　奴隶主的暴行使北方废奴派中的许多人猛醒，开始对单纯的道德说教产生怀疑。在美国反奴隶制协会中，以阿瑟·塔潘和伯尼·塔潘兄弟为代表的一派人转而主张采取一切手段，包括政治行动来达到释奴的目的。他们主张组织废奴政党，参加竞选，希望选出一个废奴派的总统来，运用联邦政府的权力来解决奴隶制问题。人们称之为"政治行动派"。

　　加里森坚决反对政治行动，终于在1840年5月使废奴运动发生分裂。以塔潘兄弟为首的一派退出美国反奴隶制协会，另组成"美国及外国反奴隶制协会"。同年，他们创立了废奴派政党——自由党，迅即投入竞选活动。由于加入的人不多，力量单薄，在以后的选举中无大建树，也就逐渐消失了。

　　1848年又出现了自由土地党。它的基本群众是北部的工人、农民和西部争取自由土地的小农，比自由党具有更为广泛的群众基础。它的目标是反对奴隶制扩展到西部；要求实行"宅地法"①，把西部土地无偿分给移民。它的口号是"自由土地，自由言论，自由劳动和自由的人"。

　　1854年7月，种植园奴隶主与北部资产阶级的矛盾达到不可调和的地

---

　　①　美国从19世纪开始向西部扩张，北方和西北方的农民一直争取西部国有土地无代价地分给当地农民，即实行"宅地法"。1859年，国会曾通过"宅地法"，但后来被布坎南总统否决。1862年2月和5月，众参两院分别通过新的"宅地法"，林肯总统签字生效。它规定：年满21岁的公民，从1863年6月1日起，缴纳10美元登记费即可领得160英亩土地，连续耕种5年后，这块土地即归个人所有。

步，北部工业资产阶级终于组织了共和党。共和党接过自由土地党的口号，希望联合北部的工人、农民、黑人和西部小农，他们的政治目标则仅仅是反对奴隶主势力的继续扩展。

就在北部一些人考虑采用政治行动来对付奴隶主日益猖狂的进攻时，废奴派内部还有一些人已经转向考虑使用武力的问题了。1837年，在奴隶主疯狂迫害废奴派时，"马萨诸塞反奴隶制协会"的年会上，就有人提出"以暴抗暴"的问题。黑人约翰逊曾指出，甚至一个昆虫当它被人践踏时，也会想咬人一口的。1839年，纽约废奴派贝兹·哈孟德曾向格里特·史密斯表示，他相信废奴派使用暴力是正义行为，他还建议在加拿大和墨西哥创办训练黑人青年的军事学校。格里姆克主张废奴派到南方去，用武力帮助奴隶获得自由。在德雷德·斯科特案发生后不久，在废奴派中不仅使用暴力的思想开始传播，甚至还有人（莱桑德·斯普纳）拟订了具体的行动计划并打印出来到处散发。

约翰·布朗反奴隶制思想的发展

约翰·布朗（1800—1859年）出生在康涅狄格州一个白人贫苦农民家庭。他的祖父在独立战争中牺牲，父亲欧文·布朗是个坚定的废奴主义者。早在布朗幼年时，欧文就积极参加地下铁道活动，帮助过许多奴隶逃亡到加拿大。布朗自幼受到父亲的思想熏陶，痛恨奴隶制，是父亲从事地下铁道活动的好帮手。成年后，布朗始终把自己的家办成地下铁道的一个中转站。布朗是个虔诚的基督教徒，受加里森的思想影响，本是一个信奉非暴力主义的废奴派。他打算在家乡哈得逊城为黑人办一个学校，使黑人受到良好的教育，用事实证明黑人智力并不低于白人。

随着奴隶主的暴行日益猖獗，布朗的思想逐步起着变化。非暴力主义的报刊发行人诺夫乔伊的被杀害，使布朗万分震惊。他痛感只靠说服教育的办法是行不通了。在一次追悼诺夫乔伊的会上，他当众发誓要"从现在起，把我的生命献给摧毁奴隶制的事业"。在他的带动下，他的家人都成为废奴运动的积极参加者。

1839年，布朗要求他的子女和他一起宣誓，要用"暴力和武器"同奴隶制斗争到底。这是布朗一生中的转折点。此后，他身体力行，日夜谋划如何采取武力行动。他曾利用业余时间研究美国黑人历次起义的经验，海地革命的经验，还结识了加内特、洛关、格洛斯特、麦丘恩·史密斯等黑人领袖，与废奴派建立了广泛的联系。他曾把自己的计划简要地告诉过他的看门人和亲密朋友、黑人托马斯。1847 年，布朗第一次会见黑人领袖道格拉斯，又详尽地告诉过道格拉斯，征求意见。他说他曾实地考察过哈普斯渡口一带的山川地形，那里地势险要，前有渡口，后有山脉，附近还有军火库，山上可以做游击队的基地。他准备带一小队精锐战士到那里，然后分成小分队，分头出去发动黑人来参加他的队伍。这样可以有计划地帮助大批黑奴逃亡。1849 年，他利用到欧洲销售羊毛的机会，参观了德、法等国旧城堡，希望把前人有益的经验用到美国反奴隶制斗争中去。

1851 年 1 月，在《逃亡奴隶法》实施猖獗期间，布朗在斯普林菲尔德成立了黑人武装自卫的组织"美国基列①人同盟"，有 44 名黑人参加。布朗教导他们如何随身暗藏武器，如何以武力抵抗缉捕，还教导他们在斗争中应如何团结互助。这是布朗武装黑人思想的第一次大胆的尝试。

1855 年，布朗的五个子女参加了自由垦殖堪萨斯土地的队伍。奴隶主挑起堪萨斯内战的消息传来，布朗率领儿子奥利弗和一个女婿，带着武器赶去支援。这时正当奴隶主武装包围着自由土地党人的据点劳伦斯镇。当地资产阶级领导人不听布朗的劝告，向奴隶主代表"妥协"，放松了对奴隶主暴徒的警惕，结果劳伦斯镇被暴徒抢掠焚烧一空。布朗再次赶来时，暴徒已走远。布朗在天鹅泽杀掉了五个一贯袭击自由小农的奴隶主走狗，为劳伦斯人民报了仇。

同年 8 月，布朗又率领一支约 30 人的队伍，在奥萨瓦汤米镇抗击了 10 倍于己的奴隶主武装。"奥萨瓦汤米的布朗"因而闻名全国。布朗的英勇斗争激发起全国人民的热情。"支援堪萨斯委员会"在各地活跃起来，终于挫败了奴隶主用武力推行奴隶制的企图，使堪萨斯成为自由州。布朗为此献出了爱子弗雷德里克的生命，平生第一次经受了战斗的洗礼，更坚定了武装反对奴隶制的信念。

经过一段时间的酝酿与准备，1858 年 5 月 8—10 日，布朗在加拿大肯特县查达姆召开了秘密会议，参加的有黑人、东部白人资产阶级废奴组织的代

---

① 基列是圣经中古代巴勒斯坦的地名。基列人是指作战勇敢的人。布朗此处借用它是想表示参加这个组织的人都是勇敢、不怕牺牲的人。

表等共 45 人。会上成立了黑人和白人联合战斗的委员会，一致推举布朗为总司令。这次会议还通过了于 1858 年秋天举行起义的计划，通过了布朗起草的一份《临时宪法》。

这部宪法共 48 条，它在序言中宣布：本法"绝非鼓励推翻任何州政府或联邦政府，绝非指望联邦瓦解，而仅仅指望对旧宪法的某些条文加以修正或撤销；我们的旗帜应该就是我们的祖先在革命中为之斗争的那面旗帜"。可见它不是要废除或代替已有的美国宪法。它指出，"奴隶制……是一部分公民强加在另一部分公民身上的极其野蛮的、非正义的战争"。它庄严宣告，"奴隶是而且应当是独立自由的"。奴隶"作为独立自由的公民，完全有权利、有充分和正当的理由去反抗压迫者的暴政，保护自己"。它指出，消灭奴隶制是美国人民的共同任务，呼吁美国人民予以帮助。《临时宪法》还规定，未来的革命政府要剥夺奴隶主的财产，即要从根基上摧毁奴隶制。参加该组织的人都必须参加劳动，一切缴获、没收的财物和全体成员的劳动所得均归全体成员所共有。这部《临时宪法》反映了布朗的革命思想已上升到一个新的高度。

会后，布朗立即着手筹备起义事宜。

哈普斯渡口的枪声

布朗经过到南方的实地勘察，制订了一个武装起义计划。他选定马里兰州和弗吉尼亚州交界处的哈普斯渡口为起义地点，因为它背靠阿利根尼山脉余支，有退路可守，这里又是波托马克河和申南多亚河的交汇之处。东面越过申南多亚河就是弗吉尼亚州，这里就是著名的通往南方奴隶制心脏地区①的"黑人大路"。哈普斯镇附近有兵工厂，还有一个藏有 10 万枪支的军火库。布朗认为，南方黑奴久盼解放，只要有人揭竿而起，打出第一枪，立刻就会有成千上万的黑奴蜂拥而来参加起义。他计划拿下军火库后，立即武装这些奴隶，就近进入马里兰高地或劳登高地建立游击据点。从这些据点出发，可以随时深入南部种植园，发动更多的黑人参加他的起义队伍。

为了使起义取得成功，布朗一面努力争取黑人领袖的帮助，一面争取得

---

① 指南、北卡罗来纳，佐治亚，亚拉巴马，密西西比和路易斯安那等地。

到东、北部资产阶级废奴组织更多的支持。他曾奔波于费城、纽约、波士顿等地。许多废奴派慷慨解囊捐助。1858 年，他在波士顿一地就募到 1 万美元。支援堪萨斯委员会给他 200 支来福枪。废奴派乔治·斯特恩斯替他买了 200 支手枪（还有一种说法为长矛）。

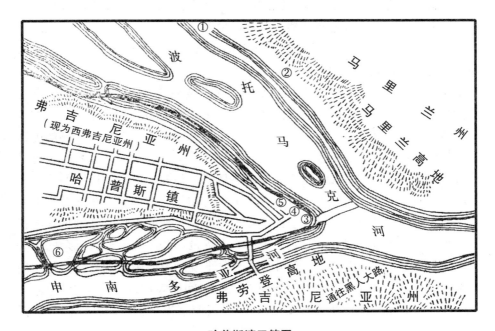

哈普斯渡口简图

图中指示袭击中的重要地点：①肯尼迪农场；②学校；③兵工厂；④军火库；⑤消防站；⑥来福枪厂。

布朗特别重视争取黑人领袖的支持，他在加拿大专门拜访了黑人女英雄塔布曼，与之约好，由塔布曼率领加拿大的黑人队伍参加布朗的起义。但在起义前夕塔布曼病倒，这个约定未能实现。

布朗还积极争取在黑人中很有号召力的道格拉斯，希望说服道格拉斯和他一起干，但遭到道格拉斯的坚决拒绝。道格拉斯说布朗的计划是不妥当的，认为这意味着"不仅进攻弗吉尼亚，而且也进攻联邦政府"，因而"会引起全国来反对"。道格拉斯反过来劝说布朗，要他放弃起义计划，说这样的行动太冒险，"是注定要失败的"。

正当布朗顺利地筹备起义时，混进起义队伍的投机家、英国人休·福贝斯到处写信泄露布朗的起义计划，进行破坏。布朗不得不根据"支援起义六人秘密委员会"① 的决定，推迟起义时间。这次推迟在某种程度上说，对后来的起义失败有很大的影响。因为没有可靠的基地来隐蔽大批起义人员，也没有固定收入来维持这些人的生活，布朗被迫让他们分散出去各谋生路。本来答应支援财物的东部资产阶级废奴派组织停止了供应。布朗再次奔走于东、北部各地，筹集资金和武器，收效甚微。

1859 年 6 月，布朗在离哈普斯渡口四五英里的地方临时租用了一个农场，在这里储存武器，隐蔽起义人员。

1859 年 10 月 16 日夜，约翰·布朗率领一支由 22 人组成的小分队袭击哈普斯渡口。这支队伍中，有布朗的三个儿子和大女婿的两个弟弟，还有六七个黑人。袭击进行得很顺利。他们先切断了通往巴尔的摩和华盛顿的电话线、虏获了看守桥梁的士兵，攻占了军火库和兵工厂，接着又抓获了一批种植园主，其中包括前总统华盛顿的侄子路易斯·华盛顿上校、德恩杰菲尔德上尉等。随后，他们占领了哈普斯镇。午夜时扣住一列火车。布朗对车上人员宣讲了他的起义目的，放行了火车。天亮后，布朗的人除了分别把守波托马克河桥和申南多亚河桥，占领兵工厂、来福枪厂和军火库外，其余的人一部分被派回农场运送军火，一部分被派往乡下发动黑奴来参加起义。与预期相反，附近一带只有少数家奴，并没有大批田间奴隶可以发动来参加起义。在敌人包围上来前，总共只有 25—50 名黑人前来投奔，布朗将他们分别派去支援了各岗哨。

17 日清晨，逐渐清醒过来的奴隶主一面向华盛顿告急，一面调动民团来镇压。9 点左右，民团开始出现。中午，首先是杰斐逊县警卫队从马里兰越过波托马克河桥打过来。接着，当地的一支军队占领了申南多亚河桥和铁路桥。随后，伯克利县民团一个连从马丁斯堡开来，还有些民团从温切斯特、弗雷德里克城等地赶来。

布朗手下的人分散把守各关口后，联络困难。当第一批民团出现时，守卫来福枪厂的卡基派人带信给布朗，主张撤退，布朗没有同意。民团打过桥来，攻进哈普斯镇时，布朗挑选了一部分重要的俘虏，令守卫军火库和兵工厂的人同他一起退守到军火库门前的消防站里，随即被约 1500 名奴隶主武

---

① 支援起义六人秘密委员会于 1858 年 3 月成立，由格里特·史密斯、帕克、豪韦、希金生、乔治·斯特恩斯和桑博恩组成。

装团团包围。当天午夜，罗伯特·李上校和斯图尔特中尉率领一支海军陆战队从巴尔的摩赶来。斯图尔特曾劝布朗投降，遭到拒绝。在战斗中，布朗的两个儿子和女婿的两个弟弟先后牺牲。布朗异常沉着坚定地指挥战斗，后来身负重伤。18 日下午，布朗和他的几个战友被俘。

起义者中 11 人牺牲，包括布朗在内的 7 人被俘，只有 5 人逃脱。

被俘期间，布朗英勇不屈，视死如归。北方废奴派得知布朗被俘，竭力营救。约翰·阿·安德鲁和其他朋友派来辩护律师，并带来了帮助他逃跑的计划。布朗经过考虑后断然拒绝说："如果我死去，也许我的目的距离实现的日子更接近了。""我想，我除了一死报我所热爱的事业外，现在没有更好的办法，我一死比我活着所作的贡献还要多。"

布朗在法庭上严厉斥责奴隶主压迫和奴役黑人是对上帝和人类犯了罪，是世界上真正的强盗。他理直气壮地宣称自己就是来援助和解放黑人奴隶的，是完全正义的行动。布朗还正告奴隶主："南方的奴隶制问题还没有解决哩！你们——全体南方人——最好还是为这个问题的解决做好准备吧！"它迟早是要解决的。

1859 年 12 月 2 日，布朗和他的几个战友被奴隶主以"串通奴隶图谋暴动，反叛弗吉尼亚州；犯有一等谋杀罪"判处绞刑而牺牲。布朗留下遗言说："我，约翰·布朗，现在坚信只有鲜血才能洗清这个有罪国土的罪恶。我过去自以为不需要流很多血就可以做到这一点，现在我看到，这种想法是不现实的。"这是布朗自己对起义失败的总结，是他用鲜血换得的留给后世的教训。

布朗起义是少数人密谋进行的。美国南部奴隶制长达 100 余年，奴隶主掌握着强大的政权力量，对于任何起义都可以运用全部国家机器镇压。何况为了防止奴隶起义，南方早已加强了军事控制。

当时美国北部虽然废奴运动高涨，但认识到必须以武力解决奴隶制的人毕竟是少数，大多数人还沉迷于以政治斗争手段来解决。因而在北方动员群众支持起义是十分困难的。布朗在 1858 年下半年到起义前，奔走于东、北部而未能取得进展，说明了这一点。

布朗选择哈普斯渡口时，看来调查不细致，情况摸得不够准确。他只看到这里有兵工厂、军火库，背后有大山，并未查明附近并无大批田间奴隶可以发动，因而夺取军火库武装黑人的计划落了空。加之占领渡口后过分分散了自己的力量，少数人由于缺乏军事训练而贻误了时间等，最后导致失败。

内战的先声

布朗起义具有深远的影响。马克思曾高度赞扬布朗的行动。他说："现在世界上所发生的最大的事件，一方面是由于布朗的死而展开的美国的奴隶运动，另一方面是俄国的奴隶运动。"①

布朗在美国反奴隶制运动史上具有不可磨灭的功绩。这首先在于布朗是美国废奴运动中最先认识奴隶制是阻碍美国历史发展的赘瘤，他称它为"万恶的渊薮"，必须以革命的手段斩除。他曾对人说："推翻这个制度（奴隶制——引者）是我们首要的任务。如果美国人民不拿出勇气来赶快把它消灭，在这个合众国里就根本谈不到人类的自由和共和国的解放。"早在1847年，他就对弗·道格拉斯说，靠劝说奴隶主回心转意是绝对不行的，除非让他们感到大棍子快打到头上。

布朗起义是在美国社会中两种制度的矛盾几达白热化的阶段进行的。为了维护和扩展奴隶制，奴隶主已施尽了一切手段，包括用反革命的暴力残害废奴派，废奴运动不但未能压制下去，反而越来越兴旺了。1859年，奴隶主已感到自己坐在火山上而在悄悄地积蓄军火物资，准备孤注一掷，做垂死挣扎。南北方之间一场凶猛的搏斗快要开始了。北方终将被迫以武力来解决这场冲突，这是不可抗拒的历史潮流。布朗起义只比内战早一年半，成了内战的前奏曲。布朗不愧为美国黑人解放运动史上走在历史潮流前面的人。

布朗起义大大推动了北方废奴运动的发展，为之指出了正确的方向。布朗起义是用暴力消灭奴隶制的尝试，也是这种斗争的催化剂。布朗起义惨遭镇压，布朗及其伙伴们的英勇就义，从另一个侧面证明了奴隶主的残忍本性，再一次证明奴隶主是要拼死维护其安身立命的根基——奴隶制的。严酷的事实唤醒了废奴派中许多人，使他们认识到革命暴力的重要性和必要性，也使长期顽固坚持不抵抗主义的加里森和菲利普斯受到感动，他们开始承认奴隶有权以暴力反抗奴隶主的压迫。起义失败后不久，菲利普斯在纽约的一次群众大会上说，美国人民反奴隶制斗争"经过30年'思想起义'阶段，现在已进入'武装起义'的新阶段……哈普斯渡口便是今天的列克星敦②"。

---

① 《马克思恩格斯全集》第30卷，人民出版社1974年版，第6—7页。
② 列克星敦是美国独立战争开始的地方。

布朗起义极大地推动了废奴运动，使它变得更富有战斗性，成为内战中推动林肯发布《解放宣言》、走革命战争道路的强大力量。

布朗起义推动了南方奴隶起来造反。1859 年底，弗吉尼亚和密苏里州先后发生奴隶暴动。其他蓄奴州也发生了奴隶反抗斗争。南方奴隶主的后院接连起火，预示着奴隶制的末日即将来临。

布朗起义是白人和黑人联合斗争、并肩战斗的光辉榜样。表明布朗彻底摆脱了白人优越论的种族偏见，在当时的美国真可谓凤毛麟角。

布朗起义以武装黑人，发动黑奴参加反对奴隶制、争取自身解放的伟大斗争，为日后内战的顺利进行作出了表率。他的坚韧不拔、不怕牺牲、宁死不屈的伟大精神，在内战中成为激发北方人民和士兵的巨大动力。著名的《约翰·布朗之歌》是北方最激励人心的军歌：

"约翰·布朗的躯体在坟墓中腐烂了，

他的精神在引导我们前进……"

北方军队就是高唱着这首歌直捣奴隶制的心脏里士满的。

美国南北战争

郝贵远

1861—1865 年，美国发生内战。交战双方分别代表南部奴隶主和北部资产阶级的利益，因而历史上又称为"南北战争"。

南北战争的原因

美国原为英属北美殖民地，1775 年爆发了反英斗争，并于第二年宣布脱离英国而独立。这样一个年轻国家，在独立尚不足 100 年的时间便发生内战，原因固然很多，有政治的、经济的、思想文化的，但归根结底，在于南北双方不同经济制度之间的差异，以及由此而引起的社会矛盾和政治冲突。

早在美国独立之前，英属北美殖民地经济中，便含有资本主义和奴隶制两种互相对立的成分，只是因为资本主义经济还处在幼年时期，与奴隶制的矛盾被同英国的民族矛盾所掩盖，表现得不那么尖锐。独立战争后建立了资产阶级和奴隶主联合掌权的新国家，英国从外界强加给美国资本主义发展的桎梏被打碎了，原先资本主义经济成分比较发达的东北部地区逐步确立了资本主义生产关系，西部新开发地区也建成以资本主义方式经营的农业基地，南部地区则保持了奴隶种植园经济体制，从而使美国经济沿着两个不同的方向同时发展。

进入 19 世纪后，随着美国领土的不断扩张，资本主义经济的不断发展，资产阶级与奴隶主的矛盾变得日渐尖锐，这主要表现在对新领地的争夺方面。

奴隶种植园经济的特点之一，就是对土地的掠夺经营，使肥田沃土在不长的时间之内便成为贫瘠不毛之地。为了维持和扩大奴隶制经济，奴隶主需要不断扩张他们的土地。1803 年，美国政府以购买方式，获得了法属路易斯安那地区。这片东起密西西比河、西迄落基山、南自墨西哥湾、北抵加拿大的广袤土地，成了资产阶级和奴隶主争夺的对象。1819 年，密苏里地区申请加入联邦，引起了美国国会的内部争论。资产阶级代表要求它实行资本主义制度，而奴隶主代表则希望在那里推行奴隶制。双方于 1820 年达成妥协：密苏里作为蓄奴州加入联邦，同时，从马萨诸塞州划出一块地方成立一个新州，即现在的缅因州，作为自由州加入联邦，北纬 36°30′以北永远禁止奴隶制。这便是历史上有名的"密苏里妥协案"的主要内容。由于它在实际上扩充了实行奴隶制的地域，而在政治上又使资产阶级在国会内保持了与奴隶主势力的平衡，因此矛盾暂时得到缓和。

1846—1848 年，美国通过侵略战争，从墨西哥掠夺了 545753 平方英里的土地。1853 年，它又以购买的方式，从墨西哥取得了 44641 平方英里的土地[①]。现在的加利福尼亚、内华达、犹他、亚利桑那州的全部和怀俄明、科罗拉多及新墨西哥州的一部分，就建立在这两次取得的土地之上。新土地的获取，又引起了资产阶级和奴隶主之间的斗争。还在侵略墨西哥战争初期，美国国会讨论战争拨款法案时，民主党人威尔莫特曾提出不得在从墨西哥获得的土地上实行奴隶制的附加条款，当即遭到奴隶主代表强烈反对；奴隶主代表提出在这一地区实行奴隶制的主张，也被资产阶级代表坚决拒绝，双方斗争的结果，产生了"1850 年妥协案"，其主要内容是：第一，加利福尼亚作为自由州加入联邦，新墨西哥实行何种制度，由当地居民投票表决。第二，禁止在哥伦比亚特区进行国内奴隶贸易。第三，北部诸州有协助南部奴隶主缉捕逃亡奴隶的义务，即须严格执行《逃亡奴隶法》，对不执行该法的人要实行罚款、判刑并赔偿损失。《逃亡奴隶法》的严格执行，标志着联邦司法机构已成为奴隶主的工具，这无疑是奴隶主的一大胜利。

1854 年 5 月 30 日，美国国会通过的《堪萨斯—内布拉斯加法案》中，表示对于这一地区实行奴隶制与否，联邦不以法律方式作硬性规定，而由当地居民"自决"。实际上，它在"居民主权原则"的掩盖之下，取消了 1820 年密苏里妥协案对奴隶制扩展所施加的地域限制。为了争夺这块处女地，奴隶主纷纷越过密苏里边界，来到堪萨斯。北部的普通劳动者也竞相移民到这里。1855 年 3 月，在奴隶主武力胁迫下，举行了立法会议的选举，制定了维

---

① 关于从墨西哥掠夺的土地，各书说法不一，本文根据拉尔夫·亨·布朗《美国历史地理》，纽约 1948 年版，第 346 页数字。

护奴隶制度的法律。10月9日，自由民代表召开立宪会议，制定了反对奴隶制度的宪法。堪萨斯实际存在着分别以李文沃斯和托皮卡两镇为中心的两个互相对立的政权。

1856年1月，皮尔斯总统在致国会的咨文中，只承认奴隶主政权的合法性，并于2月11日宣称，反抗奴隶主政权的行为将遭到联邦军队的镇压。总统的态度，助长了奴隶主的嚣张气焰，于是发生了5月21日袭击堪萨斯自由移民据点劳伦斯镇的事件。自由移民奋起反抗奴隶主的武装挑衅。他们的斗争得到北部人民的大力支援。北方人民纷纷举行集会，募集款项，许多人自备武器奔赴堪萨斯，投入反对奴隶制度的斗争。堪萨斯两个政权的武装冲突持续半年之久，因而被称为"堪萨斯内战"。它的发生，是资本主义和奴隶主种植园两种经济制度冲突的反映。由于自由移民的反对，奴隶主在堪萨斯推行奴隶制的迷梦破灭了。但在国会内奴隶主代表的阻挠下，自由民把堪萨斯变为自由州的希望也未能实现。两种经济制度的矛盾并未解决。

在经济方面，资产阶级为保护本国经济的发展，加强对欧洲商品的竞争能力，主张实行高关税；奴隶主则希望获得廉价的工业品，因而要求对工业品进口实行低关税。双方曾围绕关税问题进行斗争，结果是奴隶主势力逐步占据优势，进口税率由1828年的44%，降低到1858年的20%，次年又降至19%。

同关税问题紧密相连的另一问题是市场问题。北部的工业资本家为了同欧洲产品争夺市场，在主张保护关税的同时，希望尽力保持和开辟国内市场。而奴隶种植园经济把消费压到最低限度，妨碍了国内市场的统一和扩大。

同时，资本主义经济和奴隶种植园经济的并存，引起了广泛的社会矛盾。种植园使用奴隶进行生产，奴隶全是黑人或黑白混血儿，他们不但受着残酷的经济剥削，而且受着沉重的政治压迫，没有人身自由和任何政治权利。奴隶主可以随意处罚或杀死奴隶而不受法律制裁。奴隶作为主人的财产，可以买卖。英国著名作家狄更斯于1842年到美国游历，曾从当时报纸上抄录一些追捕逃奴的广告，现仅举其中几例：

"在逃黑人男童1名，约12岁。项上戴有链式狗项圈，上刻'德·兰蒲'字样。"

"在逃黑妇1名，名拉吉。两脚除大趾外，它趾尽失。"

"在逃黑人1名，名奈德。有3个手指因受刀伤而紧拳掌上，不能伸开。后颈有刀伤，几尽全颈的一半。"

"在押黑人 1 名，自称名约书亚。背上鞭伤痕很多。大腿和腰部有烙印三四处，如下状（JM）。右耳耳轮已咬掉或割掉。"

"在逃奴隶 1 名，名方屯。耳上有穿孔多处，右额有伤疤 1 块，后腿经枪打过，背上有鞭打伤痕。"

这不过是为数众多的逃奴中的一部分。不难看出，奴隶主对奴隶是何等残暴。也不难看出，奴隶为求自由而进行的不屈不挠的斗争。不堪忍受的奴隶，曾以各种方式进行反抗，发生过多次武装起义，如 1822 年的维西起义、1831 年的纳特·特纳起义等，给了南部奴隶主极大震动。为了防止奴隶起义再度发生，南部各州普遍实行了宵禁制度，夜间禁止黑人聚会和走动，各主要路口都派有专人巡逻，奴隶主随身携带武器。南部各州笼罩在军事恐怖之中。虽然如此，奴隶的反抗斗争并没有停止，比较普遍的方式为逃亡，有集体逃跑，也有只身逃跑，而只身逃跑成效更为显著。

奴隶的反抗斗争不是孤立的。广大白人普通劳动者和资产阶级进步人士，对黑人奴隶的斗争给予深切同情和热情支持。在美国，反奴隶制度的思想，是同奴隶制度的出现一起产生的。随着奴隶制度的发展，反奴隶制的思想也逐渐高涨起来，终于形成一种废除奴隶制的思潮，掀起了废奴运动。如果说 1817 年成立的"美国殖民协会"，曾试图用把自由黑人移居非洲的办法，来缓和人们对奴隶制度的不满情绪，从而带有改良主义色彩的话，那么，到 1833 年"美国反奴隶制协会"的成立，标志着反奴隶制的思想已大大前进一步。它反对奴隶制度的宣传，使更多的人直接投入反对奴隶制度的斗争。著名的废奴主义者加里森 1831 年 1 月便公开宣称："我将为我们的奴隶居民立即获得公民权而奋力斗争。"

为了帮助黑人奴隶逃脱奴隶主的魔掌，白人普通劳动者、自由黑人和资产阶级进步人士，联合组成了秘密运送逃亡奴隶的"地下铁道"，帮助奴隶逃到北部或加拿大以获得自由。据估计，1830—1860 年，30 年间，经地下铁道获得自由的奴隶有 6 万多名。原为奴隶，1849 年逃到北方的哈丽特·塔布曼，是一位积极活跃在地下铁道上的人物，8 年间她 19 次只身南下，引导300 名奴隶奔向自由①，因此被黑人奴隶誉为"摩西"——救星。

---

①　经由地下铁道逃往北部和加拿大获得自由的数字及哈丽特·塔布曼 19 次所带出的数字，各书记载不一。前者一般认为是 6 万余人，有的书上说 2000；后者多数认为是 300 名，有的书上说 600多名。

除了经济和社会的原因之外，政治方面，即争夺对国家权力的控制方面的斗争，也是不可忽视的因素。尤其 19 世纪 20 年代，美国开始了工业革命，工业资产阶级力量日益壮大，参与政权的愿望越来越迫切。1854 年共和党的成立，标志着工业资产阶级登上政治舞台。共和党主张限制奴隶制的扩张。它在 1856 年总统选举中初露锋芒，候选人弗里芒特虽未取胜，但仅比民主党候选人布坎南少 50 万张选票，显示了强大的力量。

1857 年斯科特判决案把反对奴隶制的斗争推向新的高潮。联邦最高法院根据美国宪法宣布：奴隶永远是其主人的财产，而财产是受法律保护的；密苏里妥协案对奴隶制度施加地域限制是违反宪法的。判决书说："黑人奴隶或者其祖先是奴隶的自由黑人，均不能成为美国公民。"首席法官坦尼在解释《独立宣言》中"一切人生来平等"是何含义时说："这句话并不包括被当作奴隶役使的非洲人种在内。"这次判决公开取消了美国奴隶制度扩展的地域限制，正如马克思所说"把共和国现在和将来的一切领地从培植自由州的地方变成了培植奴隶制度的地方"①，激起强烈的反响。1859 年爆发的布朗起义，为反对奴隶制度的斗争指明了新方向。

1860 年总统选举时，共和党提出"不再让给奴隶制度一寸新的领地，在国外的掠夺政策必须终止；谴责奴隶买卖的重新开放"及"必须颁布关于自由土地的法律以鼓励自由垦殖"等主张，得到广大人民群众的拥护和支持。民主党在 1856 年以后则因对奴隶制度意见不一，陷于分裂。因而共和党总统候选人、与道格拉斯进行七次大辩论而闻名全国的律师林肯，得以当选为美国第十六届总统。奴隶主意识到，林肯必然要把共和党的"应当用法律完全禁止奴隶制度进一步扩展"的原则付诸实施，而这一原则的实质在于"要从根割断奴隶主的统治"②。所以，林肯当选的消息一经传开，南部奴隶主们便立即酝酿脱离联邦。

1860 年 12 月 20 日，南卡罗来纳州的奴隶主召开代表大会，宣布"南卡罗来纳与其他各州之间现存的以'美利坚合众国'为名的联邦从此解散"。1861 年 2 月 4 日，南卡罗来纳、密西西比、亚拉巴马、佛罗里达、佐治亚、路易斯安那、得克萨斯 7 个已脱离联邦的州，派代表在亚拉巴马州的蒙哥马利城开会，于 2 月 8 日成立了"美利坚联众国"，即通常所说的"南部同

---

① 《马克思恩格斯全集》第 15 卷，人民出版社 1963 年版，第 351 页。
② 同上书，第 355 页。

盟"，选举戴维斯和斯蒂文斯为正、副总统，并着手组织军队，拟定宪法。统一的美国已经分裂。

南北战争的进程

面对南卡罗来纳等州的分离活动，即将卸任的总统布坎南采取了听之任之的态度，既没有在道义上予以谴责，也没有用行动进行阻止，表现怯懦，甚至纵容，致使大量金钱和军事物资流入南部，大批军事人员脱离联邦军队去为南部同盟服务。林肯政府为了用和平的方式使已脱离的各州回到联邦中来，不惜做出尊重各州的奴隶制和执行《逃亡奴隶法》的保证，也没能使南部同盟改弦易辙。它给林肯的答复是：战争。

1861 年 4 月 12 日，联邦军驻守的萨姆特堡垒，遭到南部同盟军炮火的猛烈攻击。该堡垒位于南卡罗来纳州查尔斯顿城外海湾内的一个小岛之上，驻军司令安德森少校在林肯就职的第二天曾发出要求运送给养的紧急报告。林肯政府第一次内阁会议便讨论了萨姆特堡垒的形势，并派出海军部副部长福克斯去实地调查。根据福克斯的汇报，林肯决定以粮食增援该堡垒。在此期间，南部同盟曾派代表对安德森进行劝降。安德森表示：一旦粮食告罄而未收到联邦政府的命令，他即率部投降。为了迫使萨姆特堡垒投降，南部同盟决定炮击萨姆特堡垒，挑起战争。

4 月 14 日，萨姆特堡垒陷落。第二天，林肯发布征召令，征召 7.5 万名志愿军入伍，服役期限 3 个月。5 月 3 日，林肯再次下令征召 4.2 万名服役期限为 3 年的志愿军。北部工人、农民和欧洲移民积极报名应征，到 7 月 1 日，应征人数达到 31 万，远远超过了政府所要求的 11.7 万人。

内战爆发不久，弗吉尼亚、阿肯色、田纳西和北卡罗来纳 4 个蓄奴州也相继脱离联邦，加入了南部同盟，而另外 4 个蓄奴州特拉华、马里兰、肯塔基和密苏里则仍然留在联邦之内。

整个欧洲非常关注美国发生的战争。无产阶级"本能地感觉到他们阶级的命运是同星条旗连在一起的"①，而统治阶级很自然地站到了南部同盟一边。尤其是英国的统治阶级，早就希望卷土重来，把共和国再次变为它的殖民地。1861 年 5 月 13 日，英国政府发表了保持"严格的和不偏不倚的中立"

---

① 《马克思恩格斯全集》第 16 卷，人民出版社 1964 年版，第 20 页。

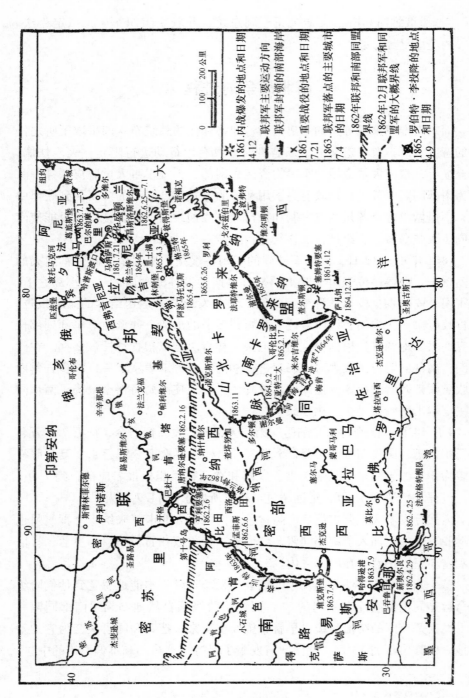

美国内战进程（1861—1865）

的声明，但其偏袒南部同盟的倾向是尽人皆知的。1861 年 11 月 8 日，美国军舰拦截了英国邮船"特伦特号"，逮捕了乘坐该船的南部同盟代表梅森和斯利德尔，使英国和美国政府之间的冲突公开化。由于美国政府处置得当，释放了被捕的南部同盟代表，英国第一次打算承认南部同盟、武装干涉美国内战的企图才未得逞。

经过三个多月的准备，7 月 21 日，双方在华盛顿以南布尔伦河畔的马纳萨斯进行第一次会战。联邦军 3 万人，在麦克道尔将军指挥下，向博雷加德将军指挥的 2.2 万名南部同盟军发动攻击。联邦军正与凭险据守的南部同盟军厮杀之际，约翰斯顿率领 9000 南部同盟军前来增援，而负责率领 1.5 万名联邦军牵制约翰斯顿的将领帕特逊未予截击，致使南部同盟军实力陡增。在双方展开混战的紧要关头，麦克道尔下令撤退，南部同盟军趁势反攻，联邦军的退却变成溃逃。这次会战，联邦军死伤 1584 人，失踪1312人；南部同盟军损失共计 1982 人。

布尔伦河会战的失败，使北部人民清醒起来，抛弃了最初的轻敌思想，开始认真准备进行一场残酷的持久战争。

7 月 21 日，林肯任命麦克累伦为华盛顿军区司令，负责指挥波托马克军团。11 月，麦克累伦升任联邦陆军总司令，兼华盛顿军区司令。妄自尊大、目空一切的麦克累伦制订了一个名为"大蛇"的作战计划，企图用海陆联合封锁的方法迫使南部同盟投降。然而，当时的南部同盟在地理上连成一片，构成一个内部巩固的整体，联邦陆军虽然在数量上占优势，却还无力构成严密的封锁网。北部的军事物资在内战开始后仍不停地运往南部，便是联邦陆军兵力不足的见证。海军方面情况更差。内战初，联邦海军只有舰艇 42 艘，水兵 7600 名，到 1861 年底，舰艇才增至 204 艘，而从华盛顿至墨西哥的马塔莫罗斯港（与美国交界处）的大西洋海岸线，长度为 3550 英里。以如此微小的舰队去封锁如此漫长的海岸线，谈何容易！

此外，麦克累伦自己是个民主党人，他同情奴隶主，怀有个人野心。在战争过程中，他总是借口兵力不足，拒绝向南部同盟军发起攻击，因而受到舆论的谴责。1862 年 1 月 27 日，林肯发布第一号总作战命令，规定 2 月 22 日为"联邦陆海军部队出击叛军的总行动日"，四天以后，林肯向波托马克军团下达特别命令，命令该军团务于 2 月 22 日攻占马纳萨斯。其他战场纷纷行动，唯有麦克累伦按兵不动。3 月 11 日，林肯免去麦克累伦的联邦陆军总司令职务，麦克累伦才表示愿意动作起来，然而，并不是去攻占马纳萨斯，而是要进攻南部同盟的首都里士满。4月，麦克累伦开始了他那"雄心勃勃"的计划，发动了"半岛战役"。

半岛战役，按照麦克累伦的设想，是由他亲自统兵11万，借助海军的支援，在约克半岛登陆，再在海军配合下，水陆并进，从背后进攻里士满。同时，由麦克道尔统兵4万南下弗雷德里克斯堡，与麦克累伦呼应，造成对里士满夹击之势。但麦克累伦所辖部队携带过多的辎重，又采取步步为营的战术，仅攻占设防很差的约克顿，就费去1个多月的时间，然后才以每天5—7公里的速度向里士满缓缓推进。联邦海军被南部同盟的铁角撞甲舰"弗吉尼亚号"阻挡在詹姆士河口之外，不能溯河而上与陆军配合。5月14日，当麦克累伦率军抵达里士满外围时，南部同盟军早已筑起道道防线，并派出杰克逊去攻击谢南多亚河谷的上方。哈普斯渡口的安全受到威胁，麦克道尔被迫撤兵去保卫华盛顿。麦克累伦的计划已被打乱。

接替约翰斯顿担任南部同盟军司令的是罗伯特·李将军。他抓住麦克累伦孤军深入的机会，于6月26日发动了"七日战役"。27日，5.7万名南部同盟军轮番向处于防守状态的3.4万名联邦军发动进攻，并于第二天黄昏冲破了联邦军的防线。7月1日，联邦军经过殊死战斗，造成南部同盟军1/10的重大伤亡，罗伯特·李才被迫撤回里士满。然而，麦克累伦没有乘胜追击，反而下令联邦军撤至詹姆士河畔的哈里森斯兰丁，处于联邦海军保护之下，从而失去一次取胜的良好机会。七日战役中，联邦军投入兵力91169人，损失15849人，南部同盟军投入兵力为95481人，损失20614人。

半岛战役后，麦克累伦被解除了对波托马克军团的指挥权。

8月29日至9月1日，南部同盟军发动了第二次布尔伦河会战。杰克逊与罗伯特·李配合默契，使由弗吉尼亚军团司令波普统帅的联邦军处于腹背受敌的地步。林肯紧急起用麦克累伦，让他指挥华盛顿城防及保卫首都的部队并要他"集中现有一切兵力打通与波普的联系"。但麦克累伦置林肯命令于不顾，坐视波普的联邦军在敌人的攻击下遭受重大损失。

9月5日，南部同盟军在华盛顿以北渡过波托马克河，进入马里兰州境内。这时，联邦政府处境非常险恶：首都华盛顿被包围，西部战场上，南部同盟军在威胁辛辛那提，并与联邦军争夺路易斯维尔。如果南部同盟军获胜，不仅肯塔基州会处于它控制之下，俄亥俄州也将受到侵犯，而一旦南部同盟军进入俄亥俄，英国便可能赞同法国承认南部独立的主张。在此情况下，林肯再次授权麦克累伦指挥波托马克军团，命他率军迅速迎击敌军。

南部同盟军此次北上，目标是夺取宾夕法尼亚境内哈里斯堡附近的一座铁路桥。这座桥位于萨斯奎哈那河上，是连接西部铁路的枢纽，控制了它，既可随时对华盛顿、费城、巴尔的摩等重要城市发动攻击，又可沿铁路西进，切断联邦政府同西部的联系。这一计划如果得逞，不仅会导致英法等国对南部同盟的承认，而且很可能会使联邦政府垮台。因此，无论对联邦政府还是南部同盟来说，这次行动都至关重要。

事情的发展往往出乎人们的意料，一向小心谨慎的罗伯特·李，根据以往的经验，认为麦克累伦不会很快赶来，因此派杰克逊率领一部分军队去夺取哈普斯渡口，分散了兵力。9月13日，麦克累伦截获南部同盟军一份重要情报，第二天联邦军便抢占了有利地形。9月16日，杰克逊抢渡波托马克河，与罗伯特·李会师。17日，两军展开激战。9万名联邦军把南部同盟军的4.5万人围困在波托马克河与安提塔姆河之间的狭小阵地上。南部同盟军的多次反攻均被击退。双方在各损失1.2万人后，罗伯特·李于第二天借助夜幕掩护，率军撤过了波托马克河。这便是南北战争中有名的安提塔姆会战，因交战地点位于沙普斯堡附近，故又称沙普斯堡战役。

安提塔姆会战的胜利，粉碎了南部同盟的战略进攻，再次成功地防止了英法等国对南部同盟的承认。联邦政府的地位得到巩固，北部人民受到鼓舞，林肯借此机会发布了预告性的《解放黑人奴隶的宣言》。从此，南北战争进入相持阶段。

当联邦军还在东部战场频频失利之际，密西西比河流域的西部战场却连奏凯歌。1861年4月，格兰特上校率领的联邦军把南部同盟军逐出密苏里。1862年2月，晋升为准将的格兰特，由联邦内河炮艇配合，先后攻占了田纳西河上的亨利要塞和坎伯兰河上的唐纳尔逊，逼近纳什维尔，迫使南部同盟军退守孟菲斯—查塔努加铁路线。4月6—7日，南部同盟军发动夏伊洛会战。最初联邦军处境非常不利，但由于格兰特的坚定沉着和士兵的奋勇作战，联邦军反败为胜，迫使南部同盟军退守科林斯。这次会战联邦军投入兵力为6.3万人，损失1.3万人；南部同盟的相应数字分别为4万人和1.1万人。因为损失惨重，舆论大哗，格兰特一度被剥夺了指挥权。5月30日，联邦军占领科林斯，6月5日和6日，又占领皮洛要塞和孟菲斯。

联邦海军虽然薄弱，但很活跃。它除收复了沿海一些要塞、对南部的主要港口进行封锁外，还与巴特勒将军率领的陆军配合，于1862年4月26日攻克了南部最大的商业港口新奥尔良。随后又溯密西西比河而上，闯过防卫森严的维克斯堡，与联邦炮艇队会合；从而使"众水之父"密西西比河，除维克斯堡和哈得逊港以外，尽处于联邦军队控制之下。

1862 年 10 月 6 日，林肯命令麦克累伦渡过波托马克河并与敌人交战，或者把敌人赶回南部。麦克累伦拒绝执行命令，并大吵大闹。1862 年 11 月 7 日，林肯再次将麦克累伦免职，由伯恩赛德接掌了波托马克军团的指挥权。12 月 13 日，伯恩赛德在弗雷德里克斯堡与罗伯特·李率领的南部同盟军进行会战，联邦军损失 12700 人，高出敌人 1 倍以上。伯恩赛德引咎辞职，军团司令一职落入胡克手中。

胡克以作战勇猛闻名。他把军队加以整顿后，于 5 月 1 日率军渡过拉帕汉诺克河，在钱瑟勒斯维尔①向南部同盟军发动进攻。联邦军有 13 万人，并占据着有利地势，然而罗伯特·李采取灵活战术，派杰克逊去包抄联邦军的右翼，自己则率其余部队集中攻击联邦军的薄弱环节。这样，在总体上处于劣势的南部同盟军，由于相对地集中优势兵力，把只知墨守成规不懂随机应变的胡克弄得手足无措，只得在 5 月 5 日撤回拉帕汉诺克河以北，从而使钱瑟勒斯维尔会战以南部同盟获胜告终。

钱瑟勒斯维尔会战失败，造成北部人心浮动，英法等国承认南部同盟的可能性又一次出现。罗伯特·李抓住这一大好时机，于 6 月 3 日开始向谢南多亚河谷进犯。6 月 29 日，罗伯特·李所统率的南部同盟军全部进入宾夕法尼亚，更使北部人心惶惶，北部暗藏的敌人也趁机大肆活动。6 月 30 日，一部分南部同盟军闯入葛底斯堡，与驻守在那里的联邦军遭遇。

葛底斯堡的南面，两座小山夹着一片开阔地。东面的小山叫公墓岭，有联邦军构筑的阵地，西面的叫学堂岭，由南部同盟军据守。7 月 2 日，南部同盟军发起攻击，联邦军右翼阵地几为所陷。翌日清晨，南部同盟军转攻左翼，无功而返，引起内部意见分歧，联邦军趁机加固了阵地。下午，一阵激烈炮战之后，南部同盟军 1.5 万人发起冲锋，结果在联邦军猛烈炮火和白刃格斗的打击下，损失惨重。第三天，联邦军进行反击。7 月 4 日，罗伯特·李把军队撤至沙普斯堡附近，准备渡过波托马克河，因河水暴涨，退路被截断。自 6 月 28 日接替胡克任波托马克军团司令的米德，没有听从林肯不要召开军事会议的劝告，结果丧失了全歼罗伯特·李所部的良机，使南部同盟军安全渡河南逃。这次会战中，联邦军损失 2.3 万人，南部同盟军损失 3.6

---

① 又译昌斯洛斯维尔。

万人。

在葛底斯堡会战取得胜利的同时，西部战场也传来维克斯堡投降的消息。维克斯堡矗立在密西西比河东岸，居高临下，扼守着密西西比河航道，易守难攻，战略地位十分重要。格兰特率部7.3万人，先用猛攻，继以围困的办法，使据守该堡的南部同盟军弹尽粮绝，守将彭伯顿被迫率众2.9万人投降。7月9日，哈得逊港的南部同盟军也放下武器。至此，密西西比河完全置于联邦军控制之下，南部同盟被分割成互不连接的两个部分。

联邦军在葛底斯堡和维克斯堡的胜利，是南北战争的转折点。从此南部同盟军被迫转入战略防御，英法等国政治上承认南部同盟的可能性不复存在。

1863年11月，格兰特会同谢尔曼、胡克和托马斯，发动了查塔努加战役，收复了这座曾由联邦军在9月间丢失的城市，打开了通往亚拉巴马和佐治亚的门户。

1864年3月9日，格兰特被任命为联邦陆军总司令，其西部战场最高指挥员的遗缺由谢尔曼填补。谢尔曼积极贯彻格兰特制定的方针，切断敌人交通线，断绝其内部联系，以优势兵力不断压迫敌人，使其不能得到喘息和休整，从而在运动中加以削弱和消灭，破坏一切可以资敌的设施，率领10万大军与南部同盟军的约翰斯顿周旋。约翰斯顿采用坚壁清野和边打边走的策略，企图把谢尔曼饿死和拖垮；谢尔曼则轻装前进，跟踪追击，紧紧缠住约翰斯顿不放。自5月7日至7月17日，经过两个多月兜来转去，终于翻过阿巴拉契亚山脉，来到亚特兰大城下。这时联邦军孤军深入，交通运输线成了薄弱环节，但接替约翰斯顿指挥南部同盟军的胡德却没有抓住联邦军的弱点加以攻击，反而同联邦军展开对垒战，打硬仗，结果被迫于9月2日放弃亚特兰大城。

亚特兰大位于南部同盟腹地，是佐治亚州首府，交通中心和粮食供应基地。南部同盟最大的兵工厂便设在这里。它的被占领，不仅在政治、经济和军事方面使南部同盟遭到沉重打击，而且在心理方面也造成了强烈的影响。从此，南部同盟笼罩上失败的阴霾，林肯政府在北部人民中的声望进一步提高。

经过一番整顿，谢尔曼开始了以萨凡纳为目标的"向海洋进军"。为了对付胡德的袭扰，他分兵6万，由托马斯指挥，去保卫联邦军漫长的交通线。11月15日，谢尔曼亲率6.2万名大军，兵分4路，不带给养，开始了对南部同盟腹地的扫荡。经过 32 天跋涉，来到萨凡纳城下时，身后留下的是一条长 300 英里、宽 60 英里的焦土地带。12 月 21 日，在联邦海军配合下，谢尔曼攻占了萨凡纳，使密西西比河以东的南部同盟占领区被分成南北两半，心脏地区与下腹部的联系被切断。

1865 年 2 月 1 日，谢尔曼挥师北上，3 月 21 日在戈尔兹伯里与格兰特会师，完成了对南部同盟的战略包围。

还在谢尔曼向亚特兰大进军之际，格兰特指挥 10.2 万名联邦军，与罗伯特·李进行角逐。1864 年 5 月上旬，双方在拉皮丹河以南、弗雷德里克斯堡以西的"荒野"地区会战，8—12 日又在斯波特西尔法尼亚，6 月 1—3 日在冷港进行会战。这几次会战中，联邦军的炮兵不能发挥优势，而南部同盟军的骑兵在这荆棘丛生、遍地泥沼的地区却运动灵活，因而联邦军伤亡远远超过敌方，达五六万人。格兰特因此受到舆论指责，但他全然不顾，仍紧紧咬住罗伯特·李不放。6 月 15—18 日，联邦军强攻彼得斯堡不克，又损失 8000 人。此后，格兰特才改变战术，利用优势兵力把彼得斯堡围困起来。格兰特在这段时间虽无建树，但以不断地进攻吸引了南部同盟的注意力，从而牵制了敌人，起到了支援谢尔曼的作用。

罗伯特·李为了摆脱被围困的处境，1864 年 7 月初，派部将厄尔利孤军北上，占领位于华盛顿西北的温切斯特，并于 7 月 11 日到达距华盛顿 5 英里的地方。格兰特抽调两个师的兵力紧急回防首都，击退厄尔利的进袭，旋即在温切斯特和渔父山两次战斗中获胜，把南部同盟军逐出谢南多亚河谷，华盛顿才转危为安。罗伯特·李在彼得斯堡被围困 9 个月，兵力下降至 5.4 万人，而格兰特却有 11.4 万人。罗伯特·李曾尝试突围。他攻击联邦军左翼，遭受重大伤亡，而自己的右翼被联邦军的谢里登击败，中段防线也为格兰特突破。4 月 3 日，联邦军进驻里士满。罗伯特·李企图南逃，因为谢里登先行一步占据铁路，被迫折而向西，打算同约翰斯顿会合，结果道路又为谢里登所截断，复陷入 7 万多名联邦军的包围之中。在走投无路的情况下，4 月 9 日在阿波马托克斯，罗伯特·李竖起白旗，率所剩 3 万余人向格兰特投降。不久，其他南部同盟军将领也先后放下武器，历时 4 年之久的南北战争宣告结束。

这次战争，就其规模和残酷程度而言，均为美国历史上前所未有。据统计，联邦政府先后征集 220 万人入伍，有 360222 人死亡，635397 人受伤；南部同盟征集人数为 80 万，死亡人数为 25.8 万，受伤为 38.3 万人。战争结束之际，宣布投降放下武器的为 174223 人。战争耗费了大量资财，双方总数加起来估计在 200 亿美元以上，为 1789—1865 年联邦政府全部开支的 5 倍。

北部获胜的原因和影响

经过 4 年苦战，北部终于在林肯为首的联邦政府领导下，打败了南部同盟，结束了资产阶级和奴隶主联合掌权的局面。资产阶级单独控制了美国政权。

资产阶级之所以能够获胜，是与美国广大人民，尤其是工人、农民和黑人的支持分不开的。美国人民要求在美国彻底废除奴隶制度，他们也希望能廉价或无偿得到西部的国有土地。战争初期，以林肯为首的联邦政府一方面号召人民拿起武器反对南部奴隶主，另一方面回避奴隶制的存废问题，只谈保卫联邦，维护宪法，甚至忠实执行《逃亡奴隶法》，对人民群众的迫切要求则置之不理，因面引起人民不满，造成军事上连连失利。

1862 年 5 月，林肯代表联邦政府颁布了《宅地法》，规定"凡身为家长者，或年满 21 岁并为合众国公民者，或决定依靠合众国入籍法的规定填写入籍声明书，同时从没有持械反抗过合众国政府，支援或教唆合众国政府的敌人们"，自 1863 年 1 月 1 日起有权登记并申请以每英亩 1 美元 25 美分或更低的价格，优先购买总数不超过 160 英亩的"尚未分配给私人的公有土地"；对那些符合上述条件而无力购买土地的人，只要他们宣誓"将在合众国的海陆军中服役"，"并陈述这次申请只是为着他或她自己的使用和利益"，"是为着实际垦殖的目的，而不是直接或间接为着别人或别的人们的使用和利益"，便可在缴纳 10 美元手续费之后，"被批准占有一块确定面积的土地"，并在耕种满 5 年之后发给执照。

1863 年 1 月 1 日，林肯又代表联邦政府发布了《解放黑人奴隶的宣言》，即通常所说的《解放宣言》，宣布南部同盟地区内"所有被役为奴的人已获得自由，并今后永获自由；合众国政府，包括陆海军当局，将承认并保障上述人得自由"。在获得自由的奴隶中，"凡符合条件的人，合众国将接受其服兵役，保卫要塞、阵地、车站、港口或其他地区，并在各种军舰上服军役"。

《宅地法》和《解放宣言》的发表，把广大工人、农民、欧洲移民和黑人与联邦政府的命运联系在一起，也是联邦政府由维护宪法、保卫联邦的保守路线向彻底废除奴隶制度的革命路线转变的标志。在这两个文件的鼓舞下，不但北部人民的积极性得到充分发挥，在南部同盟也产生了强烈的反响。尤其是黑人奴隶，纷纷逃离庄园，投奔联邦军驻地，迫使南方奴隶主既要正面对付联邦军，又要分出兵力去镇压后方的奴隶反抗。而且，奴隶的大批逃亡，使南部同盟的生产遭到直接破坏。《解放宣言》中允许黑人参军，虽不过是对既成事实的认可，但仍掀起了黑人入伍的热潮。据统计，有 23 万黑人加入联邦军，组成了一个又一个黑人团队。他们在大大小小 450 次战斗中，有 3.8 万人献出了生命①。黑人士兵作战勇敢，因而获得白人军官的一致好评。此外，还有 25 万名黑人活跃在运输及伤员护理等与战争直接有关的岗位上。

南北战争期间，曾经几度出现外国武装干涉的危险。这些干涉最后没有成为现实，除了美国政府的策略正确，军事上取得了关键性的胜利等原因之外，一个不可忽视的重要因素便是欧洲无产阶级的同情和声援。欧洲无产阶级坚定地站在以联邦政府为代表的北部一边，为反对南部奴隶主，不惜忍受失业痛苦和饥饿的煎熬。为了反对本国政府干涉美国内战和承认南部同盟的阴谋，英格兰开夏等地的纺织工人多次举行抗议集会和示威游行。设菲尔德的工人甚至声称，如果英国政府干涉美国事务，便要进行革命。法国工人则以在选举中投票支持政府反对派的方式，来迫使政府做出让步。对于欧洲无产阶级、特别是英国工人阶级的国际主义崇高品德，马克思曾给予高度赞扬。他说："使西欧避免了为在大西洋彼岸永久保持和推广奴隶制进行可耻的十字军征讨冒险的，并不是统治阶级的智慧，而是英国工人阶级对于他们那种罪恶的疯狂行为所进行的英勇反抗。"②

北部能够战胜南部，也是与它雄厚的物质基础分不开的。内战前，加入联邦的共 33 个州。内战中，站在联邦政府方面的为 22 个州，有人口 2200 万；加入南部同盟的为 9 个州，900 万人口中，除近 400 万奴隶外，还有大批白人普通劳动者。真正与联邦政府作对的，不过大约 35 万名奴隶主，因此，在人力上，北部远远超过南部。

在经济实力方面，南部更是望尘莫及。内战前夕，南部工业产值仅占美国工业生产总值的 8%；2/3 的铁路建在北部；北部不仅是全美国的粮食基

---

① 关于黑人参军与牺牲人数，各书说法不一，这里取其中一种。

② 《马克思恩格斯全集》第 16 卷，人民出版社 1964 年版，第 13—14 页。

地，也是欧洲所仰赖的粮仓。南部唯一占优势的是棉花。内战开始后，棉花生产遭到严重破坏，使本来就负债累累的南部奴隶主只好靠借新债来维持战争的庞大开支。与此相反，北部经济非但未受严重破坏，反而由于战争和生产的需要，刺激了机器制造等新兴工业的发展，进一步保证了军需供应和装备的改善。

南北战争以奴隶制度的消灭告终，从此，美国完全确立了资本主义制度的统治地位。南北战争所完成的是独立战争未能完成的使命，从这个意义上讲，南北战争是美国历史上的"第二次革命"。由于扫除了奴隶制度的障碍，美国资本主义经济以前所未有的速度发展起来，以致在 30 多年的时间里，美国工业生产总值便由 1860 年的世界第四位一跃而为世界之冠，成为世界上经济力量最强大的国家。

美国南方重建

童少华

    1861—1865 年的南北战争，是美国历史上又一次资产阶级民主革命，通过战争，打垮了种植园奴隶主在美国南方的统治，废除了美国南方的奴隶制度。

    1865—1877 年，革命在南方进一步深入，其任务是用立法手段巩固和扩大内战的成果，重新建立南部各州政权，改造和发展南部经济，巩固联邦的统一。也就是马克思所说的，"借助法律来根除那些曾用刀剑砍倒的东西，领导政治改革和社会复兴的艰巨工作"①，史称"重建时期"。

美国内战后南方的形势

    当南方 400 万黑人从欢庆胜利的狂喜中冷静下来时，面临的现实是严酷的。正如著名的黑人领袖、杰出的废奴主义者弗雷德里克·道格拉斯所说，黑人奴隶"得到自由了，但是此后他必须自己在世界上找出路。他没有自我保存或自我保护的任何条件。他从单个主人下面解放出来，但是却变成了社会的奴隶。他既无钱、无财产，又无朋友……除了他脚下尘土飞扬的大路而外，他一无所有"。1865—1866 年间，由于贫病和冻馁，南部黑人约有 26 万人死亡。

    内战期间各主要战役都在南部同盟的地区内进行，内战结束时，南部经济凋敝，一片荒凉。在许多村庄都看不见牲畜和完整的房屋，肥沃的谢南多亚河谷完全被荡平。南部有 8 个州 1866 年的耕地面积只相当于 1860 年的一半。1861 年，南部产棉 570 万包，1866 年仅产棉 190 万包。南卡罗来纳州和

---

① 《马克思恩格斯全集》第 16 卷，人民出版社 1964 年版，第 109 页。

佐治亚州的稻米种植几乎绝迹。像里士满和查尔斯顿这样繁华的城市，满目疮痍。饥饿成为普遍现象。到 1865 年 12 月，在亚拉巴马、密西西比和佐治亚 3 个州，估计有 50 多万人缺乏生活必需品。

在南部，共有白人 600 余万。其中 3/4 是非奴隶主，他们有少数是从事自由职业或经商的中产阶级。工人人数不及 3%。人数最多的是"贫穷白人"，他们是没有土地或只占有少数贫瘠土地的小农。他们不满奴隶主的统治，是黑人在斗争中的盟友。只有少数贫穷白人由于听信了奴隶主种族主义的宣传，成了奴隶主的帮凶。

内战结束后，共和党控制了联邦政府。由于奴隶制已废除，对工农群众失去原有的号召力，它积极推行一整套维护资产阶级利益的政策，如为工业界制定保护关税政策，1861—1865 年把税率从 19% 提高到 47%。战争期间，政府不仅把 2300 万英亩土地赠给铁路公司，还以低价和优惠条件把国家资源出售给伐木业和矿业的巨头。因此，工人和部分农民离开了它。但它仍得到黑人的拥护，是国家政治生活中一支强大的力量。

共和党中的激进派代表北部工业资产阶级的利益，要求彻底打败南部种植园主，建立共和党在全国的领导权，给黑人以某些政治权利。其中少数人主张没收种植园主的土地，把这些土地分配给南方黑人和白人劳动者。激进派著名代表是众议院共和党领袖、宾夕法尼亚州众议员撒迪厄斯·史蒂文斯和参议院共和党领袖、马萨诸塞州参议员查尔斯·萨姆纳。

共和党中的保守派代表新兴金融资本家和大工业资本家的利益，他们认为南部奴隶主业已失败，希望与之合作，共同对付日益强大的工农运动。

内战前分裂为北部和南部两个独立政党的民主党，在战后重新作为一个组织进行活动。它仍然代表南部大种植园主和与南部有密切联系的大资本家的利益，梦想恢复罪恶的奴隶制度。

对重建的不同态度，在内战尚未结束时就表现出来了。林肯总统在 1863 年 12 月 8 日致国会的咨文中，附了一份《大赦重建宣言》，阐述了他重建南部的纲领。他提出，一切参加叛乱的人，只要宣誓效忠联邦，承认废除奴隶制，都可得到赦免；每一叛乱州，只要在内战前的 1860 年选举中具有选举资格的 10% 的选民举行效忠宣誓，就可以分别举行选举，成立新的州政府，并选出代表，参加联邦国会；对少数南部同盟的高级军政官员，将剥夺其选举权和担任官职的权利，但恢复其除奴隶之外的财产权。根据这个方案，前奴隶是没有选举权的，而且还要把他们在战争中获得的土地归还原主。

林肯逝世前，田纳西、路易斯安那、阿肯色和弗吉尼亚 4 个州就是按照这个方案组成了新的州政府。林肯的具有妥协性的重建纲领遭到共和党激进派的强烈反对。国会拒绝接纳它们的代表参加第 38 届国会。1864 年 7 月 8 日，国会通过了韦德—戴维斯法案，主张在叛乱诸州，需要过半数的，而不仅仅是 10% 的白人男性公民宣誓效忠联邦宪法，才能选出代表，重建各州政府，南部同盟的士兵和全体文武官员无资格选举代表或当选代表。但林肯采用"搁置否决权"①，使其未能生效。这种不同意见的冲突，在约翰逊总统时期变得更为尖锐。

约翰逊的反动重建

安德鲁·约翰逊生于北卡罗来纳州，1865 年 4 月 15 日林肯被刺身亡后由副总统升任总统。内战时期，他是民主党中著名的联邦派，采取了反对叛乱和维护联邦统一的立场。但他也曾明确表示，"我并不主张黑种人与盎格鲁撒克逊人平等，黑人更适合于处在社会的卑下地位"。美共领袖威廉·福斯特把他称为"重建初期的反革命首脑"。

1865 年 5 月 29 日，约翰逊公布了一个与林肯的重建纲领相似的《大赦宣言》。它宣布从前南部同盟的成员，除导致南方分离的军政要员和占有 2 万美元以上财产的人之外，只要宣誓效忠联邦，便可获得赦免，同时恢复其选举权和除了奴隶之外的一切财产所有权。宣言还规定，凡不在赦免之列的人，均可向总统提出申请，总统有权实行特赦。

接着，约翰逊又发表了关于北卡罗来纳、南卡罗来纳、佐治亚、密西西比、亚拉巴马、得克萨斯和佛罗里达 7 个州的重建宣言，任命了各州的临时州长，要求各州依据 1860 年选举法选举制宪代表大会，修改或制定州宪法，选举州议会，建立新的州政府。作为重新回到联邦的先决条件，各州都必须撤销它的脱离联邦的法令，拒付南部同盟的债款，批准在全国废除奴隶制度的宪法第 13 条修正案。

约翰逊的重建纲领公布后，总统立刻被要求特赦的拜访者所包围。到 1865 年 9 月，大约有 14 万人获准特赦。到 1865 年 12 月，除个别州之外，

① 指议会休会前 10 日内，总统将其议案搁置，待 10 日后，由于议会休会，无法退回，使该议案自行取消。

几乎所有南部州都完成了约翰逊重建纲领规定的程序。南部各州还选出了将于 1865 年 12 月 4 日召开的第 39 届国会的议员，其中竟然包括原南部同盟的"副总统"亚历山大·斯蒂芬斯，4 个"将军"，5 个"上校"，6 个"内阁官员"和 58 个"国会议员"。同时，联邦军队迅速从南方遣散。据统计，在南、北卡罗来纳，到 1865 年 11 月，大约有 100 万联邦士兵退伍；到 1866 年 6 月 1 日，仅剩下 200 名军官和 2973 名征募的士兵。

南部各州在前同盟官员的操纵下，在 1865—1866 年间，先后制定了《黑人法典》，它剥夺了黑人持有或租佃土地的权利和行动自由。黑人只能依据条件苛刻的合同，受雇于原种植园主。密西西比州规定，任何人可以逮捕任何合同期未满而潜逃的黑人，把他们送还雇主，可得 5 美元报酬。该州的流浪法规规定，所有到 1866 年 1 月未被雇佣者，将因流浪而被捕，如果他不能交付 50 美元罚金，他就有义务为替他交付罚金的人劳动。其他州都有过类似的规定，这就是南部臭名远扬的"流浪—劳役偿债制度"的开端。《黑人法典》还剥夺了黑人的选举权，禁止黑人佩带武器、举行集会，禁止黑人与白人通婚，不许黑人充任陪审员。

南部种植园主还以各种公开或秘密的恐怖手段残害黑人。在南方出现了"白人骑士""白人兄弟会"等秘密组织，其中最令人发指的是半军事化的恐怖组织"三 K 党"①。

1866 年 5 月，三 K 党成立于田纳西州的普拉斯基，接着迅速地在南方各州建立起自己的分支。它的前身是奴隶制时代专门虐杀黑人的巡逻队。它的发起人和组织者是前南部同盟分子，一部分落后的贫穷白人则是他们网罗的打手。三 K 党组织严密，行动隐蔽，怀着极端沙文主义的情绪，狂热追求白人至上。三 K 党分子经常在夜间行动。他们身穿白袍，头戴面罩，对黑人和进步白人或鞭笞射杀，或抢掠财物，捣毁家宅，手段极端残酷，妇孺老人皆不能幸免。萨姆纳认为："在整个历史上，在古代和近代，从来没有记载过象那样庞大、那样残忍，在时间和空间上那样广泛的阴谋组织。"

在约翰逊总统支持下，至 1867 年 2 月，内战期间没收的财产约 20 亿美元都归还给了种植园主。

约翰逊的反动重建政策，使黑人在内战中的斗争成果有可能丧失殆尽。

---

①　三 K 党是英文 Ku—Klux—Klan 的缩写，Ku—Klux 两字来自希腊文，Ku、Kloo，是集会的意思，Klan 是指种族。

1865 年 6 月 24 日，马克思写信给恩格斯说："我不喜欢约翰逊的政策……反动已经在美国开始了，而且如果不立即结束这种一向存在的松弛现象，这种反动很快就会大大加强。"① 这种反动倾向，遭到广大黑人和全国人民的强烈反对。从 1865 年 8 月到 1866 年秋天，由田纳西州开始，南方各州都举行了黑人代表大会。南方黑人还纷纷举行群众大会和请愿。1866 年 2 月 7 日，20 个州的黑人代表大会共同推选了一些有声望的黑人，其中包括弗雷德里克·道格拉斯，向总统请愿。黑人们要求废除《黑人法典》，取缔三 K 党；得到平等的选举权和其他一些民主权利；没收并分配种植园主的土地。

复员黑人士兵组织了民兵和射击连，在驻南方的联邦黑人部队的支持下，奋不顾身地武装保卫已经夺得的胜利果实。北卡罗来纳的威克县、亚拉巴马的鲁塞尔县、路易斯安那的新奥尔良和密西西比的杰克逊城都是黑人民兵和射击连比较活跃的地区。在南卡罗来纳和佐治亚海岛地区，1864 年春天，当谢尔曼将军向佐治亚进军时，在群众压力下，曾将海岛土地分配给约 4 万户黑人，每户 40 英亩。

以史蒂文斯、萨姆纳为首的共和党激进派，在国会内积极开展斗争。在人民群众推动下，到 1865 年底，有 3/4 的州批准了宪法第十三条修正案②。1865 年 12 月 26 日，由国会参众两院共同组成 15 人的"重建联席委员会"，这个委员会在激进派控制下，成为国会领导重建的核心力量，而与白宫中的反革命中心相对抗。

1866 年 3 月，激进派在国会通过了一项《公民权利法案》，它规定给一切在美国出生的人（不纳税的印第安人和外侨除外）以完全的公民权。

同年 6 月，通过了体现上述法案的宪法第十四条修正案，它规定凡出生或归化并受合众国法律管辖的人都是合众国的公民，"任何一州都不得制定或实行任何剥夺合众国公民特权或豁免权的法律；任何一州未经适当的法律程序都不得剥夺任何人的生命、自由或财产；也不得拒绝给予在它管辖下的任何人以平等的法律保护"。它还规定，在选举地方或中央政权机关时，凡拒绝给予男性公民以选举权的各州，其在国会中的代表权的基础应予以削减。也就是说，只要南方种植园主甘愿减少在国会中的席位，法律实际上就

---

① 《马克思恩格斯全集》第 31 卷，人民出版社 1972 年版，第 129 页。

② 宪法第十三条修正案由参议院在 1864 年 4 月 8 日通过，1865 年 1 月 31 日由众议院通过。其主要内容是："在联邦境内或属联邦管辖的任何地区内，既不得有奴隶制，亦不得有强制服役存在，但用作惩罚行为，而这种犯罪的当事者又已依法受到判决时，得为例外。"

允许他们剥夺黑人的选举权。

可见联邦给予黑人的平等权利是有限的，有的条款还在日后为垄断资产阶级所利用。直到 1868 年，宪法第十四条修正案才由各州批准。尽管如此，它的通过在历史上仍有重大进步意义。它从法律上保障了自由民的个人权利和财产权利，对反动势力是一个严重的打击，对加强共和党在全国范围内的地位，起着重大作用。1866 年秋的国会选举中，激进派取得压倒优势的多数。

1866 年 7 月，国会还通过了"自由民局"法案。自由民局是联邦政府在 1865 年 3 月成立的，全称为"难民、自由民和弃置土地局"。它除了为南方白人难民和黑人自由民提供食物、衣服及医疗救济、文教设施外，还负责管理南方被遗弃和没收的土地。自由民局法把自由民局的寿命延长了两年，并且由于让它管辖难民和自由民，使它成为联邦在南部的权力分支。

激进派采取的这些措施，预示着南方重建即将进入一个新的阶段。1866 年 4 月，马克思指出，"在国内战争时期以后，美国只是现在才进入革命时期"①。

民主重建时期

1867 年 3 月 2 日，国会通过了《第一重建法案》。它否定了约翰逊的重建纲领，提出了激进派重建南方的总纲领，规定把 10 个叛乱州②划分为 5 个军区，实行军事管制，并对黑人参加政治活动予以保障；同时，剥夺前南方同盟政府首脑的选举权，制定包括授予黑人选举权在内的州宪法交国会批准；然后在各州逐步建立州议会，批准宪法第十四条修正案，依法重新申请加入联邦。

3 月 2 日到 11 日，国会通过 3 项法案，对总统权力加以限制。《军队指挥法案》规定，总统发布军事命令必须通过在华盛顿特区的总司令，没有参议院的同意，总统不得撤换他的职务。《官吏任期法案》规定，没有参议院同意，总统不得解除任何民政官员，包括内阁成员的职务。《大赦法案》剥夺了总统赦免叛乱分子的特权。

---

① 《马克思恩格斯全集》第 31 卷，人民出版社 1972 年版，第 212 页。
② 田纳西州除外，因它已批准了宪法第十四条修正案，重新加入了联邦。

3月23日至12月8日，为了重申《第一重建法案》的主要之点，又通过了另外3个补充重建法案，要求南方选民必须宣誓声明未参加过叛乱才能履行选民登记手续；选民登记官有权根据他所掌握的材料确定申请者是否确有资格当选；选民可以不在他所登记的选区投票；实际参加投票人数的多数票就可以保证宪法的批准。

这一系列重建法案的通过，是民主势力的重大胜利，标志着南方民主重建阶段的开始。

上述法案都遭到约翰逊总统的否决。他不顾有关法案对总统权力的限制，1867年8月，公然下令撤销赞成激进共和党的陆军部部长埃德温·斯坦顿的职务。激进分子决定对他发动一次强大的进攻。1868年2月26日，众议院通过决议要求弹劾约翰逊。5月6日，参议院进行表决，由于一票之差，不足法定的2/3多数，弹劾未能实现。但约翰逊威信扫地，这年秋天大选时，未能争取到总统候选人提名。共和党提出在内战中战功卓著的尤利塞斯·格兰特将军为总统候选人。格兰特当选后，基本上奉行了激进共和党人的重建纲领。

1867年3月，在南部10州实行军事管制，首先进行新的选民登记。至1867年10月1日，登记的黑人选民为70万，白人选民为66万，由他们选出各州制宪会议的代表。前南部同盟分子20万人被剥夺了选民资格。1868年夏至1869年底，各州都通过了富于民主色彩的州宪法，同时依法选出了州议会和州政府。1868年到1870年3月，各州选出的国会议员先后被接纳进入国会。自此完成了重建的法律程序，恢复了南部各州在联邦中的平等地位。

通过选举，南部各州建立了以激进共和党人为核心的"黑白混合民主政府"。据统计，1867—1868年，黑人当选人数最多的州是南卡罗来纳，在126名州议员中，有黑人议员76名，占61％；最少的是得克萨斯，90名议员中只有9名黑人，占10％。1869—1876年，在南方有两名黑人当选为联邦参议员，16名黑人被选为联邦众议员。在南卡罗来纳、路易斯安那和密西西比州，都有黑人当选为副州长，黑人平奇巴克还当过43天路易斯安那的临时州长。此外，黑人也参加了市政和县政的管理。但州长和州的主要机关如司法机关的职位，黑人均未能染指。

总的看来，组成黑白混合民主政府的人员，以南方白人为多，他们是同情黑人的中产阶级和贫穷白人。这些人被反动派讥为"无赖汉"，认为他们

美国南方重建示意图

是社会地位最低、最卑鄙的人。其次是从北方来的白人，他们大都是士兵、教师、牧师和自由民局工作人员。他们行装简单，被南方反动派讥为"毛毡提包客"，认为他们是一些值得怀疑的陌生人，只带一只旅行袋就到南方投机谋利。其实他们大多数是同情黑人的共和党人和废奴主义者。当然，其中也不免混杂了一些资产阶级政客、投机分子和冒险家。获得解放的黑人破天荒第一次参与执政，但他们在任何一个州政府中都处于少数地位。北部资产阶级一直牢固地控制着民主重建的进程。因此，一些史学家把民主重建政府攻击为"黑人议会"或"黑人统治"是没有事实根据的；把它称为"毛毡提包客—无赖汉—黑人混合政府"，更是一种明显的诬蔑。

民主重建政府依靠北方资产阶级（共和党人）、南方黑人与南方白人小农、商人的强大联盟，进行了一系列民主改革。

在政治方面，争取实现黑人平等权利，颁布了《黑人公民权利法案》，废除了《黑人法典》和从前的奴隶法，取消隔离黑人的惯例。为了维护黑人选举权，1870 年 3 月 30 日国会通过了宪法第十五条修正案，它规定"合众国公民的投票权……联邦各州均不得以种族、肤色或以往的奴隶身份为理由加以否认或限制"。此外，许多州还作出规定，废除选举权的财产条件，实行了司法及地方政权的改革，可选举黑人和贫穷白人为法官或陪审员。上述改革在一定程度上巩固了黑人通过流血争得的政治平等权利，提高了黑人的社会地位。不过这些规定在执行时，多缺乏实际的保证。

在经济方面，实行奖励工商业政策，拨出巨款资助铁路及其他资本主义企业，给予修建铁路的资助每英里最多达 1.6 万美元。颁发了公司特许证。还规定，凡利润低于 4% 的工业企业可退还其缴纳的税款。

实行税制改革。内战前，中产阶级的商人所缴纳的捐税有时竟多于种植园主五六倍。民主重建时期，在划一的基础上对税制作了修改，大大提高了对种植园主征收的土地税。在南卡罗来纳，战前每英亩交土地税 15 分，民主重建时期，提高到 15 美元。为了完纳高额的土地税，许多大种植园主不得不出卖土地。一些州政府将这些土地收购，分成小块，低价卖给无地的黑人和白人。但广大黑人和贫穷白人分文不名，仍无力购买。只有南卡罗来纳州，在黑人议员坚决要求下，由政府贷款 50 万美元，使 9000 多黑人买到了 2000 块土地（20—100 英亩不等）。

此外，还废除了因欠债而判处监禁的法律，废除了任公职的财产限制。

经济方面的改革，主要有利于那些来自北方的资本家和南方统治阶级，黑人中只有极个别富裕者得受其惠。

文教福利事业方面，实施了普遍义务教育。在黑人的强烈要求下，各州都实行了免费的普遍教育制度，6 岁到 16 岁贫苦的黑人小孩都可免费入学。自由民局和各种宗教慈善机关，也创办了各种类型的学校。南部出现了学习文化的热潮，至 1870 年约有 25 万黑人在 4300 所学校中学习。内战前，南方黑人几乎全是文盲。到 1880 年，黑人文盲降到全体黑人人口的 70%。

此外，几乎在每一个州都对贫民发放了救济，建立了救济老人的制度，创立了许多慈善机关。

无可讳言，在民主重建时期，南部的花费是巨大的，捐税和债款都大量增加。反动分子常以此为口实，诋毁"黑白混合民主政府""无能、浪费而又贪污"。实际上，民主重建政府的庞大开支主要用于医治战争创伤和修路、办学等社会福利事业上。自由民局的教育投资共 500 多万美元。当然，也应承认下述事实，即各州债款大都用于对铁路的大量资助，铁路证券投机之风盛行，大部分利润落入纽约经纪人之手。许多议员和官员也被争取铁路资助的院外集团所收买。路易斯安那州长沃摩思在 4 年任期内就为自己捞到 50 万美元。贪污腐化是资产阶级政权的普遍现象，并不是所谓"黑人统治"的特点。

民主重建的失败

南部种植园主采取了一切可能的手段，来破坏民主重建。为了破坏黑人同南方及北方白人之间的团结，他们诡称自己是黑人的朋友，贫穷白人是黑人的敌人，毛毡提包客是来自北部的外国入侵者。当这种挑拨未能奏效时，他们就继续宣扬"白人优越论"，在贫穷白人中煽动种族主义情绪，挑动他们对重建政府的不满。

1868 年 2 月 5 日，亚拉巴马州杜斯卡罗萨出版的反动报纸《独立箴言报》发表题为《醒来！起来!》的社论，公开宣告"我们必须使政府成为一个白人的政府，否则便把这个国家变成一个黑人的公墓"。种族主义者大力扶植三 K 党。在北卡罗来纳有 4 万名三 K 党徒，该州立法会议民主党议员大多数是三 K 党人。在南部民主重建时期，三 K 党至少杀害了 5000 名黑人。在密西西比州维克司堡近郊，1874 年市选举前一周内，就有 200 名黑人被杀。

面对南方种植园主的拼死反抗，北部资产阶级的政治代表——共和党人，没有依靠广大群众并采取有力措施，进行反击，反而越来越趋向于同种植园主妥协。一部分激进共和党人如卡尔·舒尔茨、霍雷斯·格里利、乔治·朱利安等都走上了与南部妥协的道路。虽然在 1870 年和 1871 年国会通过了三项执行法案以保证宪法第十五条修正案的贯彻，在 1871 年 4 月 20 日通过了严惩三 K 党的《三 K 党法案》，1875 年通过了一项补充的民权法案，但这些法案都没有得到认真执行。

联邦政府对南部反动势力的软弱无力，是由六七十年代美国社会经济发展与阶级结构的变化所决定的。

内战以来，有大批北方人迁入南方。1866 年秋季，仅路易斯安那就有约 5000 联邦士兵定居。在查尔斯顿，有一半的商店是由北方人开设的。许多从北方来的企业家在南方设厂、经营土地或从事借贷。在联邦军中，有两个俄亥俄人，张伯伦上尉和约翰·怀尔德将军。张伯伦在 1865 年退伍后就加入了田纳西的诺克斯维尔煤铁公司，他被认为是俄亥俄州现代铁工业的奠基人。1867 年张伯伦与怀尔德合伙从事工业和金融冒险。他们在俄亥俄创建了罗昂铁公司、迪克西·波特兰水泥公司和在诺克斯维尔建立了布鲁克赛德棉纺织公司以及查塔努加炼铁工厂及查塔努加第一国民银行。

通过内战北部资产阶级控制了联邦政权，通过重建则摧垮了南部种植园主的地方政权。资产阶级利用手中掌握的权力，采取提高关税、向铁路公司提供资助金及鼓励移民等措施，使北部的农业和实力雄厚的工业都得到迅速发展。1860 年至 1865 年，罗德艾兰的棉纺织品产值从 150 万美元增加到 5500 万美元，生铁的产值从 175 万美元增加到大约 450 万美元。北部已成为全国工业革命的巨大基地。

随着内战后资本主义经济的迅速发展，劳资矛盾逐渐激化，工人运动日益成为资产阶级的心腹之患。1866 年 8 月，美国成立了第一个全国性工会组织——"全国劳工协会"，提出了组织起来反抗资本家的口号。在 1873 年经济危机打击下，失业现象严重。1873 年底，纽约有 43650 人失业，占全市工人 1/4。1873 年 12 月和 1874 年 1 月，芝加哥和纽约由各工会和第一国际成员领导，先后举行了声势浩大的失业工人群众大会与示威游行。在新英格兰的纺织中心福尔河，1875 年 9 月纺织工人举行的罢工，以及同年宾夕法尼亚煤矿工人反对矿主降低工资的"长期罢工"，都遭到军警的镇压，许多罢工领袖被逮捕。

西部的农民运动也方兴未艾。由于宅地法在实施中的许多漏洞，铁路公司、联邦和州政府手中都控制了大量土地。1862 年至 1871 年，政府拨给铁路的土地有 1 亿 2000 多万英亩，这就为土地投机和土地垄断提供了方便。铁路公司收取的货物运费十分高昂。70—80 年代，密西西比河以西的农民，每运出一浦式耳小麦就需要支付相当于售价一半或 2/3 的运费，加以粮价下跌，许多小农破产。在 1873 年经济危机打击下，农民处境更为艰辛。1873 年农民组织了"农民协进会"，1874 年已拥有 150 万会员。它组织农民开展了反对大生产排挤小生产的经济斗争，迫使伊利诺斯、威斯康星、明尼苏达、衣阿华及密苏里等州通过法律对铁路实行监督，规定对运费的最高限价。

　　1875 年农民又组织了"绿背纸币党"，反对货币升值，以便债务人能够迅速还清债务。1876 年，该党提出了自己的总统候选人。南方黑人争取土地的斗争从未停歇。1869 年在佐治亚沿海的奥杰奇河流域有 300 名黑人参加暴动；次年，在该州路易斯维尔附近又发生了上千人的黑人暴动。

　　经过内战和重建，南部种植园主阶级也发生了很大的变化。内战给他们以决定性打击，仅解放奴隶一项，他们就损失了 20 亿美元。他们虽然在重建时期收回了曾经丢弃和被没收的土地，但这些土地被北方来的军政要人侵吞了一部分，加上 1867 年以后棉花价格下跌，南部的土地价格随之急剧下降；而民主重建时期对种植园主又收取高额直接税，不少大种植园主濒于破产，不得不以低价出售土地。因此，一部分种植园主失去了原来占有的大量土地。少数种植园主逃到国外，一些人移往北部各城市或到西部生活，还有一些人移居市镇并改行经商或其他专门职业。旧的种植园奴隶主阶级不存在了，剩下的相当一部分战前种植园主虽然仍旧经营种植园，但他们已不能按从前的方式剥削奴隶，而是通过谷物分成制，剥削分成制佃农和雇农。

　　在南方，出现了一个与种植园主利益密切联系的新兴资产阶级。他们或因铁路通入内地之便经营棉花交易，或适应南部小农庄（由分成制农民租佃的）的需要而开设十字路口商店与发放高利贷。以乡下商店为核心在南部形成了一批新的市镇。如南卡罗来纳在 1863 年只有 16 个市镇，到 1880 年已增加到 110 个。内战后南方的种植园主或身兼商人与高利贷者，或与他们有密切的联系。这个新兴的资产阶级在发展资本主义方面与北部资产阶级有着共同的利益。

　　由于上述原因，从 1870 年开始，共和党中就出现了主张同种植园主和解的自由派，其领导人是激进派参议员卡尔·舒尔茨。1872 年总统选举时，共和党正式分裂。自由派提出霍雷斯·格里利为总统候选人，其竞选纲领要求对南方叛乱分子采取宽大政策。这一纲领受到民主党的欢迎，他们与自由派在选举中结成了联盟。原来的共和党在激进派的控制下，仍旧支持格兰特总统。格兰特任总统后，为了缓和自由派的反对情绪，进一步放松了对三 K 党的镇压，并根据 1872 年 5 月通过的《大赦法案》，把被剥夺政治权利的叛乱分子的人数从 1.6 万人减少到 500 人。这就进一步加快了南部反动势力夺权的过程。

　　这时的民主党，代表了那些保留了大量奴隶制残余，缓慢地向资本主义转化的种植园主及南部新兴资产阶级的利益。民主党人通过充满暴力、欺诈和恐吓的选举，逐步取得了对南部各州的控制。在南方多数州，由于共和党本身的分裂以及格兰特政府与联邦军对民主党人的支持，使民主力量处境险恶。

1876 年总统选举就在这种紧张的形势下进行。共和党提出拉瑟福德·B. 海斯为总统候选人。民主党提出塞缪尔·蒂尔顿为总统候选人。选举中，由于某些州舞弊情况严重而发生争执。后经政客们幕后活动，1877 年 2 月 26 至 27 日，两党达成秘密协定，即《1877 年海斯—蒂尔顿协定》，同意由海斯担任总统，其交换条件是把联邦军队最后撤出南方。

1877 年 2 月，海斯就职后，把联邦军队从南卡罗来纳和路易斯安那最后撤出。根据州最高法院的决定，佛罗里达的共和党人已于 1877 年 1 月被撤出州政府，这就意味着南部政权全部交给了民主党人，北部资产阶级最后背叛了黑人盟友。1877 年，黑白混合民主政权终于失败，重建时期就此结束。

对南方重建的总结

如何估计南方重建的成败，在美国历史学界历来众说纷纭。美国史学家布尔斯廷认为，"重建时期一直被认为是美国历史学家的血腥战场"。有的史学家如罗兹站在奴隶主阶级的立场，认为重建是"美国历史中的大灾难，是北部对南部的野蛮征服"，是"残暴、腐败、缺乏效率"的"黑人统治"。进步的黑人史学家和马克思主义史学家则强调和歌颂民主重建时期的成就及黑人和广大白人的英勇斗争。

从美国历史的发展来看，通过南方重建特别是民主重建时期剧烈的社会变动，推动了美国历史的前进，其巨大成就是不容抹杀的。在资产阶级激进派领导下，以南方黑人和贫穷白人为主体，经过艰苦曲折的斗争，粉碎了种植园主的复辟梦想，以立法手段废除了奴隶制和奴隶主的寡头统治，巩固了内战的成果，扫除了美国资本主义发展道路上的主要障碍。

通过重建恢复和调整了南部的经济，为美国经济的迅速发展打下了基础。重建时期，北部资本家提供技术和资金，利用南部丰富的自然资源和廉价劳动力，同南部资本家结合，逐步恢复了南部工业经济。在亚拉巴马，内战中被威尔逊的骑兵踏成废墟的炼铁厂，1865 年在北部资本家资助下修复投产。1867 年，宾夕法尼亚的大卫·汤马斯父子在亚拉巴马一些山间开采煤铁矿，这里就是日后的伯明翰地区。1876 年佐治亚哥伦布城在内战中被毁的铁工厂、棉纺厂全部恢复。还有一些北方人在南方兴办木材厂、面粉厂、制革厂和纺织厂。他们还投资于农业生产，变成新的农场主或从事金融和商业活动。

南部的经济结构得到调整，逐步进行了资本主义改造。在此基础上，1880 年后南部工业经济得以迅速发展。仅 1884 年一年投入俄亥俄以南地区的工业资本就有 1 亿美元。1860—1880 年，南卡罗来纳棉纺厂的纱锭增加了两倍，棉产品的价值也由 70 多万美元增至 280 多万美元。一批新兴城市应运而生，纳什维尔、新奥尔良、亚特兰大和萨凡纳人口不断增加；纺织工业和烟草工业使夏洛特、达勒姆、格林斯博罗、斯帕坦堡等地从寂静的小村变成了乡镇。美国统一的资本主义国内市场逐步形成并不断扩大，工业迅猛发展，1894 年美国工业总产值已跃居世界第一。

通过重建，以黑人为主的南方劳动人民争得了选举权、受教育权及参加民兵等一系列民主权利，并以宪法形式从法律上固定下来。这就为南部政治民主化奠定了基础。

美国资产阶级革命的深入发展，要求在重建时期从政治上和经济上彻底根除奴隶主的势力，在南部建立起资产阶级式民主政府和在自由雇佣劳动制基础上的资本主义经济。据此，即便是激进共和党人提出的重建纲领也是不彻底的，在实践中，虽然在某一时期或某些地区革命曾达到相当的高度，接近于完成自己的任务，但就总体来看，它上升到一定的高度便戛然而止，甚至被拖向后退。从这个意义上说，南方重建未能完成历史赋予的全部使命，而是以失败告终。

南方重建中最大的失败在于，始终未能以革命手段消灭奴隶主大地产，使小农经济占主导地位，然后按资本主义农场的道路自由发展。正如美国历史学家霍华德·比勒所分析，因为北方资产阶级"是有财产的人们，他们不愿意为了黑人或贫穷白人而危害神圣的财产权利，正如他们不愿意北方工人阶级瓜分他们自己的工厂或农场的所有权一样"。所以无论是国会或州立法机关，都没有认真考虑过分配土地的问题。

就是自由民局在管理南方被遗弃和没收的土地时，也只是被赋予权力将这些土地出租给难民和黑人，每人不超过 40 英亩，租期 3 年。自由民局一共接管了 80 万英亩土地，而当时南方却有 400 万无地农民。自由民局又把其中最好的土地以资助的形式拨给铁路公司或者出售给土地投机商。1865 年底，按照约翰逊总统的大赦宣言，自由民局还把它所掌握的大部分种植园归还给原来的主人，甚至连已经分配给黑人的海岛土地也要归还。只是由于海岛黑人的强烈反抗，自由民局才重新规定，凡根据谢尔曼将军的命令获得土地的黑人，须以每英亩 1 美元 50 美分的价格，购买土地。到 1868 年，自由民局手中只剩下 14 万英亩最坏的土地了，黑人缺乏必要的生产工具和资金，那些土地大都无人经营。据统计，截至 1876 年，在南部地区，只有 5% 的获得自由的黑人能花钱为自己购置土地。

内战后，种植园主仍千方百计想把已获得解放的奴隶束缚在土地上，但黑人劳动者拒绝像从前一样被强制劳动。从 1867 年开始，在南部主要推广一种谷物分成制，种植园主把土地分成 20—50 英亩的小块，连同耕畜、农具、种子以至住房租给黑人雇农或佃农①，收获时，农民将收成的玉米、棉花或烟叶等实物 1/3 到 1/2 交给种植园主。大约有 1/4 的地方采用了现金支付地租，其余部分土地所有者或商人扣除农民预支的粮食、肥料及生活必需品的费用。结果农民收获无几，甚至无力偿还预支的费用，只有继续为地主或商人劳动，直到抵偿了债务的时候。在 19 世纪末，形成所谓劳役偿债制。

这种谷物分成—劳役偿债制保留了浓厚的奴隶制残余。农民的生产受到监督，对地主有依附关系，其地位接近农奴。1915 年，列宁曾指出，"奴隶制度的经济残余同封建制度的经济残余丝毫没有区别，在美国过去奴隶占有制的南部，这种残余至今还很大"②。又说"这里所说的主要是半封建的佃农，或者就经济方面来说，也是半奴隶制的分成制的农民"③。因此，美国南部的农业只能在保留大量奴隶制残余的情况下发展资本主义，而且这种租佃制对土壤的毁坏与旧种植园制度相差无几，并有使单一作物制永远继续的趋势。

这种半封建或半奴隶制性质的剥削制度的存在，是美国南部经济长期发展缓慢的重要原因之一。内战结束后 50 年，列宁指出，"闭塞不通，粗野无知，缺乏新鲜空气，好像一座对付'解放了的'黑人的监狱，这就是美国的南部"④。

---

① 佃农也没有自己的土地，但拥有部分农业生产资料，在生产中比分成制雇农有较大的独立和自由。

② 《列宁全集》第 22 卷，人民出版社 1958 年版，第 11 页。

③ 同上书，第 12 页。

④ 同上书，第 13 页。

美国南部农业落后的状况，必然影响到南部工业的发展。到 1890 年，美国非农业生产的产值超过了农业生产的产值。但在南部各州，农业仍占主要地位。直到 20 世纪 50 年代末 60 年代初，分成制农民才告消失。

在政治上，通过重建，种植园奴隶主的寡头统治固然被推翻，但对广大黑人来说，并未真正享有资产阶级式的民主自由。1877 年民主党夺得南方政权后，在南方实行了一整套种族隔离政策。1890—1910 年，南部一些州的新宪法取消了内战后实施的普遍投票权，参加选举的黑人人数大大减少。

美国两党制的形成

黄柯可

两党制是美国资产阶级专政的工具，是美国政治制度的重要组成部分。它伴随着资产阶级的兴起、壮大而形成和发展起来。

当今轮换执政的民主党和共和党，是由 19 世纪 30 年代的民主党和辉格党演变而来。民主党和辉格党又渊源于 18 世纪末杰斐逊建立的民主共和党。所以，自全国性的资产阶级政党出现到两党制基本确立，大致经历了半个多世纪，即 18 世纪最后 20 年至 19 世纪 50 年代初。

政党的出现

美国政党的产生①分为两个阶段：1775 年前殖民地时期政党的萌芽；独立战争期间政党的发展。

美国独立战争前，北美大西洋沿岸有 13 块英国的殖民地。17 世纪初，英国开始向这一地区进行扩张时，国内正值议会和国王两种权力并存，资产阶级在议会中形成反对派，与王权展开尖锐斗争。来到北美的英国移民多憎恨王权，向往自由。1619 年，最早的殖民地弗吉尼亚率先创建议会。到 18 世纪 30 年代，资产阶级代议制已在各殖民地建立。在马萨诸塞，1632 年群众性抗税斗争迫使当局让步，居民选举代表组成议会。尽管各地议会对选民规定了财产限制，对比封建统治下的欧洲，北美殖民地的政治空气民主得多。这就为集会结社提供了条件。

---

① 史学界的传统说法认为，美国政党产生于独立战争后制定宪法期间，以联邦党和民主共和党的出现为标志。20 世纪 60 年代以来，美国学者提出新研究成果，认为早在美国的殖民地时期已产生地方性小党派，直接影响日后大党的形成。这一观点符合历史发展的进程。

　　政党形成的主要原因是争夺本地议会的控制权。北美议会的活动受英国法律限制，但英国远隔重洋，鞭长莫及，实际上权力落入殖民地的大土地所有者手中。他们是英王特许的殖民地开发公司、受封的业主和移民中的世袭贵族。这类人以显赫的家族为核心，组成政治小宗派，成为萌芽性质的政党。直到 18 世纪中叶，它们相互角逐，争相占领议会。这些小党派不设组织机构，更无严格的纪律和章程。在宾夕法尼亚，独揽大权的是业主威廉·宾的氏族党派。到 18 世纪 50 年代，他们始终控制议会，有否决议会议案和委派官吏之权。与之对立的是新兴资产阶级组织的反业主党，主张扩大议会权力，削弱业主权势。美国革命时期的思想家富兰克林曾参加该党。马萨诸塞的亚当斯家族，在 18 世纪 40 年代，团结农民和城市平民，组成土地银行党，夺得议会控制权，迫使英国更换总督。

　　还有一类党派，是在殖民地和宗主国的矛盾发展中产生的。其中又分为具有抗英性质的和维护母国利益的两种。由于经济以自给自足的农业为主，呈割据状态，政治派别也具有浓厚的地方性和狭隘性。在马萨诸塞，以奥蒂斯和亚当斯两家为首，组成人民党，自 18 世纪 60 年代开始组织反英活动。在纽约，以利文斯顿兄弟为首的新教派，称利文斯顿党，提倡民主，1776 年革命时期属反英阵营，后来归并民主共和党。德兰西家族为核心的英国国教派，组成德兰西党，支持英国殖民者。1769 年当它操纵纽约立法大权后，遂使议会向英国驻军拨款。英国总督亦仰仗该党权势，将反英组织"自由之子社"的一名领袖麦克杜格尔投入监狱。

　　1775 年爆发独立革命。新形势下，旧有的氏族党派开始分化，依照抗英或亲英的态度，重新组合。新兴的美国资产阶级力主发展民族经济，抗英一马当先。他们联合农民、手工工场工人、手工业者、城市平民，以及渴望向西部投资的种植园主，组成辉格党①（亦称爱国党、独立党）。它形式上类似联合阵线，既无统一机构，又无成文的纲领、章程和明确的领袖。该党在独立战争的指挥机构——大陆会议和大陆军统帅部占据优势，发挥了积极的领导作用。突出的人物有：萨缪尔·亚当斯、帕特里克·亨利、约翰·亚当斯和约翰·杰伊等人。原由氏族党控制的殖民地议会，凡爱国的，都成为辉

---

　　① "辉格党"和"托利党"的名称源于英国 17 世纪资产阶级革命后期，国会内形成的两个派别。1679 年 5 月国会提出"排斥法案"，否定詹姆士的王位继承权。国会中代表资产阶级和新贵族利益、拥护"排斥法案"者，称辉格党；代表地主贵族利益，反对该法案者，称托利党。在美国，借用这两个名称，表示是反对还是拥护英王对北美的统治。

格党活动的阵地。辉格党广泛团结民主力量，为日后民主共和党成立打下一定的群众基础。

领受英王赐封土地的贵族、大地主，以及高级官员、特权商人、靠英国投资的银行家，以向英国出口为生的种植园主，还有一部分知识分子组成托利党（亦称保皇党、英王党），站在殖民者一边，反对独立革命。他们主要盘踞于纽约、新泽西和佐治亚，在宾夕法尼亚和南卡罗来纳亦有相当势力。纽约的大地主柯蒂兰、狄南色，费城的富商华尔顿、潘令顿等都是该党的著名人物。独立战争期间，有3万至5万托利党人帮助英国，向英军输送士兵，在纽约市和长岛等地组成团队袭击大陆军。宾夕法尼亚北部，巴特勒的"托利党突击队员"和圣莱杰的"忠义绿衫队"屠杀平民百姓。革命胜利后，不少托利党人依然仇恨革命，携家带口叛逃加拿大。

1776—1777年，大陆会议要求各地制定本地宪法。1776年宾夕法尼亚讨论本地宪法时，民主的激进分子以魏特西尔、堪农和富兰克林为首，组成宪法党，控制州议会达12年，在独立战争和美国的建立过程中起了巨大的作用。它主要由贫苦农民和城市下层人民组成，宗旨是要求财产平等，维护农民利益。该州设一院制议会，宪法党主张议会应拥有立法权，保证所有代表享有平等权利，而不问其财产状况。

与之对立的是由温和派组成的共和党，反对一院制议会，主张建立两院制，以参议院代表上层富裕社会，并控制代表平民的众议院。纽约的克林顿党自称"真正的辉格党"。克林顿本人出身贫苦，靠在西部进行土地投机而致富。因此他的党主张冲破英国的陈规旧律，让农民自由获得西部土地。该党后来成为民主共和党在纽约的发起者。

上述党派和各地小资产阶级类型的政党，政治要求大同小异。在抗击英国、争取独立的前提下，要求发放纸币，通行低值货币；固定市场价格；没收托利党人的财产，剥夺其政治权利；放宽农民和城市平民向西部移民的规定；降低选民和议员的财产限制等。在民族矛盾当头、民主势力高涨的形势下，各殖民地都不同程度地实现了上述要求。

政党控制政府的开始

政党干预国家政治始于建国后的第一届联邦政府时期。发展到19世纪初，政党制度已经成为资产阶级统治国家的重要形式。这一过程分为三个阶段。

第一阶段，制定宪法时期，第一个全国性政党产生。1776 年，美国宣布独立后，并未形成统一的国家，大陆会议只是州际联盟性质的临时政府。1781 年，大陆会议制定的《邦联条例》生效，组成邦联国会。在它行使权力的 7 年间，各州仍然各行其是。强化国家机器，势在必行。1786 年马萨诸塞州谢司领导的农民起义，更起到催化剂的作用。

1787 年 5—9 月，各州代表云集费城，制定了新宪法，取代《邦联条例》。纽约州代表亚力山大·汉密尔顿为首的东北部商业资产阶级，是制宪会议的中坚力量。宪法通过后提交各州议会批准期间，汉密尔顿联合弗吉尼亚代表詹姆斯·麦迪逊，以及 1783 年美英签订巴黎和约的美方代表约翰·杰伊，共同化名普利乌斯，1787—1788 年，在纽约报刊连续发表 85 篇论文，自称"联邦党人"，批评《邦联条例》，捍卫联邦制。就这样，联邦党在 1787—1788 年间出现了。它是一个为促使宪法通过而形成的政治团体，其影响并未波及全国，只在东北部的宾夕法尼亚州、马萨诸塞州、纽约州和弗吉尼亚州起到显著作用，推动当地较早地批准了宪法。

第二阶段，1789—1800 年，华盛顿和亚当斯执政时期，联邦党控制政府和国会，并发展成全国性政党。同时，民主共和党诞生，双方对立，竞争总统职位。政党政治初步形成。

1789—1796 年，华盛顿总统主持的第一、二届政府，由商业资产阶级和种植园主联合组成，但财政部部长汉密尔顿掌握实权，遂使联邦党操纵了政府，在国会也占多数。联邦党的支配作用尤其体现在联邦政府的经济政策方面。建立国家银行，统一铸造硬币取代各州发行纸币的权利，征收国产税等，主要反映商业资产阶级和新兴的工业资产阶级的利益。

联邦党控制政府后，为适应 1792 年的州长选举，在纽约州和宾夕法尼亚州等地建立了县级党的委员会，组织竞选活动。在第一届政府期间，联邦党已发展成全国性政党。其基本成分由东北部地区的商业资产阶级构成。支持者包括新兴的工业资本家、部分工人和手工业者、中部地区的大地主贵族和部分小农。由于汉密尔顿推崇英国的社会制度，一些依靠英国资本的金融家也支持联邦党。

种植园主曾与商业资产阶级共同领导独立革命，建国后又同掌朝政，但对政府的经济政策心怀疑虑，担心东北部工商业资产阶级借办银行，垄断国家资本。在第一届政府中，这两大阶级的矛盾滋生和发展起来。农业资产阶级利益的代表是国务卿托马斯·杰斐逊，以及与汉密尔顿分手的麦迪逊。杰斐逊是《独立宣言》的起草者，他建国的蓝图是一个以小农为主体、农业为基础的资产阶级民主共和国。他本无建立政党的思想，对政党也不怀好感，曾说："如果我非同一个政党一起就不能进天堂的话，那我宁肯不进天堂。"后来，在与汉密尔顿同朝共事的日子里，杰斐逊看到联邦党在政府中的势力日益崛起，汉密尔顿推崇英国君主政体的言论尚有市场，颇感必须组织力量与之抗衡。

1791 年夏，杰斐逊与麦迪逊以考察植物为名，沿哈得逊河北上，和纽约州州长克林顿及检察长伯尔领导的地方党取得联系，形成"弗吉尼亚和纽约政治联盟"①，并团结其他州的民主力量，组成"杰斐逊的共和党"，后改为"民主共和党"。该党成员基本来源于农民，即大西洋沿岸的小农，南方的种植园主、小佃农，还包括一些手工业者和北部那些与南方经济密切相关的商业金融资本家。在建国方针上，该党强调保持农业优势。

反对党出现后，两大政党在国会的立法问题上时而斗争，时而妥协。1790 年 12 月汉密尔顿提出建立国家银行的计划，杰斐逊认为此案违反宪法。联邦党人在国会占据优势，提案终被通过，翌年创建第一合众国银行。联邦党为建立稳固的财政地位，确立新政府的信誉，根据汉密尔顿的建议，1790 年决定以票面价值兑换旧债券，并代替各州偿还债务，同时出售新公债券。

杰斐逊和麦迪逊起初不赞成此案，认为应将原来购买证券者和后来廉价收购证券者加以区别，因为原证券持有者多数是农民，他们迫于生活早已将证券低价出售给政府官吏和投机商人，现在可以兑换的只有后者。双方争论以妥协告终。民主共和党人在国会支持法案通过，联邦党人同意自 1800 年将国都由费城迁至南方的波托马克河畔，作为永久性首都，即后来建成的华盛顿市。

联邦党在政府中也同样左右外交政策。突出表现在对 1789—1794 年法国革命的态度上。民主共和党同情法国革命者，支持法国实行议会共和制。杰斐逊说："我觉得，我们的革命，在一定程度上是要凭借法国革命来巩固的；如果法国人民失败，会影响我们争取民主斗争的前途的。"联邦党反对法国革命派废黜国王路易十六。1793 年初它控制政府以华盛顿的名义发表"中立宣言"，实际上给英国组织的反法联盟助了一臂之力。同年夏，英国对

---

① 杰斐逊和麦迪逊均系弗吉尼亚人，克林顿和伯尔系纽约人，故称弗吉尼亚和纽约联盟。

法国进行海上封锁，美国商船深受其害。民主共和党要求政府对英开战，联邦党则力主与英谈判。最后，政府委派最高法院院长杰伊赴英，于1794年11月与英签订杰伊条约。条约没有规定英国停止拦截美国船只，对于归还已扣财产及强迫美国俘虏充当英国海军均只字未提。美国不少地方将杰伊的模拟像吊起来焚烧。国会被迫半年后才批准条约。

1796年，华盛顿谢绝连任，两大政党首次以党派身份竞选总统。这是政党干预国家政治的又一重要标志。

自1793年底杰斐逊辞去国务卿职务隐退后，民主共和党由麦迪逊领导，在国会形成核心，指导全国工作。1796年，他们置杰斐逊的反对于不顾，推举他为总统候选人。竞选活动相当可观。有9万选民的宾夕法尼亚州竟散发了5万张候选人名单，其中大量为手抄件。各种宣传品为杰斐逊歌功颂德，集中攻击联邦党候选人约翰·亚当斯，骂他是"保皇党""一个死心塌地的君主主义者""世袭权力和等级差别的吹鼓手"。

联邦党竞选时充分发挥在政府中的优势，利用华盛顿的"告别辞"攻击对手。汉密尔顿和杰伊都曾参加起草这份文件。文章指责党派活动"颠倒黑白""挑拨离间""动摇社会"，甚至"挑起骚乱和暴动"，"为外国势力大开方便之门"，说"党派精神"是分裂的根源。

投票结果，亚当斯以71张选举人票①当选总统，杰斐逊获68张，为副总统。正、副总统分属两个对立政党，在美国历史上独一无二。这种特殊局面所以出现，是由于政党制度尚未建立，选举制度亦不健全。选举人可以同时投两个党派的票。

亚当斯执政期间，联邦党依旧控制全国政权，是国会的多数党。起初，杰斐逊试图与亚当斯求同存异，携手合作，防止汉密尔顿东山再起②。事与愿违。民主共和党实际被置于在野党地位，杰斐逊作为副总统，更成为亚当斯的心头之恨。

1798年夏，亚当斯政府颁布四项法令，开始打击民主共和党。"归化法"大大延长移民取得美国国籍的年限，它主要针对法国大革命失败后涌入

---

① 美国总统选举制度为间接选举，又名选举人制度。根据宪法，逢大选年，先由选民于11月份的法定"选举日"在本州投票推举选举人，各州选举人再组成选举团，于12月选举总统和副总统。各州选举人的数目与本州在国会的议员人数相等。由于规定在一个州内获得多数的候选人，可以取得该州全部选举人票，所以11月的选举结果，一般就已定大局。

② 汉密尔顿于1795年1月辞去财政部部长职务。

美国的法国移民，他们多数来美后支持民主共和党。"客籍法"和"敌对外侨管制法"授权总统在平时和战时驱逐外国人出境，对象也是支持民主共和党的原法国雅各宾党人。在"惩治叛乱法"的名义下，联邦党到处搜查民主共和党的出版物，逮捕和审讯其发行人和编辑。在起诉案件中"每一个被告都是民主共和党人，每一个审判官和几乎每一个陪审员都是联邦党人"。

各地纷纷向国会递交请愿书，反对上述四项法案。纽约州有 2.5 万人在请愿书上签字，宾夕法尼亚州有 1.8 万人。这种形势为民主共和党进行反击提供了条件。1798 年底，由杰斐逊起草的"肯塔基决议案"和麦迪逊草拟的"弗吉尼亚议案"分别在两州议会通过。这两个议案揭露亚当斯的 4 项法令违反宪法，宣布对于联邦议会颁布的法案，凡各州认为违反联邦宪法，即可不予执行。民主共和党在这场维护民主权利的斗争中，发展壮大起来。

政党控制政府的第三个阶段，为 1800—1824 年，即民主共和党一党执政时期。1800 年起先后当选的三位总统杰斐逊、麦迪逊和门罗，均来自弗吉尼亚州，故有"弗吉尼亚王朝"之说。

民主共和党筹办 1800 年大选，接受四年前由于提名方法混乱，杰斐逊仅以三票之差失利的教训，首先改变提名办法。为此，各地健全了组织机构。除已有基础的宾夕法尼亚州和纽约州外，弗吉尼亚州和新泽西州党的系统又在大选中发展起来。费城全城 14 个区，每个区都设立了党的区委员会。1800 年 1 月，该党在弗吉尼亚州议会中的议员召开核心会议，率先提名总统候选人。提名办法迅速推广至新英格兰地区①和东部各州。5 月，该党国会议员又举行核心会议，同意各州提名，决定由杰斐逊和伯尔分别作为正、副总统候选人。国会核心会议提名的办法沿袭至 19 世纪 30 年代。

1800 年大选是政党竞争总统职位的激烈战斗。与 4 年前不同，民主共和党候选人杰斐逊亲自出马。他号召用报纸作为"发动机"，每个人必须以"自己的钱袋和笔杆子作出贡献"。他们没有成文纲领，而是以杰斐逊 1799 年的讲话内容作为竞选纲领。针对亚当斯的四项法案，杰斐逊提出保障宗教、出版和人身自由，反对一切违反宪法的行为。为加强北方资产阶级和南方奴隶主的联合，巩固政权，他提出在维护宪法授予联邦政府的权力的同时，保持州权，各州得保留尚未上交的权力。他反对和平时期维持常备军队，扩建海军。主张削减开支，减少赋税，厉行节约。对外提倡与一切国家

---

①　"新英格兰"地区包括：新罕布什尔、马萨诸塞、康涅狄格和罗德艾兰四个州。

发展自由贸易，但政治上不与外国建立关系，实行孤立主义政策。

　　大选之年的联邦党士气不振。汉密尔顿自 1798 年被亚当斯任命为军队督察将军后，重操大权，与亚当斯发生权力之争。两人的政治观点也大相径庭，前者主张与英国联合，在美洲进行扩张；后者注意力集中在对付国内的民主力量，特别是民主共和党。矛盾终于使汉密尔顿背弃亚当斯。联邦党的分裂为民主共和党提供了取胜的可能。

　　选举制度不健全使各州选举人的产生方法不一。全国 16 个州中仅有 5 个州采用普选制，大部分仍首先选出州议会，由它指定总统候选人。选举结果杰斐逊和伯尔获票相同①，均为 73 张选举人票，亚当斯只得 65 张。按照宪法，须再经联邦国会众议院投票，在前两名候选人中决定正、副。众院是联邦党的阵地，亚当斯失利后，全力支持伯尔为正，以击败杰斐逊。尽管规定各州不论议员人数，只有一票，投票反复几十次，持续一周，相持不下。最后杰斐逊以微弱多数领先，1801 年 3 月就任总统。

　　国家政权第一次由一个政党和平转移到另一个政党。杰斐逊身兼二任，既是国家元首，又是执政党领袖，体现了政党制度的成熟。民主共和党地位发生变化，内部阶级成分随之改变。19 世纪头 20 年，由种植园主民主派单独掌权已经不能适应国家工业化的迅速发展，随着新兴的工业资本家涌入党内，政权过渡到由这两个阶级联合掌握。

　　杰斐逊掌权时期，开创了由于执政党的更迭，国家政策发生重大变化的先例。政党控制政府的能力，以及在政府中的作用都得到进一步加强。他首先取缔亚当斯的四项法令，代之以新的"归化法"，将移民加入美国籍的年限由 14 年减为 5 年，有利于人口增长和欧洲新技术的传入。联邦党时期延用 1785 年邦联国会制定的土地法，限制一次购买土地至少 640 英亩，农民望而生畏。土地问题成为国家一大难题。1803 年，杰斐逊政府从法国手中购买了北美洲的路易斯安那地区，使美国国土向西扩展了一倍。1804 年随之颁布新土地法，规定一次购买土地 160 英亩，交付 1/4 现款，其余可向国家银行申请贷款。这一重大政策促使人口向西迁移，掀起大规模开发边疆的"西进运动"，加速了美国资本主义发展。

　　杰斐逊上台之初，联邦党在国会失去优势，但依旧控制商业发达的新英

---

　　①　依美国宪法，此时总统和副总统候选人同列一张选票。1804 年实施的宪法第 12 条修正案规定将二者分别列在两张选票，正、副总统才开始分别产生。

格兰地区，亦在中部各州拥有势力。1808 年它甚至抓住国会采用核心会议的提名办法，攻击民主共和党，在竞选中大有东山再起之势。1812 年麦迪逊政府发动反英战争，抗议英国截扣美国船只和袭击美舰，联邦党不仅袖手旁观，而且当首都华盛顿于 1814 年被英军占领之时，在康涅狄格州的哈特福德召开会议，策划新英格兰的分离运动，并向联邦政府提出反对战争的抗议书。最后战争以美国的胜利而结束，联邦党从此丧失人心，一败涂地，到 1816 年，它作为一个全国性政党，已不复存在。

民主共和党成立之初，目的在于反对联邦党。对手消失，自身的战斗力也随之减弱。1816 年大选没有对立面，在选举人总票 217 张中，执政党候选人门罗竟获 182 张。1820 年发展到只有 1 张反对票。轻而易举的胜利，使各级组织涣散松弛，普遍认为甚至在国会这块是非之地"党派精神到此为止"。门罗本人也预料所有政党必将消失。

国会核心会议作为提名机构，在产生之初起到统一全党的作用，而现在，提名程序实际上等于选举，1816 年和 1820 年对门罗的提名就是如此。这样，不必竞选，只要争得被提名权，即可通向白宫。围绕核心会议的争论，也随之变成争夺总统职位的斗争。早在 1808 年，民主共和党内以约翰·伦道夫为首的 16 名国会议员，曾提交抗议书，指责核心会议把正、副总统的任命权"从人民手中转到国会两院的多数派手中"。1816 年以后，反对核心会议的力量有增无减，怀有总统权欲的年轻议员甚至提出"'弗吉尼亚王朝'必须结束"的口号。矛盾必然地导致民主共和党的内部分裂。

两党制的形成

美国两党制的产生分为前、后两步：19 世纪 20 年代末至 30 年代前期，民主党与国民共和党对峙，两党制初步形成；30 年代后期至 50 年代初，民主党与辉格党对立时期，两党制得以确立。

1824 年大选，民主共和党四分五裂，四名总统候选人的票数均未超过半数。获票较多的东北部工商业者的代表、第二任总统亚当斯的儿子约翰·昆西·亚当斯和种植园主利益的代表、1812 年反英战争的功臣安德鲁·杰克逊被提交众议院表决。已落选的众院议长亨利·克莱将自己控制的三个州的选票转给亚当斯，换取后者许诺当选后任命他为国务卿。结果亚当斯当选总统，克莱如愿以偿。

　　竞选中形成的克莱—亚当斯集团，以克莱提出的"美国体系"的国家主义为纲领，主张发展制造业，实行保护关税，扩大国内市场，改善交通运输。1824年他们单独形成政党，初称青年共和党，后改称国民共和党，1828年即以此名参加竞选。1832年该党代表大会通过第一个政纲，主张充分保护工业，联邦政府出资建设内地，最高法院有权裁决有关宪法的争论，参议院有权抵制政府行政部门的越权行为。该党势力在东北部地区，得到商人、工厂主、银行家和大土地所有者支持。

　　1824年大选中的杰克逊派，由杰克逊的老部下和西部人组成，沿用民主共和党名称。杰克逊在此基础上于1828年组成民主党，竞选总统成功。民主党的基本成分是西部新兴的棉花种植园主和南部旧有的种植园主，以及小农、边陲居民和工匠等。它没有成文纲领，但主张明确。它反对国家主义，不赞成建立国家银行，担心一个强大的全国政府会干预奴隶制。

　　两大政党的纲领泾渭分明，成为两党制产生的基础。同时，两大政党的力量分布出现了地区差别，民主党主要控制南部和西部。这个民主党便是今日民主党的前身。

　　1828—1834年，民主党与国民共和党对峙的年代，形成一党在台上一党在台下的格局，两党制初步产生。两党不但各有纲领和目标，而且有意识地利用政党系统组织竞选。1828年和1832年，民主党为杰克逊连任竞选，不仅建立中央一级有关的委员会，在州、县也设立相应机构或杰克逊俱乐部，举办吸引选民的集会、野餐会和游行。政治家还资助报刊成为竞选工具。交通事业的发展导致旅行竞选开始。出现了职业政客，操纵党的机器，专门从事筹备和组织竞选活动。范布伦和卡尔霍恩等人分别指挥纽约市和华盛顿市的活动。这一切充分显示出政党制度更加健全。

　　杰克逊上台后罢免了前政府的1000名官吏，任用本党亲信。他以"轮流任公职"为口号，开创了"一朝天子一朝臣"的先例。他笼络一批人决策大政方针，组织清一色的内阁，被称为"厨房内阁"。杰克逊扩大总统权力，直接参与立法。这样，争夺国家最高职位已变成两党斗争的首要目标，控制政府和议会也成为实现本党纲领的必由之路。这正是两党制形成的明显特点。

　　执政党充分利用自己的地位，发挥总统权威，实行适应本党需要的政治经济政策，是两党制的又一重要标志。杰克逊实行的新措施，史称"杰克逊民主"。政治上取消选民的财产限制，扩大白人成年男子的选举权（当时妇女和黑人均无选举权），使投票人数的比例不断上升。1824年的投票数比上一届大选增加130%，但还只有27%合格的人参加投票，到1828年投票率上升为58%，1840年达到80%。

经济上的重大措施是打击第二国家银行。民主党人认为金钱势力是民主制度最大的敌人，国家银行是一个"垄断组织"，它的利润"来自于美国人民的收入"，却只为外国股东和全国"几百家最富有阶级的公民谋利益"。第二国家银行是麦迪逊任总统时，为稳定金融而建立的，后被东部资本家把持，还受英国控制。1832年大选前夕，国民共和党领袖克莱联合该银行行长比德尔，要求提前4年给银行颁发新执照，为杰克逊竞选制造难题。当克莱操纵众议院将法案通过后，杰克逊行使总统大权，否决此案。此举深得种植园主和西部农民拥护，成为杰克逊连选连任的直接原因。执政党作为政府的一个有用工具这一概念，开始被人们接受。

国民共和党发展为辉格党是自下而上发起的。1833年，国民共和党在南卡罗来纳州和佐治亚州的一些地方团体，为反对"安德鲁国王"① 首先自称辉格党。有的地方标榜民主，称作"民主辉格党"。北部地区，辉格党在1834年纽约市市级选举中出现，并夺取市议会。

1833—1834年的冬季，国民共和党领袖克莱、亚当斯、卡尔霍恩等人酝酿将党改组为辉格党。纽约州、新泽西州、马萨诸塞州都在1834年组成辉格党。西北部地区迟一两年。所以，传统观点认为，辉格党出现于1834年。它的组成以国民共和党为基础，联合南部民主党中反杰克逊派，还吸收分布于宾夕法尼亚州、纽约州、俄亥俄州等地的一个小党——反共济党的成员。

辉格党的领袖主要有：克莱、丹尼尔·韦伯斯特、威廉·亨利·西沃德、罗伯特·图姆斯等。他们以反对杰克逊为宗旨。

辉格党自出现之日至1854年共和党产生，与民主党对峙20年。正是在此期间，两党制作为一种政治制度得到确立和加强。两党争夺国家最高权力并轮流执政，形成制度。

1834—1854年间，民主党和辉格党各有四位总统交替上台；前者比后者执政期长。1836年民主党人马丁·范布伦当选总统。辉格党败北，但在一些州夺得众院控制权。

1840年，辉格党提名威廉·哈里森和约翰·泰莱分别为正、副总统候选

---

① 安德鲁是杰克逊的名字。

人。民主党攻击哈里森当选将意味着贫穷，他的目标不过是一桶苹果酒和一幢小木屋，外加每年 2000 美元收入。辉格党将计就计，印发大批宣传画，在哈里森头像背后画着一桶酒和一幢小木屋。这种简朴的平民生活图景，与民主党候选人在任总统范布伦的穷奢极欲形成鲜明对照，为辉格党赢得了胜利。同时，民主党 1840 年的纲领谴责国会干涉奴隶制，在北部选民中很不得人心。

1844 年，辉格党 67 岁的克莱第三次出马，准备与民主党的范布伦决一雌雄。不料，民主党跳出一个黑马①——詹姆斯·波尔克，他反对一切干涉奴隶制的行为，以兼并得克萨斯地区②为竞选纲领，意在扩大蓄奴州。克莱的纲领就货币、税收和"行政越权"问题重弹老调，回避奴隶制问题。当波尔克挑起得克萨斯问题争论时，克莱被动应战，表示不反对以正当手段兼并得克萨斯。他的表态在民主党看来言不由衷，在辉格党内却引起分裂。强烈反对奴隶制的北部辉格党人，认为克莱离经叛道，转与 1840 年出现的自由党联合，支持其总统候选人詹姆斯·伯尼，致使辉格党选票分散，败于民主党。

此后，奴隶制问题成为两党斗争的焦点。1846—1848 年民主党政府发动侵略墨西哥的战争，从墨西哥夺得大片土地。南方辉格党人支持这场战争。新领土上是否允许奴隶制存在的问题，又一次尖锐地摆在两党面前。北部工业区的民主党人支持北部辉格党人，对奴隶制持否定态度。1846 年，国会讨论向墨西哥付款的议案时，宾夕法尼亚州的民主党人戴维·威尔莫特提出一个附件，主张凡从墨西哥获得的土地一律废除奴隶制。附件引起两党内部大分化。南方的民主党人认为这是对他们的"特殊制度"的侮辱，以卡尔霍恩为代表于 1847 年 2 月发表声明，谴责国会制定的一切干涉奴隶制的法令都是违反宪法和侵犯州权。

1848 年的大选，在十分紧张的气氛中进行。双方都推出了军人出身的候选人，民主党是 1812 年反英战争的老将刘易斯·卡斯；辉格党是刚参加过美墨战争的扎卡里·泰勒将军。后者获胜出任总统。泰勒反对发展蓄奴州，他在 1849 年支持加利福尼亚自行成立自由州，选出州长和州议会，第二年开始行使职权。这一举动令民主党大为恼火，南卡罗来纳州议会提出要联合

---

① "黑马"指赛马时出其不意获胜的马。

② 参阅本书《美国—墨西哥战争》一文。

整个南部脱离联邦。卡尔霍恩号召斗争到底，要么恢复他们推行奴隶制的权利，要么解散联邦。

1849 年国会中两党斗争之激烈程度，竟达到为选出一位众院议长，投票 63 次。面对国家分裂的危机，辉格党的参议员克莱提出折中方案，史称"1850 年妥协案"。规定加利福尼亚州以自由州身份加入联邦；从得克萨斯划出的新墨西哥州和犹他州暂不涉及奴隶制问题；制定更加严厉的缉捕逃亡奴隶法；首都所在地哥伦比亚特区废除奴隶贸易；联邦政府承担得克萨斯的国债。就此，关于奴隶制的矛盾暂时得到缓和，但民主党和辉格党内的分化继续扩大。两党中的废奴派联合 1848 年成立的自由土地党，酝酿组织一个反奴隶制的新党——共和党。辉格党中的南方奴隶主开始大批转向民主党，为维护奴隶制而同流合污。

政党组织机构逐步健全，更加适应竞选活动和轮流执政，也是两党制确立的重要标志。首先，19 世纪 30 年代废除了核心会议提名候选人的办法，改为党的全国代表大会提名。早在 1808 年，罗德艾兰州的民主共和党就曾利用代表大会推选国会和总统候选人，但那时反对核心会议的势力尚处劣势，此法未得推广。1831 年反共济党在代表大会上选出参加翌年大选的总统候选人。次年，民主党和国民共和党相继效法。代表大会制从此固定下来，沿用至今。1840 年民主党率先在全国大会上制定了竞选纲领，4 年后辉格党也效仿。

40 年代两党开始建立全国委员会，设立主席职务，同时建立或健全各级地方委员会。从中央到地方一整套党的机构，主要任务是组织选良，征集基金，进行宣传，安排竞选活动。老选民提倡效忠本党，归属相对稳定。但随着历次竞选中两党纲领的差异，选民可以改变党籍。另外，从世界各地源源而来的移民，也成为两党争夺的对象。1790—1845 年来美移民仅有 100 万人，1845—1855 年的 10 年间，移民人数多达 300 万人，所以，动员和拉拢选票就成为政党活动的核心。

两党制形成的主要原因

美国的开国元勋无一不厌恶政治党派。美国宪法也没有一条涉及政党或两党制度。然而，随着资本主义经济的发展和政治制度的建立，终于形成两党制。之所以是两党制，而不是一党制，首先取决于两大政党的对立。19 世纪 20—30 年代，两党制形成时的国民共和党与民主党，以及后来的辉格党与民主党，基本上分别代表工商业资产阶级和种植园奴隶主阶级的利益，相互冲突。工业资产阶级形成之初势单力薄，在奴隶制问题上时有让步，1819—1821 年，民主共和党执政时期国会通过的密苏里妥协案就是一例。杰克逊总统任内，关于国家银行、土地问题和关税问题的争论，进一步反映两大阶级的矛盾。南卡罗来纳州甚至提出各州有权废止国会法令，并于 1832 年 11 月以脱离联邦相威胁。

19 世纪 20 年代末到 40 年代，美国正值工业大发展时期，北部工厂制盛行，普遍采用雇佣劳动，生产效率日新月异。与此同时，盛产棉花、烟草和谷物的南方种植园经济依靠奴隶劳动也发展起来。两种社会制度共存的矛盾，愈演愈烈，贯穿民主党和辉格党斗争的整个时期。最后，代表进步时代的工业资产阶级发展壮大，终于有力量团结人民，在奴隶主挑起的内战中消灭奴隶制度。

两党制产生的另一个重要原因，是第三党始终处于劣势，参与竞争无能为力。19 世纪 50 年代之前，工人阶级的斗争尚处初级阶段，地方性工会和小党派虽有产生，但第一个全国性工人政党是在内战后才出现的。资产阶级小党的产生先于全国性大党，此起彼伏，从未间断，但几乎都是短命的。它们或者局限于地方，无足轻重；或者目光短浅，当目标达到或要求被大党吸收过去，便自行解散。

第三党中影响较大的，是第一个敢于参加总统竞选的反共济党。它成立于 1827 年，宗旨是反对有碍民主制度的秘密社团，反对特权势力。1832 年，它抱着击败秘密组织共济会会员克莱的目的异军突起，推选威廉·沃特为候选人，跻身大选。此后，反共济党因力量单薄，与国民共和党合并，改组为辉格党。反共济党的杰出领导人瑟洛·威德、威廉·亨利·西沃德和弗朗西斯·格兰杰等都参加过州级竞选，分别担任过州长或副州长，后来在辉格党中也有一定影响。

1840 年出现的自由党，是又一个颇有影响的第三党，但同样昙花一现。废除奴隶制是自由党成立的明确目的。1840 年它的候选人詹姆斯·伯尼与两大党竞争总统职位，只得 7000 多张选票。4 年后该党又提出 21 条旨在抨击奴隶制扩张的纲领，举伯尼再次竞选，获票 6 万多张，也只占总票数的 1.5%。单枪匹马无法取胜，该党终于并入 1848 年新成立的自由土地党。

自由土地党是第三个出来与两大党较量的第三党。它由部分民主党内的改革派、辉格党内反奴隶制的自由土地派和工业资本家、自由党人组成。它的政治口号是"自由土地、自由言论、自由劳动、自由人民"。1848年它选派马丁·范布伦竞选总统失败。1851年该党与马萨诸塞州民主党少数派联盟，把废奴主义者查尔斯·萨姆纳选入参议院。自由土地党虽然始终未取得总统职位，但前后选出13位国会议员，并成为1854年建立的共和党的坚实基础。

美国的选举制度也有利于两党制的形成。宪法规定，美国采用选举人制度。选民进行间接选举，于大选年的法定"选举日"在本州投票选出选举人，再由选举人组成选举团，选举正、副总统。1824年之前，选举人的产生办法各州不一，有的分区选举，有的则全州统一选举。1824年后，各州规定全部采用全州统选制，以胜利者得全票为原则，即在一个州内获得多数的候选人，可以取得该州全部选举人票。所以，第三党的候选人即使获得几张选举人票，也得归于多数派，等于无效。更不用说日益扩大的竞选运动，耗费惊人，小党无力筹集资金，与大党匹敌。这同样成为两党制得以巩固的因素。

美国两党制形成之初，两大阶级的斗争对于推动资本主义发展，促进历史前进，有一定进步作用。1861—1865年美国内战后，国家性质发生了根本变化，两党制作为政治制度的重要组成部分，从形式到内容，从作用到意义，较之形成阶段已迥然不同，需要另作别论。

加拿大自治领的建立

宋家珩

1867 年 7 月，原英属北美殖民地的加拿大省、新斯科舍省、新不伦瑞克省实行联合，建立了加拿大联邦国家，定名为"加拿大自治领"。从此，加拿大初步摆脱了殖民地的地位，开始走上了独立发展的道路。自治领的建立是加拿大统一与独立的第一步，是加拿大历史上最重要的事件之一。

自治领建立前的历史概况

加拿大从殖民地到自治领经历了漫长的发展过程。

16 世纪 30 年代，法国航海家雅克·卡蒂埃在加斯佩半岛登陆，然后进入圣劳伦斯河内陆地区，并以法国国王的名义宣布占领这片领土，揭开了法国对加拿大殖民的序幕。1603 年，以法国航海家尚普兰为首的一支探险队在今新斯科舍省建立了第一个居留地；1608 年又在沿圣劳伦斯河的魁北克设立了另一个居民点。从此，正式开始了法国在加拿大的殖民时期。

法国殖民主义者统治加拿大约 160 年，他们建立的殖民地统称为"新法兰西"。这是一片相当辽阔的地域，从布雷顿角（今新斯科舍省北部）、拉布拉多（今纽芬兰省）经过圣劳伦斯河流域和大湖区通向遥远的西部；向南则沿密西西比河一直伸展到墨西哥湾。相距大约 4000 英里，人口 8.5 万人，绝大部分是法国移民及其后代。圣劳伦斯河居民区是"新法兰西"的中心区，全殖民地 90% 以上的人口居住在沿河的魁北克、三河城、蒙特利尔三个主要城市及其周围地带。

17 世纪末至 18 世纪初，在英法争霸的斗争中，加拿大是两国争夺殖民地霸权的热点地区之一。英国以在沿大西洋岸北美大陆建立的 13 州殖民地，法国以新法兰西为基地，在北美大陆不断发生冲突和战争。在英法争霸的七年战争（1756—1763 年）中，英国战胜了法国。根据战后签订的巴黎和约，法国的"新法兰西"殖民地转属英国。从此，英国从北美驱逐了法国的势力，并成了密西西比河以东北美大陆的主人。

英国统治加拿大期间，殖民地范围不断扩大。18 世纪末，英属北美殖民地已包括六个省：上加拿大、下加拿大、新斯科舍、新不伦瑞克、爱德华太子岛和纽芬兰。其中，下加拿大省是法裔居民的聚居区，法裔加拿大人是居民的主要成分。他们操法语，信仰天主教，保持了法国的文化传统和生活习俗。其余各省则是英裔移民占优势。这些省当时都分别置于英国殖民当局的管辖之下，省际之间几乎没有联系。英国在各省建立了代议制度。殖民地最高行政首脑是总督，下设由英王任命的行政委员会和司法委员会行使政府权力，另外还有一个选举产生的议会。

19 世纪二三十年代，英属北美殖民地人民不满英国的殖民统治，要求实行改革，出现了代表殖民地资产阶级和农场主利益的改革派，在各省掀起了改革运动。改革派的不满主要集中在政权问题上。当时政府权力掌握在总督和英王室任命的行政委员会和司法委员会成员手中。两委员会成员都是英国驻殖民地的高级官吏，国教教会上层人士和与英国官方有联系的大商人、大地主。而且，这些职位又经常是由一些有势力的家族所垄断，形成一小撮特权集团①。他们掌握着殖民地的行政权，控制着公共事务和公共立法，可以任意否决议会通过的法案。他们的任职系由英王任命，不受当地选举的制约，因而有恃无恐，肆意推行利己主义政策。议会则毫无实权，形同虚设。改革派抨击的中心就是殖民地这一小撮当权的特权集团或者称之为托利党。改革派要求改变政府形式，推翻托利党的垄断统治，扩大议会权力。议会是改革派活动的阵地。改革派在各省议会中谴责托利党政府的弊病，提出改革方案，并出版报纸、刊物广造舆论。

改革派与托利党之间的斗争在不同的省份有不同的焦点，矛盾的尖锐程度也不尽相同。大西洋沿海各省（新斯科舍省、新不伦瑞克省、爱德华太子岛、纽芬兰）比较平和，主要采取请愿方式。上、下加拿大两省是冲突最激烈的地区。

下加拿大改革派在法裔加拿大人、律师和社会活动家约瑟夫·帕皮诺的领导下于 1834 年通过议会提出一项议案，控诉省政府的专横与腐败，要求

---

① 上加拿大称这部分人为派别集团，下加拿大称之为名门望族，总称寡头集团。

成立自治政府，由议会控制财政，选举产生司法委员会等。在议案遭到英国政府否决后，下加拿大改革派便诉诸起义。1837年秋，一些改革派成员效法美国革命，在蒙特利尔市组织了"自由之子社"，与托利党的支持者发生了武装冲突。蒙特利尔附近的几个市镇也先后爆发了小规模起义。上加拿大以英裔加拿大人、社会活动家威廉·麦肯齐为首的改革派趁下加拿大起事之机，在多伦多周围的一些小市镇也组织了起义，试图占领多伦多市，推翻该省的托利党政府。但是，两省的起义最后都由于领导不力，起义组织涣散，被英国驻军镇压而宣告失败。

19世纪40年代，英国为了加强和巩固殖民统治，在英属北美殖民地采取了两项重要措施：第一，1840年英国议会通过联合法案，决定合并上、下加拿大两省。1841年两省正式合并，定名加拿大省。该省保持了原有的政府形式，在议会中为了争取英裔加拿大人的优势，采取了省内东西两部分（即原上、下加拿大两省）同等数量代表权的原则①。英国政府认为，英裔与法裔的民族矛盾是引起殖民地动乱的根源之一，他们把主要过失归于法裔加拿大人的狭隘、保守和落后。英国政府期望通过两省合并来增强英裔加拿大人的势力，推行同化法裔的"英国化"政策，促使法裔逐渐地溶化于英裔社会之中，用民族压迫、民族同化的办法达到消灭民族矛盾的目的。第二，从40年代末开始，英国将内阁制度推行于北美殖民地，先后在各省建立了责任政府。各省的行政委员会变成了内阁，内阁成员不再是英王任命，而由议会中的多数派组阁。内阁不再向总督负责，直接向省议会负责。司法委员会起着参议院的作用。总督成为形式上的首脑，不再直接参与行政事务的管理。责任政府承担了各省地方事务的管理权，英国只控制与帝国利益直接有关的事务，如外交政策、贸易政策、殖民地立法、公共土地等。责任政府的建立意味着各省已经争得了一部分自治权利。

上、下加拿大省的合并和各省责任政府的建立为50年代殖民地兴起的联合运动准备了条件。

---

① 联合之初，法裔人口多于英裔，如果实行人口比例代表制则对英裔加拿大人不利。英裔由于在西加拿大占绝对优势，并可望在东加拿大争取到少量代表席位，因此，关于东、西两部分同等数量代表权的规定是明显偏袒英裔加拿大人。

自治领建立的经济背景

19 世纪 50 年代初，英属北美殖民地各省虽然相继建立了责任政府，但省际之间仍然互无联系。特别是大西洋沿海各省与加拿大省之间相距遥远，交通不便，彼此几乎处于隔绝状态。

五六十年代，随着各省政治、经济的发展和变化，省际之间的联合提上了日程。殖民地进入了谋求联合和建立统一的联邦国家的时期。

殖民地联合运动的兴起是殖民地内部经济、政治发展的结果。其中，经济的发展是促使分散的各省踏上联合之路的重要因素。

17、18 世纪，殖民地居民除了从事农业生产外，主要的经济活动是经营毛皮出口贸易。他们从印第安人手中收购毛皮，转运欧洲市场高价出售，从中牟利。随着上、下加拿大省移民的增加，行政区域的不断扩大，东部毛皮资源逐渐枯竭，印第安人也被驱赶到荒僻的西北地区，毛皮贸易区便向西北部转移。1821 年，哈得孙海湾公司又把毛皮的外运路线由圣劳伦斯河移向哈得孙海湾，这样一来，繁荣了两个世纪之久的以东部蒙特利尔为中心的毛皮贸易便走向衰落。

19 世纪上半叶，殖民地各省形成了新的生产与贸易体系。上、下加拿大省居民转向从事农业生产和森林砍伐，小麦、面粉和木材成为主要的出口商品。圣劳伦斯水系的航运业也是重要的经济活动，它不仅将加拿大的出口商品运往英国并运进工业品，还承担了美国中西部农产品的外运业务。大西洋沿海诸省主要出口木材，加工造船木料，发展造船业和渔业，通过大西洋水系与英国、西印度群岛等地进行贸易往来。

这时期一系列内外因素也有利于殖民地经济的发展。英国工业革命的展开使粮食和包括木材在内的原材料需要量大大增加，从而为殖民地出口商品提供了稳定的市场。19 世纪初还出现了大量英国人移居加拿大的热潮。加拿大人口急剧增长，1815 年人口是 50 万，1850 年已达 300 万。人口的增加使加拿大广阔的肥沃土地和丰富的木材资源得到开发和利用。20 年代开始修建的连接圣劳伦斯河和大湖区运河工程的完成，提高了圣劳伦斯河水系的运输效能。所有这些，都促使殖民地各省经济日趋繁荣。

但是，从 19 世纪 50 年代以来，殖民地各省经济骤然面临着来自外部的剧烈冲击。英国政府于 1846 年废除了《谷物法令》，1849 年取消了《航海条例》，从保护关税转向自由贸易。英国自由贸易政策的推行，给殖民地经济带来了灾难性的影响。

首先，长期以来，各省谷物、木材等主要出口商品绝大部分运销英国，以英国为主要市场。当时英国对殖民地各省的对外贸易采取了保护政策，给予巨大的优惠待遇。例如，1815 年英国谷物法令规定，当英国粮价上升到 1 夸特 67 先令时，便允许加拿大谷物进口，而其他国家则需待粮价涨到 80 先令以上方能进口。1825 年又规定加拿大谷物可以不受英国粮价的影响，任何时候均可以进入英国市场，只需缴纳少量的、大大低于其他国家应缴的税款。这种对英国市场的依赖正是殖民地经济不断发展和繁荣的基础。英国谷物法令的废除和一系列自由贸易法案使殖民地丧失了谷物、木材出口的优惠待遇。此时各省又不具备在世界市场上进行自由竞争的能力，这就必然丢失了部分英国市场，从而使殖民地各省经济遭受严重损失。

其次，英国自由贸易政策的推行促使加拿大省农民寻求较廉价的运输路线，以加强谷物输出的竞争能力。1845—1846 年，美国国会通过《退回关税法案》，规定经过伊利湖水路运到纽约的加拿大谷物可以免征进口税。这样，从加拿大省经伊利湖取道纽约前往英国的运输路线由于航程短，且不受冬季严寒的影响，在运输费用上就大大低于圣劳伦斯河航路。于是，加拿大省和美国中西部谷物出口的一大部分便转向了美国通往大西洋的航路。1850 年西部加拿大小麦通过美国出口的数量要比通过圣劳伦斯河航路多 15 倍。这样一来，圣劳伦斯河的航运业便大大衰落，使蒙特利尔商人集团、航运业主、面粉厂主在经济上受到重大损失。

英国市场的部分丧失，圣劳伦斯河航路的衰落以及 19 世纪 40 年代后期世界经济的不景气，使英属北美殖民地各省经济面临严重危机。为了弥补英国自由贸易政策带来的损失，殖民地开始转向美国寻求出路。英国政府应殖民地的请求与美国进行谈判，1854 年 6 月双方达成协议，签订了《互惠条约》。条约规定：美国的密执安湖与加拿大的圣劳伦斯河向对方开放，双方可以自由通航；双方可以进入对方的渔业基地进行捕捞；双方对一定范围内的天然产品可以享受免税或降低关税的优惠待遇。

此时，美国正值向西部迅速扩张的时期，新的城市、村镇不断涌现，市场不断扩大，对谷物，特别对木材的需求量日益增多。《互惠条约》的签订无疑为殖民地各省打开了一个新的广阔的外部市场。殖民地与美国之间南北贸易的发展，部分地改变了各省原有的贸易路线。过去，殖民地的对外贸易几乎全部都是越洋的东西方贸易。现在，虽然加拿大省的一半，大西洋沿海各省 2/3 的贸易仍与英国进行，其余的贸易则转向了美国的市场。《互惠条约》签订后，殖民地与美国的贸易总额不断增长。1850 年是 1460 万美元，1854 年增至 3280 万美元，1864 年增至 5610 万美元。这意味着殖民地已经开始改变了在经济上完全依赖英国的局面，这是 19 世纪 50 年代以来各省在经济上发生的重大变化。这种变化在加拿大史上曾被称为"商业革命"。

50 年代中期，世界经济经历了长期萧条以后开始复苏。克里木战争的爆发切断了英国与东欧的贸易，迫使英国增加从北美殖民地市场进口谷物和木材。《互惠条约》又为殖民地商品出口开辟了新的市场。所有这些因素，均使殖民地各省经济在遭受挫折之后重新呈现出繁荣的局面。

到了 60 年代，美国内战期间，由于英国一度有支持南方的倾向，美英关系恶化。同时，美国国内，资产阶级强烈要求实行保护关税政策。出于这些政治、经济利害关系考虑，美国于 1866 年中止了《互惠条约》。殖民地各省失去了大部分美国市场，各省经济又一次受到外部风云变幻的冲击。

在这种情况下，殖民地之间互通有无、互为市场的要求日益增强。发展省际贸易关系，建立统一市场便提上了日程。1849 年，殖民地各省曾签订互惠协定，规定省际之间的天然产品实行自由贸易。这个协定对促进各省经济的发展产生了有益的作用。于是，寻求殖民地各省的联合，建立一个相对稳定的内部市场便显得愈益迫切了。因此，发展殖民地各省之间的贸易，建立殖民地内部的统一市场，是各省寻求联合，兴起联合运动的主要推动力之一。

铁路建设也是推动联合的重要因素。1830 年，下加拿大省出现了第一条铁路，但是线路很短。1850 年殖民地通车的铁路仅 66 英里。50 年代以后，铁路时代来临了，各省开始大规模修建。加拿大省修建了从萨尼亚至美国波特兰一段的大干线铁路和从温泽至多伦多的大西铁路。新斯科舍和新不伦瑞克省分别修建了一段省内铁路。1867 年，铁路线已长达 2278 英里。铁路建设把加拿大省东、西部连成一片，并把蒙特利尔与濒临大西洋的美国港口波特兰连接起来，从而大大改善了圣劳伦斯河水系的航运业务。铁路带来了工商业的繁荣。新的城镇出现了，贸易发展了，蒙特利尔、多伦多迅速成为工商业中心；铁路把孤立分散的地区连接起来，为殖民地的联合奠定了基础，展现了未来统一的美好前景。

铁路建设也碰到了区域性、地方主义的障碍。原来拟议中的大干线铁路是从加拿大省西部直通新斯科舍省的哈利法克斯，大西洋沿海各省希望通过它与圣劳伦斯河水系相连接，以提高其在国际贸易中的重要性。加拿大省则希望这条铁路能带来新的广阔市场。但是，由于各省的财力不足以及各省都想更多地照顾本省利益，在线路规划和经费支付等方面产生了种种矛盾，致使省际铁路建设计划迟迟不能实现。

各省在修建铁路过程中面临巨大财政困难。承包铁路的英国财团和给予资助的各省政府为了减轻财政压力，赚取更多的利润，都寄希望于扩大现有干线，即不仅要修省际铁路，而且要开发西部。但是，要实现省际铁路和两洋铁路的庞大计划，首要条件便是殖民地的联合。只有一个统一的联邦国家才能够为铁路的发展提供所需的领土、人力、财力和物力的保证，也才能克服省际之间的矛盾。于是，一切与铁路利益有关的财政、工商业集团、公司、个人和各省的政界人士都成了联合运动的鼓吹者和支持者。

英国有关的银行集团也向英国政府施加影响。投资大干线铁路的英国巴林银行1861年就曾派出其财务专家、大干线铁路总经理爱德华·沃特金前往加拿大考察。他得出一个重要结论：只有修建两洋铁路才是有利可图的事业。为了实现修建两洋铁路的计划，1863年巴林银行通过购买股票获得了对当时拥有西部土地的英国哈得孙海湾公司的控制权。

自治领建立的政治背景

美国的扩张威胁是加速联邦国家建立的外部因素。

美国独立战争以后，英属北美殖民地与美国的关系不时处于紧张状态。这一方面是英美矛盾的直接反映，另一方面也是美国推行扩张主义政策的结果。19世纪50年代以后，来自美国的威胁日益严重。殖民地的西部土地面临着有被美国并吞的危险。

早在40年代以前，殖民地与美国已经划定了落基山以东的边界。1846年，英美又一次签约，增划了落基山以西至太平洋海岸的界限。殖民地拥有的西部领土当时属于英国哈得孙海湾公司管辖。公司的权力只限于商业的垄断权，其权力所及也只是一些经营皮毛贸易的商站和几条皮毛贸易的重要通道。大片领土仍是渺无人迹的荒野。在这片荒野上，有两个孤立的居民点：第一个是西海岸的温哥华岛。1849年，英国为了加强对殖民地西部土地的控制，正式将温哥华岛划作皇家殖民地，派遣了总督并要求哈得孙海湾公司负责移民，扩大居民点。但是，由于交通等条件的限制，移民工作进展异常缓慢。与此相反，美国俄勒冈地区的移民却大有不断向北推移之势，对英属北美殖民地太平洋沿岸的领土构成了直接的威胁。

1856 年，温哥华附近的弗雷泽河发现了金矿，随之大批美国淘金者蜂拥而至。当时，温哥华岛总督的权力只限于本岛，而哈得孙海湾公司对不列颠哥伦比亚地区也只有商业垄断权而无行政权力。在这种情况下，美国移民随时都有可能宣布成立"自治政府"，把这块领土并入美国。为了应付这种紧急情况，温哥华岛总督道格拉斯采取了临时措施，宣布把他的管辖权扩展到不列颠哥伦比亚地区，并实行相应的管理制度。1858 年，英国建立不列颠哥伦比亚皇家殖民地，设置政府权力机构，暂时稳住了对这个地区的控制。但是，不列颠哥伦比亚仍是一块孤立的殖民地，它与加拿大省之间横着几千平方公里的大片荒原。美国的扩张势力近在咫尺。不列颠哥伦比亚合并于美国的前景随时都可能出现。

西部第二个居民点在红河流域，称作红河居民区（今马尼托巴省温尼伯）。这是早期苏格兰移民创建的居民点，1850 年已有 5000 居民，主要靠狩猎与粗放的农业为生。红河居民区周围有大片空旷的肥沃土地，对美国西部移民有很大的吸引力。随着殖民地与美国之间道路的修筑，红河汽船的通航，美国西部移民有不断向北推进的趋势。1858 年美国明尼苏达州议会曾通过一项支持并吞红河居民区的决议。当时居住在红河居民区的加拿大人和加拿大省西部的政界人士纷纷呼吁，要求加拿大省迅速控制西部地区，解除美国移民北进的威胁。1859 年英国政府提出哈得孙海湾公司只占有鲁珀特地区，其余部分可以转让给加拿大省，希望双方进行谈判。哈得孙海湾公司要求对方支付约 30 万英镑的西部土地转让费。加拿大省无力支付这笔费用，谈判未果。

美国内战爆发后，英美关系一度恶化。1861 年 11 月发生了"特伦特号"事件①。英国政府立即增派 1 万名军队赶赴加拿大。战争大有一触即发之势。内战后期，美国南方军队在加拿大省设立据点，组织对北方军队的袭击，引起美国北方的强烈抗议。内战结束后，战争危机虽有缓和，但敌对气

---

① 英国邮船"特伦特号"载送两名去欧洲求援的美国南部邦联的外交代表而被美国北方军舰拦截的事件。

氛仍未消除。1866 年又发生芬尼亚兄弟会①成员向加拿大省发动武装袭击的事件。英属北美殖民地普遍认为这是美国蓄意吞并加拿大阴谋的组成部分。各省，特别是与美国相邻的加拿大省、新不伦瑞克省的不安全感增大了。要求联合，组织统一防卫力量的愿望日渐强烈。

直接促成联合实现的是加拿大省内部的政治危机。在联合运动中，加拿大省始终起着主导的、积极的作用。这是由于它是殖民地中面积最大、人口最多、政治经济地位最重要的省份。

1841 年加拿大联合省的建立，未能消除英裔与法裔长期以来存在的民族矛盾，更未达到英裔同化法裔的目的。相反，合并更加深了原有的地区和民族之间的矛盾。由于联合法案规定了原上、下加拿大在新省的议会中享有平等数量的议席，这就造成了两个地区各自为政的局面。

东部主要是法裔加拿大人的独立王国。他们有自己的语言、法律、宗教、土地、教育制度和传统的生活习惯。狭隘的民族感情由于惧怕被同化而变得更加强烈。西部则是英裔加拿大人的天下。联合之初，英裔人口少于法裔。1841 年，东加拿大人口 69.7 万，西加拿大 45.5 万。10 年之后，英裔人口超过了法裔。1851 年，东加拿大人口 89 万，西加拿大 95.2 万。随着人口比例的变化，西加拿大提出议会应按人口数量分配席位，东加拿大则坚决反对。加拿大省实际上是一个松散的东部与西部、法裔与英裔的联合体。

50 年代初，加拿大省议会中至少有 7 个政治集团，其中，原上加拿大有 4 个：由阿伦·麦克纳布领导的原托利党余党或称极端托利党人；由约翰·麦克唐纳领导的温和的保守党；以罗伯特·鲍德温为首的改革派或称温和的自由党；以乔治·布朗为首的激进的自由党或被称为砂砾派。原下加拿大有 3 个：以路易斯·拉丰丹、卡蒂埃为首的，由法裔加拿大人的多数所组成的蓝党，这个党名义上是自由党，实际上是温和的保守派；红党，由为数不多的自由派法裔加拿大人组成，具有激进的共和主义倾向；英裔加拿大人集团，由蒙特利尔和东部城镇的英裔加拿大人的代表组成，在下加拿大代表英裔集团的利益。

1854 年，上加拿大的政治活动家约翰·麦克唐纳联合了除砂砾派和红党

---

① 芬尼亚兄弟会 1857 年在美国成立，是 19 世纪 50 年代和 60 年代爱尔兰争取独立进行反英运动的秘密革命组织。它除了在爱尔兰本土展开反英活动外，曾于 1866 年、1870 年两度从美国进攻加拿大。

以外的各个集团，组成了自由保守党①。砂砾派与红党则在约翰·布朗领导下组成了松散的联合，称为自由党②。整个 50 年代，主要是自由保守党当政，自由党仅在 1858 年组阁三天。这两个党都是由原上、下加拿大两部分的多种政治派别组成，组织松散，各派代表的地区和集团利益各不相同，要求各异。

在这种情况下，只有同时能够代表东、西两部分及英裔与法裔两个集团利益的政府才能上台执政。于是，政府实行了"双重制"，掌权的是两个总理（如 1848—1851 年的鲍德温—拉丰丹政府；1857—1862 年的麦克唐纳—卡蒂埃政府），各自控制着东部和西部。省府每 4 年在魁北克和多伦多之间进行轮换。任何重要的议案必须经议会中东、西两部分各自的多数，即双重多数通过方能成立。政府被戏谑为"饮酒多数"，因为各部分的力量是如此势均力敌，以至政府的支持者，即使是少数几个人在议会开会时前往休息室饮酒或喝咖啡，政府就有可能因一票或数票之差被对方击败而垮台。所以，长期以来，加拿大省始终没有实现真正的统一。众多的政治派别和集团，复杂的地区之间和民族之间的矛盾，导致了政府频繁的人事更迭，政府实际上处于瘫痪状态。

60 年代以后，政局的混乱与日俱增。1861—1864 年举行两次大选，更换了三届政府。1864 年 6 月 14 日，艾蒂安—麦克唐纳的自由保守党政府下台后，竟连续两周处于无政府混乱状态。很明显，加拿大省的政局已经走进了"死胡同"，在现有联合形式下要想打破僵局，已是无望之举，必须寻求新的出路，即建立一种更大范围的联合——从两省的联合到全殖民地的联合，建立统一的联邦国家。

自治领建立的过程

六十年代中期，殖民地各省实现联合的条件已经成熟，联合运动走向高潮。首先打开联邦之路的是自由党领袖乔治·布朗和自由保守党领袖约翰·麦克唐纳。

为了摆脱加拿大省的政治危机，1864 年 7 月，两党达成协议，组成以谋

---

① 加拿大保守党一直沿用此名称，1940 年才更改为进步保守党。
② 自由党在加拿大自治领建立以后才正式形成有组织的政党。

求建立统一的联邦国家为主要目标的联合政府。第一步计划是争取实现殖民地各省的大联合。如果大联合计划失败则进行小联合，即由东、西加拿大成立一个联邦政府，各自再建立一个地方政府，管理地方事务。

与此同时，大西洋沿海各省也在酝酿联合计划，准备召开一次会议就沿海各省的联合方式交换意见。加拿大省得知消息后，便抓住这有利时机要求参加拟议中的会议。沿海各省给予了肯定的答复。

1864 年 9 月 1 日，殖民地各省协商联合的首次会议在爱德华太子岛首府夏洛特敦召开。会上，加拿大省各党的主要领导人麦克唐纳、卡蒂埃、布朗等作了发言，阐述了关于大联合的设想，并与沿海各省领导人交换了意见。与会代表在夏洛特敦结束会谈后，又前往新斯科舍首府哈利法克斯、新不伦瑞克首府弗雷德里克顿等地进行友好访问，继续交换意见。夏洛特敦会议没有达成具体协定。但是，沿海各省放弃了原来的小联合打算，基本上接受了加拿大省的大联合计划，并一致同意立即召开魁北克会议，就联合的原则和细则进行协商。

1864 年 10 月 10 日，各省协商联合的第二次会议在魁北克召开。来自新斯科舍、新不伦瑞克、爱德华太子岛、纽芬兰、加拿大省的 33 位代表聚集在俯瞰圣劳伦斯河的魁北克议会大厦，为未来的联邦国家规划蓝图。代表中有加拿大省总理艾蒂安·塔歇，代表约翰·麦克唐纳、乔治·布朗、乔治·卡蒂埃、亚历山大·高尔特、奥利弗·莫厄特等；新斯科舍省总理查尔斯·塔珀爵士，代表阿奇博尔德等；新不伦瑞克省总理伦纳德·蒂利，代表钱德勒等；爱德华太子岛省总理格雷率七人代表团出席。魁北克会议争论的焦点是联合国家的体制问题，即采用英国的君主立宪制还是采用美国的联邦制。

魁北克会议中，麦克唐纳起了重要的作用。他是会议的组织者和主要决议的起草者。他竭力主张采用英国的君主立宪制，反对美国的联邦制。他在会议上发言指出，美国人"在他们制定宪法时所犯的主要错误是每一个州除了把一小部分权力交给中央外，全部统治权力都留给了自己。我们必须把这个颠倒过来，加强中央政府，而只把地方需要的权力交给地方"。在麦克唐纳的领导下，经过 16 天紧张的工作，最后通过了 72 条决议案，即魁北克决议，决定建立北美英属领地联邦。这个决议就是 1867 年英属北美法案的草案。魁北克会议是建立联邦国家过程中最重要的一次会议，它奠定了联邦的基础。参加会议的代表们在加拿大历史上被尊称为"联邦之父"。

魁北克会议结束后，各省开始审议魁北克决议，并做出是否加入联邦的正式决定。加拿大省议会经过激烈的辩论，最后于 1865 年春接受了决议，同意参加联邦。其他各省则遇到了程度不同的障碍。新斯科舍省以约瑟夫·豪为首的反联邦派在议会中进行抵制活动，宣扬联邦只是为了使加拿大省摆脱困境，以致总理查尔斯·塔珀不得不暂缓将魁北克决议提交议会讨论。新不伦瑞克省以总理伦纳德·蒂利为首的联邦派在新的大选中失败，新上台的政府反对加入联邦。纽芬兰和爱德华太子岛由于担心在联邦中小省的经济利益得不到保证，同时，出于地理上的原因，他们对于建立联合防务和发展铁路事业尚无迫切要求，因而拒绝加入联邦。联合运动在迈出了成功的几步之后又暂时受阻。

　　在这关键时刻，英国政府①的态度起了重要作用。最初，英国政府对联合运动持冷淡态度，担心它会削弱殖民地与帝国的联系。后来，随着形势的发展，英国态度逐渐发生变化。主要有三方面的原因：其一，英国期望能保持对殖民地广大西部地区的控制。当时美国扩张的阴影正笼罩着西部内陆地区，只有建立一个统一的联邦政府，才能在西部建立起强有力的统治权力，使半个北美大陆避免美国的"蚕食"，留在英帝国的势力范围之内。其二，英国急于摆脱对殖民地承担的防务责任。美国内战期间，英国在北美殖民地的防务负担日益加重，大量的军费支出引起了国内的普遍不满。普鲁士在欧洲的崛起也促使英国考虑有必要把在北美的大部分兵力撤回本土，以加强在欧洲的实力。其三，与北美殖民地铁路建设利益相关的英国财界不断对英国政府施加影响。联邦建立以前，加拿大的外国资本中英国资本占绝对优势，1867 年，英国在加拿大的投资是 1.85 亿加元，其中，政府债券和铁路证券就占 1.6 亿加元。这些殖民地铁路的投资者和工程承包者为了增加投资利润竭力促成联合的实现。

　　英国政府确信，一个统一的联邦政府将会迅速接替英国承担起防务责任，从而减少帝国的海外开支；联邦政府还会修建横贯大陆的铁路，迅速占领西部，从而使半个北美大陆成为英国有利的投资场所和工业品的销售市场。因此，60 年代中期，英国政府转而积极地促成联邦的实现。英国殖民当局更换了新斯科舍的总督，要求新总督施加影响，支持联合运动。新不伦瑞克总督也接到同样指示。新斯科舍省议会决定加入联邦。新不伦瑞克以蒂利

---

① 1865 年执政的是自由党人拉塞尔任首相的政府；1866—1868 年是保守党人德比任首相的政府。

为首的联邦派重新执政。这样，建立联邦的最后障碍便消除了。

1866 年 12 月 4 日，加拿大省、新斯科舍省、新不伦瑞克省代表汇集伦敦，召开协商联合的第三次会议。会上，各省代表与英国殖民部官员一起对魁北克决议案进行了最后的修改、定稿，随后作为英属北美法案草案提交英国议会批准。

伦敦会议上，麦克唐纳曾提议，新的国家应命名为"加拿大王国"。但是，英国政府担心这种明显的君主制倾向会触怒美国，而未予接受。虔诚的基督教徒伦纳德·蒂利，从《圣经》"诗篇"第 72 段中得到启示，提议用"自治领"作为新国家的名称。他的提议被接受。

1867 年 2 月，英国上院和下院正式通过了英属北美法案——加拿大宪法。英属北美法案主要规定了联邦中央政府与地方政府、联邦议会与省议会的机构组成，以及中央与地方的立法权、行政权的划分等。法案包括序言，联邦，行政权，立法权，各省组织，立法权的划分，司法，预算、债务、资产、税收，其他条款，铁路和英属北美殖民地其他省份加入联邦等 11 个部分。根据法案的规定，省政府只能掌管各省的内政制度、教育、婚姻、财产和公民权、税收及其他"纯属当地或私人性质"的问题，其他各项权力则归属联邦政府。由此可见，法案在一定程度上强调联邦政府的集权。但法案对联邦政府的权力也有诸多限制，如无权处理外交事务，无权修改本法案等等。1867 年 7 月 1 日，魁北克、安大略①、新斯科舍、新不伦瑞克四省根据英属北美法案组成了统一的联邦国家，定名"加拿大自治领"，首都渥太华。自治领第一届总理是约翰·麦克唐纳。7 月 1 日成为加拿大国庆日。

自治领建立之初，它的范围只限于四个省，远远没有包括西至太平洋的整个英属北美殖民地大陆的领土。因此麦克唐纳政府上任以后立即采取了统一的措施。

第一，为了平息新斯科舍以约瑟夫·豪为首的反联邦主义者的不满情绪，联邦政府于 1869 年与反对派进行谈判，以政府同意增加财政补助金为条件，约瑟夫·豪参加了联邦政府。

第二，麦克唐纳政府就西部、西北部土地归属问题与英国进行磋商。在英国支持下，联邦政府与哈得孙海湾公司进行谈判并达成协议，以支付 30 万英镑和划出部分土地为代价取得了西部、西北部土地的所有权。哈得孙海

---

① 英属北美法案规定，原加拿大省划分为两个省：魁北克省和安大略省。

湾公司的统治从此便告结束。1870年，西部建立了马尼托巴省。该省以外的其他区域划作西北地区，由联邦政府委派总督进行管理①。

第三，1870年，联邦政府与不列颠哥伦比亚皇家殖民地进行谈判，双方就财政、政府、铁路建设等问题达成协议。不列颠哥伦比亚作为一个省于1871年7月正式加入联邦。

1873年加拿大自治领

第四，联邦政府与爱德华太子岛进行谈判并达成协议。联邦政府允诺为该岛偿还债务，出资80万加元购买外国地主所拥有的土地；修建铁路并给予一定数量的补助金。1873年7月，爱德华太子岛加入联邦，取得省级地位。

至此，加拿大自治领统一的任务已经完成。从大西洋到太平洋的半个北美大陆已经统一在加拿大自治领之中②。

加拿大的独立是在英帝国容许的范围内实现的，是殖民地上层集团与英帝国进行协商、妥协的产物。自治领建立后，无论在政治上、经济上和外

---

① 1905年西北地区又建立两个新省：萨斯喀彻温省和阿尔伯达省。

② 纽芬兰是当时唯一没有加入自治领的地区。直到1949年，纽芬兰才正式参加联邦，成为加拿大的第10个省。

交、司法等领域都未能获得真正的独立，未能完全摆脱英属殖民地的地位。

为了取得一个国家应有的自主权和完全的独立，加拿大又经历了长期的斗争过程。1914 年，获得较完整的内部事务的自治权。1926 年，在外交上获得独立。直到 1931 年英国议会通过"威斯敏斯特法案"，进一步确定自治领和英国之间具有"平等地位，不再互相隶属"，加拿大才最终成为一个独立国家。

美国—墨西哥战争

陈芝芸

1846—1848 年美国对墨西哥的战争是世界近代史上一次臭名昭著的掠夺性战争。通过这次战争，美国夺取了墨西哥一半以上的领土。前美国共产党领袖威廉·福斯特称其为"美国和整个西半球历史上最蛮横的非正义战争"。

战争的起因和导火线

美墨战争的爆发与 19 世纪上半叶美国南部的种植园奴隶制经济密切相连。早在殖民时期，北美殖民地的南部就已形成了以契约奴和黑奴劳动为基础的种植园经济，当时主要种植烟草、蓝靛。随着工业革命的展开，英国的棉纺织业建立了工厂制度，1793 年惠特尼发明轧棉机使清除棉籽的效率提高了 100 倍，棉花的消费量急剧增长。美国南部成了主要的棉花产地。1844年，美国棉花的收获量达到 232 万包，占世界棉花总产量的 2/3。1850 年，棉花的产值约占南部工农业产值的 77.6%。

随着棉花生产的发展，美国南部的种植园奴隶制经济得到巩固和扩大。1790 年，美国共有奴隶 69.7 万人，到 1860 年，增加到将近 400 万人，其中3/4 在种植园里劳动。用奴隶劳动种棉花给奴隶主带来巨额利润，19 世纪初一个奴隶只值 150 美元，到 19 世纪中叶，已涨到 800 美元，甚至 2000 美元。种植园主由于采用奴隶劳动，不可能精耕细作，只能采取掠夺地力的大面积粗放经营。当他们占用的土地地力耗竭之后，为了不使产量下降就必须转移到新的肥沃的土地上进行种植。19 世纪 30 年代，东南部各州的棉花种植已逐渐衰落，其中心转移到西部各州。但是，西部地区土地的肥力也不能保持太久，于是，墨西哥北部肥沃平坦的土地成了美国南部种植园主觊觎的对象。

在美国南部种植园奴隶制盛行之际，北部和中部资本主义的工业和以自由农为基础的农业蓬勃发展。1860 年美国粮食产量达 3096 万吨，当时美国人口为 3144 万人，平均每人拥有粮食近 1 吨。随着北部经济实力的增强，南部和北部在政治上和经济上的利益冲突日益加剧。南部竭力通过建立新的蓄奴州来挽救腐朽的奴隶制。正如马克思所说：美国"南部为了确保它在参议院中的势力，并且通过参议院来确保它对美国的领导权，就需要不断成立新的蓄奴州。但是，要达到这一点，只有征服国外的土地，像得克萨斯的情形那样"①。由于上述政治和经济原因，南部种植园主主张实行对外扩张政策，妄图建立一个包括西印度群岛在内的奴隶制帝国。

当时，墨西哥是刚摆脱西班牙殖民统治不久的年轻共和国。全国人口仅 700 万，还不到美国的一半。经济十分落后，主要的经济部门是以开采金、银为主的采矿业和农业。封建大庄园和教会占据了大部分土地。被马克思称为"隐蔽奴隶制"的债役制是主要的剥削方式。债役农由于还不清债，世世代代被束缚在大庄园主的土地上。庄园生产的大部分产品供庄园主挥霍，只有很少一部分出售。

天主教会的占地面积几乎是全国土地的一半。教会在城市中也拥有许多不动产。19 世纪 30 年代，教会的财产约有 3 亿比索。教会每年的收入远远超过国库的收入。国家财政状况十分困难，30 年代上半期，墨西哥财政赤字在 400 万—800 万比索，到 40 年代，达到 1200 万—1400 万比索。为摆脱财政危机，墨西哥政府不得不重利向英国银行借款。1831 年 4 月，外债总额达到 3433 万比索。

1810—1824 年独立战争以后，墨西哥政局长期动荡不定。军队和教会成了政治生活的主宰。军事叛乱和政变不断发生，从 1824—1848 年，共发生了 250 次军事叛乱，更换了 31 个总统。历届总统和各州州长几乎全部都是军人。1833 年的 224 万美元国家预算中，164.6 万用于军费开支。军队主要被用于搞政变。每次政变后，通常都晋升一大批新的将军和军官。因此，军官多得惊人，1846 年，墨西哥两万人的军队中就有 500 名将军，有的部队军官人数甚至超过士兵。他们享有免交赋税、不受民事法庭管制等种种特权，其中许多人并无军事知识，更不会领兵打仗。而一般士兵都是被抓来的印第安农民，没有受过正规训练，使用的武器大都是从英国购买的旧货。因此军

①　《马克思恩格斯全集》第 15 卷，人民出版社 1963 年版，第 354 页。

队的战斗力很差。

统治阶级内部的斗争更加剧了国内政局的动荡。独立战争以后，墨西哥政治舞台上出现了两个集团：联邦派和保守派。联邦派主要代表自由主义倾向的地主、资产阶级和部分军官集团的利益，他们主张实行联邦制共和政体，根除殖民制度的一切特征，要求政治生活民主化，限制教会和军队的特权，实行社会经济改革，没收教会的土地，其主要代表人物是维森特·盖雷罗、戈麦斯·法里亚斯等。保守派又称集权派，主要代表高级僧侣、反动军人和大地主的利益，他们反对任何改革。主张政权集中，其右翼公开要求在墨西哥建立君主制度，主要领袖人物是卢卡斯·阿拉曼和阿纳斯塔西奥·布斯塔曼特。

两派之间的斗争十分激烈。在复杂的政治斗争中，一些军事独裁者勾结外国势力，纵横捭阖于两党之间，牟取私利。当时最有影响的人物就是圣塔安那。他是一个毫无原则、利欲熏心的阴谋家。他凭借自己在独立战争中的战功和在军队中的影响，多次取得政权。为了骗取联邦派的信任和支持，常常打扮成自由主义者。在他的反动统治下，墨西哥政治腐败，贪污横行。

美国正是利用墨西哥这种形势，乘虚而入，以强凌弱，发动了这场侵略战争。

战争的直接起因是美国吞并得克萨斯。得克萨斯原是墨西哥的一个省份，面积20万平方公里，超过美国东北部9个自由州的面积总和。这里土地肥沃，矿藏丰富。南部奴隶主贪婪的目光一直注视着这片土地。19世纪20年代初，第一批美国移民约300人到得克萨斯定居，并带来了黑奴。20年代末，美国总统亚当斯·杰克逊提出"购买"得克萨斯地区，遭拒绝。美国加紧向这里移民。到1836年，美国移民达到3万人，其中约有5000黑奴。移民人数大大超过墨西哥居民。

在杰克逊的怂恿下，1835年6月，南部奴隶主积极策划美国移民举行武装暴乱。不到半年时间，叛乱者几乎控制了得克萨斯全境。1836年3月2日，在美国的一手策划下，得克萨斯宣布"独立"，建立了傀儡国家"孤星共和国"。杰克逊的好友、田纳西籍的将军萨姆·豪斯顿"当选"为首任"总统"。3月9日，遵照杰克逊的密令，美国军队越过边界，进入得克萨斯。

墨西哥政府拒绝承认得克萨斯"独立"。当时的总统圣塔安那率领6000兵力去平息美国移民的叛乱。1836年4月21日，墨西哥军队在哈辛托河口与美军遭遇，被歼，圣塔安那本人被俘。他与叛乱者签订了投降协定，承认所谓的孤星共和国，并以布拉沃河（美国称格兰德河）为国界。

但是，墨西哥国会在 1836 年 5 月 20 日和 7 月 29 日通过决议，宣布圣塔安那被俘期间缔结的一切协议均无效，并召回了墨西哥驻美大使，指出，"美国政府的行动威胁到墨西哥共和国的主权和独立"。美国政府不顾墨西哥政府的反对，于 1837 年 3 月 3 日正式承认得克萨斯"共和国"成立。

在建立了这个傀儡"国家"以后，美国南部的奴隶主为了扩大自己在参议院的席位，主张迅速合并得克萨斯，将这大片土地分成几个蓄奴州加入联邦。北部的资本家为了遏制南部的势力，反对合并。1844 年美国总统选举时，民主党候选人詹姆斯·波尔克以合并得克萨斯为竞选政纲，并获得了胜利。波尔克执政以后，将注意力主要放在对外扩张方面，把掠夺墨西哥的领土作为整个对外扩张政策的一个重要组成部分。1845 年初，美国参众两院通过联合决议，合并得克萨斯。1845 年 7 月，美国正式吞并了得克萨斯，宣布它为联邦第 28 州。

美国统治集团的扩张主义政策激起了墨西哥人民的强烈反抗。在人民群众的压力下，墨西哥政府多次对美国提出抗议。1845 年 3 月，墨西哥与美国断绝了外交关系，声称美国合并得克萨斯将被视为对墨西哥宣战。两国的关系到了剑拔弩张的地步。

然而，美国南部奴隶主并不以合并得克萨斯为满足，其目标是要占据墨西哥北部的全部领土，包括加利福尼亚、新墨西哥、奇瓦瓦等州。他们蓄意挑起一场战争，以达到其扩张主义的目的。代表南部奴隶主利益的波尔克政府一面调兵遣将，准备战争；一面派路易斯安那州的国会议员约翰·斯莱德耳为特使前往墨西哥谈判，企图迫使墨西哥承认美国合并得克萨斯，并将加利福尼亚和新墨西哥州卖给美国。当这一企图未能得逞时，波尔克政府决意出兵，以武力征服墨西哥。

战争的爆发和墨西哥的失利

1845 年夏天，由泰洛将军指挥的美国正规部队进驻得克萨斯，在两国的实际边界线努埃西斯河附近不断挑起军事冲突，制造战争借口。1845 年 10 月，美国正规军的一半包括 5 个步兵团、4 个炮兵团和 1 个龙骑兵团，将近 4000 兵力集结在努埃西斯河口的科珀斯克里斯提，随时准备进入墨西哥国境。同时，康内尔海军准将和斯劳特海军准将指挥的美国舰队封锁了墨西哥湾和太平洋东西海岸。

1846 年 3 月 8 日，美国军队不宣而战，从科珀斯克里斯提越过努埃西斯河，并迅速占领大片土地。4 月底，墨西哥一支小分队渡过布拉沃河袭击了美军。边境冲突日益扩大。

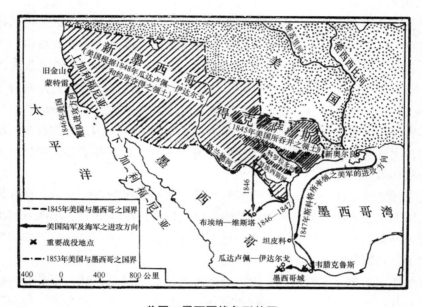

美国—墨西哥战争形势图

5 月 8 日，在布拉沃河北岸的巴洛阿尔托地区，由阿里斯塔指挥的墨西哥部队和泰洛的军队第一次正式交战。美军利用其炮兵优势使墨军失利。次日在雷萨卡地区再次激战。在这次战役中墨西哥损失 522 人，美国伤亡 177 人。墨军被迫退到布拉沃河以南。

这时，波尔克总统认为宣战的时机已经成熟，1846 年 5 月 11 日，他在致国会的咨文中，颠倒黑白地说什么，"墨西哥越过了美国的边界，侵犯了我们的领土，并且在美国的土地上流洒着美国人的鲜血"。美国国会众议院以 174 票赞成、14 票反对，参议院以 42 票赞成、2 票反对、3 票弃权通过法案，宣布："由于墨西哥共和国的行动，该政府与美国政府之间进入战争状态。"决定拨款 1000 万美元作为军费，征召 5 万志愿兵。5 月 13 日，美国正式对墨西哥宣战。

当时，墨西哥国内政局依旧动荡不定。圣塔安那的独裁统治引起了广大人民的强烈不满。1844年秋天，首都爆发起义，圣塔安那被推翻，并被驱逐出国，流亡古巴，联邦派中温和派的代表何塞·华金·埃雷拉于1845年当选总统。

埃雷拉政府面对美国的侵略采取妥协退让的政策。保守派代表帕雷德斯利用人民对政府的不满，于1846年1月夺取了政权。他把主要精力放在巩固自己的统治上面，对战争根本未作必要的安排。直到7月7日，美国宣战后将近两个月，墨西哥国会才正式宣战。国会决议的第一条说明了战争的防御性质："美国已经开始并正在对墨西哥共和国进行侵略，侵入并攻占了我国的几个省份，政府将对这种侵略进行反击，行使保卫国家的天职。"

战争开始时，美国拥有的正规军人数不多，1845年底共有步兵7883人。美国政府主要依靠征召志愿兵来扩充兵力，整个美墨战争期间，美国招募的志愿兵有67905人，总兵力超过10万人。

墨西哥军队的人数，在战争开始时约为2.3万多人，以后又陆续补充了一些新兵。墨西哥士兵的装备很差，使用的大多是17世纪的旧式火炮和步枪，瞄准率很差；许多士兵单靠大刀、长矛、甚至套索与敌人拼搏。许多人光着脚行军。但是他们为了保卫祖国，驱逐侵略者，作战十分勇敢。

宣战以后，美国侵略军在几条战线同时发动攻势，以便达到两个目的：第一，占领墨西哥北部省份，包括上加利福尼亚、新墨西哥、奇瓦瓦；第二，迫使墨西哥承认这些占领。为了达到第一个目的，3支部队在加利福尼亚、新墨西哥和奇瓦瓦同时发动进攻。为了达到第二个目的，美国从布拉沃河地区出发，经萨尔提略向首都墨西哥城进逼。同时，海军准备在韦腊克鲁斯港登陆，从东南面直抵墨西哥城。

占领墨西哥北部省份的战斗由1846年7月一直延续到1848年3月。1846年6月，美国在加利福尼亚的移民仿照侵占得克萨斯的伎俩，发动武装暴动，建立了所谓"独立"的加利福尼亚共和国。几乎是同时，由海军准将斯劳特和斯托克顿指挥的美国舰队在太平洋沿岸马萨特兰登陆，于1846年7月9日占领了旧金山，8月初进入圣彼得罗，8月13日在加利福尼亚首府洛杉矶登陆。8月17日，斯托克顿宣布加利福尼亚加入美国联邦。

这时，在新墨西哥，由基尔尼将军率领的占领军也发动攻势。1846年7月，基尔尼的部队在密苏里河岸的利文伏特要塞组成了拥有3000士兵和16门大炮的西路军向新墨西哥州进发。当时墨西哥在该州约有2000兵力，但是州长阿尔米霍不积极组织抵抗，仓皇逃遁。8月18日，新墨西哥首府圣菲失陷，占领者随即宣布新墨西哥归美国所有。1846年9月25日，基尔尼率领大军向加利福尼亚进军，准备打开一条从陆路通向太平洋的通道。

为了向奇瓦瓦地区进军，占领通往瓜马斯港的通道，波尔克政府在得克萨斯将4000名志愿兵组成了中路军，由伍尔将军率领，准备占领奇瓦瓦，后因情况变化，折向东面，占领了科阿韦拉州的首府蒙古洛瓦。12月，为与泰洛部队在萨尔提略会合，放弃了征服奇瓦瓦的计划。

由泰洛率领的美国主力部队集中在东北部战场，准备从得克萨斯出发经过蒙特雷、萨尔提略向首都进军，以便迫使墨西哥接受美国提出的一切条件。泰洛在巴济阿尔托战役之后，于5月18日渡过布拉沃河，占领了重要城市马塔莫罗斯；6月初，向北部重镇蒙特雷进军。蒙特雷是新莱昂州的首府，有居民1.5万人，是通往首都的战略要地。守卫蒙特雷的安普迪亚将军有7000步兵，但装备极差。当时泰洛部队已拥有6670人的兵力，19门大炮。战斗于9月20日打响。墨西哥士兵进行了顽强的抵抗，23—24日进入巷战，几乎每一条街道、每一幢楼房都进行了激烈的争夺。经过3天激战，虽然市中心区仍在墨西哥军队手中，但是安普迪亚的部队已经弹尽粮绝，陷入重围，不得不投降。泰洛部队也伤亡惨重，仅仅9月21日一天就死伤400多人，包括1名将军，33名军官。他同意墨西哥军队带走一切武器装备，有组织地撤退，并休战8个星期。11月16日，美军未遇任何抵抗，占领了战略要地萨尔提略。

经过8个月的战事，墨西哥1/3的领土被美国侵略军占领。占领军所到之处进行了野蛮的抢劫和屠杀。

国内矛盾的激化和游击战的兴起

墨西哥军队的战败和大片领土的丧失使人民对保守派政府极端不满。帕雷德斯政府在国家生死存亡的关头，不去组织力量抵抗美国的侵略，而是准备在墨西哥建立帝制，认为墨西哥唯一的生路是让西班牙亲王路易斯·费尔南多当皇帝，以便得到欧洲列强的支持。

保守派政府的倒行逆施引起了各阶层人民的反对。在激进派领袖法里亚斯的领导下，瓜达拉哈拉、韦腊克鲁斯、普韦布拉等城市发生了武装起义，起义者高呼"共和国万岁""消灭侵略者"的口号。法里亚斯等为了尽快推翻保守派政府，与圣塔安那的支持者结成联盟，决定将流亡在古巴的圣塔安那召回，由他来指挥军队。他凭着在历次战争中的经历，仍被许多人看作墨西哥将军中唯一能领兵打仗的人。

圣塔安那立即声明支持激进派上台执政，表示回国后自己仅仅负责国防。当时墨西哥的港口已被美国海军封锁，无法通过。圣塔安那私下与波尔克总统做了一桩肮脏的交易，许诺只要美国让他通过封锁线回国，将来美国可以用3000万美元的代价获得所希望得到的土地。1846年8月，这个臭名昭著的"考迪罗"① 又回到了墨西哥，重新登上政治舞台。

1846年8月4日，墨西哥城爆发了声势浩大的起义，帕雷德斯政府被推翻。全国人民寄希望于激进派，国内出现了爱国主义的热潮。同年12月，国会选举圣塔安那为共和国总统，法里亚斯为副总统，政权主要掌握在法里亚斯等激进派手中。

法里亚斯政府积极采取措施，加强国防力量，组织国民卫队，吸收爱国青年参加保卫祖国的战斗。为了筹措资金以继续进行战争，1847年1月，法里亚斯政府决定征用教会价值1500万比索的贵重物品充当军费。反动僧侣和保守派不顾国难当头，企图发动内战推翻法里亚斯政权。国内的政治斗争进一步激化。

圣塔安那出任总司令之后，表面上在组织抗战，实际上在为美国效劳。1846年10月，他下令放弃墨西哥湾重要港口——坦皮科。9月，圣塔安那来到圣路易斯波托西，建立大本营，招募新兵，准备抗击泰洛的部队，但是几个月过去了，没有采取任何军事行动。直到1847年1月，圣塔安那才率领墨西哥21500人的部队从圣路易斯波托西开拔北上，迎击驻扎在萨尔提略的泰洛部队。

2月22—23日，在离萨尔提略不远的布埃纳维斯塔山口发生了激战。这是北部战场上最后一次，也是最残酷的一次战役。泰洛投入的兵力有6000人，圣塔安那自称有1万8133人，实际上参战人数要少得多，因为长途行军中非战斗减员1000多人。泰洛部队凭借有利的地形和密集的炮火打退了墨军一次又一次进攻。但是，墨西哥军队依靠士兵的勇猛和人多势众顶住了敌人的压力，并使泰洛部队遭到重大损失。23日，泰洛部队的左翼几乎完全被击溃。通往美军后方的道路已打开。

---

① 考迪罗，Caudillo，西班牙文，意为军事首领，系拉丁美洲军事独裁统治者的称谓。

泰洛处境十分危险，准备向华盛顿告急。这时，圣塔安那因得悉首都发生了事变，随即命令自己的军队撤退，返回圣路易斯波托西，并无条件释放400名俘虏。泰洛部队立即转入反攻，墨西哥部队在一片混乱中向南撤退。由于饥饿、寒冷和疾病，倒在沙漠里的墨西哥士兵不计其数。整个战役中，墨军伤亡1500人，美军伤亡723人。

圣塔安那到达首都后，站在教权派叛乱者一边，推翻了法里亚斯政权，将其驱逐出国，自己独揽了军政大权。

内乱外患使墨西哥到了民族危亡的紧急关头。人民群众不愿当亡国奴，自动拿起武器，开展了广泛的游击战。敌占区游击战争的展开牵制了敌人的兵力，使其不能迅速前进。

1846年9月，1000多名武装起来的印第安农民在加利福尼亚的重要据点萨吉尔起义。9月23日，洛杉矶的居民在弗洛雷斯上尉的领导下，袭击了美国驻防军，迫使敌人投降。到1846年11月底，整个加利福尼亚几乎都被墨西哥爱国者占领。据统计，加利福尼亚游击队的人数达到6000—8000人。直到1847年1月12日，基尔尼部队经过激战才又重新占领洛杉矶。

在新墨西哥，印第安农民在托马斯·奥尔蒂斯、迭戈·阿尔丘莱塔等爱国者的领导下，举行了武装起义。1月20日，起义的主力部队袭击了首府圣菲。游击队人数达1500人。在蒙特雷·马塔莫罗斯等东北部地区，游击队切断了敌人的交通，袭击了敌人的辎重。

从太平洋沿岸到墨西哥湾，到处都燃烧着墨西哥爱国者抗美救国的烽火。敌后游击队的战斗打乱了敌人的部署，牵制了敌人大量兵力，使美国侵略军在北部战场不得不从进攻转入防御。

韦腊克鲁斯港登陆和首都失陷

经过将近一年的激战，美国侵略军占领了墨西哥北部大片领土，但是战争的第二个目的——迫使墨西哥承认这种占领——未能达到。战争变得旷日持久。

南部奴隶主发动的这场战争在美国国内已越来越不得人心。许多辉格党人、废奴主义者公开谴责这次战争，废奴主义的领袖弗雷德里克·道格拉斯将其称为"一场残酷的屠杀"，"是我们的蓄奴总统干的好事"。

波尔克害怕战争拖延会动摇自己的政治地位，所以也希望尽快结束战争。游击战争的扩大使美军越来越感到兵力不足，战线太长。从北部进攻墨西哥城要通过大片沙漠地带，存在许多困难。波尔克政府决定放弃原定计划，改变主攻方向，从海上登陆，直抵墨西哥城，迫使墨西哥投降。

1847 年春天，波尔克总统任命斯科特将军为总司令，准备从韦腊克鲁斯港登陆。斯科特部队拥有 162 艘军舰和登陆艇，装备有 40—50 门大炮，10 万发炮弹，由 3 个师组成的兵力总人数达 1.3 万多人。

从韦腊克鲁斯港登陆到墨西哥城陷落历时半年多，进行了 5 次大的战役。

（1）3 月 22—29 日韦腊克鲁斯保卫战。3 月 9 日，斯科特的部队在韦腊克鲁斯港附近登陆，在围城半个月之后发起攻击。由于反动的教权派在首都叛乱，法里亚斯政府被推翻，韦腊克鲁斯港处于孤立无援的状态，仅靠以莫拉雷斯将军为首的有限的城防力量进行抵抗。3 月 22 日起，72 艘美国军舰进行了历时 4 昼夜的野蛮炮轰，倾泻的炮弹足有数千发。由码头工人、建筑工人和渔民组成的 4000 多城防军进行了英勇抵抗，终因孤军奋战，寡不敌众而失败。3 月 29 日，韦腊克鲁斯港被攻陷。

（2）4 月 17—18 日塞罗戈尔多战役。美国占领军攻占韦腊克鲁斯以后，径直向西取道当年西班牙殖民者的路线向墨西哥城进军。圣塔安那率领 1.2 万名新兵组成的队伍在离韦腊克鲁斯港 160 英里的塞罗戈尔多峡谷迎击敌人。这是通往墨西哥城的战略要地。圣塔安那的主要阵地设在塞罗戈尔多山冈上，周围是难以通行的密林，打算借助天险，阻击敌人。斯科特部队从小道绕过了密林地带，从后方袭击墨军。圣塔安那惊慌失措，临阵脱逃，墨军遭受重大损失。两天之内，墨军伤亡约 1000—1200 人，3000 人被俘。美军伤亡 431 人。塞罗戈尔多要塞的失守意味着通往首都的道路已被打开。5 月 15 日，美军未经战斗进入第三大城市普韦布拉。

（3）8 月 19—20 日丘鲁布斯科战役。斯科特部队经过了休整和增补，于 8 月初重新向墨西哥城进逼。8 月 19 日，在离首都 4 英里的丘鲁布斯科河岸展开血战。墨西哥爱国者进行了顽强的抵抗。由爱尔兰人、波兰人、英国人和正义的美国人组成的"圣巴特里西奥营"① 的国际战士与墨西哥人并肩

---

① "圣巴特里西奥营"建于美、墨战争初期，参加过多次重大的战役，在丘鲁布斯科战役中，他们与墨西哥军队的两个营共同战斗，英勇不屈。大多数圣巴特里西奥营的战士在这次战役中牺牲了，其中有 65 名被俘后遭斯科特杀害。

战斗，给了敌人以沉重打击。斯科特部队一天之内损失兵力 1056 人，其中有 76 名军官。

（4）9 月 8 日莫利诺德雷伊战役。美国侵略军听说墨西哥人在莫利诺德雷伊铸造大炮，对这一据点发动了强攻。守卫这一据点的是来自附近负责各州防卫的国民卫队，总兵力达 4000 人。美军投入的兵力为 3447 人。战斗进行得十分激烈，一天之内美军伤亡 787 人。由于圣塔安那不派后备军增援，由民兵组成的骑兵部队也未投入战斗，墨军再次遭到失败。

（5）9 月 13 日查普尔特佩克战役。这是通往墨西哥城的最后一个据点。9 月 13 日，斯科特借助猛烈的炮火，发动了强大的攻势，将 4 个师 7000 多兵力全部投入了强攻。

驻守在查普尔特佩克山冈周围的墨西哥军队共有 5000 人，但投入战斗的只有步兵和军事学校学员组成的 832 名驻防军，由独立战争中的老将军尼科拉斯·布拉沃指挥。墨西哥士兵浴血奋战，几乎全部殉国。有 6 名年幼（最小的只有 13 岁）的军事学校的学员与敌人进行了顽强的搏斗，"少年六英雄"的事迹至今仍为人们所传颂。斯科特占领军一天之内死伤 862 人。

查普尔特佩克的失守打开了通向墨西哥城的西大门。当时，斯科特的部队伤亡惨重，减员将近 1/3，加上增援部队仅有 6000 人。圣塔安那手中尚有 5000 名士兵，4000 名骑兵，可是他对首都未作任何设防。9 月 14 日，圣塔安那率领部队撤离了墨西哥城。

签订和约和战争的影响

美国侵略军占领了墨西哥 1/3 的领土和首都墨西哥城之后，美国最富侵略性的南部奴隶主集团还想将战争继续下去，直到并吞整个墨西哥为止；但是统治集团中大多数人认为可以迫使对方接受和谈条件了。

1847 年 9 月，圣塔安那因叛卖行为激起了人民的公愤而被推翻，逃往国外，以佩尼亚—伊—佩尼亚为首的新政府已无力进行抵抗，希望尽快进行谈判。

1848 年 2 月 2 日，在墨西哥城北的一个小村镇瓜达卢佩—伊达尔戈签订了和约。在美国压力下，墨西哥被迫割让得克萨斯、新墨西哥、上加利福尼亚以及塔毛利帕斯、科阿韦拉和索诺拉的一部分，总面积达 230 万平方公里，占墨西哥全部领土的一半以上，这些土地包括现在美国的加利福尼亚州、内华达州、犹他州的全部和科罗拉多、亚利桑那、怀俄明、新墨西哥州的一部分。布拉沃河被定为墨西哥与美国的边界。美国支付微不足道的1500万比索，放弃墨西哥所欠的325万比索作为补偿。

1848年3月10日，美国参议院以38票赞成，24票反对批准了条约。墨西哥国会于5月19日批准了条约。5月30日条约生效。12月30日，最后一批美国军队撤离了墨西哥。

1846—1848年美国对墨西哥的战争是"美国历史上最可耻的事件之一"。它遭到美国工人、废奴主义者以及一切主持正义的人们的谴责。未来的总统阿伯拉罕·林肯在国会公开斥责这次战争是南部种植园主为了扩张他们的奴隶制而挑动起来的掠夺性战争。

美国扩张主义者原以为可以轻而易举地征服墨西哥，事实上，他们遇到了墨西哥人民顽强的抵抗。据官方大大缩小的数字，美军阵亡和受伤后死亡的人数达25400人，耗费的军费达9770万美元。

这次战争对墨西哥人民来说是一场严峻的考验。反动的天主教会、大庄园主和部分高级军官为了维护自己的特权，不顾民族的危亡，频频发动政变；保守派政府的不抵抗政策和军队最高司令部的失败主义的方针是墨西哥战败的重要原因。

墨西哥人民在战争中表现了极大的爱国主义热忱。据当时的作家和新闻记者吉廉尔莫·普里埃托估计，在争夺首都的战斗中，约有1.5万人自动参加了反对美国侵略者的斗争。因此，游击战成为这次战争的一个重要特点。

战争的结果对墨美双方的政治、经济都产生了深远的影响。战争的结果使美国的边界向西扩展到太平洋，向南扩展到加勒比海地区，从而取代了英国在这些地区的势力。具有战略地位的加利福尼亚州并入美国，为日后美国在太平洋地区扩张势力开辟了道路。割取土地上的奴隶制问题加剧了南北方之间的冲突，对南北战争产生了重要的影响。

这些地区蕴藏的金、银、铜、石油、天然气等丰富的矿产资源为美国工业的发展提供了极为有利的条件，为它后来取得世界强国的地位打下了基础。从美墨战争结束到美国内战爆发前的1860年，美国工业发展迅猛，工业总产值由10亿美元增加到20亿美元。1860年美国工业跃居世界第四位。金银矿的开发成为南北战争中北方的重要财政来源。

对墨西哥来说，丧权辱国的瓜达卢佩—伊达尔戈条约使墨西哥丧失了一半以上的领土，失去了最肥沃的适宜发展农业的广阔的平原地带，失去了宝贵的矿产资源，剩下的一半领土有 4/5 是山地和高原，可耕地面积相对较少，农业的发展受到很大限制；失去了洛杉矶、旧金山、圣迭戈等优良的港口，影响了墨西哥海上贸易的发展，这一切对整个社会经济发展进程是个无法弥补的损失。

在政治上，墨西哥的战败充分暴露了统治者的腐败无能和天主教会的反动本质，它使保守派威信扫地。保守派作为一种政治力量开始衰落，以胡亚雷斯为首的自由派的势力日益壮大。自由派与保守派之间的斗争更加激烈。这些都促进了 50 年代改革运动的展开。

墨西哥胡亚雷斯改革

杨典求

胡亚雷斯改革是指 19 世纪 50—60 年代由胡亚雷斯领导的墨西哥著名的革新运动。它从推翻封建军事独裁政权、实行自由主义的改革开始，发展成为同封建反动势力进行浴血战斗的国内革命战争和抗击外国武装干涉的民族解放战争，历时达 13 年（1854—1867 年）之久。它实质上是一次资产阶级革命。

这场席卷墨西哥全国，有广大人民群众参加的革命斗争，以其英勇反抗封建统治和外来侵略的光辉业绩而彪炳于墨西哥史册，并成为 19 世纪拉丁美洲人民捍卫民族独立和争取社会进步的一个范例。领导这场伟大斗争的胡亚雷斯，被尊为拉丁美洲解放运动的伟大先行者。

深刻的起因

墨西哥革新运动，有其深刻的社会经济根源和政治背景，是国内阶级矛盾和对外民族矛盾长期发展的结果。

19 世纪初，墨西哥摆脱了西班牙的殖民统治，但政权落到土生白人地主手中，殖民统治时期的封建经济结构被保存了下来。在广大农村，封建大土地所有制继续扩展。全国大地产的数目由 1810 年的 4944 个增加到 1854 年的 6092 个。有些大地主占有的土地甚至比欧洲一些国家的面积还要大。一小撮封建寡头不仅垄断了当时最主要的生产资料——土地，而且竭力保持极端落后的大庄园制，残酷剥削广大的债务雇农①。此外，深受地主阶级奴役或兼

---

① 债务雇农，西班牙文叫"Peón（佩翁）"，大都原是印第安村社农民，因失去土地沦为庄园主的长工。他们被世代相传的债务束缚在土地上，直接受庄园主的奴役和驱使，从事几乎无偿的强迫劳动，完全失去了人身的自由。

并之苦的还有分成制佃农①、印第安村社农民和自耕农②等。

在 1841 年，一位名叫斯蒂芬斯的学者曾描述他目击的墨西哥农村实况说，印第安债务雇农被"不公道的主人用债务套住了他们的脖子"，"永无机会摆脱"；他们有的替主人"照管牛、马等牲畜，每年得到 12 美元的收入"，每周得到少量玉米糊口；有的要替主人种地，"每天工资只有 1 雷阿尔③和价值 3 生丁的玉米作口粮"。失去土地的村社农民和自耕农源源补充着债务雇农和佃农的队伍。占全国 4/5 的人口在贫困中挣扎。农民阶级受的压迫和剥削最深重，他们是革新运动的主力军。

随着对外贸易的扩展，英、美、法等国资本乘墨西哥国家财政经济极端困难之机加紧渗入。19 世纪 30 年代上半期，墨西哥的预算经常有赤字，每年达 400 万至 800 万比索；40 年代上半期增至 1200 万至 1400 万比索，1847 年已超过 1800 万比索。为了弥补赤字以平衡财政收支，政府不得不接受外国银行家强加的苛刻条件举借外债，回扣和利息往往占贷款数额的 2/3 左右。1843 年外债总额高达 5400 万比索，到 50 年代又增加一倍。

在封建势力和欧美列强的双重压迫下，墨西哥的民族工业发展缓慢，绝大多数是手工工场和作坊。19 世纪 40 年代中期，全国仅有 59 个纺织厂、2600 多台机器和 1 万多名工人，而家庭手工业的生产却拥有近 5000 台手工织机，约有 3 万名手工业织工。以专门开采金银为主的采矿工业技术和生产方法仍很落后，采光和通风设备很差，迫使矿工们往往摸黑站在齐膝深的地下水中，用极原始的手工操作掘取矿石。矿工中肺病流行，死亡率很高。

广大人民在封建军事独裁政权的统治下，处于无权地位。思想、言论与信仰自由被禁止，书报出版物受检查，文化教育为天主教会所垄断。统治阶级内部争权夺利，军阀连年混战，政权频频更迭。仅 1841—1848 年就更换了 21 个总统，平均每 4 个月换一位总统。政局的动荡与混乱，使国家长期陷于分裂状态。宪法、议会、选举等徒有虚名，成了军事独裁制度的装饰品，只有武力才是实行统治的真正手段。

---

① 分成制佃农，指向大庄园主租佃一小块土地耕种谋生的农民。他们要向地主按其每年全部收获物的一定比例（或对半、或四六开，或三七开）缴纳苛重的实物地租或货币地租，甚至还被迫服劳役。

② 自耕农来源于殖民统治初期授与远征队步、骑兵的份地，分别为 200 和 1000 英亩，后来这些殖民者的后裔继承这份土地，变成自耕农。西班牙文叫"rancho（兰乔）"。

③ 相当于 6.25 生丁。

　　封建统治阶级的当权派包括军阀、天主教会上层和世俗大地主，被称为"三元寡头"。他们大都是土生白人。军阀集团由大小"考迪罗"组成，1846 年全国约有 2 万名士兵，将军就有 500 名。他们享有特权，不受法律约束，任意洗劫国库，抢夺人民财物。大考迪罗们经常割据一方，混战不休，频繁发动政变，使政局动荡不稳。他们夺取政权后都实行军事独裁统治。

　　天主教会上层的教权集团以墨西哥大主教和几十名主教、大修道院长等为首，控制着教会的各种组织机构及财产，成为全国最大的地主。据估计，1856 年改革前，教会拥有全国大地产的一半左右，全国不动产的 1/5 到 1/4，价值达 2.5 亿至 3 亿比索，其收入大大超过了国库。教会还享有许多特权，如特设宗教法庭、征收什一税、垄断教育及他社会事务等。它只承认梵蒂冈教廷的权威而不接受本国政府的管辖，借助上帝神权，钳制人们的思想。

　　绝大多数的世俗大地主及官僚政客，通过经济、政治及家族联系，同军阀和教权集团紧密结合在一起，共同组成政治上的保守派。其著名首领有大地主、大官僚阿拉曼和大军阀圣塔安那。

　　地主阶级反对派由一部分开明的世俗地主以及某些地方封建势力组成，他们反对保守派独占政权，主张实行温和的改良，被称为温和派。领导人有埃雷拉、阿里斯塔等；在革新运动中，科蒙福特是该派的主要代表人物。

　　随着资本主义的初步发展，墨西哥资产阶级正在逐渐形成，包括一些小厂主、工场主和商人等，但力量很小。这个阶级代表当时新的生产关系，要求冲破封建束缚，反对外国压迫，因而具有革命性。以胡亚雷斯为首的自由派就是这个新兴阶级的思想和政治代表。其核心力量是一批受到欧美资产阶级革命思潮影响的爱国知识分子。他们具有资产阶级民主自由和民族独立的进步思想，主张按照欧美资本主义国家的模式和资产阶级的政治经济学说，实行政治和社会经济改革，把墨西哥改造成为一个"自由民主、独立富强"的国家。

　　自由派老一辈的著名领导人有盖雷罗、法里亚斯、莫拉、阿尔瓦雷斯等。他们在执政时曾力图改革，但都遭到失败。例如，1829 年初盖雷罗当选总统后倡导自由主义改革，下令废除奴隶制度，于同年 12 月被保守派政变所推翻。1833 年 3 月，法里亚斯以副总统代行总统职权，他立即采取措施，废除教会和军阀的特权，由国会先后通过一系列法令，宣布政教分离，取消教会的什一税，解散墨西哥北部的传教士团并将其财产收归国有，取消雇佣军队并裁减常备军人数等。1834 年 4 月，保守派发动政变，驱逐法里亚斯及其他自由派领导人，取消一切改革措施。

胡亚雷斯是领导革新运动的自由派新一代的主要领袖。他出身于瓦哈卡州贫苦的印第安农民家庭，后来攻读法律当了律师。在 19 世纪 30 年代和 40 年代国内激烈的政治斗争和抗击美国侵略的战争中，他坚定地站在以自由派为首的爱国进步力量一边，为捍卫民族独立、国家主权和人民自由而战斗。1833 年，他积极支持法里亚斯领导的改革，以州议员的身份在瓦哈卡州立法会议上提出没收西班牙殖民征服者科尔特斯家族世袭的土地财产归州政府所有的法案，以及将盖雷罗的罹难地奇拉潘改名为盖雷罗提特兰以资纪念的法案。1848 年他当选为州长，努力保护印第安人的利益，大力改善州政府的行政管理，平衡财政收支，政绩卓著。自由派新一代领导人还有奥坎波、莱多、德戈亚多、阿里亚加、普列托、拉米雷斯等。

在城镇中，小资产阶级的人数众多，基本群众是手工业者、小商人和一部分知识分子，其中最下层的正在日益变成贫民和无产者。他们对本国统治者和外国资本家的不满情绪日益增长。墨西哥独立后，广大农民和城镇人民不断地掀起自发的斗争，有力地打击了封建统治和外国压迫者。其中规模最大的一次是 1843 年夏尤卡坦半岛玛雅族印第安人发动的武装起义。墨美战争期间，墨西哥人民反对美国占领者的游击战争规模也很大。1847 年 9 月有1.5 万名群众参加保卫首都的斗争。

墨西哥独立后，英国、美国、法国等列强相继侵入。它们通过贷款、输入商品、投资以及签订不平等条约，逐步控制了墨西哥的经济和政治，使墨西哥走上了半殖民地、半封建化的道路。墨西哥独立不久，英国曾两次贷款600 多万英镑给墨政府，逐渐控制了墨西哥大部分对外贸易。19 世纪 40 年代，英国在墨西哥拥有 65 家采矿公司，资本达 1000 万英镑以上，在列强中居于首位。英国资本家控制了墨西哥几乎全部采矿工业，一部分纺织企业、造币厂和海关，掌握了绝大部分债权。

美国则利用边境毗邻的有利条件，从 19 世纪 20 年代起就开始向墨西哥的北部边疆地区移民。1836—1845 年兼并了得克萨斯地区，1846—1848 年发动侵略战争，强占了当时墨西哥一半以上的领土，面积共约 230 万平方公里，使墨西哥面临亡国灭族的现实危险。

在严重的民族危机面前，保守派反动独裁政权屈膝媚外，丧权辱国，使国内各种矛盾尖锐化。

1847 年，保守派政府因墨美战争失败被迫下台。温和派首领埃雷拉和阿里斯塔相继担任总统，采取了恢复联邦主义原则、举行地方选举等一些改良措施。自由派通过选举取得了一些州的执政权。胡亚雷斯、阿尔瓦雷斯和奥坎波均当选为州长，积极地争取实行改革。

1853 年 1 月，以阿拉曼为首的保守派发动政变，迫使阿里斯塔总统辞职，并召回流亡哥伦比亚的圣塔安那回国任临时总统。圣塔安那上台后，变本加厉地实行独裁统治，对内用武力镇压农民起义，驱逐自由派人士，甚至连温和派人士也不能幸免；对外屈服于美国的压力，不惜出卖祖国领土，将墨西哥西北部科罗拉多河、希拉河和格兰德河之间的梅西利亚河谷约 12 万平方公里领土割让给美国，以换取美国 1000 万美元的报酬。圣塔安那的倒行逆施，激起了全国人民的反抗，从而加速了革命的爆发。

苦斗的历程

墨西哥革新运动大体上经历了三个阶段。

第一阶段（1854—1858 年），通过武装起义推翻保守派军事独裁统治，建立自由派领导的革新政权，开始进行社会改革。

1854 年 3 月 1 日，阿尔瓦雷斯在他执政的盖雷罗州阿尤特拉城宣布起义，号召推翻圣塔安那的独裁统治，在墨西哥建立民主政府，史称"阿尤特拉宣言"。起义者自称"复兴自由军"。参加起义部队的主要有印第安村社农民和一些城镇居民。阿尔瓦雷斯率领起义军同圣塔安那的政府军激战近 21 个月。流亡国外的自由派人士迅即回国参加斗争，胡亚雷斯担任阿尔瓦雷斯将军的政治顾问。起义者勇敢战斗，以弱胜强，打败了保守派政府的 9 万正规军。1855 年 8 月，圣塔安那的独裁政权被推翻。

同年 10 月初，阿尔瓦雷斯被选为临时总统，组成了自由派领导的临时政府，胡亚雷斯任司法、教会事务和国民教育部部长，奥坎波任外交部部长，普列托任财政部部长，温和派将军科蒙福特任国防部部长。

自由派执政后，立即实行民主改革。以复兴自由军为核心，吸收城市贫民和小资产者，组织新的国民卫军，以取代旧军队，并清洗反动将军和军官 800 多名。同时，进行司法改革和举行制宪议会的选举。在胡亚雷斯的主持下，11 月 23 日颁布了关于中央和地方各级法院组织与司法管理的法令，即著名的"胡亚雷斯法"。它规定废除天主教会和军队特设的法庭，取消教士和军人不受普通法院审判的特权，宣布在法律面前人人平等的原则。这是革新运动打击封建势力政治特权的第一个革命措施，是确立资产阶级法权的重要步骤。

保守派—教权集团仇视和反对改革。首都大主教德·拉·加尔萨—伊—巴耶斯特罗宣称将把服从胡亚雷斯法的人开除出教。参加政府的温和派也企图阻挠自由派的改革。瓜那华托州州长多夫拉多在科蒙福特的支持下于12月上旬发动政变，迫使阿尔瓦雷斯和奥坎波辞职。由于受到保守派的威胁，科蒙福特在接任临时总统后不得不同自由派保持合作，胡亚雷斯改任瓦哈卡州州长，莱多任财政部部长。自由派在制宪议会中占多数。阿里亚加任宪法起草委员会主席，领导制定新宪法的工作。

在自由派的积极推动下，1856年初，临时政府宣布实行出版自由，废除封建行会，取消国内关卡，统一度量衡，继续整编国民卫军。2月17日，制宪议会开幕，法利亚斯当选为名誉主席。议会批准了胡亚雷斯法，并通过禁止强迫征收什一税、驱逐耶稣会等法令。

6月25日，政府颁布了由莱多起草的关于禁止世俗和宗教团体永久占有城乡不动产的法令，即著名的"莱多法"。这个法令规定宗教社团（即天主教会）必须在三个月限期内将其占有的城乡不动产转让或出售给承租人或其他人，政府从中抽取不动产售价的5%作为税额，并禁止其今后拥有不动产。莱多法主要目的在于打击天主教会的经济势力，废除教会大地产所有制。1856年底，按照该法规定转让或拍卖的教会不动产达2300万比索。莱多法还规定公民社团（即印第安村社）也必须将其公地转为私产，这实际上意味着加速剥夺印第安村社农民的土地，引起了印第安人的正当反对。

1856年1月至1857年10月，胡亚雷斯回瓦哈卡州组织新的州政府。他在任内整顿财政和司法管理，批准州的民法典和刑法典；修改州宪法，规定州长普选制；改进国民教育，恢复被保守派取消的科学与艺术学院。他还平定了州内保守派的叛乱。

1857年2月5日，制宪议会通过并宣布了在当时具有重大进步意义的墨西哥新宪法，把已付诸实行的各项改革用宪法形式固定下来。它规定政教分离，重申共和、联邦、代议制民主以及公民自由权利和私有财产不可侵犯等项原则。同年9月16日，新宪法开始生效。同月地方选举，胡亚雷斯在总票数112541票中获100336票，以绝对多数当选为瓦哈卡州州长。11月初，他回首都改任内政部长。

11月根据新宪法举行大选，科蒙福特当选为总统，胡亚雷斯当选为最高法院院长，即法定的副总统。自由派人士在新选出的国会中占大多数。反动势力公开宣称反对新宪法，发动武装叛乱。温和派则攻击改革破坏了"和平与秩序"，反对加强议会民主和限制总统权力。科蒙福特要求修改宪法，遭到自由派的拒绝。保守派乘机策动政变，于1858年初推翻科蒙福特政府，建立以保守派将军苏洛亚加为首的反革命政权，挑起了内战。

第二阶段（1858—1861年），以胡亚雷斯为首的自由派政府同保守派复辟的伪政权进行内战并把改革斗争推向高潮，史称"三年战争"或"改革战争"。

在保守派政变时，胡亚雷斯和许多自由派议员曾一度被捕，释放后旋即离开首都。1858年初，科蒙福特逃亡美国。聚集在克雷塔罗城的70名国会议员举行会议，根据1857年宪法拥戴胡亚雷斯为共和国临时总统，并组成新的联邦政府，奥坎波任外交和内政部长，德戈亚多任国防部部长兼共和国武装部队总司令，普列托任财政部部长。胡亚雷斯政府坚决维护1857年宪法，捍卫改革成果，得到南北大多数州的拥护。全国形成以自由派为首的保卫宪法同盟，温和派人士和一些地方势力也参加进来。当时支持伪政权的美、英两国外交使节均认为人们十分之七八拥护胡亚雷斯政府。

占据首都和中部几个州的保守派伪政权，打着"宗教与特权"的旗号，把他们发动的反革命战争渲染成为保卫宗教的"圣战"。他们在占领区内，实行白色恐怖，竭力消灭一切改革成果，完全恢复旧制度。天主教会拿出大量金钱作为伪政权军费开支，仅1858年上半年已达460万比索。

起初，保守派军队在战场上采取攻势，迫使胡亚雷斯政府一再转移，1858年5月迁至东部海岸的韦腊克鲁斯。同年下半年和1859年，内战处于相持阶段，主要战场在瓜那华托、哈利斯科、圣路易斯波托西等州。1859年初，保守派将领米拉蒙继任伪政权首脑，于同年2月率领主力部队进攻韦腊克鲁斯。自由派政府军乘虚攻打墨西哥城，并攻占中部一些城市，迫使米拉蒙撤回首都。

鉴于欧美列强同伪政权保持外交关系，胡亚雷斯政府严正声明伪政权无权代表墨西哥，并照会各国使节应与伪政权断绝关系而同合法的自由派政府建交。美国政府出于自身利益的考虑，迟至1859年4月才承认胡亚雷斯政府，并派罗伯特·麦克伦为常驻外交代表。同年12月，为了获得军火供应，胡亚雷斯政府同美国签订了不平等的"奥坎波—麦克伦条约"，赋予美国永久享有货物免税通过墨西哥西北地区和南部特万特佩克地峡以及派驻美军的权利。该条约由于双方国会均未批准而作废。

为了动员人民，打击敌人，胡亚雷斯政府果断地采取重大的改革措施，颁布了一系列著名的改革法。1859 年 7 月 12 日，根据奥坎波、德戈亚多等人的建议并由莱多拟定，公布《墨西哥社会改革宣言》，宣布保守派—教权集团是内战的罪魁祸首；无偿没收除教堂建筑物以外的教会全部土地财产；把收归国有的教会地产分成小块出售给农民，在 5—9 年内分期付清价款；实行政教分离和信教自由，取消什一税和教会其他捐税，封闭男修道院等。7 月 23 日，公布实行世俗婚姻和将户籍登记移交国家机构办理的法令。7 月 31 日、8 月 11 日颁布的法令规定：出版自由，教会负责赔偿内战对国家造成的物质损失，改革国民教育制度，封闭女修道院，取消教会管理墓地和主持公众节日的权利等。同时停止了莱多法中侵犯印第安村社土地的做法，承认村社土地公有制合法。改善了政府同印第安农民的关系。

改革法的实施，有力地打击了保守派—教权集团的势力，对内战的结局起了决定性的作用，保证了自由派的胜利。到 1860 年夏，内战形势发生根本转折，自由派发动强大攻势，组织三路大军——阿尔瓦雷斯指挥西南路，波菲利奥·迪亚斯指挥南路，新任国防部长奥尔特加和萨拉戈萨共同指挥北路——向首都推进，于同年 12 月 25 日解放首都。1861 年 1 月 11 日，胡亚雷斯政府胜利迁回墨西哥城，保守派伪政权彻底垮台。支持伪政权的教皇使节、墨西哥大主教、4 名主教以及西班牙使节被驱逐出境。

第三阶段（1861—1867 年），胡亚雷斯政府领导墨西哥人民进行反对法国武装侵略的伟大卫国战争，同时继续推进国内改革。

1861 年 6 月，胡亚雷斯当选为墨西哥共和国总统。他面临战争破坏所造成的严重困难：保守派残余匪帮继续作乱，在大选中杀害了奥坎波、德戈亚多等著名自由派领导人；政府财政赤字达 500 多万比索，外债利息的支付即占国家预算的 1/4。1861 年 7 月 17 日，胡亚雷斯政府宣布暂停偿付外债两年。支持墨西哥保守派的英国、法国和西班牙以此为借口，于同年 10 月 31 日在伦敦签订了一项共同出兵干涉墨西哥的协定。马克思称这次正在策划中的干涉是"国际史上最凶恶的勾当之一"①。

同年 12 月，西班牙军官普立姆从古巴率领一支侵略军攻占了韦腊克鲁斯。英、法军队随后于 1862 年初入侵。经过与胡亚雷斯政府交涉谈判，英、

---

① 《马克思恩格斯全集》第 15 卷，人民出版社 1963 年版，第 386 页。

西两国于同年4月撤走了它们的军队。但是法国皇帝拿破仑三世坚持侵略政策，于4月16日悍然对墨西哥宣战。流亡国外的反动分子在法军的卵翼下纷纷回国实行复辟，组织起以保守派将军阿尔蒙特为首的傀儡政权。1863年5月，法军依靠陆续增援达3万多人的优势兵力，在付出伤亡约4000人的惨重代价后攻占了普韦布拉城。5月31日，胡亚雷斯政府撤出首都，向北转移，起初迁至圣路易斯波托西，1865年又迁至今华雷斯城①。

　　胡亚雷斯政府在1863年内继续采取一些新的改革措施，如颁行《国有荒地分配法》②《没收叛国犯财产法》③，以及令修女还俗，将女修道院改为医院或兵站并没收其财产充作战争经费。1864年5月底，法军占领了墨西哥1/3的国土。拿破仑三世把奥地利皇帝的幼弟斐迪南·马克西米连大公送到墨西哥来当傀儡皇帝，号称马克西米连一世。他上台后立即与法国订约，承认以往的全部外债。

　　1864—1866年是墨西哥人民抗法卫国战争中最艰苦的时期。胡亚雷斯政府依靠军队和人民，坚持抗战，在前线和敌后到处展开游击战，使侵略者陷入墨西哥全民族的包围之中。人民群众表现了高度的爱国主义精神和不怕牺牲的大无畏英勇气概。到1867年初，战局朝着有利于墨西哥的方向迅速发展。这时，法军已损失了1/5的兵力，墨西哥的军队则增至9万人。加上法国在欧洲面临着普鲁士的挑战，局势紧张，急需调兵应付，在墨西哥已无力再打下去。拿破仑三世被迫于2月撤走侵略军。胡亚雷斯政府军队大举反攻，很快光复全部国土。7月15日，胡亚雷斯政府迁回首都，处死了马克西米连一世，胜利地结束了这场神圣的卫国战争。

　　卫国战争期间，墨西哥人民打死法国侵略者约6500人。法国当局耗费近3亿法郎。此时，胡亚雷斯的威望达于顶峰，赢得了巨大的声誉。法国大文豪雨果称赞他和美国的约翰·布朗是"现今美洲"的"两个英雄"人物。意大利革命家加里波第代表意大利人民向胡亚雷斯致敬，他说："意大利人民因为感谢你消灭他们的压迫者的伙伴而向你致敬！"

---

　　① 胡亚雷斯又译作华雷斯。

　　② 1863年7月20日颁布的《国有荒地分配法》，规定将北方广大国有荒地分配给农民或移民，限额为每户不得超过2500公顷，实际上有利于发展小土地所有制，增加自耕农户。

　　③ 1863年8月16日颁布的《没收叛国犯财产法》，将公开投敌的封建反动分子的土地财产在农民中间分配。

结局与评论

墨西哥革新运动取得了重大的成就。它基本上摧毁了天主教会教权集团的经济垄断和精神统治，推动了民主思想的传播。它剥夺了教会的全部土地财产，并将其廉价卖给本国地主资产阶级分子、外国资本家以及一部分农民和城镇居民。据统计，到 1866 年 3 月为止，被剥夺的教会资产总值超过6200 万比索。马克思曾对此评论说："教会的财产被没收了，并且做了一切足以削减天主教国教权力的事情。"① 自革新运动以后，天主教会在墨西哥再也不能恢复它昔日的特权地位。

同时，通过局部土改，在一定程度上改善了部分农民的处境，使自耕农在 1866—1883 年增加了 3182 户。胡亚雷斯政府领导的抗法卫国战争，赶走了法国侵略军，捍卫了国家的独立，加强了国防力量，促进了民族觉醒，从而消除了墨西哥重新沦为殖民地的威胁，暂时延缓了其半殖民地化的过程。

史实表明，胡亚雷斯改革实质上是一次反对国内封建势力和反对外来民族压迫的资产阶级革命，具有重大的进步作用。领导这次革命的以胡亚雷斯为首的自由派代表当时墨西哥正在兴起的资产阶级的利益与要求，其推行的革命纲领与实践主要包括以下三个方面。

1. 政治上用资产阶级的民主政体代替封建军事独裁统治。1855 年的胡亚雷斯法、1857 年的新宪法、1859 年的改革法等，都是打击封建军阀与教权集团特权、确立资产阶级民主法制的重大措施与步骤。

2. 经济上推行自由主义改革，为资本主义的发展扫除障碍。最重大的措施是实行局部土地改革的莱多法和改革法。它们旨在打破天主教会和封建教权集团对土地财富的垄断，削弱封建大土地所有制，扩大农民的小土地所有制，并增加政府的收入。这反映了墨西哥自由派发展资本主义的要求，并取得了一定的成效。

3. 对外关系方面，反对欧美列强的压迫和侵略，捍卫民族独立和国家主权。以胡亚雷斯为首的自由派在卫国战争中逐步形成了"解放的拉丁美洲主义"，其基本思想是把墨西哥的命运同整个拉丁美洲的解放斗争联系在一起，在共同斗争中团结一致，互相支持；并强调拉丁美洲各国必须自求解放，而

---

① 《马克思恩格斯论美国内战》，人民出版社 1955 年版，第 268 页。

绝不指靠欧美列强的帮助。1866年1月，胡亚雷斯在谈到推行扩张政策的美国时说："我从来没有这种幻想，即这个强国会给我们以真诚的帮助。我懂得，富者与强者是不会同情不幸的穷人的，更不会帮助穷人摆脱不幸的地位。"

但是，墨西哥革新运动是一次很不彻底的资产阶级革命，存在着严重的阶级和历史的局限性。在国内方面，封建制度的经济基础大土地所有制和大庄园制没有根本改变，因为局部土改丝毫不触动世俗地主的土地，相反拍卖的教会地产和部分村社公地，实际上大都落到新老世俗地主和军阀官僚手中。实行莱多法的头一年，全国就增加了9000个新地主。

在对外方面，欧美列强的经济势力没有触动。1872年胡亚雷斯病逝后，原自由派将领波菲利奥·迪亚斯在美国的支持下，于1876年11月23日发动政变上台，复辟了地主阶级的政权。此后，迪亚斯实行了长达30多年的独裁统治，欧美列强趁机加紧扩张势力，墨西哥迅速沦为受帝国主义控制与掠夺的半殖民地半封建国家。

长期以来，国内外史学界对墨西哥革新运动的评价与看法不尽一致。美国历史学家格伦宁强调革新运动是"教会和政府之间的冲突"，不提这场战争具有社会革命和民族解放的性质。另一位美国史学家派克斯指出革新运动的目标是"打倒封建主义"，却忽视这个运动反对列强民族压迫的意义。派克斯还渲染革新运动的种族斗争色彩，说墨西哥混血种人"急于取得财富和权力"，"极想在官僚政治中得到一些地位"。这不仅无视这次革命产生的深刻社会经济和阶级根源，而且低估了它的广泛群众性和进步意义。事实上，革新运动的主要领导人胡亚雷斯及阿尔瓦雷斯将军等人就不是混血种人，而是纯血统的印第安人。他们在一定程度上依靠了广大人民、特别是印第安农民和城市小资产者的支持。

苏联历史学家阿尔波罗维奇等认为革新运动具有资产阶级革命的性质，但他们对地主阶级温和派阻挠革命发展的消极和反动作用却估计不足，反而强调一部分统治阶级"非常欢迎"革新运动。美国共产党著名领导人福斯特曾经指出，胡亚雷斯是"墨西哥伟大的民族主义者"，"基本上代表中产阶级"。墨西哥著名历史学家谢拉也说过，革新运动使墨西哥的"另一个历史时期，另一个世代、另一个共和国虽然缓慢但是确定不移地到来了"。

我国史学界一般认为，墨西哥革新运动按其性质来说是一次资产阶级革命，是继拉丁美洲独立战争之后，对墨西哥国家发展和社会进步具有深远影响的重大历史事件，也是现代墨西哥和拉丁美洲民族民主运动的先驱。革新运动之后，墨西哥新兴资产阶级逐渐成长壮大，终于在 1910—1917 年的资产阶级民主革命中取得了政权，使国家开始走上了民族资本主义的道路。

墨西哥革新运动还具有一定的世界历史意义。它发生在中国太平天国运动、印度士兵大起义的同一时期，成为当时世界范围内"落后地区"被压迫民族解放斗争的重要组成部分。它挫败了拿破仑三世的武装干涉，削弱了他的统治力量，客观上帮助了法国无产阶级的斗争。

日本开国

武安隆

所谓"日本开国",指的是 19 世纪中叶,在西方列强的武力威胁下,日本被迫签订一系列不平等条约,放弃闭关锁国政策,与外部世界重开国交与贸易往来的历史事件。由于这一事件对日本近代的历史影响深远,常常被看作明治维新的开端。

从锁国到开国的背景

1603 年建立的江户幕府①,在德川家康晚年和他逝世之后,开始执行闭关锁国政策。日本的锁国,始于 17 世纪 30 年代。幕府从 1633 年发布第一个"锁国令",至 1639 年发布第五次锁国令,宣布加强贸易统制和沿海警备,严禁日本船只出海贸易,严禁日本人的海外往来,查禁天主教,将外国人驱逐出境,等等。以 1639 年的锁国令为标志,幕府确立了日本锁国体制。从此,除与中国和荷兰在长崎一地维持少量的贸易外②,完全断绝了与外部世界的交往。

日本的锁国制度持续了 200 多年,对日本社会产生了消极的影响,它极大地阻碍了日本的历史发展和社会进步。贸易的停滞,使日本经济与世界市场隔绝,严重影响了资本主义萌芽的成长,延缓了封建经济解体和资本原始

---

① 德川幕府时期,征夷大将军(简称将军)掌握日本军、政大权,将其统治机构将军府——幕府设于江户(现东京)。

② 锁国之初对荷兰贸易没有限制,但 1685 年规定自日本输出限额为金 5 万两,1695 年又限制为银 3000 贯。1700 年规定每年来船不超过 5 艘。1715 年限定每年来船为 2 艘,贸易额不得超过银 3000 贯。对中国的贸易额,1685 年限定为银 6000 贯。1688 年限定中国来船 70 艘,1715 年削减为 30 艘。

积累的进程，也大大抑制了产业的发展；与外国交流的中止，对日本经济、文化的发展和进步极为不利，使江户时期的日本文化失掉了开阔与雄伟的精神。日本远远落后于西方先进资本主义国家的发展。是故，历史学家称之为"历史的悲剧"。

锁国时期的日本处于幕藩体制的统治之下。天皇作为日本式政治建筑物上不可缺少的点缀品，在京都的御所（皇宫）中赋闲。控制了政治和军事大权的将军，不许公家（廷臣）和大名染指中央政治。幕府明令划分"四民"等级，即士、农、工、商，士属统治阶级，农、工、商为被统治的平民，此外还有叫作"秽多""非人"的贱民等级的人，上下尊卑，等级森严。这种严格的封建身份制度是日本封建社会的主要特征之一。

随着生产力的发展，18世纪中叶以后，资本主义因素开始萌芽。在一些经济发达地区，如近畿、尾西等地的棉纺织、丝织等重要行业中出现了手工工场。但是，居于支配地位的还是高利贷资本以批发行的包买形式控制的农村家庭工业。

德川后期，幕藩体制陷入了日益深刻的危机之中：封建领主不断加重剥削，广大农村盛行堕胎、溺婴、弃婴，周期性的严重饥馑大约每七八年发生一次①；由于连年的灾荒，全国人口自1721年至1846年的125年间没有增长，大致停留在2800万至3000万之间；耕地面积160年间徘徊在290万至300万町步②；幕府财政困难，靠改铸劣质货币来弥补亏空。天保12年（1841年）改铸货币之所得，竟占岁入的51.4%。封建危机的最严重表现是风起云涌的农民起义和城市捣毁运动。据统计，1590—1867年的277年间，共发生农民起义2809次，即平均每年10.1次，而且越到幕末情况越严重。

就在日本沉睡于闭关锁国之中的时候，西方世界发生了翻天覆地的变化。英、美、法等主要西方国家，相继完成了资产阶级革命和产业革命，逐步向自由资本主义发展。

"资本主义工业部门的自然趋向使它需要'寻求国外市场'。"③ 在资本主义生产规律的作用下，从17世纪末起，西方列强为了建立世界资本主义市场，夺取商品市场和原料产地，纷纷将殖民扩张的触角伸向世界，伸向日

---

① 据梅森三郎《凶荒志》，整个德川时代，严重的歉收共130次。据小鹿岛果《日本灾异志》，严重的饥荒共35次。

② 日本土地面积单位，1町步合0.9918公顷。

③ 《列宁选集》第1卷，人民出版社1972年版，第187页。

本，并进行激烈的角逐。到 19 世纪 40 年代，即鸦片战争之前，除了东亚（中国、朝鲜、日本）和中非之外，亚、非、拉的广大地区都已在列强的坚船快炮和廉价商品的进攻下，沦落为殖民地和附属国。

为迫使锁国的日本开放国禁，从 1794 年至 1823 年 30 年间，欧美国家到日本的活动就有 19 次之多。只是由于或者实力尚不足，或是忙于各自战争，加之日本的拼命抵挡，尚未能迫使日本开国。日本尚能对英、法、美、俄的不断叩关搪塞于一时。但是，到 19 世纪中叶，列强加紧向东亚侵略扩张，特别是 1840 年的鸦片战争又使中国迅速地半殖民地化。日本朝野震惊，加之幕府的腐朽衰败，它已无力抗拒西方殖民势力的东渐。这时的日本已不能再继续独立于资本主义世界市场之外了。也就是说，日本的开国，是世界资本主义发展到 19 世纪中叶不可避免的历史趋势，问题只是由谁来加以实现罢了。

鸦片战争之后，英国加紧向中国倾销商品和掠夺原料。伦敦大学教授比兹里在研究鸦片战争后英国的对日政策时指出："英国的商人们不关心日本。他们中的大多数人深信，中国有着广大而未开发的贸易和富源，只是由于政治上的困难和排外主义的中国政府的政策，才未能开发。因而他们认为，如要确保对这一传奇的神话般的市场的接近，正确的做法应当是，即使冒着战争的危险，也要努力支持政府……无论是商人还是政治家，都不把日本与对华贸易等量齐观。虽说有几个人热心宣传，但是，日本贸易的'神话'终未激起商人们的普遍向往。"很明显，中国的市场和财富深深地吸引了英国，使它暂时顾不上染指日本。

与英国这种冷漠的对日态度形成鲜明的对照，美国的对日政策则越来越趋积极。这主要是出于两个原因。

第一，1844 年《中美望厦条约》签订之后，美国对华贸易迅速发展，中国成为美国棉纺织品的最大销售市场之一。1853 年，美国输出中国的棉纺织品达 283.1 万美元，占美国棉纺织品输出总额的 32.2%。但是，这个数额也只及英国对华输出棉纺织品的一半。

为了与英国争夺在华利益，美国首先要在对华交通上另辟捷径。前此，美国来华必须横渡大西洋，绕过非洲南端的好望角，经由印度洋抵达中国沿海，远不如英国来得方便。1846 年，美国占领俄勒冈，1848 年又从墨西哥手中夺取了加利福尼亚，使美国的领土由大西洋沿岸扩展到太平洋沿岸。因而，开辟横跨太平洋抵达中国的航路对美国更富有吸引力了。但是，由于当时的汽船还不能带足横跨太平洋的燃料，寻找一个可供添煤的驻足地便成为当务之急。日本就是这样一个理想之地。所以，能否敲开日本大门成为它争夺在华利益这一战略目标成败的关键。

还有一个因素也推动着美国去开辟太平洋航路。1848 年在加利福尼亚发现金矿，淘金者趋之若鹜，1849 年就达 10 万人之多。无奈人多金少，不少人便转向对华贸易寻求出路。

第二，美国独立前，捕鲸业已很发达，当时主要以新英格兰为根据地在北大西洋进行。独立后，由于北大西洋的大头鲸逐渐减少，便转至北太平洋。1838 年，在北美西北海岸发现大渔场。1843 年，又在鄂霍次克海发现了更加丰饶的渔场。1848 年，更越过白令海峡进入北冰洋。19 世纪四五十年代，美国的捕鲸业空前繁荣。1830 年，捕鲸船总吨位为 39000 吨，1844 年则超过 20 万吨。1845 年，投资于远东的捕鲸业资本为 1700 万美元，从业者万人以上。北太平洋捕鲸业的发展，迫切需要在日本寻求港口补充燃料、粮食和淡水。另外，在日本近海遇难船员的救助也亟须日本大开方便之门。

正是在这种背景下，1846 年（日本弘化 3 年）和 1849 年（嘉永 2 年），美国先后两次派遣比德尔和格林率舰赴日，要求通商和接回漂流至日本的遇难船员。格林归国后，在致政府的复命书中说："日本开国的时机确已到来。所用手段，以武力威胁为得策。"美国政府最后挑选了取代奥利克成为东印度舰队司令的海军准将培里作为赴日特使。培里出身于海军军官家庭。他本人不仅是海军技术专家，有"蒸汽海军之父"之称，而且也是一个狂热的扩张主义者。

炮口下签订的"亲善条约"

经过周密的准备之后，1852 年 11 月 24 日，培里率舰两艘启程赴日。途中，他致函美国海军部长肯尼迪，主张"如果日本政府反对在本土提供这样的（用以停泊和补给的）港口，如果不诉诸武力和流血就不能获得港口的话，我舰队在日本南部有良港和便于获得淡水、粮食的一两个岛上设立基地，并以亲切、温和之态度怀柔当地居民，建立友好关系，这既是理想的，也是必要的"。显然，培里曾打算用武力占领琉球的若干岛屿。

在到达中国之后，培里把舰队扩大至 4 艘（其中蒸汽舰两艘）。1853 年

5月，舰队抵达琉球那霸。6月6日，访问了首里王宫。7月8日（日本嘉永6年6月3日），"黑船①舰队出现在江户湾浦贺附近的海面上。"

日本方面要求美舰队驶往长崎进行交涉，被培里一口拒绝。幕府无计可施，允许就地呈递国书。7月14日，旗舰"萨斯奎哈纳号"响起震耳欲聋的炮声。培里率水兵300名在久里浜登陆，呈递了美国总统米勒德·菲尔莫尔致日本国天皇②的国书。国书提出三项要求：通商，供应美国船只煤炭和粮食，保护遇难船员。培里本人也致书将军，表示明春要重来江户湾等待答复。他并威胁说，如果必要，明年来时将率更大舰队。在测量了江户湾之后，培里于7月17日率领舰队离开了日本。

美舰离日一个月后，由海军上将普提雅廷率领的俄国舰队（由4艘军舰组成）也接踵来到日本，要求开国。这就给幕府造成了更大的压力。

德川幕府自"开府"以来，一直不许朝廷和各藩大名过问国政，但在美国的坚船利炮面前却慌了手脚，一反常态，竟向朝廷请示机宜，并下令全国诸侯、官吏以至平民，均可上书言计，为此事献策。各藩的意见不一致，但大体上说，拒绝开国者占大多数③。幕府没有积极对策，只图拖延蒙混而已。

1854年2月11日，培里果然率领了一支由7艘舰船组成的舰队（其中蒸汽舰3艘）再次来到江户湾。为了把谈判地点置于美国舰队的大炮射程之内，给日方代表施加压力，培里要求谈判在横滨举行。幕府派出要员林煋、井户觉弘、伊泽政义和鹈殿长锐四人为谈判代表，并确定了全部接受美国要求的交涉方针。3月8日，培里率500名全副武装的水兵和海军陆战队士兵，在17响礼炮声中登陆，开始与日本代表谈判。

3月30日，双方签订了《日美亲善条约》（也称"神奈川条约"）。条约共12条，核心内容有3项：（1）日本对美国船只开放下田、箱馆两港，为美船提供煤炭、粮食和淡水，并接纳遇难船员；（2）今后日本给予别国权益时，也须无条件给予美国；（3）美国可在下田设立领事馆。6月20日，双方又签订《日美亲善条约附属条约》（也称"下田条约"）。该约共13条，对开放下田港做了细则规定。培里舰队在完成使命之后，于6月22日驶离日本。

---

① 因舰只通身涂以黑漆，日本人称为"黑船"。

② 该信名义上是致日本天皇的，但由于当时日本的政权由幕府将军掌握，实际上乃是预定将此信交给将军的。所以培里并未率舰队到天皇所在地京都，而是将舰队开到将军所在地江户。

③ 据统计，在幕府收到的被征询大名的54份意见书中，主张拒绝开国要求的有34份。

美国炮舰外交的成功刺激了其他欧洲列强。1854 年初，英、法两国就有派遣舰队前往日本的打算，因克里木战争的爆发而中止。1854 年 9 月 17 日，英国东印度舰队司令史透林率舰 4 艘来到长崎，要求日本不要给俄国军舰提供特别方便。幕府害怕英、法与俄国的战争波及日本，10 月 4 日以不为交战目的使用开放港口、不在日本近海作战为条件，与英签订《日英协定》7 条。

俄国的普提雅廷得知日美签订了条约，也躲过英国舰队的搜索，悄悄溜到日本要求缔约。经过与幕府代表川路圣谟、筒井政宪的多次谈判，于 1855 年 2 月 7 日签订了《日俄亲善条约》9 条及附属条款 4 条。

荷兰尽管一直与日本有外交关系，此时也要求缔约。幕府曾要求荷兰帮助日本购买军舰、武器和训练海军，荷兰驻长崎的商馆长寇蒂斯便以缔约为交换条件。1855 年 7 月，荷兰把军舰"森宾号"送给幕府，并答应帮助幕府训练海军。11 月 9 日，幕府代表荒尾成允、川村修、浅野氏绥与寇蒂斯签订了《日荷亲善条约》27 条。日英、日俄、日荷之间的条约，内容大致与日美条约相同。

"五国通商条约"的缔结

《日美亲善条约》的签订，虽然打破了日本的锁国制度，但没有满足美国的通商要求。而没有通商的"开国"是不足以使美国却步的。列宁指出："资本主义只是广阔发展的、超出国家界限的商品流通的结果。因此，没有对外贸易的资本主义国家是不能设想的，而且的确没有这样的国家。"[①]

培里在评价《日美亲善条约》时就指出，它是"向通商协定前进中的最重要的一步"。他还乐观地估计了对日贸易的前景："可以毫无顾虑地预言，这个优秀国家是东方最重要的国家之一……我们将能够与它建立有利的贸易。"他举出，日本人爱好并需要欧美的羊毛织物和棉布，而日本可供输出的产品则有金、银、铜、樟脑、木材、干鱼、烟草及绢布、麻布、漆器、陶器等。他认为，在必要的时候，"将用外力把中华帝国和日本帝国拉入同等的国际义务和权利关系之中"。也就是说，要把它们强制卷入资本主义的世界市场。

---

① 《列宁选集》第 1 卷，人民出版社 1972 年版，第 186 页。

与日本签订通商条约的任务落到了美国首任驻日总领事哈利斯的肩上。哈利斯出身于纽约一个陶瓷进口商人的家庭，本人长期从事往来于美国至香港、马尼拉、新加坡等地的商业活动。1854 年被任命为驻宁波领事。1855 年，他回纽约时，适逢美国政府物色驻日总领事人选。一些有影响的纽约商人向美国总统富兰克林·皮尔斯推荐哈利斯。推荐他的人中还有培里和参议院议员、后来的国务卿西瓦德。哈利斯也毛遂自荐，向总统表示："如果要在驻清事务官和驻日领事间作一抉择的话，我将毫不犹豫地选择后者。我十分清楚，在日期间必须忍受离开社会的流放和生活上的精神孤独，我有忍受这些的准备。"1856 年 6 月，经参议院认可，他被正式任命为首任驻日总领事。1856 年 8 月 21 日，哈利斯到达下田，在下田近郊的玉泉寺升起了星条旗。

以老中①阿部正弘为首的幕府执权者，基本上已决定了开国的方针，但还不愿让哈利斯径来江户，而要他在当地与下田奉行②交涉。经过一系列谈判，1857 年 6 月 17 日，哈利斯与下田奉行井上清直及中村时万签订了《日本国美利坚合众国条约》，条约共 9 条，主要内容为：除下田、箱馆两港外，再对美开放长崎；美国在日本享有领事裁判权（第四条规定："日本人对美国人犯法时，由日本官员按日本法律惩处。美国人对日本人犯法时，由总领事或领事按美国法律惩处。"）；美国人带来的货币，可与同种等量的日本货币交换（只征收 6% 的改铸费）；来日美国人可在下田、箱馆居住，美副领事可长驻箱馆等。

《日本国美利坚合众国条约》签订之后，哈利斯又强烈要求前往江户晋见将军和缔结通商条约。此时，适逢英国舰队借"亚罗号"事件炮击广州，荷兰驻日商馆长寇蒂斯力劝幕府开国。这一劝告对老中堀田正睦产生了相当的影响，决定允许哈利斯前来江户。

1857 年 10 月 14 日，哈利斯到达江户。18 日会见堀田正睦，21 日晋见将军，呈递了国书。哈利斯老于权术，来江户前多次宣称他有"重大事件"必须面陈堀田。日本官员无论怎样追问，他都故弄玄虚，秘而不宣。

26 日，堀田终于安排接见，特意听取他关于"重大事件"的陈述。哈利斯讲了因汽船用于航海而引起的世界形势变化，力说日本必须适应这一形

---

① 老中是幕府常设的最高执政官。
② 奉行，幕府职名。下田奉行，为下田地方最高行政长官。

势，放弃锁国政策，进行自由贸易。他抬出英国在亚洲的侵略，尤其是英法正在进行的对华战争（第二次鸦片战争）来威胁日本。说英国的香港总督包令正准备来日，"将率领日本人迄今所未曾得见之大军舰，来到江户要求谈判"。他还大肆宣扬美国的所谓"和平主义"，说美国不指望在东方获得领土，并说，英法曾要求美国参加这次对华战争，遭到了美国的拒绝。他力劝日本应在英国舰队到来之前与美国签订条约，以为日后与英国缔约提供一个有利于日本的范本。哈利斯提议这个条约主要应包括：（1）外国公使常驻江户；（2）美国人与日本人自由贸易，官员不进行干涉；（3）增开港口。堀田对哈利斯关于形势的通报表示感谢，但说缔约之事因要和很多人商量，需要一定的时间。

过了一个月，哈利斯仍未得到幕府的答复，又进行威胁说："若不接受我方要求，即当降旗回国。日本以此侮辱美国全权代表，美国当兴师问罪。"幕府即派下田奉行井上清直、目付①岩濑忠震为代表，自 1858 年 1 月 25 日开始与哈利斯交涉。经过 14 次谈判，最终议定了《日本国美利坚合众国修好通商条约》及贸易章程，只等 4 月 18 日正式签署。

但是，这时围绕着将军继承人的问题，政局突然复杂化。一桥派②反对把持幕政的南纪派③与美签约。为了得到天皇对条约的"敕许"，幕府派堀田正睦前往京都做朝廷的工作。但是朝廷在一桥派的怂恿下一味支吾搪塞，不肯批准。1858 年 6 月 1 日，堀田空手回到江户，签约日期早已过去。就在此时，井伊直弼担任了大老④，他在哈利斯的强烈要求下，不待敕许，命井上清直、岩濑忠震于 1858 年 7 月 29 日与哈利斯在美舰"波瓦坦号"上签署了条约。

《日本国美利坚合众国修好通商条约》共 14 条，其主要内容为：（1）互派外交代表，常驻对方首都，并享有在其国内的旅行权。（2）依次开放神奈川（1859 年 7 月 4 日）、长崎（1859 年 7 月 4 日）、新潟（1860 年 1 月 1 日）、兵库（1863 年 1 月 1 日）。神奈川开港 6 个月后关闭下田港。此

---

① 目付，德川幕府职名，负责监视武士，类似监察官。

② 一桥派，中心人物为萨摩藩主岛津齐彬、越前藩主松平庆永等，因主张拥立一桥庆喜为将军继承人，故名。

③ 南纪派，中心人物为彦根藩主井伊直弼等，因主张拥立纪州藩主德川庆福为将军继承人，故名。

④ 幕府在有特殊必要时，在老中之上设立大老一职，总摄政务。

外，江户（1862 年 1 月 1 日）、大阪（1863 年 1 月 1 日）辟为商埠。美国人可在各通商地点居住和修筑房屋。（3）在各通商地进行没有日本官员干预的自由贸易。（4）外国货币可与日本货币同种等量交换，并可在交易中通用。（5）美国人对日本人犯法，由美国领事按美国法律惩处。（6）制定协议关税。

接着，以此条约为蓝本，日本全权代表又分别与寇蒂斯签订《日本荷兰修好通商条约》10 条（8 月 18 日），与普提雅廷签订《日本国鲁西亚国修好通商条约》17 条（8 月 19 日），与额尔金签订《日本国大不列颠国修好通商条约》24 条（8 月 26 日），与葛罗签订《日本国法兰西国修好通商条约》22 条（10 月 9 日）。各条约中都附有贸易章程。这些条约因是安政年间与 5 个国家签订的，所以总称为"安政条约"或"五国通商条约"。

安政条约的签订标志着日本结束了闭关锁国状态，完成了开国的历史进程。

日本沦为半殖民地的危机

导致日本彻底开国的安政条约，是西方资本主义列强强加给日本的不平等条约。它从以下五个方面破坏了日本的主权：

（1）列强在日享有治外法权——西方国家的公民可以在日本为所欲为，日本的法律不能用来保护本国和本国公民的利益与安全。

（2）列强在日本享有关税协议权——等于列强共管了日本的海关，日本丧失了保卫本国经济利益和产业的最重要手段。

（3）列强享有片面最惠国待遇——一个外国在日本取得殖民主义权益，其他外国便可同时获得，日本受到的损害以"累进"方式剧增；而一个外国在另一个外国取得好处，却与日本毫不相干。

（4）列强在日本开港地设立居留地——居留地在治外法权的庇护下，性质与列强在中国的"租界"相差无几，成为日本主权不能完全达到的"国中之国"。

（5）条约不规定有效期限，修改须经对方同意——条约持续多久，是否允许修改，主动权实际上操于侵略者之手。因而，安政条约的签订必然带来严重的后果。

在经济方面，资本主义国家的工业品开始向日本倾销，棉布、棉纱、食

糖等大批进口，打击了日本本国的生产。1863 年进口的棉织品为 182241
反①，毛织品为 92841 反。1867 年棉织品约增为 1087163 反，毛织品约增为
371396 反，棉纱则为 20970 担，砂糖为 259443 担。生丝大量出口，1858 年
日本开港前，几乎没有出口，开港后的 1859—1860 年，出口额为 6000 捆，
1862—1863 年已增为 2.6 万捆。国内丝织业出现了危机，西阵和桐生的传统
丝织业难以维持。桐生 1500 名职工无法生活，派代表请愿，要求幕府停止
出口生丝。西阵的丝织行称，因缺乏生丝，供应将军穿用的料子也织不
出来。

当时，日本国内的金银比价为 1：5，而国际市场则为 1：16，于是从西
方来到日本的"公使、领事、海军官佐以及商人们几乎人人都搞这种（以白
银套购黄金的）投机事业，致使帝国的黄金外流异常迅速"。就这样，开港
贸易仅半年，日本黄金外流了 100 万两。出口激增，黄金外流，币制混乱等
情况，最终导致了物价暴涨。1859—1867 年，丝、茶、蚕卵纸、盐、酒、
棉、麦、米等，少者涨价两三倍，多者涨价 10 倍。整个经济陷于大混乱
之中。

经济的破坏，造成了包括下级武士在内的人民生活的更加恶化，也使得
幕府和各藩的财政更加困难。

为了解救财政危机和加强军事力量以镇压人民的革命斗争，封建统治者
大批购买武器和军舰，甚至以主权作抵押，以求得列强的贷款和帮助。据统
计，1871 年废藩置县时，明治政府承认的各藩外债包括利息在内共计 400 多
万元。

借款中有许多是政治色彩极强的抵押借款，如水户藩借荷兰商人洋银 10
万元，以福山、江刺两港税收作担保。幕府为了取得法国的贷款，宁愿由法
国来垄断日本的对外贸易，甚至出卖北海道的森林、矿山开采权。只是由于
1866—1867 年的经济危机和幕府的迅速垮台，这个计划才未能实现。

列强还利用幕府的腐败，要求连条约中也没有规定的驻兵权。从 1863
年起，英、法借口保护居留地，调集军舰 10 余艘进驻横滨，常驻水兵近
2000 人。横滨简直成了英、法的军港。日本政府想在横滨修建炮台，却因
英、法的蛮横干涉而只得作罢。在日本，横滨之于江户，正如在中国，天津

① 反，日本量布的单位，通常以长 2 丈 6 尺至 8 尺（各地略有不同），宽 9 寸（即鲸尺）为
1 反。

之于北京。在这个敏感地区大批驻军，从政治上、心理上给予幕府以极大的威慑和影响。

1861 年发生的对马事件，还表明列强有着直接掠夺日本领土的野心。这年 4 月，俄国军舰"鲍萨德尼克号"侵入对马的芋崎，以"修理军舰"为名，建造兵营等永久性设施。他们无视对马藩当局的抗议，肆意测量水域，砍伐山林，实弹射击，索要妓女。当地人民忍无可忍，对俄国侵略者进行了武装抵抗。英国也早已垂涎对马，而美国则要把它作为列强共管的自由港。看到沙俄首先下手，英国便出动军舰进行干涉。最后，在日本人民的坚决抵抗和英国的干预下，俄国军舰被迫撤走。

总之，日本在开国之后，由于被强加上不平等条约，陷入了沦为西方列强半殖民地和附属国的严重民族危机之中。

日本开国是一个具有重大历史意义的事件。首先正如马克思所指出："资产阶级社会的真实任务是建立世界市场（至少是一个轮廓）和以这种市场为基础的生产。因为地球是圆的，所以随着加利福尼亚和澳大利亚的殖民地化，随着中国和日本的门户开放，这个过程看来已完成了。"[1] 显然，马克思把日本和中国的开国看作资本主义世界市场形成的标志。在坚船利炮的威逼下，日本被迫卷入了资本主义世界市场，从此将作为世界资本主义链条中的一环而起作用。

其次，由于开国所产生的剧烈的政治和经济震荡，加速了日本封建社会的瓦解，并在一定程度上促进了国内资本主义因素的发展。尤其是民族危机的加剧，迫使日本作出马克思和恩格斯所指明的那种历史性抉择：要么是民族灭亡，要么是采用资产阶级的生产方式[2]。

正是民族灭亡的危险，呼唤着日本人民起来为挽救民族的命运而斗争。日本开国后 8 年，终于使统治日本 260 多年的德川幕府灭亡，明治维新运动登上历史舞台。日本历史揭开新的篇章。

---

[1]　《马克思恩格斯全集》第 29 卷，人民出版社 1972 年版，第 348 页。
[2]　参阅《马克思恩格斯选集》第 1 卷，人民出版社 1972 年版，第 254—255 页。

日本明治维新

吕万和

明治维新①是一次不彻底的资产阶级革命。作为历史时期来看，其标志大体始自 1853 年日本被迫"开国"及随之发生的"尊王攘夷运动"，止于 1894 年日英新约的签订（1894 年 7 月 16 日）和甲午战争的爆发（1894 年 7 月 23 日）。

关于明治维新的性质及作为历史时期应如何断限，国内外学者众说纷纭。关于明治维新的性质，有"绝对主义""资产阶级革命""革命和改革""民族运动"等说法。关于明治维新开始期，有"天保"（1830—1844 年）说和 1868 年说；结束期则有 1871 年废藩置县、1873 年公布《地税改革条例》及《征兵令》、1877 年平定西乡隆盛叛乱、1879 年改琉球为冲绳县、1881 年"明治十四年政变"、1884 年自由民权运动基本结束、1889 或 1890 年公布《明治宪法》或帝国议会成立及 1911 年不平等条约完全废除等说法。迄今尚未最后解决。

明治维新的历史背景

江户时代（即德川幕府时代，1603—1867 年）日本的幕藩体制是一种封建领主制，至 19 世纪后期已腐朽不堪，集中表现在，1700 年以来，160 多年间耕地面积一直停滞在 290 万至 300 万町步未见发展，1726—1846 年的 120 年间日本人口一直停留在 2800 万至 3000 万左右。人民饥寒交迫，溺婴现象严重，农村阶级斗争异常尖锐。据统计，从 1590—1867 年的 278 年间，

---

① 明治，日本天皇睦仁（1852—1912 年）在位期间（1868—1912 年）的年号。"维新"，出自我国古籍："周虽旧邦，其命维新。"（《诗·大雅·文王》）

农民起义共 2809 起，其中有 1192 起发生在明治维新前的六七年间，尤其集中在天保和庆应（1865—1868 年）年间，形成两次大高潮。在持续不断的农民起义中，农民从过去仅仅要求减少年贡的单纯经济斗争目标，发展到提出平分土地、赶走贪官污吏、农民选举官吏等政治和经济的要求；在城市也不断发生反对封建统治的市民起义，其中最著名的是 1837 年大阪市的大盐平八郎领导的起义。农民暴动和市民起义不仅沉重打击了封建统治，而且造成革命的形势，推动着日本先进志士寻求改革之路。

19 世纪中叶的日本又面临严重的民族危机，我国近代诗人和研究日本的奠基者黄遵宪（1848—1905 年）有诗云："当时海外波涛涌，龙鬼佛天都震恐。欧西诸大日逞强，渐剪黑奴及黄种。芙蓉①毒务海漫漫，我自闭关眠不动。一朝轮舶炮声来，惊破看花众人梦。"这些诗句的大意是：德川幕府奉行锁国政策，200 年间，自安自得，却不知海外世界发生巨变；西方资产阶级挟其军舰与大炮，鲸吞蚕食，次第征服印、非各国，锋刃已在指向日本。

1853 年 7 月 8 日②，"黑船"（美国舰队）叩关，江户城内一片混乱，俄、英、法、荷等国接踵效尤，幕府被迫签订一系列不平等条约，这些条约使西方列强在日本享有协定税率、设立居住地、片面最惠国待遇和领事裁判等特权，严重破坏了日本的主权和损害了日本民族利益，日本面临着沦为殖民地的严重民族危机。怎样才能克服民族危机？幕府统治者企图强化幕藩体制，与幕府有矛盾的长州（现山口县）、萨摩（现鹿儿岛县）、土佐（现高知县）等西南强藩则企图取而代之。这类改良主义当然不能克服日本的民族危机。因为，西方资本主义正在"摧毁一切万里长城"，"迫使一切民族——如果它们不想灭亡的话——采用资产阶级的生产方式"③。在当时，日本只有迅速转变为资本主义，才能对抗资本主义的侵略。

然而，当时日本资本主义的因素还很微弱。从 18 世纪至 19 世纪中叶，日本虽然已产生了不少积聚大批货币财富和拥有许多动产、不动产的商业高利贷家族，如三井、鸿池、小野、岛田等，但他们是封建性商业高利贷资本，与幕府统治者主要是依附的关系，虽有矛盾，远未发展到对抗。

农村中出现了相当数量具有资本主义因素或资本主义倾向的地主、富农

---

① 芙蓉，鸦片，这里泛指西方资本主义的侵略。
② 1872 年底以前日本使用阴历，本文均换成阳历，必要时注明阴历。
③ 《马克思恩格斯选集》第 1 卷，人民出版社 1972 年版，第 255 页。

和商人——"豪农豪商",他们一方面剥削佃农和家庭小生产者,另一方面也受封建领主的压迫剥削。他们同幕藩统治者的关系,大多是矛盾大于依附,与下级武士和一般农商皆有联系(有的取得"乡士"即在乡武士身份),幕末维新志士中有不少人出身于这个阶层,被称作"草莽"。组织"海援队"贩运军火支持倒幕的坂本龙马(1836—1867年)就是一个代表。不过,豪农豪商分散各地,远未形成独立的政治力量。总之,当时的日本,还谈不上由资产阶级来进行一次革命。

领导维新运动的历史任务落在具有改革要求的青年下级武士身上。他们身份不高,难得拔擢。俸禄低微,甚至难以生活,有的沦为失掉士籍的"浪人","恨主如仇"。他们有文化,有些人有政治眼光和军事才能。他们的思想主要是儒学和"国学"[①],但有些人也接触了"洋学",对西方资本主义有朦胧的憧憬,其代表人物是吉田松阴(1830—1859年)。

吉田松阴出身于长州藩的下级武士家庭,年禄 26 石[②]。别号"二十一回猛士",通称"寅次郎"。幼学山鹿派[③]兵学和四书五经、李贽《焚书》、王阳明《传习录》等汉学,曾在藩校当教师。1851 年拜主张"东洋道德、西洋艺术(技术)"的洋学者佐久间象山为师。美国舰队叩关后,目睹民族危机,多次上策建议加强海防,认为闭关自守不能维护民族独立,说:"不审夷情,何以制夷?"1854 年 3 月 29 日,在佐久间象山支持下,潜登美国军舰,打算出国了解夷情,被拒绝,自首后被幕府下狱年余。狱中读我国魏源等所著《海国图志》及有关鸦片战争之书,深有感触地说:"林则徐、魏源皆有志之士也!"对魏源所说"善师外夷者能制四夷,不善师外夷者外夷制之"等先进思想尤为敬服。

吉田松阴出狱后,1856 年 7 月(阴历)起,在萩城家乡松下村办"松下村塾",借孔孟之道鼓吹"尊王攘夷"的民族主义和革新思想,其门徒多为青年下级武士和豪农豪商,成为长州藩"尊攘派"的据点。1858 年,因反对签订不平等条约,策谋暗杀幕府当权者等"过激罪"被捕。入狱后著《论大义》等,认为"与政府(指保守的藩主)为伍乃一生之误",主张"草莽崛起","唤起拿破仑式人物而高唱自由",亦即推翻德川幕府。1859

---

① 研究神道等日本固有文化文学,称"国学"。
② 这里指日石,每日石约 1.8 中国石。
③ 祖师山鹿素行(1622—1685 年),儒学者,主张直接学孔孟,又称"古学"。

年 11 月 21 日（安政 6 年 10 月 27 日）遇害，时年 29 岁。

　　吉田松阴著述极丰，受刑前所著《留魂录》首称："此躯纵曝武藏野，白骨犹唱大和魂。"① 松下村塾学生约 80 名，高杉晋作、久坂玄瑞、木户孝允、伊藤博文、山县有朋、井上馨等皆为倒幕斗争及明治政府领导人。因维新有功授位授爵者达 37 人。人称："如今廊庙栋梁器，多是松门受教人。""松下村塾乃孵化颠覆德川幕府之卵的保育场，点燃维新变革天下之圣坛。"

　　从吉田松阴的一生可以看出幕末日本志士的思想特征和发展轨迹。鸦片战争中的失败和魏源的先进思想对日本志士有很大的震动和影响。1720 年，开明的幕府第八代将军德川吉宗放宽禁令后，"洋学"在日本重新传布，为幕末志士了解西方、学习西方提供了历史条件，也为日本维新运动提供了一定的思想基础。

　　吉田松阴式的革新派下级武士大多集中在与幕府素有矛盾、接受海外影响和拔擢下级武士较早的长州、萨摩、土佐等西南强藩。他们联合各地"草莽"，依托西南强藩和皇室公卿，借助人民群众的力量，结成革新势力，从改良发展为革命。

推翻德川幕府

　　资产阶级革命一般都是从改良主义发展而来，日本下级武士领导的维新运动更是如此。起初，维新志士接过"尊王攘夷"的口号，反对侵略、要求改进幕藩政治，具有民族主义爱国运动性质。以 1858—1859 年（安政 5 至 6 年）吉田松阴等受迫害的"安政大狱"为转折点，尊王攘夷运动逐渐发展为倒幕运动，尊攘派逐渐转化为倒幕派。

　　德川幕府原本不许天皇及外藩（旁系大名）干预幕政。黑船叩关，事态严重，幕府破例报告天皇并征询各地藩主意见。于是，天皇及皇室公卿开始卷入政治，西南强藩萨摩、长州等也积极干预幕政。1858 年 2 月，《日美修好通商条约》即将签订，水户（现茨城县）等藩反对，幕府乃要求天皇下诏"敕许"签约。不料，在水户、萨摩等藩策动下，天皇竟然不批准签约。长州等藩的尊攘派也聚集京都联络部分皇室公卿反对签约，主张攘夷。恰当

―――――――――

　　①　武藏：旧国名，今琦玉县及东京都。

此时，又出现了将军继承人的问题①。两者结合，形成尖锐斗争。7 月底至 8
月初，幕府不待"敕许"即强行签约并宣布德川庆福（当政后称德川家茂）
为继承人，勒令水户、尾张（现爱知县）、越前（现福井县）三藩藩主隐
退。10 月中旬，大肆逮捕尊攘派志士，吉田松阴、桥本左内等被斩，其他遭
迫害者近百人，这就是安政大狱。

反动派的镇压使矛盾更加激化，为报复安政大狱和反对幕府推行与天皇
朝廷搞妥协的活动，1860 年 3 月及 1862 年 2 月连续发生刺死幕府大老井伊
直弼及刺伤幕府老中安藤信正事件。1863 年初，尊攘派策动部分公卿以天皇
名义迫令幕府定期宣布攘夷（废约、闭港、驱逐外国人）。1 月 31 日，吉田
松阴的学生，长州藩尊攘派领袖高杉晋作（1839—1869 年，家禄 150 石）
等人纵火焚烧正在施工的英国公使馆。6 月初，幕府被迫表示同意攘夷②，
并宣称将于 6 月 25 日布告天下。英、法等国提出抗议，要求派兵进驻横滨，
幕府又屈从英法。

1863 年 6 月 25 日（阴历 5 月 10 日），长州藩炮台向通过下关海峡的美
国商船开炮，7 月上旬又炮击法、荷军舰。7 月 16 日及 20 日，美、法军队
进攻下关，击沉长州藩军舰 3 艘，摧毁长州的炮台，史称"下关战争"。长
州藩的旧武士军队在下关战事中溃败，高杉晋作打破身份限制，吸收农商子
弟，提拔下级武士，组成"奇兵队"（旧武士的藩兵称"正兵"），并号召农
商以至贱民组织"农兵"和"商兵"，封锁海峡，扼守下关。英国为报复生
麦事件③，8 月 15 日，英国舰队进入萨摩，摧毁鹿儿岛 1/10 的市区和 3 艘萨
藩军舰，萨藩被迫答应了英国的赔款和惩办生麦事件凶手的要求。史称"萨
英战争"。

不久幕府于 9 月 30 日（阴历 8 月 18 日）在京都发动"八·一八政变"，
赶走天皇朝廷中的主张支持倒幕的公卿三条实美、泽宣嘉等"倒幕七卿"，
再度迫害尊攘派。1864 年 8 月 19 日，吉田松阴另一学生、与高杉晋作合称
"松门双璧"的久坂玄瑞（1840—1864 年），拥戴长州藩世子率兵入京都攻
打皇宫禁门哈御门，打算驱逐幕府势力。激战 3 日，兵败身亡，史称"禁门

---

① 参见本书《日本开国》一文。
② 幕府将军的全称是"征夷大将军"。有人警告幕府："征夷乃征夷府之当然职责，若不接受，
或将出现攘将军之议。"
③ 1862 年 9 月 14 日，萨摩藩的武士在护送藩主监护人岛津久光途中，在神奈川附近的生麦村
（现横滨市区），袭击相遇的 4 名英国商人，杀死 1 人，重伤 2 名，称为生麦事件。

之变"。8 月 24 日，幕府以追究禁门之变为由，策动天皇下令征讨长州藩，即"第一次征长战争"。

西方侵略者立即配合，9 月 5 日，英、美、法、荷组成的四国联合舰队，由英国东洋船队司令古巴担任联合舰队司令，共有 17 艘军舰，配备有 288 门大炮，5019 名士兵，还有 3 艘联络舰，闯进下关海峡，猛轰 3 天，摧毁了长州藩全部炮台。长州藩在内外夹攻下被迫屈服，保守势力重新上台，高杉晋作逃亡，斗争形势一时逆转。

侵略者迫令长州藩赔款、惩凶，不准重建炮台，又压迫幕府把进口税降至值百抽五等。在此以前，1861 年 3—9 月，俄国军舰一度强占对马岛的芋崎浦，1865 年进驻横滨的外国陆军 1200 名，海军 800 名。

农民斗争和市民骚动风起云涌，至 1866 年起义达 40 多次，其次数之多，超过江户时代任何一年，其中规模大的起义，参加者达数万人，起义的主要口号是"改造世道"。

群众斗争推动着志士前进。民族危机和攘夷运动的挫折迫使志士在战略和策略上进行思考。还在 1862 年初，久坂玄瑞已经认识到"诸侯不足恃，公卿不足恃，除联合草莽志士外，再无他策"，主张以民族利益为重，超越藩的界限，在全国范围内组织倒幕战线，被称作"草莽组织横断论"。1865 年，高杉晋作更大胆提出，在无损于"国体"（民族独立）的前提下，对外开放下关港口，集中力量打倒幕府，这就是"开港战略论"，或称"开港讨幕"。

1866 年，土佐藩志士中冈慎太郎（1838—1867 年，村长出身）著文反对辅佐幕府空喊攘夷，说："某之攘夷策，今日在于深结外夷。"他所说的"深结外夷"是指派留学生出国，雇外国专家练兵办厂等，目的是为了富国强兵。这些论点及此后之行动足以说明：尊王攘夷运动已转化为倒幕运动并且有"维新"的要求。只不过日本志士未能与农民运动结合，这是他们的局限性。

1865 年 1 月 13 日，高杉晋作再度举兵，在濑户地区豪农豪商支持下，打败长州藩保守势力，重定奇兵队纪律，规定了奇兵队不得加害于农民，不许随便践踏农田，不许收摘农民种植的水果和抢夺农民的家畜家禽等，以争取群众，并起用洋学者大村益次郎改革军制，改用新式步枪，其势蒸蒸日上。

西方各国密切注意日本局势。当时，美国忙于南北战争，俄国忙于 1861

年国内废除农奴制度的改革，英、法两国成为主要角逐者。英国权衡利害，看到倒幕势力强大，乃决定支持萨、长两藩倒幕，积极出售武器，促使萨、长联合。幕府则加紧勾结法国。1866 年 7 月 18 日，幕府在法国支持下挑起第二次征长战争。但萨摩藩已和长州藩暗订盟约（1866 年 3 月 7 日），拒不出兵。佐幕诸藩也因农民起义蜂起而自顾不暇。1866 年 8 月 29 日，德川家茂死，德川庆喜继任将军，9 月 29 日被迫以天皇名义下令停止征长战争。

1867 年 1 月 30 日，孝明天皇死，15 岁的太子睦仁即位。6 月及 10 月，倒幕各藩倒幕派（萨、长、土、艺①）加速订盟，武装讨幕已如箭在弦上，在这种形势下，德川庆喜于 11 月 9 日奏请辞去将军之职"奉还大政"，企图以此剥夺倒幕派起兵的理由。他既不交兵，也不纳地，反而集中精兵于大阪。于是，萨、长两藩倒幕派再次约定会兵京都。1868 年 1 月 3 日（阴历庆应 3 年 12 月 9 日），在倒幕派策动下，天皇发布"王政复古大号令"，废除幕府，令德川庆喜"辞官纳地"（再辞内大臣之职并交出其领地之一半，即200 万石），"诸事皆本创业之初"（一切权力归于天皇），"百事一新"②。1月 10 日，德川庆喜在大阪宣布王政复古大号令为非法。并于 25 日奏请天皇征讨萨、长。26 日，幕军自大阪向京都前进。27 日，以萨、长军为主力的天皇军与幕府军在京都附近的鸟羽、伏见地区激战 3 日，5000 人的天皇军战胜了 1.5 万人的幕府军。史称"鸟羽伏见之战"。"戊辰战争"③ 由此开始。

德川庆喜退守江户。1868 年 3 月初，天皇军在京阪富商支持下出师东征，兵力约 5 万。4 月 6 日，德川庆喜在大军压境下被迫同意交出江户（5月 3 日正式交出）。天皇军平定了江户城内的小规模武装叛乱，继续征讨东北地方叛拒诸藩，至 10 月 8 日平定东北地方。幕府海军副总裁榎本武扬在江户开城时被迫归顺，后又率舰队叛逃，收容幕军残余，盘踞北海道，自称"德川氏脱藩家臣"，于 1869 年 1 月 27 日建立"虾夷共和国"。3 月，天皇军出兵北海道，6 月 27 日攻下榎本武扬固守的军事要塞五棱郭，榎本武扬降，戊辰战争至此结束。整个战争断断续续，历时一年半。天皇军战死者3556 人，幕府军战死者 4707 人。人民群众不断起义打击幕府势力是天皇军得以迅速取胜的根本原因。

---

① 艺，安艺藩，今广岛县。
② "一新"与"维新"在日语中同音，后乃逐渐改称"维新"。
③ 1868 年为戊辰年。史称日本讨幕战争为戊辰战争。

新政府对德川庆喜、幕府旧臣及佐幕诸藩处分极宽。德川家康继承人移封至骏府（今静冈县），领地减为 70 万石。武装反抗天皇军的佐幕诸藩无一藩主被处死，除封者仅有两个藩，除封、削封总额约 103 万石，旧幕臣有 4929 人在新政府供职。反抗最坚决的梗本武扬，降后被囚两年半，后亦释放，不久，即委以重任。

1868 年 4 月 6 日（江户开城谈判成功之日），天皇率公卿侯祭祀天地神祇，宣读"五条誓约"（词意简括的"政治纲领"）。次日，发布王榜禁令以建立统治秩序。6 月 11 日发布"政体书"（中央机构组织原则），实行以古代太政官制为蓝本，而建立政府机构的太政官制。太政官，即中央政府，其行政机构总称"七官二局"①。10 月 23 日，改年号为明治。11 月，天皇巡幸关东地区，26 日驾临江户，改江户为东京。次年 4 月 5 日，中央政府（太政官）迁至东京。

明治政府的各项资产阶级改革

严格地说，倒幕史乃是明治维新前史。明治初年，幕府虽倒，藩主仍在，由倒幕派领袖大久保利通、木户孝允、西乡隆盛等人掌握实权的新政府能够统治的土地实仅 700 多万石（旧幕府移交及东北叛乱诸藩除封、削封之地），大部土地（约 2500 万石）仍在藩主手中。新政府既无兵马，又缺财粮，幕府一倒，藩兵各归故土，强藩各自为政，隐伏分裂危机，有出现小幕府之势。为了巩固新政权，维护民族统一，新政府有步骤地进行了下述改革。

1. 奉还版籍。版，指土地；籍，指人民。此二者乃藩主身家所系。以木户孝允为中心，对此进行了周密的策划。新政府成立后不久，即下令打破身份限制，提拔倒幕实力派（多为下级武士）参与藩政。1869 年 2 月 24 日，木户孝允、大久保利通等萨、长、土三藩实力人物在京都会商定计，由新政府派出代表动员萨、长、土、肥四强藩向朝廷申请奉还版籍。他们说："今诸侯之地，皆朝敌德川氏所授，并无天皇之印玺，这是滑稽的。"意思是：先奉还，再由天皇授予。于是，四藩藩主于 4 月 25 日申请奉还版籍。强藩

---

① "官"，这里指机构，相当于部。七官，即行政官、神祇官、会计官、军务官、外国官、刑法官、民政官。二局，即议政官上局和下局。二局是立法机构，相当于议会的上、下院。

带头，各藩不敢不竞表忠诚，纷纷申请奉还。7月25日，天皇批准各藩奉还版籍。

萨、长、土、肥四藩藩主在申请表上是这样写的："今谨收版籍而奉上，愿朝廷善为处理，当与者与之，当夺者夺之，凡列藩之封土，更宜下敕命而重定。"十分清楚，他们所谓奉还正是要奉还德川幕府的朱印状，而换取天皇加盖玉玺的授封诏书。但是，天皇却只接受奉还，而不再授封，把藩主变成藩知事（地方官），剥夺了他们对土地和人民的领有权。以后又下令改革藩政，把家禄与藩财政分开，使倒幕实力派进一步掌握实权。

2. 废藩置县。这一重大措施能否实现，关键在于萨、长、土三藩实力派，特别是萨藩的西乡隆盛的态度。经过多次协商，西乡同意带兵入京并抽调三藩精兵8000人组成御亲兵（天皇直属武装），约定：三藩同心合力，万一藩主不从，则"萨摩出身之兵，亦须弯弓而向萨摩"。4月2日，政府下令抽调三藩之兵入京。8月11日，中央机构进行了重大调整，公卿藩主在中枢任职者除岩仓具视、三条实美两名倒幕派之外均予免职，组成了以西乡隆盛、木户孝允（长州）、板垣退助（土佐）、大隈重信（肥前）四参议（均为倒幕实力派）为核心的新班子。

8月29日，天皇召集在京藩知事宣布废藩，旧藩主一律解除藩知事职务，留住东京，坐食俸禄。全国261个藩改为261个县，连同明治初年收回旧幕府领地所置府县，共计3府302县。不久并为3府72县，至1888年并为3府42县。这一重大措施，部署周密，行动果断，犹如"雷霆下击"，使旧势力"上下惊愕"，"相顾无言"，被称作"第二次王政复古"。新政府依靠倒幕实力派剥夺了藩主的政治权力。

3. 改革封建身份制度。1869年7月25日，结合奉还版籍，废除公卿、诸侯之旧称，改称"华族"。1870年1月3日，废除中下大夫、上士及其以下诸旧称，统称"士族"或"卒"（以后废除"卒"，将其一部并入"士"）。10月13日，准许平民使用"苗字"①。1871年6月5日，准许平民乘马。9月23日，准许武士自由"散发""废刀"，即允许武士不必按以前规定装束头发和佩带刀剑。10月7日，准许华族、士族与平民通婚。10月12日，废除秽多、非人等贱称，统称"平民"，取消其居住、职业上的限制（但实际仍受歧视）。此外，禁止武士横行乡里，准许士族从事农工商（担

---

① 即姓。在此以前，日本的"姓"代表身份，平民非经批准不能用"姓"。

任官职者除外），平民亦得就任文武官职。1876 年 3 月 28 日颁"废刀令"，废除武士佩带刀剑的制度，取消了旧武士的外观标志。

此后，随着皇族、华族的资产阶级化及士族向两极分化，旧的封建等级制演变为带封建性的资本主义阶级结构。

4. 取消封建俸禄。近 40 万华族和士族的俸禄，每年（以 1872 年为例）高达 1600 万日元，约占岁入的 1/3，成为沉重负担。明治政府对此采取慎重态度，多方安排出路，逐步削减总额，至 1876 年 8 月，公布《金禄公债条例》，由政府一次发给 5—14 年俸禄额的金禄公债，年利 5%—7%，总额 1 亿 7400 多万日元，用赎买的办法取消了封建俸禄。同时引导华族用公债及现金投资，开办银行和铁路公司，使华族转化为带封建性的近代财阀。

5. 实行地税改革。明治政府成立后不久即正式废除了 1643 年公布的关于永世禁止买卖田地的禁令，取消对农民栽培农作物品种的限制，允许农民从事其他职业。1873 年 7 月 28 日，公布《地税改革条例》，把幕藩体制下由土地耕作者按收获量向领主交纳实物（或代金）的年贡制，改变为由土地所有者按地价向政府纳税的地税制。地税率为地价的 3%（后经农民斗争降为 2.5%），附加村税最高不得超过地税的 1/3（后降为 1/5）。地价的核定，是按土地纯收益（扣除种、肥、税之后的收益）除以利息率（6%），即所谓资本还原法。这些征税原则无疑是近代税则。然而，税率过高，计算纯收益时未扣除劳动力费用，全国地税总额与旧年贡总额相等，实际是按年贡额摊派地税，再由各地政府单方面按应纳地税推算地价，这种地税又带有封建的强制征纳性质。后来，1884 年公布《地税条例》，把地价固定为货币值，地税随之固定。地税率也随着农业生产率的提高和通货膨胀而实际降低，越来越接近近代地税。

地税改革自 1874 年逐步展开，至 1879 年基本完成（耕地、宅地部分），速度相当快。地税改革不仅没有否定地主制，而且使寄生地主经济有较大的发展。靠出租土地给佃农，坐收地租的寄生地主经济的剥削方式仍属封建剥削，但在整个日本经济中，它从属于日益发展的资本主义经济，地租、地税（以至寄生地主本人）有相当部分转化为资本（或资本家）。

6. 实行征兵制。废藩置县后，兵权收归中央，旧藩兵选调一部分精壮编入常备军，其余解散。1872 年 12 月 28 日（阴历 11 月 28 日）颁招兵诏书（1873 年实施），废除了武士垄断军职的特权。初期免役范围过宽，兵役大多落在多子平民身上，后来日趋严格，建立了近代义务兵役制和常备军。

上述改革以及教育等方面的改革，从经济基础到上层建筑否定了幕藩体制，为资本主义的发展开辟了道路。武士作为一个阶级被消灭了，士族的特权被否定了。华族及上层士族在政府帮助下转化为近代财阀、官僚、知识分子。一般士族约有 1/4 被优先录用为官吏、教师、警察。叛乱诸藩的士族很多被安置在北海道，为开发北海道做出了贡献。

但仍有大约 20 多万士族处于没落过程中。心怀不满的士族有的与豪农豪商结合，参加了自由民权运动。有的结成右翼势力。自 1868 至 1878 年，共发生士族暗杀改革派高级官员及武装暴乱 21 起。1874 年 2 月，佐贺士族万余人在前参议、司法卿江藤新平率领下举兵。1877 年发生惊心动魄的西乡隆盛叛乱，即"西南战争"。政府出兵 6 万余，伤亡 1/4（死 6000 多，伤 9000 多），战费 4000 余万元，费时 8 个月。西乡方面出兵 4 万余，伤亡逾半，规模和激烈程度都超过了戊辰战争。

明治政权的各项改革是在加强对劳动人民的剥削和统治过程中进行的。地税改革中获益最多的是寄生地主，大批农民困于重税，失去土地，不断举行暴动。1873 年 6 月，福冈县 10 万农民暴动。1876 年底三重县农民大暴动波及邻近 3 个县。这些起义均遭明治政权残酷镇压。

向带封建性的资本主义社会转变

明治政府在改革过程中逐步发展资本主义。1871 年，派出以右大臣岩仓具视为首的使节团出访欧美，虽未能谈判修改条约，却大开视野。使节团归国后提出的《殖产兴业意见书》等文件，实际是建设资本主义的初步蓝图，其主要成员大久保利通、木户孝允、伊藤博文等成为主要推行者。

首先，建立近代军事工业，加强国防。接管旧幕府及各藩兵工厂后，进行了整顿并引进近代技术，至 1877 年合并为两大陆军工厂和两大海军工厂。80 年代已能成批制造新式武器。这些兵工厂又是早期机械工业的基地。

其次，集中财力建立近代基础工业和基础设施，重点是矿山、铁路、海运、邮电。在矿业方面，明治政府于 1869 年公布《矿山司规则书》，宣布矿山属于政府。先后归官办的有佐渡银矿、生野银矿、三池煤矿、高岛煤矿等 10 多处矿山。1872 年 9 月完工的日本第一条东京—横滨铁路通车后，其他铁路干线陆续铺设。1870 年，日本为了抵制英、美轮船公司垄断日本沿海海运，成立了半官半民的回漕公司，用 13 艘轮船，定期航行于东京、大阪、神户之间。1871 年，废藩置县后，政府又接管了各藩船舶，成立了邮务汽船公司。由于经营不佳，先后将回漕公司交给三井代理人经营，将邮务汽船公司解散后的船舶，几乎毫无代价地交给三菱。这些基础工业和设施初期又多为军事服务。至 80 年代已有一定基础。

70 年代的工业建设方针以引进国外技术设备、建立官业企业为主（技术移殖主义和官营示范主义），对民间资本的扶植、运用很不充分，以致财政负担过重，导致危机，有些官营企业经营不善，赔累不堪。1881 年起，把一批官营企业廉价出售给三井、三菱等与政府官员关系密切的特权商人，转入大力扶植民间资本、培植近代财阀的新阶段。1881 年农商务省的成立和 1885 年工部省（1870—1885 年）的撤销标志这一重大转变。

1882 年第一国立银行行长涩泽荣一集资 25 万日元创办大阪纺织公司，开工以后连续 4 年（1883—1887 年），每半年平均红利高达 16.5%。于是，钟渊等纺织公司纷纷建立，至 1890 年达到 20 多个。垄断组织——大日本纺织业联合会开始出现，日本国产纱开始与进口纱抗衡。

1881 年，政府接受 461 名华族建议，批准私人建筑铁路，土地免税拨用，投资期间保证股红（年利 8%）；1889 年，颁布《私营铁路公司条例》，至 1891 年，私营铁路铺轨 1165 英里，超过官营铁路两倍，投资总额4400万日元，1891 年纯利达 300 万。以纺织、铁路、海运为中心，80 年代出现了产业革命和民办企业高潮。1890 年前后，资本主义经济已占主导地位，华族、政商基本上转化为近代财阀。

与经济相适应，加强专制主义的中央集权。初设三职（总裁、议定、参与），旋改太政官制，实权日益集中于萨、长倒幕实力派，推行有司（官僚）专制或藩阀政治。各地豪农豪商和心怀不满的士族，借助群众，展开了要求扩大资产阶级民主和地方权力的自由民权运动。

在这种压力下，明治政府被迫以天皇名义下诏同意开设国会、颁布宪法。1885 年先改太政官制为内阁制。1889 年由天皇颁布以伊藤博文为中心制定的钦定《大日本帝国宪法》，通称明治宪法。这部宪法以普鲁士宪法为蓝本，以天皇神圣不可侵犯为前提，在天皇大权的名义下，实行官内决策，由枢密院及后来的元老、重臣会议掌握最高决策和统帅权独立，即军队及参谋本部等军令机构直属天皇。贵族院和众议院权力相等。众议院选举资格限制极严，选民人数最初只占全国人口的 1.1%。内阁由天皇任命，与议会无关。议会无立法权。这种天皇制国家，正是马克思所批判过的普鲁士式"军事专制制度的国家"①，是明治初年藩阀专制，即少数军阀、官僚、贵族寡头专制的继续和发展。

尽管如此，明治宪法在当时有其历史的必然性。在亚洲，它是第一部宪法，第一个资产阶级法制。亚洲各国进步人士曾经向往明治宪法。日本人民和民主势力在批判它的同时也曾利用它来进行争取资产阶级民主的合法斗争。

明治政府十分重视教育。为了解决紧迫的人才问题，明治初年曾大量聘用外国专家、技师，最高时达四五百人。并严格选送留学生出国，但以发展本国教育为根本。木户孝允说：国基在于人才，人才在于教育。1872 至 1873 年陆续公布学制，要求"邑无不学之户，家无不学之人"。但学费由村费和农民负担，引起农民反抗，后来加以改进。1873—1895 年，学龄儿童入学率从 28% 提高到 61.24%，普通中学在校学生数 1875 年只有 5600 多人，1895 年增至 3.3 万多人。1877 年建立东京大学，1895 年大学在校学生数达到 1.3 万多人。高等教育的着重发展，加上留学生陆续归国，至 1889 年外国专家即基本解聘，在短期内实现了科技人才的自立。

明治教育改革的指导思想，初期曾有某些个人主义、自由主义倾向，经过争议，迅速转向国家主义。1879 年以天皇名义颁布儒学色彩浓厚的教学大旨。1880 年颁布第二次《教育令》和 1886 年颁布各学校令，强调国家对教育的管理。1890 年颁布《教育敕语》，强调教育的目标是培养忠于天皇和为侵略战争效力的臣民，把日本教育纳入天皇制军国主义轨道。

在军制方面，日本陆军主要仿效德国，海军主要仿效英国。1877 年以后，国内动乱基本结束，军事目标转向对外，首先是侵略朝鲜和中国，即实行所谓大陆政策。1878 年设立直属天皇的参谋本部作为最高军令机构，1893 年又设立军令部作为海军最高军令机构；与此同时，推行军部大臣武官制，陆海军大臣必须是现役将官，并须经军令机构提名。1885 年废除在国内划分军区的镇台制，改为适应野战的师团制。这些变化都是为了加强军国主义统治和适应对外侵略战争的需要。

在法律方面，1870 年和 1873 年制定的《新律纲领》和《改订律例》仍未脱离封建法律窠臼。但司法卿江藤新平在 1870 年已指示洋学者箕作麟祥突击翻译《拿破仑法典》。1873 年聘法国学者巴桑纳以法国法典为蓝本起草

---

① 《马克思恩格斯选集》第 3 卷，人民出版社 1972 年版，第 22 页。

民法和刑法。刑法典于 1880 年完成，1882 年起实施。民法典则引起激烈论争而未公布。有人说："民法出而忠孝亡。"1893 年设立法典调查会，以德国法典为蓝本，重新制定，至 1893 年公布与明治宪法相适应、封建残余严重的民法。1893 年前后公布票据法、公司法、破产法等急需的商法，1899 年公布完整的商法。

在对外关系方面，明治初年由于害怕引起外国武装干涉，不仅承认不平等条约，而且有某些屈从行为，如 1868 年二三月间对藩兵在堺、神户等地与外国人冲突中，严惩藩兵，而屈从于外国；但也一直声明必须修改不平等条约。1869 年起陆续采取了一些维护民族权益的行动，如 1869 年 4 月收回东京横滨铁路建筑权，1871 年 1 月收回非法出租的北海道七重村土地，1872 年禁止外国人攫取矿权，1875 年要求英、法撤退在横滨的驻军等。从 1870 年起一直要求谈判修改不平等条约，均未果。直到 1894 年，由于日本国力增强，也由于英国在远东需要拉拢日本，7 月 16 日，英、日签订新约，废除了领事裁判权并收回部分税权，5 年后生效。不久，有关各国相继签订类似的新约。1899 年，日本取消了外国人在日本的居留地，1911 年完全恢复关税自主。

幕末以吉田松阴为代表的日本志士，大多具有爱国与侵略的双重性格。明治统治者继承了封建武士的侵略扩张思想，并与近代资产阶级的侵略扩张要求相结合，形成强烈的军国主义侵略扩张路线。1869 年（明治 2 年）起即挑起事端，鼓噪征韩。1870 年派使来华，要求清政府按照对待欧美各国的办法，签订类似的不平等条约。1874 年派 3000 军队，乘 3 艘军舰武装入侵我国领土台湾，并用诡诈手段迫使中国政府支付 50 万两白银，还默认了琉球人是日本人，使日本吞并琉球合法化。1875 年 9 月，武装入侵朝鲜，次年 2 月迫订不平等的《江华条约》，1872 年，强封琉球国王为琉球藩王，并列为日本的华族，至 1879 年并吞琉球，改为冲绳县。此后，一直蓄谋扩张，不断挑起事端，至 80 年代末，以侵略中国为主要目标的"大陆政策"基本形成①。1894 年 8 月挑起了侵略中朝两国的甲午战争。

明治维新是先用暴力夺取政权，再进行自上而下的改革，把封建社会转变为资本主义社会，因此，它是一次资产阶级革命。这种资本主义又是带军

---

① 1890 年山县有朋在第一次帝国议会上作施政方针演说，公然鼓吹所谓"保卫利益线"，即侵略中国大陆和朝鲜半岛。

事封建性的资本主义。

在政治上，它拒绝采用英、美式资产阶级民主，而效仿普鲁士，建立专制主义的君主立宪，即天皇制。它不仅没有给人民以民主权利，而且也没有给豪农豪商及一般中小资产阶级等中间势力以充分的资产阶级民主。

在经济上，它不仅没有解放农民，而且扶植寄生地主并以沉重的地税妨碍农业资本主义的发展；它没有为自由资本主义的发展提供充分条件，而是凭借国家权力发展带军事封建性的国家资本，并扶植以旧藩主、政商、公卿、上层武士为主体的特权财阀资本，作为藩阀政治的支柱。

在意识形态上，它极力利用日本传统的神道、儒学、国学等封建意识，神化天皇，把日本国民培养成为臣民。因此，明治维新又是一次不彻底的资产阶级革命。明治维新使日本迅速跻身于强国之林，但又把日本引上军国主义和侵略扩张的道路。

19 世纪中叶印度民族起义

黄思骏

1857 年 5 月至 1859 年 4 月，印度爆发了反抗英国殖民统治、争取民族独立的大起义。这次起义由印度封建主领导，以农民、手工业者和城市贫民为动力，以印度雇佣兵（亦称"土兵"）为骨干，地区广泛，影响深远。马克思称之为印度的一次"民族起义"①。

起义前印度与英国的矛盾

1857—1859 年的印度民族起义是英国殖民统治的必然结果。

1757 年 6 月 23 日普拉西之战，英国占领孟加拉，印度开始沦为英国的殖民地。1849 年 3 月 29 日英国兼并旁遮普，完成了对印度领土的征服。从此，印度完全沦为英国的殖民地。

英国对印度的殖民统治，经历了商业资本、工业资本和金融资本三个时期。英国的商业资本侵入印度是同英国东印度公司分不开的。1702—1813年，英国主要通过东印度公司实现对印度的殖民统治。在这一时期，东印度公司通过贸易、直接掠夺、在孟加拉实行以柴明达尔②为对象的永久性土地整理等方式，破坏印度的社会经济。但从总的看，这种破坏只触动印度社会的表面，还没有破坏印度社会的基础。

随着英国国内工业革命的完成，工业资产阶级的成长，1813 年英国议会取消了英国东印度公司对印度的贸易垄断权。从此，印度不仅是英国商业资

---

① 《马克思恩格斯全集》第 12 卷，人民出版社 1962 年版，第 271 页。

② 柴明达尔（Zamindar）原是波斯文的复合字，Zamin 指土地，dar 指持有者，合起来意为土地持有者。在莫卧儿人统治时期，柴明达尔是政府的包收田赋人，在英国统治时期，英印政府承认他们原来包收田赋辖区的地权，在法律上是地主，但仍给政府包收田赋，所以又有包税地主之称。

产阶级的市场，而且变成英国工业资产阶级的自由市场。英国工业资产阶级
向印度大量推销商品，掠夺原料，并在农村普遍确立土地私有制，实行农业
的商品化生产。所有这一切，破坏了印度以农村公社为基础的社会结构，使
印度各阶层同英国殖民者的矛盾尖锐起来。

（一）手工业者与英国殖民者的矛盾

印度的手工业自古以来闻名世界。到了莫卧儿前期（1526—1707
年），印度的手工业更为发达。纺织业是手工业生产中人数最多最发达的
部门。直到18世纪，印度一直是工业品的输出国。1813年后，印度成了
英国的商品市场和原料产地，情况发生了深刻的变化，印度由商品的输出
国变为英国工业品主要是英国棉纺织品的输入国。从1818年到1836年，
英国输入印度的棉纱增长了5200倍。从1824年到1837年，英国向印度输
入的细棉布增长了64倍多。从1815年到1832年，英国输入印度的棉织品
总值从2.6万英镑增加到40万英镑，即增加了近15倍。从1832年到
1857年间，英国输入印度的棉织品总值增加了14倍，即由40万英镑增至
600万英镑。在50年代里，棉织品占英国对印输出品的2/3，占英国棉织
品出口总值的1/4以上。

与此同时，印度向英国输出的棉织品却在急剧下降，从1814年至1835
年，棉布从125万匹跌到30.6万匹，到1844年更跌到6.3万匹。从1815年
到1832年，印度向英国输出的棉织品总值从130万英镑跌到不满10万英镑。
然而从印度向英国出口的棉花却扶摇直上。1849年至1852年，印度向英国
输出的棉花总值由1775309英镑增至3619998英镑。

英国的棉织品所以能够战胜印度的棉织品，其原因不仅由于机器工业技
术的优越性，而且还由于英印之间贸易不平等的关税率。据1840年英国议
会质询中的报告，英国的棉织品和丝织品输入印度的税率是3.5％，毛织品
是2％；而印度输入英国的棉织品的税率是10％，丝织品是20％，毛织品
是30％。

英国工业品特别是棉纺织品的大量输入印度，使印度以制造业闻名于世
的城市衰落。例如，印度最大的手工业中心城市达卡，在19世纪20—40年
代，人口从15万减少到2万。同时，手工业者特别是棉织工人大批失业。
他们中除极少数人出于农又归于农之外，一部分人当了兵，绝大部分人流落
街头，生活无着，只有死路一条。英国的印度总督本丁克勋爵在1834年的

报告中说："悲惨的境况在商业史上是无与伦比的。棉织工人的白骨使印度平原都白成一片了。"

（二）农民与英国殖民者的矛盾

印度自古以农立国。莫卧儿时期，印度农村人口占全国人口的85%。英国入侵后，对农业和农民生活影响最大的是土地整理①。

1793 年，印度总督康沃利斯在孟加拉、比哈尔、奥里萨实行以柴明达尔为对象的永久性土地整理。1795 年扩大到贝拿勒斯。1802—1805 年进一步扩大到马德拉斯省的北部诸州（即今安德拉邦北部）。1820 年在马德拉斯省没有实行永久性土地整理的地区全面推广莱特瓦尔制②。1833 年在西北省实行马哈尔瓦尔制③。1836 年在孟买省实行莱特瓦尔制。1853 年在旁遮普实行联合村制（马哈尔瓦尔制中的一种），1863 年在中央省实行马尔古扎尔制（马哈尔瓦尔制中的一种）。通过这些土地整理，彻底摧毁了印度的农村公社，普遍确立了土地私有制。

英国在印度进行土地整理的根本目的是为了榨取田赋。所以土地整理以后，田赋大大增长。1793 年，孟加拉、比哈尔、奥里萨永久性土地整理的田赋总额为 268 万英镑，这个数额比 18 世纪早期的赋额增长一倍；比东印度公司取得财政管理权的前一年（1764—1765 年）增长两倍；比取得财政管理权的第一年（1765—1766 年）增长一倍。以后实行临时性土地整理的西

---

① 土地整理（Land Settlement）：英国殖民当局为了掠夺田赋而在印度农村采取的一种措施。它的基本内容，一是确定地权，二是确定赋额。不同名称的土地整理就是以不同对象确定地权和赋额的土地整理。赋额确定后永久不变的称永久性土地整理；赋额确定后定期修改的称临时性或非永久性土地整理。

② 莱特瓦尔制（Ryotwari System）：莱特（Ryot）的字源是阿拉伯文 Raiy，本义是农民。莱特瓦尔制就是以莱特为对象确定地权和赋额的一种土地和田赋制度。它主要实行于南印度的马德拉斯地区，西印度的孟买地区。另外在贝拉尔、阿萨姆等地也实行莱特瓦尔制。

③ 马哈尔瓦尔制（Mahalwari System）：马哈尔（Mahal）是印地语，意为村庄、庄地。马哈尔瓦尔制承认土地所有权为庄地、村庄或村社农户所共有。政府与庄地、村庄或村社头人直接订约，确定一笔田赋总额，再由头人将田赋分摊给各户。缴纳田赋时采取连环保的形式，集体和各户共同承担责任，通常由其头人向各户收齐田赋后再统一上交政府。这种制度主要实行于联合省（今北方邦）、中央省（今中央邦和马哈拉斯特拉邦的部分地区）和旁遮普。但在这三个省，这种制度又有些具体差别。联合省称马哈尔瓦尔制，具有上述基本特征。中央省称马尔古扎尔制（Malguzar System），它的区别在于政府不仅给村长马尔古扎尔规定了一笔田赋总额，而且还具体规定了他下面的农户应交的田赋。旁遮普称联合村制（Joint Village System），它的区别在于政府可以避开村社头人，直接向农户征收田赋。

北省，孟买、马德拉斯和中印度，耕地面积没有增加，田赋却大幅度增长。1800—1801 年东印度公司在印度征收的田赋总额为 420 万英镑，而到 1857—1858 年英国女王接收公司时，田赋已增至 1530 万英镑。19 世纪中叶，田赋约占东印度公司总收入的 3/5。

高额田赋大大加重了农民的负担。在孟加拉等地实行永久性柴明达尔制土地整理的地区，虽然总的赋额是固定的，但从最高柴明达尔到基层柴明达尔之间有几十层，他们向下面征收的田赋层层加码，所以实际征收的田赋大大超过规定的赋额。在马德拉斯和孟买，1864 年以前官方规定的赋额一直占农田产量的 1/2，实际大大高于 1/2。

农民为了缴纳田赋，不得不向高利贷者借贷，城市的商人、高利贷者趁机进入农村。奥德最高行政长官亨利·劳伦斯在 1854 年的一封信里说，在他视察过的六七个村庄中，"每百人中总有九十九人负债"。

田赋和高利贷把农民压得喘不过气来，致使农业衰退，土地荒芜，饥荒不断。据统计，到 1830 年，马德拉斯省有 1/4 的土地荒芜。19 世纪上半叶，印度先后发生 7 次饥荒，饿死 150 万人。其中 1837 年西北省的饥荒最为严重，饿死 80 万人。没有饿死的人也是在死亡线上挣扎。有人估计，当时贫苦农民每年收入不超过 20 卢比，而当时英国农业工人每年收入大约在 280 卢比。

（三） 部分封建主与英国殖民者的矛盾

英国兼并印度以后，实行"分而治之"的统治政策，对占印度 1/3 地区、1/4 人口的大小 500 多个土邦实行间接统治，其余 2/3 地区、3/4 人口的地方则实行直接统治。但是随着英国国内工业革命的完成，英国工业资产阶级要求全印度对英国开放。因此，以前那种通过土邦王公进行间接的统治和剥削已经不能满足他们的欲望了。正是在这种前提下，英国殖民者对印度的一些土邦实行兼并。这种兼并政策到了英国在印度进行殖民掠夺的急先锋大贺胥统治时（1848—1856 年）达到了高潮。他发明了一种所谓"丧失权利说"。按照这种理论，任何王公如果没有男嗣，他的邦土就应该随之而丧失，由东印度公司加以接收。还有另一种丧失，就是丧失佩什瓦（Peshwa，马拉塔首相的称呼）的继承权。大贺胥利用这种丧失权利说，兼并了萨塔拉、那格浦尔、詹西、萨姆巴尔浦尔、卡尔那蒂克和坦焦尔；剥夺了马拉塔首相巴吉·劳二世过继儿子纳纳·萨希布对佩什瓦的津贴继承权①。英国殖民者推行的兼并政策损害了这些土邦王公的利益，激起他们的反抗。

对 1857 年起义影响最大的是英国对奥德的兼并。奥德原是莫卧儿帝国的一个省，英国人把它看作一块肥肉。但是奥德的纳瓦布（省督）不但没有绝嗣，连他自己也没有死，英国不能以丧失权利说为理由对它进行兼并。于是就以管理不善为由，于 1856 年 2 月 13 日兼并了奥德。同年在奥德进行田赋查定时，23543 个村庄中，有 13640 个村庄以塔鲁克达尔②为对象，其余 9903 个村庄以村社土地个体所有者为对象，从而损害了封建主的利益。奥德的兼并也影响到军队，因为孟加拉的雇佣军大部分来自奥德，家乡被兼并，当然要激起他们的愤怒。

（四）印度土著雇佣兵与英国殖民者的矛盾

英印军队中的印度土著雇佣兵是当时印度唯一有组织的力量。这种给英国人当兵的印度人称"土兵"。大起义前夕，英印军队总数超过 28 万人，其中英籍官兵只有 45500 人。英印军队分三部分，即孟加拉军、孟买军和马德拉斯军。孟买军人数超过 17 万，其中印籍士兵约 14 万。

英国殖民者采取的一些措施，使印籍士兵同英国人的矛盾加剧。首先是对印籍士兵的歧视和限制。印度人只能当下级军官，高级军官都由英国人充当。英国人还通过改组军队来控制和监视印度土兵，唯恐他们惹是生非。其次，不尊重印度教徒的种姓习惯。印度不同种姓之间界限分明，互不往来。英国人却把不同种姓的人编组在一起，出操时不让带种姓的标志。种姓制法律禁止有种姓的人过海，说是一过"黑水"就失掉了原有的种姓。所以过海到缅甸作战回来，就为同种姓所排挤；到阿富汗去作战，吃了"不洁的"东西，喝了"不洁的"水，回国以后也同样失掉种姓。1856 年，英国殖民当局公布《普遍服役征募法》，规定今后征兵，什么地方需要就到什么地方去服役。它在印军中引起了极大的骚动。再次，忽视宗教习惯。印度教徒要天

---

① 纳纳·萨希布是马拉塔首相巴吉·劳二世的过继儿子。1817—1819 年第三次英国—马拉塔战争中，马拉塔战败，佩什瓦（首相）巴吉·劳二世于 1818 年投降英国，把整个国家交给了英国人，英国人给了他 80 万卢比的津贴。巴吉·劳二世迁到西北省康波尔附近的比图尔居住。1839 年他立下遗嘱，规定他的佩什瓦的津贴由他的过继儿子继承。1853 年巴吉·劳二世去世，英国取消了这 80 万卢比的津贴，使纳纳·萨希布走上了反英的道路。

② 塔鲁克达尔（Talookdar）：大柴明达尔把他的征收田赋的辖区分成几区，这种分区叫作"塔鲁克"（Talook）。负责征收某一塔鲁克赋税的人叫作塔鲁克达尔。

天洗澡，伊斯兰教徒不与同教作战。而对阿富汗作战时，因那里天气冷，属印度教徒的兵不能天天洗澡，属伊斯兰教徒的兵被迫与同教作战。印度教徒和伊斯兰教徒都感到受了极大的侮辱。最后，奥德的兼并在印度雇佣兵中引起了强烈不满。奥德被兼并以后，英国殖民当局就从 7.5 万人的奥德籍士兵中收到 1.4 万份呈文，对新税制提出控诉。所有这些因素，都加深了印籍士兵同英国殖民当局的矛盾。

起义的四个阶段

1857—1859 年印度民族起义可分四个阶段。

（一）起义的准备和爆发（1856 年至 1857 年 5 月 10 日）

早在 1856 年，印度就出现了酝酿起义的秘密组织活动，发源地可能在康波尔和勒克瑙一带。

纳纳·萨希布被英国殖民者剥夺了他对佩什瓦的津贴继承权以后，派阿齐穆拉到英国去活动，给自己争津贴继承权，但遭拒绝。阿齐穆拉离开英国又到欧洲大陆进行秘密活动，并亲临前线察看过当时的俄土战争。回到印度后，他对纳纳说："英国并没有什么了不起的地方，并不像印度人想的那样厉害。"这就坚定了纳纳反英的决心。纳纳派密使和宣传员到各地进行宣传。他的特使走遍了从德里到迈索尔所有土邦王公的宫廷，秘密宣传员去争取东印度公司的印籍士兵。他的反英起义计划还得到德里红堡莫卧儿朝廷的支持。

奥德被兼并以后，省督纳瓦布和他的首相阿里·纳希·汗从勒克瑙搬到加尔各答附近，开始秘密的革命活动。阿里·纳希·汗派遣密使装扮成伊斯兰教徒和印度教的游方僧人打入北印度，与印籍士兵及印籍军官秘密联系，向他们宣传独立思想。

在成千的宣传员中，对英国威胁最大的是莫尔维·阿赫马德·沙。他是马德拉斯省的小封建主，在印度南部从事反英活动，1856 年去北印度的德里、米鲁特、阿格拉、巴特那和其他城市，到处号召人民起义。他在奥德定居以后，着手建立武装部队。英国殖民当局下令解散这支军队，并于 1857 年逮捕了他。

秘密组织活动在 1857 年更加紧进行。最突出的是在各村之间传递烤薄饼和在军队中传递红荷花。1857 年初，作为鼓动人民起义信号的烤薄饼先从马尔瓦和西北各省开始传递。传递人来到一个村子，把 6 个小饼交给村长，要村长再另做 6 个小饼送到别的村庄去。就这样，这种烤薄饼以惊人的速度在无数的村庄传递着，到 1857 年 2 月，已传到德里城下。

作为鼓动印度人民起义的另一种信号是在军队里传递红荷花。红荷花的传递者把它交给负责的印度军官，印度军官接过荷花就在自己的团队里进行传递，每个士兵接到荷花后默不作声地看一眼，再传给另一个士兵。最后接到荷花的士兵则负责把它送到邻近的团队去。

烤薄饼、红荷花从哪里开始传出，代表什么意思，谁也说不清楚。当时印度社会上流传着一种预言，说 1757 年英国开始征服印度，他们的统治只能维持 100 年，到 1857 年英国人就该滚蛋了。人们往往把这种预言同农村里传递烤薄饼和军队里传递红荷花联系起来，认为一场反对英国人的斗争就要开始了。

在军队里，印籍士兵互相鼓励为祖国而战，准备起义的气氛更浓。在一封印籍士兵的信件上这样写道："兄弟们……如果我们暴动起来，胜利是有把握的。从加尔各答一直到白沙瓦，就会成为一个攻不破的战场。"他们经常在夜里召开秘密会议。为了不被别人识破，参加会议的人都戴着假面具，只露出眼睛和嘴巴。如果谁要告密，谁就立刻被处死。为了增进团队彼此之间的联系，加强团结，他们过节的时候还互相邀请做客。从当时的情况看，每个团里似乎都有由印籍军官组成的一个领导起义的秘密组织。

在德里、马德拉斯等大城市还出现过公开号召起义的文告，号召人们团结一致，立即推翻英国人的统治。

这次起义的导火线是印籍士兵反对使用涂有牛油和猪油的子弹。早在起义前几年，英国人发给印籍士兵一种新子弹，外面包有纸皮，纸皮上面涂有牛油和猪油。士兵使用子弹时要先用牙咬掉纸皮才能上弹膛。开始印籍士兵不知道，1857 年 1 月，有人揭破了这个秘密，它在士兵中间广泛传开，激起了印度教徒士兵和伊斯兰教徒士兵的愤慨。

3 月 29 日，加尔各答附近巴拉克浦尔驻军第 34 土兵步兵团在操场上操练时，一个名叫曼加尔·潘迪的青年战士从队伍里跑出来高呼："起来！弟兄们，起来！"，"为了我们的自由，向阴险的敌人进攻吧！"。潘迪杀死了英国军曹长修森，同前来逮捕他的英国人英勇搏斗，终因寡不敌众而被捕。4 月 6 日，军事法庭判处他绞刑，8 日执行。第 34 步兵团被解散。潘迪的英勇事迹立刻传遍各地，对正在酝酿的起义起了重要的推动作用。

4月20日，英国殖民当局因米鲁特第3骑兵团土兵拒绝使用新子弹，逮捕了其中的85名土兵。5月6日，军事法庭以违抗命令罪，判处这85名土兵以10年监禁。5月9日，英国军官召集第3骑兵团所属的全体官兵宣布这个决定，想以此来慑服印度土兵。印籍官兵目睹这85名被判刑的爱国者一个个被剥掉军装，夺走武器，戴上脚镣手铐，押送陆军监狱，怒不可遏。散队以后，他们召开秘密会议，决定于5月10日发动起义。

5月10日下午5时，乘英国人正在教堂祈祷，第3骑兵团战士打开监狱，释放了关押在那里的85名战士和其他罪犯。市民和郊区农民手拿各式各样的武器纷纷赶来，他们杀死许多殖民主义者，烧毁他们的房屋。起义者还封锁了铁路。就这样，米鲁特起义当天就取得了胜利。

（二）起义的广泛展开（1857年5月10日至8月）

5月10日晚，米鲁特的起义军乘胜向德里进发。11日上午抵德里。当时德里有3个步兵团和几个炮队土兵。中午，德里全部驻军响应起义，杀死了所有英国军官。成千上万的德里市民和郊区农民也参加了起义队伍。德里人民占领英国人的教堂和印刷所，接着占领银行，然后向军火库进攻。下午4时，起义军从四面八方包围军火库。由于进攻迟缓，英国人做了准备，致使起义军未能完整地夺取它。

当日，起义军民一齐涌入皇宫，高呼："皇帝万岁！"他们重新把莫卧儿王朝的末代皇帝巴哈杜尔·沙二世推上皇帝的宝座。

与此同时，德里起义军建立了自己的领导机构——行政院。行政院由10人组成，都由选举产生，其中军队代表6人，文官代表4人。10人中推选正副主席两人，主席有两票的表决权。行政院下设若干专职委员会，委员会设秘书。各委员会的决议须行政院批准才能实施。行政院有权决定政治、军事、经济和司法等方面的重大事情，有人事任免权。行政院是起义军实际的政权机构，皇帝只不过是起义政权名义上的元首。

除行政院外，起义军还设有统率部队的总司令。1857年7月1日前，总司令由德里皇子莫卧儿亲王担任。7月1日后，由来自罗希尔坎德的首府巴雷利的炮兵上尉汗·巴克特·汗担任。

1857年5月19日，印度古都德里完全掌握在起义者手中，德里上空升起了起义者的绿旗。

　　德里解放的消息迅速传遍整个印度，起义的烽火以燎原之势向各地蔓延。起义烈火烧得最旺的是印度的北部，其次是印度中部地区。许多城镇紧接着发生了土兵起义，农民和城市贫民积极响应，胜利的捷报频传。许多重要城镇和广大农村被起义者所控制。

　　1857 年 5 月下旬，德里南方和东南方的玛茨拉、阿里加尔、伊大瓦等县纷纷起义。恒河中游的一系列重镇也纷纷卷入起义的洪流。其中声势最大的是奥德省及其首府勒克瑙。

　　5 月 30 日晚 9 时，勒克瑙城北第 71 步兵团首先发难。接着勒克瑙城内和城外的全体驻军响应起义。10 天之内，各阶层都卷入了起义的巨浪，英军被迫退入巡抚官邸和火药库。6 月中旬，奥德 6 个专区全部解放，起义军向首府勒克瑙集中。6 月底 7 月初，勒克瑙的起义军连续炮击敌军的据点，敌人撤出火药库，被包围在巡抚官邸，成了瓮中之鳖。7 月 3 日，起义军再度向敌人据点发动猛攻。英国驻奥德的行政长官亨利·劳伦斯爵士身负重伤，第二天即一命呜呼。

　　勒克瑙和奥德全境起义的胜利，使英国人从印度东南方向德里进攻的计划成为泡影；零散在恒河一线的英军不时地受到奥德起义军民的威胁。

　　继勒克瑙起义之后，西南的康波尔，东南的贝拿勒斯、阿拉哈巴德于 6 月初也相继起义。对战局有重要影响的是康波尔。康波尔地处恒河南岸，是英国人在印度东北部的军事重镇，驻有 3 个步兵团和 1 个骑兵团。康波尔也是这次民族起义前秘密组织活动最早的发源地之一。纳纳·萨希布是那里的组织者和领导者。他的家臣坦蒂阿·托皮参加了起义，后来成为著名的起义将领。

　　在中印度，詹西、因陀尔、牟镇、萨加尔惹巴尔浦尔、昌德里、纳高德等地也发生了起义。詹西是中印度起义的中心。5 月 10 日米鲁特起义以后，詹西女王拉克什米·巴伊就积极准备起义。6 月 4 日，她在詹西举起义旗。5 日，城市贫民和一部分士兵占领星堡军火库。6 日，骑兵团响应起义，击毙英国在詹西的最高指挥官邓洛普。接着，詹西女王指挥起义军直奔市区。7 日，女王命令骑兵团长卡拉·汗和税务官穆罕默德·胡西恩率兵攻打堡垒。堡垒里面的印籍士兵倒向起义军。8 日，英国人投降。起义军民欢庆胜利，英国殖民主义者被斩首示众。詹西女王再度登上王位。起义军民向全邦发出通知："世界属上帝，印度属德里莫卧儿皇帝，詹西属拉克什米·巴伊女王。"

民族起义的烽火不仅遍及北印度和中印度各地，而且还进一步深入印度的南方。海德拉巴和孟买是南印度发动起义的两个重要的地方。但在南印度没有形成起义的中心。

（三）保卫大城市的斗争（1857年9月至1858年4月）

民族起义经过5—8月在印度各地的广泛展开，形成了许多大大小小的起义军集中的据点。以德里、勒克瑙、康波尔、詹西等地比较巩固。而德里尤为引人注目，因而成了英国调集军队进攻的主要目标。

英国人经过了一阵慌乱之后，逐渐由被动转为主动。他们以旁遮普为基地向德里进攻。从1857年6月起，英军陆续到达德里。当时，德里的起义军约有4万人。6、7月，起义军连续多次出击，重创敌军，取得了重大胜利。

为了进一步推动起义，德里的行政院采取了一系列旨在改善劳动人民处境、巩固政权和保证胜利的措施。例如，整顿财政收入，免除城市贫民的赋税，对商人、高利贷者和地主征收重税；限制商人任意提高物价，禁止他们囤积居奇，情节严重者则没收其财产；宣布废除柴明达尔制，甚至提出实行"耕者有其田"的口号。但因德里政权存在的时间短，战事紧张，这些反封建措施自然不可能收到应有的效果，特别是最后一项措施，根本未见实行。

1857年9月14日，英军1.1万人分五路向德里的起义军发动总攻。第一路以克什米尔门附近城墙的缺口为目标，第二路以水棱堡附近的城墙缺口为目标，第三路以克什米尔门为目标，第四路计划消灭城西郊的起义军，然后从拉合门闯进德里，第五路是后备队。起义军民面对敌人的攻势，进行了英勇顽强的抵抗，击溃了第四路军的进攻。其余四路敌军则突入城内。经过6天激战，双方伤亡都在数千名以上。19日深夜，波恩棱堡、拉合尔门及其他险要地方相继陷落。接着敌人向皇宫的屏障大清真寺和皇宫进攻，在皇宫前面抵抗的起义军战士全部壮烈牺牲。

波恩棱堡失守后，起义军总司令汗·巴克特·汗率领4个步兵团和1个骑兵团向奥德撤退。当时这位总司令邀请德里皇帝巴哈杜尔·沙二世同往奥德，同英国殖民者继续斗争。但德里皇帝不听劝告，向英国人屈膝投降。结果巴哈杜尔·沙二世的三个儿子被杀，他本人被押往缅甸，后死在仰光的狱中。

1857年9月19日德里陷落后，战争的重心转向奥德首府勒克瑙。英军以康波尔为基地，4 次派援军来解围勒克瑙巡抚官邸的英军，接着向勒克瑙进攻。为了保卫勒克瑙，起义军向康波尔方向行动。11、12 两个月，起义军和敌军争夺和控制康波尔成为保卫勒克瑙战局的中心。11 月底，坦蒂阿·托皮的起义军一度夺得康波尔，因指挥失误，12 月初，英军又重新占领康波尔。

英军占领康波尔后，先后调动 9 万大军，于 1858 年 3 月 2 日开始向勒克瑙进攻。面对强大的敌人，3.5 万多起义者展开了英勇顽强的斗争，战斗持续两个多星期，到 3 月 16 日晚，勒克瑙的起义军主力撤离市区，3 月 21 日撤离市郊。

德里、勒克瑙相继沦陷以后，詹西成了最重要的起义中心。1858 年 1 月 6 日，中印度英军总指挥休·罗斯率其主力从因陀尔附近的姆霍出发，向詹西进军。3 月 20 日，罗斯的军队进入詹西南郊。25 日，双方展开激烈的炮战，詹西女王亲临前线指挥。4 月 1 日，坦蒂阿·托皮率领援军 2.2 万人从卡尔皮赶至詹西，从背后打击敌人，但因麻痹轻敌，当英军调头反攻时，他的军队被击溃，损失惨重，不得不向卡尔皮撤退。詹西的处境越来越困难。3 日，敌人向詹西正门（北门）发起进攻。因内奸的叛卖，敌人从南门进入市区，并逐渐逼近王宫。4 日，战斗集中在王宫附近，同时北门失守。当天夜里，詹西女王从北门突围而出。5 日，詹西城沦陷。

（四）起义后期的游击战争（1858 年 4 月至 1859 年 4 月）

詹西失守后，原为起义军攻占的大城市几乎全被英军所攻陷。据估计，当时印度全国的起义者至少还有 15—20 万人。他们仍坚持斗争，斗争的方式转为游击战。

游击战主要在三个地区进行：奥德和罗希尔坎德地区，起义军领袖为奥德皇后、纳纳·萨希布及其弟弟巴拉·劳、阿赫马德·沙；东南奥德和西比哈尔地区，起义军领袖为昆瓦尔·辛格，其弟阿马尔·辛格和朱斑·辛格；朱木纳河和纳尔巴达河之间的广大中印度地区，起义军领袖为詹西女王、坦蒂阿·托皮和拉奥·萨希布。而中印度的游击战争，无论就活动范围或持续的时间，都远远超过前两个地区。

中印度的起义军自詹西沦陷后即向卡尔皮集中。詹西女王、坦蒂阿·托皮等起义军领袖决定据守这一战略要地。但受到北印度和南印度敌军的两面夹攻，不得不于 1858 年 5 月 22 日撤离卡尔皮，向西边的瓜辽尔进军。6 月 1

日，起义军解放瓜辽尔，建立了临时性的政权机构，由纳纳·萨希布的侄子拉奥·萨希布出任首相。拉奥·萨希布任命了以拉姆·拉奥·戈文德为首的一批大臣，任命坦蒂阿·托皮为起义军总司令。

英国人对此十分恐慌，从各方面调兵遣将。6 月 17 日，中印度英军总指挥罗斯率军进攻瓜辽尔。起义军奋起反击。坦蒂阿·托皮负责指挥城防的战斗，詹西女王负责指挥城郊的战斗。东南郊一带的战斗最为激烈，詹西女王一直和起义士兵们一起奋战，在同敌人的拼杀中壮烈牺牲。坦蒂阿·托皮为了保全实力，决定放弃瓜辽尔。6 月 20 日起义军撤离瓜辽尔。

自此之后，坦蒂阿·托皮的起义军到处辗转，行程万里，多次被敌人包围，但又多次突出重围。由于叛徒曼·辛格的出卖，1859 年 4 月 7 日，坦蒂阿·托皮被捕遇难。历时两年的起义，就此结束。

起义的性质及其影响

1857—1859 年起义是印度近代史上反对英国统治的一次民族起义。参加起义的阶层，表面看似乎士兵是主体，实际上，当时印度社会各阶层几乎都卷入了。士兵、农民、手工业者和城市贫民，人数多，热情高，是起义的主力军；地主和土邦王公，人数少，不够坚定。

有人认为起义的地区只限于北印度，因而这次起义只能算是一次局部地区的起义。实际上，这次起义决不仅仅限于北印度。中印度就是这次起义的另一个重要地区。中印度北部的詹西是仅次于德里、勒克瑙的重要起义中心。詹西女王拉克什米·巴伊抗击英军的英勇业绩一直为印度人民所传颂。起义后期，以坦蒂阿·托皮等人领导的起义军在中印度开展的游击战争，给英国殖民者以沉重的打击。其他地区的土兵和广大人民，如印度西北部的旁遮普、西部的孟买、南部最大的土邦海德拉巴，也在不同程度上发动了起义。东印度的孟加拉，除 1857 年 1—3 月印度土兵第 19 团和第 34 团发动过起义外，确实没有发动起来。这是因为孟加拉是英国统治印度的大本营，对土兵的控制更严；同时，1856 年桑塔尔农民起义刚刚平息下去，农民还无力发动起义。

19 世纪中叶，印度资本主义的生产关系还刚刚萌生，无论是资产阶级还是无产阶级都没有形成，还不可能领导这次起义。当时虽已有了一个新兴的知识分子阶层，并开展了资产阶级启蒙运动，但即使像拉姆·摩罕·罗易这样先进的资产阶级启蒙运动者，还认为英国统治对印度有好处。因此要这些具有资产阶级思想的知识分子来领导起义也不可能。而广大印度人民特别是农民，是分散的、落后的，提不出革命的纲领和口号，同样不可能领导起义。在这种情况下，起义的领导权只能落在掌握文化知识、在人民中有一定影响、同英国殖民者有局部利害冲突的少数封建主手里。封建主的领导造成了起义军内部一些不可克服的弱点，致使这次起义最终走向失败。

第一，组织上的分散和行动上的各自为政，不能有效地打击敌人。这次起义没有统一的领导。德里起义军的声势较大，人数最多的时候有 5 万人，起义后宣布巴哈杜尔·沙二世当皇帝，并成立行政院，对其他地区的起义有一定的影响，但并未成为领导全国起义的中心。德里的保卫战基本上是孤军作战。勒克瑙和詹西的起义军虽然得到过坦蒂阿·托皮的某种支援，但这种支援也不是按统一部署进行的，因此在敌人的进攻面前不免受挫。在奥德，西比哈尔和中印度开展游击战争的起义军互不配合，结果被英国军队各个击败。

第二，军事上采用防御战略，使敌人掌握了主动权。北印度各地的印籍士兵发动起义后，几乎都向德里集结；德里陷落以后，所有的起义军又向勒克瑙转移。无论在德里还是在勒克瑙，起义军都采取守势。在战略上犯了错误。当时德里并不是英国人的要地。在起义前，德里只有一个英国旅长，没有英国兵驻在那里。如果北印度起义军不往德里集中，而向旁遮普的白沙瓦、孟加拉的加尔各答、西印度的孟买、南印度的马德拉斯这些战略要地发动进攻，就可大大牵制敌人，战局完全改观。恩格斯说："起义一旦开始，就必须以最大的决心行动起来并采取进攻。防御是任何武装起义的死路，它将使起义在和敌人较量以前就遭到毁灭。"① 由于起义军采取防御战略，使英国殖民当局能调集军队发动进攻，结果最重要的起义中心德里、勒克瑙和詹西相继陷落，起义军的失败已成定局。

第三，起义军内部矛盾重重，削弱了抵抗敌人的力量。参加起义的各阶层各自怀有不同的目的，随着起义的深入，内部的矛盾日益明显，特别是下层人民和上层封建主的矛盾很尖锐。人民参加起义是为了求生存得解放，封建主和土邦王公参加起义为的是恢复旧日的统治。如德里，在起义的第二天即 5 月 12 日，参加起义的贵族们就在皇宫集会，讨论如何恢复秩序的问题。

① 《马克思恩格斯全集》第 8 卷，人民出版社 1961 年版，第 102 页。

随着斗争的深入，加上敌人的分化瓦解，参加起义的封建主发生了重大的变化。除詹西女王拉克什米·巴伊，伊斯兰教学者、奥德的起义军领袖莫尔维·阿赫马德·沙，西比哈尔游击队将领昆瓦尔·辛格，中印度游击队将领坦蒂阿·托皮等少数人坚持斗争到最后外，多数人中途退出起义阵营，表示效忠英国。最典型的是奥德的塔鲁克达尔。1858 年 3 月 21 日，勒克瑙陷落后不久，英国发表"奥德宣言"，表示对立即放下武器并协助殖民者的塔鲁克达尔既往不咎，并允许他们保留原有的田庄，于是奥德的塔鲁克达尔纷纷投降。

1857—1859 年的印度民族起义虽然没有达到推翻英国统治的目的，但它是印度近代史上的重大历史事件，是印度人民摆脱英国殖民统治，争取民族独立的重要组成部分，其意义和影响是深远的。

这次民族起义沉重地打击了英国在印度的殖民统治，增强了印度人民斗争的信心。印度雇佣兵本来是英国殖民者用来统治和镇压印度人民的工具，现在调转过来反对英国人，这本身就是对英国殖民统治的沉重打击。更为主要的是，这次起义打破了英国殖民者不可战胜的神话，增强了人民斗争的信心，继这次起义后不久，爆发了 1860 年孟加拉农民起义。显然，这同 1857 年的民族起义是有历史联系的。

1857 年民族起义加速了印度历史的进程。这次起义是印度近代史上的重要转折点。起义之前的 100 年，主要是英国征服印度和建立殖民统治的时期。起义之后，英国为了加强殖民统治，采取了四项措施。

首先，印度政府的控制权从英国东印度公司手里转到英国女王的手里。1858 年 8 月 2 日，英国议会通过了《改善治理印度法》，明确规定："印度将为主要国务卿之一代表君主所统治，助以有 15 个成员的行政会议。"同时，总督改称副王。

其次，彻底改组军队。改组根据两大原则：改变英国兵与土兵的比例，由原来的 1∶6 改为 1∶2 或 1∶3；英国直接控制炮兵。

再次，改变对印度土邦的政策，充分发挥土邦作为英国政权的重要支柱的作用。1858 年 11 月 1 日，维多利亚女王发表宣言：承认东印度公司与土邦王公签订的条约；尊重土邦王公的权利、尊严和荣誉；尊重印度古代的风俗习惯；不再扩大领土；除杀害英国人者外，一律大赦；实行正义、仁慈以及宗教方面宽容的政策，不干涉人民的信仰或祭祀；不管种姓和信仰如何，每个人皆可以成为国家公务员。

最后，加强铁路、电报等的建设。

这些措施，加速了印度资本主义生产关系的发展，促进了印度的民族资产阶级和无产阶级的发展和壮大，从而为英国在印度殖民统治的瓦解创造了物质前提。

1857 年民族起义打乱了英国殖民者在亚洲的侵略部署，间接地支援了其他亚洲国家的反英斗争。1856 年 10 月，英国在中国发动了第二次鸦片战争。1857 年夏，额尔金勋爵率领英军从欧洲来中国途中，听到印度发生大起义的消息。6 月 3 日到达新加坡后，接到英国的印度总督坎宁给他的信，要求他派一部分军队到加尔各答以镇压印度的起义。额尔金答应了坎宁的要求，派出很大一部分军队去印度。这就间接地支援了中国人民的反英斗争。

伊朗巴布教徒起义

张桂枢

伊朗巴布教徒起义，发生于 1848 年至 1852 年，是伊朗人民一次带有浓厚宗教色彩的大规模反封建起义，也是 19 世纪中叶亚洲人民反封建、反殖民主义斗争高潮的重要组成部分。

起义前夕的伊朗

伊朗古称波斯。17 世纪中叶，伊朗处于萨非王朝的统治之下，还是一个部落和部族的混合体，当时居民的 1/3 是游牧部落成员。1722 年，阿富汗人征服了伊朗，伊朗的一部分土地亦被土耳其所占领。18 世纪 30 年代，军人出身的纳狄尔赶走了阿、土侵略者，于 1736 年宣布为伊朗国王。

纳狄尔王朝崛起于伊朗后，迅速对外扩张，很快建立起一个幅员广阔的帝国，其版图扩展至亚美尼亚、阿塞拜疆、阿富汗、印度西北部及中亚细亚的一部分。纳狄尔国王对外持续不断的掠夺性战争和对内的残暴统治，受到被侵略国家人民和本国人民的反抗，伊朗很快陷于混乱。1747 年，纳狄尔被封建主暗杀。从此，伊朗不断发生宫廷政变，国内各汗长期进行封建混战。

1794 年，恺加人亚加·穆罕默德汗兴起，战胜了其他各汗，伊朗重新统一。1796 年，亚加·穆罕默德汗正式建立恺加王朝，定都德黑兰。恺加王朝初期，曾对南阿塞拜疆、格鲁吉亚和亚美尼亚等外高加索地区扩张，并使这些地区隶属于伊朗封建统治之下。

恺加封建王朝统治下的伊朗，是一个落后的专制君主国。全国的土地、森林和水源，都掌握在以国王为首的世俗封建主和教会封建主手中。国王是土地的最高所有者，他把土地和土地上的收入作为采邑或俸禄，赏赐给王公、贵族和伊斯兰教会。因此，土地所有制的主要形式是国有土地、各地区封建汗的汗有土地和清真寺的寺有土地——庙田。此外，还有少量地主的私有地、农村公社的公有地和农民的小块土地。

国王握有至高无上的权力。国王之下设立由首相领导的枢密院，负责管理国家日常事务。全国划分为 30 个省和州，省设总督，州设州长。国王很少过问地方行政。各地封建汗有权拥有军队、铸造钱币和征取商队关税。他们名义上服从中央，实际上独霸一方。在封建汗之间，常常为了夺取地盘而发生公开的武装冲突。

公元 7 世纪，伊斯兰教传入伊朗。伊斯兰教十叶派①在伊朗的社会生活中地位历来十分重要，早在 16 世纪初萨非王朝时期就被宣布为国教。十叶派高级阿訇是封建王权的支柱。他们有权根据《古兰经》②解释国家法律，并广占地产（庙田），执掌教权，控制国民教育，统揽有关宗教、财产、婚姻、交易等民事诉讼，在掠夺、压迫人民的勾当中与世俗封建主狼狈为奸，利用宗教的威权，为所欲为。深为广大下层群众和低级阿訇所憎恨。

低级阿訇的地位同高级阿訇有根本区别。庙田的收益，他们分沾不到；从民事诉讼案件中他们也一无所获，因为富有的当事人都只找高级阿訇行贿求情。由于生活困难，许多低级阿訇不得不经营手工业、小商业，甚至农业，以维持生活。因此，他们的社会经济地位并不接近剥削者，而接近劳动人民。其中有些人和人民经常往来，代表下层群众的思想和要求，在斗争中常常站在下层群众一边。如 1829 年 1 月，一些下级阿訇就曾领导群众冲击俄国使馆。

农民和手工业者是封建社会的基本生产者。很多农民除从事农业外，还从事家庭手工业，诸如纺纱、织布、织地毯等。他们被束缚于封建主的土地上，按中世纪的"五分制"（土地、水、种子、耕畜和人工各作一份）缴纳地租，往往要将收成的 80% 交给地主。并负担各种实物贡赋和徭役。至于城市手工业者，其处境也十分艰难。他们都组织在封建性的行会里，不仅要以现款或劳动产品交付重税，在产销过程中还要受包买商人的盘剥。

19 世纪初，伊朗已经有了简陋的毛织、丝织和棉织等手工工场。工场主主要是些中等商人。由于封建割据，战乱频仍，税卡林立，工场手工业也无

---

① 十叶派是伊斯兰教中两个主要派别（逊尼派和十叶派）之一，其名称原意有党派或教派的意思。

② "古兰"，阿拉伯文 Qu'rān 的音译，意为"诵读"。《古兰经》一译《可兰经》，相传为伊斯兰教创始者穆罕默德传教过程中提示的教义和教律，是伊斯兰教的最高经典和最根本的立法依据。

法发展。例如，从里海沿岸的腊什特到波斯湾的班达布什尔，沿途就有税卡
14 处。更有甚者，有些地区的统治者竟派遣武装队伍，拦劫商旅，形同
土匪。

从 19 世纪初以来，英、法、俄等国先后强迫伊朗签订不平等条约。
1801 年的英伊条约，保证了英国商人得以在伊朗购买土地，建立商馆；免征
进出口税，自由贸易。1808 年的法伊条约，给了法国人以领事裁判权。
1804—1813 年第一次俄伊战争的结果，签订了古里斯坦条约：伊朗被迫承认
格鲁吉亚、达吉斯坦和巴库等各汗国划归俄国版图；准许俄国商人在伊朗自
由贸易，其商品入口关税值百抽五，境内关卡杂税一概豁免。同意俄国独享
在里海停泊舰队的特权，而且伊朗被迫放弃在里海保有海军的权利。英国有
效地利用了俄伊冲突，于 1814 年迫使伊朗订立新约，规定英国对俄、伊划
界有"仲裁"权；伊朗倘与欧洲国家（指俄国）开战，将得到一笔由英国
公使监督使用的补助金。它使伊朗在政治上、财政上依附英国。

1826—1828 年第二次俄伊战争的结果，签订了土库曼彻条约：伊朗放弃
在南高加索的一切权利，赔款 2000 万金卢布；俄国取得领事裁判权。1841
年，英国以武力威胁又强迫伊朗订约，规定英国享有领事裁判权，其商品入
口关税值百抽五，豁免境内关卡杂税。总之，到 19 世纪中叶，伊朗已经沦
为半殖民地。

不平等条约给伊朗人民带来了空前的灾难。低关税率使外国商品洪水般
地涌进伊朗市场。19 世纪 30 年代以来，英国纺织品几乎占伊朗进口总值的
90％。伊朗的纺织品、铜、金、皮革等手工制品无论如何也竞争不过英国的
机器制造品。例如，在伊朗全国行销的伊斯法罕生产的布，1843 年时，每匹
值 7 卢布 50 戈比到 9 卢布，而同时期，英国的布只卖 3 卢布。外国廉价商品
的倾销造成了 1836—1837 年伊朗市场的严重销售危机。1833—1836 年，运
到大不里士的欧洲商品总值，激增近 2.7 倍。结果是，伊朗脆弱的手工工场
频频倒闭，上万的纺织工人失掉了工作，中小商人和个体手工业者纷纷
破产。

外国资本主义的入侵，冲击着封建伊朗的经济基础。伊朗农业的基本产
品——棉、毛、丝在国内销售量愈来愈少，农业和家庭手工业相结合的自然
经济遭到破坏，农民加速丧失原有耕地。封建主则竞相要求以货币地租代替
实物地租，从中加重剥削，并且每年都增加租额。与此同时，国王政府变本
加厉地增加捐税，包税者又巧取豪夺，从居民身上征取超过法定的一倍到两

倍的税款。这些包税者不是别人，正是各省的统治者及其代理人。贫苦的农民和手工业者为交租纳税，被迫举借高利贷，当时一位外国旅行家写道：在伊朗这个国家，可以肯定地说，欠债者多达十之八九。

1830 年、1831 年和 1835 年，阿塞拜疆霍乱流行，人口死亡过半。19 世纪前 50 年间，饥荒和疫病夺去了伊朗几百万人的生命。当时，整村整村荒无人烟。1840 年夏天，一个俄国旅行家曾到过伊朗，他说，从伊斯法罕到哈马丹，不久前还是繁荣的乡村，现在已是十室九空了。

巴布教的勃兴和起义的酝酿

从 19 世纪 40 年代起，伊朗城乡不断发生贫民暴动。1847 年在伊斯法罕和赞兼等地就发生过小规模的起义。伊斯兰教低级阿訇在这些群众性的运动中起着积极作用。由于与劳动者处境基本相同，兼受人民群众不满情绪的影响，加上当时低级阿訇差不多是下层居民中唯一的知识阶层，因此，他们当中的代表人物很快便成了人民运动的思想家和领导者。因为斗争对象是勾结外国侵略者的封建反动势力，所以，起义者所倡导的宗教思想必然是与官方伊斯兰教派——十叶派相对立的。一个新的伊斯兰教的宗教派别——巴布教派应运而生。

巴布教创于 19 世纪 40 年代前期，创始者是赛义德·阿里·穆罕默德。这位年轻的赛义德[1]，1820 年[2] 10 月生于设拉子城内一个棉布商人的家庭。他 18 岁迁居班达布什尔，在该地经商 5 年之久，成为伊斯兰教在伊朗的新教派——谢伊克教派[3]的信徒，成为低级阿訇。1843 年，教派领袖赛义德·卡塞姆·拉什特去世。1844 年 5 月，他利用赛义德·卡塞姆·拉什特未指定继承人的机会，在教徒们的支持下自称"巴布"，并集结了 18 位弟子，分别到各地传教。在阿拉伯语和波斯语中，巴布的意思是"门"。据说，人们渴望的伊斯兰教救世主的旨意，将通过此门而传达给人民。

关于伊斯兰教救世主——第 12 世教长马赫迪，人们世代相传，说是已近千年不见，只有当世间充满着不幸和灾难的时刻，他才会降临大地。因

----

① 中近东国家中，自命为穆罕默德后裔的伊斯兰教徒的荣誉称号。
② 一说是 1819 年。
③ 谢伊克教派相信救世主即将降临，建立正义王国，消灭人间不平。

此，这种救世主思想并非巴布独创。不论是官方的十叶派，还是伊斯兰教其他派别，都不承认马赫迪将会降世。但是，巴布所宣传的救世主思想却具有现实性和战斗性。他预言，救世主的降临不是在遥远的未来，不是在"最后审判日"[1]，而是在最近期间；不是普降尘世，而是只降临伊朗。他教导说，马赫迪到来之时，即"正义王国"建立之日。这里，没有暴政，人人平等，共享美满幸福生活。在马赫迪降世之前，他的使命在于揭示真理，帮助人们做好准备，去迎接那即将到来的新生活。

巴布的信徒很快增加起来，统治阶级开始感到不安。1847 年，国王下令逮捕并囚禁巴布。起初巴布被囚于马库要塞，次年移至契利克要塞。在狱中，他完成了自己的主要著作。这就是他仿照《古兰经》的形式写成的《默示录》。这部被巴布教徒奉为圣经的"新古兰经"，集中阐明了作者改革宗教、改革社会的主张。

巴布宣布自己是阿拉（主）的使者，《默示录》是圣书。巴布认为，人类社会是依次更迭的，一个时代总要被另一个时代所代替，后一个时代定将超过前一个时代；每个时代都有自己特殊的制度和法律，其制定者不是普通的人，而是"真主"的使者——人类的"先知"。新先知给予人们的指示就是新圣经。现在，先知穆罕默德的时代已经过去，《古兰经》也陈旧了，应该让位于巴布及其《默示录》，一切制度和法律也应按《默示录》重新制定。巴布还认为，世俗官吏和高级阿訇不愿抛弃旧制度就是世界充满不平及倾轧的原因。巴布宣告，人人平等，没有压迫的正义王国即将建立。在这里，不信奉《默示录》者，其财产将被没收，分给巴布教徒。他称经商是光荣的事业，主张贸易自由，统一币制，改良邮政和严守商业通讯秘密；在反对当局强制征税的同时，承认债务必须偿还，收取赊销利息合理合法。《默示录》谴责了现存社会，指出教俗显贵的统治，使伊朗陷入灾难的深渊，如今应按照它的要求进行改革。

《默示录》是巴布教徒运动的纲领。它虽然更多地代表了伊朗中小商人的利益，但确实反映了广大农民对现实社会的不满，表达了他们要求社会平等和摆脱封建压迫的渴望。它对于动员人民同世俗官吏和高级阿訇的封建统治作斗争，起了积极的作用。

---

① 原为基督教的一种教义。说是耶稣将于"世界末日"（即所谓现实世界最后毁灭之日）审判一切死去的和活着的人，善人升天堂，恶人下地狱。

　　起初，巴布教徒主要在统治阶级中间进行传教活动，巴布认为只要感化统治者，使王公、大臣、地方长官转信巴布教派，自己的社会理想就可以实现。因此巴布反对采取暴力手段。但是，严酷的事实击破了巴布教徒的幻想，他们很快就失望了。巴布和他的信徒被捕，并禁止传播巴布教。在狱中，巴布与其信徒保持着联系，他毅然宣布自己是马赫迪再世。这件事又给了巴布教徒以新的鼓舞。群众自发地、越来越多地聚集在巴布教派周围。

　　斗争形势推动着巴布教徒转向人民群众宣传教义。这时，在巴布教徒中间，出现了一些比较接近劳动人民的著名人物。在马赞德兰，有农民出身的巴尔福鲁什（今巴波尔镇）的阿訇穆罕默德·阿里；在喀斯文，有被亲切地称为"库拉图兰"（意为"清澈的眼睛"）的女传道者查玲·塔什；在呼罗珊，有波什鲁耶村的阿訇胡赛因。

　　1848 年夏，在穆罕默德·阿里和库拉图兰率领下，大批巴布教徒来到了沙赫鲁德市以东的别达什特镇，展开大规模的传教活动。穆罕默德·阿里宣传巴布教派的新纲领：废除封建特权，取消一切赋税和劳役；废除私有制度，实行财产公有。巴布教徒的领导者明确指出，私有制是对他人权利的剥夺，一切财产都只能属于真主和他的使者。他们公开号召进行武装起义，以推翻伊朗封建统治，迎接正义王国的到来。显然，巴布对商人利益的关心已退居次要地位，运动更多地反映了城市贫民的正义呼声，对统治阶级采取道德感化的手段也被抛弃了。巴布教徒运动发展到了新阶段。

　　巴布教徒在别达什特的传教活动，对周围农村的农民很有吸引力，他们纷纷来找巴布教传教士。局势的发展使官方大为震惊。政府赶忙自沙赫鲁特派军队，驱散了别达什特镇的传道者，伊朗国王下令逮捕了库拉图兰等人。穆罕默德·阿里逃脱了魔爪。他重新聚集弟子来到马赞德兰省的巴尔福鲁什市（今巴博勒）。不久，遭官府通缉的胡赛因率众前来会合。巴尔福鲁什市遂成为巴布教徒运动的主要中心。斗争形势日见紧张，武装起义箭在弦上。

马赞德兰的起义

　　1848 年 9 月，国王穆罕默德·弥尔查去世。统治阶级内部争权夺利，倾轧不已。在呼罗珊、伊斯法罕、克尔曼、设拉子和伊斯得等省市，纷纷爆发城市居民和农民的起义。局势对巴布教徒有利。

　　10 月，聚集于马赞德兰省巴尔福鲁什市的 700 名巴布教徒，在穆罕默德·阿里领导下揭竿而起。在击溃了当地的驻军之后，起义者占领了距该市东南 20 公里的希赫·塔别尔西陵地。

塔别尔西陵地是一座古圣墓。按照伊朗的古老传统，它是神圣不可侵犯的禁地，即使里面藏有犯人，当局也不能搜捕。起义者决定在这里长期坚守。他们筑起有 12 座塔楼的城堡，四周围上土堤和水壕，在八角形堡垒里又修盖了一座座木头房子，四出进行宣传活动。不久，起义队伍发展到 2000人①。新参加起义的大都是备受压迫的农民和手工业者。他们有的来自附近村镇，有的则从邻近各州远道而来。四乡农民赶来了牲畜，运来了粮食和饲料；手工业者生产军需品和打造武器，制造劳动工具和缝制衣物等。一时，肃穆清静的希赫·塔别尔西陵墓地区，变成了热闹异常的劳动者大家庭。

在穆罕默德·阿里和胡赛因的领导下，起义者将自己的社会理想付诸实践。他们将其所有的及所获得的财产都宣布为公产，平分共享。粮食和其他物资悉归公共仓库，由专门选派的人员管理和负责分配。实行共餐制，由专管伙食的炊事员按钵子给食，大家兄弟般地围成圆圈席地而坐，共同进餐。巴布教徒理想的正义王国俨然在地上建立起来了。

希赫·塔别尔西陵地的"叛逆"，使德黑兰宫廷大为震惊。新国王纳歇尔丁的首相密尔札·达吉汗命令地方武装进行镇压，但马赞德兰诸汗的军队经不住起义者的夜袭，连连败阵。1848 年底，国王特派其叔父密尔札·马赫底·古里率领 2000 王军，从德黑兰出发前往"讨伐"。起义者又发动夜袭，出奇制胜。在 1849 年 1 月的一次夜袭中，起义者烧死了两个亲王，敌人为之丧胆。1849 年 2 月 3 日夜，被围的巴布教徒又组织了 400 人的部队出击，再次击溃了政府"讨伐军"。

起义军大捷振奋人心。巴布教派的影响不断扩大，信徒日益增加。1849年 2 月，达吉汗首相告诉驻德黑兰的俄国公使朵尔哥鲁基说，据他看，这时伊朗全境的巴布教徒已有 10 万余人。而这位被 1848 年欧洲革命吓破了胆的、视科学共产主义如洪水猛兽的俄国公使，更进一步说，巴布教徒是"用武力传播共产主义"。其实，巴布教徒所传播的不过是原始的空想的共产主义而已。

国王决定加强镇压，迅速调派 7000 精锐王军和一些高级阿訇开赴希赫·塔别尔西陵地。得到增援的王叔马赫底·古里，又气势汹汹地向起义者

---

① 有的书载为 2 万人。

扑来。他们先是用直接冲击的办法，企图一举攻占起义者的阵地，但失败了。于是，王军便封锁了巴布教徒据守的堡垒，调来大炮，疯狂地轰击。同时，由高级阿訇出面煽动，号召向被视为"异端"的巴布教徒进行"圣战"。

在强大的反动势力面前，起义者又缺少火枪，但他们仍顽强地战斗着。他们高举自制的大刀、长矛和短剑，以密集的队形发起冲锋。经过一场短兵相接的白刃战，敌人又一次溃退了。

但是，起义者由于被包围而陷入孤立无援的境地。粮食吃完了，弹药用尽了，激战与饥饿使起义者的伤亡人数急剧增加，英勇的胡赛因也在一次出击中壮烈牺牲。堡垒的保卫者已经不足 250 人了，而包围堡垒的王军却达 1 万多人；力量对比是如此悬殊，平均每个起义战士要抵抗 40 个以上的敌人。但是，巴布教徒们誓不投降，决心与堡垒共存亡。王军无可奈何。他们十分清楚，如果用武力强占堡垒，必将付出更惨重的代价。

1849 年 5 月初，阴险狡诈的马赫底·古里布下一场大骗局。他在圣墓前捧着《古兰经》发誓许愿：只要起义军放下武器，离开堡垒，就可以保全生命和自由。起义者信以为真，便停止了抵抗。但是，当他们放下武器，走出堡垒时，背信弃义的屠杀便开始了。堡垒的所有保卫者被杀死。巴布教徒的领袖穆罕默德·阿里等人被戴上镣铐，押解到巴尔福鲁什，经过严刑拷打后，于 1849 年 8 月当众杀害。刽子手们还把起义者兴建的、在炮火下残存的堡垒和房舍拆除殆尽，充分表现其对人民和人民起义的刻骨仇恨与内心恐惧。

为了替希赫·塔别尔西陵地的死难者报仇，1850 年 2 月，巴布教徒的秘密组织打算刺杀国王、首相和一些高级阿訇。但不幸事机泄露，密谋被破获，40 名秘密组织成员被捕。达吉汗胁迫被捕者当众咒骂巴布，结果，7 名拒绝咒骂巴布的教徒惨遭杀害。

赞兼城保卫战

血腥的镇压阻挡不住声势浩大的巴布教徒起义。1850 年，巴布教徒又在赞兼城发动起义。这次起义酝酿已久，是赞兼的阿訇穆罕默德·阿里（与巴尔福鲁什的阿訇穆罕默德·阿里是两个人）领导的。早在 1847 年，这里已有数千农民成为巴布的信徒。到 1850 年春，这里的巴布教徒达到 1.5 万人。

穆罕默德·阿里享有很高的威望，他的指示不仅为巴布教徒而且也为许多赞兼居民切实奉行。在他的领导下，巴布教徒积极准备武装起义。他们搜集和储存了许多武器、弹药及其他军需品。

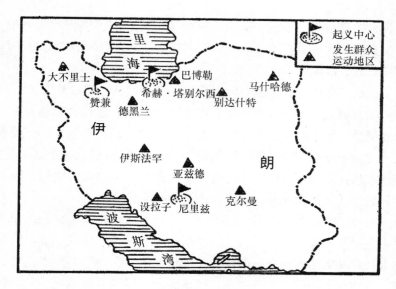

巴布教徒起义形势图

1850年5月，一名巴布教徒被当局逮捕的事件成了起义的导火线。5月8日，起义的巴布教徒奋起攻占了城中的要塞。他们开狱释放囚犯，捉拿虐民官吏，驻防官兵仓皇退守西城。于是，赞兼城被切成两半：巴布教徒占领东边，政府当局控制西边。起义的手工业者、贫民和四乡农民第一次成了东半部城市的主人。他们迅速建起了50座街垒，严密监视相距咫尺的敌人。

龟缩西城的官兵企图夺回东城，一再反扑，但均遭痛击而败退。从德黑兰陆续派来的王军投入进攻，亦被击退。人民群众在街垒战中发挥了巨大威力。同成年男子并肩战斗的不仅有妇女，而且有少年儿童。有位青年妇女，是守卫一座街垒的指挥员，她起了个男人的名字——以传说中神奇的伊朗英雄鲁斯腾·阿里的名字为自己命名。这位巴布教徒机智勇敢，经常出没于枪林弹雨之中。

赞兼的起义者也同希赫·塔别尔西的起义者一样，宣布自己是在建立一个"正义王国";在这个新社会里,人人平等,财产公有。

这一年,起义席卷了伊朗广大地区。年初,赛义德·雅西·达拉比在伊斯得领导的巴布教徒起义,虽然为时很短,但声势很大;6月,尼里兹又爆发大规模起义。

巴布被囚禁期间仍同他的信徒保持着联系,他利用自己的影响,号召信徒们为建立正义的王国而斗争。伊朗各省甚至土耳其和印度的信徒都远道前来契利克要塞,参拜巴布。巴布的教义日益深入人心。面对巴布教徒方兴未艾的斗争,统治者决定杀害巴布,以示"儆戒",妄图阻挡人民起义的浪潮。关于这一点,首相达吉汗在国王的报告中写道:巴布活一天,其信徒的起义就一天不停,有可能变成全国范围的人民革命,结果将推翻恺加王朝。7月19日,巴布从契利克要塞被押解到当时伊朗的陪都大不里士,在广场上遭到公开杀害。

巴布的死并未动摇起义者的斗争决心。赞兼保卫战在继续进行。统治者没能达到其预期目的。于是,国王调集配有炮队的3万大军,开赴仅有几千巴布教徒的赞兼,全力镇压。王军依仗军事优势,多次发动进攻,企图一举夺回东城,均被击退。王军指挥官恼羞成怒,下令轰平东城,屠杀城中百姓。几十门大炮随即进入阵地,轮番轰击。在大炮的掩护下,王军倾巢而出,逐步推进。这时,由于城中大批农民离城回到乡间,起义军伤亡严重,人数锐减;由于同四乡的联系早被切断,东城的保卫者孤立无援。更不幸的是,起义军的领袖穆罕默德·阿里在一次激战中也牺牲了。形势变得十分危急。

起义者浴血奋战,同敌人争夺每一座街垒、每一条街道、每一间房屋。王军冲进来了。根据伊朗史家记载,他们冲入东城时,"就如饿狼一样残杀儿童和妇女"。但是,残杀并没有能迫使巴布教徒放下武器,他们宣誓,与城市共存亡。一直到12月底,王军才得以占领起义军的全部据点。对于最后坚守阵地的巴布教徒,刽子手又玩弄其在塔别尔西陵地的无耻故伎:骗使起义者放下武器,然后把他们杀死。

前后坚持8个月之久的赞兼城保卫战最后失败了。但是,统治者也尝到了苦头:在长期围攻中,损失了8000官兵。

1851年初,赞兼的巴布教徒再度起事,但由于第一次起义失败,损失太大,元气未复,很快就流产了。

两次尼里兹起义

1850 年初伊斯得的起义失败后，巴布教徒的又一领袖赛义德·雅西·达拉比率领信徒数百人于同年 6 月转移到尼里兹。尼里兹人民对于贪赃枉法、残害百姓的州长及其同伙早已十分痛恨。雅西·达拉比来到以后，立即抓住时机展开活动。他和他的信徒在清真寺传教，影响巨大。好几千名城乡居民很快就团结在他们周围。在得到人民群众的支持后，雅西·达拉比立即发动武装起义，并迅速攻占城外的一座旧堡。

政府从设拉子派出军队，进行"围剿"。王军包围了起义者的堡垒，开炮轰击。起义战士伤亡很重；他们多次组织出击，均被挡回。困守堡垒的巴布教徒大都是未经训练的农民，既缺乏战斗准备，又只有很少武器。王军指挥官依旧玩弄希赫·塔别尔西陵地的欺骗手法，心存侥幸的雅西·达拉比又上了当。当他放下武器走出堡垒时，王军乘隙攻入，将起义者全部杀死；雅西·达拉比同时牺牲。至此，第一次尼里兹起义失败。

尼里兹的统治者百般迫害同情和帮助过巴布教徒的居民。四乡农民纷纷弃家出走，逃入尼里兹附近山中。官逼民反，不久便爆发了第二次尼里兹起义。在巴布教徒领导下，起义者利用山地作战的有利形势，同王军和当地封建汗的部队长期周旋。他们常常出其不意发动夜袭，大败讨伐军，趁势夺取其枪支乃至大炮，装备自己。有一次夜袭，巴布教徒神出鬼没地潜入尼里兹城，杀死了罪恶累累的州长。

起义军构筑山地工事，据险固守，讨伐军中有许多士兵同情巴布教徒，不愿攻打起义者，于是出现了两军长期对峙的局面。统治者欲胜不能，一时无计可施。最后，国王只好派遣一些好战的山地部落武装驰往镇压。围攻巴布教徒的部队逐渐增至 1 万多人。起义军被包围，他们同外界的联系被切断。粮尽援绝，情况危急。但是，他们并不屈服，凛然同蜂拥而上的强敌展开白刃战。由于寡不敌众，起义者牺牲过半，其余被俘。被俘者有的被当众烧死，有的被作为"活炮弹"塞进炮口，对空发射；许多人被严刑拷打，折磨致死；许多无辜妇孺被掠卖为奴。刽子手们更以集体屠杀为乐，竟将成批巴布教徒，其中包括妇女和儿童，驱入山洞，然后纵火焚烧，将他们活活烧死。

1851 年，第二次尼里兹起义在残酷的镇压下失败了。此后，巴布教徒运动开始失去自己的群众基础。农民和手工业者逐渐脱离巴布教派，大规模的斗争基本结束。发生这种情况的主要原因是，在起义连遭镇压以后，巴布教徒的领导者提不出足以进一步发动人民群众的革命纲领，首先是解决农民土地问题的纲领。1852 年春，巴布教徒又准备在巴尔福鲁什和赞兼等地发动起义。由于没有获得广大人民的拥护，地方当局很快就把他们镇压下去。

随着运动失去城乡劳动者的有力支持，巴布教徒——主要是一些出身于低级阿訇和商人的传道者，转而采取暗杀手段。但是，个人恐怖与推翻封建统治的群众性正义斗争毫无共同之处。它损害了这一斗争。8 月间，巴布教徒的密谋者在德黑兰谋刺纳歇尔丁未遂，国王只受了轻伤。统治者以此为借口，展开了大规模的搜捕，单在德黑兰一处就逮捕了 400 名巴布教徒，处死了 393 人。白色恐怖笼罩全国。许多巴布教徒被处死（包括库拉图兰），甚至牵连到不少同情巴布教徒的人。

1848—1852 年巴布教徒起义，是伊朗人民一次大规模的反封建起义。手工业者、城市贫民和城郊农民是起义的主力。低级阿訇和中小商人也参加了起义。这次起义带有浓厚的宗教色彩。其原因除当时伊朗的社会经济发展处于落后状态外，还由于现实社会中伊斯兰教与世俗政权紧密结合。

起义之所以失败，首先，是起义缺乏应有的组织性。全国各地先后爆发的起义，虽然一时声势浩大，但均属地方性质。马赞德兰、赞兼、尼里兹和其他地区的起义者，没有进行共同的发动和必要的联合；分兵作战，必为敌人各个击破。

其次，起义者缺乏农民的广泛支持。领导起义的低级阿訇和中小商人，提不出明确的土地纲领，只是就地实行简单的平均主义措施，不能满足农民迫切的土地要求，这自然不能把最广大的农村发动起来。结果是，当起义者一被包围，他们就孤立无援了。

最后，起义者在战略上始终停留于消极防守地位，处处被动挨打。这是因为，他们没有夺取全国政权的远大目标，专注于一城一地之得失。

巴布教徒起义历时 4 年，遍及各州省，其斗争锋芒主要地、直接地指向国内封建反动势力。在巴布教徒起义的沉重打击下，伊朗统治阶级被迫实行一些自上而下的改革——密尔札·达吉汗改革，以巩固业已动摇的封建统治。达吉汗在其首相任期内（1848—1851 年），着力改革军队与财政。他严格军纪，改组军队，打算将军队扩充至 10 万人，并实行统一军队编制——

"门兵制"①，开办军事学校；组织警察和创立保护商队商道的特殊保护队伍。严禁贪污受贿、卖官鬻爵；他还采取一系列整顿财政的措施。宫内的侍役和官吏大批裁撤，他们的薪俸减少近50％。许多王族的俸田被裁撤。还剥夺了不少寺田以增加国库收入。

伊朗巴布教徒起义，虽然是在宗教旗帜下发动的，起义斗争的锋芒主要指向封建王朝。但由于以国王为首的封建统治集团同时也是外国资本主义的代理人，起义在客观上也打击了外国侵略者。巴布教徒提出的社会经济要求中，不仅有反对封建统治的内容，而且也包含有反对外国殖民者、争取民族独立的因素。它实际上是一次反封建、反殖民侵略的农民起义。

---

① 门兵制，每一门，即一家，有10人的农户，都要派1人当兵。

南非祖鲁人民抗击英国及荷兰殖民者的斗争

郑家馨

在近代南非人民反对殖民主义的斗争历史上，祖鲁人民占有光荣的地位。他们为捍卫国家的独立，保卫家园土地，在近100年内先后同荷兰及英国殖民者进行了不屈不挠的斗争。祖鲁人民的光荣斗争传统受到非洲人民的景仰。

"白人就要来了"

15世纪末叶，班图人居住地区已扩展到今日奥兰治自由邦中部、纳塔尔南部和开普敦东部。南班图人中的两大支苏陀—茨瓦纳人、北恩戈尼人即祖鲁人，大多已定居下来，过着牧农混合的经济生活。

18、19世纪之交是南非社会动荡不安的时期。南班图人社会正处于原始公社制解体阶段。许多种族和部族互相杂居。各个部落之间或者联合或者分裂，出现了错综复杂的局面。

1635年以前葡萄牙人已将易种、高产的美洲玉米传入非洲东海岸。之后，北恩戈尼人开始种植玉米。农业生产有所发展，粮食有所增加，牲畜大量繁殖，一个小部落往往拥有数千头牲畜。手工业和商业兴旺起来，出现了有100人做工的兽皮加工工场，向葡萄牙商人出口毛皮。18世纪末、19世纪初，德拉戈阿湾①市场的象牙供不应求，利市百倍。铁制工具、铜制装饰品甚多。人丁兴旺，林波波河以南的南班图人有100多万。

父权制家庭公社的私有财富逐渐增加，部落内部出现了贫富分化。拥有大量牲畜的富裕家族往往通过"牲畜借贷"使本部落的成员在经济上依附自

---

① 今莫桑比克的马普托湾。

己，成为"当权家族"。像恩格斯指出的那样："氏族酋长已经部分地靠部落成员的献礼如家畜、谷物等来生活。"① 这些新因素成为破坏原始公社经济平等和社会平等的动力。

南班图人牧农经济的发展要求突破旧的部落结构。18 世纪末，在南非高原上开始了部落广泛联合的过程。部落联合，或通过和平的合并，或通过武力的征服完成。

在极度混乱的局势中，祖鲁部落的崛起具有重大的意义。姆塞思瓦部落的酋长丁吉斯瓦约（1809—1818 年在位）是祖鲁王国的奠基人。他到过英属开普殖民地和葡属莫桑比克，认识到必须团结各部落，建立强大的军队，才能对付殖民侵略的威胁。他首创"同龄等级制"的军事组织，把部落的男子按年龄分成不同等级，每个等级履行一定的义务（或作战或劳动）。他严格训练战士，并依靠这支训练有素的军队，迅速征服了邻近的部落，奠定了祖鲁王国的基业。

恰卡（1787—1828 年）原是祖鲁一个小部落酋长的儿子，1800 年投奔丁吉斯瓦约。由于聪明善战，他深得丁吉斯瓦约的器重。1816 年恰卡的父亲去世，丁吉斯瓦约支持他继任酋长。丁吉斯瓦约死后，他又继承了姆塞思瓦部落联盟最高酋长之职。他经过连年征战，在今南非共和国纳塔尔省境内，建立了南班图人最强大的国家——祖鲁王国②。

19 世纪上半期，祖鲁王国在恰卡和丁刚（1797—1840 年）的治理下，国势日益强盛。他们通过战争或和平手段把 100 多个部落先后并入祖鲁王国版图，使它直接和间接管辖的范围扩大到 20 万平方公里。当时王国版图北至蓬戈拉河，西抵水牛河，南至图盖拉河，东至海滨。王国的中心地区是图盖拉河流域和乌姆福洛齐河流域之间的谷地。

15 世纪末，葡萄牙船员"发现"了这块后来称为纳塔尔的地方。19 世纪 20 年代初期，英国人欧文船长探测德拉戈河湾以南沿海地带后，向开普殖民当局报告说，纳塔尔土地富饶。当时正在向北扩张的英荷殖民者竞相觊觎这块濒临印度洋的宝地。1824 年，布尔人③农场主和英国商人拼凑了一个"联合公司"，打算勘察在纳塔尔开发农牧业的可能性。布尔人因劳力缺乏、

---

① 《马克思恩格斯选集》第 4 卷，人民出版社 1972 年版，第 140 页。
② 祖鲁民族是由众多大小祖鲁氏族扩大形成的。有的书上说，恰卡继承酋长才将这个部落改称"祖鲁"，含意为"天"，表示这个部落的高贵。
③ 荷兰殖民者的后裔称布尔人（Boer，意为农民）。

水土不服及疾病等，失望地离开了。英国人亨利·法因、詹姆士·金、法郎西斯·法韦尔等人留了下来，占据纳塔尔港①为据点，并深入内地廉价收购象牙。他们通过送礼、治病等手段，取得祖鲁国王恰卡的好感，1824 和 1828 年从恰卡手中骗取了沿海长 35 英里、宽 100 英里的土地。这是英国人对祖鲁王国领土主权的首次侵犯。

1828 年，恰卡兵下乌姆齐姆库卢河②。英国急忙派遣萨默斯特上校率兵北上。随祖鲁军南下的英国商人"劝告"恰卡不要去攻击开普殖民政府保护下的南恩戈尼人诸部落③的酋长，以免引起英国的报复。这时，恰卡从英国殖民军不断攻击开普殖民地境内班图人部落的军事行动中，开始认识到白人殖民者手中的火器是对祖鲁王国的最可怕的威胁。

为预防白人殖民者可能发动的侵略，恰卡把纳塔尔南部划成"无人区"，作为祖鲁王国与英国殖民地之间的缓冲地带。他继承并改革了丁吉斯瓦约的军事制度，不分部落只按军龄等级组成"同龄兵团"；儿童从 12 岁起接受半军事训练，18 岁起接受正式军事训练，35 岁前不许结婚。恰卡还改革了武器装备，每个战士配备一面盾牌和一根短杆刺矛，便于防御和进行白刃战。祖鲁军队的战斗力明显加强。

1828 年 9 月 24 日，恰卡的异母兄弟丁刚与几个兄弟合谋刺杀了恰卡。据说恰卡最后一句话是警告国人："白人就要来了。"

血河战役

丁刚登上王位后面临着严峻的形势：白人殖民者从开普殖民地向北的土地扩张正日益逼近祖鲁边境。在东部沿海地带，英殖民者以纳塔尔港作为殖民据点，得寸进尺，不断扩张，已管辖 2500 非洲人，而且还在不断收容祖鲁王国的叛逃者。1834 年，纳塔尔港英商集体上书英政府，要求英国兼并纳塔尔沿海长 200 英里、宽 100 英里的地带。1835 年英国人擅自在其占领区成立"自治政府"，形成对祖鲁王国主权的潜在威胁。

布尔人并不甘心英国人独占纳塔尔富饶的土地。当时，大批布尔人正从

---

① 今南非共和国纳塔尔省的德班港。
② 今纳塔尔省与开普省之间的界河。
③ 南班图人的一支，祖鲁人语言亦属恩戈尼语。

开普殖民地往东北方向进行"大迁徙"①。1834 年下半年，由布尔农场主厄伊斯率领的殖民先遣队 30 骑，从开普殖民地东部窜入纳塔尔探勘土地，策划移民屯垦。厄伊斯先遣队回到开普殖民地后提出报告：纳塔尔境内有大片肥沃土地，从奥兰治河往北是一片连绵不断的高原沃野，有大片"无主土地"，极其适合开拓畜牧农场。厄伊斯的报告激起布尔农场主对班图人土地的贪欲。

奥兰治河与瓦尔河之间的高原地带，从 19 世纪 20 年代中期以后，一直处在原祖鲁王国部将姆齐利卡齐的管辖之下。他所建立的马塔贝莱王国，是内陆高原地带最强大的国家，拥有 5000 能征善战的军队，首府设在马里科河畔的莫塞加②，管辖范围有 3 万平方公里之广。他屡屡起兵反对丁刚，丁刚曾 3 次派军队予以讨伐。

1836 年一支布尔人大迁徙队伍，在波吉斯特率领下，窜入姆齐利卡齐的辖区。他们仅以 29 头牲口的代价就从一个地方小酋长手中"购买"费特河与瓦尔河之间上万平方公里的土地。同年 8 月，姆齐利卡齐派军队赶走了两小股布尔人侵者。10 月，他又派部将凯利皮率 5000 战士在维格科普围攻布尔人据点。

1837 年 1 月，布尔人得到增援，气焰更加嚣张，组成了一支轻骑兵，驰骋百里偷袭马塔贝莱王国首府莫塞加。马塔贝莱战士牺牲 400 多人，败退卡潘大本营。11 月，布尔殖民者又纠集两支队伍进攻卡潘，激战 9 天，马塔贝莱人被迫退出马里科谷地。此后，姆齐利卡齐因国土沦亡，率 2 万部众北渡林波波河，进入马绍纳兰③，重建马塔贝莱王国。

面对英、布殖民者愈益增长的侵略威胁，丁刚认识到，必须建设强大的军队。他保持了恰卡建立的一套军事制度，想方设法取得火器和马匹来装备祖鲁军队。为了从纳塔尔港的英商手中购买枪支，丁刚极力同英商及传教士维持友好关系。

陶醉于军事胜利的布尔殖民者决定占领整个纳塔尔，建立拥有出海口的

---

　　①　1795 年英国占领开普殖民地。1820 年英国开始向这里移民 5000 人。英国殖民当局采取了一系列措施，如让英国移民夺占最肥沃的土地，宣布英语为官方语言，改革币制，向布尔人增税，不许布尔农场主使用奴隶劳动等，从而加深了英、布殖民者之间的矛盾。这是促使布尔人进行大迁徙的重要原因。1836—1837 年大迁徙高潮时，约有 1 万布尔人陆续离开开普殖民地，向北部奥兰治，德兰士瓦的苏陀·茨瓦纳人居住区以及东北部祖鲁人居住区远征。

　　②　今齐勒斯特附近。

　　③　今津巴布韦。

布尔人共和国——纳塔利亚。1837 年 10 月，刚被选为布尔人"总统"的雷提夫率领一支布尔殖民军，朝德拉肯斯堡山的隘口进发。10 月 19 日和 11 月 8 日，雷提夫从被占领的纳塔尔港致信丁刚，要求让布尔人在"与祖鲁领土毗邻的无人地带居住"。雷提夫还语含威胁说：姆齐利卡齐的不妙下场，就是"行为不端的国王的下场"。雷提夫亲率 15 骑进入祖鲁王国首府姆冈冈德洛武，向丁刚索取土地。

1838 年 2 月 3 日，雷提夫率 71 骑和 30 名南非土著科伊人仆役再次进入祖鲁首府。他要求丁刚在一份文件上画押割让土地。为了麻痹敌人，丁刚在这份文件上画了押。之后，他以举行战舞表演为名调动军队。2 月 6 日，在为雷提夫等人举行的"送别"集会上，丁刚下令祖鲁战士逮捕了雷提夫及其随从，并全部将其处死。

2 月 16 日，祖鲁军几乎消灭了占领布须曼河和布劳克兰河之间土地的布尔农场主。随后几个月，祖鲁军摧毁了纳塔尔境内的布尔人的堡垒及农场。大农场主厄伊斯被击毙。惊慌失措的波吉斯特率队撤到德兰士瓦高原。3 月至 4 月，英国人凯恩率军从纳塔尔港驰援布尔人。丁刚命其弟姆潘达率军消灭这股入侵者。9 月，布尔人另一名重要首领马里兹死去。纳塔尔的布尔人陷于群龙无首状态，在祖鲁人英勇反击下，他们遭受了自 1835 年进行大迁徙以来最惨重的损失：人马失去 1/10，许多农场主各自逃散，溃不成军。

残存于纳塔尔的布尔农场主面临全军覆没的危险，请求开普殖民地格拉夫里内特边区的民团司令官比勒陀利乌斯出来领导他们。11 月 20 日，比勒陀利乌斯被任命为布尔军总司令。他着手整顿民团纪律，征募了 500 名精干骑兵，装备了 57 辆满载弹药辎重的牛车，另外还配备了两门小炮。

12 月 15 日，布尔骑兵前哨与祖鲁军前锋接触。比勒陀利乌斯在恩康姆河的河套上，把几十辆牛车首尾相接，组成环形牛车阵，利用深邃的河水掩护背后和侧翼。布尔人在武器和军事技术上都占有优势：他们在防守时利用牛车作为隐蔽，发挥枪炮的密集火力；追击时以骑兵开路，从马鞍上射击。祖鲁军除少数人拥有火器外，绝大多数人只有刺矛和投枪。布尔人燧发枪射程为祖鲁人投枪掷程的两倍，对密集队形杀伤力大。祖鲁军在军事技术上只有突袭和设伏的优势，但在恩康姆河套上却没有机会得到发挥。

12 月 16 日凌晨，祖鲁战士排成密集的"公牛角"阵形①，呐喊着向布

---

① 中央为主攻部队，进攻时，左右两翼首先突入敌阵，之后合力消灭陷入两角夹击中的敌人。

尔人的"牛车阵"发起冲锋。进攻持续了两个小时。祖鲁战士轮番持矛冲锋，伤亡惨重。丁刚下令撤退。布尔骑兵纵马追去。祖鲁军被击溃，伤亡3000人，鲜血染红了恩康姆河。后来这条河改名血河。

血河战役后，布尔军乘胜进击，占领祖鲁王国首府，丁刚退往北方。布尔人利用祖鲁人内部有些酋长的反叛，姆潘达对王位的觊觎，拉拢收买，组成反丁刚势力。在内忧外患交逼下，1839年3月，丁刚被迫答应：图盖拉河以南土地由布尔人占领，并交付1000头牲口、1万公斤象牙。

1839年10月，姆潘达率1.7万人和2.7万头牲畜叛离丁刚，投靠布尔人。1840年2月18日，姆潘达由布尔人加冕为"祖鲁王"。登上王位后，姆潘达把图盖拉河至乌姆福洛齐河之间的大片土地，奉送给布尔殖民者。祖鲁王国只剩下半壁河山，苟延残喘。丁刚于1840年死于斯威士兰境内。

1840年2月14日，布尔人在祖鲁人的国土上成立纳塔利亚共和国，宣布接管图盖拉河与乌姆福洛齐河之间整个地区及海岸。英国不能容忍布尔殖民者在纳塔尔占据优势。英国宣布纳塔尔全境均属大英帝国统治范围之内，并从开普殖民地派兵北上占领纳塔尔。1843年7月15日，英国正式宣布纳塔尔为英国领地。

伊桑德卢瓦纳之战

在姆潘达统治时期，祖鲁人民过着丧权辱国的生活，他们渴望恢复恰卡—丁刚时代祖鲁王国的独立和尊严。姆潘达的长子开芝瓦约（1826—1884年）同情人民的愿望。1856年11月，祖鲁人大会决定由开芝瓦约执掌国政。1872年姆潘达死后，开芝瓦约正式登基。

从40年代以后，祖鲁王国西部与布尔殖民者的德兰士瓦共和国接壤。布尔农场主不断蚕食血河以东土地，严重威胁祖鲁人的生存。在王国南面，英国的开普殖民政府也不断扩张，兼并南班图人国家。

开芝瓦约掌权后，采取几项重大措施，保卫民族独立。他首先重建军队，恢复祖鲁人传统的同龄兵团军事制度，对青少年实行严格的军事训练。他吸取血河战役的教训，深知刺矛和盾牌难以抵挡殖民者的枪炮子弹，用牲畜向莫桑比克的葡萄牙人购买数百支枪和大量弹药。他还让祖鲁青年到金伯利的钻石矿做工，用挣来的钱购买枪支带回国内。他雇用英国商人约翰·丹恩训练军队，教祖鲁战士骑马、射击，让英军逃兵传授使用枪支的知识，从德拉戈阿湾聘请英人修理枪械。几年之内，祖鲁王国重建了一支既能使用刺矛投枪又能掌握近代火器的 4 万大军，这是南非地区空前强大的军队。

1867 年，在奥兰治西部发现了钻石矿。1886 年，在德兰士瓦发现了金矿。欧洲移民纷至沓来。南非地区的欧洲移民迅速增至 30 万人。英国资本开始大量流入。1885 年英国在南非的投资为 3400 万英镑，19 世纪末增至 2 亿英镑。

为了垄断钻石和金矿生产，英国政府加快了征服和掠夺南非的步伐。1871 年英国吞并钻石产区西格里夸兰；1877 年吞并布尔人的德兰士瓦共和国；1877—1878 年夺取了东格里夸兰。英国政府在南非为推行"联邦政策"，打算把开普、纳塔尔、德兰士瓦和奥兰治组成一个"白人联邦"。殖民当局把日益强大的祖鲁王国视为推行这一政策的主要障碍和威胁它在南非实现稳定统治的力量。

1878 年，开普殖民地总督弗里尔主持制订了入侵祖鲁的军事计划。同年 12 月 11 日，弗里尔向祖鲁王国提出最后通牒，要求祖鲁军队必须在 30 天内解除武装，接受代表英国总督的驻扎官的统治；另外还提出英国传教士自由进出祖鲁国土、给被夺去土地的布尔人以牲畜补偿等无理要求。开芝瓦约严正拒绝。

在期限到期以前，英军已在图盖拉河岸沿祖鲁边境地区部署了 6 营兵力。开芝瓦约集结 3 万大军于首府乌伦迪附近。英军司令切尔姆福斯德调集了 1.3 万英军，36 门大炮和大批土著雇佣军。英军在长达 200 英里的战线上，分 3 路前进，直指乌伦迪，以阻止祖鲁军南下进入纳塔尔。东路英军由皮尔逊上校指挥，从沿海地区渡过图盖拉河下游；西路由伍德上校指挥，由纽卡斯尔附近侵入祖鲁；中路由邓福德中校指挥，驻扎洛克浅滩，以策应切尔姆斯福德的主力。

1879 年 1 月 20 日，英军中路主力第 24 团渡伯费茨河前进 10 英里，在伊桑德卢瓦纳山的南坡下扎营。祖鲁军在开芝瓦约亲自指挥下，把主力部队悄悄调到伊桑德卢瓦纳附近的山中。几千人的大军隐蔽集结，不露烟火，秩序井然；只派小股部队到山前游弋，迷惑敌人，分散其注意力。英军骄横轻敌，守备松懈，既未掘壕自守，也不构筑牛车阵。

开芝瓦约采取了调虎离山袭其巢穴的计谋。1 月 21 日，他派出一支部队伪装主力，迤逦往东开赴，引诱英军主力出营。22 日晨，切尔姆斯福德果然亲自率领第 24 团第 2 营和 4 门大炮尾随这支祖鲁军。营地留下第 1 营的 5 个连、第 2 营的 1 个连和 1 个炮兵营（剩两门炮）以及 1 个土著营，共约 2000 人守卫。

开芝瓦约估计英军主力已离营地十几英里，一声令下，埋伏在附近山中的几千名祖鲁军以迅雷不及掩耳之势冲入营区，与英军展开白刃战。祖鲁战士作战异常勇猛，他们一直冲到英军刺刀跟前，持矛刺杀；有些战士拽住英军刺刀刃片不放，直到中弹倒下。英军受到冲击，阵脚大乱，夺路而逃，许多人跳进伯费茨河湍急的水流中。慌乱中两门大炮也被丢弃。激烈战斗经历了两个小时。待切尔姆斯福德闻讯回援，于夜间赶回营地，英军已被全歼，营地死伤狼藉，尸横遍野。此役，英军伤亡 1600 多人（900 多名被击毙），所属土著营 500 人被歼。祖鲁军缴获 1000 多支来福枪、两门大炮和 50 万发子弹。这是 15 世纪初欧洲殖民者侵入非洲大陆以来，非洲人民在反殖民主义战争中取得的最大战果，也是英军自 1856 年克里木战争以来所遭受的最重大损失。

切尔姆斯福德的速胜计划受挫，英国左翼（西路）被迫匆忙退守坎布拉，右翼（东路）被围困在埃肖威，交通阻断，粮草不济。开芝瓦约充分估计到英军的火力优势，做出决定：对据壕自守的英军进行长期围困，围点打援，断绝交通，使其不攻自毙。这个战术对于当时供应交通线已陷入极端困难，又将面临雨季的英军来说，无疑是致命的。可惜祖鲁一些将领求胜心切，贸然对防守严固的坎布拉英军阵地发动强攻，以致几次遭受重大损失。

英军在伊桑德卢瓦纳惨败的消息传到英国，议会大哗。迪斯累里保守党政府孤注一掷，从开普敦、圣赫勒拿岛、毛里求斯岛和英国本土调遣的援军纷纷开赴纳塔尔。3 月 17 日，配备有骑兵、大炮的援军到达南非。英军总兵力超过 2 万人。6 月，英军重新向北缓慢进军。开芝瓦约率部英勇阻击。6 月 1 日，在伊蒂奥西河畔，祖鲁军突袭英军一支小分队，击毙了在英军中服役的前法皇路易·波拿巴的独生子路易王子。这一事件震动了欧洲。

7 月初，英军进抵祖鲁王国首府乌伦迪附近。7 月 4 日开进马拉巴提尼平原，摆开一个 5000 人组成的方阵。战斗打响后，英军以后装枪组成密集的火力和 6 门 7 磅（炮弹重量）、9 磅火炮猛烈轰击。祖鲁军虽然避开从方阵正面攻击，而绕到右翼猛攻，但它的两翼"长角"和中央主力根本无法逼近火力凶猛的英军方阵。祖鲁军绕到方阵后面发动第二次进攻，也未能得手。祖鲁军伤亡 2300 多人。侵入首府的英军焚烧了乌伦迪和附近村寨。

8 月 28 日，开芝瓦约在克瓦德瓦萨村不幸被俘。后流放到开普敦和英国。英国对祖鲁的战争延续 8 个月，损兵折将数千人，耗费 500 万英镑，在国内引起越来越多的反对。迪斯累里的保守党政府成了众矢之的，1880 年终于倒台。

祖鲁人民的顽强抵抗，向世界证明这个民族是英雄的民族。恩格斯盛赞祖鲁人民及其军队，说他们虽然"至今还保存着氏族制度"，却"做出了任何欧洲军队都不能做的事情。他们没有枪炮，仅仅用长矛和投枪武装起来，在英国步兵——在密集队形战斗上被公认为世界第一——的后装枪的弹雨之下，竟然一直向前冲到刺刀跟前，不止一次打散英军队伍，甚至使英军溃退，尽管在武器上非常悬殊，尽管他们没有受过任何军职训练，也不知道什么是队列动作"[1]。

英军新任司令沃尔斯利将祖鲁王国分成 13 个酋长国，由英国任命的酋长统治。这些酋长大都是恰卡统一祖鲁以前各王族的后裔，他们互相争权夺利，使祖鲁陷于四分五裂的血腥内战中。1887 年，英国正式吞并祖鲁国家，将它合并于纳塔尔殖民地。

1906 年起义

英国兼并祖鲁后，大片土地被白人殖民者侵占，对祖鲁人的捐税增多，负担加重。19 世纪末，纳塔尔殖民当局向祖鲁人征收 14 先令的茅屋税，还规定必须交缴过境税、养狗税等。1899—1902 年英布战争后，英国损失惨重，为了弥补这一损失，加紧剥削祖鲁人民，征调民伕、加派差役，人民不胜其扰。

1905 年，殖民当局颁布《人头税法案》，向 18 岁以上的男子征收 1 英镑人头税。新税令引起祖鲁人民极大不满。翁根尼和格雷敦等地人民自发掀起抗税斗争。在里奇芒区，两名白人警察因强行征税被杀。英国军事法庭竟将 12 名祖鲁人判处死刑。

1906 年，马蓬穆洛、克兰茨科普、翁沃蒂和恩坎德拉等地区先后爆发起义。西甘南达老酋长率众千名在恩坎德拉森林首举义旗。接着，班巴塔酋长率众 500 在西部库德尼山区起义。响应的群众迅速增加到数千人。起义群众杀死税警，烧毁殖民者农场。

---

① 《马克思恩格斯选集》第 4 卷，人民出版社 1972 年版，第 93 页。

纳塔尔殖民当局惊慌失措，向开普殖民地总督塞尔伯恩告急。英国殖民政府派麦肯齐上校率 2100 名殖民军开进祖鲁镇压。麦肯齐首先进军图盖拉河支流因苏齐河谷地，切断东西两支起义军间的联系，而后挥戈北向，进入恩坎德拉林区。此时，西甘南达正率起义军驻扎莫姆河谷，班巴塔率部同他会合。1906 年 6 月 9—10 日，起义军同英军在莫姆河谷展开激战。祖鲁人在武器居绝对劣势的情况下，奋勇作战。班巴塔壮烈牺牲，起义军阵亡 500 多人。不久，遭受围困的西甘南达被迫投降。

班巴塔牺牲后，起义地区转移到图盖拉河以南的马蓬穆洛。中心地区围绕两个村镇：一个在因苏西河；一个在因辛辛比河和图盖拉河的汇合处。起义军人数增加到 7000 多人。英军不断增援，总数达 5000 人。麦肯齐上校采取数路围攻、各个击破的方式，逐一击败了祖鲁起义军，并血腥屠杀起义群众。祖鲁人对欧洲殖民者的愤恨情绪继续在增长。各地起义群众袭击殖民者，捣毁白人的住宅。这时，迷信活动在群众中盛行起来。他们大批宰杀白色的家禽，用这种方式表达他们对白人殖民者的满腔愤懑。

1883 年初，开芝瓦约从流放地回国，再次被立为国王。1884 年 2 月，开芝瓦约去世，其子迪尼祖路继位。他不仅没有支持起义，反而运用自己的影响阻止各地起义的爆发。英国殖民当局为了煽起白人殖民者的种族仇恨，于 1907 年故意制造了一起对迪尼祖路的审判案，指控他企图再次策划起义。次年，殖民法庭判处他 4 年监禁，并把他流放到圣赫勒拿岛。

在 1906 年起义中，约有 5000 祖鲁群众死于英国屠刀之下，另有 3000 人被捕。班巴塔领导的起义是南非人民在部落酋长领导下反抗殖民统治的最后一次武装起义。

19 世纪和 20 世纪初祖鲁人民抗击英、布殖民者的斗争，表现出祖鲁人民不甘屈服于殖民统治的顽强战斗精神。但是，这是在双方经济和军事力量悬殊的情况下进行的，因而所付出的代价是很大的。祖鲁人的失败也是必然的。

19 世纪祖鲁人民的卫国战争，沉重打击了英、布殖民者的侵略计划，延长了王国独立存在的时间，对整个南部非洲人民抗击殖民者的斗争是极大的鼓舞，并激励了后来几代南班图人的反殖民主义斗争。

1906 年起义在南非更有深远的影响。它使英国和布尔殖民者惊恐地看到，南非黑人社会的底层蕴藏着巨大的反抗力量，因而加速英、布殖民者勾结的过程。1908 年英、布殖民者召开了没有非洲人参加的国民会议，拟定英、布双方都能接受的宪法，称《南非联邦法案》。1910 年，开普、纳塔尔、德兰士瓦和奥兰治四个殖民地组成南非联邦。

同时，南非黑人中的先进知识分子总结黑人历次斗争失败的教训，认识到南非黑人反殖民主义力量联合的必要性和迫切性。这就促进了南非第一个全国性民族主义组织——南非非洲人国民大会在 1912 年成立。这样，旧式的部落起义逐渐地被新的资产阶级民族主义运动所代替。南非人民的反帝独立斗争迈入了新的历史阶段。

近代阿尔及利亚人民反抗
法国殖民主义的斗争

陆庭恩

阿尔及利亚人民有着反对外来侵略的光荣传统。在近代史时期，他们多次拿起武器，英勇抗击法国殖民者的野蛮侵略和残酷统治。恩格斯曾经称赞他们是"把独立视为珍宝、把对外族统治的仇恨置于生命之上"① 的伟大人民。他们的斗争业绩不仅为后来的抗法斗争树立了光辉榜样，而且也在非洲人民反帝反殖斗争史上写下了夺目的篇章。

阿卜杜·卡德尔领导的早期抗法武装斗争

阿尔及利亚地处西北非的中段地区，北面隔地中海同法国、西班牙、意大利诸国相望。它同马格里布②的另外两国摩洛哥、突尼斯在地理、人种和历史上都有着紧密联系。阿尔及利亚疆域辽阔，资源丰富，北部沿海地带是狭长的冲积平原，土地肥沃，气候适宜，是地中海沿岸著名的农耕区；盛产小麦、大麦、棉花和麻类等作物，是北非著名的谷仓。商业和手工业也素称繁荣。

从 17 世纪中叶起，阿尔及利亚名义上是土耳其奥斯曼帝国的一个组成部分，实际上是一个独立的军事封建国家。代表土耳其统治的最高首脑"德伊"，是在当地土耳其驻军首领中产生的。其实际统治的地区只及首府阿尔及尔周围沿海地带；内部山区，以至南部沙漠地带均属于独立的游牧部落所

---

① 《马克思恩格斯全集》第 14 卷，人民出版社 1964 年版，第 104 页。
② 马格里布，在阿拉伯语中意为"西方"，"日落之乡"。一般指摩洛哥、阿尔及利亚和突尼斯 3 个北部非洲国家。

有。德伊将全国划分为阿尔及尔、君士坦丁和奥兰①三个省，分别任命三个"贝伊"来管理。18 世纪以后，马格里布各国经济衰落，三国统治阶级之间不断发生纷争；各国内部的封建割据战争日趋频繁。这些，大大地削弱了国家的实力。西方殖民列强乘机把侵略魔爪伸向这个地区。

法国资产阶级早已把阿尔及利亚视为自己的首要侵略目标。16 世纪初，法国早于欧洲其他强国同阿尔及利亚建立外交关系，并在阿尔及利亚东部的拉卡尔城建筑了军事要塞。18 世纪，马赛一家商号垄断了阿尔及利亚的粮食贸易。1798 年，拿破仑侵略埃及时，曾派工兵测绘了阿尔及利亚沿海的地形图。拿破仑对外扩张期间，阿尔及利亚给法国运去了大量粮食。到 1815 年，法国欠阿尔及利亚的债务高达 1380 万法郎，却无意偿还，引起两国间的激烈纠纷。

法国波旁复辟王朝统治时期，阶级矛盾异常尖锐，政局不稳。为转移国内人民斗争的视线，统治阶级不惜对阿尔及利亚发动军事冒险以挽救摇摇欲坠的统治。1830 年 5 月，法国国王查理十世利用三年前阿尔及利亚德伊侯赛因为债务问题与法国总领事德瓦尔发生争执的"扇击事件"②，派遣布蒙将军统率一支 3.7 万人的军队远征阿尔及利亚。

1830 年法国发动对阿尔及利亚侵略战争时的陆军部长席拉尔曾说，这场战争是"为了解决我们（指法国——引者）的人口过剩，推销我们工厂的产品来换取由于我国的土壤和气候条件而不出产的其他产品。"史实证明，阿尔及利亚对于法国确实有着不可低估的重要性。

6 月 14 日，法国侵略军在阿尔及尔附近的西蒂—费吕克登陆。7 月 5 日，侯赛因投降，全家逃往意大利。土耳其驻军也随之撤回本土。法军在阿尔及利亚城乡大肆烧杀掳掠。他们仅在侯赛因王宫里劫走的黄金和白银即重达 25 万磅左右，其他宝物无法计数。

侯赛因逃亡后，法军头目叫嚣要在半个月内占领阿尔及利亚全境。英勇不屈的阿尔及利亚人民奋起抵抗，粉碎了侵略者的美梦。反侵略斗争的怒火燃遍阿尔及利亚的土地。据记载，阿尔及尔陷落后，7 月 23 日，阿尔及尔附近一些部落的代表聚集在麦提福角。他们谴责德伊的投降行径，决定对侵略

①　即今瓦赫兰。
②　1827 年 4 月 25 日，侯赛因在接见法国总领事德瓦尔时，质问他：法国政府何故迟迟不偿还所欠债款。德瓦尔傲慢地回答：我的政府不给你答复，说明你的请求是无效的。侯赛因一气之下，用扇子打了德瓦尔的脸，这就是所谓扇击事件。

者发动圣战，并派代表前往内地进行发动工作。史称"麦提福角的怒吼声"。东部由君士坦丁贝伊艾哈默德领导的抵抗运动，西部由阿卜杜·卡德尔领导的斗争，规模最大，是反侵略战争的主要力量。

　　阿卜杜·卡德尔（1808—1883 年）出生在阿尔及利亚西部穆阿斯凯尔市①附近的一个爱国酋长家庭。他从小受到良好的教育。年轻时，追随其父马希丁进行过反对土耳其统治的斗争。法国入侵阿尔及利亚后，马希丁组织义勇军，在西部地区开展游击战争，打击敌人。马希丁病死后，年仅 24 岁的阿卜杜·卡德尔被部落首领们推举为"埃米尔"（即君主），挑起了反抗法国侵略、保卫国家独立的重任。1832 年，他对法国侵略者宣布圣战，掀起了轰轰烈烈的抗法武装斗争。他领导的斗争，从 1832 年到 1847 年，坚持了 15 年之久。给法国入侵者以迎头痛击，推迟了法国霸占阿尔及利亚的进程。

　　阿卜杜·卡德尔领导的武装斗争，大体以 30 年代末为界，分为两个阶段。

　　第一阶段，抗法战争不断取得胜利的时期。战争一开始，阿卜杜·卡德尔力促阿尔及利亚西部各伊斯兰教派和部落抵抗运动联合起来，不断袭击法军并取得了胜利。法国侵略军被迫放弃全面占领的计划，改行部分占领。他们只能固守在阿尔及尔城、米提贾平原以及沿海某些地区。在阿尔及利亚义军猛烈进攻的压力下，驻瓦赫兰法军司令德米歇尔三次乞和。1834 年 2 月 26 日，阿卜杜·卡德尔的代表与德米歇尔签订了《瓦赫兰条约》，又称《德米歇尔条约》。法国承认阿尔及利亚西部地区（不包括沿海三个主要城市）为独立的阿拉伯国家，阿卜杜·卡德尔为这个国家的领袖。法国殖民当局认为这是法国历史上"忍痛接受的最耻辱的条约之一"。

　　《瓦赫兰条约》的签订，使阿卜杜·卡德尔赢得了暂时的休整时间。他以同时期的埃及统治者穆罕默德·阿里的改革为榜样，采取一系列措施，削弱封建割据势力，加强政权建设，发展经济，建设强大的武装，以增强抵抗法国侵略者的力量。

　　第一，努力团结各部落人民，镇压那些为法国侵略军效劳的封建贵族，逐步把阿尔及利亚西部和中部的广大地区统一成中央集权国家，定都穆阿斯凯尔。在阿卜杜·卡德尔领导下建立由选举产生的咨询会议，商讨国家大事。下设执行机构，当地称"迪万"（即内阁），分设军事、外交、内务、

────────────

　　① 又译作马斯卡腊。

宗教、教育等各部。全国分为 8 个地区，由中央任命的行政官吏前往管辖。

第二，加强军队建设，建立双重军事体制：组织正规军，扩大非正规军。他很快建设起一支包括骑兵和步兵在内的 2 万名正规军以及 6 万名部落义勇军的非正规军武装力量。还建立兵工厂，自造枪支、弹药；建设军服厂，统一军队服装；聘请外国军人、甚至欧洲军官充当教官，对军队进行严格训练。阿卜杜·卡德尔为军队制定了灵活机动的游击战术。

第三，革新经济、司法和教育。自建工厂，生产布匹和日常必需品以满足人民的需要。取消了一些部落的免税特权。所有部落都按《古兰经》的规定纳税。但降低部落的纳税金额，统一税收标准。国家垄断对外贸易，收入归军队使用。建立全国统一的司法制度，实行法治，禁止封建贵族对司法事务的干预。大力发展文教事业，由中央和地方两级兴办各类学校，建设图书馆，要求人民学习阿拉伯文字和先进的科学技术。

《瓦赫兰条约》签订后，法军不甘心失败。1835 年，他们两度违约袭击穆阿斯凯尔，均遭到沉重打击。仅在塔夫纳的一次战役中，法国侵略军被打死、打伤 3500 多人，不得不再次乞和。1837 年 5 月 30 日，阿卜杜·卡德尔的代表同法国的代表布若签订了著名的《塔夫纳条约》。法军除了被迫承认阿卜杜·卡德尔对阿尔及利亚西部地区的主权外，还同意他对中部广大地区的管辖权，至此，阿尔及利亚只有沿海阿尔及尔、瓦赫兰等少数几个城市控制在法国手里了。法国史学家亨利·康崩叹道："这个协定太像投降书了。"这是阿卜杜·卡德尔领导抗法斗争取得的最重大的胜利。

1837 年后，法国统治当局集中兵力镇压东部艾哈默德领导的武装斗争。在此之前，阿卜杜·卡德尔曾多次向艾哈默德提出联合抗敌的建议，都被拒绝了。后来，阿卜杜·卡德尔向东部各部落酋长呼吁联合，也未成功。抗法运动的分裂状态给侵略者以可乘之机，便于各个击破。法国先后向东部义军发动两次大规模围攻。尽管抵抗力量浴血奋战，消灭敌军数千人，但终究寡不敌众，实力消耗殆尽，东部反法战争基地君士坦丁被攻陷。东部反侵略斗争的失败，使法军的侵略气焰大为嚣张，也使阿卜杜·卡德尔领导的抵抗运动处于十分孤立的境地。西部和东部两支反法武装始终没有形成为统一的力量，这是早期抗法武装斗争最后遭受失败的一个重要原因。

第二阶段，阿卜杜·卡德尔领导的武装力量处境困难的时期。19 世纪 30 年代后期，法国资本主义经济迅速发展，在工业生产中开始广泛采用机器。1830 年，全国只有蒸汽机 600 多部，到 30 年代后期则增加到 3000 多部。煤和铁的产量同时期也有成倍的增长。工业资产阶级迫切要求扩大海外市场。经过 1830 年七月革命建立起来的资产阶级政府在阿尔及利亚加快了殖民征服的步伐。

1839 年 10 月，法国侵略者背信弃义，撕毁塔夫纳条约，挑起战争。对此，阿卜杜·卡德尔早有戒备。他在 1837 年签订和约后，就指出："他们（指法国殖民主义者）所说的和平是不可靠的。我养精蓄锐等待几年，为的是对付比我强大的敌人。"战争爆发后，阿卜杜·卡德尔的军队奋勇应战，使法军死伤累累。法国不得不连年增加军队。据统计，法国在阿尔及利亚的军队，1837 年时只有 4.2 万多人，1839 年达到 5.4 万多人。

1840 年底，法国政府任命布若为驻阿尔及利亚总督兼法军统帅。布若就任后将侵略军扩充到 9 万人，并用最新式武器装备起来。侵略军无论在人数或军事装备上都占压倒优势。布若采用残忍的焦土政策来对付游击战争。法军大肆劫掠牲畜和粮食，破坏农田，毁坏庄稼，砍伐树木，填没水井，以断绝起义军民的物资供应。同时对广大农牧民采取集体屠杀的血腥政策。侵略军步步为营，逐渐缩小包围圈，以歼灭抵抗力量。

法国殖民当局利用阿尔及利亚伊斯兰教各教派之间的矛盾，尤其是那些对阿卜杜·卡德尔的改革深怀敌意的封建贵族来分裂起义队伍。在极端困难的条件下，起义军坚持了 4 年战斗，逐渐被迫退往阿尔及利亚西南部。1844年，阿卜杜·卡德尔率领义军退入摩洛哥境内，伺机反攻。

1845 年初，阿尔及利亚西部沿海达赫拉山区部落在其首领布马扎的领导下举行反法武装起义，屡败来犯的法军。阿卜杜·卡德尔应布马扎的请求，回国领导人民继续进行战斗。在半年时间里，他不断挫败法国军队，攻占一些城镇，一度占领法军重点把守的米提贾平原。这些胜利，鼓舞着阿尔及利亚人民的斗争勇气。人们奔走相告："感谢真主，我们的埃米尔像太阳一样发出光辉。"

布若一再请求法国政府增派援军，提供武器。1845 年底，法军增至 10.8 万人，分成 18 个纵队围追起义军。法军进驻阿尔及利亚西部边界地区，封锁阿—摩边境。阿卜杜·卡德尔的军队在摩洛哥和阿尔及利亚边境人民的有力支援下同敌人周旋了一年多。1847 年 12 月，大规模的抵抗运动最终遭到失败，阿卜杜·卡德尔被迫投降。此后，他被流放国外，先到法国，后到土耳其，最后定居在叙利亚的大马士革，直至 1883 年去世。

阿卜杜·卡德尔领导的斗争是近代阿尔及利亚人民进行的第一次大规模

抗法武装斗争。广大农牧民是这次斗争的主力。他们在战斗中显示了大无畏的爱国献身精神。布若于 1845 年 1 月在法国议会的讲演中不得不承认："阿拉伯人都是战士……上至 80 岁高龄的老人，下到 15 岁的孩子，都能投入战斗"，而且"每个人都善于作战"。

阿卜杜·卡德尔是一位"孜孜不倦和大胆无畏的领袖"[1]，是阿尔及利亚伟大的民族英雄。这次反侵略战争给法国侵略者以痛击，牵制了当时法国 1/3 的兵力，歼灭法军 4 万余人，迫使殖民当局 9 次更换统帅，耗费了大量的财力和物力，使法国的殖民统治长期处于动荡不稳之中。

1871 年民族大起义

早在 1834 年，法国已宣布阿尔及利亚为法国属地，由陆军部管理，实行军事管制。1848 年起推行同化政策，将阿尔及利亚移归内政部管辖。

法国为巩固其殖民统治，从一开始就积极鼓励法国人或其他欧洲人移居阿尔及利亚。法军占领北部沿海地区后，法国商人、地主和投机家们蜂拥而至。一些破产的法国农民和失业工人也被安顿到那里。1830 年以前，在阿尔及利亚的欧洲人不超过 1000 人；到 30 年代末，已有 3 万人之多。

1841 年后，法国加快了在阿尔及利亚的移民速度。镇压阿尔及利亚人民的刽子手布若自称是"热烈的移民主持者"。他公开声称，只要那块地方水源好，土壤肥沃，就可以任意安置欧洲人移民。布若将大量的法国退伍军人迁居到阿尔及利亚，加速殖民化进程。1847 年时，欧洲移民总数达到 10.9 万人，其中法国人占 56%。以后陆续又有增加：1856 年为 16 万人，1861 年超过 20 万人，1870 年达 27 万人。阿尔及利亚成为欧洲人在非洲大陆上除南非以外的另一个主要移民地。很多移民在阿尔及利亚从事农业劳动，不少成为种植园主和大农场主。1851 年，居住在阿尔及利亚的欧洲人移民有 13 万 1000 人，其中从事农业劳动的有 2.5 万人。

实施移民政策是同掠夺阿尔及利亚土著居民的土地紧密结合的。殖民当局不断颁布法令，把原先阿尔及利亚国有土地、教会土地和部落所有的土地宣布为"无主的空地"，或"管理不善"，等等；有的干脆宣布为"私人占有"，任凭法国地主或欧洲投机商和冒险家占领。在镇压阿尔及利亚人武装

---

[1] 《马克思恩格斯全集》第 14 卷，人民出版社 1964 年版，第 108 页。

起义后，大块大块土地被殖民者没收。

在本国丧失土地的法国封建贵族也纷纷来到阿尔及利亚占领新的世袭领地。阿尔及利亚相继出现欧洲人的土地公司，它们占有的土地都在 2 万公顷以上，分别建立种植园和大农场。如日内瓦公司 1853 年有土地 2 万公顷，哈白拉与马克特公司 1861 年有土地 2.5 万公顷，阿尔及利亚总公司 1864 年有土地 10 万公顷，其他公司 1850—1860 年间共夺得土地 5 万公顷。

随着法国和欧洲移民的迅速增加，掠夺土地的速度大大加快：1844 年为 7.8 万公顷，1850 年 11.5 万公顷，1860 年 36.5 万公顷。失去土地的阿尔及利亚农民，或沦为法国地主的分成制农民、土地公司的农业工人，或流落到城市当雇佣工人。他们被迫每天工作 12 小时以上，收入十分微薄，无法养家糊口。不少人一天只能吃上一顿饭，依靠乞讨或借债度日。

不甘受役奴的阿尔及利亚人民把从 30 年代开始的反法武装斗争深入地开展下去。这时期的斗争中心内容是反对掠夺土地。19 世纪五六十年代人民起义的规模和影响虽不及三四十年代，但是不少地区燃起了熊熊的斗争烈火。据不完全统计，具有较大规模的武装起义有 12 次之多。

如 1851 年，卡比利亚山区爆发了由布·巴格拉领导的大起义，有 300 多个村庄的农牧民投入了战斗。起义声势之大，震撼了殖民当局，法国急派大军围剿。起义坚持了 7 年之久，先后歼灭法军 3500 多人。在起义过程中，涌现了许多英雄人物，像著名的女英雄娜拉被人们尊称为阿尔及利亚的贞德。

又如在靠近摩洛哥边界的乌列德西迪，当地的部落在 1864 年发动起义，很快遍及周围地区。起义虽被镇压下去，但是小规模的斗争一直持续到 80 年代初。

法国占领军对被征服的地区进行野蛮的破坏和焚毁，对居民实行惨无人道的屠杀。恩格斯在当时就愤慨地指出："从法国人最初占领阿尔及利亚的时候起到现在，这个不幸的国家一直是不断屠杀、掠夺和使用暴力的场所"，阿尔及利亚人民"在残暴的袭击下被镇压，他们的住宅和财产被焚毁和破坏，他们的庄稼被践踏，而幸存的受难的人不是遭到屠杀，就是遭到各种奸淫和暴行的惨祸"①。

五六十年代，阿尔及利亚许多农村连年遭到旱灾和虫灾，饥荒、瘟疫频

---

① 《马克思恩格斯全集》第 14 卷，人民出版社 1964 年版，第 104 页。

频袭来。其中，1866—1868 年的 3 年内灾荒最严重，仅在 1868 年，全国死于饥饿和瘟疫的约有 30 万人①之多！

相反，欧洲移民的人口大大增加。1876 年，欧洲移民达到 34.4 万人，占阿尔及利亚人口的 1/10。夺取的土地数量也在激增：1870 年时，已经掠地 76.5 万公顷。1860—1870 年内夺得的土地比过去 30 年的总数还多。

在政治上，法国对阿尔及利亚人民的统治进一步加强。1865 年颁布的法令宣布：所有的阿尔及利亚人统统都是法国的臣民，处于严格的军事监督之下。军事长官可任意把当地居民逮捕入狱，并没收其全部财产。阿尔及利亚人民连最起码的居住和通行的权利都受到限制。19 世纪 70 年代，阿尔及利亚人民的反法武装起义正是在这种情况下爆发的。

在 1870 年的普法战争中，法国被打败，割地又赔款。阿尔及利亚的法国移民中具有共和主义思想的激进派建立起共和协会，开展争取自由权的运动。法国移民建立了保卫委员会，选举产生了市政府，驱逐波拿巴任命的总督，逮捕波拿巴分子。

巴黎公社革命的消息传到阿尔及利亚，移民中发生激烈分化。革命派行动起来，开展支持巴黎人民革命的斗争。3 月 28 日，当巴黎公社宣告成立时，共和协会的领导人亚历山大·兰贝和卡万纳克以"阿尔及利亚公社"的名义，给巴黎人民发出宣言书，表示阿尔及利亚人民"最坚决支持巴黎公社"。协会的机关报热情及时地报道了公社的活动，撰文驳斥反动派对公社的攻击。兰贝等人回国同巴黎人民并肩战斗，在"五月流血周"中英勇献身。法国在阿尔及利亚的统治受到严重的削弱。

在有利形势的推动下，促成了阿尔及利亚人民自 1847 年以来规模最大的武装起义高潮。这次起义是由北部卡比利亚山区的封建主穆罕默德·毛克拉尼和东部伊斯兰教教派拉赫马尼亚的首领哈达德分别发动和组织起来的。

毛克拉尼出身于封建贵族家庭，自幼接近下层农牧民群众，了解他们的疾苦，乐意帮助农牧民解决困难。每逢灾年，他开仓赈济，深得广大人民的拥护和爱戴。从 1871 年春天起，卡比利亚山区的农牧民不断自发地开展斗争。有的拒绝向殖民当局缴纳税收；有的举行集会抗议殖民当局掠夺土地；还有的举行武装暴动，捣毁军队仓库，破坏交通设施，袭击殖民主义者。有的地区还建立了有 10—12 人组成的"舍蒂阿"，即起义委员会，为起义做准

---

① 有的书上说 50 多万。

备。阿尔及利亚的土著士兵有的也投入斗争行列。1871 年 1 月 22 日，君士坦丁省艾因图塔北非骑兵部队的士兵拒绝上船去法国，他们同土著居民一起，围攻了苏克阿赫腊斯。

毛克拉尼积极进行宣传和组织工作，很快把大部分封建主团结在自己周围，吸引了 30 个部落的农牧民参加起义队伍，组织了一支 2.5 万人的武装力量。阿尔及利亚东部沿海和内地很多地方居民也自动组织起来，成立起义委员会，筹措武器和弹药，制订作战计划；监视法国任命的阿尔及利亚人官吏。一些被殖民当局招募充当士兵的阿尔及利亚人纷纷哗变，帮助起义者袭击殖民机构。80 岁高龄的哈达德领导和影响着东部 250 个部落，60 万农牧民。他迅速组织了一支 10 万人的起义队伍。除这两大支起义队伍外，阿尔及利亚西部的城市居民和山区部落，也自发地进行着反对殖民统治的武装斗争。

1871 年 3—4 月，阿尔及利亚人民反法武装起义出现了崭新的局面。哈达德领导的拉赫马尼亚教派同毛克拉尼领导的起义队伍结成了联盟。

3 月 14 日，毛克拉尼被推为起义的领导人。有 20 万农牧民直接参加了起义队伍，他们要求法国殖民主义者从阿尔及利亚滚出去，把土地归还给阿尔及利亚人民。巴黎公社的革命有力地牵制了法国的兵力，使殖民当局一筹莫展。

4 月 8 日，哈达德正式向教徒们发出圣战的号令。他在呼吁书里指出，"由于内部的纷争和普鲁士（它用武力粉碎法国军队后正在抢夺法国的财富）的专制统治，法国政府正处于危急之中"。他号召"挣断了屈从于法国的绳索"的教徒们团结起来，狠狠打击异族侵略者。

4—5 月，起义的火焰越烧越旺。斗争越出东部地区，沿海阿尔及尔、瓦赫兰等城市，甚至南部撒哈拉地区也都掀起了轰轰烈烈的武装起义。据统计，共有 80 万人投入了斗争，约占阿尔及利亚总人口的 1/3。他们到处攻城夺地，杀死殖民主义者，摧毁欧洲人的农场，夺回土地。法国在阿尔及利亚东部的统治危在旦夕。

4 月 10 日，法国资产阶级政府首脑梯也尔任命的新总督盖东来到阿尔及利亚。他是梯也尔的心腹、保皇党人、海军中将，第二帝国时期曾任马提尼克岛的总督。

5 月底，巴黎公社遭到镇压。法国开始把大量兵力调往阿尔及利亚。在阿尔及利亚战场上，法军人数猛增到近 9 万人。这时，盖东接到梯也尔的指令，他可以像讨伐巴黎公社那样在阿尔及利亚采取行动。殖民军队所到之处故伎重演，依然实行焦土政策，烧杀淫掠，无所不为。

起义军逐渐失去战场上的主动权。5 月 5 日，毛克拉尼在战斗中壮烈牺牲。其弟默兹拉格·毛克拉尼带领起义队伍顽强地坚持战斗。7 月 13 日，哈达德失败被俘。起义队伍在相继失去两位主要领导人之后，被迫转战于南部撒哈拉地区。1871 年 10 月 7—12 日，在争夺布塔列勃的战斗中，起义者的最后一批主力被打垮。1872 年 1 月 20 日，起义者在撒哈拉的最后两个据点——图古尔特和瓦格拉失陷。默兹拉格·毛克拉尼兵败被俘。

席卷阿尔及利亚全境的反法武装起义历时 10 个月，同殖民军作战达 340 次，曾将侵略者一度逐出阿尔及利亚东部地区。阿尔及利亚人民在战争中付出了巨大牺牲，先后有 6 万人丧失了生命。起义被镇压后，殖民军疯狂报复：数以万计的起义者被捕入狱，有的被处死，有的被判处苦役，有的被放逐；参加起义的部落被勒令先后赔款 6300 万法郎，交出沃地 50 万公顷。阿尔及利亚人民陷入了更加苦难的深渊。

但是，英雄的阿尔及利亚人民没有屈服。1879 年，东部奥雷斯山区的牧民又掀起武装起义。1882 年，西部乌列德西迪地区的游牧部落再次举行起义。撒哈拉沙漠绿洲上的人民斗争此起彼伏，一直坚持到 20 世纪初期。

反法民族主义运动的初步开展

19 世纪 70 年代后，法国在阿尔及利亚的殖民统治和掠夺更加严酷和凶残。种族歧视和民族压迫日甚一日。阿尔及利亚的行政同法国本土实行一体化，其事务由法国内政部通过总督来加强控制。阿尔及利亚的城市按种族成分的不同分成三类：即欧洲移民居多数的"全权市"、移民较少的"混合市"和阿尔及利亚人居住的"土著市"。他们享受不同的待遇。全权市由欧洲人自行选举市长和市议会进行管理；混合市由总督任命行政官吏管辖；土著市则实行军事管制。

在全国范围内，对阿尔及利亚人民实行《土著法典》。该法典是殖民当局于 1881 年正式颁布的，它的主要内容是规定对阿尔及利亚人民的司法审判权交付给当地的行政官吏。由法国殖民主义者担任的行政官员，可以不经过任何法律程序，有权随意处置阿尔及利亚人。同时，又给予阿尔及利亚本地的封建主和上层分子一些特权，使他们成为殖民统治的社会支柱。

　　法国在文化、宗教方面对阿尔及利亚实行歧视政策由来已久，19世纪七八十年代后更加严格。法国殖民当局抹杀阿尔及利亚固有的历史和文化传统，阿拉伯语言、文学、历史学、艺术和自然科学都遭到摧残，强行规定法语是阿尔及利亚的国语，法文是唯一的官方文字，把阿尔及利亚的历史说成是法国历史的一部分。殖民当局还干涉宗教信仰，大肆毁坏清真寺，强迫穆斯林改信天主教。

　　1876年以后，随着阿尔萨斯和洛林移民的大量迁入，阿尔及利亚的欧洲人移民数字猛增：1876年为34.4万人，1881年45万人，1891年53万人，1911年75万人，其中法国移民占70%—80%。

　　随着殖民统治制度的全面确立，法国金融资本在阿尔及利亚的投资以及掠夺土地和农产品的活动大大加剧。在法国高利贷资本的操纵下，掠夺土地的范围和地区迅速扩大。根据1873年法令和1887年补充法令，教会及部落所有的土地不可转让的规定被废除，这些土地变成了私有财产，可以买卖。如前所述，1876年前所夺取的土地主要集中在北部地区，此后陆续向南方侵吞。中部高原地带、沙漠绿洲地区，甚至牧场也成了他们掠夺的对象。1900年时，欧洲人侵吞的土地达到168.2万公顷，1910年达到184.7万公顷，几乎霸占了阿尔及利亚全国最好的土地。欧洲移民拥有的土地平均数也增大了：1848年以前为4—12公顷，1878年以前为40公顷。

　　此时，移民中的大地主得到了迅速发展。他们除了从殖民政府那里获得转让土地外，还大规模地兼并迁居到城市的欧洲人移民所拥有的小块土地。据计算，法国占有的全部土地中，90%集中在1万家法国大地主手里。他们住在巴黎或阿尔及尔，委托亲信经营种植园；或者出租给当地居民，榨取高额地租。这些土地上不再种植传统的谷物，而主要种植葡萄、烟草、蔬菜和水果等经济作物，产品大部分运往法国。

　　19世纪末20世纪初，法国垄断资本在阿尔及利亚开始掠夺工业原料，分别设立公司，投资发展采矿工业。1865年成立了马克塔铁矿公司和海运公司；1902年，施奈德托拉斯与德国克虏伯康采恩创办了温扎公司（铁矿公司）；法国路特希尔德财团控制了铝、锌生产。当地开采的煤、铁矿石、磷酸盐等矿产品运往法国和西欧一些国家。

　　这个时期，阿尔及利亚人民同法国殖民统治者的民族矛盾达到了空前尖锐的程度。但自80年代起，阿尔及利亚人民的武装斗争暂时进入低潮时期。这是因为，第一，当地人民的武装反抗斗争一再遭受残酷的镇压，阿尔及利亚人民需要一段时间积蓄自己的力量。第二，长期以来，爱国封建主充当反法斗争的领导力量，在屡经法国侵略军的血腥屠杀之后，他们的人数已越来越少。到 19 世纪末，阿尔及利亚人封建主尚有 5000 多人，他们分别充任各级殖民政府的官吏，成为依靠殖民当局奴役本国人民的反动势力，已根本不可能领导反殖民主义的斗争。新的领导阶级还没有形成。

资产阶级领导的反法民族主义运动逐渐开展，是 19 世纪末 20 世纪初阿尔及利亚民族解放斗争的一大特点。在这以前，阿尔及利亚人民反抗法国殖民主义斗争的根据地主要在农村，主要斗争形式是部落武装起义，主要斗争内容是反抗法国殖民侵略和掠夺，主要领导力量是封建主或教团首领。在这以后，阿尔及利亚人民反抗法国殖民主义斗争的据点开始转向城市（但广大农牧民仍是斗争的主力），主要斗争形式是建立民族主义组织和政党，主要斗争内容是争取民族独立，主要领导力量是以知识分子为代表的民族资产阶级。这是历史性的变化，它说明阿尔及利亚人民反抗法国殖民主义的斗争已经进入新的阶段。

民族主义运动的兴起是同本地资产阶级的产生和发展紧密相连的。早在法国入侵前夕，阿尔及利亚的手工业和商业一度相当繁荣。在阿尔及尔、特累姆森、君士坦丁等城市里，纺织业、织布业、制革业、首饰业以及对外贸易都很发达。处于萌芽状态的资本主义生产关系有着一定的发展。19 世纪30 年代以后，经济衰退，城市的重要性减弱，资本主义生产的萌芽遭到扼杀。

但从 80 年代起，随着法国在阿尔及利亚政治上实行文官统治，经济上加紧开发，民族经济在法国资本严密控制的夹缝里得到一些发展，尤其在商业和手工业等行业中表现更为明显。在沿海的一些城市，阿拉伯商业资产阶级拥有一定的势力，除了经营零售商业外，成立了一些规模较小的批发兼收购农副产品的公司。食品和农产品加工工业，以及民族手工业也有发展。

从 20 世纪初起，本民族的农业资产阶级得到较快的发展，他们多半从富裕农民或封建主转化而来。总的来说，阿尔及利亚民族资产阶级的力量是很弱小的，多半是中、小资产阶级。他们的经济因受到歧视和压迫而得不到充分发展，因而对殖民统治表示强烈不满，具有反殖民主义的要求。

20 世纪初，阿尔及利亚的无产阶级开始形成，但同样软弱和无组织。它主要由农场中的农业工人及外资企业中的非熟练工人组成。1911 年，阿尔及利亚有工人约 14.9 万人，其中欧洲籍工人占 8.5 万人，阿尔及利亚土著工人占 6.4 万人。他们没有自己的政治组织，也被禁止参加欧洲人建立的政治组织。

从 19 世纪 40 年代起，法国在阿尔及利亚实行同化政策，开办学校，力图培养接受西方文化的阿尔及利亚知识分子。他们有的被送往法国深造，回国后在殖民机构里当官吏、职员，以加强殖民统治的社会支柱。但他们之中不少人由于受到种族歧视的迫害，前途受到了阻碍，强烈要求改变现状，摆脱殖民主义的统治。他们成为反殖民主义斗争的一支中坚力量。

20 世纪初，在俄国 1905—1907 年资产阶级民主革命的影响下，在阿尔及利亚，主要以资产阶级知识分子为代表，1905—1906 年分别成立了"法国穆斯林""法国土著联盟"等组织。当时，它们只是要求阿尔及利亚人同法国人平等的权利。1912 年初成立的以本塔米和本·布里赫马特为首的"青年阿尔及利亚党"，其成员是法国学校毕业的律师、医生和教员。他们抨击法国在阿尔及利亚的殖民制度，要求在法国议会里增加阿尔及利亚议员的名额，废除《土著法典》，保障阿尔及利亚人的权利，恢复和发展阿拉伯教育和文化。他们的最高要求是在法帝国范围内实现自治。

1912 年 6 月，青年阿尔及利亚党派遣以本塔米为首的 9 人代表团去巴黎，向法国政府系统地陈述该党的主张，要求立即制止殖民地官吏的专横跋扈。在国内，该组织积极创办报纸，向群众宣传要求自治、实现平等权利的斗争目标。但是，他们对法国殖民当局抱有幻想，主张阿尔及利亚人受法国人同化；甚至他们的报纸还号召阿尔及利亚人参加法国军队，希望法国政府给参加者以法国的公民权，"作为对我们服役的奖励"。

第一次世界大战后，阿尔及利亚民族资产阶级领导的民族解放斗争逐渐开展起来。它的一位著名领导人就是阿卜杜·卡德尔的孙子，前法军上尉埃米尔哈立德。20 世纪 20 年代，民族主义组织和政党纷纷成立，明确地提出了摆脱法国统治，争取民族独立的口号，推动着民族解放斗争高潮的到来。

综上观之，近代阿尔及利亚人民反抗法国殖民主义侵略和统治的斗争是前仆后继，英勇不屈的。这种斗争精神鼓舞着他们的后辈踏着先人的斗争足迹，奋勇前进。震惊世界的 1954 年阿尔及利亚民族解放战争的爆发正是这种斗争精神的继承和发扬。1962 年，阿尔及利亚人民取得政治独立是 100 多年来斗争的伟大胜利。

近代阿尔及利亚人民的斗争是随着时间的推移逐步走向深入的。他们在非洲人民反帝反殖斗争史上，较早地提出了争取民族自治，第一次世界大战后又提出了民族独立的政治主张和要求，建立了非洲大陆上第一批民族主义组织和政党。这些对于非洲殖民地，特别是法属非洲领地人民的斗争起着先锋和表率作用，其影响是十分深远的。

苏伊士运河的开凿

王 彤

苏伊士运河位于埃及东北部的苏伊士地峡，起自地中海的塞得港，向南流经提姆萨赫湖和苦湖，至陶菲克港入红海，是亚、非、欧三大洲水路交通的枢纽。

沟通二海的尝试

把地中海和红海连接起来的想法由来已久。远在公元前1887年，埃及第十二王朝法老西索斯特里斯为发展贸易首开著名的"法老运河"。运河起自与地中海相连的曼济莱湖，经尼罗河支流贝鲁济河而南，至布勒斯特（今扎加济格）折向东，穿多美拉河谷，至提哈乌（今艾布·苏维尔），流进与红海相连的苦湖。运河长150公里，宽60公尺，深2.5公尺。后因泥沙沉积和苦湖脱离红海，运河淤塞。

公元前610年，埃及第二十六王朝法老尼科二世疏浚运河，连接起贝鲁济河和苦湖，但未能连接起苦湖和红海。

公元前510年，波斯王大流士一世重新疏通苦湖上游水道，并以数条小运河把苦湖和红海连接起来。尼罗河涨水时，船只可以往来地中海和红海。

公元前285年，托勒密王朝国王托勒密二世（即菲兰德弗斯）沟通苦湖和红海，运河在库利斯马（今苏伊士）附近入红海，通航至公元前45年被废弃。

公元98年，罗马皇帝图拉真开凿一条新河道，起自巴布里尤（今开罗），止于阿拔萨，与通往苦湖的古河道衔接。到公元400年（拜占庭时期），这条运河淤塞而不能通航。

公元642年，阿拉伯帝国将领阿慕尔·伊本·阿绥重疏图拉真河道，从符斯塔特（今开罗）至古勒祖姆（今苏伊士），运河又通航 100 多年。

公元 767 年，阿拔斯王朝哈里发艾布·加法尔·曼苏尔为封锁反对他的麦加、麦地那人，下令填平运河下游。从此，法老运河彻底废弃。

法老运河废弃后，自公元 8 世纪始，东西方贸易，从欧洲走地中海水路至亚历山大，接埃及陆路至古勒祖姆，再过红海、印度洋水路至印度。

13 世纪，十字军远征期间，威尼斯共和国利用十字军驻扎东方的便利，开辟另一条商路：从威尼斯越地中海至大马士革，再经叙利亚、波斯陆路到印度。

公元 1453 年，随着君士坦丁堡被土耳其人攻破，上述两段陆路被切断。

公元 1498 年，葡萄牙水手瓦斯科·达·伽马从大西洋沿非洲海岸南行，开辟绕好望角进入印度洋、太平洋的新航路。此后，大西洋沿岸欧洲各国多经由这条航道到东方进行殖民掠夺。

英法争夺东方的产物

18 世纪，欧洲资本主义迅速发展，西欧同印度间的贸易日益频繁。它们都把贪婪的目光盯在幅员辽阔、资源丰富的亚洲和非洲地区，英国在同其他国家的竞争中逐渐取得优势，在 18 世纪中叶确立了海上霸权。法国海上实力不如英国，但在地中海东部势力强大，于是打算在埃及开凿一条运河，沟通地中海和红海，直通东方，改善同英国的竞争条件。

1797 年，当拿破仑还是督政府的将军时，他就曾设想：如果法国能进占埃及，开凿苏伊士运河，则击溃英国之期已在不远。拿破仑的意见得到外交大臣塔列兰的赞赏和重视。不久，塔列兰向督政府上书道："法国如能在埃及树立政权，将使欧洲商业顿时改观。因为英国之所以能雄视欧洲，全靠印度为基础；而法国如能控制埃及，将对英国在印度的霸业施以打击。"他还认为："一旦苏伊士运河凿通后，将使好望角航线废弃，正好象十六世纪时好望角航道开通，使热那亚和威尼斯等地中海城市受到致命打击一样。只要法国成为开罗和苏伊士的主人，则好望角的控制权属于何国，实无关紧要。"于是法国政府决定远征埃及。

1798 年 7 月，拿破仑率军占领埃及，并立即计划开凿运河。他亲自率领一批工程师和军官从苏伊士北上，寻觅法老运河的遗迹，进行勘察测量。勘测工程由工程师勒佩尔负责。他在向拿破仑提交的一份报告中错误地计量了红海和地中海的水位，以为红海的水位比地中海水位高 9.907 公尺，运河凿通后，尼罗河三角洲将被红海海水淹没，成为一片沼泽。勒佩尔主张基本恢复法老运河，并预计此项工程需 1 万民工，费用约 150 万镑，4 年完成。可是不久，法国政局发生变化，拿破仑回国谋划夺权，开凿运河计划遂被搁置起来。

19 世纪初叶，英、法殖民主义者都积极策划打通地中海和红海的航道。

1829 年和 1835 年，英国军官托马斯·瓦贡曾两次由亚历山大港经开罗、苏伊士，南下红海，直达孟买，对这一线路作了实地考察。

1833 年，法国利用宗教团体"圣西门会"派人到埃及，借传教之名，暗自从事开凿运河的调查工作。1846 年，圣西门会邀请法、英、德等国的工程师组成"苏伊士运河研究会"，讨论开凿运河在财政上和技术上的种种问题。1847 年，苏伊士运河研究会委派的法国地形学专家布尔达罗和埃及工程师里南，经实地测量，得出地中海和红海水位差不多的结论。

英国确认苏伊士运河较好望角海路更为便捷，但担心由于法国的竞争，运河通航会损害英国在东方，特别是在印度的利益，除非运河和埃及的控制权掌握在英国手中。英国轮船公司的老板也竭力反对开凿苏伊士运河。他们在好望角航线沿岸已经建立了许多港口设施，一旦运河通航，这些设施将被废弃，损失巨大。

为了破坏法国开凿苏伊士运河计划，英国提出从亚历山大经开罗至苏伊士修建一条铁路，以取代开凿运河。英国政府劝说埃及总督穆罕默德·阿里（1805—1849 年在位）接受铺设铁路计划。法国政府则在这位总督面前揭露英国计划的实质，说英国企图以此侵占埃及。

穆罕默德·阿里为了防范外国势力渗入埃及，拒绝了开凿运河和铺设铁路的计划。他的继任者阿拔斯（1849—1854 年在位）接受英国拉拢，同意修筑铁路。1856 年，亚历山大至开罗铁路竣工；1858 年，开罗至苏伊士铁路竣工。

法国见英国得势，颇为不安，尤其在拿破仑三世当政以后，认定未来的苏伊士运河是加强法国在东方的势力和恢复七年战争中法国在印度洋区域所丧失的地位的最重要的武器，因此竭力兜售运河计划。

由此可见，开凿苏伊士运河是英法争夺东方的产物。

苏伊士运河计划

开凿苏伊士运河的具体计划者、组织者是法国人费迪南·德·莱塞普斯（1805—1894 年）。费·莱塞普斯生于凡尔赛。其父马蒂厄·德·莱塞普斯是个外交官，曾随拿破仑入侵埃及，法军撤离后任驻埃及领事，后又支持穆罕默德·阿里夺权，因而成为这位埃及总督的座上客。费·莱塞普斯 1832年出任驻埃及副领事，1845 年晋升为领事，由于他父亲的关系，倍受穆罕默德·阿里的青睐。穆罕默德·阿里之子赛义德（1854—1863 年在位）还未成年时，与费·莱塞普斯过往甚密。这为以后运河计划的实现创造了有利条件。

1833 年，费·莱塞普斯偶然读到当年勒佩尔工程师提出的关于开凿苏伊士运河的报告，深为这个计划所打动。从此，他潜心研究苏伊士运河问题，并同有关方面，特别是圣西门会取得联系。

1852 年，已经退出外交界、成为投机商人的费·莱塞普斯，把自己拟订的开凿苏伊士运河计划呈给埃及总督阿拔斯，没有被采纳；又呈给埃及的宗主国土耳其政府，也碰了钉子。

1854 年，赛义德继任埃及总督。费·莱塞普斯借机赶赴埃及，向赛义德提出了运河计划，并向他描绘：运河凿成，将给埃及造福，带来巨大收入；埃及以运河为屏障，获得西方国家的支持，摆脱土耳其而独立；赛义德的英名将永垂青史。赛义德一心想摆脱土耳其对埃及的控制，却缺乏深谋远虑，轻率地接受了运河计划。

1854 年 11 月 30 日，关于修建并使用沟通地中海和红海的苏伊士运河及其附属建筑物的租让合同正式签订，决定成立国际苏伊士运河公司，资本为 2 亿法郎。合同的主要内容有：

（1）授权费·莱塞普斯建立运河公司，在苏伊士地峡开凿运河。运河租让期为 99 年（自通航之日算起）。

（2）埃及政府无偿提供开凿运河和淡水渠所必需的土地（私人土地付给适量酬金）。

（3）授权公司无偿开采运河工程建筑所必需的矿藏和石料，并免税进口运河工程所需要的机器。

（4）运河行驶税由公司和埃及总督商定。

（5）埃及政府负责提供必要的工人和工程技术人员。

（6）埃及每年提取公司净利的15%。

（7）租让期满时，埃及政府将取代公司的地位，并进而完全占有运河及其附属建筑物，对公司所放弃的物资和动产的赔偿将由一项双方协商或经仲裁决定的安排加以确定。

一个纷争数十年才见分晓的事关重大的问题就这样被决定了。很明显，合同对埃及十分不利：租期长、获利少、免税进口机器、转让土地等，对埃及的财政收入和经济发展影响深远。

合同公布后，在国际上引起了强烈的反响。英国政府敏锐地感到，运河计划是法国政府蓄谋已久的政治阴谋，它将使法国在埃及拥有强大的力量，为法兰西帝国控制一条世界通道、进而打击英国在印度的势力提供方便，因此十分恼怒。法国政府则欢欣鼓舞，奖给赛义德一枚荣誉军团勋章。费·莱塞普斯持合同回到法国，宣称他"为法国争得了一次伟大的国际性的政治胜利"。拿破仑三世后来承认，运河计划虽然是私人提出的，但他早已关心对此计划的研究。一次，他对费·莱塞普斯说，"你可以依靠我的支持和保护"。这都说明，费·莱塞普斯鼓吹和计划开凿苏伊士运河完全是为法国争霸政策服务的。

1854年合同公布时，英法正联合对沙皇俄国进行克里木战争。英国不便正式提出反对运河计划，便狡猾地借英法"亲善"，与法国政府商定，承认运河计划纯属费·莱塞普斯的私人事业，英法双方都不应反对或支持。它想以此捆住法国的手脚，而自己却暗中假借保卫土耳其主权，鼓动土耳其政府拒绝批准这一计划，使开凿运河无法进行。英国驻土耳其大使奉命提醒土耳其政府：法国计划的目的是怂恿埃及脱离土耳其，把运河变为一道防线，以便在埃及东部建立殖民地，进而占领整个埃及。土耳其政府在英国策动下，一面警告赛义德以后切莫"再谈沟通两海运河之事"，一面提出，若要土耳其政府同意开凿运河，它必须先获得国际保证，不使埃及脱离奥斯曼帝国，帝国军队要在苏伊士港建立军事据点。

从这里，赛义德更加相信费·莱塞普斯的话，认为开凿运河有可能使埃及脱离土耳其而独立。在费·莱塞普斯组织的一个国际委员会对运河计划技术问题进行研究之后，于1856年1月5日，赛义德和费·莱塞普斯又签订了一项新的运河租让合同，对1854年租让合同作了确认和补充，扩大了运河公司的特权范围。新合同充实的主要内容有：

（1）运河公司占有运河期内，公司可按照自己的意愿向往来船只和旅客征收税金，但每吨货物和每位旅客的税金不得超过 10 法郎。

（2）运河公司在开罗和运河区之间挖一条淡水渠，把尼罗河水引向塞得港和苏伊士，供饮水和灌溉之用。河渠和河水属公司所有。当地农民引水灌溉须得公司批准，并交付水费。

（3）运河和淡水渠两侧 2 公里宽的土地归公司无偿占有，无须缴纳地价和地税。此外，公司在付给合理代价后，有权占有运河建设工程所需的其他私人土地。

（4）运河建设工程所需的 4/5 劳工由埃及方面提供。公司给劳工一定的报酬，工资额由公司决定。

根据新合同有关条款，1856 年 7 月 20 日，赛义德发布劳工法令，规定，埃及按照公司的要求和运河工程的需要提供工人，实行劳工征集制。

1858 年 12 月，费·莱塞普斯正式成立国际苏伊士运河海运公司埃及有限公司。公司股份分为三种：优先股，得享受公司净利 15%，归赛义德；发起股，得分配净利 10%，由费·莱塞普斯持有或转赠，还有 40 万股普通股，已于 11 月以每股 500 法郎出售。法国认购 207111 股，接近股票总数的 52%；埃及认购 91096 股；西班牙、突尼斯等国认购少许；其余 85506 股原拟卖给英、美、奥、俄等国，以获得这些国家的支持。但这些国家在英国的鼓动下拒绝认购。费·莱塞普斯自作主张，利用赛义德给他已经签名盖章的空白支票，把所余部分悉数卖给埃及。赛义德无可奈何，被迫接受。埃及共购 176602 股，约占股票总数的 44%，付款 8830 万法郎，合 340.6 万英镑。

运河开凿经过

多方面准备工作基本就绪之后，费·莱塞普斯不待土耳其政府批准，也不顾英国政府反对，1859 年 4 月 25 日宣布苏伊士运河正式在塞得港破土动工。

运河动工的第二天，法、意对奥战争爆发。法国怕得罪英国，招致英国干涉它在欧洲的行动，未敢公开支持运河工程。这时，英国勾结土耳其政府压迫赛义德停止运河工程，并于当年 6 月把军舰开抵亚历山大港相威胁。赛义德慑于英国、土耳其的压力，召集驻埃及 16 国领事商议停止运河工程。

同年 7 月，法、意对奥战争甫息，法又公开支持运河工程。法皇拿破仑三世许诺费·莱塞普斯，一定亲自并通过法国政府进行直接干预，呼吁所有亲善国家都支持运河工程。英国基于形势变化，把军舰悄悄开回马耳他基地。土耳其政府不敢轻易得罪法国，既不批准运河计划，也不再干涉运河工程进行。至于赛义德，他原本就对开凿运河抱有幻想，同时害怕一旦废除运河计划，难以赔偿公司股东的损失，英、土压力一减轻，自然是重新支持运河工程了。运河工程因而没有中断。

运河动工的最初两年，碍于英、土的反对，劳工法令一时难以执行，采取自由招工的办法。尽管公司招工的告示上宣传说，公司在苏伊士地峡为劳工建立了村庄，每个村庄都修了清真寺，保证礼拜方便；工地上饮水充足，工资优厚，计件付给，每天6—8皮亚斯①，多干多得；严禁欧洲工头虐待工人等，但实际招到的劳工并不多。开工那天，埃及劳工仅100人，第二年年底也只有1700人。工程进展缓慢。

公司完全清楚，强征劳工会影响埃及农业生产，激起人民反对；但考虑到使用机器费用巨大，仍不惜改为征集劳工。1861年3月，费·莱塞普斯在给他一个朋友的信中说：“我得知目前的招工办法不能满足预计的工程进展需要。在这种情况下：我将不得不正式要求埃及政府执行劳工法令。”同年8月，他通过拿破仑三世要求赛义德增加劳工人数。不久，法国政府通知赛义德：他要想维护自己的声誉和财政地位，就须加快运河工程的进行，尽早让地中海水和尼罗河水流入提姆萨赫湖。其时，埃及正值财政拮据，同一家法国银行商议借款。法国政府借机要挟。另外，赛义德也怕自己没有履行劳工法令的条款，致使运河计划失败，不但自己的股票受损，别的股东也会向他索取赔偿，遂从1861年8月起执行劳工法令，强征劳工。8月征调7929人，9月增至10013人；12月又增至14697人。1862年每月大致达到2万—2.2万人。由于挖河条件十分艰苦，从这年开始改为劳工一月一轮换。自此，每月都有6万人往返和困顿在运河工地上。据1862年埃及人口统计，全国总人口为438.3万人。其中宗教界人士、商人、贝都因人和妇孺等规定不服徭役者占总人口的3/5；服徭役者便从总人口的2/5即193万3200人中抽调，而且是青壮年，严重影响了埃及农业生产。

当劳工实在不易摊派时，费·莱塞普斯竟建议赛义德裁减军队。赛义德见这个办法既可保证劳工人数，又可减少军费开支，也乐于为之，不时下令

---

① 埃及货币单位，100皮亚斯等于1埃镑。

军队提前复员。士兵一脱下军装，就整队遣往运河工地去。据费·莱塞普斯1864年3月讲，赛义德统治初期，埃及军队为4万人，之后减到3万人，最后又减到1万人。

苏伊士地峡是一片浩瀚的沙漠，气候常年炎热无雨，饮水十分缺乏。公司起初用汽船从亚历山大运一些淡水到塞得港。运河往南开凿后，则从星星点点分散在沙漠里的深井中汲水，再用骆驼运到工地去。公司虽在1859年和1860年进口3台海水淡化机，但经常损坏。这些措施远远满足不了饮水需要。渴死的劳工像被收割的庄稼一片片倒下。运河公司本来应该先挖淡水渠再开运河，可是运河动工很久，淡水渠仍被忽视。

公司供给劳工的伙食既差且少，一份饭不够一个小孩子吃的。身边带有几个钱的劳工往往从牵着毛驴的贝都因人那里另买点食品充饥。多数劳工经常处于半饥饿状态。

工地上为数不多的木板房和帐篷被大小工头和外国劳工占据着。埃及劳工基本上是风餐露宿。地中海的热风吹过，夹杂着死尸的腥臭，苍蝇成群。

在如此恶劣的环境下，农村来的壮汉子一个个病倒了。支气管炎、肝炎、肺病、红眼病、赤痢等极为普遍。威胁最大的莫过于瘟疫。18、19世纪的埃及是一个多瘟疫的国度，而苏伊士运河工地的环境恶劣，劳工密集，瘟疫尤为流行。伤寒、斑疹伤寒、天花、霍乱、回归热每隔一年就袭击一次，其威胁性一次比一次更甚。1862年4月，阿泰拜·吉斯尔六号工地上出现伤寒。据一位在场的医生报告称，有非常多的劳工猝然死去；很多埃及和外国医生也被夺去了生命。1863年，伤寒、斑疹伤寒同时席卷运河工地。1864年又有天花袭临。1865年初夏，运河工地流行的霍乱是最严重的一次，以致连送病人去急救站的人都找不到，无人去处置死者。

运河工地开工初期虽运来一些机器，但为数极少。开凿运河主要靠人力，靠人的双手用笨重的锹、镐掘土，用简陋的筐子运送。公司规定了苛刻的劳动定额，白天完不成，晚上接着干，连穆斯林的斋月也不例外。

劳工的工资极其低下，一个月完成公司规定的劳动定额才得50—70皮亚斯。每天合2皮亚斯左右，而不是公司招工告示上所说的6—8皮亚斯。童工的工资更低，只及成人的1/3。当时美国驻埃及总领事提到埃及劳工工资时说："要是在田间或农村附近挖河，这些工资还说得过去；但在如此艰难的条件下挖河，这点工资实在是太少了。"就是这点微薄的工资也不是直接发到劳工手里，而是交给工头，任凭他们从中克扣。公司拖欠劳工的工资是常有的事，至 1864 年下半年废除徭役时，拖欠工资已达 450 万法郎。

埃及劳工不甘心给外国公司卖命，经常怠工、逃跑。于是公司规定：凡怠工、逃跑者，扣发工资。怠工一次，扣发一天工资的 1/3；逃跑者被抓回一次，扣发半月工资。后来公司改在月底劳工完成全月定额时才发工资。如有人逃跑，则扣发全月工资。然而劳工还是照样逃跑，有些人到工地没几天就跑掉了。一个名叫伊斯梅尔·哈姆迪·贝克的地方官吏诉苦道："从代盖赫利耶地区来的劳工老是逃跑，昨晚跑了 62 个，今晚又跑了 199 个。他们跑时还鸣枪，鼓动别人也逃跑。北部劳代省、泰勒哈区、迪苏格区的劳工也是如此。"他建议派一些骑兵来阻止人们逃跑。1862 年 1 月，赛义德指令每个地区派一名警官负责押送劳工去工地，并委派哈姆迪率领警备队去工地维持秩序。他们大肆拘捕逃跑者，将其投入监狱。

1863 年，伊斯梅尔（1863—1879 年在位）继任埃及总督。他和赛义德一样，幻想运河凿成会使埃及摆脱土耳其而独立。他曾对费·莱塞普斯说："如果我不比你更渴望开凿运河，则我之任埃及总督将毫无意义。"但他觉得运河租让合同中某些规定对埃及未免过于苛刻，同时考虑到美国南北战争期间棉价飞涨，埃及种植棉花有利可图，需要保持一定的土地和人力，因此力图对运河租让合同中的一些条款进行修改。

1863 年 3 月，伊斯梅尔首先同运河公司达成一项协议，规定埃及政府承担自开罗至多美拉河谷的一段淡水渠的挖掘工作，并把这段水渠和运河公司已经挖成的自多美拉河谷至运河地区的水渠连接起来，以加速运河工程的进展，运河公司则放弃淡水渠两侧的土地。1863 年 7 月，伊斯梅尔通过外交大臣努巴尔向运河公司提交一份照会，要求把埃及劳工人数由每月 2 万人减到6000 人；增加劳工工资，取消运河公司占有土地和淡水渠的权利；埃及政府保证完成淡水渠的挖掘任务，并赔偿运河公司为挖掘自多美拉河谷至运河地区那段水渠所花的费用。

英国支持伊斯梅尔的要求，因为收回部分土地可阻止法国在运河地区建立大量移民点，减少劳工有利于扩大英国急需的棉花种植业。

运河公司在法国外交部的支持下，拒绝埃及的要求。双方僵持不下。伊斯梅尔出于对法皇拿破仑三世的迷信，恳请其出面调停。

1864 年 3 月，拿破仑三世组成调解委员会。经过一番"调查"，7 月 6 日，他作出仲裁：废除劳工法令，埃及政府须向运河公司赔款 4250 万法郎（扣除公司拖欠埃及劳工的工资 450 万法郎，还应赔 3800 万法郎），运河公司放弃淡水渠的所有权，保留使用权，埃及政府须赔款1600万法郎，并保证完成淡水渠的挖掘工程，运河公司保留运河工程所需的2.3万公顷土地，放弃多余的6万公顷土地，埃及政府须赔款3000万法郎。三项赔款总计为8400万法郎（其中废除劳工法令赔款按3800万法郎计），折合336万英镑。

这一仲裁是极不公正的。一位法国学者评论说："这个仲裁极力偏袒运河公司而损害埃及政府的利益，把它视为不会枯竭的源泉。"伊斯梅尔作茧自缚，只得同意以此仲裁为基础，同运河公司进行全面谈判。

英国和土耳其对拿破仑三世的仲裁本来是强烈反对的。但不久，英国鉴于运河计划行将变为现实，便看风使舵，由反对开凿运河改为采取"先成之，再夺之"的策略。它同法国一起积极参与运河公司与埃及政府之间的谈判。

1866年1月30日，谈判双方达成协议。埃及政府收回拿破仑三世仲裁规定的一些权利，同时赔款8400万法郎。伊斯梅尔担心法国在苏伊士地峡建立军事基地，危及埃及主权，还以1000万法郎的高价赎回运河公司以170万法郎购得的23780费丹①私人河谷地产。

1866年2月22日，伊斯梅尔和运河公司代表费·莱塞普斯正式签订一项关于苏伊士运河的全面合同。该合同包括了1854年合同的基本内容，对之作了若干修改。它规定：苏伊士运河及其附属建筑物仍归埃及警察机关管辖；埃及政府可在划为运河区的土地上有偿占领国防所需的一切阵地或战备据点，此种占领不得妨碍运河通航，埃及政府可在同样条件下有偿占有运河工程不必须的任何土地作为行政机关（邮局、海关、兵营等）之用；埃及海关机构的设立绝不可侵犯各国船舶往来运河的一般过境所享有的关税豁免权；苏伊士运河99年租借期满后，如埃及政府和运河公司之间未达成新的协议，则租借权即当然终止，埃及政府保证它忠实履行同运河公司所订合同。土耳其政府于1866年3月9日批准了2月22日运河合同。

1869年，运河工程接近尾声，埃及政府同运河公司又签订一项协议，规定取消运河公司免税进口机器设备的权利；埃及收回运河公司修建的部分房产和医院，埃及方面则赔款3000万法郎（折合120万英镑）。

1869年8月18日，地中海和红海被沟通。11月17日，苏伊士运河正式通航。运河长工62.5公里，河面宽52公尺，河底宽22公尺，深7.5公尺，实际耗资4亿多法郎。

---

① 埃及面积单位，1费丹合6.3市亩。

开凿运河的后果

苏伊士运河通航后，为东西方经济、文化交流提供了很大的便利。航船不绕好望角而取道苏伊士运河，可以大大缩短航程。据统计：从伦敦到孟买，绕好望角为 17400 公里，经苏伊士运河为 10100 公里，缩短航程 42%；从马赛到孟买，绕好望角为 1 万 6000 公里，经苏伊士运河为 7400 公里，缩短航程 54%；从纽约到孟买，绕好望角为 1 万 9000 公里，经苏伊士运河为 1 万 3200 公里，缩短航程 31%；从敖德萨到孟买，绕好望角为 1 万 9000 公里，经苏伊士运河为 6800 公里，缩短航程 64%。随着航程的缩短，相应地节省了航行时间和运输费用。航船取道苏伊士运河，还可避免好望角的狂风恶浪，有利于航行的安全和保证货物的质量。马克思曾多次指出苏伊士运河的重要性，称它为"东方伟大的航道"。

苏伊士运河的通航是埃及人民对世界文明的一大贡献。埃及为开凿这条运河花费了大量金钱。据统计，购买运河公司股票花费 3246600 英镑；根据拿破仑三世仲裁向运河公司赔款 336.3 万英镑；购买河谷地产花费 40 万英镑；1869 年为取消运河公司部分特权和收回一些建筑物又赔款 120 万英镑；挖掘淡水渠耗资 120 万英镑；庆祝运河通航耗资 140 万英镑；加上贷款利息、佣金、仲裁费等其他费用 581.4 万英镑，总计 1630 万英镑。而欧洲股东的全部投资仅为 448 万英镑。

挖河的劳工，不管是在劳工法令执行以前、执行过程中，还是在劳工法令废除以后，几乎都是埃及人。开凿运河的 10 年中，埃及政府提供了数十万劳工。他们在炎炎赤日下，在滚滚黄沙里，忍饥受渴，日复一日，年复一年，用自己的双手，一镐一锹，挖去了 7.2 亿立方土，完成了这项宏伟的工程。运河凿成时，有 12 万埃及人牺牲了生命。正如埃及前总统纳赛尔所说："这条运河是用我们的生命、我们的血汗、我们的尸骨换来的。"

苏伊士运河凿成后，客观上给埃及人民带来了一些好处：尼罗河三角洲以东一带土地由于引淡水渠的水灌溉而肥沃起来；运河一线新建了塞得港、伊斯梅利亚城和陶菲克港，古老城市苏伊士和甘塔拉也振兴起来；不少无业者找到了与航运有关的工作；埃及成了东西方轮船的集散地，同世界各地的联系加强了。

但是，开凿苏伊士运河给埃及人民带来了巨大的损失和深重的灾难。运河通航严重损害了埃及的尼罗河和铁路运输收益；承受开凿运河的巨大牺牲以后，本来就很虚弱的埃及，国力更加衰竭。为了支付运河和王室的巨大开支，1862—1876 年，赛义德和伊斯梅尔共借长期贷款 6811 万英镑，短期贷款 2600 万英镑，为了偿还紧迫债务和利息，1875 年，伊斯梅尔被迫将埃及所购全部运河普通股票以 3976582 英镑的价格卖给英国。另外，运河租让合同规定的埃及每年从运河公司提取 15% 净利的权利（即优先股），也于 1880 年被新上台的赫底威①陶菲克（1879—1892 年在位）以 88 万英镑出让给法国土地银行。开凿运河使埃及人财两空。

更有甚者，运河通航加剧了西方殖民列强对运河的争夺和对埃及的宰割，加速了埃及殖民地化的进程。

运河一通航，英国就估计到了运河对英国的作用，急欲采取插手运河公司的办法，把运河夺到自己手中。起初，它拒绝并鼓动别的国家也拒绝使用运河，以造成运河公司财政困难，借机将运河公司整个收买过去。这个野心勃勃的计划遭到了法国等列强的强烈反对，没有实现。事实上，运河通航后，生意兴隆，通过运河的船只与日俱增，1870 年 486 艘，1875 年 1494 艘。公司获利也急剧增加，1874 年公司的年收入达 1200 万法郎。

1875 年，英国利用埃及急切需钱还债和法国在普法战争中失利、企望英国支持的机会，收买了埃及手中所持有的运河公司股票的 44%，打进运河公司最高机构——董事会，实际上控制了运河公司。

英国购得埃及股票不久，就借口埃及财政破产，决定由英国金融家组织一个委员会，调查埃及的财政状况。根据该委员会的建议，设立了英国监督下的管理局、公债局，托管埃及财政。1876 年，调查委员会委派两名埃及财政监察员，一名英国人，一名法国人。两个监察员想方设法增加埃及政府官员中的外国人名额，以至建立起主要大臣由英、法代表担任的"欧洲内阁"。埃及的财政、政治、司法大权逐步丧失。

80 年代初，埃及人民反殖斗争空前高涨。英、法借口保卫运河通航自由，于 1882 年 5 月，将军舰开抵亚历山大海港。7 月，英舰乘法军舰调离、忙于镇压突尼斯民族运动的机会，炮击亚历山大，随即登陆。8 月，英军占领苏伊士运河地区，控制了被称为"帝国生命线"的苏伊士运河。9 月，英军占领整个埃及。从此，埃及人民陷入野蛮的殖民奴役之中。

---

①　"赫底威"在土耳其语中的意思是"伟大的埃米尔"。1867 年，伊斯梅尔花巨款（约 100 万英镑）从土耳其素丹那里获得此称号。获得这个封号的人，其地位近似国王和素丹。

埃及奥拉比运动

艾周昌　潘　光

埃及奥拉比运动包括两个阶段。1879—1882 年 5 月是第一个阶段，这是资产阶级改良运动时期，其主要内容是建立祖国党，推翻"欧洲内阁"，实行宪政，推行资产阶级改良措施。1882 年 6—9 月是第二个阶段，这是奥拉比领导埃及人民同英国侵略者进行浴血奋战的时期。

英法"双重监督"制的建立

穆罕默德·阿里的改革失败后，从 19 世纪 50 年代开始，埃及便一步步沦为欧洲列强的半殖民地。欧洲移民大量涌入埃及，1836 年的移民人数只有 3 万，1878 年增至 6.8 万人。欧洲各国，特别是英国的廉价商品大量倾销埃及。1840 年英国输入奥斯曼帝国的商品为 144 万英镑，1842 年骤增至 376 万英镑，所增之额大部分输入埃及。在英国廉价商品的打击下，穆罕默德·阿里开办的工厂接连倒闭。外国冒险家也争先恐后来到埃及，开办银行，成立公司，承包各类工程，进行土地投机或大量收购农产品。埃及的棉花输出，50 年代平均每年不超过 50 万堪他尔[①]，70 年代最高时达到 300 万堪他尔。埃及变成英国的长绒棉供应地。1851 年，英国修建了贯穿尼罗河三角洲的铁路，架设了电报线，控制了埃及的铁路和电信事业。

由于苏伊士运河的开凿，埃及欠了一笔还不清的阎王债。1862 年，埃及统治者赛义德首次向外国借款 300 万英镑。次年他死时，埃及的外债已达 1000 万英镑。伊斯梅尔上台后，为了挥霍，用自己的地产作抵押向外国借债。1865 年他用 36.5 万费丹的土地作抵押从益格鲁银行获得 300 万镑的贷

---

① 埃及重量单位，1 堪他尔约等于 44928 公斤。

款；1870 年他又从法西兰银行获得 7142860 镑的贷款，用于修建为自己的种植园服务的糖厂和铁路线。到 1873 年，埃及外债已达 6849 万英镑。英、法银行为埃及代发公债，以低于票面 20%—30% 的价格出售。利息却仍按票面价格计算。这样，仅利息一项就占去国家预算的大部分。埃及的财政状况更趋恶化。为了还债，埃及于 1875 年将它拥有的苏伊士运河公司 44% 的股票（价值 4 亿法郎），全部低价（仅值 1 亿法郎）卖给英国。到 1876 年，埃及的公私外债总额已高达 9000 多万英镑，相当于政府岁入的 10 多倍。年息为 8%，每年仅付利息一项就耗费国家财政收入的 2/3。这年 4 月，埃及政府被迫宣布财政破产，停止偿付债务。

英、法等国乘机对埃及政府施加压力，要求其接受债权国对埃及财政的控制。伊斯梅尔进退维谷，于 1876 年 11 月颁布命令，任命英国人为埃及国家财政收入和预算的总监督，法国人为国家财政支出的总监督，英、法"双重监督"制度就此形成。此外，埃及政府还同意将亚历山大海关和全国铁路交由混合管理委员会管理，这个委员会由英、法、奥、意和埃及代表组成，英国人任主席。这样，埃及的经济命脉已完全被外国资本所掌握。

1876 年，列强迫使伊斯梅尔同意建立由英、法、美、俄等 14 国组成的混合法庭，该机构不但有权处理外侨之间及外侨与埃及人之间的纠纷，而且有权否定埃及政府的裁决。1878 年 8 月，英、法的忠实走卒努巴尔帕夏出任埃及首相，他任命英国人瑞佛斯·威尔逊为财政大臣，法国人德·布里尼叶为公共工程大臣，意大利人和奥地利人为副大臣。外籍部长拥有否决权，全面控制了埃及政府，被埃及人民讥讽为"欧洲内阁"。孙中山在评论埃及和美国举借外债的不同结果时指出："埃及所以借外债而亡国者，失主权故也。美国初独立时亦借外债，而美国能兴者，则不失主权故也。"

在外国控制之下，埃及不得不将其每年收入的绝大部分用于还债。实行双重监督后的第一年（1877 年），埃及财政总收入为 950 多万英镑，其中 750 万英镑付给了外国债权人。为了偿还外债，埃及政府对农民进行敲骨吸髓的剥削，1863—1875 年向农民征收的税款增加了 4 倍。欧洲内阁对农民横征暴敛，大批税吏和军人被派到农村征税，农民被迫缴纳两年的地租。许多农民因缴不起租税只得抵押土地，以押金缴税。农民的债务在 7 年内增加了 16 倍。结果，农村生产力遭受破坏，到处发生严重的饥荒，农民不得不以野草充饥，成千上万人死于饥饿和病疫。

在欧洲人把持下，埃及各级行政机构中的欧籍官员激增，到 1881 年底已达 1325 人，超过政府机关雇员总数的 10%。埃及职员处处受到排挤和歧视。欧洲籍职员的月薪金平均每人为 300 埃镑，而埃及职员只有 30 埃镑。这一切激起了埃及资产阶级知识分子和中下级官吏及官兵的不满。

19 世纪 50 年代，埃及民族工业开始回升。1858 年，埃及政府颁布"赛义德法令"，规定埃及人有权自由使用、继承和买卖土地，并改实物地租为货币地租。这个法令奠定了土地私有制的基础，有利于农村中资本主义关系的发展。埃及资产阶级收购农民土地，种植棉花和甘蔗。美国内战期间，埃及出口作物及其加工业得到了较大发展，一大批净棉厂和糖厂建立起来。到 1872 年，埃及已有 2 万名产业工人。1860—1876 年，铁路线从 200 多公里增加到 1800 公里。亚历山大港成为世界上最大贸易港之一。埃及生产的棉花和蔗糖在世界市场上占有重要地位。但是，在欧洲内阁统治下，埃及资本主义的发展处处受到掣肘和打击。

从 19 世纪 70 年代起，资产阶级启蒙思想开始在埃及传播，其代表人物是贾迈勒丁·阿富汗尼（1838—1897 年）。他生于阿富汗，对伊斯兰教的历史和哲学有很深的造诣，曾在伊斯兰各国讲学 20 余年，1871 年到埃及，受聘为爱兹哈尔大学教授。贾迈勒丁主张伊斯兰国家联合起来，反对西方的侵略，建立独立和自由的埃及。他认为没有自由就不能得到生存和幸福；提倡教育救国，用历史上的伟大事迹来激发人民的爱国精神。他主张发展科学，曾带着地球仪进入课堂，向学生讲解地球形状，被顽固派辱骂为异端。贾迈勒丁的思想为将要兴起的埃及民族主义运动提供了理论武器。

埃及最早的民族主义组织首先产生于军队之中。埃及军队的高级军官大多是土耳其人和契尔克斯人[①]，而下级军官和士兵则都是土著埃及人。埃籍官兵受到歧视和排挤，很少有人能升到中级以上的职位，他们的薪饷也大大低于土、契族军官。在 1875—1876 年的埃及—埃塞俄比亚战争[②]中，高级军官玩忽职守，外籍顾问出卖情报，致使埃军惨败，激起了广大官兵的愤慨。1876 年，以阿里·鲁比为首的一批中下级军官秘密串联，建立了青年埃及协会，开始进行反对伊斯梅尔及英法双重监督的斗争。这个协会的核心人物便是艾哈迈德·奥拉比。

---

　　① 契尔克斯人原住在里海与黑海之间的高加索一带的契尔克斯区，因而得名。他们自阿尤布王朝（1171—1250 年）起，被当作奴隶卖到埃及，充当卫队。

　　② 1875 年，伊斯梅尔在英国的唆使下，发兵侵略埃塞俄比亚，以切断其出海口，埃塞俄比亚皇帝约翰四世在人民的支持下，打败了埃及军队的进攻。

奥拉比（1839—1911 年）出生在尼罗河三角洲的一个小村庄，幼年时在爱资哈尔接受过两年的宗教教育。他 13 岁参军，由于机敏能干，又正赶上赛义德起用埃籍军官，年约 20 就获得了中校军衔。他目睹封建统治集团卖国求荣，广大人民群众灾难深重，忧心如焚，逐渐接受了贾迈勒丁的主张。他热切向往西方式的"公正社会"，认为埃及"必须有一个根据宪法产生的代议制政府"。埃及在埃塞俄比亚战争中的失败，促使他直接投身于反对伊斯梅尔的革命活动。

1871 年，埃及颁布"补偿法令"，规定地主一次付出一笔现款后可免缴土地年税一半，还可增收农民租税来补偿自己的损失；如法令废除，地主仍需每年缴纳全部土地税，已付款项等于白费。这个法令使埃及地主们获得了好处。但欧洲内阁为了转嫁财政困难，却准备取消该法令，增加部分土地的税额。1878 年，一批地主出身的咨议会①议员联合部分知识分子、官员，组织了秘密的"祖国协会"（也称"赫勒万协会"②），反对废除补偿法令。协会的主要领导人是穆罕默德·谢里夫和穆罕默德·苏尔坦。两人都拥有数千乃至上万费丹土地，受过西方教育，是议会中有影响的人物。

1879 年 1 月，青年埃及协会和祖国协会联合起来，建立了埃及第一个政党——祖国党。当时，祖国党没有严密的组织，也没有统一的纲领，只是两个协会松散的联合体，双方不时在一起研究时局，协调行动。以奥拉比为首的军官们代表中小地主和资产阶级的利益，是党内的激进派。以谢里夫和苏尔坦为首的文职人员则代表大地主和资产阶级上层的利益，是党内的温和派。贾迈勒丁的思想对祖国党影响甚深，他的得意门生穆罕默德·阿卜杜是党内的主要理论家。祖国党提出了"埃及是埃及人的"这一响亮口号，反映了全埃及人民的愿望。它创办《埃及报》《商业报》《祖国报》等报纸，宣传爱国主义和自由主义，抨击外国对埃及内政的干涉，对发动群众起了重大的作用。

阿比丁官广场事件

1879 年 2 月，欧洲内阁在威尔逊的指使下宣布裁减 2500 名埃及军官，

---

① 埃及议会是伊斯梅尔 1866 年所建，仅拥有咨议权。

② 因其活动中心设在开罗附近的赫勒万城。

并拒不发给拖欠 10 个月的薪饷。这一行动使长期蕴藏在广大官兵心中的怒火喷发出来。2 月 18 日，5000 名下级军官、士兵和群众在军事学院教官拉蒂夫·塞里姆少校领导下，在威尔逊把持的财政部门前举行示威，反对这一措施，要求欧洲内阁下台。愤怒的示威者经过外交部时，揪住路经这里的努巴尔和威尔逊，将他们关押起来。赫底威·伊斯梅尔早就对欧洲内阁限制他的权力不满，又害怕群众运动进一步扩大，便急忙宣布答应示威者的要求，解除努巴尔的职务。奥拉比没有参加这一事件，但仍被作为幕后策划者受到审讯。他在法庭上伸张正义，认为官兵们的行为无可非议。

努巴尔虽然下台，英、法两大臣却仍然赖在内阁中。埃及人民继续进行斗争。4 月 2 日，宗教领袖、军官、议员等提出一项民族法案，要求建立完全由埃及人组成的民族内阁，实行宪政。在人民群众的压力下，伊斯梅尔不顾英国反对，于 4 月 7 日任命祖国党领导人之一谢里夫组织政府，欧洲人都被逐出内阁。5 月 27 日，谢里夫向议会提出新宪法草案，规定议会有立法权，各部大臣对议会负责。新宪法受到全国人民的欢迎。

伊斯梅尔的行动，触怒了英、法等国政府，它们要求奥斯曼帝国素丹废黜伊斯梅尔。1879 年 6 月 26 日，素丹正式宣布废黜伊斯梅尔，任命他的长子陶菲克继任赫底威。

陶菲克（1879—1892 年在位）是个出名的亲英派。他一上台便解散议会，拒绝批准新宪法草案。谢里夫被迫辞职。陶菲克任命英国人贝林①和法国人布里尼叶为两监督，并规定：两监督可以参加内阁会议，财政大臣每周应向两监督汇报一次，其他大臣则每月汇报一次。这就把双重监督从财政领域扩大到了其他领域，欧洲内阁实际上已死灰复燃。

9 月 21 日，陶菲克任命英、法的忠实奴仆里亚德组织内阁。里亚德正式废除补偿法令，将政府收入的一半左右偿付外债，廉价出售埃及每年分享运河公司 15% 的盈利权，使埃及在苏伊士运河公司里的一切权利丧失殆尽。里亚德政府还公然封闭祖国党办的报纸和其他爱国报刊，逮捕、囚禁和流放大批祖国党人，将贾迈勒丁驱逐出境。里亚德的陆军大臣欧斯曼·里夫基是个极端仇视爱国军官的契尔克斯贵族。他变本加厉地重用土、契族军官，排斥埃籍军官；把士兵看作自己的奴仆，经常调动他们去干一些与军事无关的苦役；还长期扣发官兵们的薪饷。

----

① 即后来统治埃及的克罗默。

1880 年 5 月 20 日，以奥拉比为首的一批军官提出请愿书，要求改变在薪金和升级问题上的不平等状况，建立议会，实施宪政。7 月，里夫基颁布法令，规定士兵服役期限不得超过 4 年，从而堵塞了土著族士兵提升为军官的道路。他还准备进一步裁减军官，以此来消除军队中的"危险分子"。

1881 年 1 月 14 日晚上，奥拉比获悉：里夫基已决定将他和阿卜杜·阿尔·希勒米上校解除职务，赶出军队。法赫米上校赶到奥拉比家中，证实了这一消息。奥拉比、希勒米和法赫米三人经过商议，决定先发制人，要求撤换陆军大臣，改革晋升制度。次日，三位上校会见首相，递交了请愿书，书中称：里夫基"担任这样高的职务是不胜任的"。里亚德妄图压服三上校，他气势汹汹地质问道："你们想干什么？要撤换大臣吗？你们要谁接替这个职务？"奥拉比毫不示弱，反唇相讥："难道埃及母亲只生了八个儿子就不再生育了吗？"意指埃及除里亚德及其他七个大臣外就别无他人了吗？

为商讨对策，里亚德召开内阁会议。陶菲克亲自与会，坚决主张逮捕三上校，将他们交军事法庭审判。2 月 1 日，三上校应召来到陆军部所在地尼罗河宫，一进门便被逮捕。消息传开，法赫米的部下穆罕默德·阿比德少校当即率一队士兵直奔陆军部大楼。他们砸开大门，冲入楼内，救出了奥拉比等三人。楼里的土、契族高级军官吓得四散逃窜，里夫基跳窗逃走。当士兵们簇拥三上校来到大街上时，军乐队高奏乐曲，欢声雷动。接着，人们又涌向王宫阿比丁宫，坚决要求赫底威罢免里夫基。陶菲克深恐事态扩大，只得表示同意，并任命巴鲁底为陆军大臣。史称"尼罗河宫事件"或"2 月 1 日事件"。

2 月 1 日事件使奥拉比和军队成了民族运动的发言人和英雄。许多地主豪绅、宗教长老、文职官员纷纷前来与奥拉比联系，表示支持。里亚德不甘心失败。8 月，里亚德要求赫底威发布命令，将奥拉比等人率领的部队调出开罗，巴鲁底坚决反对。陶菲克撤掉巴鲁底的职务，任命自己的妹夫达乌德·亚昆为陆军大臣。9 月 8 日，亚昆宣布奥拉比所部调往亚历山大，希勒米所部调往达米埃塔。奥拉比及祖国党的其他领导人当即决定马上行动。

9 月 9 日下午 4 时，奥拉比及其战友们率领步兵、骑兵和炮兵部队约 4000 人，汇聚阿比丁宫前广场，向赫底威武装请愿，提出四项要求：里亚德政府辞职；实行宪政；军队人数增至 1.8 万人[①]；改善埃籍军人待遇。成千

---

① 奥斯曼帝国素丹规定埃及军队人数为 1.8 万人，但英、法两国监督一直要求将埃军人数减至这个数字以下。

上万的开罗市民和各地群众代表前来声援。陶菲克被迫在英国财政监督官科尔文、英国驻亚历山大领事科克森和英籍埃军总参谋长斯通等人的陪同下，来到广场会见示威的军民。他训斥奥拉比："你为什么带着部队到这里来？"奥拉比答道："我的陛下，我们到这里来是为了向您陈述全军和全民族的要求。这些都是正当的要求。"赫底威咆哮道："你们无权提出这些要求。朕从祖先那里继承了这个国家。你们算什么东西，不过是受朕恩典的奴才而已！"奥拉比振振有词地说："真主把我们创造出来，是要我们做自由人，而不是去当人家的什么遗产和产业。我向独一无二的真主起誓：从今以后，我们决不被人当继承品，也决不受人奴役。"科尔文等要赫底威对奥拉比采取强硬措施，他不知所措地喃喃低语："我能做什么？我们已被武装暴徒四面包围，我们会被杀死！"第二天，陶菲克宣布解散里亚德内阁，同意将实行宪政等要求呈报君士坦丁堡。9月14日，他任命谢里夫组阁，巴鲁底再次出任陆军大臣。这一事件史称"阿比丁宫广场事件"或"九·九兵谏"。

奥拉比的改良活动

阿比丁宫广场事件之后，埃及各种政治力量开始了新的组合。祖国党发生了分裂。英法政府由幕后走向前台，一场武装干涉和反干涉的斗争即将展开。

以谢里夫为首的保守派，组阁后不愿再前进，因为他们大都与王室和外国资本有着千丝万缕的联系，并不想触动封建制度的基础和双重监督制度。以奥拉比为首的激进派却主张逐步摆脱外国对埃及的政治、经济控制，扩大议会权力，限制赫底威的权力，进而废黜赫底威，建立共和国。

谢里夫一担任首相，就提出军人不得干预政治，并把奥拉比和希勒米的部队调离开罗。1881年10月8日，奥拉比在开罗车站对送行的群众发表激动人心的讲话。他说："当我们看到自己的同胞受尽欺凌和奴役，而那些外国人却在我们的国土上作威作福时，我们的爱国主义激情和阿拉伯人的热忱就驱使我们为维护国家的独立，解放自己的国土和争取民族权利而战斗。"

在选举新议会时，谢里夫一伙玩弄各种手法，排斥奥拉比的支持者，使当选的议员中多数是保守派。苏尔坦被选为议长。为了控制舆论，谢里夫封闭了支持奥拉比、反对双重监督的《汉志报》和《埃及报》，颁布出版法令，限制言论出版自由。在拟定新宪法草案时，谢里夫以偿还外债为由，取消了议会讨论国家预算的权力，公然站到了赫底威和英、法两监督一边。这个草案不仅遭到以奥拉比为首的革命力量的强烈反对，也遭到了1881年12月26日召开的议会中多数议员（包括许多温和派议员）的反对。他们认为，偿还外债只涉及埃及国家收入的一部分，而其余部分则在国家控制之下，因此议会当然有权过问和讨论国家的预算。议会里的这场争论说明：激进派与保守派之间的破裂势不可免。赫底威的地位已经摇摇欲坠。谢里夫内阁已无法控制局势。英、法两国政府对此焦虑不安。

1882年1月8日，英、法两国向埃及政府递交联合照会，声称："保持赫底威的王位是目前和将来在埃及维持良好秩序和普遍繁荣的唯一保证。"并威胁道："两国政府密切联系，决心以共同努力反对可能威胁埃及现有秩序之一切纷扰的根源，无论是内部的还是外来的。"照会露骨的威胁性语言激怒了埃及人民，许多对英、法抱有幻想的人转而支持奥拉比。革命派的队伍迅速壮大。在议会内，主张有权审议预算的力量也大大加强。谢里夫眼看局面难以挽回，只得于2月2日宣布辞职。2月4日，巴鲁底出任首相。奥拉比在新内阁中担任陆军大臣，是内阁的实际负责人。祖国党内的激进派掌握了政权。

从1882年2月4日至5月25日，巴鲁底—奥拉比执政期间，是奥拉比运动的重要阶段，他的许多政治思想这时得到了阐发和实施。新内阁通过了一系列改革法令。首先迫使赫底威批准了"基本法"（也称"革命宪法"或"1882年宪法"），它规定内阁不向赫底威而向议会负责，议会有权讨论并通过全部国家预算。这实际上废除了双重监督制度。接着，政府解雇了一批外国官吏和顾问，剥夺里夫基等40名军官的军衔，并放逐至苏丹；将300名无能的土、契族军官清除出军队，提升了900名土著军官，并授予奥拉比等几位激进派军官以将级军衔和帕夏称号。土著军官基本上掌握了埃及军队的指挥权。

新政府还在司法、税收、普及教育、发展农业、兴修水利等方面开始实施一系列改革。如取消尼罗河泛滥时期河水的垄断权，废除徭役制和鞭笞征税制，保护农民免遭外国高利贷的盘剥，开办本国农业银行，改革混合法庭制，女子同男子一样享有受教育的权利，消灭曼麦鲁克制使人与人之间平等相处。

由于巴鲁底内阁存在仅三个多月，奥拉比的这些改革措施大多未能实现。即使这样，这些改革设想和措施仍具有重大的进步意义，是埃及民族资产阶级掌权后求生存图发展的首次尝试。但是，奥拉比的改革措施并没有从根本上触动英法的双重监督制、奥斯曼帝国的宗主权和赫底威的统治基础，因而是一次不彻底的资产阶级改良运动。

奥拉比没有提出明确的土地纲领，以满足农民对土地的要求。但是，他的改良运动仍然得到了农民的支持。在奥拉比的号召下，一些地区的农民自发地起来斗争。他们拒绝向地主缴纳租税，拒绝偿还外国高利贷者的欠债。在王室拥有大地产的上埃及明亚省，农民要求夺取和分配王室的土地，没收王室的制糖厂，建立由土著村长组成的地方政府。

农民的斗争虽然局限在少数地区且是自发性的，但他们的斗争是在奥拉比领导的改良运动的影响下发生的，并且把反殖民统治同反封建压迫结合起来，对进一步促进农民的觉醒，无疑有着重大的意义。

亚历山大和开罗保卫战

5 月 20 日，英、法舰队以保护侨民为借口，驶抵亚历山大港，进行武力恫吓。25 日，英、法再次向埃及政府递交联合照会，蛮横地要求巴鲁底内阁辞职，把奥拉比逐出埃及，法赫米和希勒米调离开罗。巴鲁底断然拒绝。陶菲克却背着内阁接受了英、法的要求。26 日，巴鲁底内阁辞职，以抗议赫底威的举动。军队、议会和广大人民群众纷纷要求奥拉比留任。陶菲克不得不同意这一要求。此后几个月，奥拉比实际上成了埃及政府的首脑。陶菲克眼看自己在开罗已站不住脚，便以避暑为名，带着一伙亲信逃往亚历山大。

6 月 11 日，亚历山大发生了流血惨案。一名英籍马耳他人与一名埃及人的争吵，很快演变为一场大规模武斗。直至奥拉比派出的正规军赶到，事态才被制止。在这场冲突中，有数百人丧生，其中有约 50 名欧洲人。

西方学者历来将 6 月 11 日的事件说成是革命运动引起的"宗教狂热和仇外情绪的自然结果"，并宣称：正是由于这次事件，英国才不得不干涉埃及，以保护欧洲人的生命财产。这种说法完全歪曲了事件真相。实际上，赫底威和亚历山大行政长官奥马尔·鲁特菲的策划才使事态扩大。

鲁特菲是个仇视革命的契族人，在巴鲁底内阁辞职后，曾被内定为新陆军大臣，后因奥拉比留任而未能如愿，对奥拉比耿耿于怀，同逃亡亚历山大的陶菲克勾结起来反对奥拉比。6 月 5 日，赫底威在给鲁特菲的信中说："奥拉比在报纸上保证要维护公共秩序，并表示要对领事们负责，如果他成功，列强会信赖他，而看不起我们。（英法）舰队还在亚历山大水域，人们思绪激动，欧洲人和其他人的争吵即将爆发。所以你现在要选择：或是为实现奥拉比的保证效劳，或是为我服务。"这是陶菲克唆使鲁特菲制造事端的铁证。事件爆发后，鲁特菲指挥的警察及地方部队迟迟不介入，致使事态扩大。由他控制的电信系统也没有及时向开罗报警，使奥拉比的正规部队很晚才赶到现场。

此外，英、法舰队驶抵亚历山大早已激起埃及人的愤怒，各国领事武装亚历山大欧籍居民的挑衅行动更加剧了对立情绪。英、法对这一事件的发生同样负有不可推卸的责任。

6月11日事件后，欧洲各国报纸以耸人听闻的标题大肆渲染亚历山大的"血腥暴行"，主张入侵埃及的言论甚嚣尘上。7月初，奥拉比派增援部队到亚历山大，组织军民加紧构筑防御工事，准备抗击侵略者。他警告欧洲列强，一旦战争爆发，它们将丧失全部贷款，8000万镑国债、2000万镑农民向外国银行的借款也将被一笔勾销。

7月3日，已经拥有14艘船舰的英国舰队司令西摩接到指令：制止埃及人构筑堡垒，必要时以武力摧毁之。他立即通知埃方停止筑垒，但埃及军民不予理睬。10日，西摩发出最后通牒，如在24小时内工程仍不停止，他将开火。奥拉比断然拒绝这种无理要求，他说："交出炮台将导致英国舰队利用它来反对埃及。"11日上午7时，英军开始猛轰亚历山大。当时亚历山大的埃及驻军人数不足700人，85%的火炮是在穆罕默德·阿里时代铸造的。

亚历山大人民同仇敌忾，他们在枪林弹雨中来回奔跑，运送物资，救护伤员，还高唱着诅咒敌人的歌曲。英舰的炮轰达10小时。埃及军民约有2000人死亡。城内的火势迅速蔓延，繁华市区已成一片瓦砾。为了避免使军队和平民遭受更大伤亡，奥拉比下令撤退。15万军民随奥拉比撤出亚历山大。7月13日，2.5万名英军在亚历山大登陆。陶菲克及谢里夫、苏尔坦投靠了侵略军。

奥拉比率军撤到亚历山大东南30公里的库夫尔—道瓦尔村一带。此地是位于三湖①之间的一条狭窄通道：两侧都是浅滩或沼泽地，易守难攻。奥拉比利用这一有利地形，动员5000农民，挖壕修垒，架起50门大炮，建立新防线，扼守开罗。他还决定征收临时战争税，每费丹土地收10个皮亚斯。

---

① 即阿得科湖、艾布基尔湖和麦尔郁特湖。

埃及人民踊跃捐献物资，青壮年纷纷报名参军。许多贫苦农民献出了自己年收成的一半。一位富翁捐献的布匹可供 3000 名士兵制作军装。仅在 30 天内，一支 10 万人、8000 匹马、4000 头骡子的志愿军就组成了。

7 月 13 日，当了英国傀儡的陶菲克命令奥拉比停止抵抗，去亚历山大谈判。驻埃英国官员给外交大臣格兰维尔的密报说："赫底威已召他（奥拉比）前来此地；如他来，就逮捕他，如他不来，就宣布他不受法律保护。"奥拉比拒绝执行这一命令。陶菲克下令罢免奥拉比，并要求全国军民立即停止抗战。奥拉比及其战友们针锋相对，随即在开罗召开国民大会，宣布废黜赫底威，授予奥拉比"埃及保卫者"的光荣称号。

8 月 5 日，英军对库夫尔—道瓦尔一线接连发动进攻，均被击退。英国格拉斯顿政府骑虎难下，不得不要求议会拨款 250 万英镑，并从英国本土和印度增调 2 万陆军赶赴埃及。英军对埃及的侵略暴行激起了英国人民和欧洲各国人民的义愤，也使各国政府担心战火会危及苏伊士运河的安全通航。

7 月 19 日，列强在君士坦丁堡开会讨论运河安全问题。英国政府表示：只要埃军不在运河区设防，英军就不进入该地区。实际上，英国的保证完全是烟幕。英军指挥部此时已制订了偷袭运河的计划：以部分兵力继续攻击库夫尔—道瓦尔一线，摆出要从西面进攻开罗的态势，而以新到的主力部队突然插入运河区，从东面直逼开罗。为实现这个计划，英国派人拿着陶菲克开列的名单，以重金收买当地的贝都因人部落酋长。陶菲克和苏尔坦等人也派奸细混入开罗和奥拉比军中，收买抗英力量内部的动摇分子。

8 月中旬，英军增援部队开到埃及。埃军许多高级将领要求立即进驻并封锁运河，但奥拉比犹豫不决。运河公司法籍负责人莱塞普斯向奥拉比保证：英国人绝不会进入运河，如英军进入，法国就会采取行动。奥拉比轻信了这一保证。8 月 19 日，西线英军将攻击矛头指向亚历山大附近的艾布基尔，奥拉比急忙调兵前去支援。当天夜里，英军主力突然掉头东进，逼近苏伊士运河口。

8 月 20 日，埃军指挥部召开紧急会议。在与会者强烈要求下，奥拉比终于下达了进驻运河的命令，但为时已晚。就在这天，英军接连占领塞得港、伊斯梅利亚和苏伊士港，控制了整个运河区。英军总司令沃尔斯利后来宣称：如果奥拉比早一步封锁运河，英军就只好待在海上了，"24 小时救了我们"。恩格斯指出："如果阿拉比（即奥拉比——作者）很聪明，避免任何决战，向中埃及和上埃及撤退的话，事情就会大大拖延下去。且还不说，在尼罗河稍微提前涨水的情况下，掘穿大堤就可以使英国人的一切全都付诸东流。"①

8月底，英、埃两军在离开罗数 10 公里的泰勒凯比尔以东的卡撒辛遭遇。埃军起初打得很不错，多次打退了英军进攻，英军指挥官差点当了俘虏。但是，前来增援的埃军被暗中通敌的贝都因人带入歧途，没能赶到战场。结果英军援兵赶到，埃军转胜为败，被迫后撤。英军随即进抵泰勒凯比尔一线。奥拉比的两位亲密战友法赫米和拉斯里得负伤，形势危急。

此时，奥拉比仍未果断调精兵强将来东线参战。希勒米率领的精锐部队一直被留在达米埃塔防备英军登陆。在泰勒凯比尔战线，埃及正规军总共不到 1 万人，其余大都是未经实战训练的新兵。奥拉比对敌情也不甚了解，一味轻信负责侦察工作的内奸萨沃德。9 月 12 日，萨沃德谎报英军无发动进攻的迹象。埃军放松了戒备。当夜，英军悄悄逼近了埃军前沿阵地。13 日拂晓，英军突然发起进攻。从睡梦中惊醒的埃军官兵阵脚大乱，但仍作殊死抵抗。炮兵们顽强战斗，"刺刀捅入他们后背时仍在发射炮弹"。经过一场激战，埃军终于全线溃退，4000 名左右埃军官兵阵亡。

奥拉比星夜赶回开罗，准备组织力量再战。但赫底威收买的人反对继续抵抗。奥斯曼素丹宣布奥拉比为叛逆的消息也已传来，更使一部分人动摇。9 月 15 日，英国兵临开罗城下。一部分议员和上层文武官员竟打开城门，向英军投降。奥拉比和巴鲁底等抗英领袖均被英军逮捕。坚持了 100 多天的抗英战争遂告失败。

失败原因和深远影响

奥拉比领导的抗英斗争之所以遭到失败，除双方力量对比悬殊以外，从抗英阵线内部来看，主要有以下几个原因。

第一，以奥拉比为首的祖国党领导人对西方殖民列强抱有幻想。7 月 11 日前，奥拉比等人一直存有侥幸心理，以为格拉斯顿的英国自由党政府不一定会诉诸武力。7 月 11 日以后，奥拉比又过分相信法国和其他强国会约束英国。

第二，奥拉比及其战友们对赫底威的卖国面目认识不足，没有采取有力

①　《马克思恩格斯全集》第 35 卷，人民出版社 1971 年版，第 86 页。

措施镇压反动分子和肃清内奸，留下了无穷后患。主力部队指挥官阿里·优素福，骑兵侦察队长阿卜杜勒·拉赫曼·哈桑都被收买，在关键时刻破坏了抗英斗争。

第三，祖国党所代表的埃及地主资产阶级民族主义集团，本身是软弱的，内部是分裂的。谢里夫、苏尔坦公开倒向反动营垒。奥拉比和巴鲁底也未能采取得力措施将各项改革推行下去，因而也就不可能充分动员群众，组建一支强大军队。

第四，奥拉比坚持大埃及主义，赞同埃及对苏丹的占领，认为苏丹是埃及不可分割的一部分。奥拉比反对苏丹马赫迪起义。抗英战争开始后，奥拉比等人仍将数万埃及军队留驻苏丹，并派阿卜杜·卡迪尔领兵 6000 去围剿马赫迪。结果全军覆没，大大削弱了埃及的防务力量。

第五，战争进行过程中，以奥拉比为首的埃军司令部在指挥上失误甚多。特别是忽视了东部防线，致使埃军在几次关键性战斗中败北。

埃及人民的抗英战争虽然失败了，却使不可一世的英国殖民者遭到了迎头痛击。埃及人民的抗英战争在西亚、北非地区得到了广泛的支持。穆斯林把奥拉比视为"伊斯兰教的领袖和支持者"。叙利亚、利比亚和突尼斯的穆斯林组织志愿军，准备开赴埃及。也门和汉志地区的穆斯林派代表前来声援。印度的穆斯林也积极响应奥拉比关于发动圣战、支持埃及的号召，开展声援活动。

埃及军民的斗争具有重要的国际意义。它向世界宣告，资本主义列强在攫取殖民地、瓜分世界的道路上，每走一步都将付出巨大的代价。它客观上为苏丹马赫迪大起义的胜利发展创造了有利的国际环境，也极大地鼓舞了马格里布人民的抗法斗争和亚非其他地区人民的反殖民主义斗争。

对奥拉比运动，国内外学者有不同看法，分歧集中在如何看待 1879—1882 年 5 月这一时期，由奥拉比领导的改良运动。在埃及，有的史学家通常把奥拉比创建祖国党、领导 1881 年 1 月请愿和"九·九兵谏"、1882 年 2 月至 5 月在巴鲁底内阁任职期间的改革措施，称为"奥拉比革命"或"奥拉比起义"（在阿拉伯语中，"革命"与"起义"同是一个词）。也有的史学家把它称为"奥拉比起义或奥拉比运动"，认为奥拉比运动"不是一次纯粹的军队起义，而是一次革命"。近年来又有学者把它称为"忠诚的人民革命"，有"各阶层人民参加的民族革命"。苏联学者也称"九·九"事件为革命事件。

　　我国有的学者不同意这种看法，他们认为："奥拉比领导的斗争不是一场革命，也不是一次起义，而是一次资产阶级改良运动。"因为这场斗争的目的，仅仅是在保持现存制度的基础上，进行某些改良，以求得民族资产阶级的生存和发展。更重要的是，奥拉比的改革措施既没有触动英法的双重监督，也未动摇奥斯曼帝国对埃及的宗主权和赫底威的统治基础。

中国社会科学出版社"社科学术文库"
已出版书目

1. 冯昭奎：《21 世纪的日本：战略的贫困》，2013 年 8 月出版。

2. 张季风：《日本国土综合开发论》，2013 年 8 月出版。

3. 李新烽：《非凡洲游》，2013 年 9 月出版。

4. 李新烽：《非洲踏寻郑和路》，2013 年 9 月出版。

5. 韩延龙、常兆儒编：《革命根据地法制文献选编》，2013 年 10 月出版。

6. 田雪原：《大国之难：20 世纪中国人口问题宏观》，2013 年 11 月出版。

7. 中国社会科学院科研局编：《中国社会科学院学术大师治学录》，2013 年 12 月出版。

8. 李汉林：《中国单位社会：议论、思考与研究》，2014 年 1 月出版。

9. 李培林：《村落的终结：羊城村的故事》，2014 年 5 月出版。

10. 孙伟平：《伦理学之后》，2014 年 6 月出版。

11. 管彦波：《中国西南民族社会生活史》，2014 年 9 月出版。

12. 敏泽：《中国美学思想史》，2014 年 9 月出版。

13. 孙晶：《印度吠檀多不二论哲学》，2014 年 9 月出版。

14. 蒋寅主编：《王渔洋事迹征略》，2014 年 9 月出版。

15. 中国社会科学院财经战略研究院：《科学发展观：引领中国财政政策新思路》，2015 年 1 月出版。

16. 高文德主编：《中国民族史人物辞典》，2015 年 3 月出版。

17. 李细珠：《张之洞与清末新政研究》，2015 年 3 月出版。

18. 王家福主编、梁慧星副主编：《民法债权》，2015 年 3 月出版。

19. 管彦波：《云南稻作源流史》，2015 年 4 月出版。

20. 施治生、徐建新主编：《古代国家的等级制度》，2015 年 5 月出版。

21. 施治生、徐欣如主编：《古代王权与专制主义》，2015 年 5 月出版。

22. 何振一：《理论财政学》，2015 年 6 月出版。

23. 冯昭奎编著：《日本经济》，2015 年 9 月出版。

24. 王松霈主编：《走向 21 世纪的生态经济管理》，2015 年 10 月出版。

25. 孙伯君：《金代女真语》，2016 年 1 月出版。

26. 刘晓萌：《清代北京旗人社会》，2016 年 1 月出版。

27. 陈之骅、吴恩远、马龙闪主编：《苏联兴亡史纲》，2016 年 10 月出版。

28. 朱庭光主编、张椿年副主编：《外国历史大事集》，2017 年 3 月出版。